KB108797

# 500만 독자 여러분께 감사드립니다!

세상이 아무리 바쁘게 돌아가더라도
책까지 아무렇게나 빨리 만들 수는 없습니다.

길벗은 독자 여러분이
가장 쉽게, 가장 빨리 배울 수 있는 책을
한 권 한 권 정성을 다해 만들겠습니다.

독자의 1초를 아껴주는
정성을 만나보세요.

미리 책을 읽고 따라해 본 2만 베타테스터 여러분과
무따기 체험단, 길벗스쿨 엄마 2% 기획단,
시나공 평가단, 토익 배틀, 대학생 기자단까지!
믿을 수 있는 책을 함께 만들어주신 독자 여러분께 감사드립니다.

(주)도서출판 길벗 **www.gilbut.co.kr**
길벗 스쿨 **www.gilbutschool.co.kr**

# 직장인을 위한 실무 구글 스프레드시트

WORKING!!

데이터 분석 전문가
**진은영 지음**

길벗

**실전! 비즈니스 구글 스프레드시트 완전 정복**

# 직장인을 위한 실무 구글 스프레드시트

The Business Practice Series – Google Sheets


**초판 발행** · 2022년 5월 16일

**지은이** · 진은영
**발행인** · 이종원
**발행처** · (주)도서출판 길벗
**출판사 등록일** · 1990년 12월 24일
**주소** · 서울시 마포구 월드컵로 10길 56(서교동)
**대표 전화** · 02)332-0931 | **팩스** · 02)322-0586
**홈페이지** · www.gilbut.co.kr | **이메일** · gilbut@gilbut.co.kr

**기획 및 책임 편집** · 박슬기(sul3560@gilbut.co.kr)
**표지 디자인** · 황애라 | **본문 디자인** · 이도경 | **제작** · 이준호, 손일순, 이진혁
**영업마케팅** · 전선하, 차명환, 박민영 | **영업관리** · 김명자 | **독자지원** · 윤정아

**편집진행** · 박선영 | **전산편집** · 예다움 | **CTP 출력 및 인쇄** · 교보피앤비 | **제본** · 경문제책



• 잘못된 책은 구입한 서점에서 바꿔 드립니다.
• 이 책은 저작권법에 따라 보호받는 저작물이므로 무단전재와 무단복제를 금합니다. 이 책의 전부 또는 일부를 이용하려면 반드시 사전에 저작권자와 (주)도서출판 길벗의 서면 동의를 받아야 합니다.

© 진은영, 2022



ISBN 979-11-6521-967-3 03000
(길벗 도서번호 007138)

가격 23,000원

---

**독자의 1초를 아껴주는 정성 길벗출판사**
길벗 | IT단행본, IT교육서, 교양&실용서, 경제경영서
길벗스쿨 | 어린이학습, 어린이어학

페이스북 | www.facebook.com/gilbutzigy
네이버 포스트 | post.naver.com/gilbutzigy

# 작가의 말

## "엑셀보다 쉽고 강력하다! 구글 스프레드시트!"

최근 들어 COVID-19 팬데믹이라는 새로운 환경으로 인한 비대면 근무 형태에 맞춤인 구글 서비스가 직장인들 사이에서 매우 유용하다는 평가를 받고 있습니다. 이에 따라 구글 서비스를 사용하는 기업이나 사용자가 급속도로 늘어나고 있는 추세인데 구글 서비스 중에서도 특히 스프레드시트는 하루하루 발빠르게 업데이트를 하며 대표적 오피스 프로그램인 엑셀에 버금가는 최고의 협업 업무 도구로 떠오르고 있습니다.

직장 근무 중 엑셀만 사용하던 필자는 구글 스프레드시트를 처음 접했을 때, 클라우드라는 매개를 통하여 여러 사용자와 실시간 소통하고, 사용자간에 서로 파일을 전달하는데 용이하며 자료를 일일이 백업을 하지 않아도 된다는 장점에 반해 버렸고, 추가로 구글 스프레드시트에만 있는 유용한 함수들을 쓰면서 구글 스프레드시트가 가진 엄청난 매력을 느꼈습니다.

이 책은 어렵지 않은 난이도로 구글 스프레드시트를 처음 시작하는 사용자도 쉽게 학습할 수 있으며 상황별로 필요한 부분을 섹션별 개별 예제에서 쉽게 찾아 실무에 적용할 수 있습니다. 또한 '엑셀과 달라요'라는 코너를 통하여 엑셀만 사용하던 분들이 빠르게 프로그램을 이해할 수 있도록 구성했습니다.
그리고 동영상 강의와 함께 제공되는 '실무 프로젝트' 코너에서는 본문으로 학습한 내용을 총망라하여 프로젝트 미션이 주어지는데, 현장감 있는 요청 사항을 업무 스텝별로 해결하다 보면 자신도 모르게 실무 능력까지 향상시킬 수 있습니다.

이 책을 통하여 많은 분들이 구글 스프레드시트의 매력을 느끼게 되었으면 좋겠습니다.
끝으로 이 책을 믿고 선택해 주신 독자 여러분과 좋은 책을 만들어 주신 박슬기 차장님, 박선영 실장님을 비롯한 길벗 출판사 편집진 분들께 깊이 감사드립니다.

2022. 05. 진은영 드림

# 책 구성 미리보기

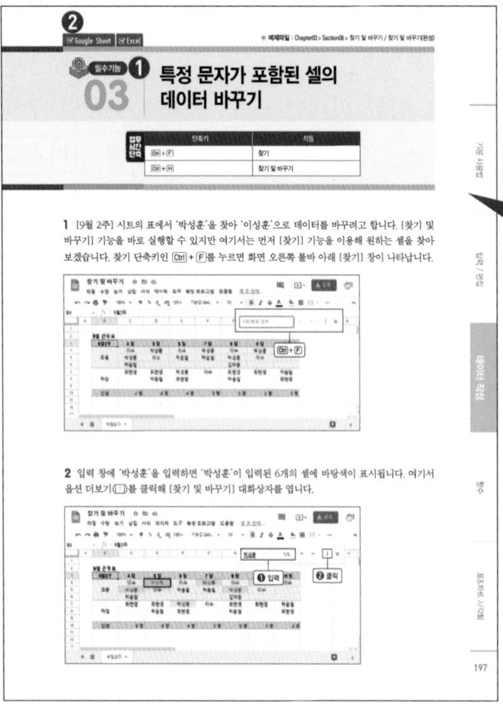

ⓑ Google Sheet ☑ Excel

※ 예제파일 : Chapter03 > Section06 > 찾기 및 바꾸기 / 찾기 및 바꾸기(완성)

필수기능 03 특정 문자가 포함된 셀의 데이터 바꾸기

| 업무 시간 단축 | 단축키 | 작동 |
|---|---|---|
| | Ctrl + F | 찾기 |
| | Ctrl + H | 찾기 및 바꾸기 |

1 [9월 2주] 시트의 표에서 '박성훈'을 찾아 '이성훈'으로 데이터를 바꾸려고 합니다. [찾기 및 바꾸기] 기능을 바로 실행할 수 있지만 여기서는 먼저 [찾기] 기능을 이용해 원하는 셀을 찾아 보겠습니다. 찾기 단축키인 Ctrl + F를 누르면 화면 오른쪽 툴바 아래 [찾기] 창이 나타납니다.

2 입력 창에 '박성훈'을 입력하면 '박성훈'이 입력된 6개의 셀에 바탕색이 표시됩니다. 여기서 옵션 더보기(⋮)를 클릭해 [찾기 및 바꾸기] 대화상자를 엽니다.

197

① **필수/핵심 기능**
학습할 때 우선순위를 둘 수 있게 필수 기능과 핵심 기능으로 예제를 분류해두었습니다.

② **구글 스프레드시트/엑셀**
구글 스프레드시트와 엑셀 두 가지 프로그램에서 모두 연동되는 기능도 한눈에 구분할 수 있게 표시하였습니다.

6 [새 폴더] 대화상자가 나타나면 폴더 이름 입력란에 '지원팀'을 입력하고 [만들기]를 클릭하세요.

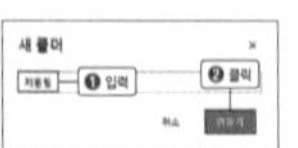


❸

**Tip**
구글 스프레드시트를 비롯하여 구글 드라이브의 모든 파일과 폴더에는 고유 주소가 부여되기 때문에 폴더나 파일을 같은 이름으로 사용해도 문제가 없지만 사용자가 식별하기 어려울 수 있습니다.

7 [내 드라이브]에 '지원팀' 폴더가 만들어졌습니다.

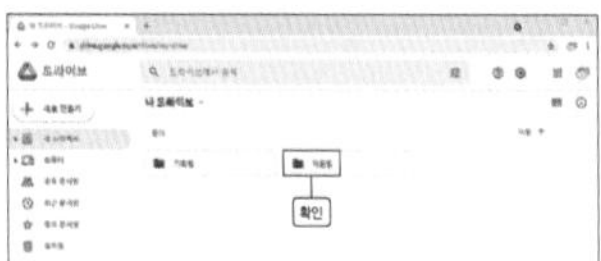


❹

잠깐만요 :: 드라이브 활동 내역 알아보기

[내 드라이브] 화면 오른쪽 상단의 세부 정보 보기 아이콘(ⓘ)을 클릭하면 드라이브 안의 모든 활동내역이 기록된 것을 확인할 수 있습니다. 여기서 다른 폴더를 선택하면 해당 폴더의 세부정보와 활동내역으로 바뀝니다.

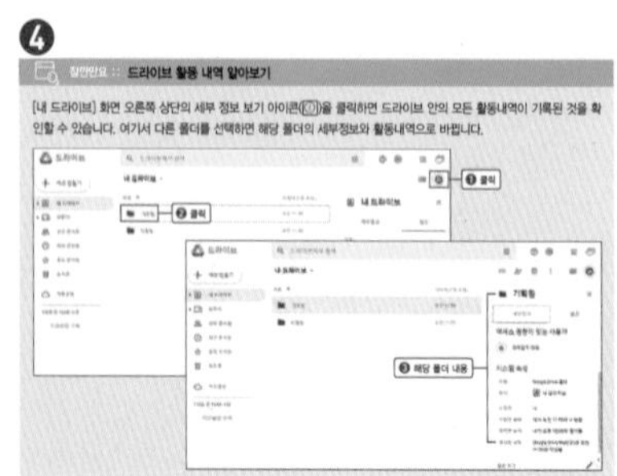


26

③ TIP
실습을 따라하면서 세부적인 옵션이나 궁금할 사항들을 정리해 놓았어요.

④ **잠깐만요!**
추가로 알아두면 좋을 팁과 주의할 점을 정리해 놓았습니다. 실무 능력 향상에 도움이 되니 꼭 읽어보세요.

▶ 구글 스프레드시트를 처음 배운다고 해서 모든 기능을 전부 익힐 필요가 없어요. 이 책에서는 업무에서 데이터를 빠르게 다룰 수 있는 필수 팁만 쏙쏙 뽑아 알려줍니다. 여러 가지 코너들의 숨은 정보도 놓치지 말고 챙기면 업무 능력이 빠르게 UP!

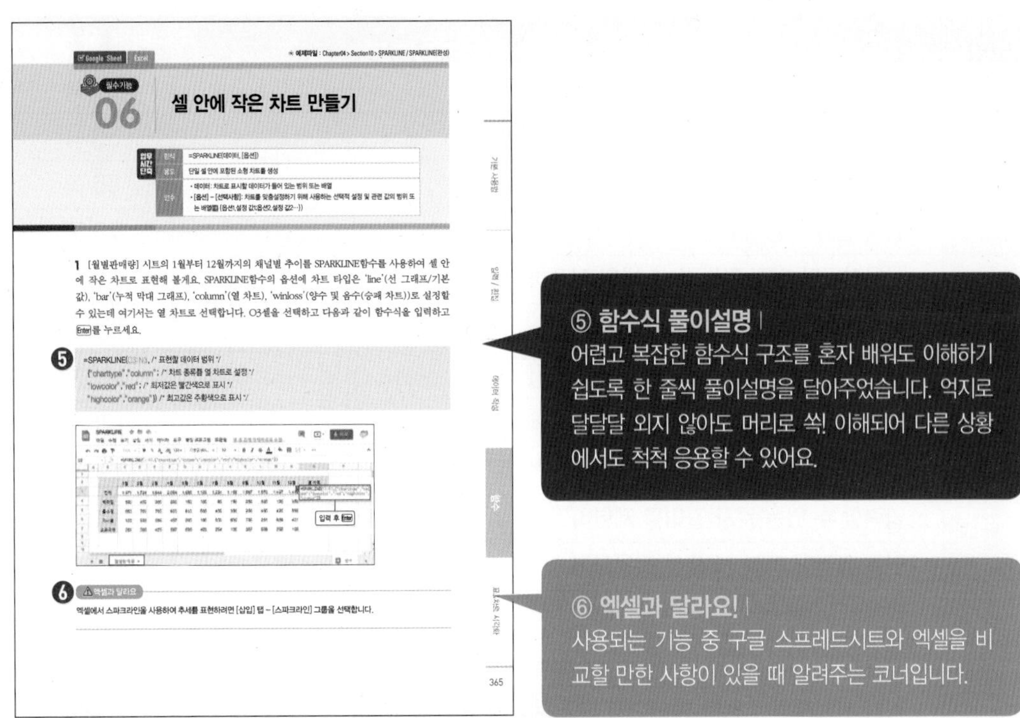


**⑤ 함수식 풀이설명 |**
어렵고 복잡한 함수식 구조를 혼자 배워도 이해하기 쉽도록 한 줄씩 풀이설명을 달아주었습니다. 억지로 달달달 외지 않아도 머리로 쏙! 이해되어 다른 상황에서도 척척 응용할 수 있어요.

**⑥ 엑셀과 달라요! |**
사용되는 기능 중 구글 스프레드시트와 엑셀을 비교할 만한 사항이 있을 때 알려주는 코너입니다.

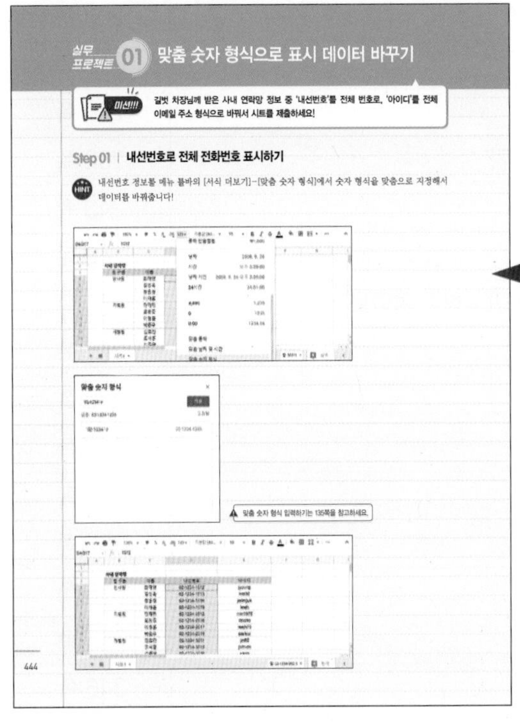


**| 실무 프로젝트 연습문제 |**
앞에서 구글 스프레드시트의 기능을 총망라해서 배워보았다면 이제는 실전이라 생각하고 실무에서 자주 쓰이는 프로젝트 미션에 도전해봅니다. 풀이 설명은 자기가 막히는 부분만 골라서 빠르게 찾아 볼 수 있도록 동영상 자료로 제공합니다.

# 직장인을 위한 핵심 기능만 모았다!

▶ 한 눈에 알아보기 쉬운 구글 스프레드시트의 핵심 기능표를 제공하여 빨리 처리해야 할 업무가 있을 때 요긴하게 사용할 수 있습니다.

## 학습할 때 필요한 정보들은 모두 여기에!

### 예제 및 완성 파일 다운로드

스마트폰에서 카메라 앱을 실행하고 책 속 QR 코드에 초점을 맞추면 예제 및 완성 파일을 다운로드 받을 수 있는 구글 스프레드시트 링크가 나타나요. 해당 링크를 클릭해서 예제 및 완성 파일을 사본으로 저장하여 사용하세요.

크롬 브라우저 https://bit.ly/3k97qAz에 접속해도 예제 및 완성 파일을 다운로드할 수 있어요.

### 저자 영상 강의 무료 제공

스마트폰에서 카메라 앱을 실행하고 책 속 QR 코드에 초점을 맞추면 접속 가능한 유튜브 링크가 자동으로 나타납니다. 링크를 클릭해 동영상 강의를 실행하세요. 스마트폰에 이미 유튜브 앱이 설치되어 있다면 유튜브 앱 안에서 영상을 볼 수 있어요.

▶ 저자의 유튜브 채널 '공대녀의 엑셀천재'에서도 책 속 강의를 시청할 수 있어요.

# 목차

## CHAPTER 01 간단한 방법으로 구글 스프레드시트 시작하기



## CHAPTER 02 작업에 속도가 붙는 데이터 입력/편집하기

## CHAPTER 03 실력향상! 데이터 추출하고 가공하기

# CHAPTER 04 복잡한 계산도 척척, 함수의 원리 익히기

## 특별부록 구글 스프레드시트 실무 프로젝트 10

영상강의 제공



## 무엇이든 물어보세요!

### 길벗출판사 홈페이지에 방문해 보세요.

책을 보다 모르는 내용이 나오거나 오류를 발견한 경우에는 길벗출판사 홈페이지(www.gilbut.co.kr) 회원으로 가입하여 로그인한 후 [고객센터 ··· 1:1 문의]에 질문을 올리거나 저자가 운영 중인 SNS 채널에 문의해 보세요. 길벗독자지원센터와 저자가 신속하고 친절하게 답변해 드릴게요.

길벗 홈페이지(gilbut.co.kr) 회원 가입 후 로그인하기 ··· [고객센터] – [1:1 문의] 게시판에서 '도서 이용'을 클릭하고 책 제목 검색하기 ··· '문의하기'를 클릭해 새로운 질문 등록하기

### 저자의 SNS 채널에 방문해 보세요.

- 유튜브 : 공대녀의 엑셀천재
- 네이버TV : https://tv.naver.com/yyexcel
- 카카오톡 : pf.kakao.com/_qYcuT
- 블로그 : blog.naver.com/eyjin85

# 구글 스프레드시트를 선택해야 하는 이유

## "구글 스프레드시트 VS 엑셀, 뭐가 더 나을까요?"

스프레드시트 프로그램인 구글 스프레드시트와 오피스 엑셀은 기능이나 함수 사용법, 인터페이스가 거의 동일합니다.

아직까지 구글 스프레드시트보다는 엑셀이 좀 더 대중화되어 사용자가 더 많습니다. 그리고 엑셀 사용자들은 구글 스프레드시트가 엑셀에 비해 다소 디테일하지 못한 부분 때문에 아쉬움을 토로합니다.

윈도우 환경의 프로그램으로 개인 컴퓨터를 기반하여 데이터 작업이 이루어지는 엑셀과는 달리 구글 스프레드시트는 인터넷 서비스로 웹브라우저를 통하여 데이터 작업이 이루어집니다. 또한 매달 구독료를 지불하거나 구입 후 설치해야 하는 엑셀과 달리 워크 스페이스 서비스의 일환으로 개인 사용자는 무료 사용이 가능합니다(기업 사용자들을 위해 유료 제공). 거기에 구글 스프레드시트는 엑셀보다 사용하기 편리하고 효율적인 협업이 가능합니다. 이러한 이유로 예전보다 원격진료나 재택근무, 원격수업 등으로 클라우드 기반의 서비스가 활발해지면서 구글 스프레드시트를 활용하는 기업들이 늘어나고, 이에 발맞춰 구글은 빠르고 적극적으로 서비스를 업데이트해 엑셀이 아닌 구글 스프레드시트를 선택하는 사용자가 급격히 늘고 있습니다.

**"구글 스프레드시트만의 강점, 미리 알고 배웁시다!"**

## ✓ 협업을 위한 온라인 작업

구글 스프레드시트는 클라우드 기반의 인터넷 서비스입니다. 웹브라우저를 통해 고유의 스프레드시트 주소로 접속하여 작업하므로 더 이상 파일을 전달하거나 공유하는 과정을 거치지 않아도 됩니다. 스프레드시트의 주소와 권한만 가지고 있다면 어느 누구든 동시에 접속하여 함께 공동 작업이 가능하고 작업 내용은 실시간 자동 저장됩니다. 사용자의 작업 내역은 자동으로 기록되어 추적이 가능하며 특정 시점으로 되돌려 문서의 버전 관리도 할 수 있습니다.

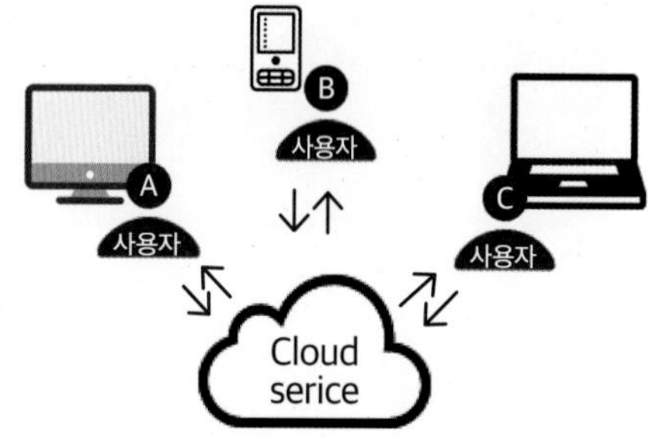


## ✓ 강력한 배열 수식

보통 함수에 단독으로 쓰이는 인수를 하나의 셀 말고도 여러 셀을 지정하여 배열(범위)로 만들어 계산할 수 있는데, 구글 스프레드시트는 이처럼 인수를 배열로 사용하는 것 이외 출력 값이 범위 형태인 배열 함수의 종류가 다양합니다.

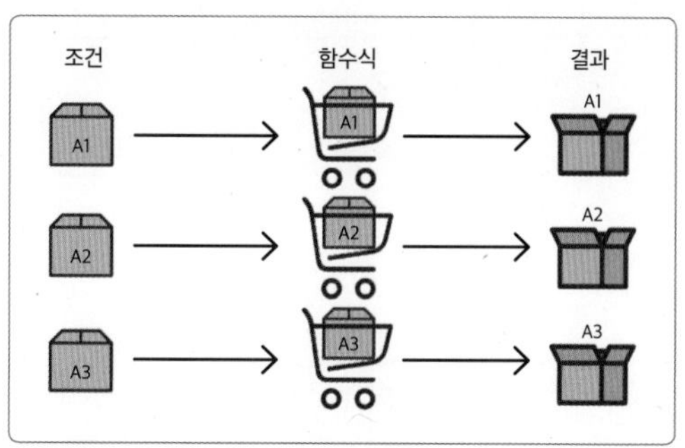


▲ **조건을 단일 셀로 받아 함수식을 처리하는 경우** : 조건에 따라 상대 참조는 함수식을 여러 번 입력해 각 결과를 도출

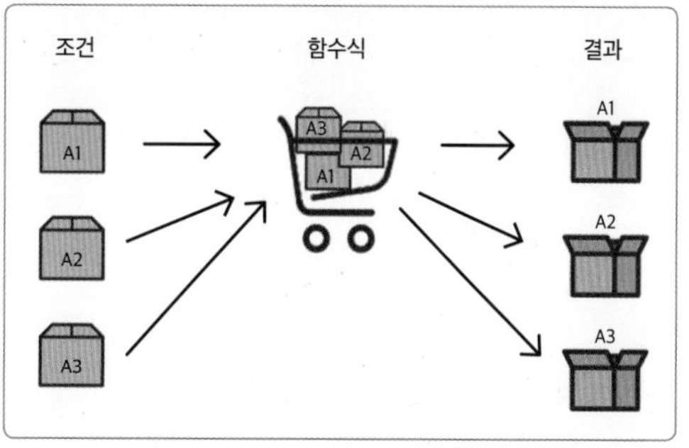


▲ **조건을 범위로 받아 함수식을 처리하는 경우** : 여러 셀의 조건을 한 번에 받아 각 결과를 한 번에 도출

## 구글의 다양한 서비스 연계

구글 스프레드시트를 구글 서비스인 드라이브와 함께 사용하여 공동 저장공간을 만들거나 데이터 스튜디오와 연결하여 손쉽게 실적 대시보드를 구축하고 설문지 조사결과를 구글 스프레드시트로 받는 등 구글의 다양한 서비스와 연계하여 업무 생산성과 효율을 극대화할 수 있습니다.

사용자들은 시간과 장소에 구애받지 않는 인터넷이 가능한 곳이라면 구글 스프레드시트를 쉽게 사용할 수 있습니다. 우선 서비스에 접근하는 방법부터 빠르게 익혀봅시다.

Section 01 생산성을 높이는 공유의 구조화하기

CHAPTER

01

# 간단한 방법으로 구글 스프레드시트 시작하기

SECTION

# 01

# 생산성을 높이는 공유의 구조화

여러 사용자들과 구글 스프레드시트를 통하여 실시간으로 협업하여 업무의 생산성을 높이고 구글의 다양한 서비스를 연계해 사용함으로써 더욱 접근성을 높일 수 있습니다.

# 필수기능 01 구글 스프레드시트 계정 만들기

**1** 구글 서비스를 사용하기 위해 계정을 만들어 볼게요. 웹브라우저에 www.google.co.kr을 입력하여 구글 사이트로 이동하고 [로그인]을 클릭합니다.

**2** 로그인 화면으로 이동하면 [계정 만들기]-[본인 계정]을 선택합니다.

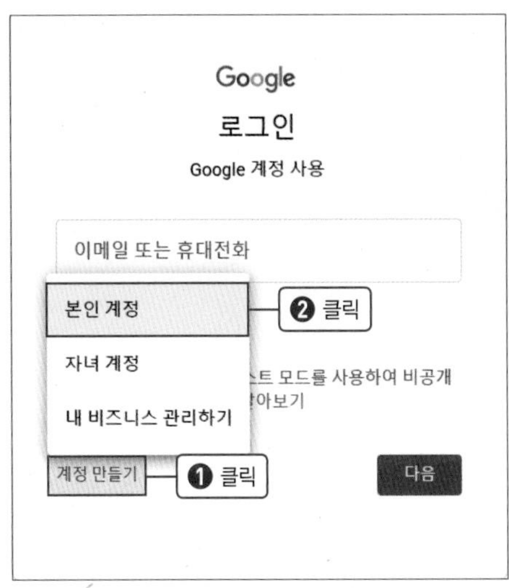

**3** Google 계정 만들기 화면으로 이동하면 사용자의 성/이름/사용자 이름(이메일 주소로 사용할 ID)/비밀번호를 입력한 후 [다음]을 클릭합니다.

**4** 다음 화면으로 이동하면 계정 보안 용도로 사용할 전화번호/복구 이메일 주소/연도/월/일/성별을 입력하고 [다음]을 클릭합니다.

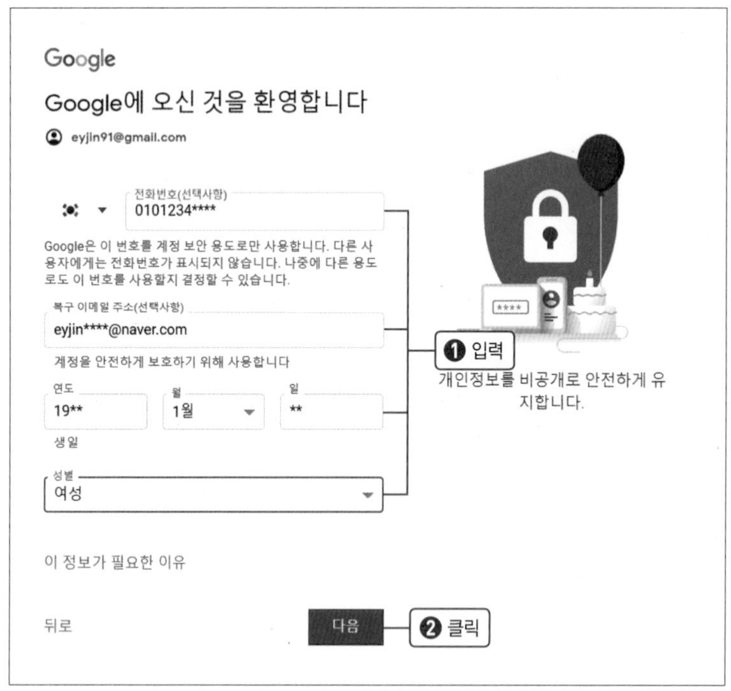

**5** 본인 확인을 위한 전화번호 인증 화면이 나타나면 자신의 전화번호를 확인한 후 [보내기]를 클릭합니다.

**6** 입력한 전화번호로 인증 코드가 수신되면 인증 코드 입력란에 인증 번호를 입력한 후 [확인]을 클릭합니다.

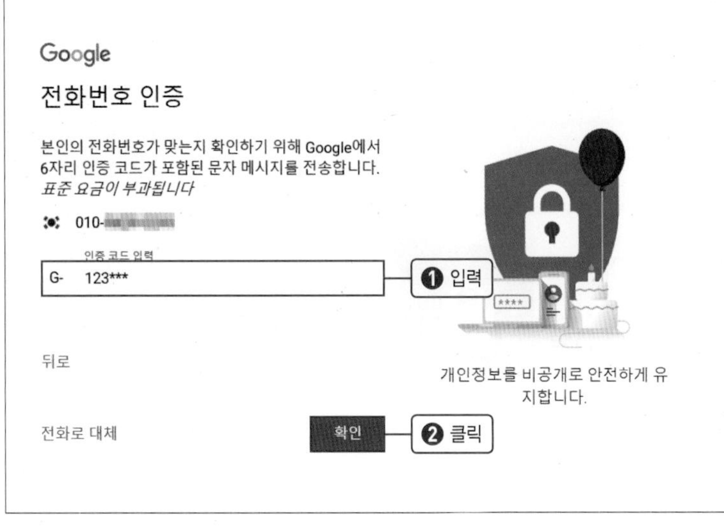

**7** 전화번호 활용에 대한 페이지로 이동하면 '옵션 더보기'를 클릭합니다.

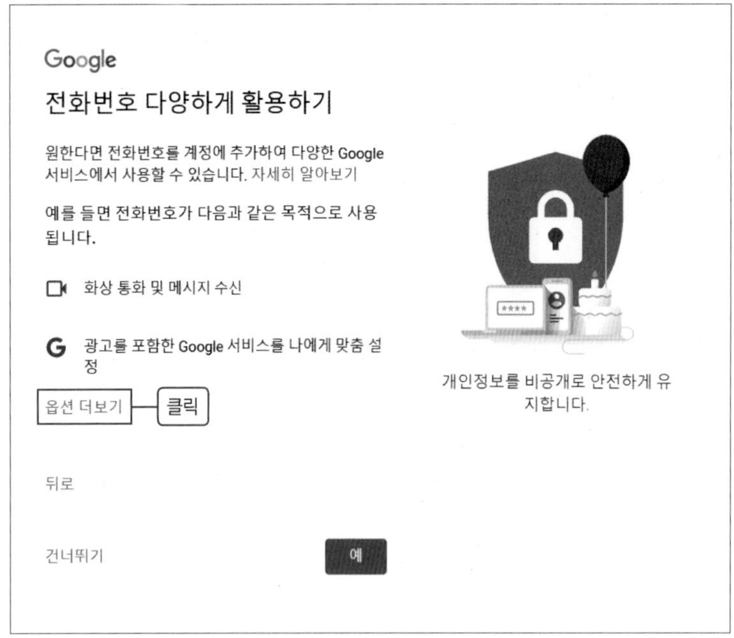


**8** 계정 보안, 화상 통화, 광고 등 전화번호를 어떤 용도로 사용할지 나에게 맞는 옵션을 선택하고 [완료]를 클릭합니다.

**9** 개인정보 보호 및 약관 페이지로 이동하면 구글 서비스 이용 약관에 동의하고 [계정 만들기]를 클릭하여 계정을 만듭니다. 이제 구글 서비스를 사용할 준비가 되었습니다.

Google

개인정보 보호 및 약관

**Google 계정을 생성하기 전에 Google의 약관을 주의 깊게 읽어보시기 바랍니다.** Google 계정을 생성하기 위해서는 Google 서비스 약관, 위치서비스 이용약관 및 개인정보 수집항목·이용목적·보유기간에 동의해야 합니다.

Google의 서비스 약관에는 사용자와 Google의 관계, Google 서비스에서 제공하는 콘텐츠와 소프트웨어의 사용, 분쟁 해결을 포함하지만 이에 국한되지 않는 중요한 내용이 설명되어 있습니다.

또한 계정을 만들 때 Google에서는 다음과 같은 주요 사항을 포함하여 Google 개인정보처리방침에 설명된 바와 같이 사용자의 정보를 처리합니다.

사용자가 **Google**을 사용할 때 **Google**에서 처리하는 정보

- Google 계정을 설정할 때 제공하신 이름, 이메일 주소, 전화번호와 같은 정보가 저장됩니다.
- 사용자가 Gmail에서 메시지를 작성하거나 YouTube 동영상에 댓글을 다는 등의 활동을 하기 위해 Google 서비스를 사용하면 Google은 사용자가 만든 정보를 저장합니다.

Google에서 수집하는 데이터와 사용 방법을 관리할 수 있습니다.

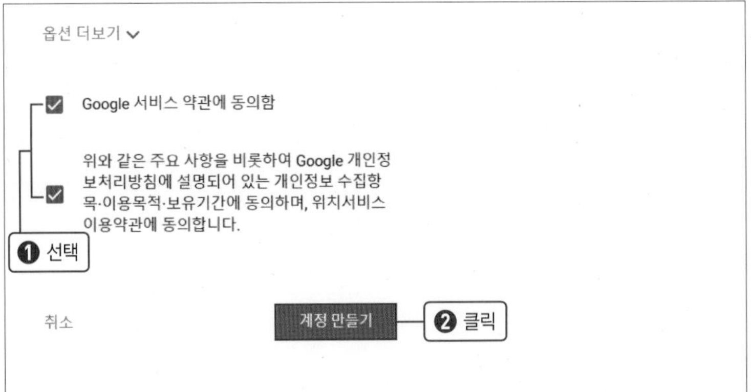
옵션 더보기
Google 서비스 약관에 동의함
위와 같은 주요 사항을 비롯하여 Google 개인정보처리방침에 설명되어 있는 개인정보 수집항목·이용목적·보유기간에 동의하며, 위치서비스 이용약관에 동의합니다.
❶ 선택
취소
계정 만들기
❷ 클릭

# 구글 드라이브로 폴더 관리하기

**1** 개인 PC의 사용 목적이나 자료의 성격에 따라 폴더를 만들어 파일을 보관하는 것처럼 구글 드라이브에 폴더를 만들고 공유해 볼게요. 구글 사이트에 로그인하고 화면 우측 상단에 구글 앱 아이콘(▦)을 클릭하여 드라이브를 선택합니다.

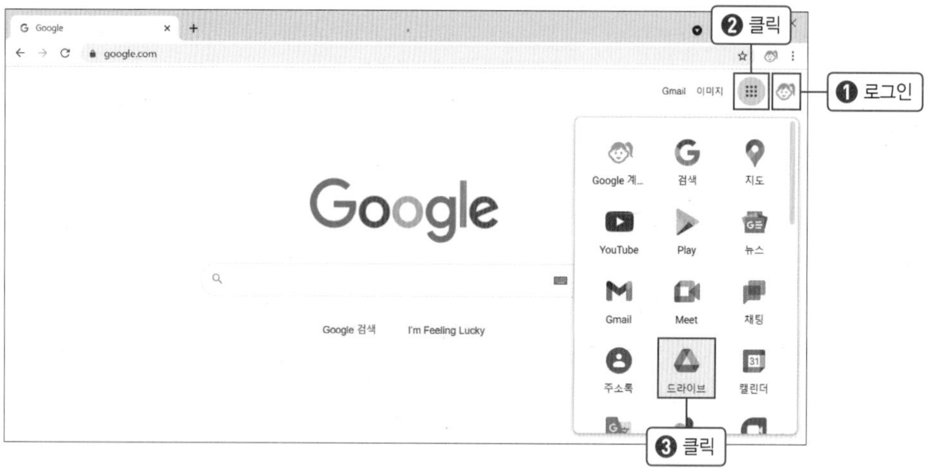


**2** 구글 드라이브 화면으로 이동하면 왼쪽 상단의 [새로 만들기]를 클릭합니다.

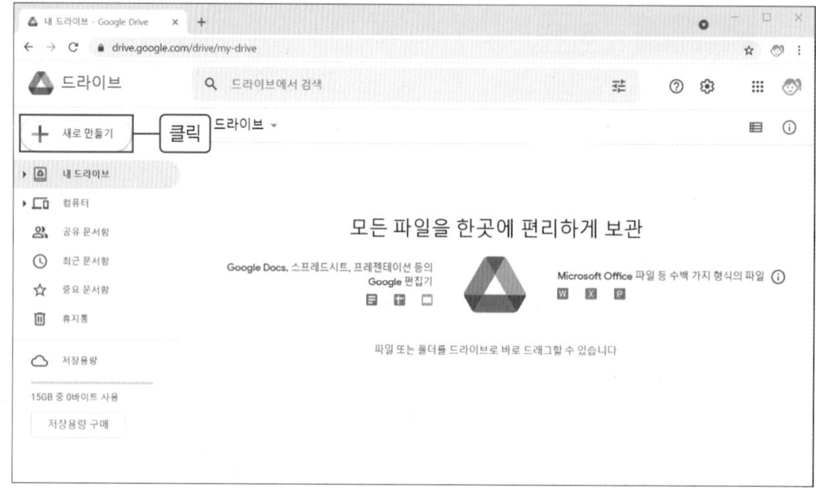

**3** 여기서 개인 PC의 파일이나 폴더를 업로드하거나 구글 문서, 구글 스프레드시트 등을 만들 수 있는데 우선 드라이브 안에 폴더를 만들기 위해 [폴더]를 선택할게요.

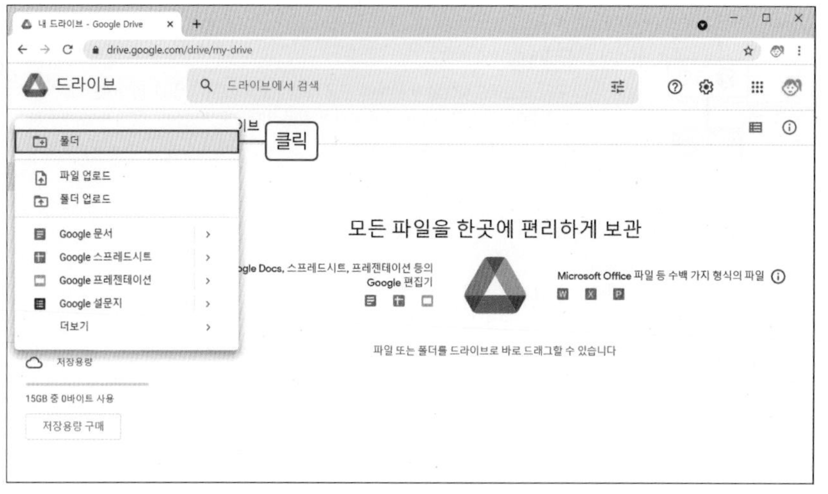


**4** [새 폴더] 대화상자가 나타나면 폴더 이름 입력란에 '기획팀'을 입력하고 [만들기]를 클릭합니다.

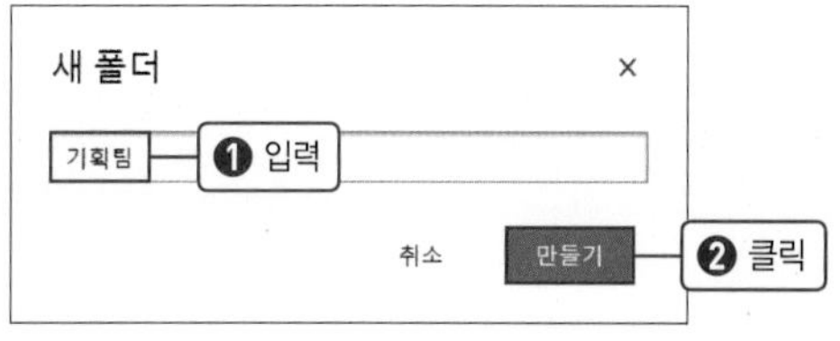


**5** [내 드라이브]에 '기획팀' 폴더가 생성되었습니다. 이번에는 다른 방법으로 폴더를 하나 더 만들어 볼게요. [내 드라이브] 화면에서 [마우스 오른쪽 버튼]을 클릭하여 [새 폴더]를 선택합니다.

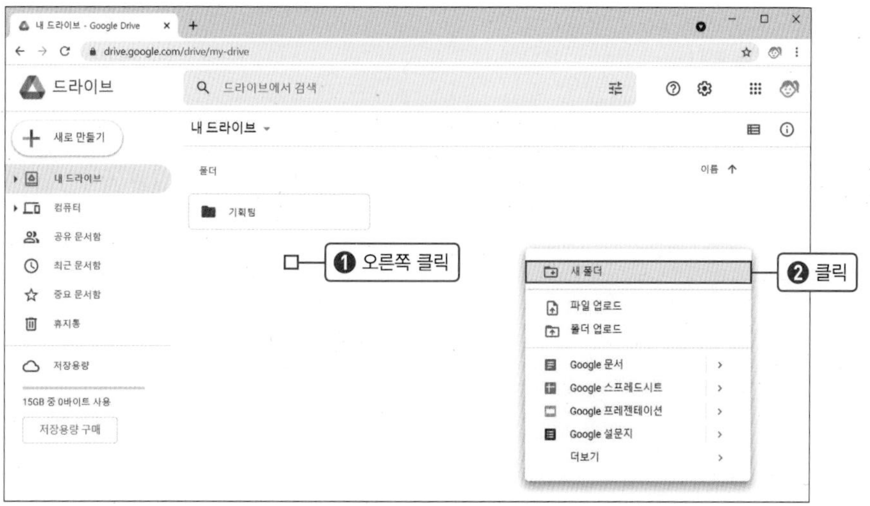

**6** [새 폴더] 대화상자가 나타나면 폴더 이름 입력란에 '지원팀'을 입력하고 [만들기]를 클릭하세요.

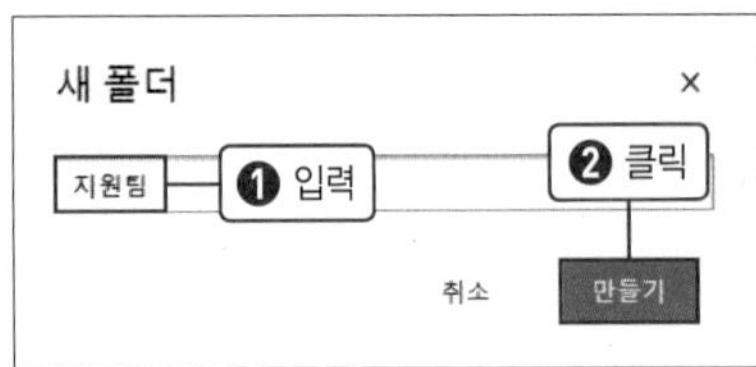


**Tip**
구글 스프레드시트를 비롯하여 구글 드라이브의 모든 파일과 폴더에는 고유 주소가 부여되기 때문에 폴더나 파일을 같은 이름으로 사용해도 문제가 없지만 사용자가 식별하기 어려울 수 있습니다.

**7** [내 드라이브]에 '지원팀' 폴더가 만들어졌습니다.

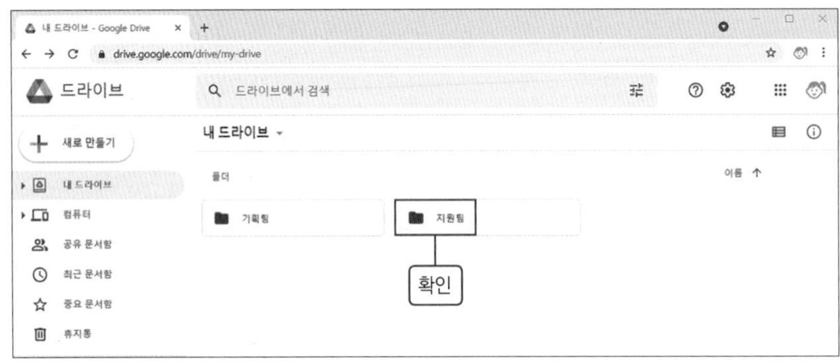


### 잠깐만요 :: 드라이브 활동 내역 알아보기

[내 드라이브] 화면 오른쪽 상단의 세부 정보 보기 아이콘(ⓘ)을 클릭하면 드라이브 안의 모든 활동내역이 기록된 것을 확인할 수 있습니다. 여기서 다른 폴더를 선택하면 해당 폴더의 세부정보와 활동내역으로 바뀝니다.

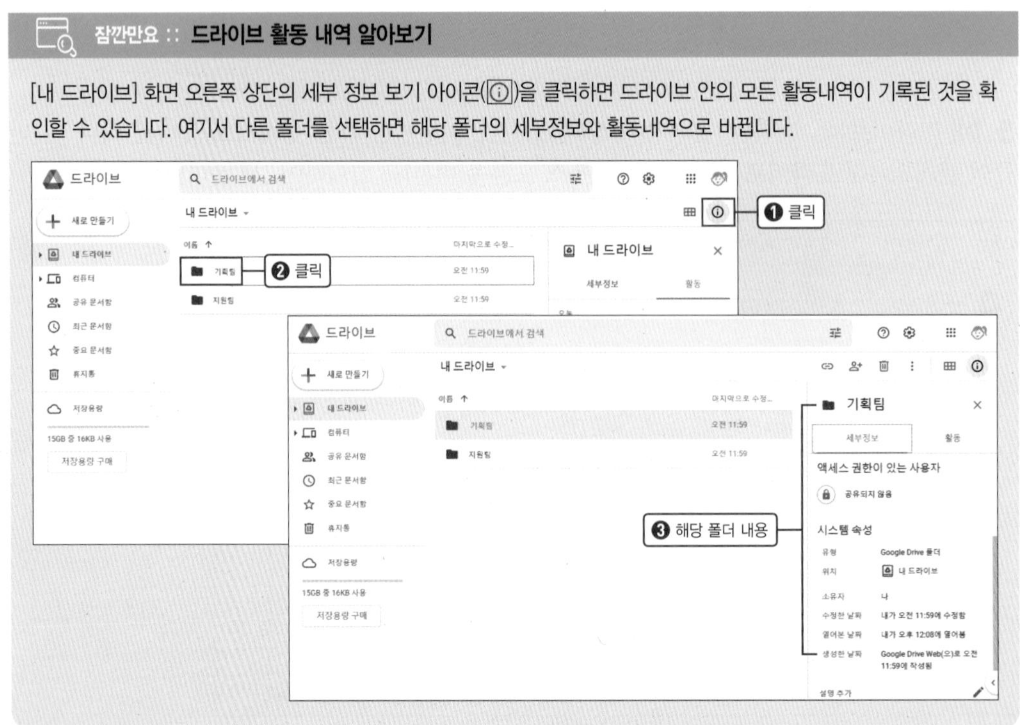

필수기능 03

# 구글 스프레드시트 생성하기

업무 시간 단축

| 빈 스프레드시트 생성 후 | 스프레드시트 제목 변경 후 |
|---|---|
| | 빈 스프레드시트를 생성 후 작업 내용이 기록되면 이동( )과 문서 상태 확인( ) 아이콘이 나타나면서 파일이 자동으로 저장됩니다. |
| 제목 없는 스프레드시트 ☆<br>파일 수정 보기 삽입 서식 데이터 도구 | 업무일지 ☆<br>파일 수정 보기 삽입 서식 데이터 도구 |

**1** 구글 드라이브의 '기획팀' 폴더 안에 스프레드시트를 만들어 볼게요. 기획팀 폴더를 더블클릭합니다.

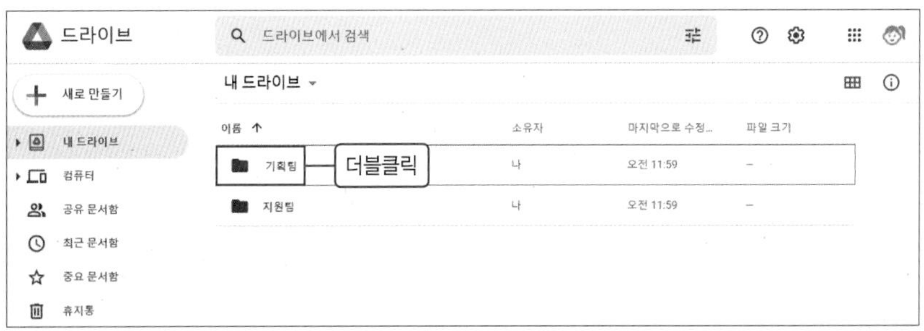


**2** '내 드라이브 > 기획팀' 화면으로 이동하면 왼쪽 상단의 [새로 만들기]를 클릭합니다.

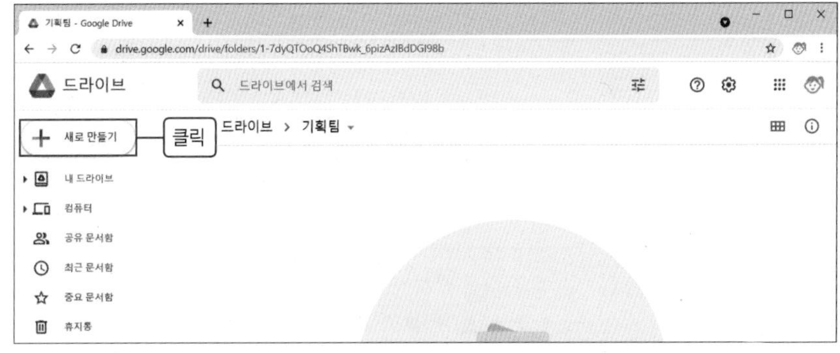

**3** [Google 스프레드시트]를 선택하여 빈 스프레드시트 또는 템플릿을 만들 수 있는데 여기서 '빈 스프레드시트'를 선택할게요.

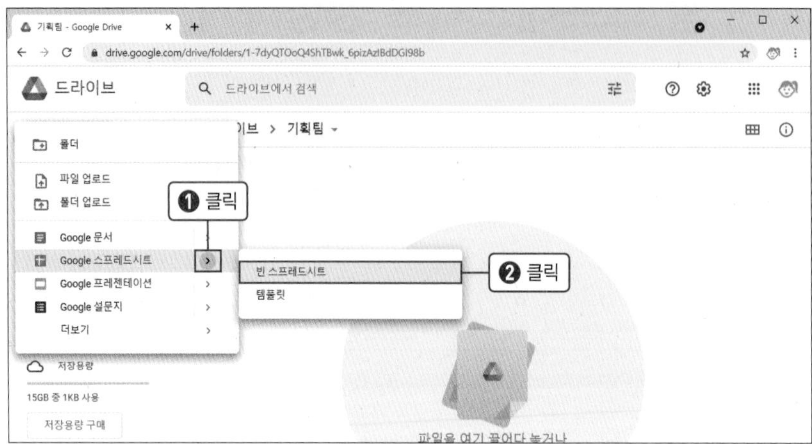


**4** 새 창이 나타나면 '제목 없는 스프레드시트'의 제목을 클릭하여 파일 이름을 '업무일지'로 변경해 봅니다.

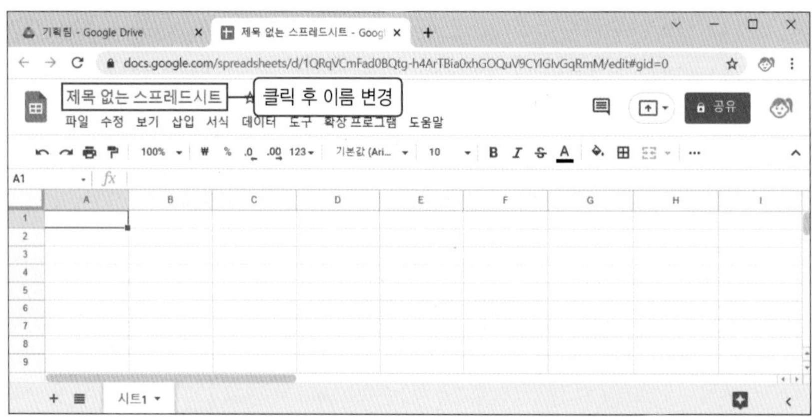


**5** 스프레드시트의 이름을 '업무일지'로 변경했습니다. 만든 스프레드시트의 작업내역은 변경 사항이 있을 때마다 자동으로 반영되어 사용자가 별도로 저장할 필요가 없습니다.

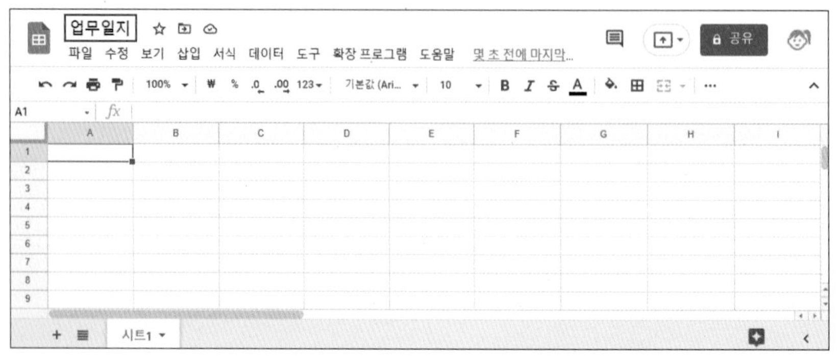


**Tip**

만약 빈 스프레드시트를 만들고 아무 작업을 하지 않고 닫을 경우에는 파일이 저장되지 않습니다.

**6** 다시 구글 드라이브를 확인해 볼게요. 브라우저의 '기획팀-Google Drive' 탭을 선택하고 '내 드라이브 > 기획팀' 폴더에서 '업무일지' 스프레드시트로 이름이 변경된 것을 확인합니다.

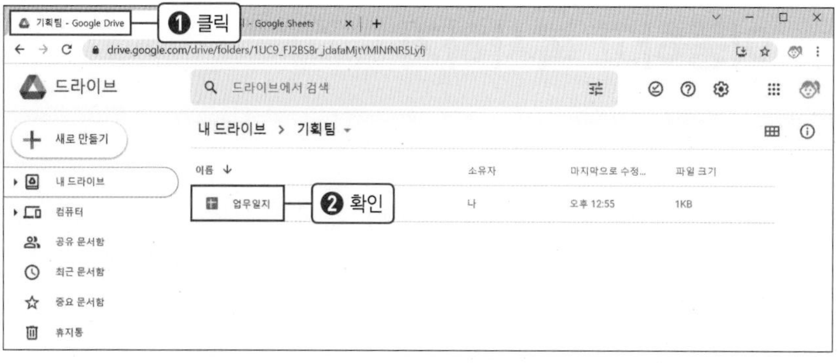


## 잠깐만요 :: Google 앱 아이콘 사용하기

구글 사이트에 로그인한 상태에서 Google 앱 아이콘을 클릭하여 '스프레드시트'를 선택하면 구글 드라이브를 거치지 않고 바로 '스프레드시트'로 이동할 수 있어요.

스프레드시트 페이지로 이동하면 '새 스프레드시트 시작하기'의 '내용 없음'을 선택하여 빈 스프레드시트를 만들 수 있으며 화면 하단에는 최근 마지막으로 열어본 파일들이 표시되어 목록에서 파일을 선택하거나 파일 선택기 열기 아이콘(□)을 클릭하여 필요한 파일을 찾아 사용할 수 있습니다.

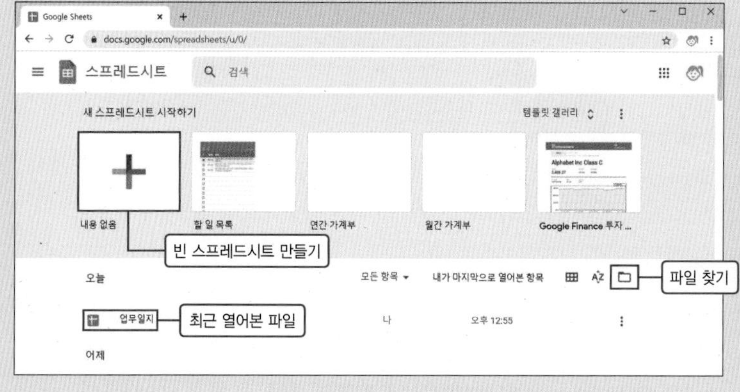

# 필수기능 04 구글 스프레드시트 이동하고 복사하기

**1 이동** '기획팀' 폴더 안에 만든 '업무일지' 파일을 '지원팀' 폴더로 이동해 보겠습니다. 업무일지 스프레드시트를 열고 [파일]-[이동]을 클릭하거나 제목 옆 이동 아이콘(📁)을 클릭합니다.

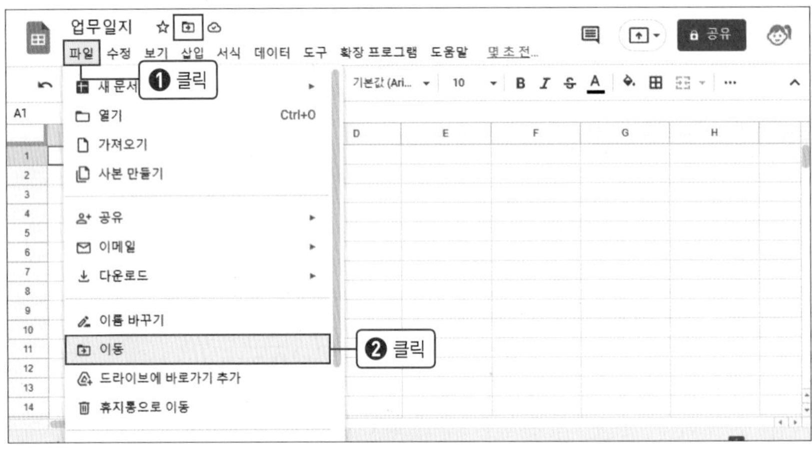


**2** 이동 창이 나타나면 '업무일지' 파일이 저장된 현재 위치를 확인할 수 있는데 여기서 뒤로 버튼(←)을 클릭하여 상위 단계로 이동할게요.

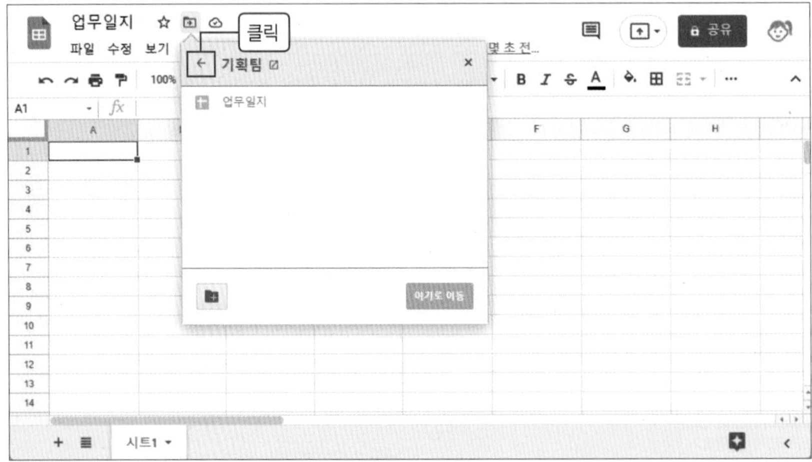

**3** 내 드라이브의 폴더 목록이 나타나면 '지원팀' 폴더를 선택하고 [이동]을 클릭합니다.

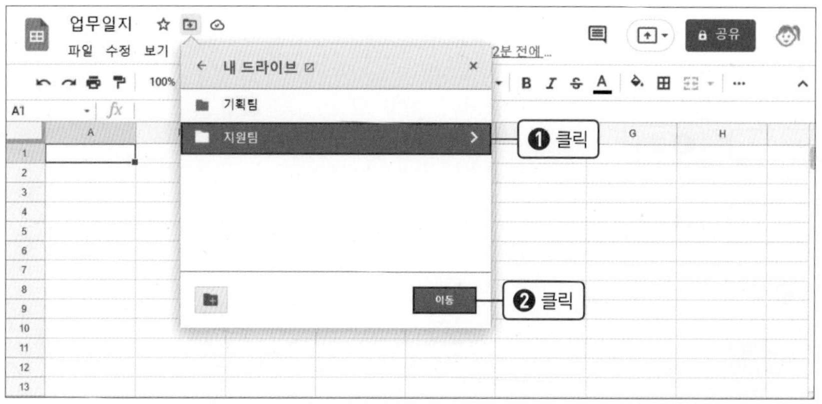


**4** '업무일지' 파일이 '기획팀'에서 '지원팀'으로 이동되었습니다.

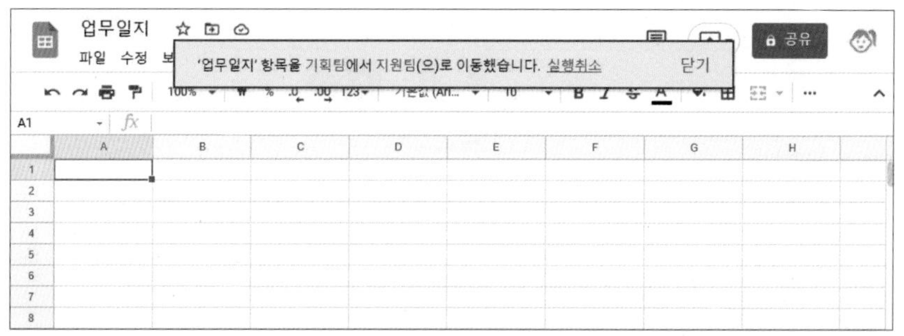


**1 복사** 이번에는 '업무일지' 파일의 사본을 만들어 볼게요. [파일]-[사본 만들기]를 클릭합니다.

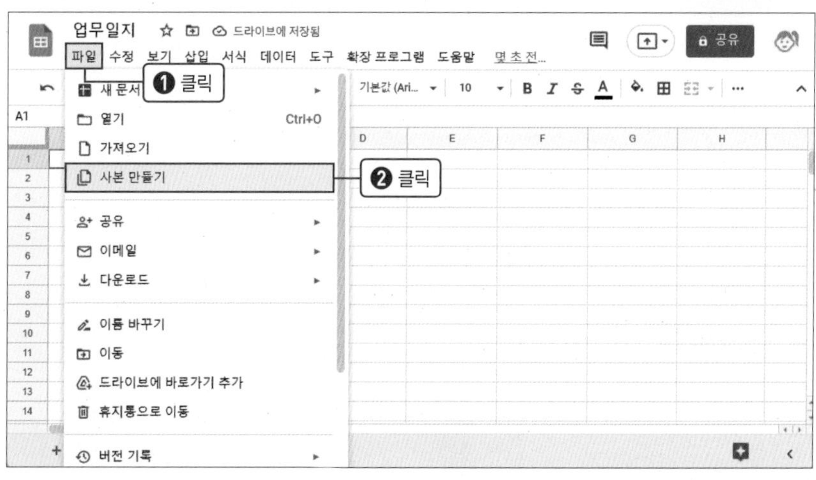

**2** [문서 복사] 대화상자가 나타나면 '이름' 입력란에 '업무일지_보고용'으로 입력하고 '폴더'에 '지원팀'을 선택하여 같은 폴더 내에 복사할게요. [확인]을 클릭합니다.

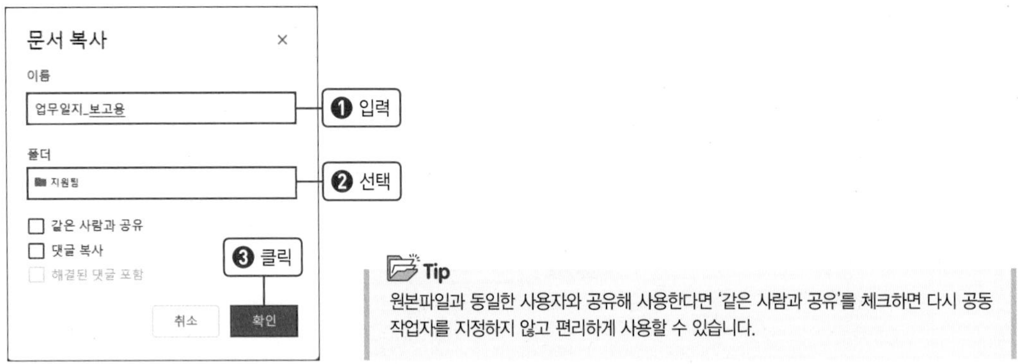


**Tip**

원본파일과 동일한 사용자와 공유해 사용한다면 '같은 사람과 공유'를 체크하면 다시 공동 작업자를 지정하지 않고 편리하게 사용할 수 있습니다.

**3** 지원팀 폴더 안에 업무일지 사본인 '업무일지_보고용' 파일이 만들어졌습니다. 이동 아이콘(📁)을 클릭해 복사된 파일을 확인할 수 있습니다.

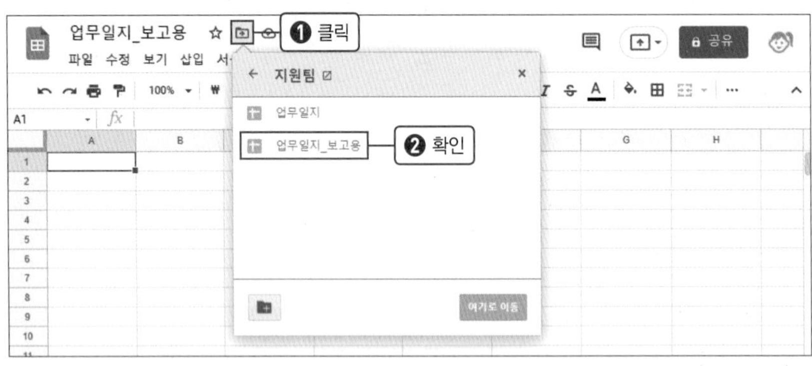


**잠깐만요 :: 구글 드라이브에서 바로 파일 컨트롤하기**

스프레드시트를 열지 않고 구글 드라이브에서 해당 파일에 마우스 오른쪽 버튼을 누르면 바로 사본을 만들거나 이동시킬 수 있어요.

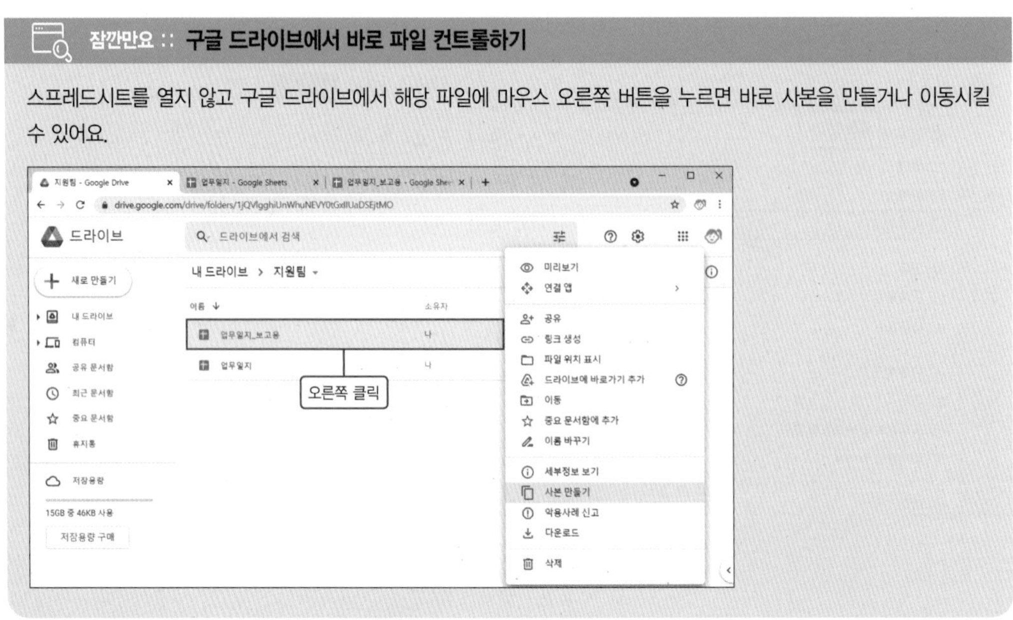

필수기능 05

# 파일에 접근할 수 있는 사용자별 권한 부여하기



**1** 다른 사용자와 예제 파일을 공유하여 사용해 볼게요. 화면 상단의 [공유]를 클릭합니다.

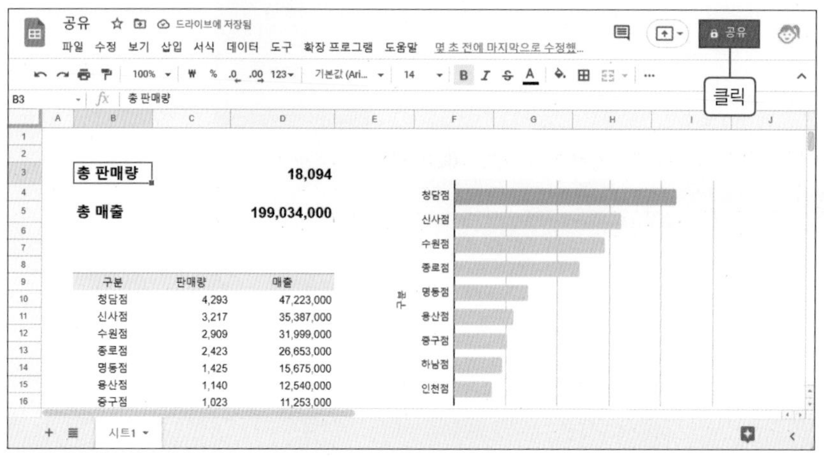


**Tip**

메뉴에서 [파일] – [공유] – [다른 사용자와 공유]를 선택해도 됩니다.

**2** [사용자 및 그룹과 공유] 대화상자가 나타나면 '사용자 및 그룹 추가' 입력란에 추가하려는 사용자의 이메일 주소를 입력합니다.

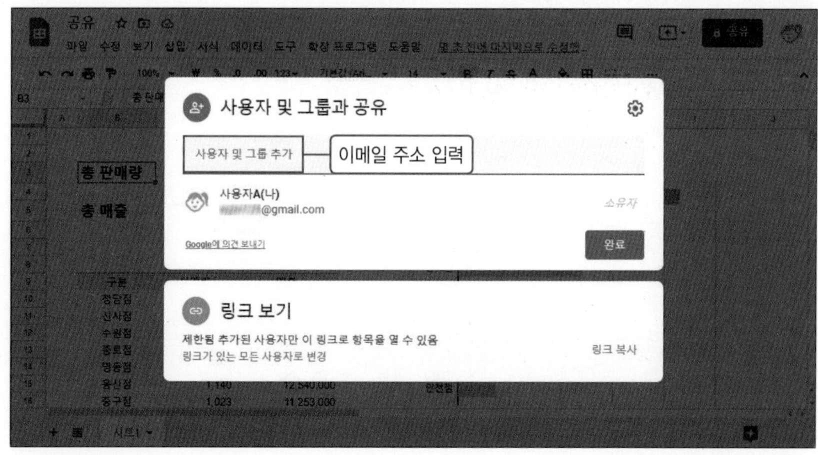

**3** 이메일 주소를 입력하면 아래와 같이 대화상자가 나타납니다. 여기서 추가하려는 사용자에게 해당 파일에 대해 '뷰어', '댓글 작성자', '편집자'의 권한 중 하나를 부여할 수가 있는데 우선 오른쪽 상단의 다른 사용자와 공유 설정 아이콘(⚙)을 클릭할게요.

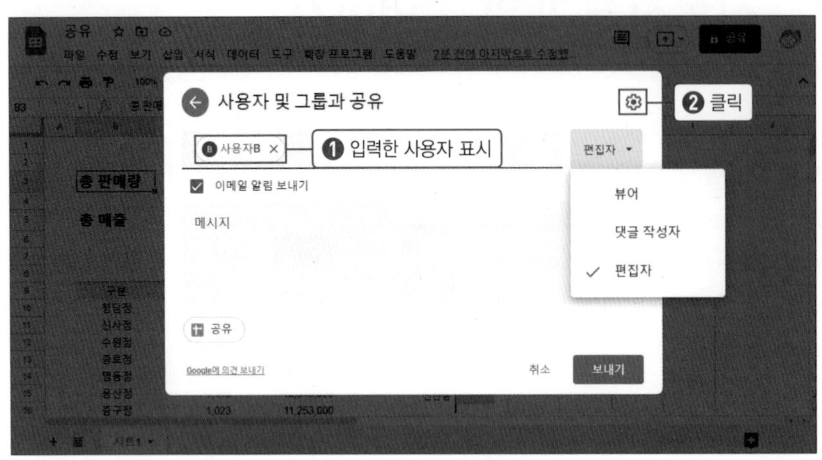


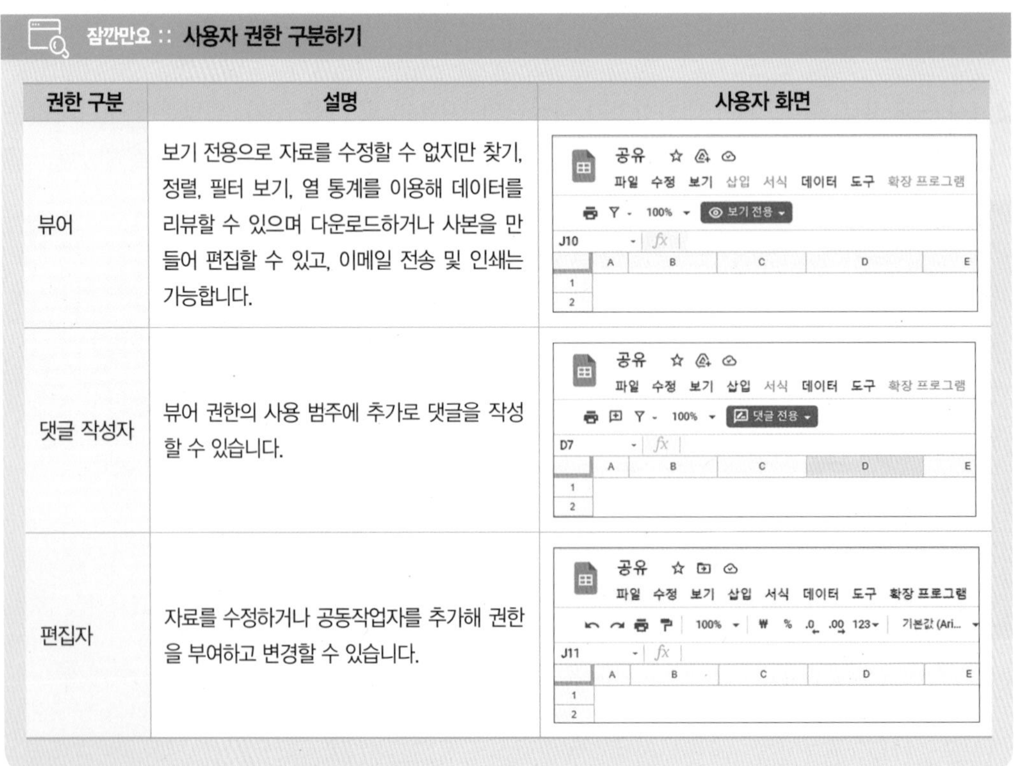

**잠깐만요 :: 사용자 권한 구분하기**

| 권한 구분 | 설명 | 사용자 화면 |
|---|---|---|
| 뷰어 | 보기 전용으로 자료를 수정할 수 없지만 찾기, 정렬, 필터 보기, 열 통계를 이용해 데이터를 리뷰할 수 있으며 다운로드하거나 사본을 만들어 편집할 수 있고, 이메일 전송 및 인쇄는 가능합니다. | 공유 / 파일 수정 보기 삽입 서식 데이터 도구 확장 프로그램 / 100% / 보기 전용 |
| 댓글 작성자 | 뷰어 권한의 사용 범주에 추가로 댓글을 작성할 수 있습니다. | 공유 / 파일 수정 보기 삽입 서식 데이터 도구 확장 프로그램 / 100% / 댓글 전용 |
| 편집자 | 자료를 수정하거나 공동작업자를 추가해 권한을 부여하고 변경할 수 있습니다. | 공유 / 파일 수정 보기 삽입 서식 데이터 도구 확장 프로그램 / 100% / 기본값 (Ari... |

**4** 이 대화상자에서 편집자와 뷰어에 주어지는 기본적인 권한 일부를 제한시킬 수 있습니다. 편집자 권한을 가진 사용자가 다른 사용자를 추가하거나 권한을 수정하지 못하도록 '편집자가 권한을 변경하고 공유할 수 있습니다.'에 체크를 해지하고 뒤로가기 버튼(←)을 클릭할게요.

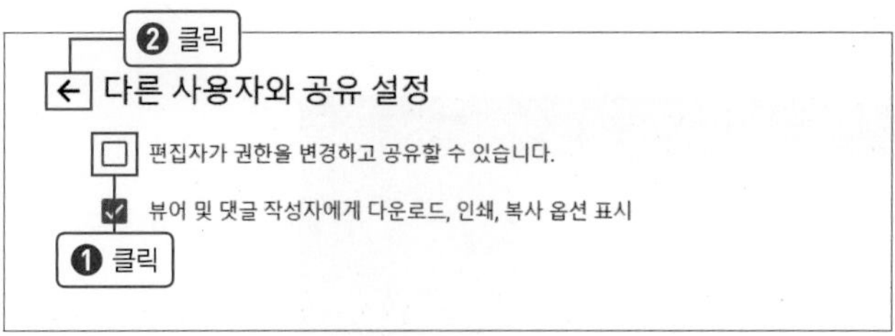


**5** 해당 사용자를 '편집자' 권한으로 설정하고 '이메일 알림 보내기'에는 체크를 해지한 후 [공유]를 클릭합니다.

**Tip**

이메일 알림 보내기에 체크하고 간단한 메시지를 전달하면 상대방에게 공유한 사실을 이메일로 전달할 수 있습니다.

**6** 구글 스프레드시트 화면 상단의 [공유]에 마우스를 가져가면 해당 자료에 몇 명의 공동작업자가 있는지 알 수 있습니다. [공유]를 클릭해 볼게요.

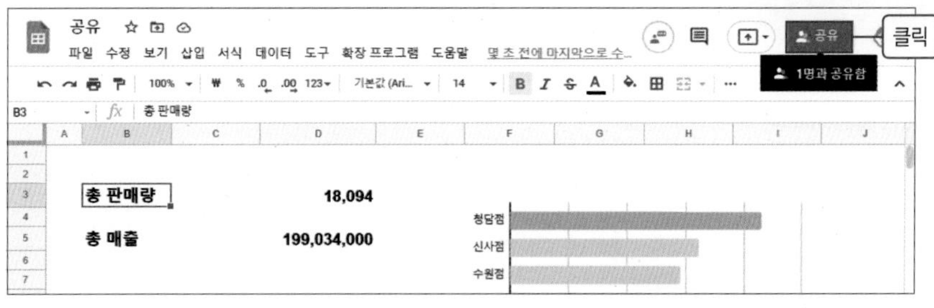

**7** 스프레드시트 소유자는 사용자 권한을 언제든지 변경하거나 삭제할 수 있으며 해당 스프레드시트의 소유자도 변경할 수 있습니다. 참고로 소유자는 한 명에게만 주어지는 권한이며 기존 소유자 권한을 가진 사용자가 다른 사용자를 소유자로 지정할 경우 상대가 수락하는 동시에 바로 본인은 편집자 권한으로 변경됩니다.

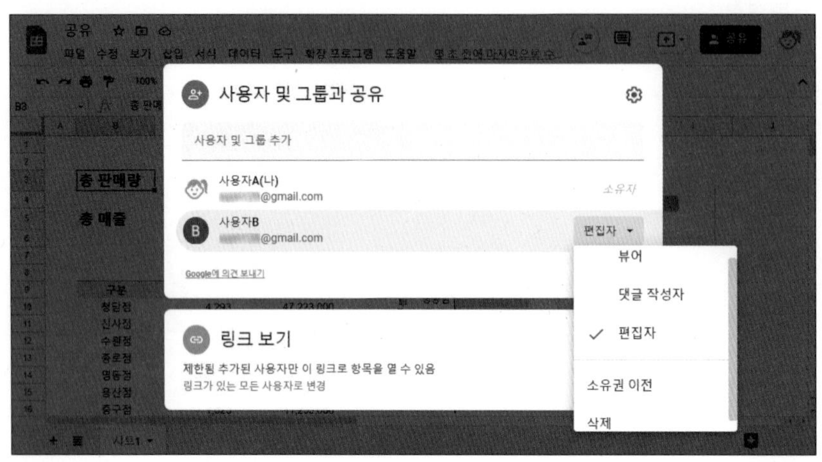


### 잠깐만요 :: 공유자의 작업 상태 확인하기

구글 스프레드시트를 다른 사용자와 공유하여 사용할 때 화면 상단의 채팅 표시 아이콘( )을 통하여 공동 작업자가 현재 해당 파일에 접속해 있는지 알 수 있으며 셀 선택 표시를 통해 작업 위치까지도 알 수 있어요.

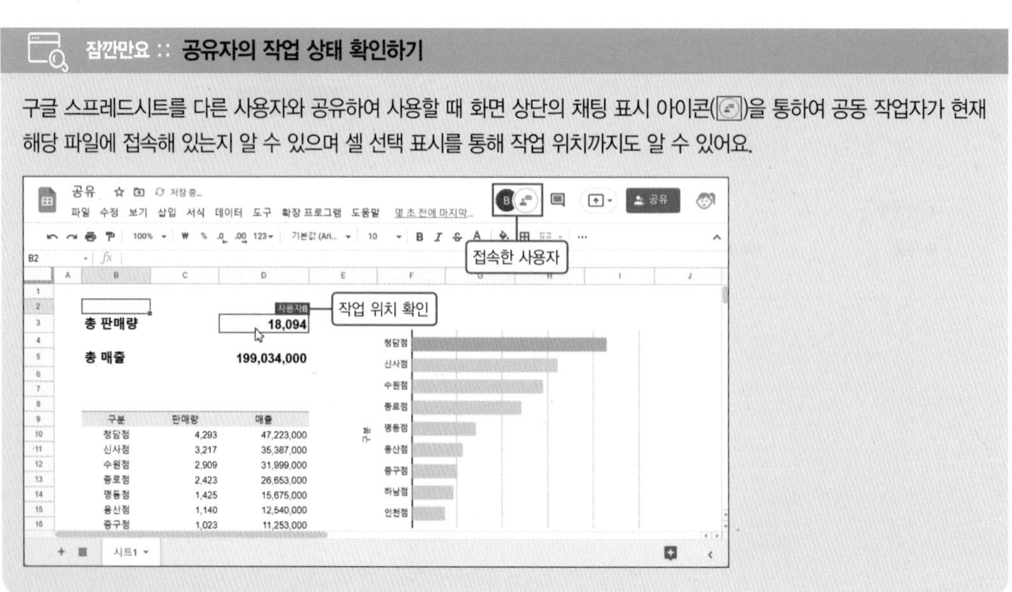

필수기능 06

# 불특정 사용자에게 스프레드시트 링크 공유하기

**1** 사용자를 제한하지 않고 링크 주소를 가진 불특정 사용자가 파일에 접근할 수 있도록 만들어 봅시다. 구글 스프레드시트 화면 상단의 [공유]를 클릭합니다.

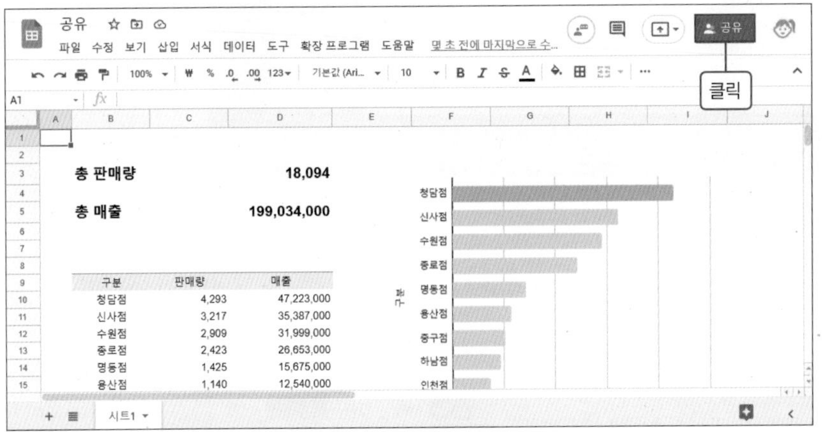


**2** [사용자 및 그룹과 공유] 대화상자가 나타나면 '링크 보기'에 '링크가 있는 모든 사용자로 변경'을 클릭합니다.

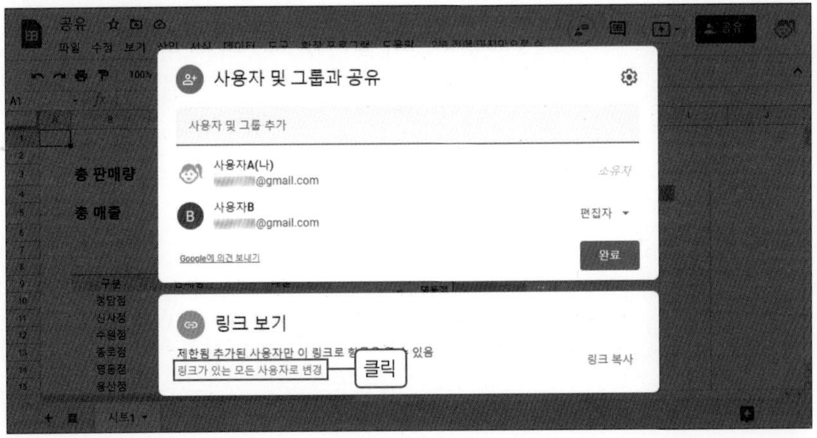

**3** '링크가 있는 모든 사용자에게 공개'의 권한을 '뷰어'로 선택하고 [링크 복사]를 클릭하여 주소를 복사한 후 [완료]를 클릭합니다. 복사한 링크 주소는 이메일이나 메신저 등으로 불특정 사용자에게 전달하여 파일에 접근하도록 할 수 있습니다.

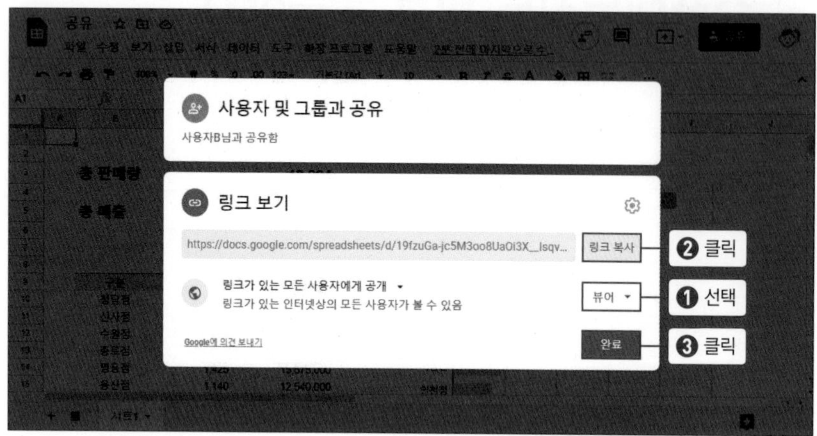


**4** 공유된 링크로 접속한 사용자는 별도의 로그인을 하지 않고도 파일에 접속할 수 있으며 자동으로 닉네임이 부여됩니다.

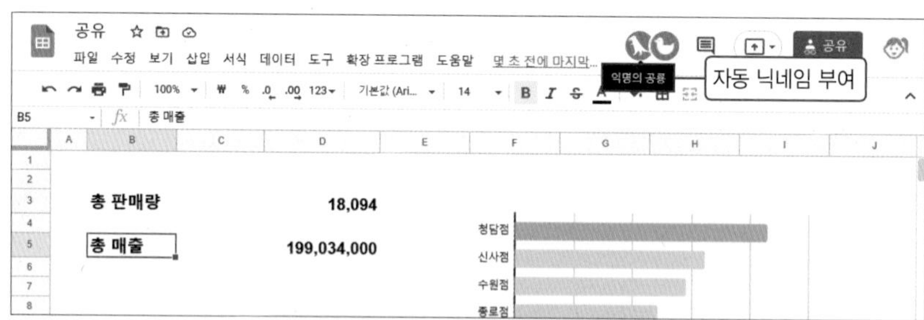

필수기능 07

# 엑셀과 호환하여 사용하기

**1 엑셀로 내보내기** 구글 스프레드시트에서 작업한 'Google' 파일을 엑셀에서 사용해 볼게요. [파일]-[다운로드]를 클릭하면 여러 유형의 확장자로 파일을 내보내기 할 수 있는데 여기서 [Microsoft Excel(.xlsx)]를 클릭합니다.

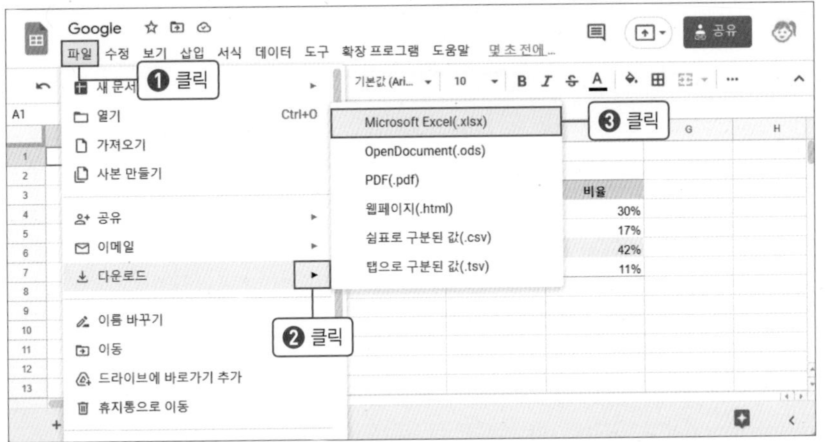


**Tip**

구글 드라이브에서 스프레드시트를 바로 다운로드할 수 있는데 이때 사용자는 파일의 유형을 선택할 수 없고 바로 엑셀 파일인 xlsx확장자로만 다운로드할 수 있습니다.

**2** 화면 하단에 다운로드된 Google.xlsx이 표시되면 이를 클릭합니다.

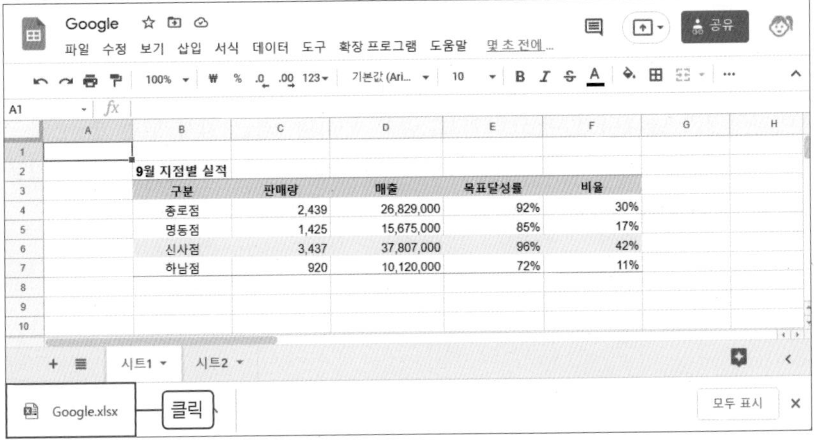

**3** 엑셀 프로그램이 실행되면서 구글 스프레드시트에서 작업한 문서를 가져오기가 실행됩니다.

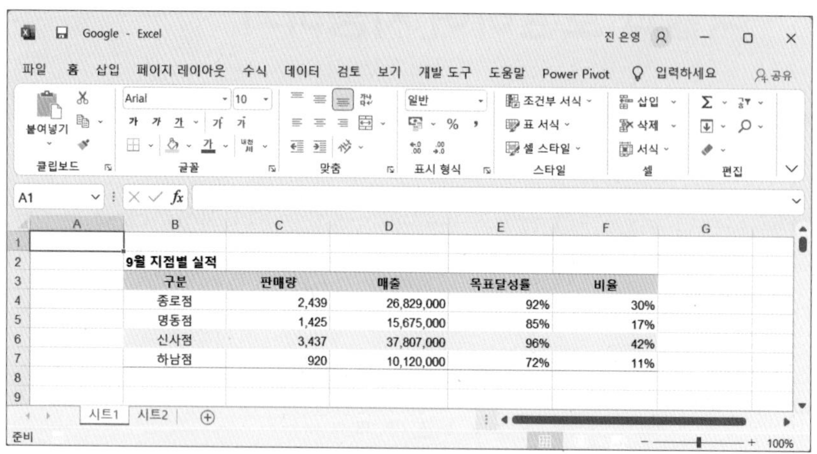


**1 엑셀 가져오기** 이번에는 엑셀 파일을 구글 스프레드시트로 가져옵니다. 구글 스프레드시트로 돌아와서 [파일]-[가져오기]를 클릭합니다.

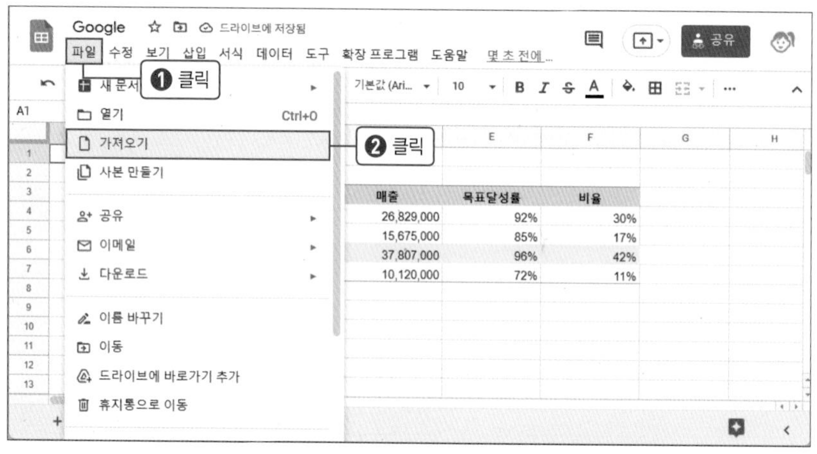


**2** [파일 가져오기] 대화상자가 나타나면 내 드라이브, 공유 문서함, 최근 항목 탭을 눌러 구글 드라이브 안에 저장된 파일을 선택할 수 있는데 여기서는 여러분의 PC에 저장된 엑셀파일을 가져오기 위해 '업로드' 탭을 선택하고 가져올 엑셀 파일을 드래그합니다.

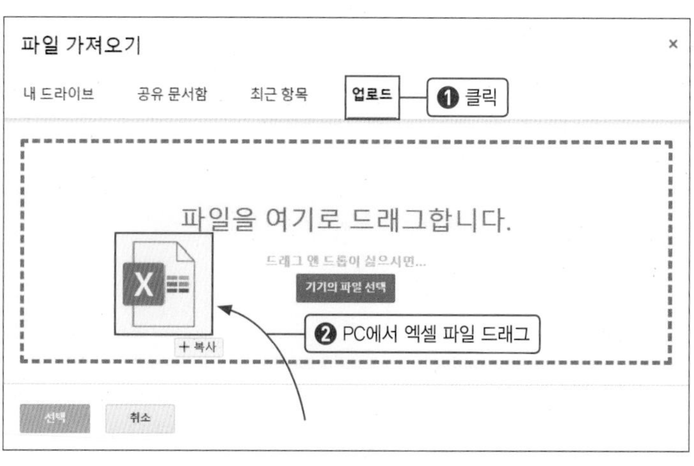


**3** 파일이 업로드되면 [파일 가져오기] 대화상자가 나타나는데 '가져오기 위치'의 드롭 박스를 클릭하면 '새 스프레드시트 만들기', '새 시트 삽입', '스프레드시트 바꾸기' 세 가지 옵션을 선택할 수 있습니다. 여기서는 '스프레드시트 바꾸기'로 선택하고 [데이터 가져오기]를 클릭합니다.

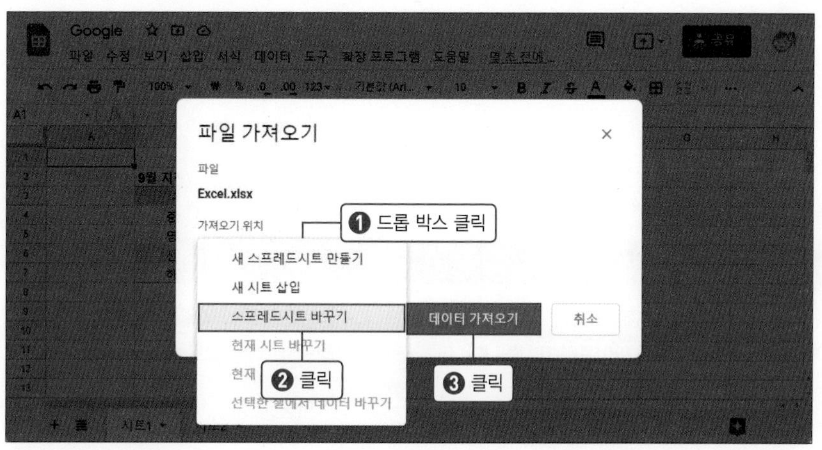


## 잠깐만요 :: 가져오기 위치 옵션 알아보기

가져오기 하려는 파일의 종류에 따라 '가져오기 위치'에서 선택할 수 있는 옵션이 달라집니다.

- **지원하는 파일 형식** : CSV, TXT, TSV, TAB, HTM, HTML, XLS, XLSX, XLSM, XLT, XLTM, XLTX, ODS

| 가져오기 위치 옵션 | 설명 |
| --- | --- |
| 새 스프레드시트 만들기 | 가져오기 하는 파일을 새로운 스프레드시트 파일로 만듭니다. |
| 새 시트 삽입 | 기존 스프레드시트를 유지한 채 가져오기 하는 파일의 모든 시트를 추가합니다. |
| 스프레드시트 바꾸기 | 기존 스프레드시트가 가져오기 하는 파일로 대체됩니다. |
| 현재 시트 바꾸기 | 현재 시트의 데이터가 가져오기 하는 파일의 데이터로 대체됩니다. |
| 현재 시트에 추가 | 현재 시트의 데이터에 가져오기 하는 파일의 데이터가 추가됩니다. |
| 선택한 셀에서 데이터 바꾸기 | 현재 시트의 셀이 위치한 곳에 가져오기 하는 파일의 데이터가 추가됩니다. |

**4** 기존 구글 스프레드시트의 데이터가 엑셀 파일의 데이터로 대체되었습니다.

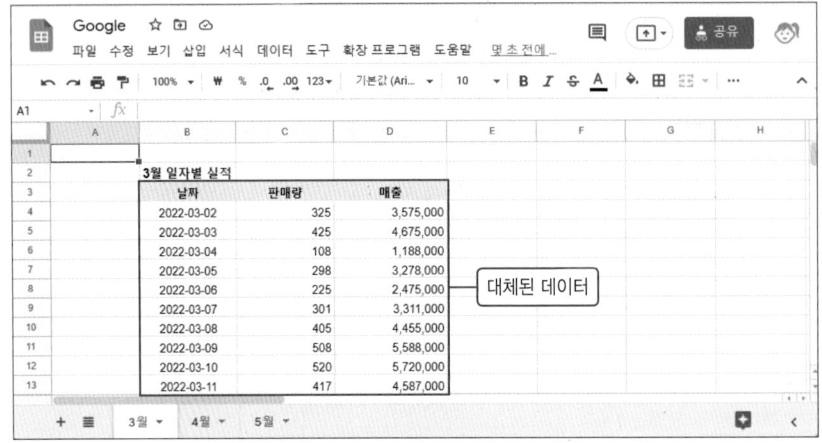


| 3월 일자별 실적 | | |
|---|---|---|
| 날짜 | 판매량 | 매출 |
| 2022-03-02 | 325 | 3,575,000 |
| 2022-03-03 | 425 | 4,675,000 |
| 2022-03-04 | 108 | 1,188,000 |
| 2022-03-05 | 298 | 3,278,000 |
| 2022-03-06 | 225 | 2,475,000 |
| 2022-03-07 | 301 | 3,311,000 |
| 2022-03-08 | 405 | 4,455,000 |
| 2022-03-09 | 508 | 5,588,000 |
| 2022-03-10 | 520 | 5,720,000 |
| 2022-03-11 | 417 | 4,587,000 |

**Tip**

여러 시트가 작성된 엑셀 파일에서 특정 시트만 선택해 가져오기는 불가능합니다.

**잠깐만요 :: 엑셀 파일을 구글 스프레드시트로 변경하고 싶다면**

구글 드라이브에 바로 엑셀파일을 업로드한 경우 아이콘 모양에 차이가 있습니다. 업로드한 엑셀 파일을 더블클릭하여 열어 보면 파일 이름 옆에 Microsoft Excel 형식 아이콘이 표시됩니다. 이를 구글 스프레드시트 형식으로 변경하고 싶은 경우에는 [파일]–[Google Sheets로 저장]을 누르면 됩니다.

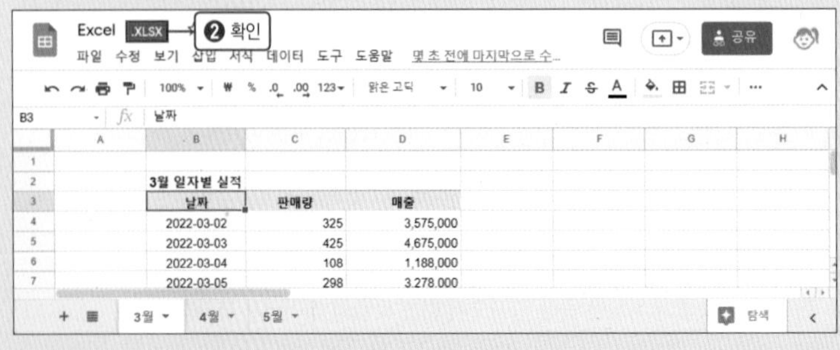

필수기능 08

# 데이터가 수정되면 이메일로 알림 받기

**1** 예제 파일은 다른 사용자와 공유하여 사용하는 문서입니다. 알림 규칙을 설정하여 공동 작업자가 데이터를 수정했을 경우에 이메일로 알림을 받아 볼게요. [도구]-[알림 규칙]을 클릭합니다.

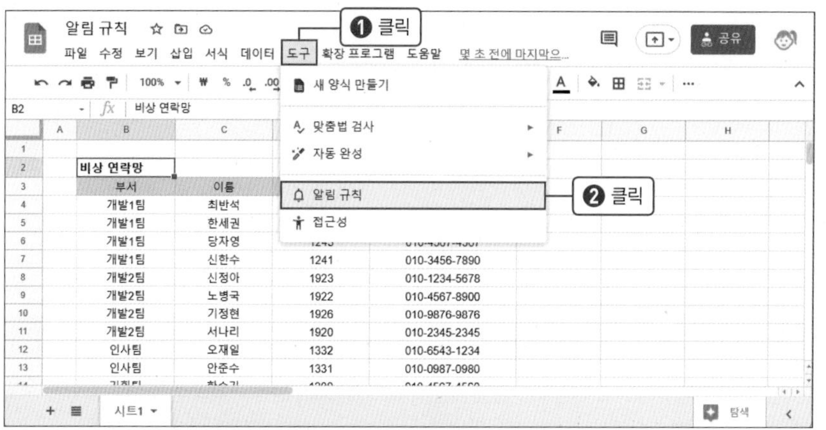


**2** [알림 규칙 설정] 대화상자가 나타납니다. 스프레드시트에 변경사항이 있거나 누군가 설문지를 제출한 경우에 알림을 이메일로 전송받을 수 있는데 매번 변경사항에 대해 수시로 이메일을 받을지 아니면 모든 변경사항에 대해 하루에 한번만 전송받을지도 선택할 수 있습니다. 여기에서는 '변경사항이 있을 경우', '이메일-수시로'를 선택하고 [저장]을 클릭할게요.

**Tip**
구글 설문지에 대한 자세한 내용은 63쪽을 참고해주세요.

**3** 알림 규칙 목록에 추가된 것을 확인합니다. 여기서 규칙을 수정하거나 삭제하고 새로운 알림 규칙을 추가할 수 있습니다. 모두 선택했다면 [완료]를 클릭하세요.

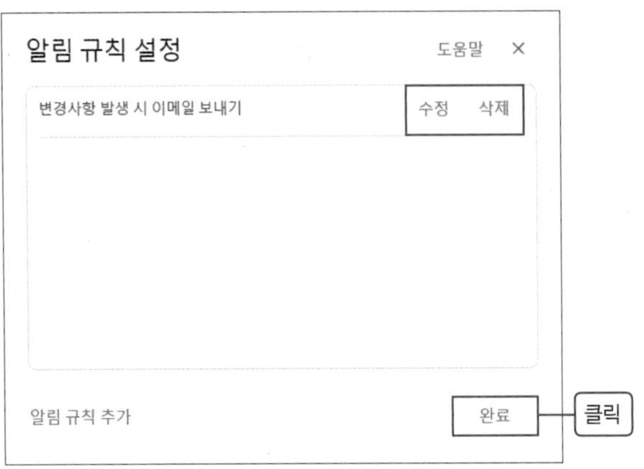


### 잠깐만요 :: 다른 사용자가 데이터를 수정한 내역 확인하기

다른 사용자가 데이터를 수정했을 때 내 이메일로 전송되는 알림 내용에 'Google Docs 알림 규칙의 변경사항 보기' 문구 옆 링크를 클릭하면 새로운 웹브라우저에 스프레드시트가 나타나며 수정된 셀에는 바탕색이 표시됩니다.

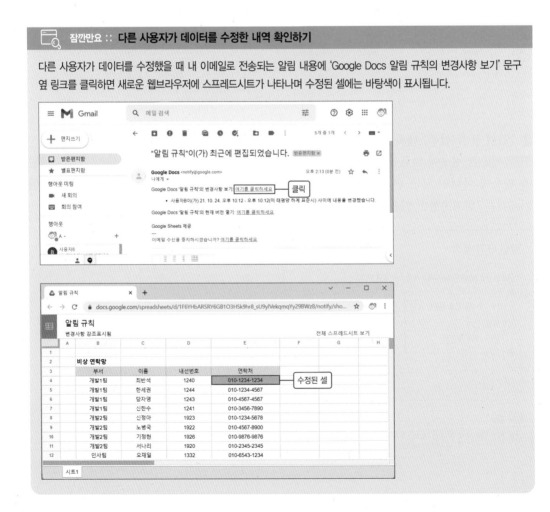





| 부서 | 이름 | 내선번호 | 연락처 |
|---|---|---|---|
| 개발1팀 | 최반석 | 1240 | 010-1234-1234 |
| 개발1팀 | 한세권 | 1244 | 010-1234-4567 |
| 개발1팀 | 당자영 | 1243 | 010-4567-4567 |
| 개발1팀 | 신한수 | 1241 | 010-3456-7890 |
| 개발2팀 | 신정아 | 1923 | 010-1234-5678 |
| 개발2팀 | 노병국 | 1922 | 010-4567-8900 |
| 개발2팀 | 기정현 | 1926 | 010-9876-9876 |
| 개발2팀 | 서나리 | 1920 | 010-2345-2345 |
| 인사팀 | 오재일 | 1332 | 010-6543-1234 |

필수기능 09

# 셀에 입력된 데이터 수정 기록 추적하기

**1** 각 셀에 최초 입력부터 수정 기록을 쉽게 추적할 수 있는 '수정 기록 표시' 기능에 대해 알아볼게요. [시트1] 시트의 E4셀을 선택하고 마우스 오른쪽 버튼을 눌러 [수정 기록 표시]를 클릭합니다.

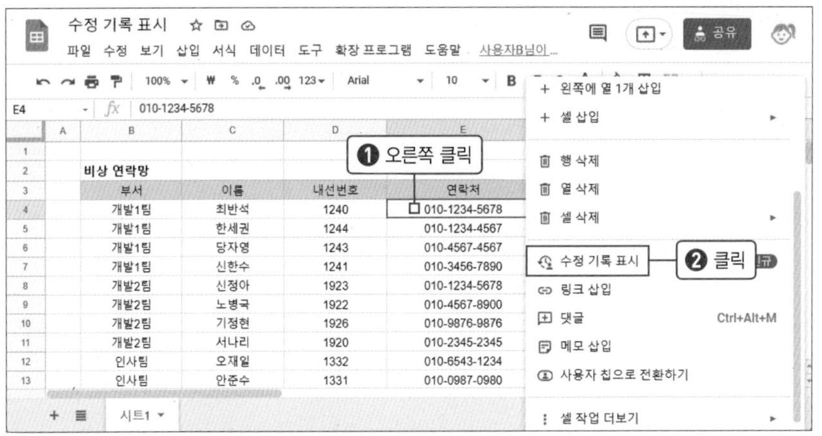


**2** E4셀의 최초 입력부터 수정 내역이 기록이 나타납니다. 여기서 이전 수정 항목(<)/다음 수정 항목 버튼(>)을 클릭하여 어느 사용자가 언제 데이터를 어떻게 수정했는지 상세한 내역을 확인할 수 있습니다.

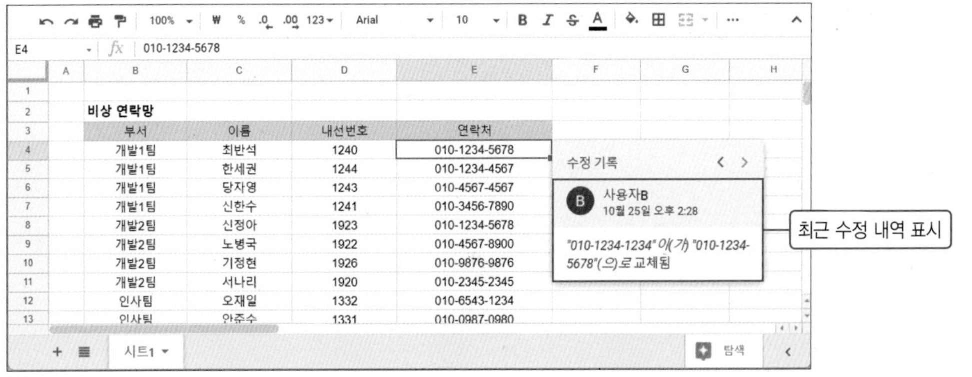

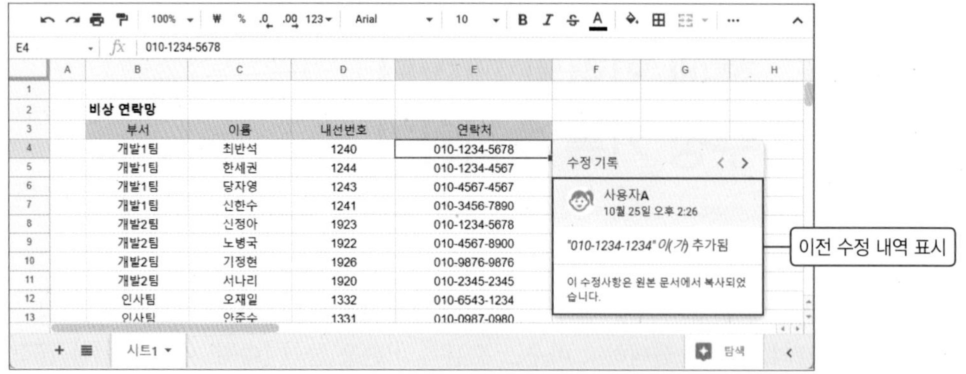


**Tip**

여러분들은 예제를 사본으로 저장하여 실습하기 때문에 수정내역을 확인할 수 없습니다. 직접 셀 데이터를 수정해보고 수정기록을 확인하세요.

필수기능 10

# 특정 시점으로 데이터 되돌리기

**1** 파일의 데이터를 수정하면 '버전 기록'에 내역이 남지만 중요하게 기록에 남기고 싶은 중요한 버전이 있을 때 '현재 버전 이름 지정' 기능을 사용하면 좋습니다. 예제 파일의 현재 상태를 버전 기록해 볼게요. [파일]-[버전 기록]-[현재 버전 이름 지정]을 클릭합니다.

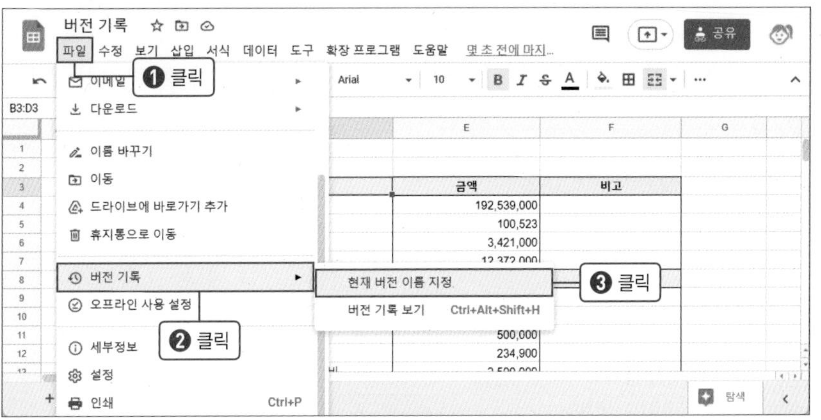


**2** [현재 버전 이름지정] 대화상자가 나타나면 버전의 이름은 '1차 보고'라고 입력하고 [저장]을 클릭합니다.

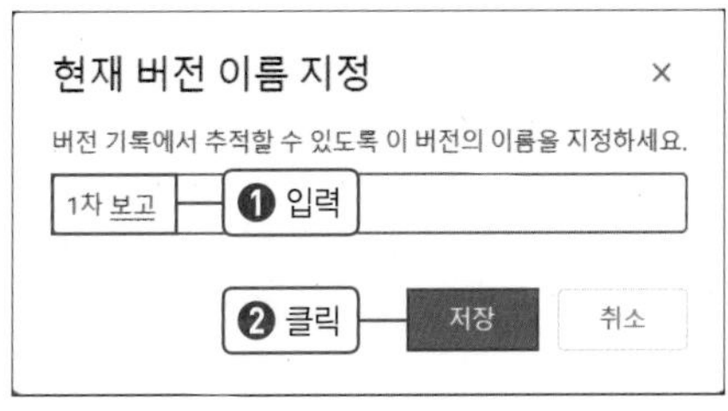

**3** [5월결산] 시트의 E4셀에 입력된 금액을 '200,000,000'으로 수정합니다.

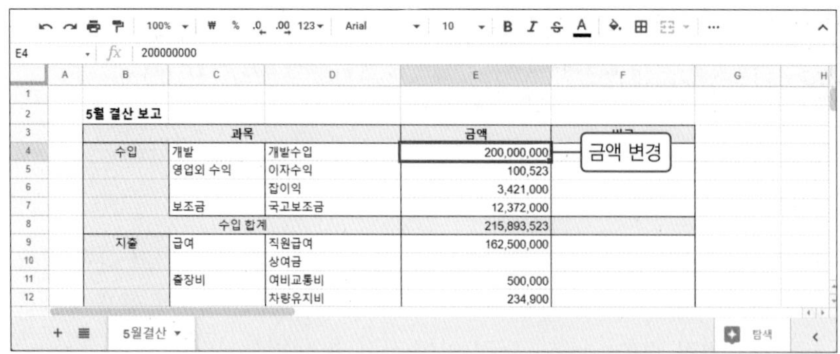


**4** 그리고 이전 버전으로 되돌려 볼게요. [파일]-[버전기록]-[버전 기록 보기]를 클릭합니다.

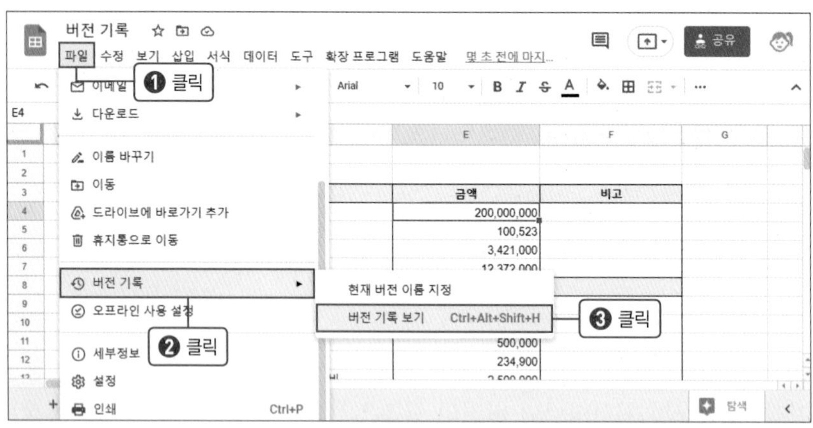


> **Tip**
> 화면 상단의 마지막 수정시간을 클릭하여 버전 기록을 볼 수도 있어요.

**5** 화면 우측의 [버전 기록] 창에 수정한 작업목록이 나타납니다. 왼쪽 스프레드시트에는 수정된 셀에 바탕색이 바뀌어 수정사항을 쉽게 알 수 있어요. 여기서 '1차 보고'를 선택합니다.

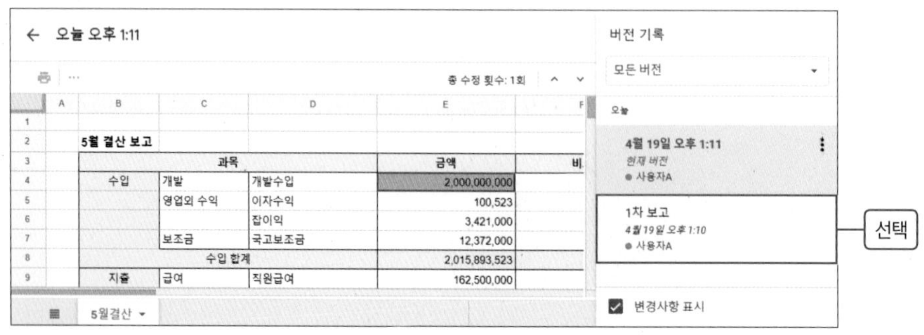


> **Tip**
> [버전 기록] 창의 '모든 버전' 드롭다운 메뉴를 선택하여 사용자가 이름을 지정한 버전만 간추려 볼 수 있습니다.

**6** 화면 상단에 [이 버전 복원하기]를 선택하고 [이 버전을 복원하시겠습니까?] 대화상자가 나타나면 [복원]을 클릭합니다.

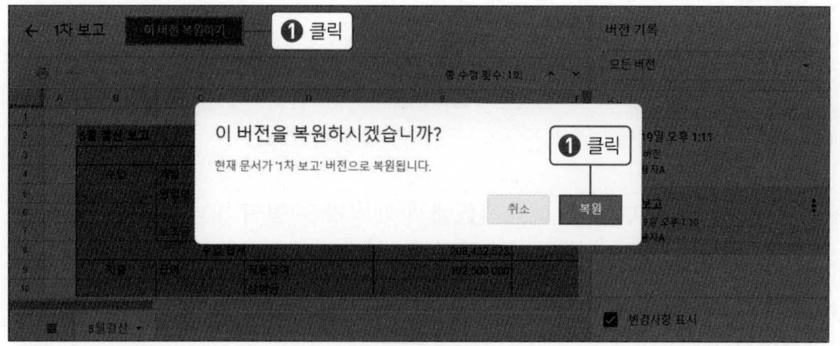


**7** 1번 과정에서 이름을 지정한 버전으로 복원되었습니다.

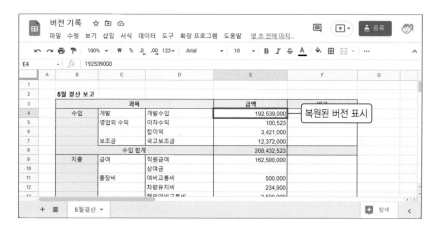

버전 기록

파일 수정 보기 삽입 서식 데이터 도구 확장 프로그램 도움말 몇 초 전에 마지...

E4 fx 192539000

5월 결산 보고

| 과목 | | | 금액 |
|---|---|---|---|
| 수입 | 개발 | 개발수입 | 192,539,000 |
| | 영업외 수익 | 이자수익 | 100,523 |
| | | 잡이익 | 3,421,000 |
| | 보조금 | 국고보조금 | 12,372,000 |
| 수입 합계 | | | 208,432,523 |
| 지출 | 급여 | 직원급여 | 162,500,000 |
| | | 상여금 | |
| | 출장비 | 여비교통비 | 500,000 |
| | | 차량유지비 | 234,900 |
| | | 해외여비교통비 | [illegible] |

복원된 버전 표시

5월결산 탐색

# 11 동시 접속자와 실시간 대화하며 작업하기

**1** 사용자가 동시에 접속한 상황이라면, 스프레드시트에서 채팅창을 열어 바로 대화할 수 있습니다. 오른쪽 상단의 접속자를 확인한 후 채팅 표시 아이콘(  )을 클릭하면 화면 우측에 채팅창이 나타납니다. 채팅창 입력란에 전달하려는 메시지를 입력하고 Enter 키를 눌러 접속한 '사용자B'에게 메시지를 전달했어요.

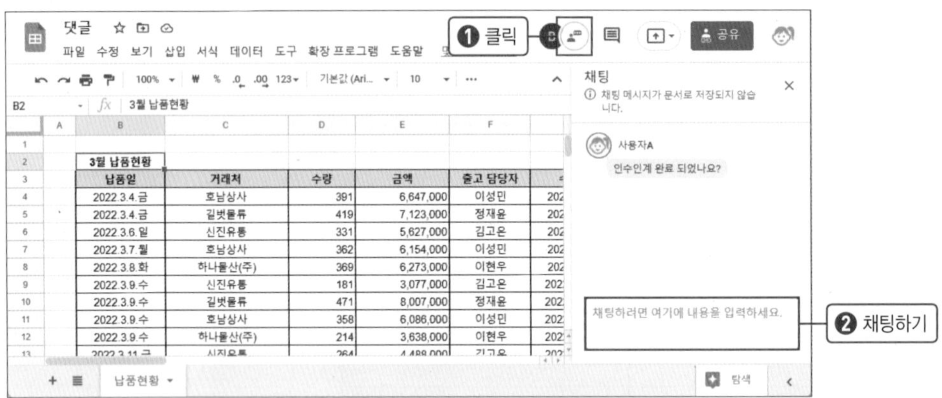


**2** 메시지를 받은 '사용자B' 화면에서 채팅 표시 아이콘(  )에 새로운 메시지가 도착했다는 표시가 나타나면 아이콘을 클릭하여 채팅창을 열어 대화할 수 있어요.

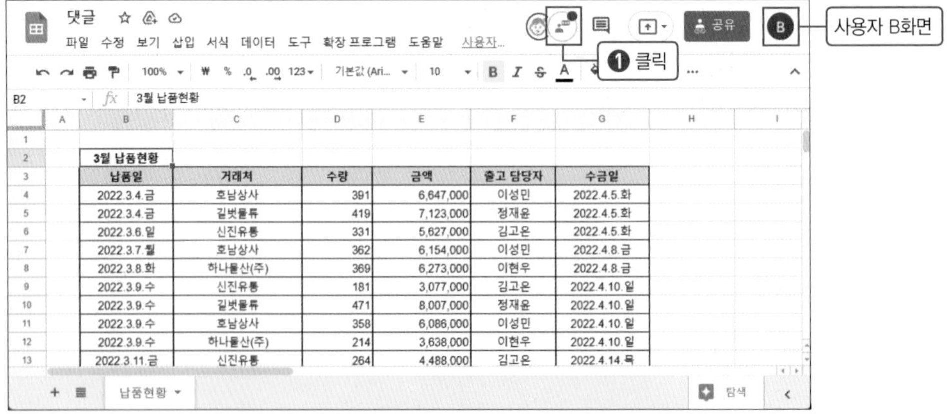

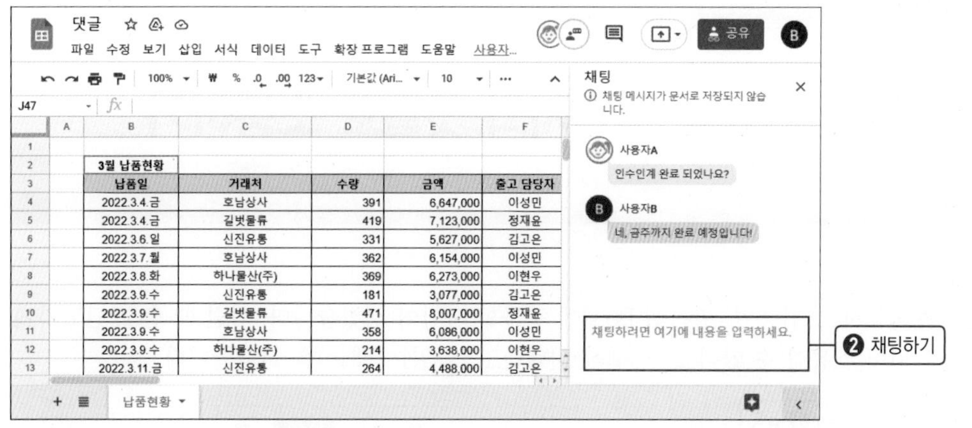


**Tip**

사용자 권한에 상관없이 모든 사용자는 채팅할 수 있으며, 해당 스프레드시트에 접속된 이후부터 종료시까지의 모든 채팅 내용도 확인할 수 있습니다.

필수기능 12

# 공동 작업자와 댓글로 소통하기

**1** [납품현황] 시트 '납품일' 항목의 B6셀에 질문할 사항이 생겼습니다. 이럴 때 출고 담당자에게 댓글을 달아 소통할 수 있어요. B6셀을 선택하고 [삽입]-[댓글]을 선택합니다.

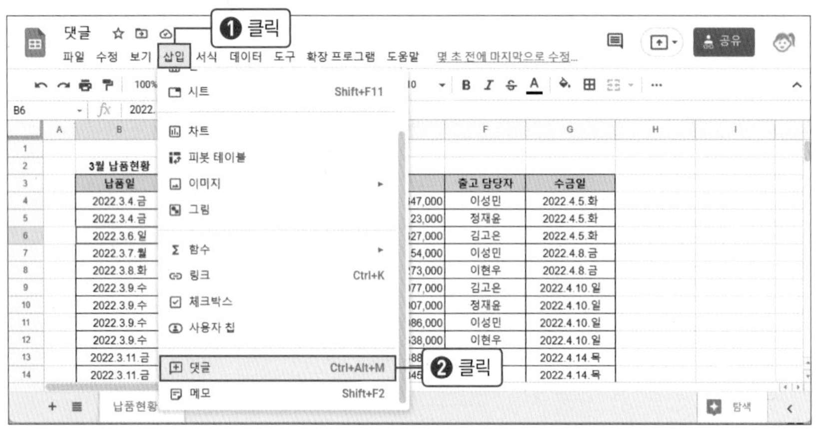


**Tip**

[마우스 오른쪽 버튼]-[댓글] 또는 단축키 Ctrl + Alt + M으로 댓글 삽입이 가능합니다.

**2** [댓글] 창이 나타나면 댓글 내용을 작성하여 모든 공동 작업자에게 보낼 수도 있지만, 특정 사용자를 지정(호출)하여 댓글을 작성하고 이메일로 알람을 보낼 수도 있어요.

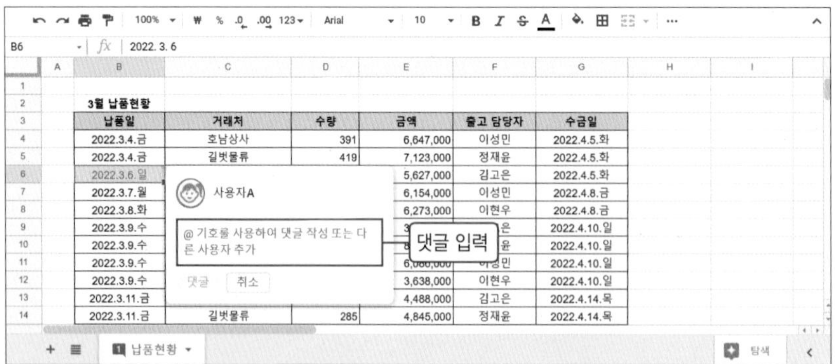

**3** '@'를 우선 입력하고 지정할 사용자의 이메일 주소를 입력한 후 전달할 내용을 작성하고 [댓글]을 클릭합니다. 필자는 파일을 공유 중인 편집자 이메일을 입력했습니다.

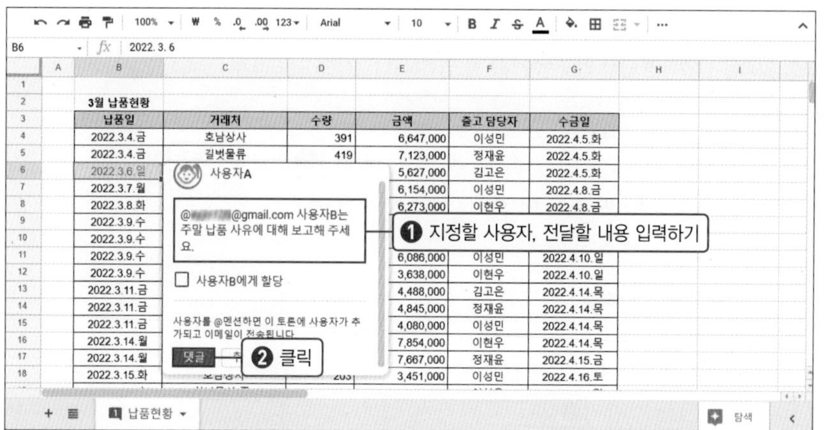


> **Tip**
> 이메일을 지정해 사용자를 호출할 경우 지정된 사용자는 해당 시트에 대해 최소 댓글 작성자 권한을 가지고 있어야 합니다. 시트에 권한을 갖고 있지 않거나 뷰어 권한만 가진 사용자를 지정(호출)할 경우 권한을 부여할 수 있는 메시지 창이 나타납니다. 권한 설정에 관한 자세한 사항은 33쪽을 참고해주세요.

**4** 시트 이름 앞에 댓글 개수가 표시되며, 댓글이 삽입된 B6셀의 오른쪽 상단 모서리에 노란색 삼각형 표식이 추가되고 셀에 마우스를 가져가거나 클릭하면 댓글의 내용을 보거나 댓글에 답변을 추가할 수 있습니다.



3월 납품현황

| 납품일 | 거래처 | 수량 | 금액 | 출고 담당자 | 수금일 |
|---|---|---|---|---|---|
| 2022.3.4.금 | 호남상사 | 391 | 6,647,000 | 이성민 | 2022.4.5.화 |
| 2022.3.4.금 | 길벗물류 | 419 | 7,123,000 | 정재윤 | 2022.4.5.화 |
| 2022.3.6.일 | | | 5,627,000 | 김고은 | 2022.4.5.화 |
| 2022.3.7.월 | | | 6,154,000 | 이성민 | 2022.4.8.금 |
| 2022.3.8.화 | | | 6,273,000 | 이현우 | 2022.4.8.금 |
| 2022.3.9.수 | | | 3,077,000 | 김고은 | 2022.4.10.일 |
| 2022.3.9.수 | | | 8,007,000 | 정재윤 | 2022.4.10.일 |
| 2022.3.9.수 | | 358 | 6,086,000 | 이성민 | 2022.4.10.일 |
| 2022.3.9.수 | 하나물산(주) | 214 | 3,638,000 | 이현우 | 2022.4.10.일 |
| 2022.3.11.금 | 신진유통 | 264 | 4,488,000 | 김고은 | 2022.4.14.목 |
| 2022.3.11.금 | 길벗물류 | 285 | 4,845,000 | 정재윤 | 2022.4.14.목 |

## 잠깐만요 :: 댓글 세부 기능 알아보기

지정된 사용자가 댓글에 답장을 남기거나 댓글을 해결하여 토론을 완료하는 방법을 알아 볼게요.

**① 댓글 알림에 답장하기**

이메일로 댓글 내용에 대한 알람을 받았다면 답장 입력란에 내용을 입력하고 [답장]을 클릭하거나 [해결]을 클릭하여 토론을 완료할 수 있습니다.

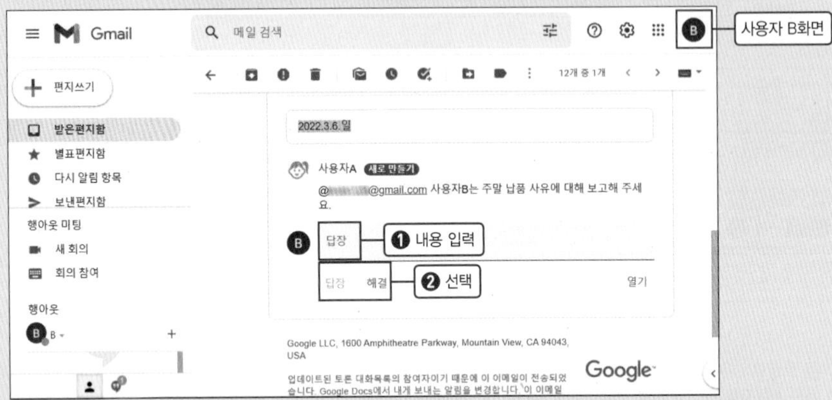


**② 댓글 알림 열기**

댓글 알람 메일 하단에 [열기]를 클릭하면 새 창에 댓글이 삽입된 구글 스프레드시트로 연결되는데, 여기서 댓글에 대한 답변하거나 댓글 창의 오른쪽 상단 해결 단추(✓)를 클릭할 수 있습니다.

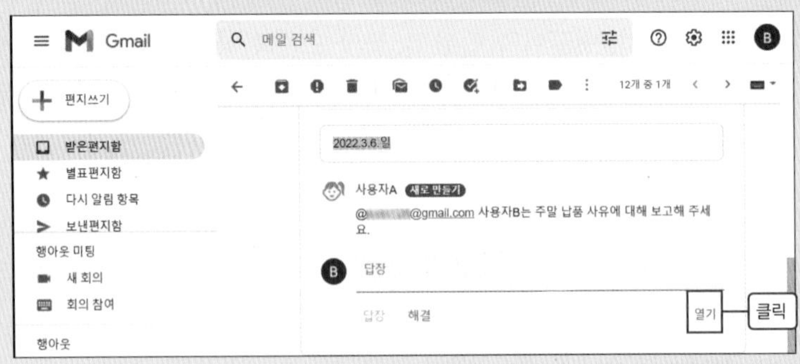


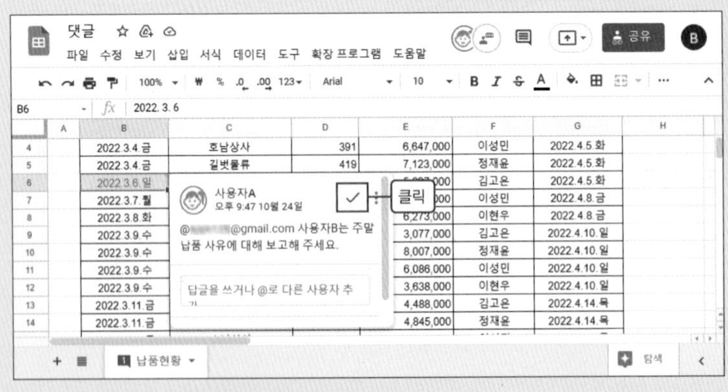

**③ 댓글 기록 열기**

스프레드시트 탭의 댓글 숫자에 마우스를 위치하면 댓글이 적용된 셀 주소가 확인되는데, 셀 주소를 하나씩 선택하여 해당 셀로 이동해 댓글 내용을 확인할 수도 있지만, '모든 댓글 보기'를 선택하여 댓글 기록을 열어볼 수 있어요. '모든 댓글 보기'를 선택해 시트 오른쪽에 [댓글 기록] 창이 나타나면 '댓글 필터'를 '나와 관련됨', '현재 시트'로 설정을 변경하여 현 시트에서 내가 언급된 댓글 기록만 빠르게 확인하고 답글도 추가하거나 해결하여 토론을 완료합니다.

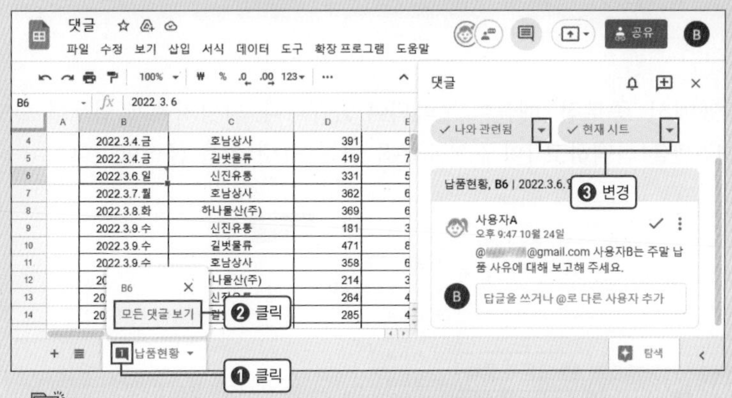


**Tip**

댓글이 해결되어 토론이 완료되면 시트 탭의 댓글 숫자는 사라집니다.

# 특정 사용자에게 업무 할당하기

**1** '5월 지점별 매출현황' 표에서 '종로점' 매출이 누락되어 있습니다. 담당자에게 업무를 할당해 볼게요. 매출이 누락된 F6셀을 선택하고 [마우스 오른쪽 버튼]-[댓글]을 클릭합니다.

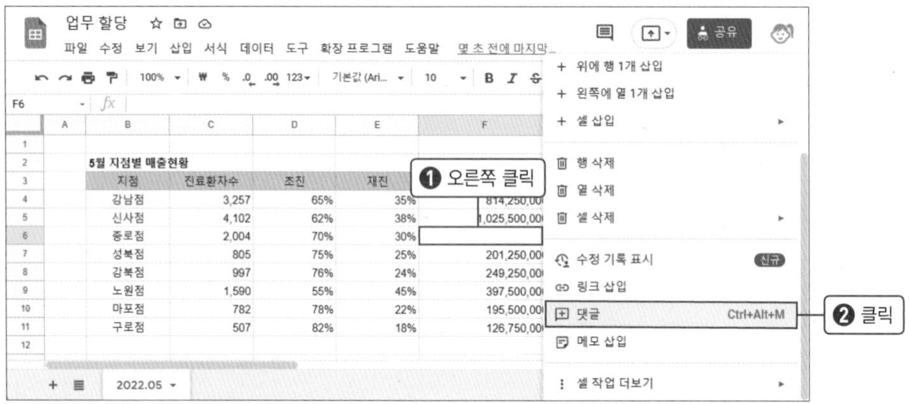


**2** 댓글에는 여러 명의 사용자를 함께 지정(호출)할 수 있습니다. 여러분이 직접 본인 이외 파일을 공유하는 새로운 사용자(임의 지정)를 지정하여 댓글 내용을 참고하도록 호출해 봅니다. 그 다음 업무 할당을 위해 '사용자000에게 할당'을 체크하고 [할당]을 클릭하세요.

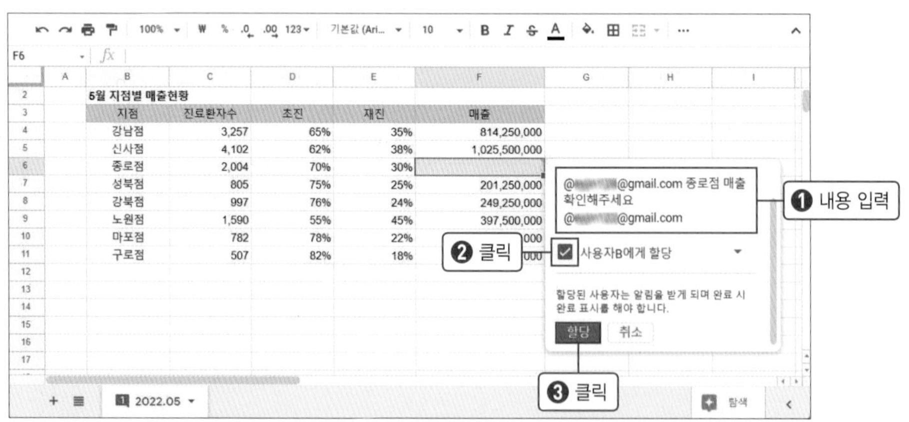


**Tip**

하나의 댓글에 여러 사용자를 지정(호출)할 수 있지만, 할당은 한 명의 사용자에게만 가능합니다.

**3** 앞서 댓글로 사용자를 지정(호출)했을 때와는 다르게 댓글 창에 할당 대상자가 강조 표시로 나타난 것을 알 수 있습니다. 이렇게 여러 사용자를 댓글에서 지정할 경우에는 업무가 누락될 수 있으므로 특정 사용자에게 업무를 할당하는 것이 좋습니다.

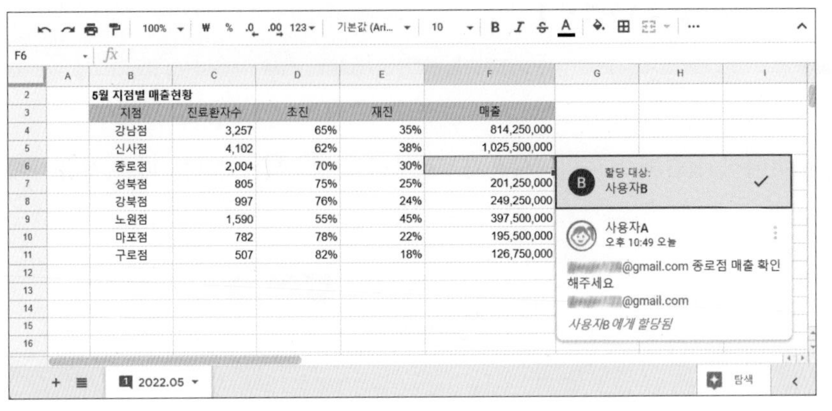


### 잠깐만요 :: 구글 드라이브에서 자신에게 할당된 업무 확인하기

업무 할당을 받은 사용자는 구글 스프레드시트 목록에서 자신에게 할당된 댓글의 숫자가 나타나기 때문에 본인의 업무를 놓치지 않고 세심하게 챙길 수 있습니다.

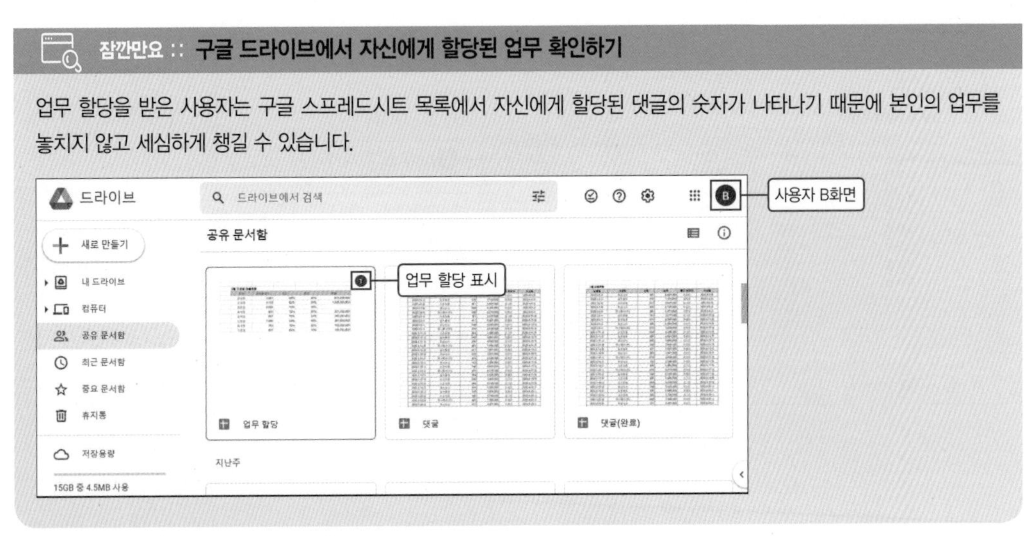

# 할당 업무를 다른 사용자에게 재할당하기

**1** 앞의 **13**번 예제에 이어서 실습해 봅니다. '사용자A'로부터 할당 받은 업무를 다른 사용자에게 재할당해 볼게요.

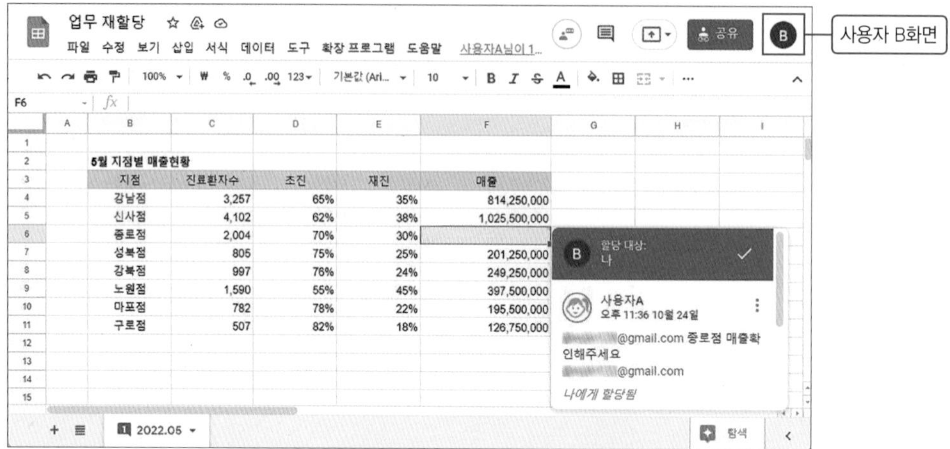


| 지점 | 진료환자수 | 초진 | 재진 | 매출 |
|---|---|---|---|---|
| 강남점 | 3,257 | 65% | 35% | 814,250,000 |
| 신사점 | 4,102 | 62% | 38% | 1,025,500,000 |
| 종로점 | 2,004 | 70% | 30% | |
| 성북점 | 805 | 75% | 25% | 201,250,000 |
| 강북점 | 997 | 76% | 24% | 249,250,000 |
| 노원점 | 1,590 | 55% | 45% | 397,500,000 |
| 마포점 | 782 | 78% | 22% | 195,500,000 |
| 구로점 | 507 | 82% | 18% | 126,750,000 |

**Tip**

**13**번 예제를 실습하지 않았다면 미리 할당된 사용자가 없으므로 해당 예제를 따라할 수 없습니다. 먼저 **13**번 예제를 실습한 다음 **14**번 예제를 실습하세요.

**2** F6셀을 선택하고 댓글 창이 나타나면 댓글 입력란에 호출할 사용자의 이메일과 메시지를 입력하고 '○○○님에게 재할당'에 체크한 후 [재할당]을 클릭합니다.

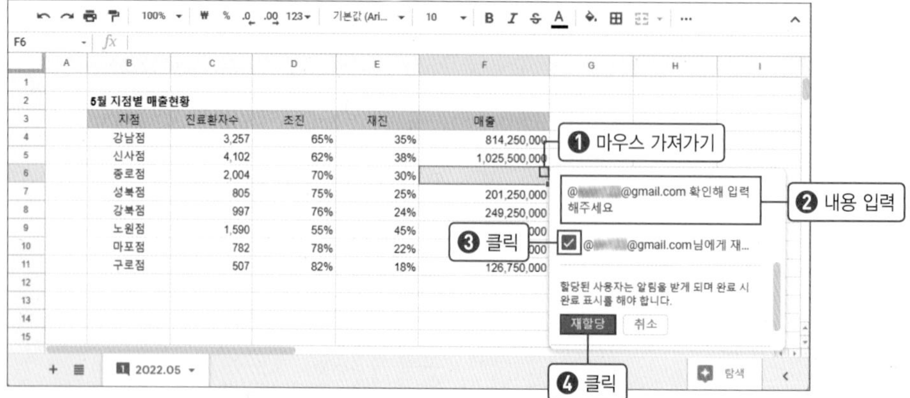

**3** 화면 상단의 댓글 기록 열기 아이콘(▤)을 클릭하여 F6셀의 댓글 히스토리를 확인해 봅니다. 할당 대상이 '사용자C'로 변경된 것을 확인합니다.

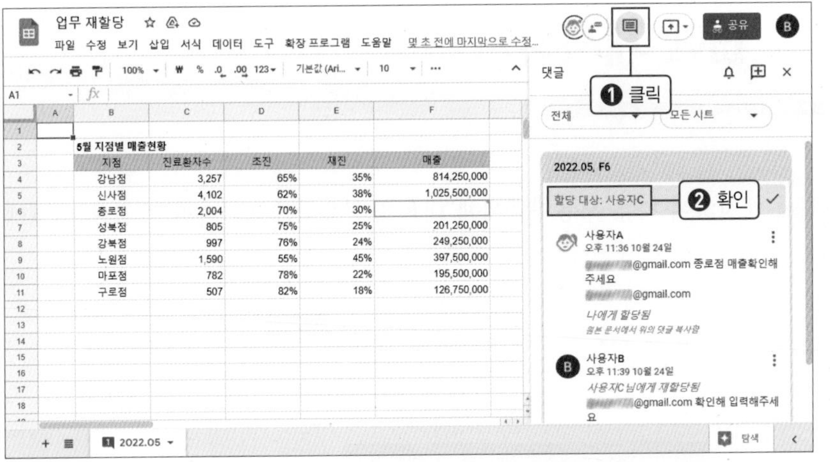


**Tip**

다른 사용자에게 업무를 재할당한 이후에는 본인에게 할당된 댓글 숫자가 표시되지 않습니다.

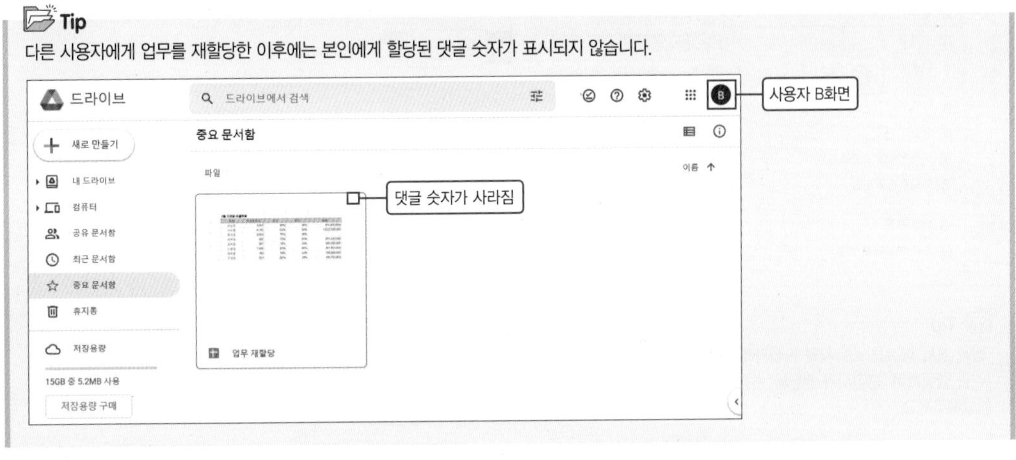

# 15 보고서를 모두가 볼 수 있도록 웹에 게시하기

**1** [보고] 시트를 웹에 게시하여 다른 사용자들에게 내용을 공유할게요. [파일]-[공유]-[웹에 게시]를 클릭합니다.

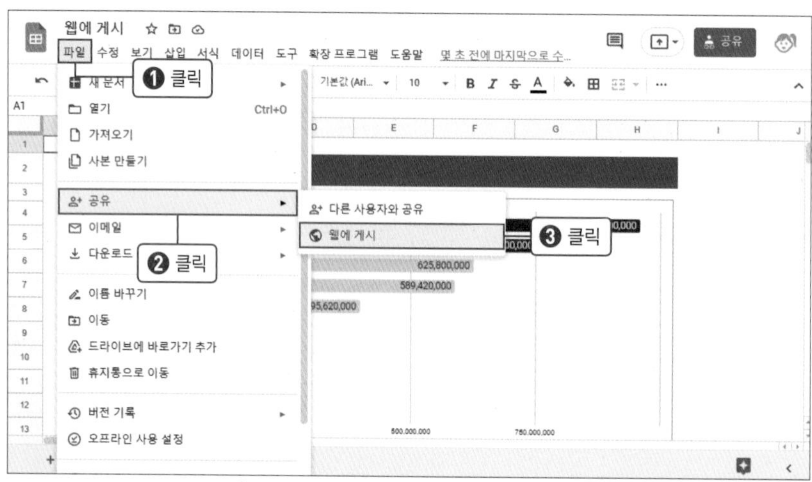


**Tip**

'웹에 게시' 메뉴는 소유자와 편집자에게 권한이 주어집니다. 따라서 편집자가 파일을 게시하지 못하도록 설정하려면 [공유]-[다른 사용자와 공유]를 클릭하여 '편집자가 권한을 변경하고 공유할 수 있습니다'에 체크를 해지해야 합니다. '다른 사용자와 공유 설정'의 자세한 사항은 33쪽을 참고해주세요.

**2** [웹에 게시] 대화상자가 나타나면 문서의 링크나 문서를 삽입할 수 있는 HTML 코드를 얻을 수 있는데 여기서 '링크' 탭을 선택합니다. 전체 문서 혹은 개별 시트를 선택할 수 있는데 예제 파일에는 시트가 하나이기 때문에 게시 대상을 [전체 문서]로, 게시 형식은 [웹페이지]로 선택하고 [게시]를 클릭할게요.

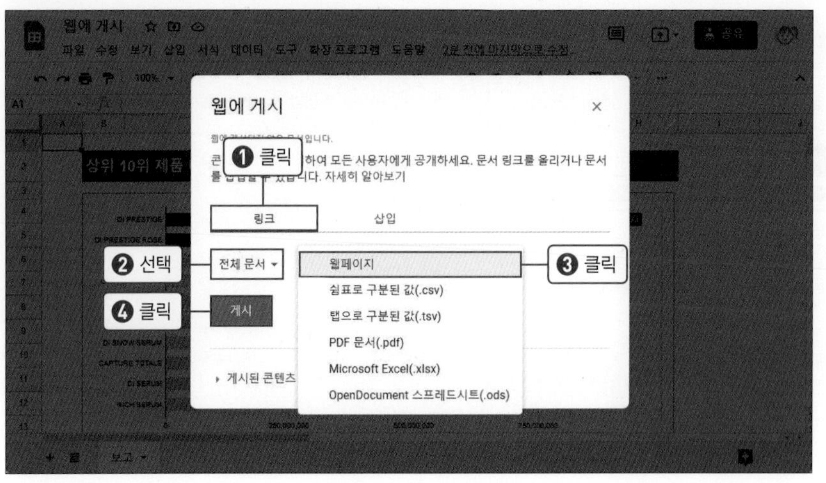


**Tip**

게시 형식을 웹페이지가 아닌 csv, tsv, pdf, xlsx, ods 형식으로 지정할 경우 링크를 통해 문서를 다운받을 수 있습니다.

**3** 선택한 항목 게시를 확인하는 창이 뜨면 [확인]을 클릭하세요.

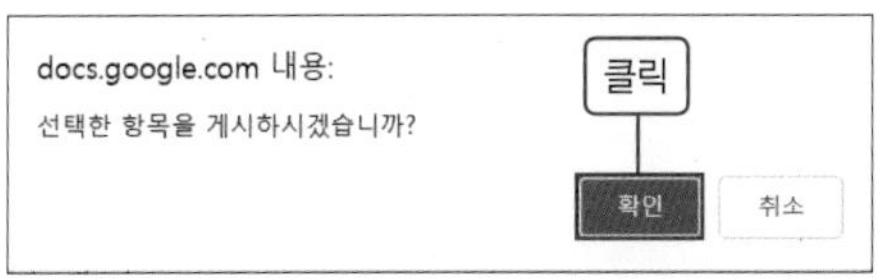

**잠깐만요 :: 웹에 개시한 문서를 중단하고 싶을 때**

웹에 게시한 문서를 중단하고 싶을 때에는 [파일]-[공유]-[웹에 게시]를 선택하고 [웹에 게시] 대화상자의 '게시된 콘텐츠 및 설정'을 클릭하여 대상별로 게시 중지를 설정할 수 있습니다.

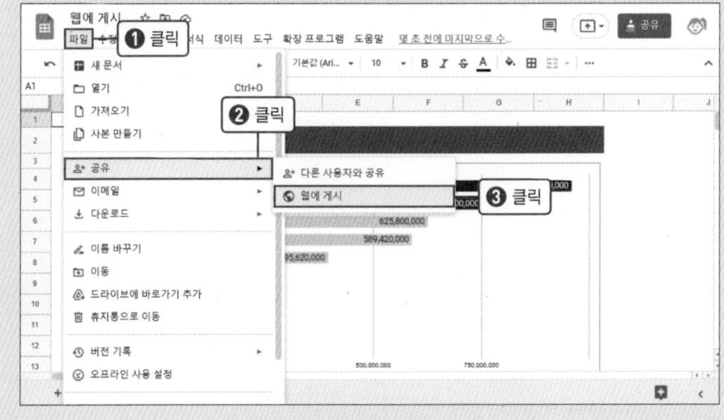

**4** [웹에 게시] 대화상자가 나타나고 전체 문서에 대한 웹페이지 주소가 만들어지면 주소가 전체 선택됩니다. 그 상태에서 Ctrl + C를 눌러 주소를 복사합니다.

**5** 새로운 웹브라우저를 실행하여 주소 입력란에 Ctrl + V를 눌러 이전 과정에서 복사한 주소를 붙여넣기하고 Enter 키를 누릅니다. 스프레드시트의 데이터가 웹에 게시됩니다. 이렇게 게시된 데이터는 파일이 수정될 경우 바로 적용되지 않고 5분마다 업데이트됩니다.

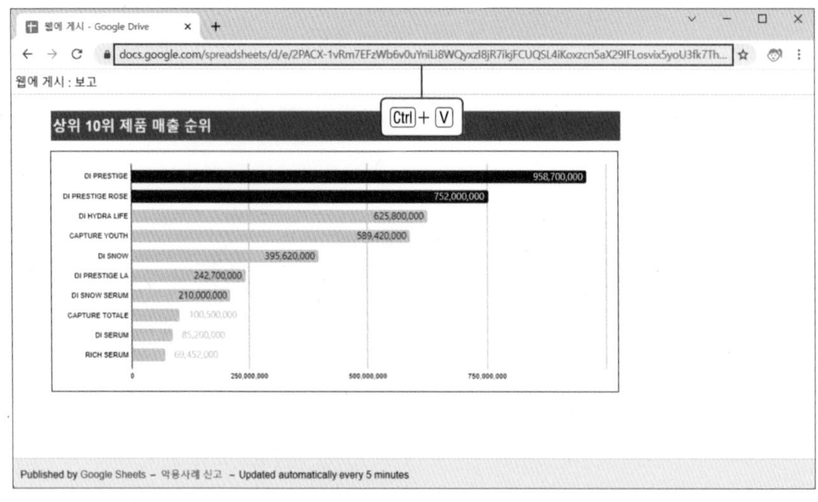

실무예제 16

# 구글 설문지 작성하고 결과를 스프레드시트로 받아보기

**1** 사내 직원을 대상으로 실시한 교육 만족도 설문조사를 하려고 합니다. 설문지를 만들어 공유하고 설문 결과를 스프레드시트로 받아 볼게요. [도구]-[새 양식 만들기]를 클릭합니다.

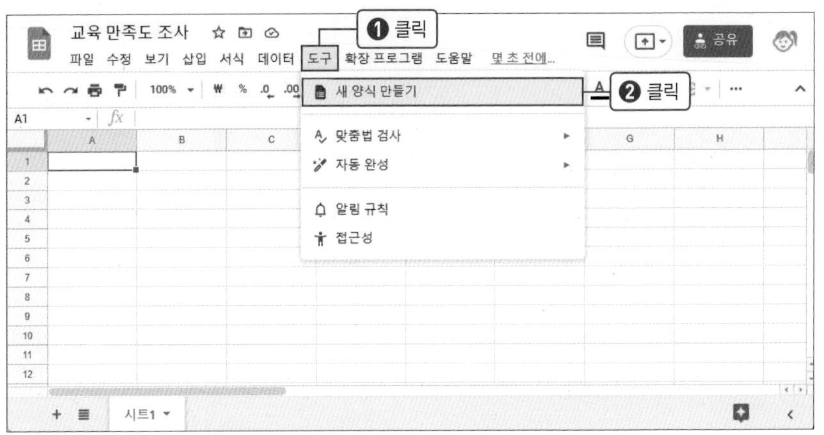


**2** 새 창에 설문지 조사 폼이 나타납니다. 설문지 제목은 스프레드시트 이름과 동일하게 표시되는데 제목을 클릭하면 변경할 수 있습니다. 제목 아래 '설문지 설명'을 클릭하여 설문 목적에 대해 자유롭게 입력해 볼게요.

**3** '제목 없는 질문'을 클릭하여 질문 항목에 '귀하의 성별을 알려주세요'라고 내용을 작성하고 질문 유형 리스트에 기본으로 설정된 [객관식 질문]을 선택할게요. 객관식 질문은 하나의 답변만 선택할 수 있어요.

**4** 보기 항목의 '옵션1'을 클릭하여 '여'를 입력하고 아래 '옵션 추가'를 클릭하여 '남'을 입력해 보기 내용을 완성하고 질문 추가 아이콘(⊕)을 클릭하여 새로운 질문을 만들어 볼게요.

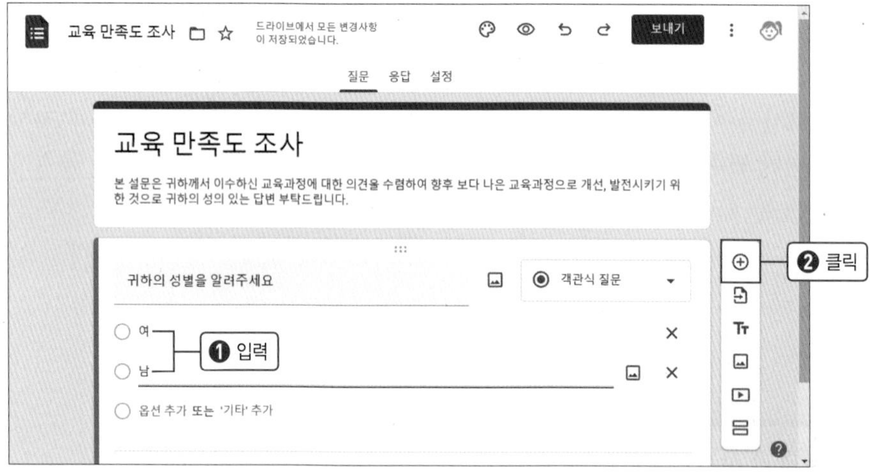

**5** 첫 번째 질문 항목이 마무리된 것을 확인하고 다음 질문 항목에 '교육과정에 대해 전반적으로 만족하십니까?'를 입력한 후 질문 유형 리스트에서 [선형 배율]을 선택합니다.

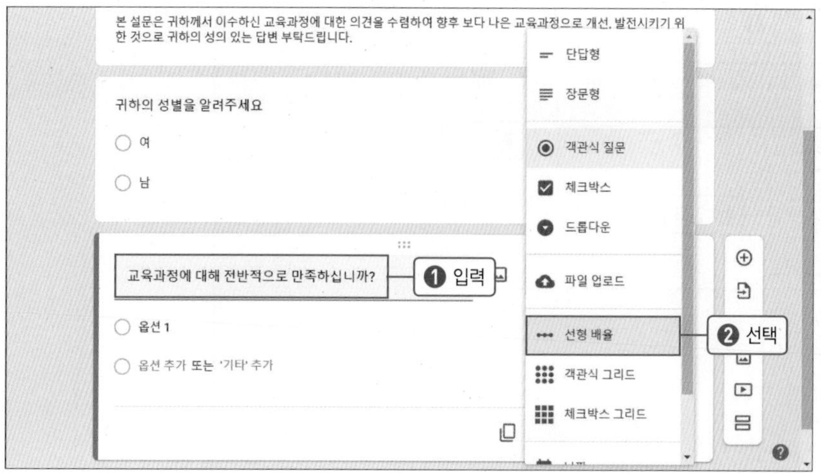


**6** 선형 배율은 만족도를 단계에 따라 선택할 수 있습니다. '1~5'로 단계를 지정하고 1라벨에 '매우 불만족'을 5라벨에 '매우 만족'을 입력합니다. 그리고 해당 질문에 대해 답변이 누락되지 않도록 필수 토글 스위치(●)를 클릭하여 활성화시키고 질문 추가 아이콘(⊕)을 클릭할게요.

여
남
교육과정에 대해 전반적으로 만족하십니까?
선형 배율
1 ~ 5
1 매우 불만족
5 매우 만족
❶ 입력
필수
❷ 클릭
❸ 클릭

**7** 선형 배율 유형으로 질문이 완성된 것을 확인합니다. 필수로 답변해야 하는 항목에 빨간색 별표 표시(*)가 나타난 것을 알 수 있어요.

교육과정에 대해 전반적으로 만족하십니까? *
1 2 3 4 5
매우 불만족 ○ ○ ○ ○ ○ 매우 만족

**8** 새로운 질문에는 다음과 같이 내용을 입력하고 질문 유형 리스트에서 [체크박스]를 선택 후 다음과 같이 보기 항목을 입력합니다. 참고로 체크박스는 다중 선택이 가능합니다.

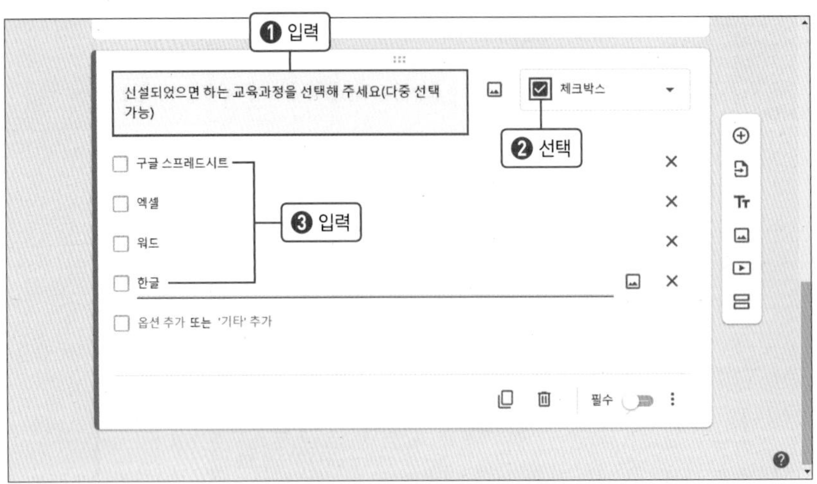


**9** 모두 입력했으면 설문지 작성을 마무리합니다. 화면 상단의 [설정] 탭을 클릭합니다.

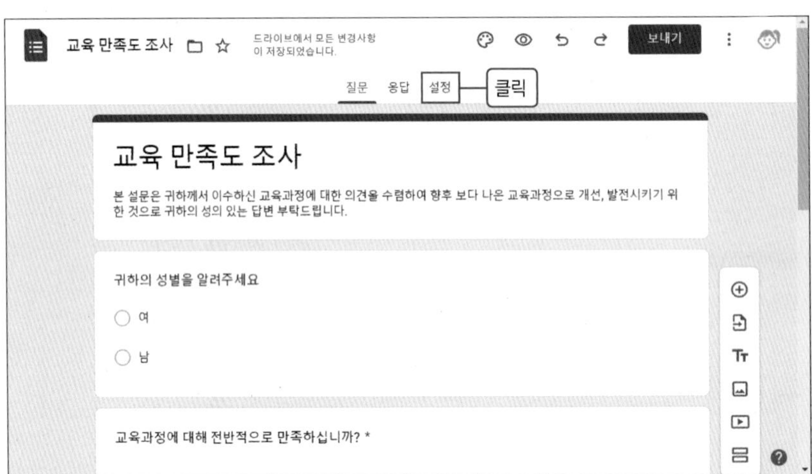

**10** [설정] 탭의 설정 메뉴가 나타나면 여기서 응답자의 이메일을 수집하거나 응답 횟수를 제한하는 등의 설정을 할 수 있습니다. 응답자가 설문지 최초 제출 후에도 수정하여 다시 제출할 수 있도록 [응답] 메뉴를 클릭합니다.

**Tip**
구글 설문지는 평가에 사용할 수 있도록 퀴즈 형태의 폼을 제공합니다. 퀴즈 형태의 폼을 사용하기 위해서는 설문지 작성 전에 해당 설정 화면의 [퀴즈로 만들기]로 설정해야 합니다.

**11** [응답]의 하위 메뉴를 펼쳐 '응답 수정 허용'의 토글 스위치를 켭니다.

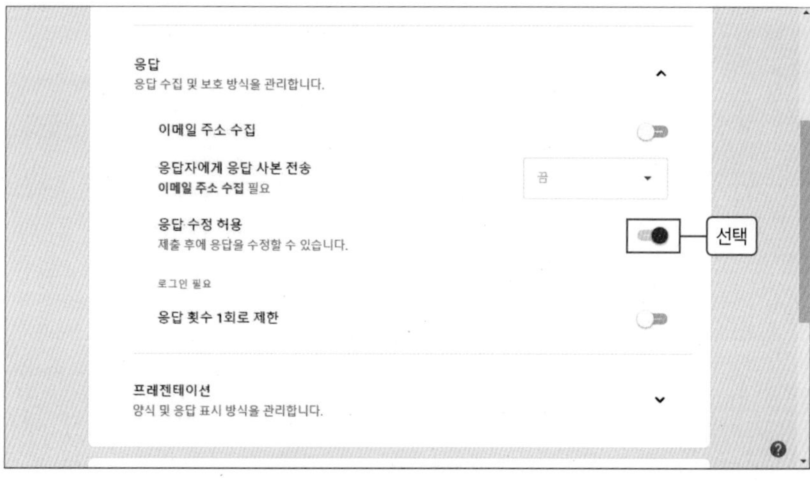

**12** 이제 설문지를 전송하기 위해 화면 상단의 [보내기]를 클릭합니다.

**13** 작성된 설문지는 '전송용 앱:'에서 항목을 선택하여 공유할 수 있는데 이메일에 첨부하여 전달하거나 링크를 공유하고 HTML 주소를 생성해 웹에 게시할 수 있습니다. 이외에도 페이스북이나 트위터에 공유할 수도 있습니다. 여기에서는 링크 아이콘(⊖)을 클릭할게요.

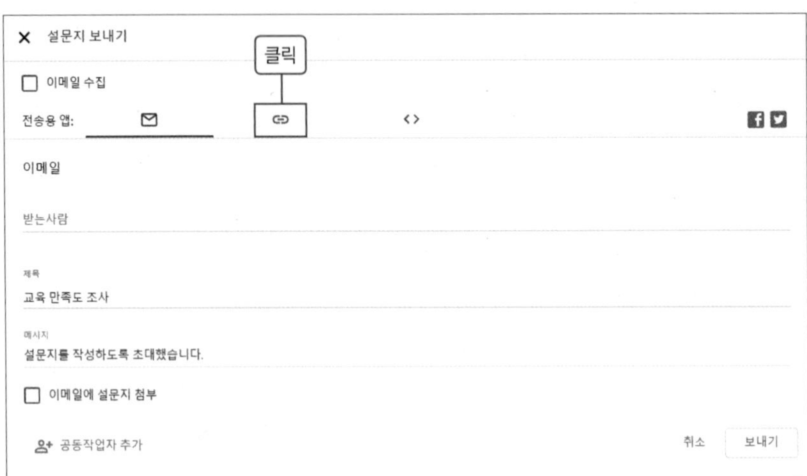

**14** 자동으로 링크 주소가 생성되는데 해당 주소를 기재하거나 사용자들에게 전달하기에 주소 길이가 길다면 'URL 단축'을 체크하여 링크 주소 길이를 줄여 볼게요. 주소가 다시 생성되면 [복사]를 클릭하고 상단의 닫기(☒)를 클릭합니다. 이렇게 복사한 주소는 웹사이트에 링크하거나 문자나 메신저 등으로 주소를 전달할 수 있습니다.

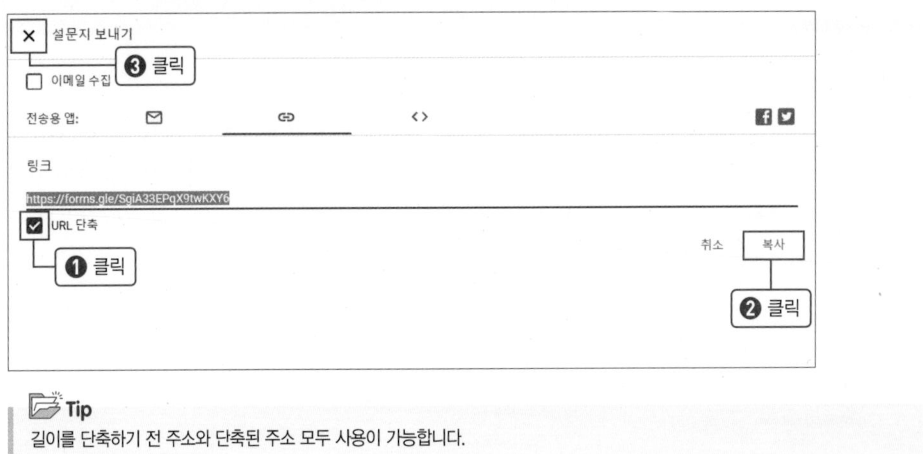


**Tip**

길이를 단축하기 전 주소와 단축된 주소 모두 사용이 가능합니다.

**15** 구글 스프레드시트로 돌아오면 [설문지 응답 시트1]이 추가된 것을 확인합니다. 이제 응답자가 설문지를 제출하면 [설문지 응답시트1]에 실시간으로 결과가 반영됩니다. 타임스탬프에 설문이 제출된 시간과 함께 각 질문 항목에 대한 답변이 정리되어 나타납니다. 앞서 응답자가 설문을 제출한 후 수정할 수 있도록 설정했기 때문에 [설문지 응답 시트1] 시트의 D7셀을 클릭하면 응답자가 설문을 제출한 후 수정하여 다시 제출한 것을 알 수 있습니다.

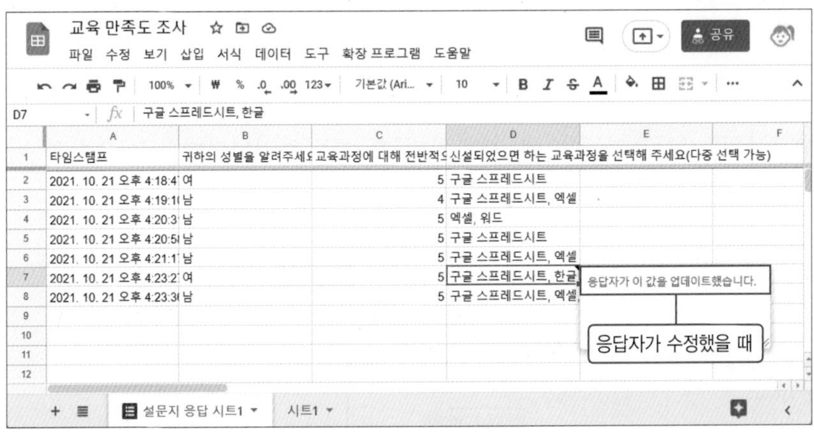


| | A | B | C | D | E | F |
|---|---|---|---|---|---|---|
| 1 | 타임스탬프 | 귀하의 성별을 알려주세요 | 교육과정에 대해 전반적으 | 신설되었으면 하는 교육과정을 선택해 주세요(다중 선택 가능) | | |
| 2 | 2021. 10. 21 오후 4:18:4 | 여 | 5 | 구글 스프레드시트 | | |
| 3 | 2021. 10. 21 오후 4:19:1 | 남 | 4 | 구글 스프레드시트, 엑셀 | | |
| 4 | 2021. 10. 21 오후 4:20:3 | 남 | 5 | 엑셀, 워드 | | |
| 5 | 2021. 10. 21 오후 4:20:5 | 남 | 5 | 구글 스프레드시트 | | |
| 6 | 2021. 10. 21 오후 4:21:1 | 남 | 5 | 구글 스프레드시트, 엑셀 | | |
| 7 | 2021. 10. 21 오후 4:23:2 | 여 | 5 | 구글 스프레드시트, 한글 | | |
| 8 | 2021. 10. 21 오후 4:23:3 | 남 | 5 | 구글 스프레드시트, 엑셀 | | |

# 실무예제 17 사용자 칩으로 스마트하게 소통하기

**1** 사용자 칩을 적용하여 사용자의 세부 정보를 확인하고 이메일 발송, 일정 예약 및 채팅, 화상통화 등을 작업할 수 있습니다. [교육 대상자 명단] 표 상단의 교육 담당자 이메일 주소(F2셀)를 사용자 칩으로 전환해 볼게요. 참고로 교육 담당자는 예제에 권한을 가지고 있는 상태이며 여러분들은 자신이 문서를 공유하고 있는 사용자의 이메일 주소로 실습해 보세요.

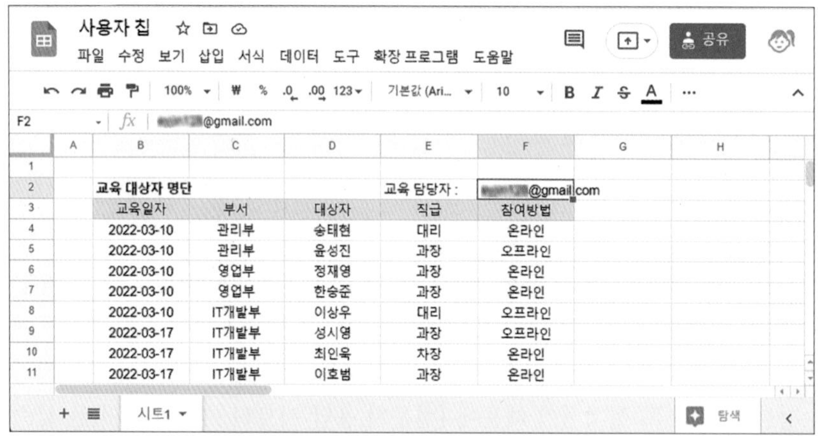


**Tip**

다른 사용자를 사용자 칩으로 호출할 때 해당 문서에 대한 권한이 없다면 멘션된 사용자에게 권한을 부여할 수 있는 메시지가 나타납니다.

**2** F2셀을 선택하고 [삽입]-[사용자 칩으로 전환하기]를 클릭하거나 [마우스 오른쪽 버튼]-[사용자 칩으로 전환하기]를 클릭합니다.

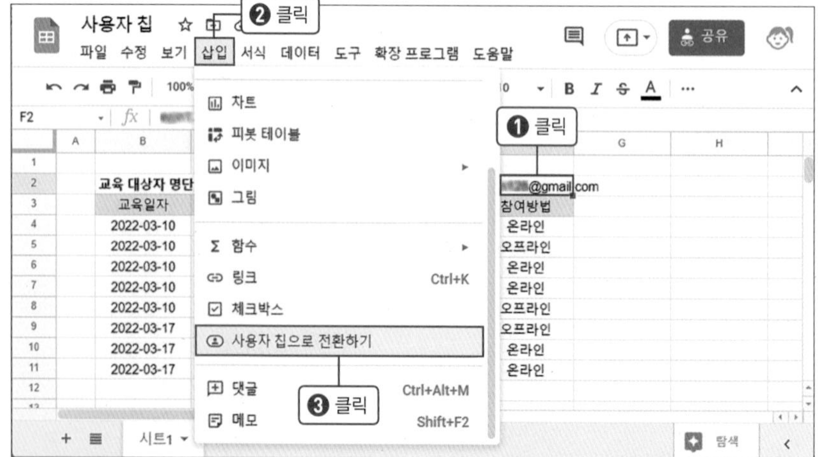

**3** 입력된 이메일 주소가 사용자 칩으로 전환되면서 사용자의 이름이 표시되었습니다. 사용자 칩위로 마우스를 가져가면 추천작업이 나타나는데 여기서 [세부정보 열기]를 클릭해 볼게요.

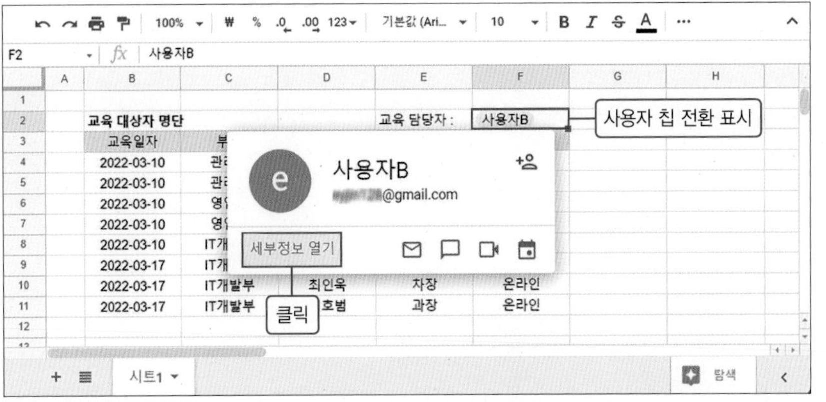


**Tip**

이메일 주소 앞에 '@'를 입력하면 메뉴를 선택하지 않고 바로 사용자 칩 전환을 사용할 수 있어요.

**4** 화면 우측에 '사용자B'에 대한 세부 정보가 나타납니다. 연락처를 주소록에 추가하거나 일정 예약 등이 가능하며 그 외 '사용자B'와의 최근 상호작용 내역과 공유 중인 파일 목록을 확인할 수 있습니다.

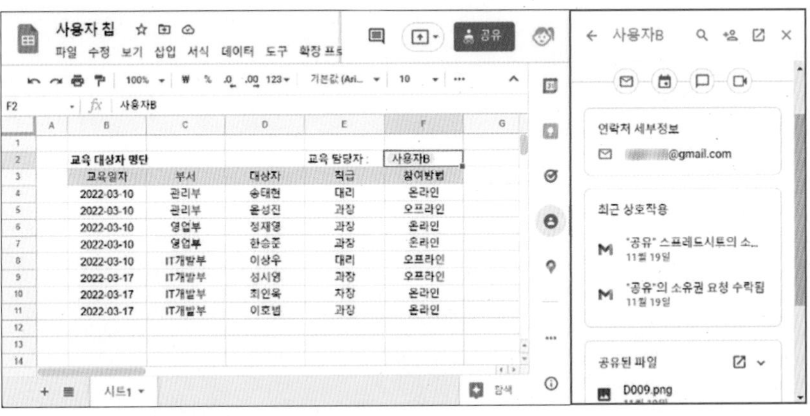

매번 일일이 데이터를 입력하거나 필요한 셀을 찾아 하나하나 색을 채우고 있나요? 불편한 반복 작업을 최소화하고 오류 없는 정확한 데이터를 설정하기 위한 효율적인 데이터 입력과 편집 방법에 대해 알아봅니다.

# CHAPTER 02

# 작업에 속도가 붙는 데이터 입력/편집하기

SECTION

# 02

# 자유자재로 시트 다루기

엑셀과 같은 듯 다른 구글 스프레드시트의 구성을 비교하며 살펴보고 자유자재로 컨트롤하는 방법을 익혀봅니다.

# 01 시트 구성 살펴보기

**1** 시트는 알파벳 순으로 오른 방향으로 나열된 열과 숫자 1부터 아래 방향으로 나열된 행으로 구성되어 있습니다. 열과 행이 만나는 지점을 '셀'이라고 하며 이름상자를 통해 확인할 수 있듯이 셀이 위치한 열과 행의 주소 형태를 갖습니다. [시트1] 시트의 A1셀을 선택하고 화면의 마지막 셀로 이동하는 단축키 Ctrl + End를 눌러 마지막 셀로 이동할게요.

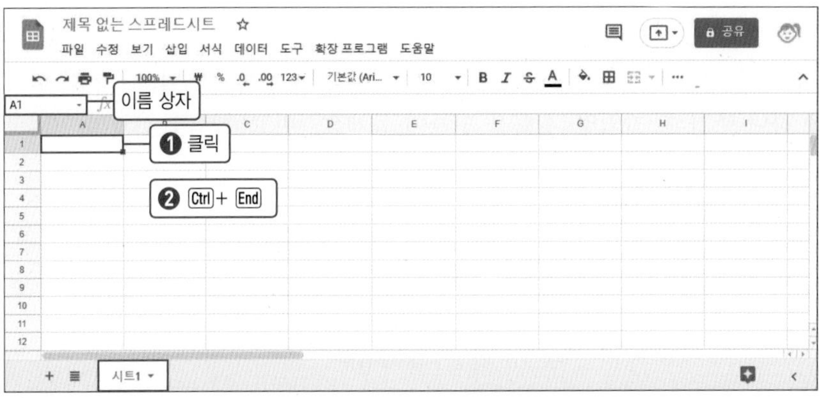


**2** 화면의 마지막 셀인 Z1000셀로 이동합니다. 스프레드시트는 이렇게 기본 26개의 열과 1000개의 행으로 총 26,000셀이 표시되며 최대 500만 셀을 지원합니다.

**⚠ 엑셀과 달라요**

구글 스프레드시트에서는 지원되는 셀의 수에 맞춰 표시되는 행과 열을 사용자가 조정하여 사용할 수 있어요.

☑Google Sheet ☑Excel

◉ **예제파일** : Chapter02 > Section02 > 행열 추가/삭제 / 행열 추가/삭제(완성)

# 새로운 행과 열을 추가하고 삭제하기

**업무 시간 단축**

| 단축키 | 작동 |
|---|---|
| Ctrl + Spacebar | 셀에 위치한 열(표/전체) 선택 |
| Shift + Spacebar | 셀에 위치한 행(표/전체) 선택 |
| Ctrl + Alt + = | 새로운 행과 열 추가 |
| Ctrl + Alt + - | 행과 열 삭제 |

**1** [시트1] 시트에 산악회 회원 명단표가 있습니다. F열의 '연락처' 항목과 G열의 '비고' 항목 사이에 새로운 열을 하나 추가해 '가입일' 항목을 만들어 볼게요. '비고' 항목인 G열의 머리글을 선택하고 [마우스 오른쪽 버튼]-[왼쪽에 1열 삽입]을 클릭합니다.

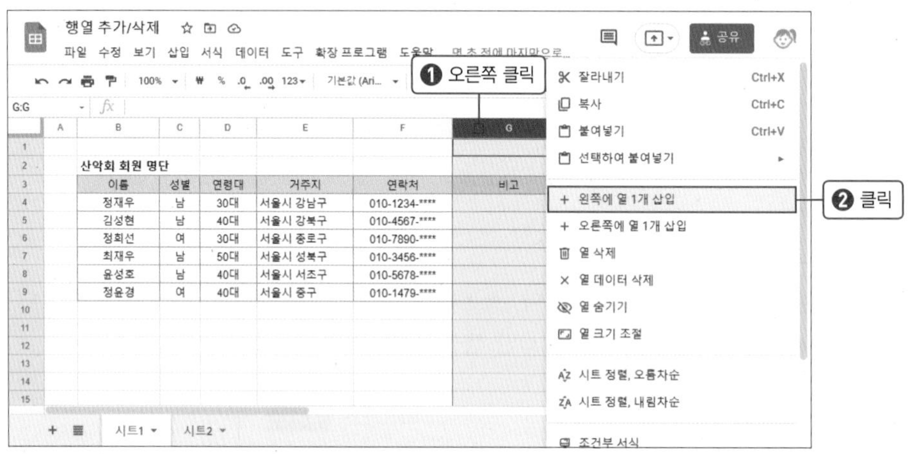


**Tip**

G열을 선택하고 메뉴에서 [삽입]-[열]-[왼쪽에 열 1개 삽입]을 클릭하거나 행/열 삽입 단축키 Ctrl+Alt+=을 순차적으로 눌러 왼쪽 방향으로 새로운 열을 삽입할 수도 있습니다.

**2** 선택한 G열의 왼쪽으로 새로운 열이 추가되면서 '비고' 항목은 H열로 이동되었습니다. G3 셀을 선택하고 '가입일'로 이름을 바꾸어 입력합니다.

G3 | fx 가입일

산악회 회원 명단

| 이름 | 성별 | 연령대 | 거주지 | 연락처 | 가입일 | 비고 |
|---|---|---|---|---|---|---|
| 정재우 | 남 | 30대 | 서울시 강남구 | 010-1234-**** | | |
| 김성현 | 남 | 40대 | 서울시 강북구 | 010-4567-**** | | |
| 정희선 | 여 | 30대 | 서울시 종로구 | 010-7890-**** | | |
| 최재우 | 남 | 50대 | 서울시 성북구 | 010-3456-**** | | |
| 윤성호 | 남 | 40대 | 서울시 서초구 | 010-5678-**** | | |
| 정윤경 | 여 | 40대 | 서울시 중구 | 010-1479-**** | | |

입력

**3** 이번에는 [시트2]를 선택하고 G열의 '비고' 항목을 삭제할게요. G열의 머리글을 선택하고 [마우스 오른쪽 버튼]-[열 삭제]를 클릭합니다. 참고로 마우스 오른쪽 버튼 메뉴의 [열 삭제]는 열에 적용된 서식은 물론 데이터도 모두 삭제하며 [열 데이터 삭제]는 열에 적용된 서식은 남기고 입력된 데이터만 삭제합니다.

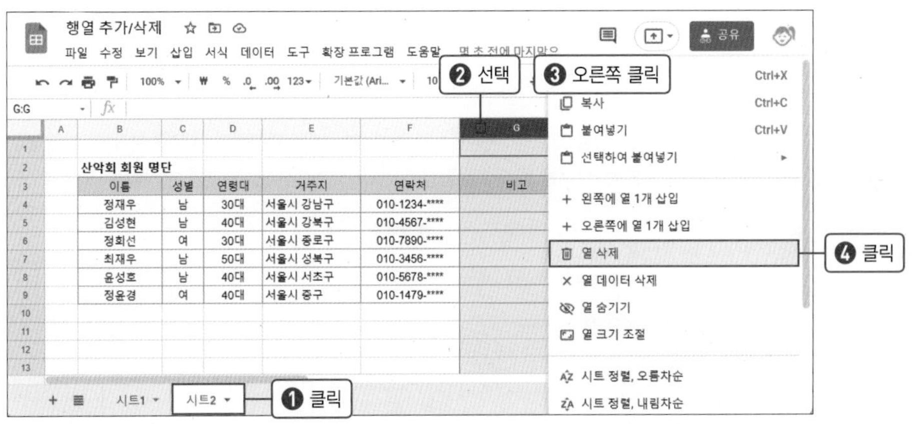


**Tip**

G열을 선택하고 메뉴에서 [수정]-[삭제]-[G열 삭제]를 클릭하거나 행/열 삭제 단축키 Ctrl+Alt+-를 순차적으로 눌러 열을 삭제할 수도 있습니다.

**4** G열이 삭제되었습니다. 새로운 열을 삽입하고 삭제한 것과 같이 행도 동일한 방법으로 삭제하고 추가할 수 있어요.

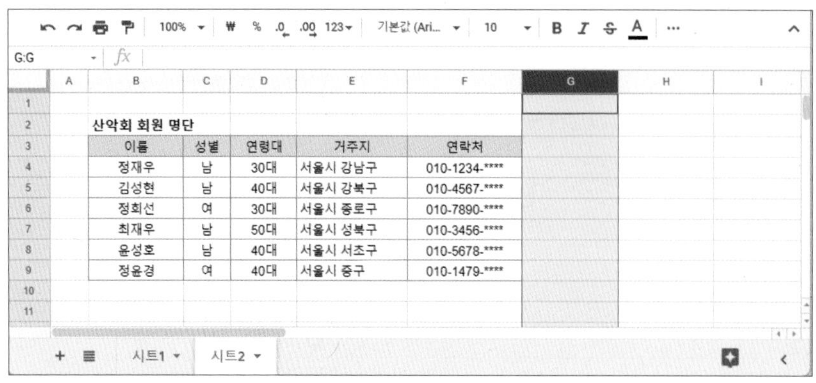

산악회 회원 명단

| 이름 | 성별 | 연령대 | 거주지 | 연락처 |
|---|---|---|---|---|
| 정재우 | 남 | 30대 | 서울시 강남구 | 010-1234-**** |
| 김성현 | 남 | 40대 | 서울시 강북구 | 010-4567-**** |
| 정희선 | 여 | 30대 | 서울시 종로구 | 010-7890-**** |
| 최재우 | 남 | 50대 | 서울시 성북구 | 010-3456-**** |
| 윤성호 | 남 | 40대 | 서울시 서초구 | 010-5678-**** |
| 정윤경 | 여 | 40대 | 서울시 중구 | 010-1479-**** |

## 잠깐만요 :: 행/열을 삽입하는 다양한 방법 알아보기

방법1 행 또는 열을 한 번에 하나 이상 삽입하고 싶을 때는 추가할 개수만큼 행 또는 열을 지정하고 새로운 행/열을 삽입합니다. E, F열의 머리글을 선택하고 [마우스 오른쪽 버튼]을 클릭하면 지정한 열의 개수만큼 새로운 열을 추가할 수 있어요.

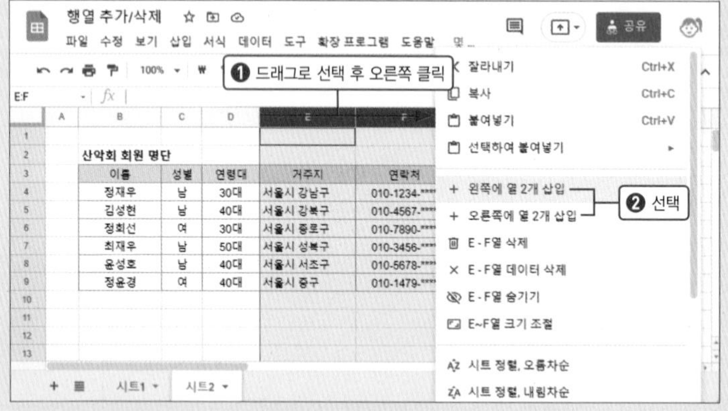


방법2 화면에 표시되는 행 이외 시트에 새로운 행을 추가하고 싶을 때는 이동 단축키 Ctrl+↓를 눌러 시트의 마지막 행으로 이동합니다. 그럼 '맨 아래에' 버튼 옆 입력 칸이 보이는데 추가할 행의 개수를 입력하고 Enter를 누르거나 왼쪽 '맨 아래에' 버튼을 클릭합니다.

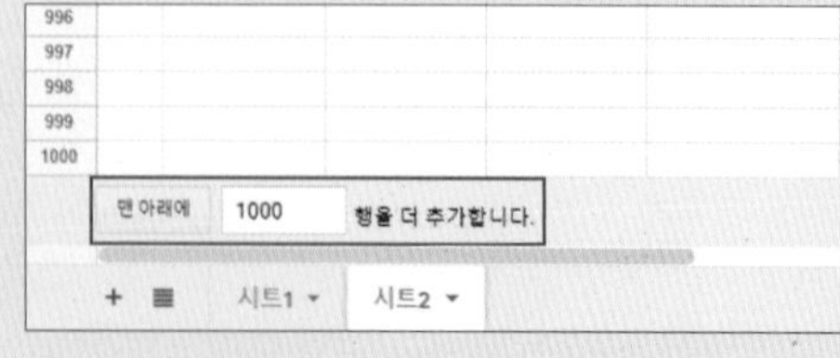

# 행과 열을 이동하고 복사하기



**1** [시트1] 시트의 E열의 '거주지' 항목과 F열의 '이메일' 항목의 위치를 바꿔 볼게요. F열의 머리글을 선택하고 [수정]-[이동]-[열을 왼쪽으로 이동]을 선택하거나 F열의 머리글을 클릭한 상태에서 E열쪽으로 드래그하여 이동시킵니다.

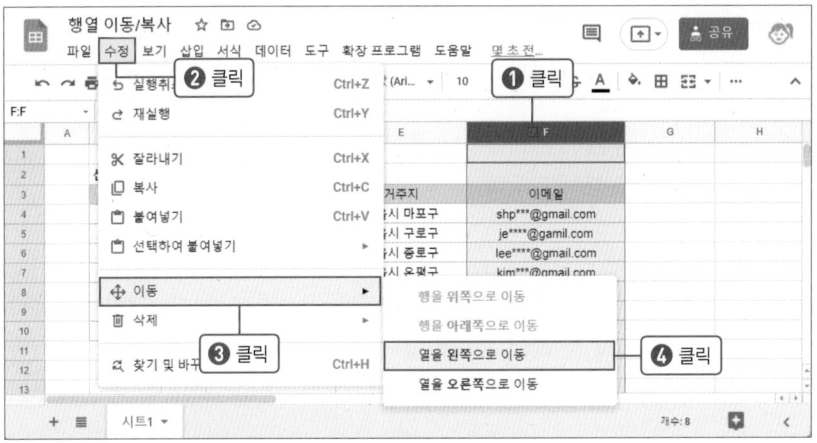


**2** F열의 '이메일' 항목이 왼쪽 E열로 이동되었습니다.

신규 회원 명단

| 이름 | 성별 | 연락처 | 이메일 | 거주지 |
|---|---|---|---|---|
| 박성호 | 남 | 010-****-1234 | shp***@gmail.com | 서울시 마포구 |
| 정재윤 | 남 | 010-****-2345 | je****@gamil.com | 서울시 구로구 |
| 이세경 | 여 | 010-****-9095 | lee****@gmail.com | 서울시 종로구 |
| 김태현 | 남 | 010-****-5254 | kim***@gmail.com | 서울시 은평구 |
| 이영우 | 남 | 010-****-8463 | woo****@gmail.com | 서울시 노원구 |
| 박서준 | 남 | 010-****-7531 | pa*****@gmail.com | 서울시 강남구 |
| 조석환 | 남 | 010-****-3739 | sh****@gmail.com | 서울시 서초구 |

**3** 이번에는 D열의 '연락처' 항목을 복사하여 D열과 E열 사이에 동일한 항목을 하나 더 만들어 볼게요. 열을 복사하기 전에 복사한 데이터를 붙여넣기할 새로운 열을 삽입해야 합니다. D열의 머리글을 선택하고 [마우스 오른쪽 버튼]-[오른쪽에 열1개 삽입]을 선택하여 새로운 열을 삽입합니다.

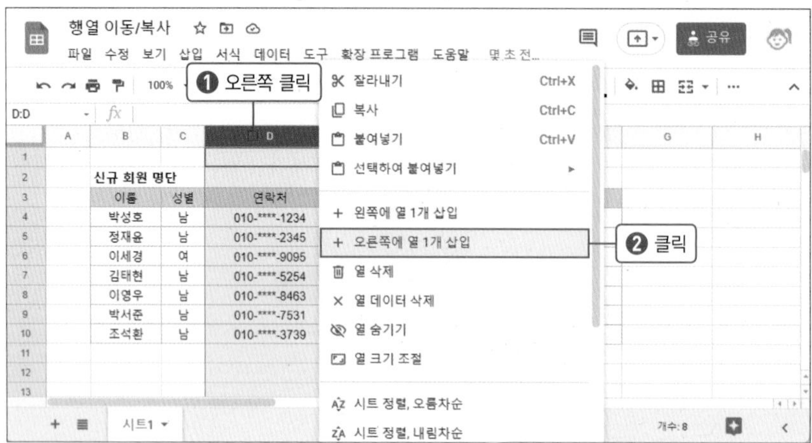


**4** 새로운 열이 삽입되면 D3:D10 셀 범위를 지정하고 단축키 Ctrl + C를 눌러 데이터를 복사한 후 E3셀을 선택하고 단축키 Ctrl + V를 눌러 데이터를 붙여넣기합니다. 또는 D열의 머리글을 선택한 후 Ctrl + C를 눌러 복사하고 E열의 머리글을 선택한 후 Ctrl + V를 눌러 붙여넣기 해도 됩니다.

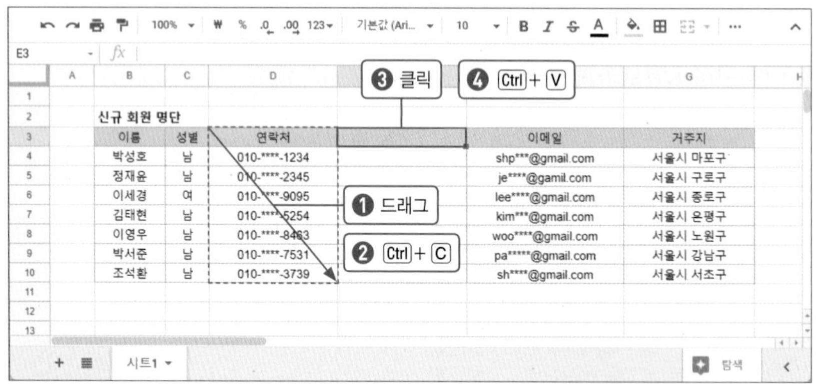


**⚠ 엑셀과 달라요**

구글 스프레드시트에서는 행/열을 복사할 때 새로운 행/열을 삽입한 후에 데이터를 붙여넣기했다면, 엑셀에서는 [복사한 셀 삽입]이라는 기능이 있어 새로운 행과 열을 삽입하지 않고 바로 복사할 수 있어요.

필수기능 04

# 입력 데이터에 맞게 열 너비 맞추기

**1** 제목 행의 높이를 조정하고 제각각인 열 너비를 데이터에 맞게 조정해 볼게요. 먼저 2행에 있는 표 머리글의 행 높이를 조정하기 위해 2행의 머리글을 선택합니다.

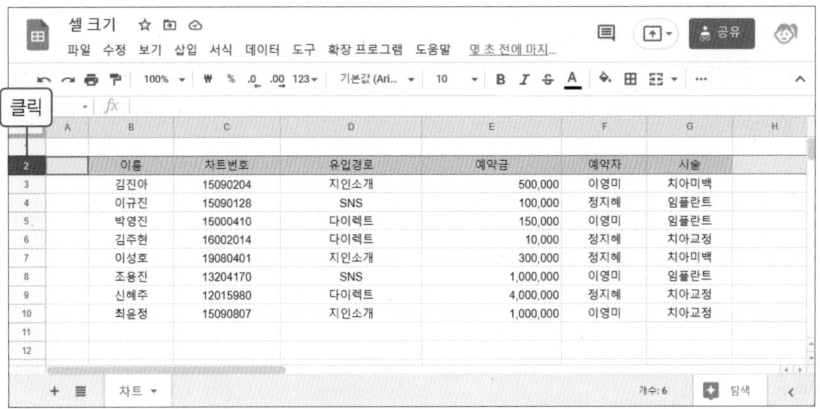


**2** 해당 위치에서 [마우스 오른쪽 버튼]-[행 크기 조절]을 클릭하세요.

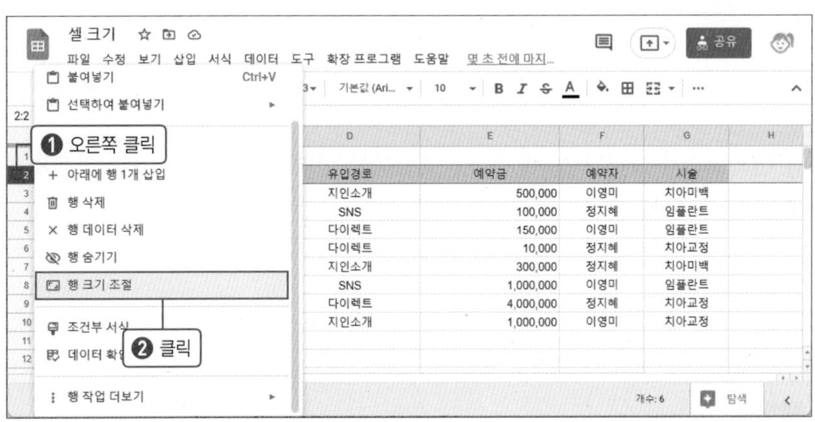


기본 사용법
입력 / 편집
데이터 작성
함수
표&차트 시각화

**3** [2행 크기 조정] 대화상자가 나타나면 '행 높이 지정'을 선택하고 입력란에 '30'을 입력한 후 [확인]을 클릭합니다.

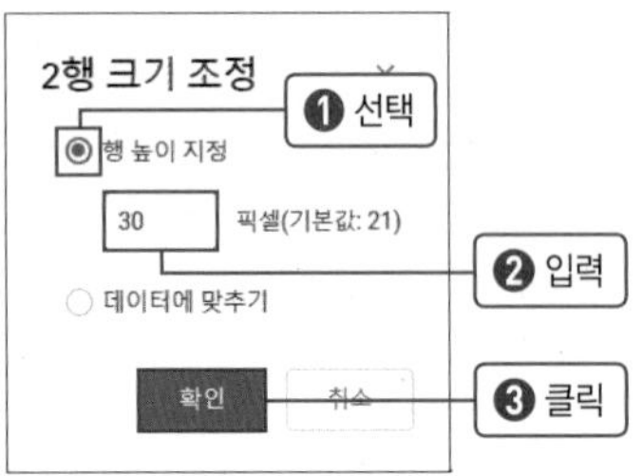


**4** 2행의 크기가 조정되었습니다. 이번에는 열 너비를 조정해 볼게요. B열의 머리글을 선택하고 Shift 키를 누른 상태에서 D열의 머리글을 클릭한 후 [마우스 오른쪽 버튼]-[B~D열 크기 조절]을 클릭합니다.

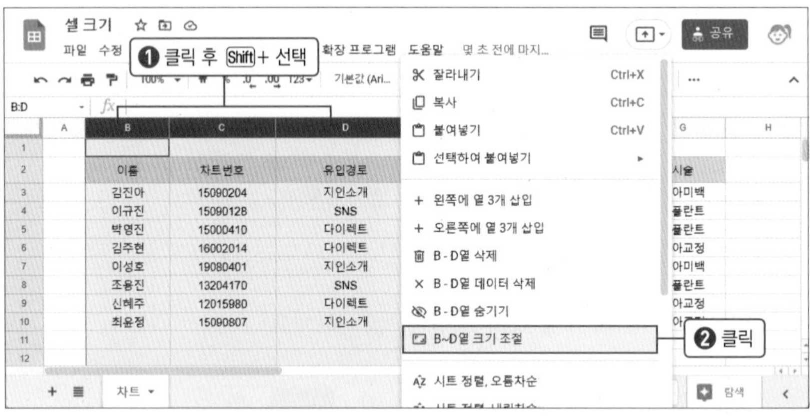


**5** [B~D열 크기 조정] 대화상자가 나타나면 '데이터에 맞추기'를 선택하고 [확인]을 클릭하세요.

**6** 입력된 가장 긴 길이의 데이터에 맞춰 셀 너비가 조정되었습니다. 이번에는 조금 다른 방법으로 여러 열 너비를 동일한 너비로 맞춰볼게요. E열의 머리글을 선택하고 G열 머리글까지 드래그하여 열 전체를 선택합니다. F열과 G열 사이에 마우스를 가져가면 마우스 포인터 모양(↔)이 바뀌는데 이때 좌우로 드래그해 원하는 크기로 조절할 수 있어요.

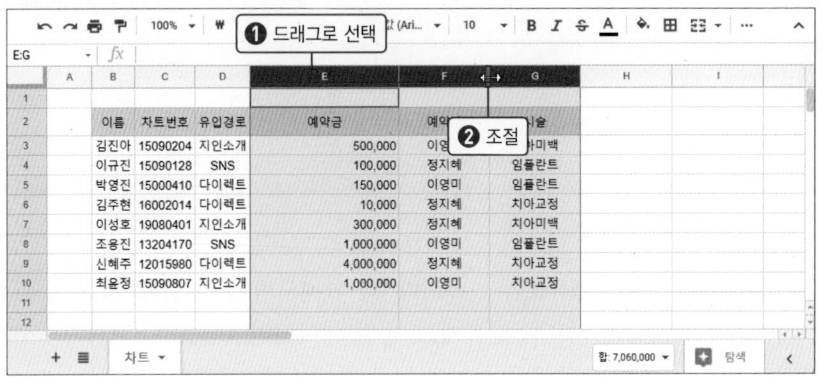


**7** 서로 다른 너비의 E~G열이 동일한 크기의 너비로 조정된 것을 확인합니다. 참고로 행 높이도 드래그로 조정할 수 있어요.

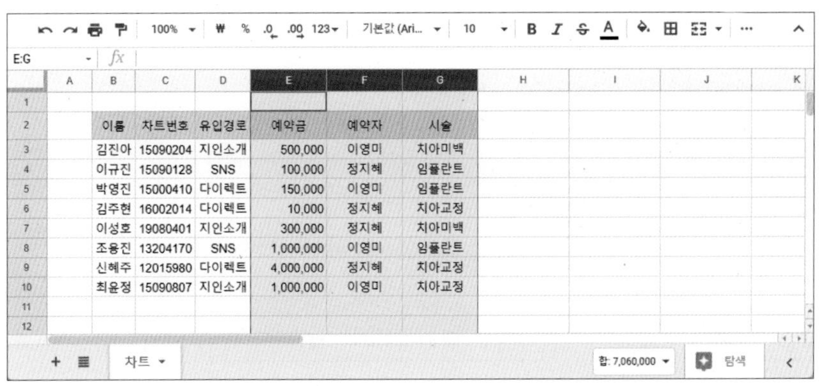

필수기능 05

# 일부 행/열의 내용을 보이지 않게 숨기기

업무 시간 단축

| 단축키 | 행 | 열 |
|---|---|---|
| 숨기기 | Ctrl + Alt + 9 | Ctrl + Alt + 0 |
| 숨기기 취소 | Ctrl + Shift + 9 | Ctrl + Shift + 0 |

**1** [영업현황] 시트에 '판매처별 영업현황' 표가 있습니다. 각 판매처별 중간 합계와 '총 합계'를 제외하고 구분별 데이터가 표시되지 않도록 해볼게요. 숨길 데이터인 4행부터 6행까지 드래그한 후 연속되지 않은 범위를 선택하기 위해 Ctrl 키를 누른 상태에서 8행부터 10행까지 드래그하여 범위를 지정합니다.

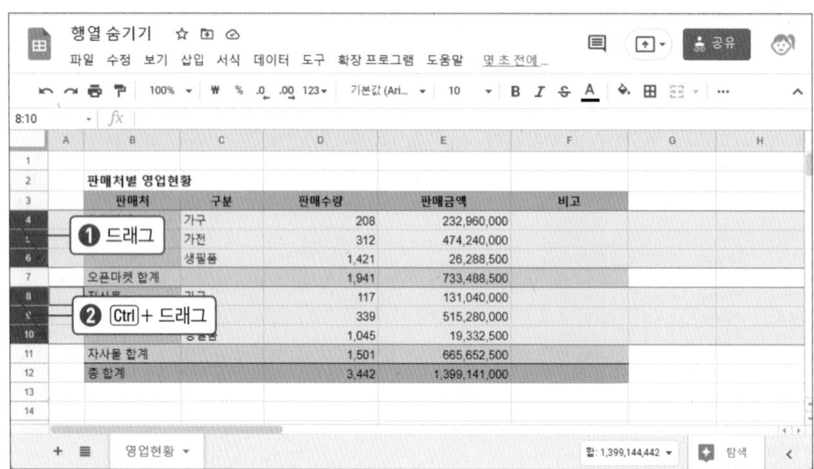

**2** 행 머리글에서 [마우스 오른쪽 버튼]-[행 숨기기]를 선택합니다.

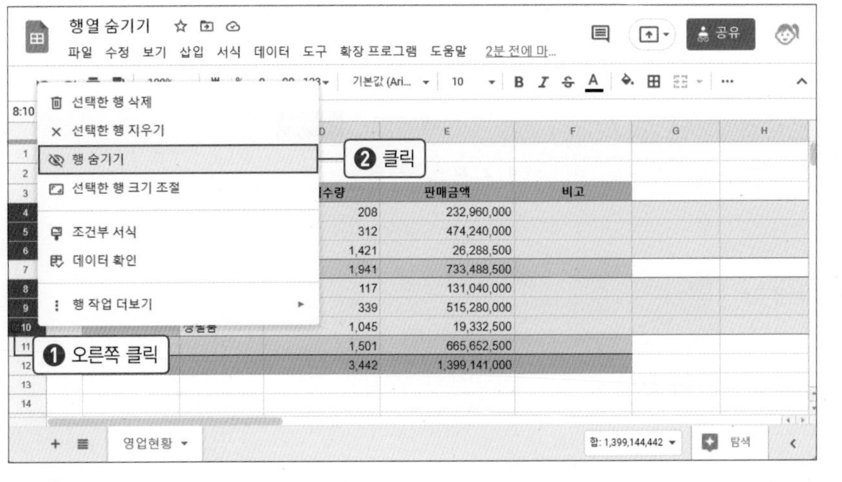


> **Tip**
> 행 숨기기 단축키 Ctrl+Alt+9, 열 숨기기 단축키 Ctrl+Alt+0을 사용해도 됩니다.

**3** 선택한 행 데이터가 표시되지 않고, 숨기기가 적용된 행의 머리글에 상하 버튼이(⬍)표시됩니다.

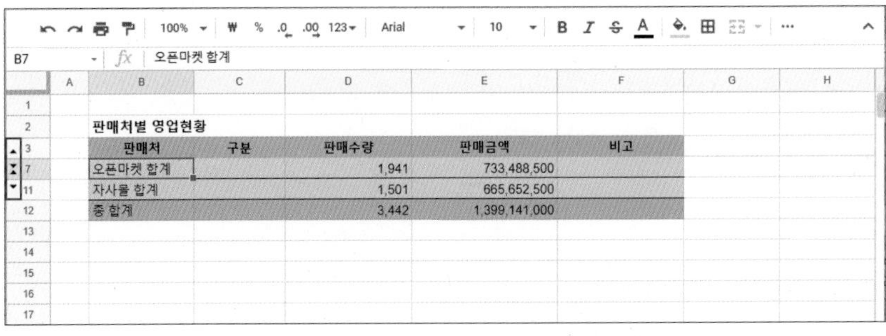

| 판매처 | 구분 | 판매수량 | 판매금액 | 비고 |
|---|---|---|---|---|
| 오픈마켓 합계 | | 1,941 | 733,488,500 | |
| 자사몰 합계 | | 1,501 | 665,652,500 | |
| 총 합계 | | 3,442 | 1,399,141,000 | |

**4** 이번에는 다시 숨기기한 행을 다시 나타내 볼게요. 전체 숨기기 취소를 하기 위해 3행부터 11행까지 머리글을 드래그하여 범위를 지정하고 [마우스 오른쪽 버튼]-[행 숨기기 해제]를 클릭합니다. 참고로 행 머리글의 상하 버튼(⬍)을 클릭하여 숨기기 해제를 실행할 수도 있습니다.

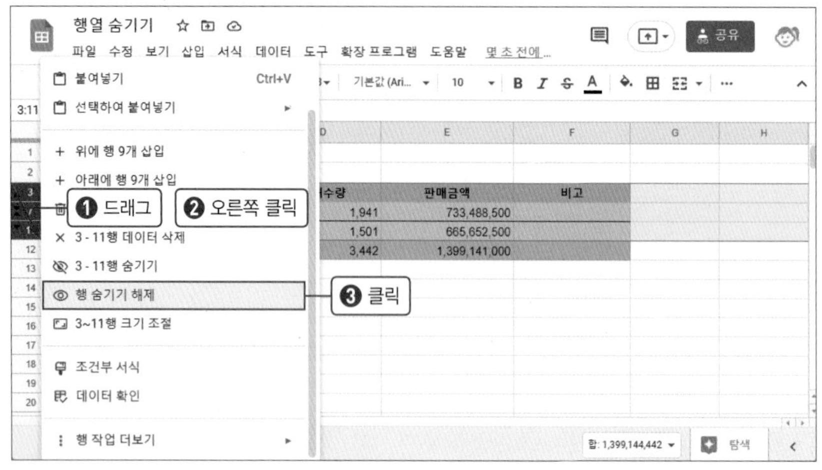


**Tip**

행 숨기기 해제 단축키 Ctrl+Alt+9, 열 숨기기 해제 단축키 Ctrl+Alt+0을 사용해도 됩니다. 만약 열 숨기기 취소 단축키가 작동하지 않는 경우에는 윈도우 설정을 바꿔 봅니다. OS Windows 11을 기준으로 '설정 → 시간 및 언어 → 입력 → 고급 키보드 설정 → 입력 언어 바로가기 → [텍스트 서비스 및 입력 언어] 대화상자의 '고급 키 설정' 탭 '키 시퀀스 변경' → [키 시퀀스 변경] 대화상자의 Ctrl+Shift(T)를 '할당되지 않음'으로 설정한 후 사용해 보세요.

**5** 숨겨진 행의 데이터가 표시됩니다.

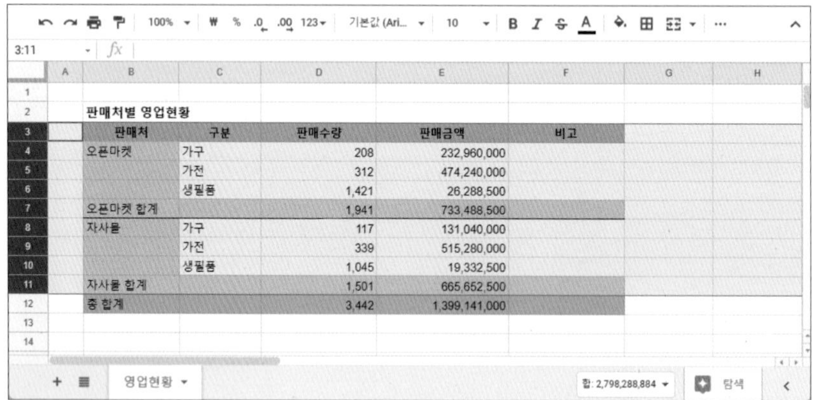


**⚠ 엑셀과 달라요**

엑셀에서는 행 또는 열을 숨기기 할 경우 머리글에 상하, 좌우 버튼 대신에 이중선이 표시됩니다.

◉ **예제파일** : Chapter02 > Section02 > 행열 그룹 / 행열 그룹(완성)

필수기능

# 06 같은 분류의 행 또는 열 그룹화하기

**업무 시간 단축**

| 단축키 | 작동 |
|---|---|
| Alt + Shift + →(오른쪽 방향키) | 행/열 그룹화 적용 |
| Alt + Shift + ←(왼쪽 방향키) | 행/열 그룹화 취소 |
| Alt + Shift + ↑(위쪽 방향키) | 그룹 접기 |
| Alt + Shift + ↓(아래쪽 방향키) | 그룹 펼치기 |

**1** 숨기기와 비슷한 기능인 그룹화 기능을 알아 봅시다. [지점매출] 시트의 C열과 D열, 그리고 F열과 G열을 그룹화하여 브랜드 항목을 제외한 지점의 합계만 나타내 볼게요. 먼저 C열과 D열의 머리글을 선택합니다.

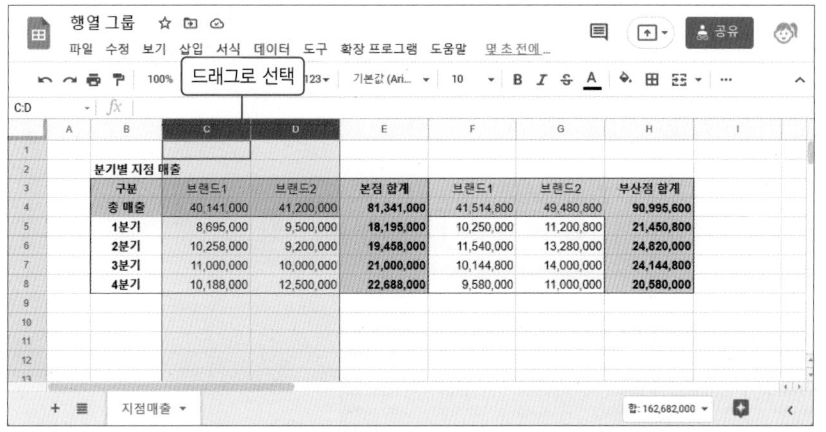


**Tip**
'그룹화'는 연속되지 않은 범위를 선택할 경우 적용이 되지 않기 때문에 지점별 범위를 따로 선택하여 '그룹화'를 적용합니다.

**2** [보기]-[그룹]-[C~D열 그룹화]를 선택하거나 [마우스 오른쪽 버튼]-[열 작업 더보기]-[C~D열 그룹화]를 선택합니다.

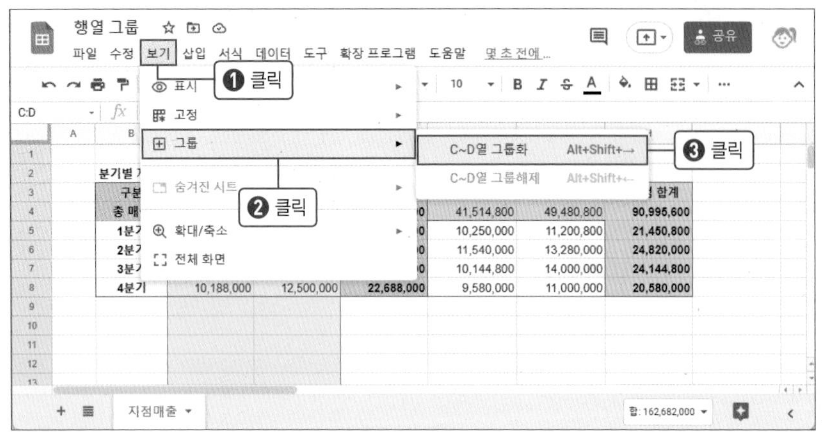


> **Tip**
> 상하위 계층으로 그룹화할 경우 총 8단계까지 적용할 수 있어요.

**3** 그룹된 C열과 D열의 머리글에 윤곽선과 윤곽 기호가 나타난 것을 확인합니다. F열과 G열에도 그룹화를 적용하기 위해 F열고 G열의 머리글을 선택하고 그룹화 단축키 Alt + Shift + →를 누르세요

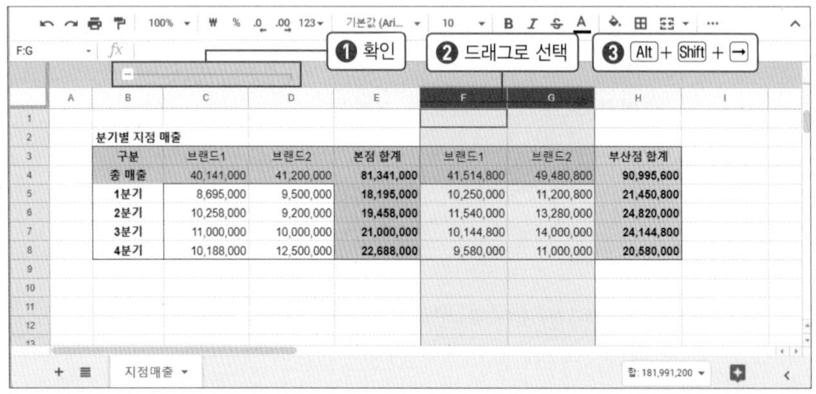


> **Tip**
> 행/열 그룹화 단축키는 Alt + Shift + →(오른쪽 방향키), 행/열 그룹화 취소 단축키는 Alt + Shift + ←(왼쪽방향키)를 사용합니다. 머리글이 아닌 단일 셀 혹은 일부 범위만 선택 상태에서도 그룹 단축키를 사용할 수 있으며 이때 '행/열 그룹' 선택 메뉴가 표시됩니다.

**4** 그룹으로 묶인 F, G열의 머리글에 윤곽선과 윤곽기호가 나타나면 윤곽 기호를 클릭하여 데이터를 접고 펼치기합니다.

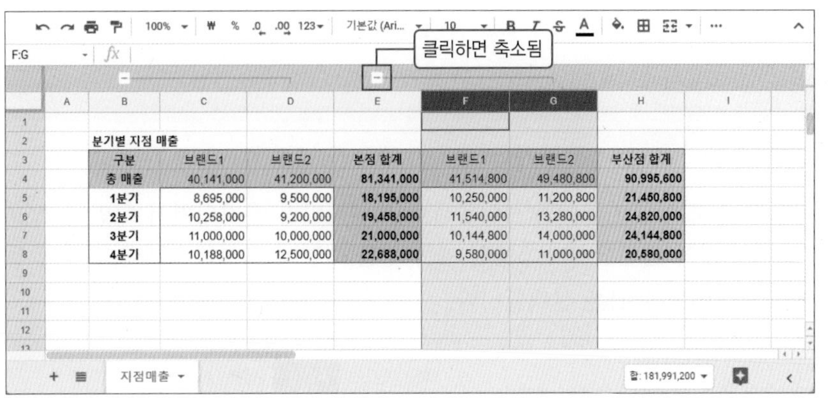


**5** 윤곽 기호를 클릭하여 부위별로 그룹을 접고 펼치기할 수 있지만 윤곽선이 있는 부근에 [마우스 오른쪽 버튼]을 클릭하여 여러 그룹의 움직임을 한 번에 통제할 수 있습니다. 또한 이 윤곽 기호 버튼의 방향을 변경하거나 그룹을 삭제할 수 있어요.

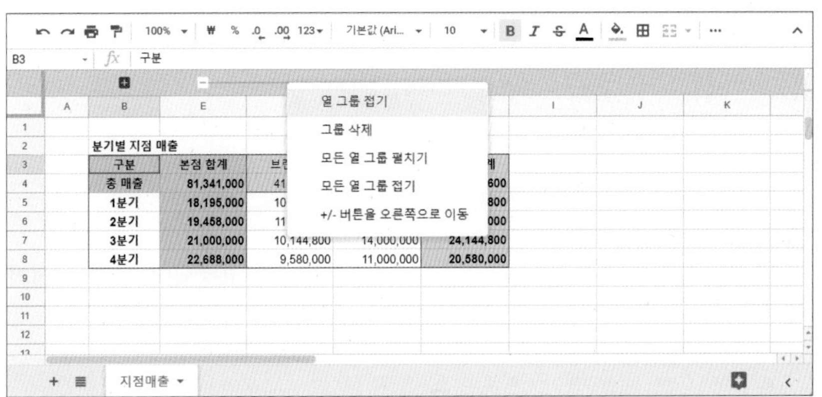


**Tip**

행/열 그룹 접기 단축키는 Alt + Shift + ↑이고 행/열 그룹 펼치기 단축키는 Alt + Shift + ↓를 사용합니다.

**⚠ 엑셀과 달라요**

1. 엑셀에서 [데이터] 탭–[개요] 그룹–[그룹]으로 행 또는 열에 그룹 기능을 적용할 수 있으며 그룹 단계에 따라 윤곽 번호가 나타나 단계별로 그룹을 쉽게 펼치거나 접을 수 있어 편리합니다.
2. 구글 스프레드시트와 반대로 엑셀에서는 행과 열에 그룹을 적용했을 때 기본적으로 아래/오른쪽 방향에 윤곽 기호가 생성되며, 구글 스프레드시트에서는 사용자가 윤곽 기호의 방향을 변경할 수 있지만 엑셀에서는 방향 조정이 되지 않습니다.

# 표의 머리글을 화면에 고정시키기

**1** [보조금] 시트의 '직위별 보조금 지급현황' 표에 새로운 데이터가 추가되면서 화면이 스크롤되어 표의 제목이 보이지 않아 불편합니다. 3행의 제목 행을 화면에 고정해 볼게요. 3행에 셀을 위치하고 [보기]-[고정]-[3행까지]를 선택합니다.

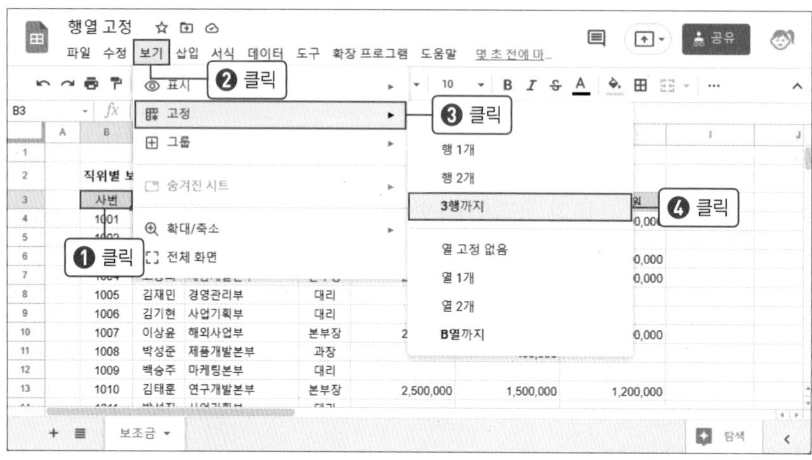


**2** 3행에 고정선이 나타나면 화면을 스크롤해봅니다. 제목행이 화면에 고정되어 새로운 데이터를 입력하기 수월합니다.

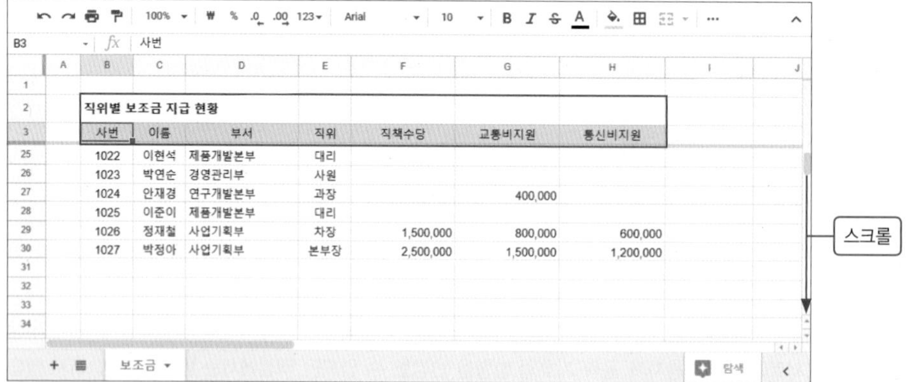

**3** 이번에는 [보기] 메뉴를 사용하지 않고 좀 더 간편한 방법으로 화면을 좌우로 스크롤했을 때 C열의 '이름' 항목까지 화면에 고정되도록 해볼게요. 전체 선택 단추(▭)의 가장 오른쪽 진한 회색선에 마우스를 가져가면 선의 색이 변하는데 이때 오른쪽 방향의 C열까지 선을 드래그합니다.

드래그

| | A | B | C | D | E | F | G | H |
|---|---|---|---|---|---|---|---|---|
| 1 | | | | | | | | |
| 2 | | 직위별 보조금 지급 현황 | | | | | | |
| 3 | | 사번 | 이름 | 부서 | 직위 | 직책수당 | 교통비지원 | 통신비지원 |
| 25 | | 1022 | 이현석 | 제품개발본부 | 대리 | | | |
| 26 | | 1023 | 박연순 | 경영관리부 | 사원 | | | |
| 27 | | 1024 | 안재경 | 연구개발본부 | 과장 | | 400,000 | |
| 28 | | 1025 | 이준이 | 제품개발본부 | 대리 | | | |
| 29 | | 1026 | 정재철 | 사업기획부 | 차장 | 1,500,000 | 800,000 | 600,000 |
| 30 | | 1027 | 박정아 | 사업기획부 | 본부장 | 2,500,000 | 1,500,000 | 1,200,000 |

**4** C열에 고정선이 나타나면 화면을 상하좌우로 스크롤합니다. D4셀을 기점으로만 화면이 스크롤되는 것을 알 수 있어요.

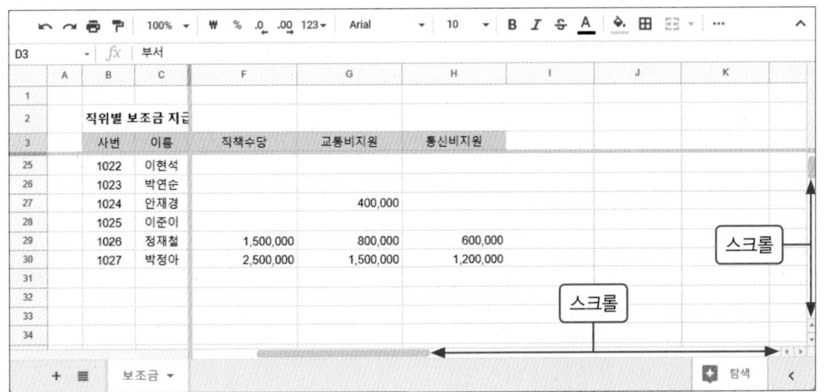

| | A | B | C | F | G | H |
|---|---|---|---|---|---|---|
| 1 | | | | | | |
| 2 | | 직위별 보조금 지급 | | | | |
| 3 | | 사번 | 이름 | 직책수당 | 교통비지원 | 통신비지원 |
| 25 | | 1022 | 이현석 | | | |
| 26 | | 1023 | 박연순 | | | |
| 27 | | 1024 | 안재경 | | 400,000 | |
| 28 | | 1025 | 이준이 | | | |
| 29 | | 1026 | 정재철 | 1,500,000 | 800,000 | 600,000 |
| 30 | | 1027 | 박정아 | 2,500,000 | 1,500,000 | 1,200,000 |



**Tip**

행/열 고정을 취소할 때는 화면의 고정선을 머리글쪽으로 드래그하거나 [보기]-[고정]-[행 고정 없음] 또는 [열 고정 없음]을 선택합니다.

**⚠ 엑셀과 달라요**

구글 스프레드시트의 [고정] 기능은 엑셀의 [보기] 탭 – [창] 그룹 – [틀 고정]으로 사용할 수 있으며 첫 행과, 첫 열을 각각 고정할 수 있으며, 특정 셀 위치를 기점으로 행과 열을 한 번에 고정할 수 있어 편리합니다.

◉ **예제파일** : Chapter02 > Section02 > 시트 추가/삭제 / 시트 추가/삭제(완성)

# 새로운 시트를 추가하고 삭제하기

**업무 시간 단축**

| 단축키 | 작동 |
|---|---|
| Shift + F11 | 새 시트 삽입 |
| Alt + Shift + S | 시트 메뉴 표시 |
| Alt + ↑/↓ | 이전/다음 시트로 이동 |

**1** 스프레드시트에 새로운 시트를 추가하고 기존의 [총합계] 시트는 삭제해 볼게요. 먼저 새로운 시트를 삽입하기 위하여 화면 하단의 시트 추가(+)를 클릭합니다.

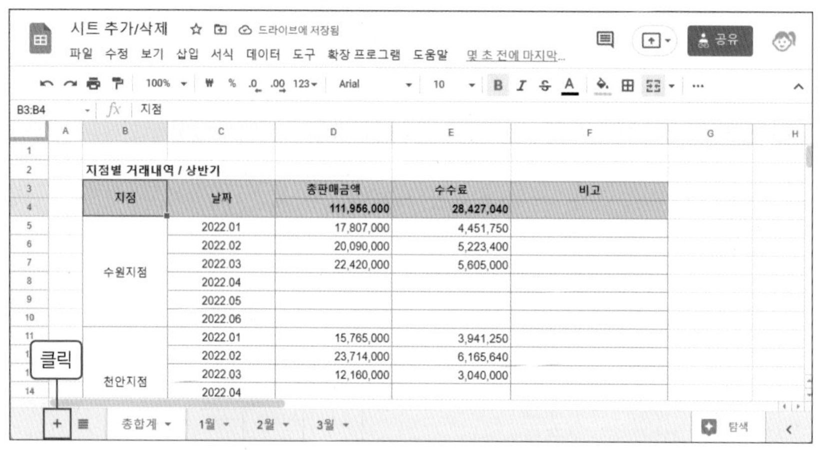


**Tip**

[삽입] – [시트]를 클릭하거나 단축키 Shift + F11 를 눌러 새 시트를 추가할 수 있어요.

**2** 새로운 [시트2]가 추가된 것을 확인합니다. 새로운 시트는 현재 시트를 기준으로 오른쪽에 추가되며 추가할 때마다 시트명에 순차적으로 번호가 함께 표시됩니다.

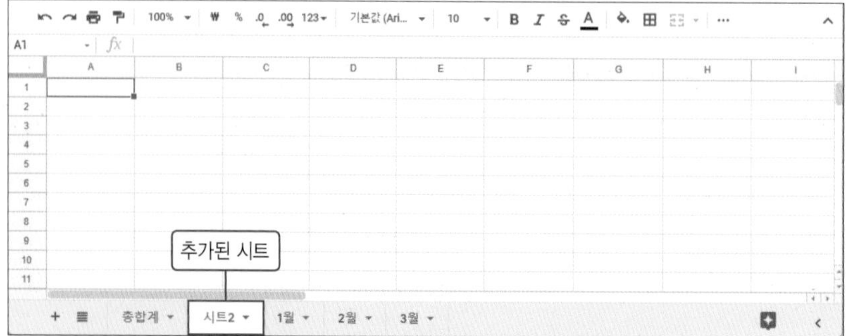

**3** 이번에는 총합계 시트를 삭제할게요. [총합계] 시트를 선택하고 시트 이름 옆 드롭다운 버튼을 클릭하여 [삭제]를 선택합니다.

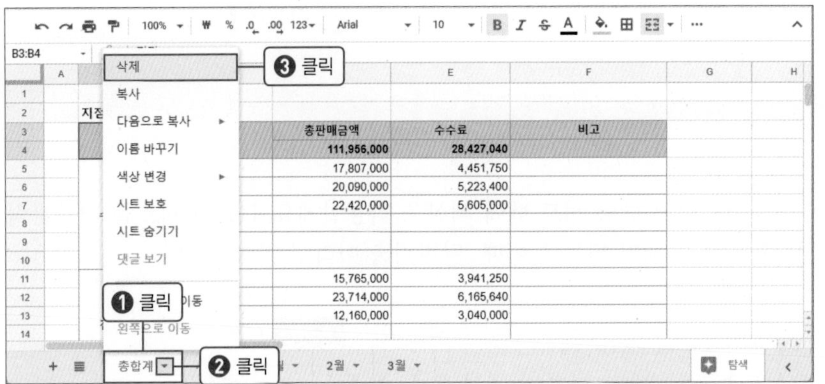


**Tip**
시트에 마우스 오른쪽 버튼을 누르거나 단축키 Alt + Shift + S를 순차적으로 눌러 시트 메뉴를 표시할 수도 있습니다.

**4** [주의] 대화상자가 나타나면 [확인]을 클릭합니다.

**5** [총합계] 시트가 삭제되었습니다.

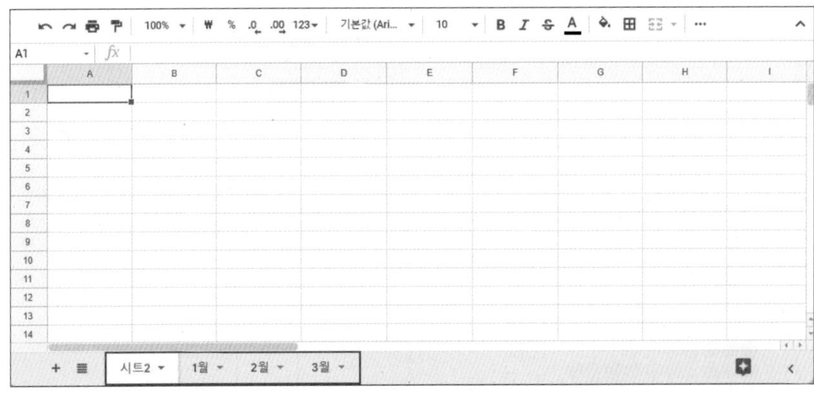

# 시트 이름과 색상 변경하기

**1** [합계] 시트의 이름을 변경하고 해당 시트 탭에 색상을 적용할게요. [합계] 시트를 더블클릭하면 시트명을 수정할 수 있는 상태가 되는데 이때 '팀별지출'이라고 입력합니다.

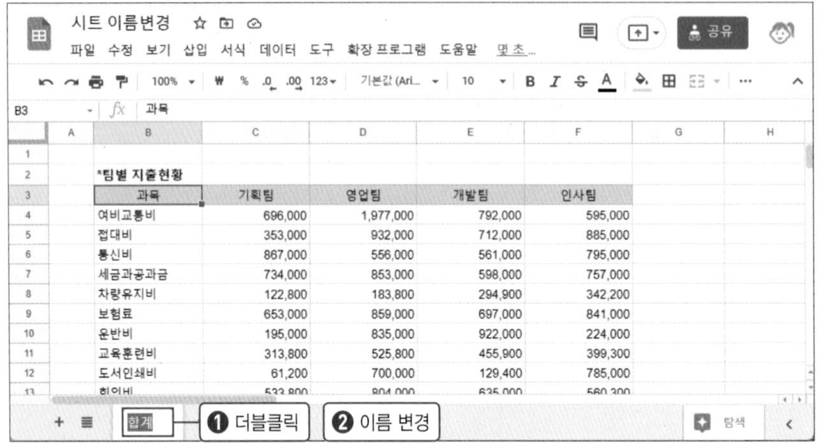


> **Tip**
> [합계] 시트의 드롭다운 버튼을 클릭하여 [이름 바꾸기]를 선택할 수도 있어요.

**2** 시트의 이름을 변경했으면 [팀별지출] 시트의 드롭다운 버튼을 클릭하여 시트 메뉴가 표시되면 [색상 변경]에 '파란색'을 선택합니다.

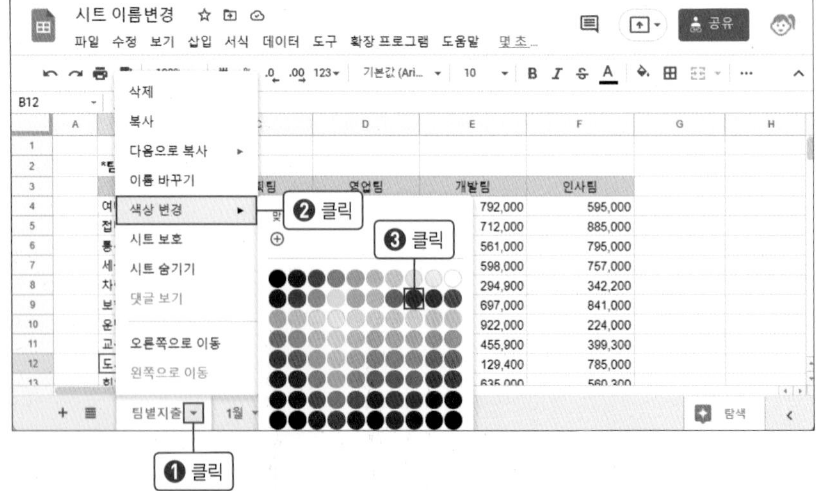

## 3 시트 탭 아랫 부분에 '파란색' 색상이 적용되었습니다.

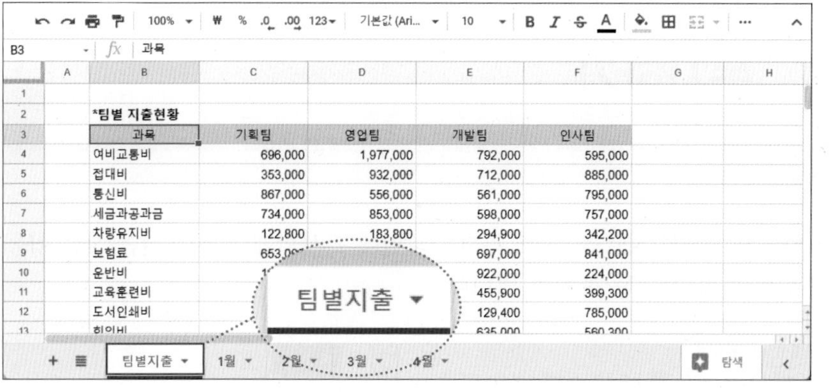


### 잠깐만요 :: 시트 색상을 선택해 빠르게 시트 이동하기

시트 수가 많은 경우 원하는 시트를 빠르게 선택하기 위해서 모든 시트 아이콘(≡)를 선택하여 시트 목록을 확인할 수 있는데 이때 중요한 시트에 색상을 적용하면 시트 이름 앞에 색상도 함께 표시되어 빠르게 구분할 수 있어서 편리해요.

*팀별 지출현황

| 과목 | 기획팀 | 영업팀 | 개발팀 | 인사팀 |
|---|---|---|---|---|
| 여비교통비 | 696,000 | 1,977,000 | 792,000 | 595,000 |
| 접대비 | 353,000 | 932,000 | 712,000 | 885,000 |
| | 867,000 | 556,000 | 561,000 | 795,000 |
| | 734,000 | 853,000 | 598,000 | 757,000 |
| | 122,800 | 183,800 | 294,900 | 342,200 |
| | 653,000 | 859,000 | 697,000 | 841,000 |
| | 195,000 | 835,000 | 922,000 | 224,000 |
| | 313,800 | 525,800 | 455,900 | 399,300 |
| | 61,200 | 700,000 | 129,400 | 785,000 |

Google Sheet | Excel

◉ **예제파일** : Chapter02 > Section02 > 시트 복사, 시트복사 2 / 시트복사2 (완성)

# 시트를 다른 구글 스프레드시트에 복사하기

**1** '시트 복사' 파일의 [1월 신규] 시트를 '시트 복사2' 파일에 복사할게요. 여기서는 시트 이동 전 상태를 확인하기 위하여 파일을 두 개 모두 엽니다.

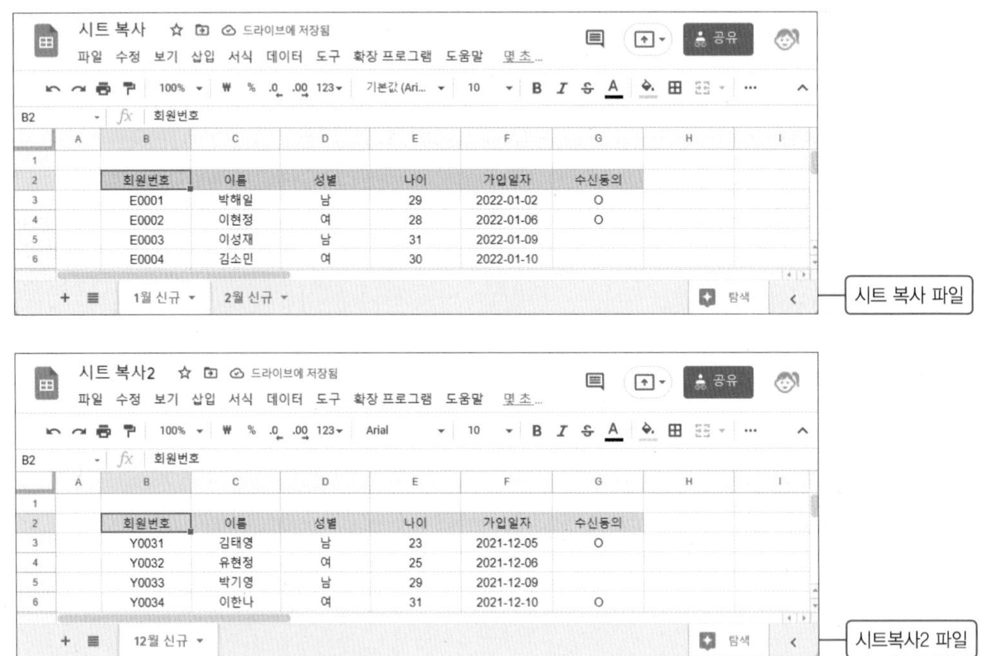


**2** '시트 복사' 파일의 [1월 신규] 시트의 드롭다운 버튼을 클릭하여 [다음으로 복사]-[기존 스프레드시트]를 선택합니다.

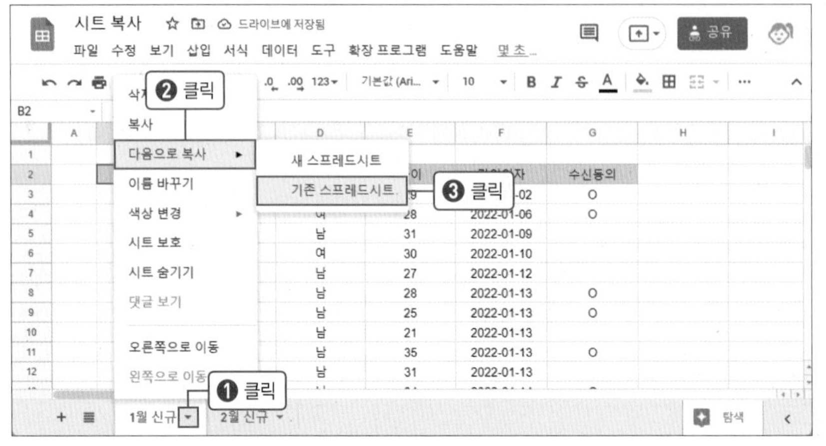


**Tip**
시트의 드롭다운 메뉴 중 '복사'와 '다음으로 복사'가 있습니다. '복사'는 현재 작업 중인 스프레드시트 내 사본시트를 만들며 '다음으로 복사'는 현재 작업 중인 스프레드시트가 아닌 곳에 사본을 만듭니다.

**3** [워크시트를 복사할 스프레드시트 선택] 대화상자가 나타나면 내 드라이브의 '시트 복사2' 파일을 선택하고 [선택]을 클릭합니다.

**4** [시트 복사됨] 대화상자가 나타나면 '스프레드시트 열기'를 클릭합니다.

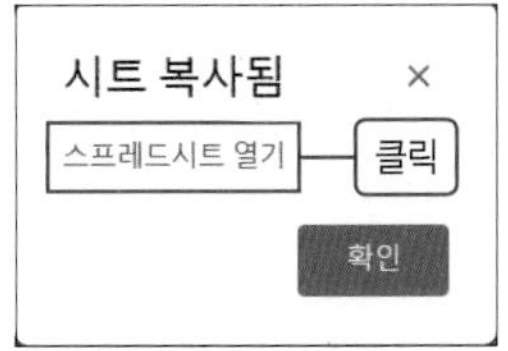


**5** '시트 복사2' 파일이 열리고 복사된 [1월 신규의 사본] 시트를 확인할 수 있습니다.

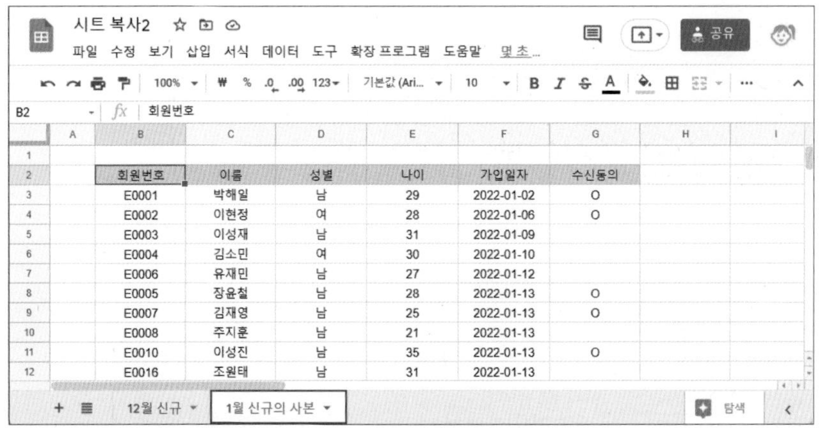


**⚠ 엑셀과 달라요**

구글 스프레드시트에서 [다음으로 복사] 기능으로 다른 스프레드시트에 시트 사본을 만들어 복사하기는 가능하지만 이동은 불가능합니다. 하지만 엑셀은 [이동/복사] 기능으로 다른 파일로 시트 복사는 물론 이동도 가능합니다.

☑Google Sheet ☑Excel

◉ **예제파일** : Chapter02 > Section02 > 시트 숨기기 / 시트 숨기기(완성)

# 11 자주 사용하지 않는 시트 숨기기

**1** [21.2분기]부터 [22.1분기]까지 총 4개의 시트가 있습니다. [22.1분기] 시트를 제외한 나머지 3개의 시트를 숨기기해 볼게요. [21.2분기] 시트를 선택하고 Shift 키를 누른 상태로 [21.4분기] 시트를 선택하여 연속된 3개의 시트를 선택합니다.

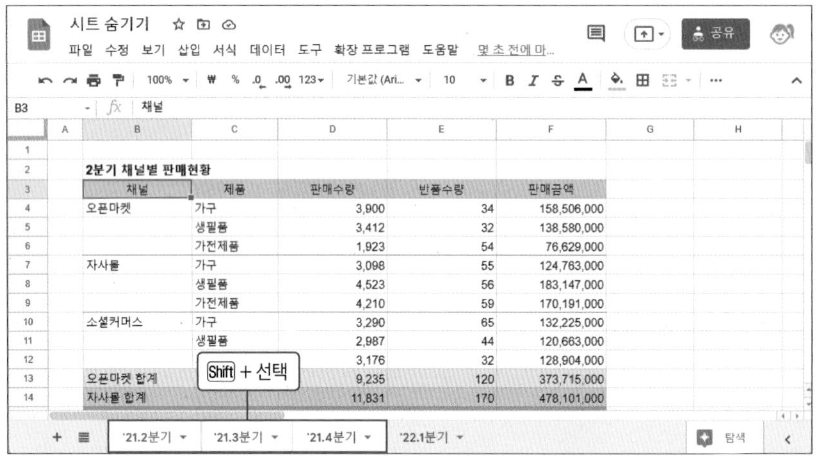


**Tip**

한 번에 연속된 여러 개의 시트를 선택할 때에는 Shift 키를 누른 상태로 처음과 마지막 시트를 선택하고 연속되지 않은 하나 이상의 시트를 선택할 때에는 Ctrl 키를 누른 상태에서 각 시트를 선택합니다.

**2** 시트가 선택되면 [마우스 오른쪽 버튼]-[시트 숨기기]를 클릭합니다.

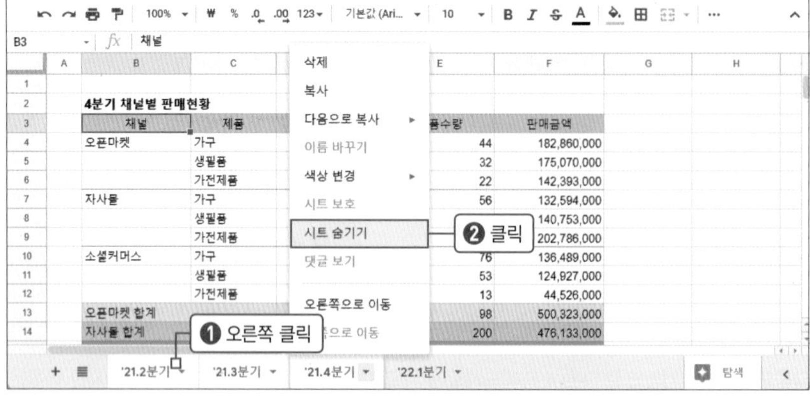

**3** [22.1분기] 시트를 제외하고 모든 시트가 숨겨져 화면에 나타나지 않습니다.

| | A | B | C | D | E | F | G | H |
|---|---|---|---|---|---|---|---|---|
| 1 | | | | | | | | |
| 2 | | 1분기 채널별 판매현황 | | | | | | |
| 3 | | 채널 | 제품 | 판매수량 | 반품수량 | 판매금액 | | |
| 4 | | 오픈마켓 | 가구 | 4,735 | 76 | 191,019,000 | | |
| 5 | | | 생필품 | 3,089 | 73 | 123,656,000 | | |
| 6 | | | 가전제품 | 2,963 | 56 | 119,187,000 | | |
| 7 | | 자사몰 | 가구 | 2,864 | 64 | 114,800,000 | | |
| 8 | | | 생필품 | 4,821 | 63 | 195,078,000 | | |
| 9 | | | 가전제품 | 3,299 | 74 | 132,225,000 | | |
| 10 | | 소셜커머스 | 가구 | 3,022 | 83 | 120,499,000 | | |
| 11 | | | 생필품 | 3,608 | 52 | 145,796,000 | | |
| 12 | | | 가전제품 | 2,505 | 83 | 99,302,000 | | |
| 13 | | 오픈마켓 합계 | | 10,787 | 205 | 433,862,000 | | |
| 14 | | 자사몰 합계 | | 10,984 | 201 | 442,103,000 | | |

'22.1분기

**4** 이번에는 숨겨진 시트를 다시 표시해 볼게요. [보기]-[숨겨진 시트(3개)]-[21.4분 표시]를 선택해 봅니다.

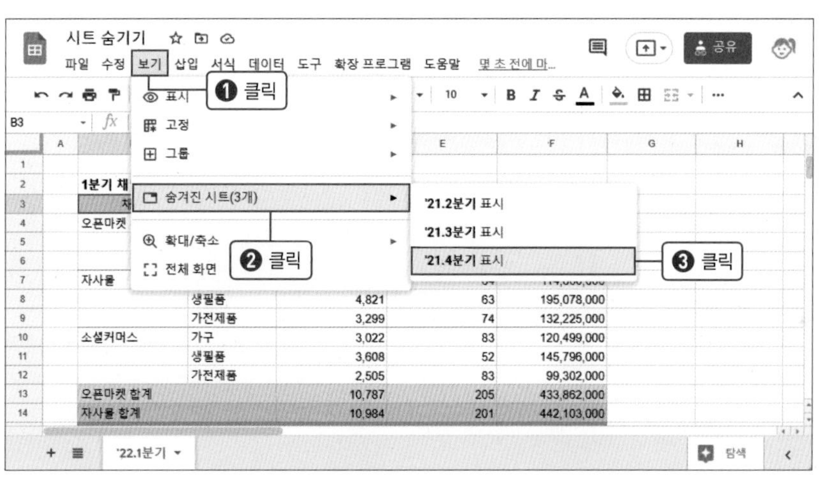

**5** [21.4분기] 시트가 다시 나타난 것을 확인합니다. 참고로 모든 시트 아이콘(≣)을 선택하면 숨겨진 시트를 포함하여 모든 시트의 목록이 나타나는데 비활성화된 목록도 시트 이름을 선택하여 숨기기를 취소할 수도 있어요.

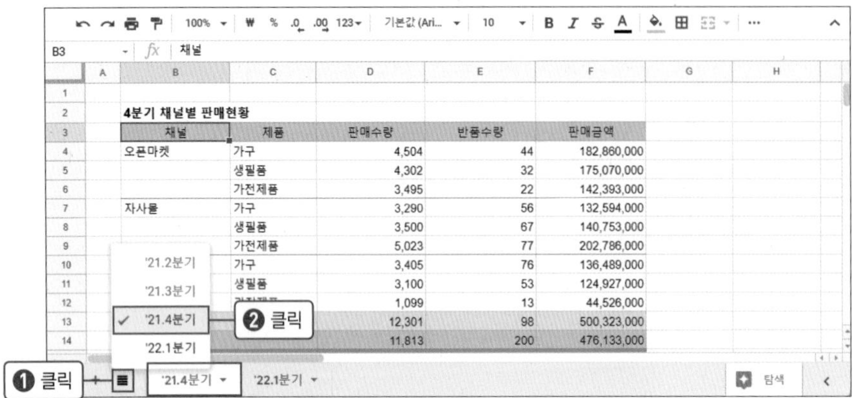


**⚠ 엑셀과 달라요**

엑셀의 모든 시트 목록에는 숨기기된 시트가 표시되지 않습니다.

실무예제 12

# 사용자마다 편집 가능한 셀 범위 지정하기

**1** 이 예제 파일은 제가 작성한 시점에 두 명의 다른 사용자와 공유하여 사용 했습니다. [월매출] 시트의 각 지점 담당자를 지정하여 담당 지점 이외 다른 지점의 데이터를 수정할 경우 접근을 제한시켜 볼게요. 여러분이 실습할 때는 33쪽을 참고하여 다른 사람과 파일을 먼저 공유하세요.

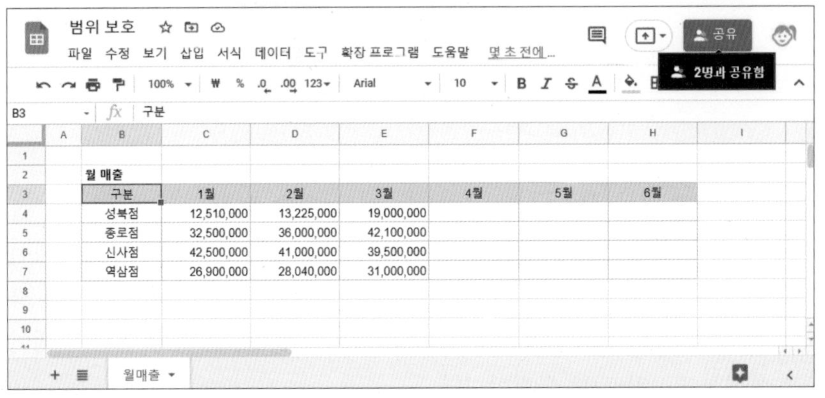


**2** C4:H5 범위를 지정하고 [데이터]-[시트 및 범위 범위 보호]를 클릭합니다.

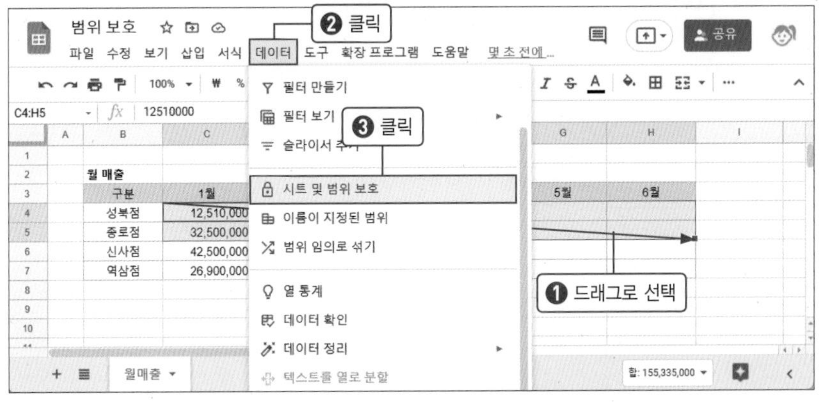


**Tip**

[마우스 오른쪽 버튼] – [셀 작업 더보기] – [범위 보호]로도 메뉴를 실행할 수 있습니다.

**3** 화면 우측에 [보호된 시트 및 범위] 창이 나타나면 설명 입력란에 '사용자C담당'이라고 입력하고 [범위] 탭에 [권한 설정]을 클릭합니다. 참고로 설명 입력란은 보호된 범위 목록이 많을 경우 구분을 쉽게 하기 위한 설명 문구를 입력하면 좋습니다.

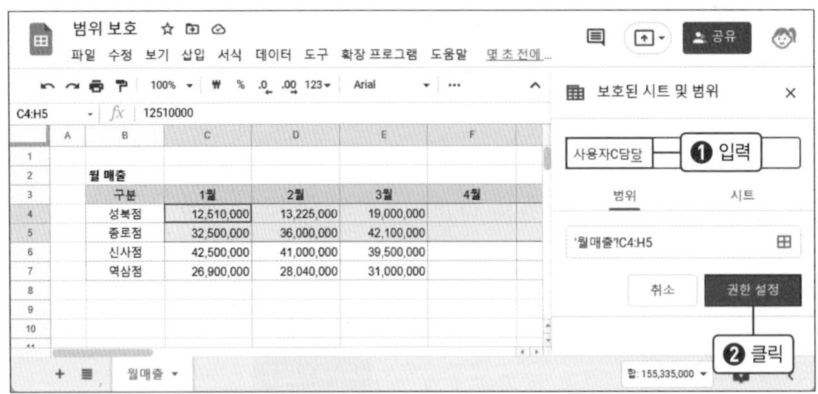


**4** [범위 수정 권한] 대화상자가 나타나면 여기서 '이 범위를 수정할 수 있는 사용자 제한'을 선택하여 다른 사용자의 접근을 차단할게요. 사용자 제한 목록에 '나만', '맞춤', '다른 범위에서 권한' 중 하나를 선택할 수 있는데 여기서는 '맞춤'을 선택하고 사용자 대상 선택 목록에서 사용자B의 체크를 해지하여 파일 소유자인 '사용자A'와 편집자인 '사용자C'만 해당 범위의 데이터를 수정할 수 있도록 설정한 후 [완료]를 클릭합니다.

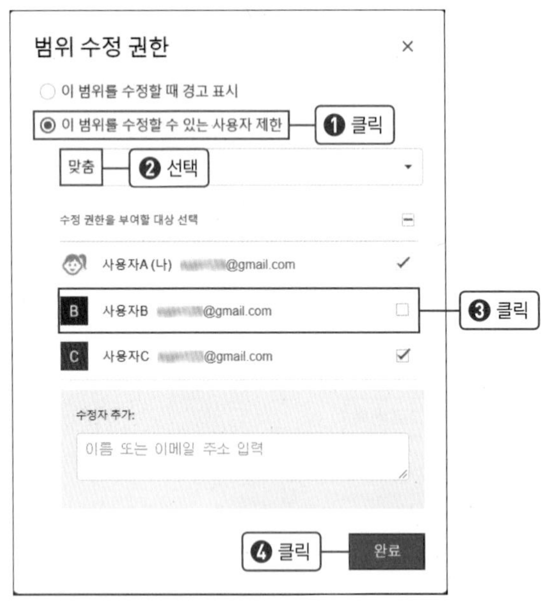

## 5 C4:H5 셀 범위가 보호되었습니다.

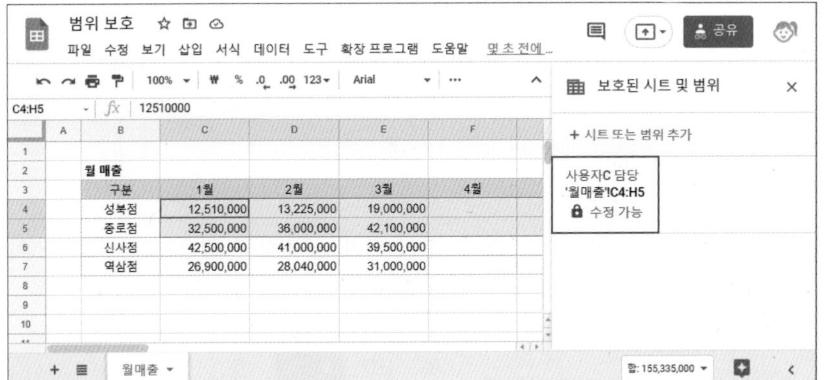


**⚠ 엑셀과 달라요**

엑셀에서는 범위마다 수정 가능한 사용자를 지정하기 위해서는 [검토] 탭 – [보호] 그룹 – [범위 편집 허용]을 이용하면 됩니다.

**잠깐만요 :: 데이터를 수정하니까 경고 메시지가 떠요!**

[월매출] 시트의 보호된 범위(C4:H5)에 수정 권한을 부여 받지 않은 '사용자B'가 보호된 셀의 데이터를 수정할 경우 아래와 같이 경고 메시지가 나타납니다.

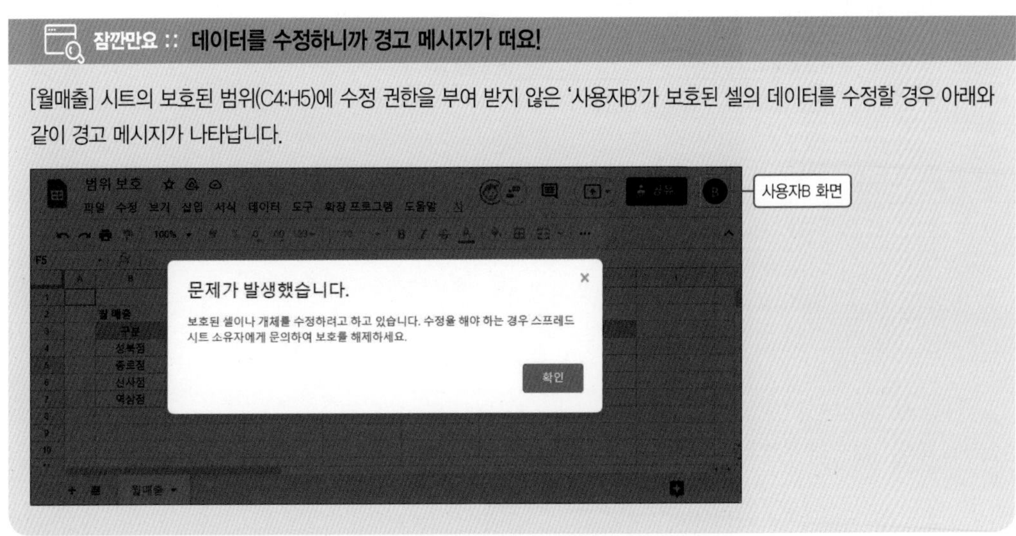

# 13 수식이 있는 시트 보호 기능 설정하기

**1** [분기매출] 시트에는 각 지점 시트의 데이터를 두 명이 함께 공유하고 있습니다. 소유자 이외 다른 사용자가 해당 시트를 수정할 수 없도록 설정해 볼게요.

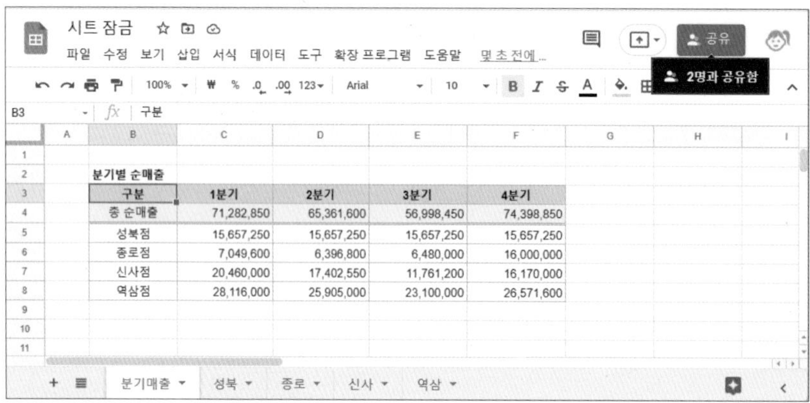


분기별 순매출

| 구분 | 1분기 | 2분기 | 3분기 | 4분기 |
|---|---|---|---|---|
| 총 순매출 | 71,282,850 | 65,361,600 | 56,998,450 | 74,398,850 |
| 성북점 | 15,657,250 | 15,657,250 | 15,657,250 | 15,657,250 |
| 종로점 | 7,049,600 | 6,396,800 | 6,480,000 | 16,000,000 |
| 신사점 | 20,460,000 | 17,402,550 | 11,761,200 | 16,170,000 |
| 역삼점 | 28,116,000 | 25,905,000 | 23,100,000 | 26,571,600 |

**2** [데이터]-[시트 및 범위 보호]를 클릭합니다.

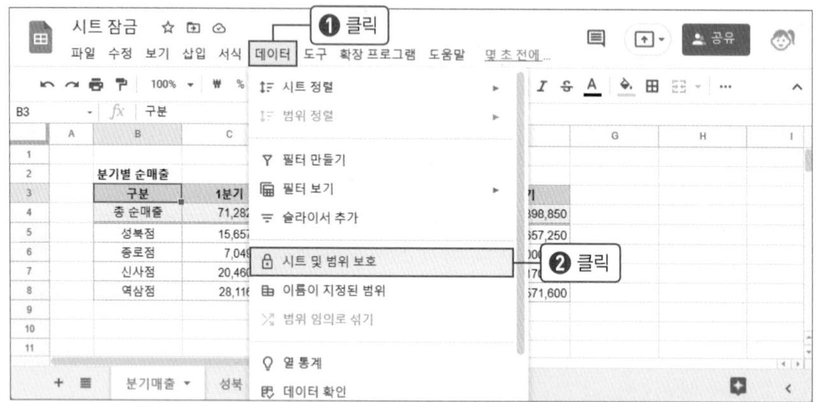

**3** 화면 우측에 [보호된 시트 및 범위] 창이 나타나면 [+시트 또는 범위 추가]를 클릭합니다.

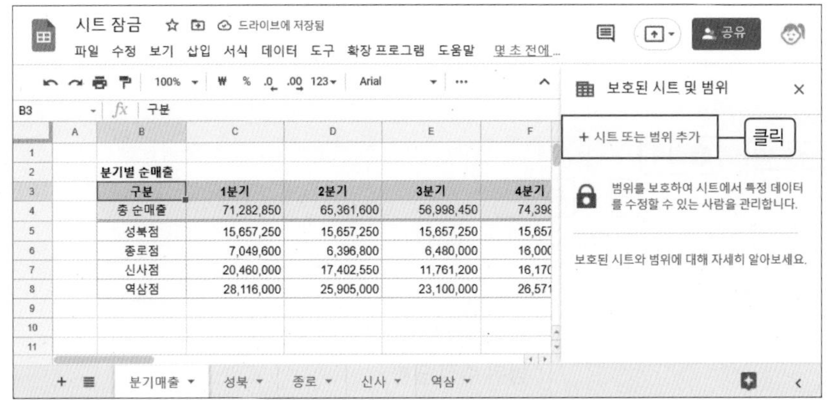


**4** [보호된 시트 및 범위] 창에서 특정 범위 또는 시트를 보호할 수 있는데 여기서 [시트] 탭을 선택할게요. 보호할 시트와 보호를 제외할 일부 셀을 지정할 수 있는데 [분기매출] 시트가 선택된 상태에서 [권한 설정]을 클릭합니다.

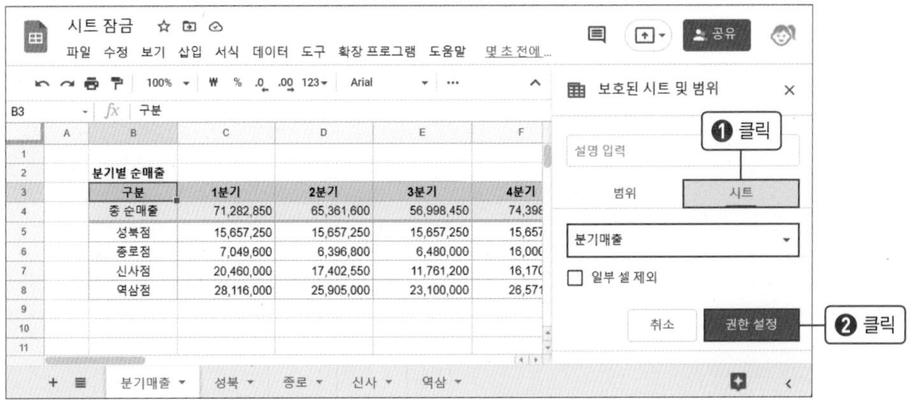

**5** [범위 수정 권한] 대화상자가 나타나면 '이 범위를 수정할 수 있는 사용자 제한'을 선택하고 사용자 제한 목록에 '나만'으로 옵션값을 변경하고 [완료]를 클릭합니다.

## 잠깐만요 :: 수정 권한이 없는 사용자가 파일을 편집하려면?

시트가 보호된 상태에서 수정 권한이 없는 사용자는 해당 시트 내 데이터를 수정하거나 편집할 수 없을 뿐 아니라 시트를 이동, 삭제하는 등의 조작도 불가능합니다. 단, 파일, 시트 복사는 가능하며 복사된 복사본에서는 자유롭게 사용할 수 있습니다.

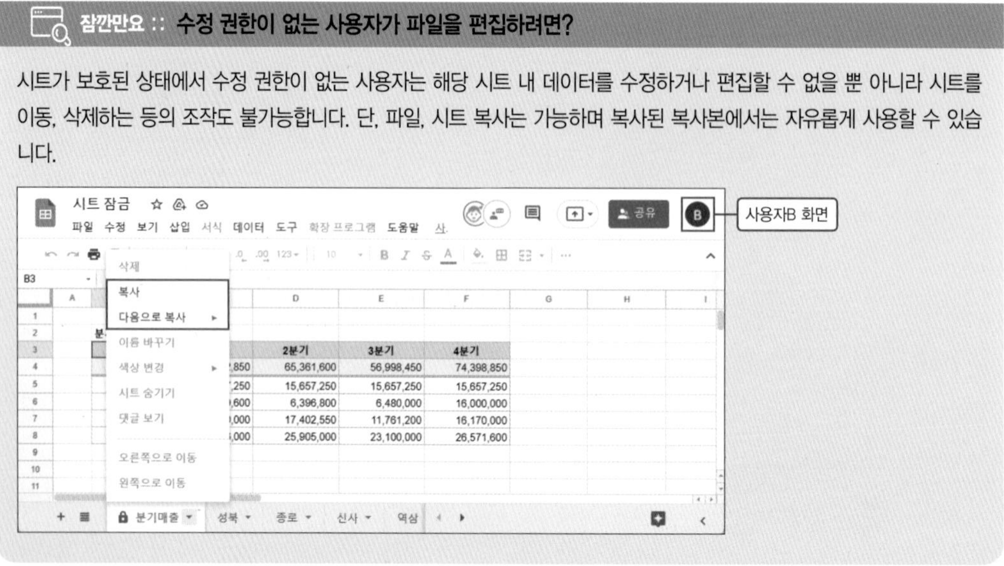

**6** [분기매출] 시트가 보호되었습니다. 보호된 시트는 시트 이름 앞에 잠금 아이콘(🔒) 표시가 함께 나타나는 것을 알 수 있습니다.

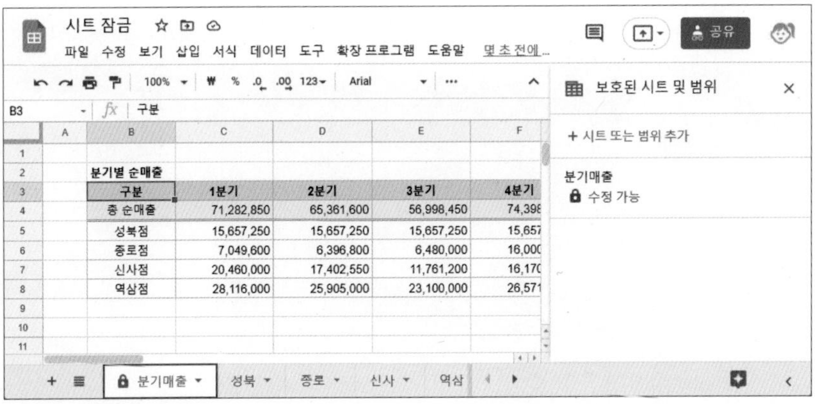

**⚠ 엑셀과 달라요**

엑셀에서는 전체 시트를 보호하기 위해 [검토] 탭 – [보호] 그룹 – [시트 보호]를 사용할 수 있으나 구글 스프레드시트처럼 시트 이름 앞에 잠금 아이콘이 별도로 표시되지는 않습니다. 또한 보호된 시트를 복사하면 복사본에도 보호 설정이 유지됩니다.

SECTION

# 03

# 오류 없는 데이터 입력을 위한 준비하기

데이터를 이동하고 복사하는 과정에서 필요한 요소만을 가져오거나 오류 없는 데이터를 취합하기 위하여 입력 데이터의 제약 조건들을 알아봅니다.

필수기능 01

# 입력 데이터 종류 알아보기

데이터 형식의 종류는 크게 문자와 숫자로 나뉩니다. 문자에는 한글, 영어, 한자, 특수문자, 기호가 포함되며 숫자는 정수, 소수, 날짜, 시간 등이 포함됩니다. 데이터를 입력하면 기본적으로 문자 데이터는 셀의 왼쪽으로 정렬되며 숫자 데이터는 셀의 오른쪽으로 정렬됩니다. 이때 [맞춤]으로 데이터의 정렬 방향을 수정하더라도 데이터의 형식이 변하지는 않습니다.

핸드폰 번호처럼 '0'으로 시작하는 숫자만 입력할 경우 셀에 '0'이 아닌 '0' 이후의 숫자부터 표시됩니다. 이때 숫자 앞에 아포스트로피(')를 입력하게 되면 데이터가 숫자 형식이 아닌 문자 형식으로 속성이 변하여 '0'을 표시할 수 있어요.

앞으로 다룰 [맞춤 숫자 형식]을 사용하면 실제 입력된 값은 숫자 형식의 데이터지만 문자 형식으로 보이게 하거나 반대로 입력 값은 문자 형식의 데이터지만 숫자 형식으로 표시할 수 있습니다.

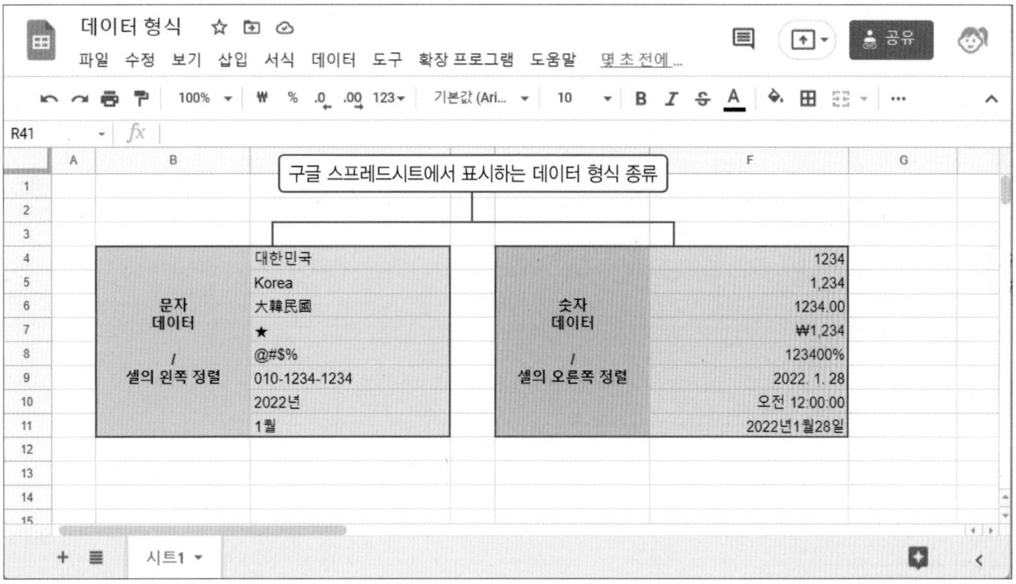
데이터 형식
파일 수정 보기 삽입 서식 데이터 도구 확장 프로그램 도움말 몇 초 전에...
공유
구글 스프레드시트에서 표시하는 데이터 형식 종류
문자 데이터 / 셀의 왼쪽 정렬
대한민국
Korea
大韓民國
★
@#$%
010-1234-1234
2022년
1월
숫자 데이터 / 셀의 오른쪽 정렬
1234
1,234
1234.00
₩1,234
123400%
2022. 1. 28
오전 12:00:00
2022년1월28일
시트1

기본 사용법
입력 / 편집
데이터 작성
함수
표&차트 시각화

◉ **예제파일** : Chapter02 > Section03 > 숫자 채우기 / 숫자 채우기(완성)

# 02 3씩 증가하는 숫자 채우기

| 업무 시간 단축 | 숫자가 입력된 셀 | 단일 셀 | 범위 |
|---|---|---|---|
| | 자동 채우기 | 동일한 숫자 채우기 | 범위의 패턴에 따라 증가하는 숫자 채우기 |
| | Ctrl + 자동 채우기 | 증가하는 숫자 채우기 | 범위와 동일한 숫자 채우기 |

**1** B열의 '순번' 항목에 1씩 증가하는 숫자를 입력시키고 C열에는 3씩 증가하는 숫자를 입력해 볼게요. B3셀에 숫자 '1'을 입력하고 셀 오른쪽 하단에 마우스를 가져가 마우스 포인터 모양이 자동 채우기 핸들로 변한 것을 확인합니다. 이때 키보드의 Ctrl 키를 누르면서 자동 채우기 핸들을 B13셀까지 드래그합니다.

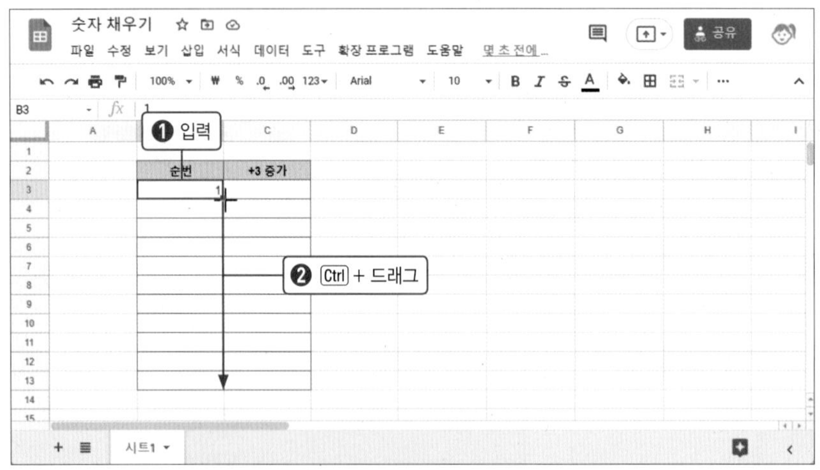


**Tip**
Ctrl 키를 누르지 않고 자동 채우기를 적용하면 B3셀에 입력한 숫자로만 채우기를 적용할 수 있어요.

**2** B4셀부터 B13셀까지 1씩 증가하는 숫자가 채워졌습니다. 이번에는 C열에 3씩 증가하는 숫자를 채워 볼게요. C3셀에는 숫자 '1'을, C4셀에는 숫자 '4'를 입력하고 두 셀을 드래그하여 범위로 지정한 후 오른쪽 하단의 자동 채우기 핸들을 더블클릭합니다.

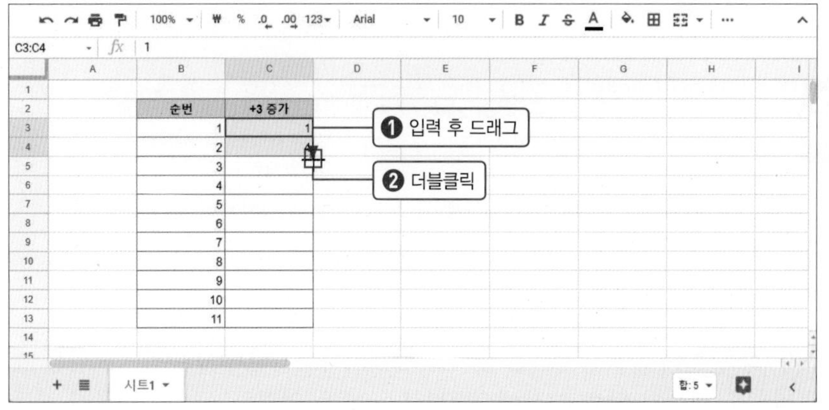


**3** C3셀과 C4셀에 입력된 숫자의 패턴을 인식하여 3씩 증가하는 숫자 채우기가 적용됩니다. 참고로 이때 범위로 지정된 숫자로 채우기할 때 Ctrl 키를 누르고 자동 채우기하면 선택한 범위와 동일한 숫자인 1과 4로 채우기가 적용됩니다.

| 순번 | +3 증가 |
|---|---|
| 1 | 1 |
| 2 | 4 |
| 3 | 7 |
| 4 | 10 |
| 5 | 13 |
| 6 | 16 |
| 7 | 19 |
| 8 | 22 |
| 9 | 25 |
| 10 | 28 |
| 11 | 31 |

**Tip**

자동 채우기 핸들은 드래그하여 사용할 수도 있지만 더블클릭하면 선택한 셀과 왼쪽열을 기준으로 연속적으로 연결된 모든 셀 들 중에서 가장 높은 행 번호까지 자동으로 채우기가 적용됩니다. 즉, 연속적으로 연결된 셀이 없는 상태에서는 더블클릭으로 자동 채우기를 적용할 수 없어요.

# 설정 언어에 따라 달라지는 요일 채우기

| 업무 시간 단축 | 날짜와 요일이 입력된 셀 | 단일 셀 | 범위 |
|---|---|---|---|
| | 자동 채우기 | 하루씩 증가하는 날짜와 요일 채우기 | 범위의 패턴에 따라 증가하는 날짜와 요일 채우기 |
| | Ctrl + 자동 채우기 | 동일한 날짜와 요일 채우기 | 범위와 동일한 날짜와 요일 채우기 |

**1** B열의 '날짜 채우기' 항목에 하루씩 증가하는 날짜를 채우기하고 C열과 D열에는 요일을 채우기해 볼게요. 먼저 날짜를 채우기 위해 B3셀에 '2022-01-28'을 입력하고 자동 채우기 핸들을 B13셀까지 드래그합니다.

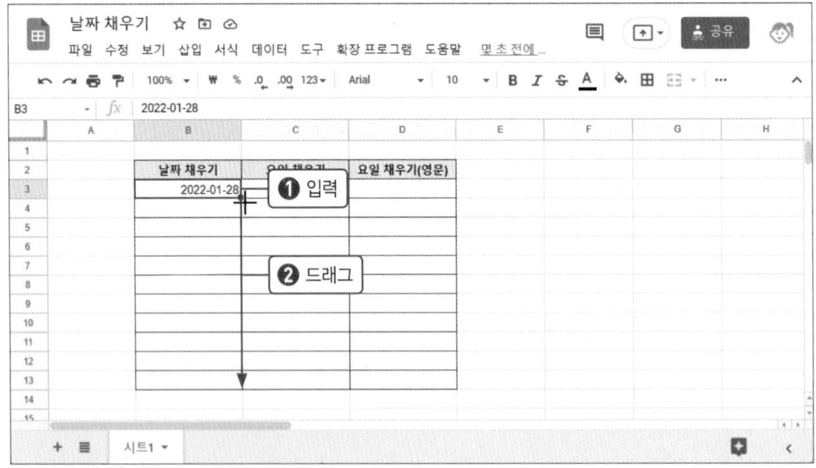


**Tip**

날짜는 숫자 형식의 데이터이지만 숫자 채우기를 적용할 때와는 다르게 Ctrl 키를 누르고 자동 채우기를 적용하지 않아도 날짜가 하루씩 증가하여 채우기 됩니다. 반대로 동일한 날짜로 채우고 싶은 경우에는 Ctrl 키를 누르면서 자동 채우기를 적용하세요.

**2** 날짜가 하루씩 증가하여 채우기가 적용되면서 해당 달이 끝나면 자동으로 다음 달로 채우기가 적용되었습니다. 이번에는 C열에 요일을 채워 볼게요. C3셀에 '금요일'을 입력하고 자동 채우기 핸들을 C13셀까지 드래그합니다.

| | A | B | C | D |
|---|---|---|---|---|
| 1 | | | | |
| 2 | | 날짜 채우기 | 요일 채우기 | 요일 채우기(영문) |
| 3 | | 2022-01-28 | 금요일 | |
| 4 | | 2022-01-29 | | |
| 5 | | 2022-01-30 | | |
| 6 | | 2022-01-31 | | |
| 7 | | 2022-02-01 | | |
| 8 | | 2022-02-02 | | |
| 9 | | 2022-02-03 | | |
| 10 | | 2022-02-04 | | |
| 11 | | 2022-02-05 | | |
| 12 | | 2022-02-06 | | |
| 13 | | 2022-02-07 | | |

❶ 입력
❷ 드래그

**3** C열에 한글로 입력한 요일로 채우기가 적용되었으면 이번에는 D열에 영문으로 요일을 채워 볼게요. D3셀에 'Friday'를 입력하고 자동 채우기 핸들을 D13셀까지 드래그합니다.

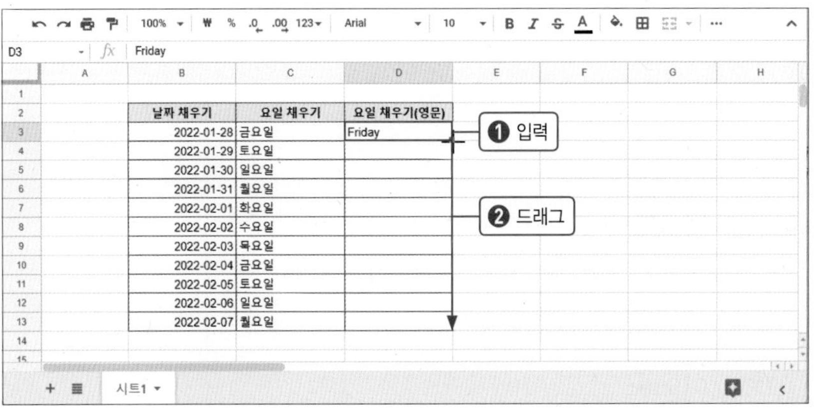

**4** 앞서 날짜와 요일을 채우기한 것과 다르게 동일한 요일로 채우기가 적용되었습니다. 스프레드시트 언어가 '대한민국'으로 설정되어 있기 때문에 영문으로 입력한 요일은 자동으로 바뀌지 않고 입력한 요일로만 채우기가 적용됩니다.

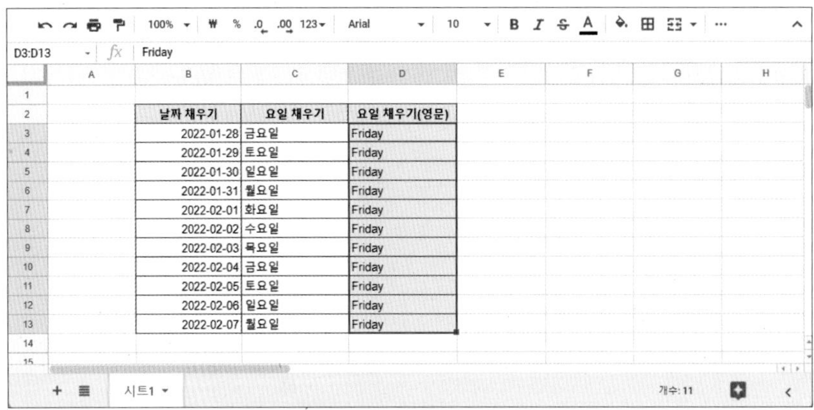

| 날짜 채우기 | 요일 채우기 | 요일 채우기(영문) |
|---|---|---|
| 2022-01-28 | 금요일 | Friday |
| 2022-01-29 | 토요일 | Friday |
| 2022-01-30 | 일요일 | Friday |
| 2022-01-31 | 월요일 | Friday |
| 2022-02-01 | 화요일 | Friday |
| 2022-02-02 | 수요일 | Friday |
| 2022-02-03 | 목요일 | Friday |
| 2022-02-04 | 금요일 | Friday |
| 2022-02-05 | 토요일 | Friday |
| 2022-02-06 | 일요일 | Friday |
| 2022-02-07 | 월요일 | Friday |

**5** 영문으로 요일을 자동 채우기로 적용하려면 언어 설정을 변경해야 합니다. [파일]-[설정]을 클릭합니다.

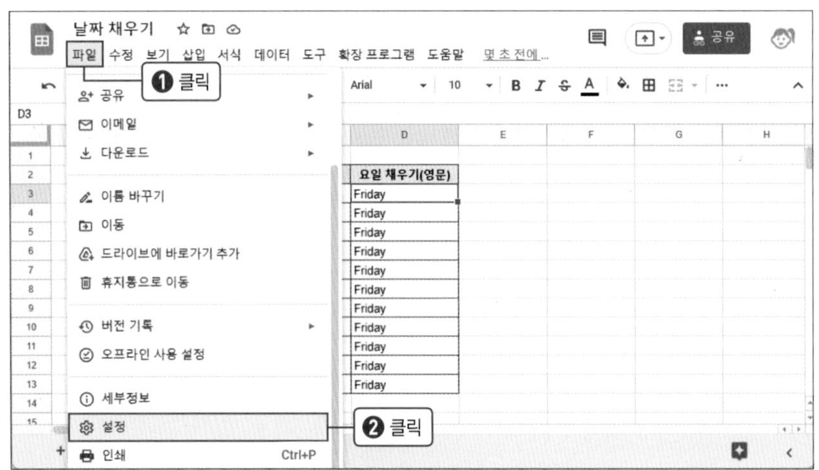


**⚠ 엑셀과 달라요**

구글 스프레드시트에서 요일을 자동 채우기로 적용할 때 설정된 언어에 따라 제약이 있지만 엑셀에서는 언어 설정에 따른 제한이 없으며, 자주 사용하는 채우기 목록을 사용자가 직접 추가할 수 있어 활용 범위가 상대적으로 다양합니다.

**6** [스프레드시트 설정] 대화창이 나타나면 [일반] 탭의 '언어'를 '대한민국'에서 '미국'으로 변경하고 [저장 및 새로고침]을 클릭합니다.

**7** 다시 스프레드시트 화면으로 돌아와 D3셀의 자동 채우기 핸들을 D13셀까지 드래그합니다.

D3 | Friday

| | A | B | C | D |
|---|---|---|---|---|
| 1 | | | | |
| 2 | | 날짜 채우기 | 요일 채우기 | 요일 채우기(영문) |
| 3 | | 2022-01-28 | 금요일 | Friday |
| 4 | | 2022-01-29 | 토요일 | Friday |
| 5 | | 2022-01-30 | 일요일 | Friday |
| 6 | | 2022-01-31 | 월요일 | Friday |
| 7 | | 2022-02-01 | 화요일 | Friday |
| 8 | | 2022-02-02 | 수요일 | Friday |
| 9 | | 2022-02-03 | 목요일 | Friday |
| 10 | | 2022-02-04 | 금요일 | Friday |
| 11 | | 2022-02-05 | 토요일 | Friday |
| 12 | | 2022-02-06 | 일요일 | Friday |
| 13 | | 2022-02-07 | 월요일 | Friday |

드래그

**8** 변경된 언어 설정에 따라 요일이 연속 채우기로 적용되었습니다.

D3:D13 | Friday

| | A | B | C | D |
|---|---|---|---|---|
| 1 | | | | |
| 2 | | 날짜 채우기 | 요일 채우기 | 요일 채우기(영문) |
| 3 | | 2022-01-28 | 금요일 | Friday |
| 4 | | 2022-01-29 | 토요일 | Saturday |
| 5 | | 2022-01-30 | 일요일 | Sunday |
| 6 | | 2022-01-31 | 월요일 | Monday |
| 7 | | 2022-02-01 | 화요일 | Tuesday |
| 8 | | 2022-02-02 | 수요일 | Wednesday |
| 9 | | 2022-02-03 | 목요일 | Thursday |
| 10 | | 2022-02-04 | 금요일 | Friday |
| 11 | | 2022-02-05 | 토요일 | Saturday |
| 12 | | 2022-02-06 | 일요일 | Sunday |
| 13 | | 2022-02-07 | 월요일 | Monday |

개수: 11

**Tip**

스프레드시트 설정 언어에 따라 함수, 날짜, 통화 등의 서식 정보에 영향을 줄 수 있으며 설정 언어를 '미국'으로 변경했기 때문에 이번에는 반대로 한글로 입력한 요일이 연속 채우기로 적용되지 않는다는 문제가 생깁니다. 그렇기 때문에 사용자가 자주 사용하는 언어를 설정해 사용하도록 합니다.

☑Google Sheet ☑Excel

◉ **예제파일** : Chapter02 > Section03 > 데이터 이동과 복사 / 데이터 이동과 복사 (완성)

# 데이터 이동시키고 복사하기

**업무 시간 단축**

| 단축키 | 작동 |
|---|---|
| Ctrl+X | 잘라내기 |
| Ctrl+C | 복사 |
| Ctrl+V | 붙여넣기 |

**1** 이 예제에서는 데이터를 이동시키고 복사하는 방법을 알아 볼게요. [이동] 시트의 오른쪽 표의 F3:H3 셀 범위의 데이터를 왼쪽 표의 '영업2팀'의 가장 첫 번째 셀인 B6:D6 셀 범위로 복사하고 F4:H4 셀 범위의 데이터는 '영업3팀'의 가장 첫 번째 셀인 B8:D8 셀 범위로 이동시킬게요.

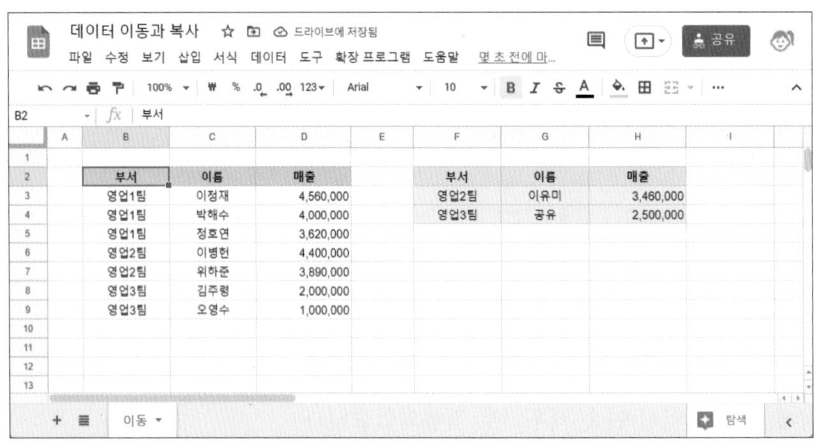

**2** 구글 스프레드시트에서는 엑셀과 달리 복사하거나 잘라낸 셀을 삽입하는 것이 불가능하므로 먼저 F3:H3 셀 범위의 데이터를 복사하기 위한 공간을 만듭니다. B6:D6 셀 범위를 지정하고 [마우스 오른쪽 버튼]-[셀 삽입]-[셀을 삽입하고 기존 셀을 아래로 이동]을 클릭합니다.

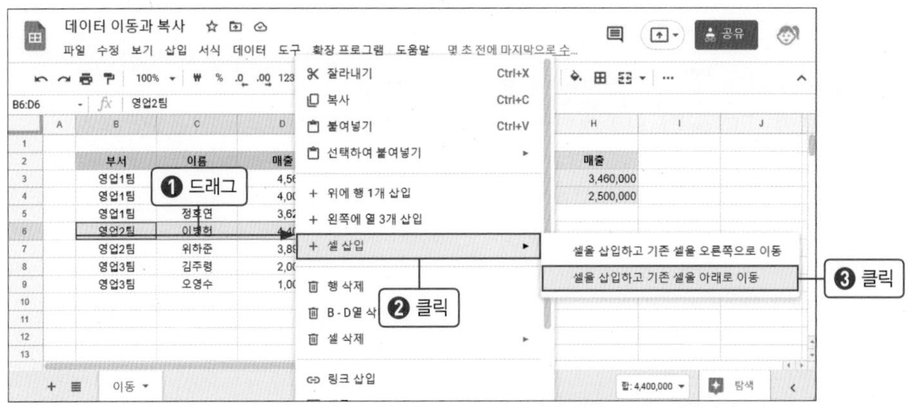


**Tip**

예제에서는 6행에 B, C, D열을 제외한 다른 셀에 데이터가 없기 때문에 [셀 삽입]이 아닌 [행 삽입]을 할 수도 있지만 [셀 삽입]은 지정한 범위에서만 기존 셀을 이동시켜 셀을 삽입하여 [행 삽입]과는 달리 다른 범위에 영향을 주지 않는 차이점이 있습니다.

**3** 기존 데이터가 아래로 이동되면서 B6:D6셀에 새로운 셀이 삽입되었습니다. F3:H3 셀 범위를 지정하고 [수정]-[복사]를 클릭합니다.

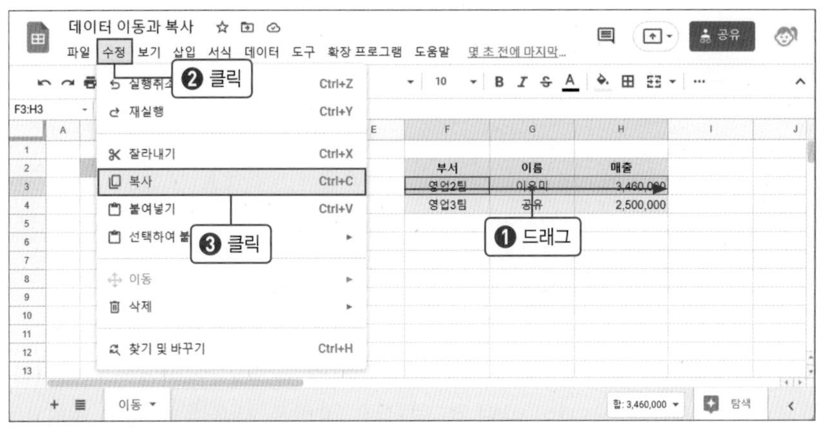


**Tip**

복사 단축키 Ctrl + C 혹은 [마우스 오른쪽 버튼]-[복사]를 선택하세요.

**4** 데이터를 붙여 넣을 B6셀을 선택하고 [수정]-[붙여넣기]를 클릭합니다.

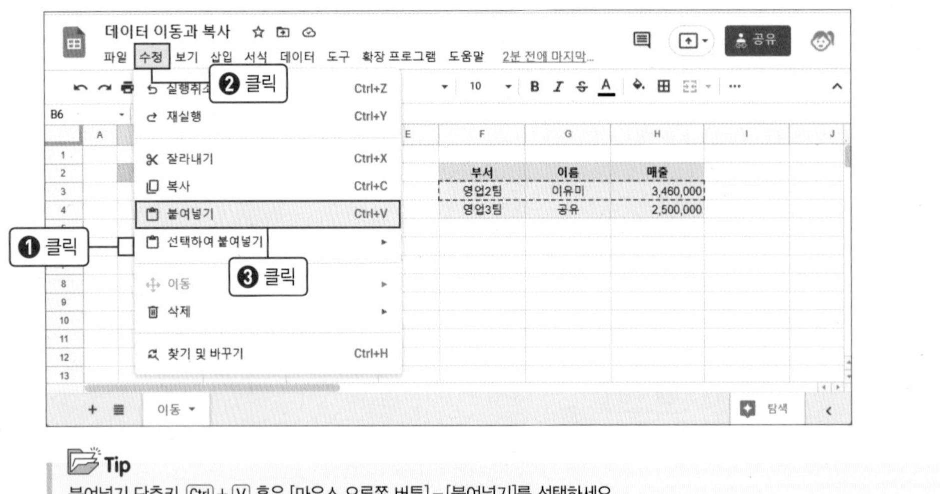


**Tip**

붙여넣기 단축키 Ctrl + V 혹은 [마우스 오른쪽 버튼]-[붙여넣기]를 선택하세요.

**5** 복사한 F3:H3 셀 범위의 데이터가 B6:D6 셀 범위에 붙여넣기 됩니다.

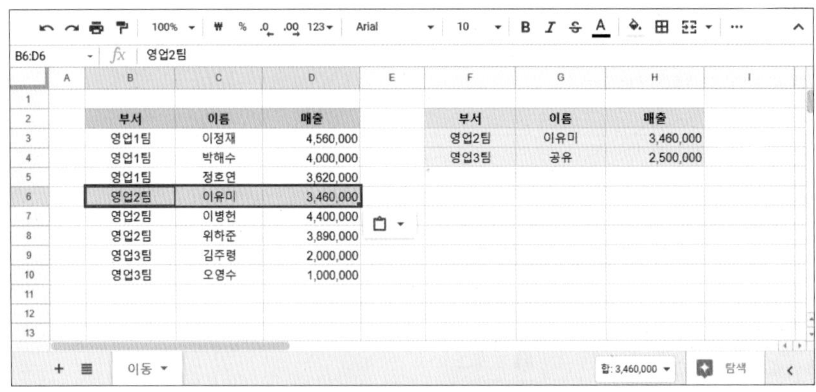


**6** 계속해서 F4:H4 셀 범위의 데이터를 B9:D9 셀 범위로 이동시켜 볼게요. 이번에는 데이터를 붙여 넣을 공간을 확보하기 위해 [셀 삽입]이 아닌 좀 더 쉬운 방법을 사용해 볼게요. B9:D10 셀 범위를 지정하고 범위 가장 자리에 마우스를 가져가면 마우스 포인터 모양이 손바닥 모양으로 변경되는데 이때 한 행 아래로 드래그하여 데이터를 이동시킵니다.

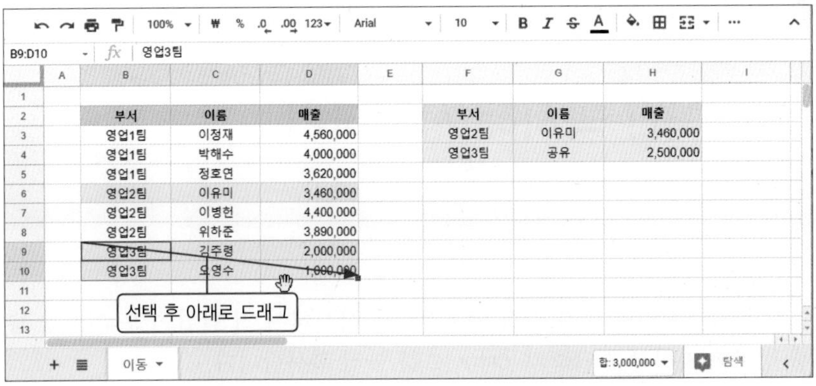

**7** 지정한 범위의 데이터가 이동되어 B9:D9 셀 범위에 데이터를 이동시킬 공간이 생기면 F4:H4 셀 범위를 범위로 지정하여 해당 위치로 드래그합니다.

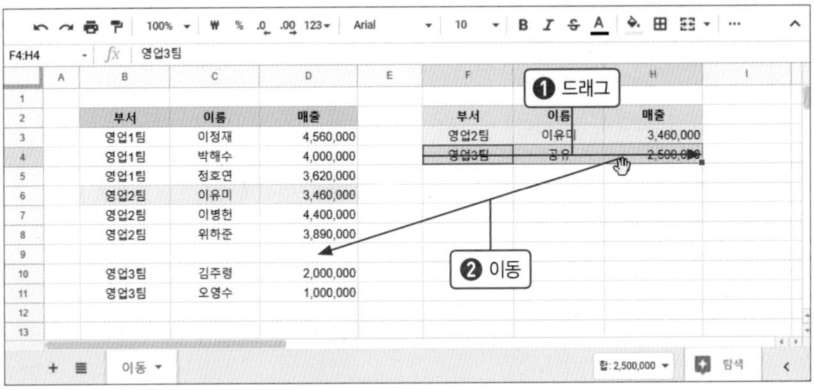

**8** F4:H4 셀 범위의 데이터가 이동됩니다.

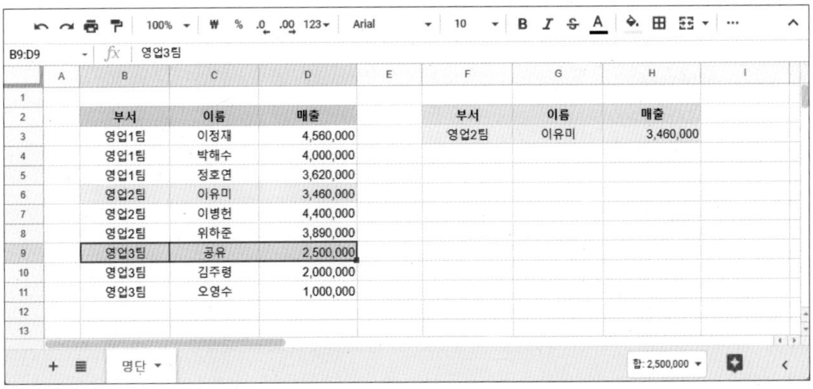

# 05 서식만 복사해 사용하기

**1** D열과 E열에 계산된 숫자에 C열의 숫자 형식처럼 서식을 복사하여 천 단위 구분 기호를 넣어 볼게요. C4:C16 셀 범위를 지정하고 단축키 Ctrl + C를 눌러 복사합니다.

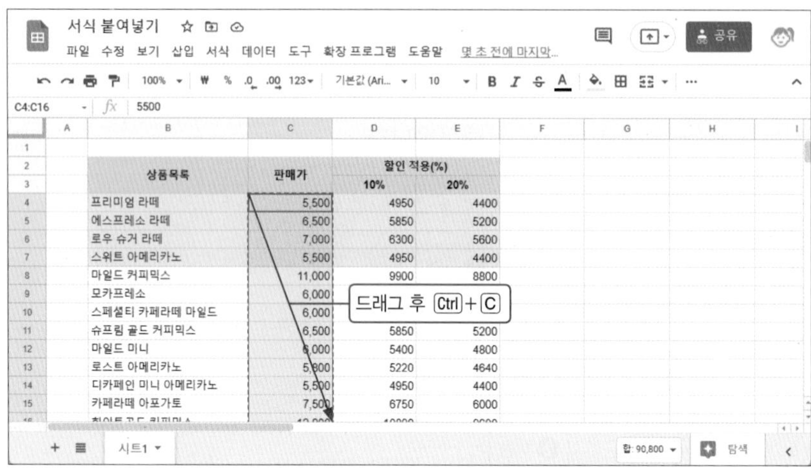


**2** 서식을 적용할 D4:E16 셀 범위를 지정하고 [마우스 오른쪽 버튼]-[선택하여 붙여넣기]-[서식만]을 클릭합니다.

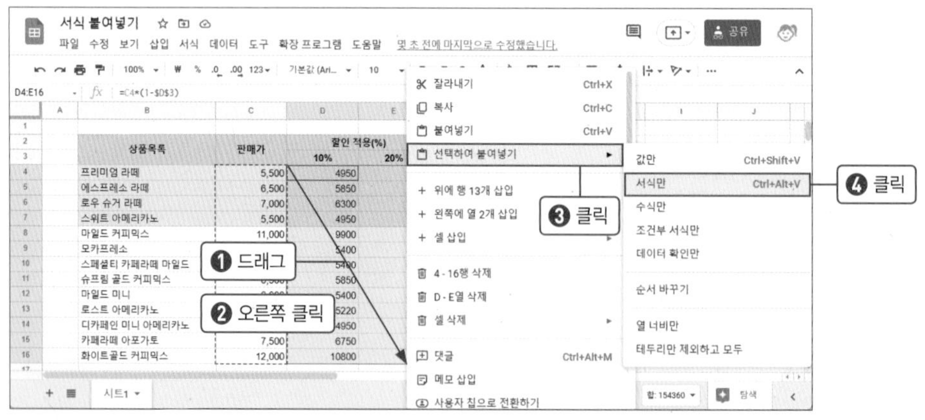


**Tip**
서식만 붙여넣기 단축키 Ctrl + Alt + V 혹은 [수정]-[선택하여 붙여넣기]-[서식]을 사용할 수 있습니다.

## 3 D열과 E열에도 C열의 천 단위 숫자 서식이 적용되었습니다.

D4:E16 | =C4*(1-$D$3)

| | 상품목록 | 판매가 | 할인 적용(%) | |
|---|---|---|---|---|
| | | | 10% | 20% |
| 4 | 프리미엄 라떼 | 5,500 | 4,950 | 4,400 |
| 5 | 에스프레소 라떼 | 6,500 | 5,850 | 5,200 |
| 6 | 로우 슈거 라떼 | 7,000 | 6,300 | 5,600 |
| 7 | 스위트 아메리카노 | 5,500 | 4,950 | 4,400 |
| 8 | 마일드 커피믹스 | 11,000 | 9,900 | 8,800 |
| 9 | 모카프레소 | 6,000 | 5,400 | 4,800 |
| 10 | 스페셜티 카페라떼 마일드 | 6,000 | 5,400 | 4,800 |
| 11 | 슈프림 골드 커피믹스 | 6,500 | 5,850 | 5,200 |
| 12 | 마일드 미니 | 6,000 | 5,400 | 4,800 |
| 13 | 로스트 아메리카노 | 5,800 | 5,220 | 4,640 |
| 14 | 디카페인 미니 아메리카노 | 5,500 | 4,950 | 4,400 |
| 15 | 카페라떼 아포가토 | 7,500 | 6,750 | 6,000 |

합: 154,360

### 잠깐만요 :: 서식 복사 아이콘 이용하기

서식만 붙여넣기하는 다른 방법으로는 [서식 복사]가 있습니다. 복사할 범위를 선택한 후 툴바의 [서식 복사] 아이콘(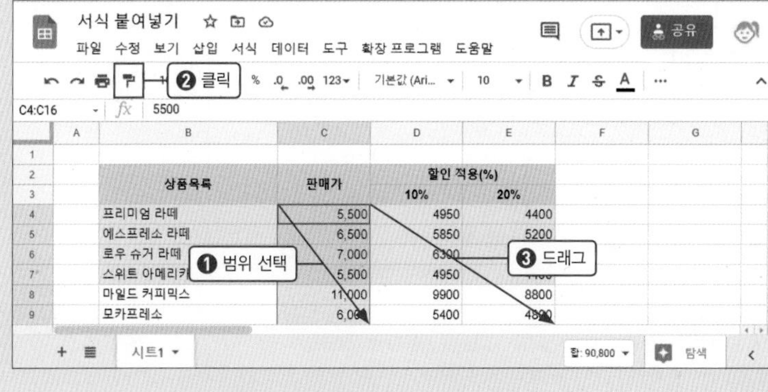)을 클릭하여 적용할 셀로 드래그합니다.

# 실무예제 06 불필요한 서식 제외하고 입력 값만 가져오기

**1** 다양한 서식이 적용된 오른쪽 표에서 상품명을 복사해 왼쪽 B열에 붙여넣기하려고 합니다. 이때 서식은 제외하고 입력 값만 가져와 볼게요. D3:D10 셀 범위를 지정하고 [마우스 오른쪽 버튼]-[복사]를 선택합니다.

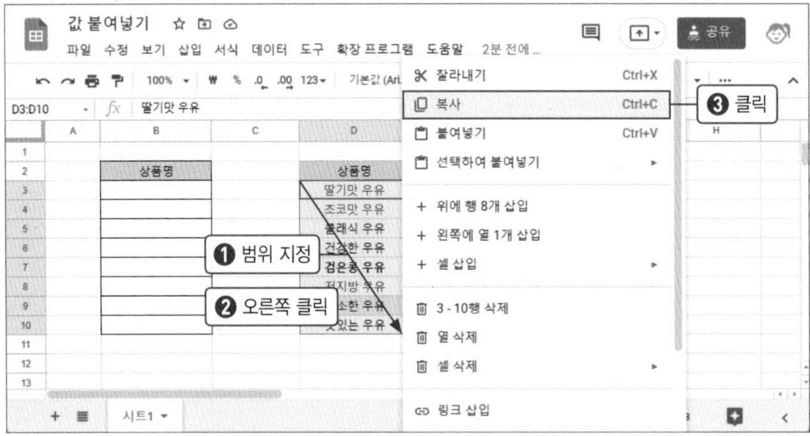


**2** 붙여넣기할 B3셀을 선택하고 [마우스 오른쪽 버튼]-[선택하여 붙여넣기]-[값만]을 선택합니다.

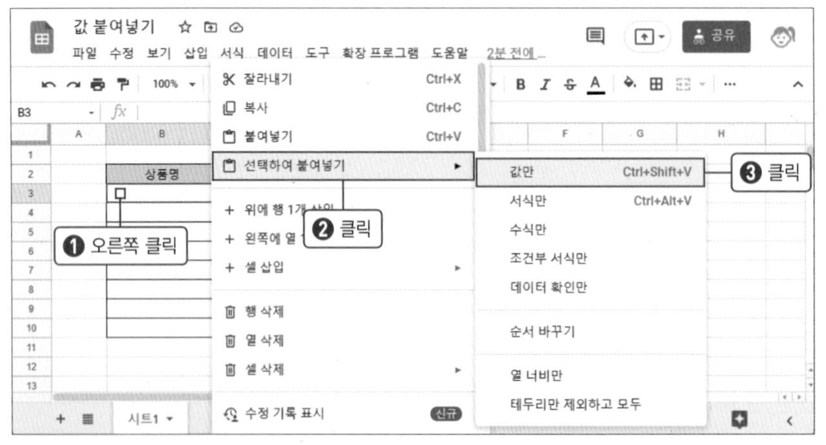


**Tip**

값만 붙여넣기 단축키 Ctrl+Shift+V 혹은 [수정]-[선택하여 붙여넣기]-[값만]을 사용할 수 있어요.

**3** 복사한 셀에 적용된 서식은 제외하고 입력 값만 붙여넣기 되었습니다.

B3 | 딸기맛 우유

| | A | B | C | D | E | F | G | H |
|---|---|---|---|---|---|---|---|---|
| 1 | | | | | | | | |
| 2 | | 상품명 | | 상품명 | 분류 | 용량 | 출고수량 | |
| 3 | | 딸기맛 우유 | | 딸기맛 우유 | 어린이우유 | 450ml | 405 | |
| 4 | | 초코맛 우유 | | 초코맛 우유 | 어린이우유 | 450ml | 327 | |
| 5 | | 클래식 우유 | | 클래식 우유 | 락토프리우유 | 1000ml | 428 | |
| 6 | | 건강한 우유 | | 건강한 우유 | 락토프리우유 | 900ml | 354 | |
| 7 | | 검은콩 우유 | | **검은콩 우유** | **락토프리우유** | **900ml** | **289** | |
| 8 | | 저지방 우유 | | 저지방 우유 | 락토프리우유 | 1000ml | 159 | |
| 9 | | 고소한 우유 | | 고소한 우유 | 락토프리우유 | 1000ml | 323 | |
| 10 | | 맛있는 우유 | | 맛있는 우유 | 락토프리우유 | 850ml | 258 | |
| 11 | | | | | | | | |
| 12 | | | | | | | | |
| 13 | | | | | | | | |

시트1

실무예제 07

# 표의 행과 열 내용을 바꿔 가져오기

**1** 예제의 표(B2:C6)를 행과 열을 바꿔 새로운 표로 만들어 볼게요. B2:C6 셀 범위를 지정하고 Ctrl + C를 눌러 복사합니다.

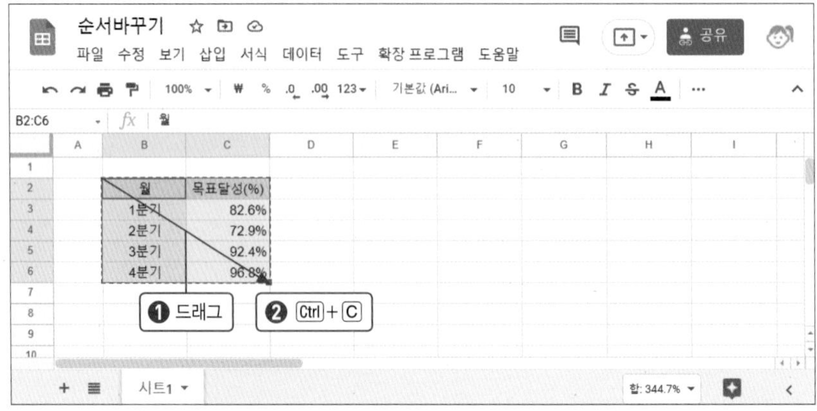


**2** 새로운 표의 위치인 E2셀을 선택하고 [마우스 오른쪽 버튼]-[선택하여 붙여넣기]-[순서 바꾸기]를 클릭합니다.

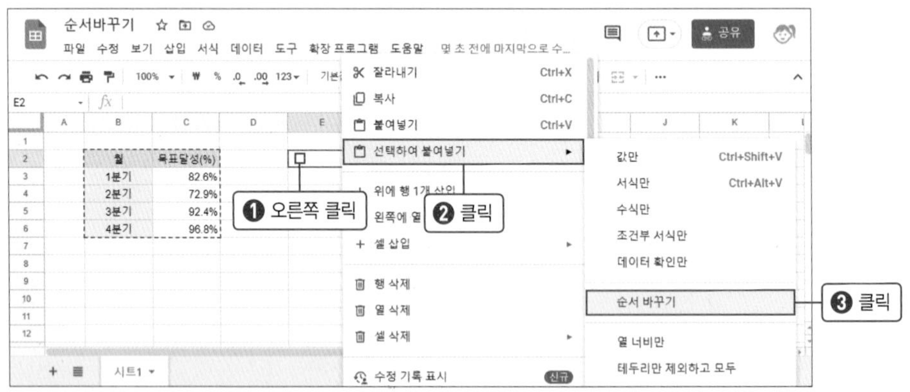


**Tip**

[수정]-[선택하여 붙여넣기]-[순서 바꾸기]로 사용할 수 있어요.

**3** 기존 표의 행과 열의 데이터가 바뀐 새로운 표를 만들었습니다.

E2 | fx | 월

| | A | B | C | D | E | F | G | H | I | J |
|---|---|---|---|---|---|---|---|---|---|---|
| 1 | | | | | | | | | | |
| 2 | | 월 | 목표달성(%) | | 월 | 1분기 | 2분기 | 3분기 | 4분기 | |
| 3 | | 1분기 | 82.6% | | 목표달성(%) | 82.6% | 72.9% | 92.4% | 96.8% | |
| 4 | | 2분기 | 72.9% | | | | | | | |
| 5 | | 3분기 | 92.4% | | | | | | | |
| 6 | | 4분기 | 96.8% | | | | | | | |
| 7 | | | | | | | | | | |
| 8 | | | | | | | | | | |
| 9 | | | | | | | | | | |
| 10 | | | | | | | | | | |

시트1

# 08 서식이 깨지지 않게 수식만 채우기

**1** E4셀에는 총 수주 실적에 대한 목표 달성율이 계산되어 있습니다. 해당 수식을 E5:E9 셀 범위에도 적용시켜 부서별 목표 달성율을 계산하려고 합니다. 참고로 수식을 적용하기 위해 자동 채우기 핸들을 아래로 드래그할 경우 E4셀의 서식도 함께 적용되어 해당 표 서식이 깨질 수 있으니 여기서는 수식만 붙여넣기해 볼게요. E4셀을 선택하고 Ctrl + C를 눌러 복사합니다.

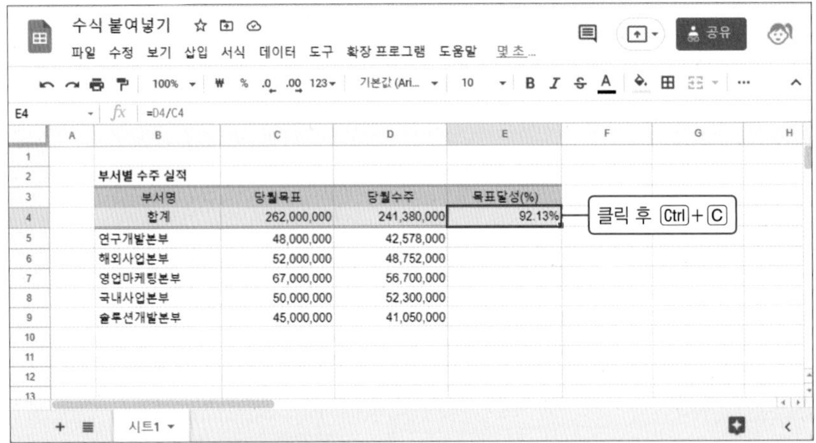


**2** 수식을 적용할 E5:E9 셀 범위를 선택하고 [마우스 오른쪽 버튼]-[선택하여 붙여넣기]-[수식만]을 선택합니다.

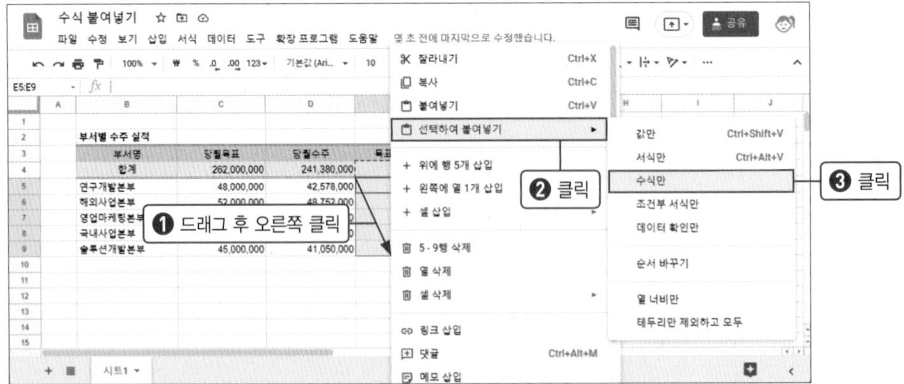

**3** 불필요한 서식을 제외하고 수식만 붙여넣기가 적용되었습니다.

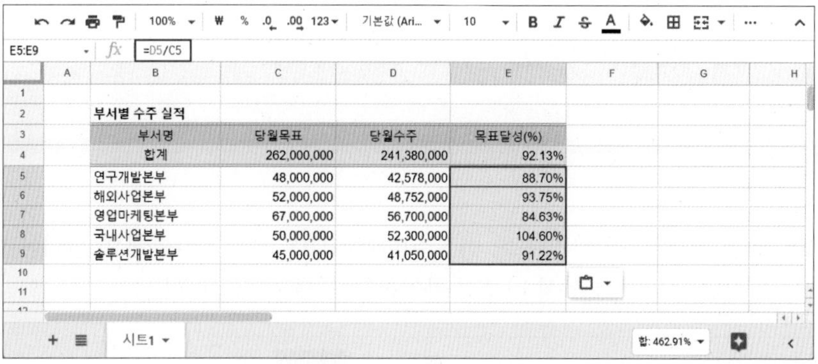

| | A | B | C | D | E | F | G | H |
|---|---|---|---|---|---|---|---|---|
| 1 | | | | | | | | |
| 2 | | 부서별 수주 실적 | | | | | | |
| 3 | | 부서명 | 당월목표 | 당월수주 | 목표달성(%) | | | |
| 4 | | 합계 | 262,000,000 | 241,380,000 | 92.13% | | | |
| 5 | | 연구개발본부 | 48,000,000 | 42,578,000 | 88.70% | | | |
| 6 | | 해외사업본부 | 52,000,000 | 48,752,000 | 93.75% | | | |
| 7 | | 영업마케팅본부 | 67,000,000 | 56,700,000 | 84.63% | | | |
| 8 | | 국내사업본부 | 50,000,000 | 52,300,000 | 104.60% | | | |
| 9 | | 솔루션개발본부 | 45,000,000 | 41,050,000 | 91.22% | | | |
| 10 | | | | | | | | |
| 11 | | | | | | | | |

# 천 단위 구분기호 표시하기

**1** '시군구별 전력소비 순위' 표의 'GWh' 항목에 천 단위마다 쉼표(,)를 표시할게요. D4:D12 셀 범위를 지정하고 화면 상단 툴바에서 서식 더보기 아이콘(123▾)을 클릭합니다.

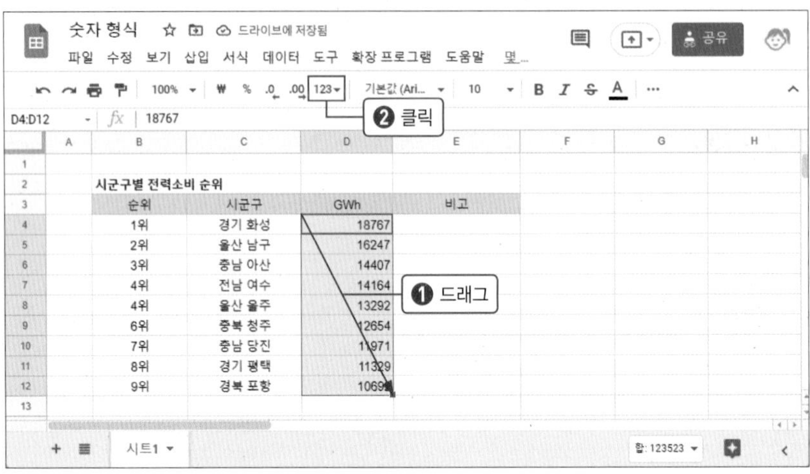


**2** 숫자, 회계, 날짜, 시간 등 다양한 형식의 서식이 제공되는데 여기서 [숫자]를 선택합니다.

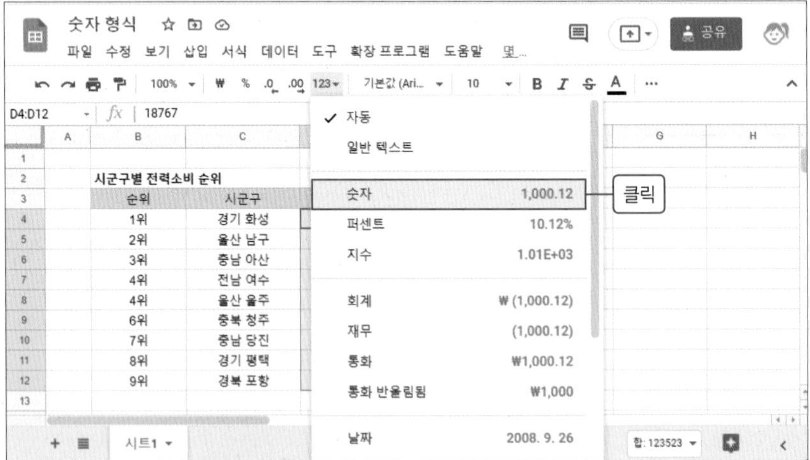

**3** 천 단위마다 쉼표(,)가 자동으로 표시되지만 소수점 아래 둘째 자리까지 표시되므로 여기서는 툴바에서 소수점 이하 자릿수 감소 아이콘(.0)을 두 번 클릭하여 소수점을 표시하지 않습니다.

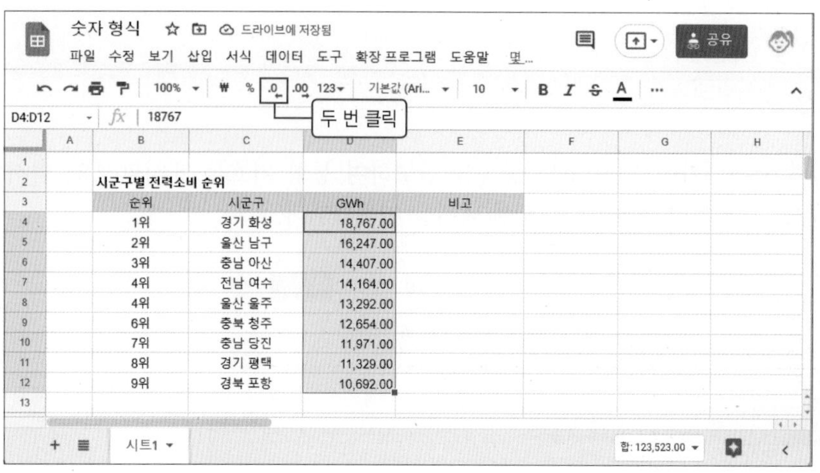


| | A | B | C | D | E |
|---|---|---|---|---|---|
| 1 | | | | | |
| 2 | | 시군구별 전력소비 순위 | | | |
| 3 | | 순위 | 시군구 | GWh | 비고 |
| 4 | | 1위 | 경기 화성 | 18,767.00 | |
| 5 | | 2위 | 울산 남구 | 16,247.00 | |
| 6 | | 3위 | 충남 아산 | 14,407.00 | |
| 7 | | 4위 | 전남 여수 | 14,164.00 | |
| 8 | | 4위 | 울산 울주 | 13,292.00 | |
| 9 | | 6위 | 충북 청주 | 12,654.00 | |
| 10 | | 7위 | 충남 당진 | 11,971.00 | |
| 11 | | 8위 | 경기 평택 | 11,329.00 | |
| 12 | | 9위 | 경북 포항 | 10,692.00 | |

**4** 깔끔하게 천 단위마다 구분 기호가 표시되었습니다.

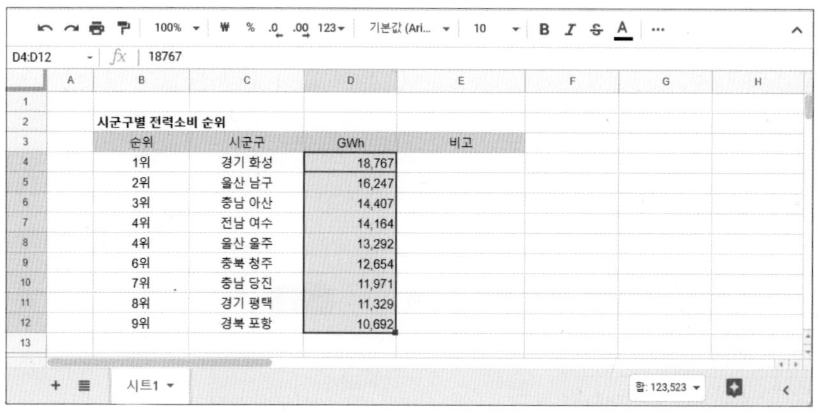


| | A | B | C | D | E |
|---|---|---|---|---|---|
| 1 | | | | | |
| 2 | | 시군구별 전력소비 순위 | | | |
| 3 | | 순위 | 시군구 | GWh | 비고 |
| 4 | | 1위 | 경기 화성 | 18,767 | |
| 5 | | 2위 | 울산 남구 | 16,247 | |
| 6 | | 3위 | 충남 아산 | 14,407 | |
| 7 | | 4위 | 전남 여수 | 14,164 | |
| 8 | | 4위 | 울산 울주 | 13,292 | |
| 9 | | 6위 | 충북 청주 | 12,654 | |
| 10 | | 7위 | 충남 당진 | 11,971 | |
| 11 | | 8위 | 경기 평택 | 11,329 | |
| 12 | | 9위 | 경북 포항 | 10,692 | |

# 10 금액 앞에 맞춤 통화 기호 표시하기

**1** C열과 D열에 입력된 판매가에 통화 코드 항목을 참고하여 통화 기호를 표시할게요. 먼저 USD의 통화 기호($)를 표시하기 위해 C4:C15 셀 범위를 지정합니다.

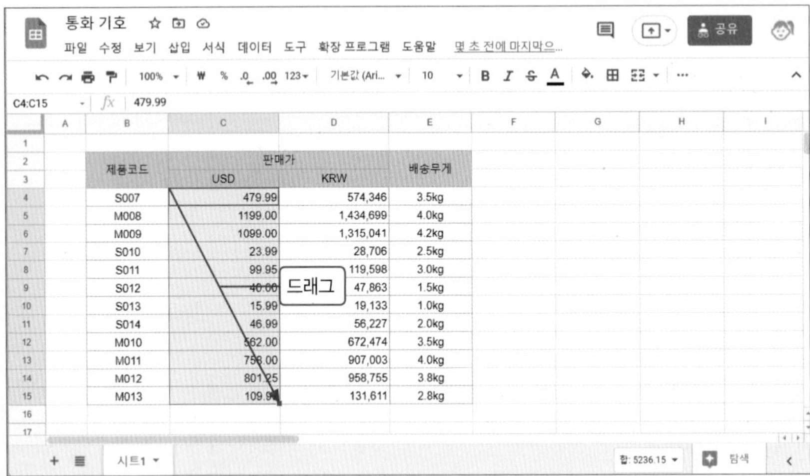


**2** [서식]-[숫자]-[맞춤 통화]를 선택합니다.

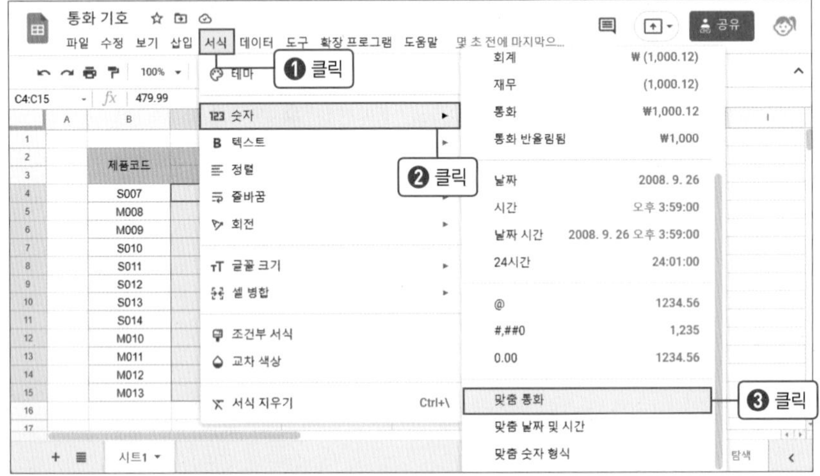

**3** [맞춤 통화] 대화상자가 나타나면 목록에서 '미국 달러'를 선택합니다. 참고로 텍스트 상자에 사용자가 직접 표시할 형식을 입력하거나 선택할 수 있으며, 여기서 '$1,000.00' 형식을 선택하고 [적용]을 클릭합니다.

**4** C열에 지정한 형식이 나타난 것을 확인하고 이번에는 D열에 통화 기호(₩)를 표시할게요. D4:D15 셀 범위를 지정하고 툴바의 통화 형식 아이콘(₩)을 클릭합니다.

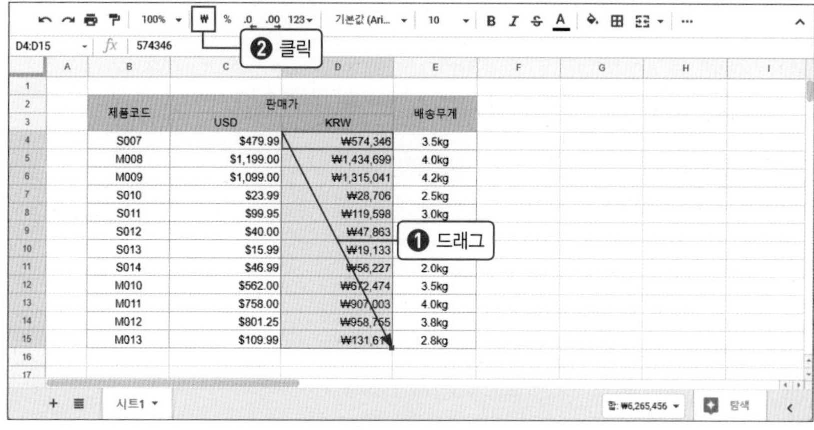

**5** '₩1,000.00' 형식으로 숫자가 표현되면 툴바의 소수점 이하 자릿수 감소 아이콘(.0)을 두 번 클릭하세요.

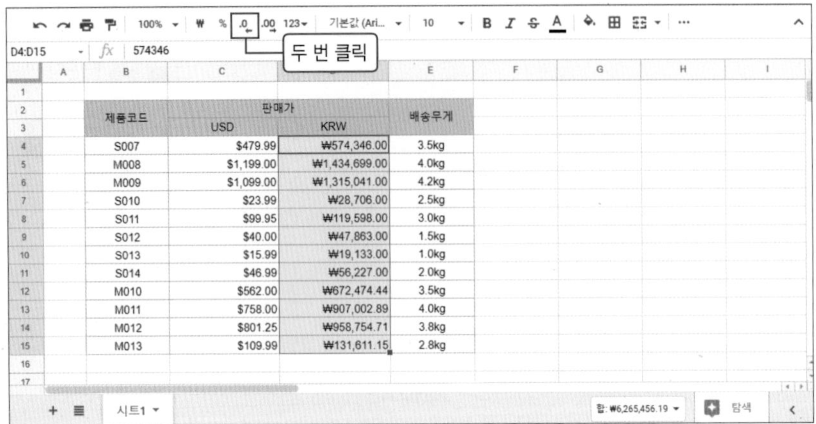


| 제품코드 | 판매가 USD | 판매가 KRW | 배송무게 |
|---|---|---|---|
| S007 | $479.99 | ₩574,346.00 | 3.5kg |
| M008 | $1,199.00 | ₩1,434,699.00 | 4.0kg |
| M009 | $1,099.00 | ₩1,315,041.00 | 4.2kg |
| S010 | $23.99 | ₩28,706.00 | 2.5kg |
| S011 | $99.95 | ₩119,598.00 | 3.0kg |
| S012 | $40.00 | ₩47,863.00 | 1.5kg |
| S013 | $15.99 | ₩19,133.00 | 1.0kg |
| S014 | $46.99 | ₩56,227.00 | 2.0kg |
| M010 | $562.00 | ₩672,474.44 | 3.5kg |
| M011 | $758.00 | ₩907,002.89 | 4.0kg |
| M012 | $801.25 | ₩958,754.71 | 3.8kg |
| M013 | $109.99 | ₩131,611.15 | 2.8kg |

실무예제 11

# 입력된 날짜에 자동으로 요일 표시하기

**1** B열에 입력된 날짜 형식을 '년 월 일 요일(한자리)' 형식으로 변경해 볼게요. B3:B12 셀 범위를 지정합니다.

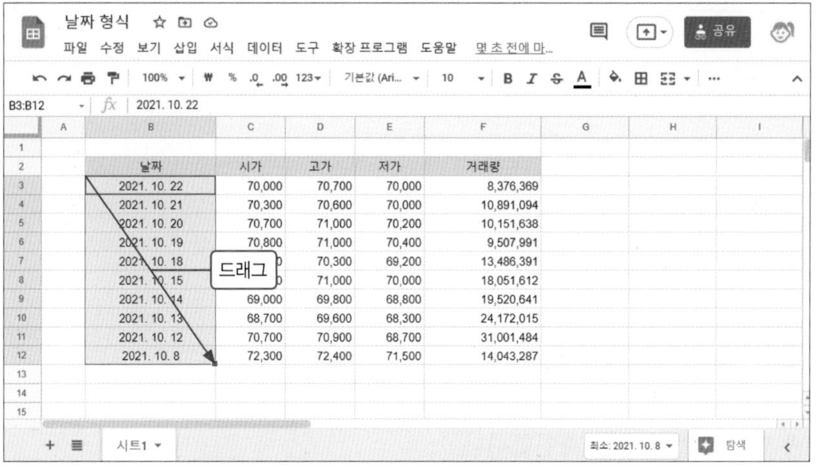


**2** [서식]-[숫자]-[맞춤 날짜 및 시간]을 선택합니다.

**3** [맞춤 날짜 및 시간 형식] 대화상자가 나타나면 목록에서 '년 월 일 요일' 형식을 선택합니다. 요일은 한 글자로 표현하기 위해 텍스트 상자의 요일을 클릭하여 '요일 축약형(화)'로 변경하고 [적용]을 클릭합니다.

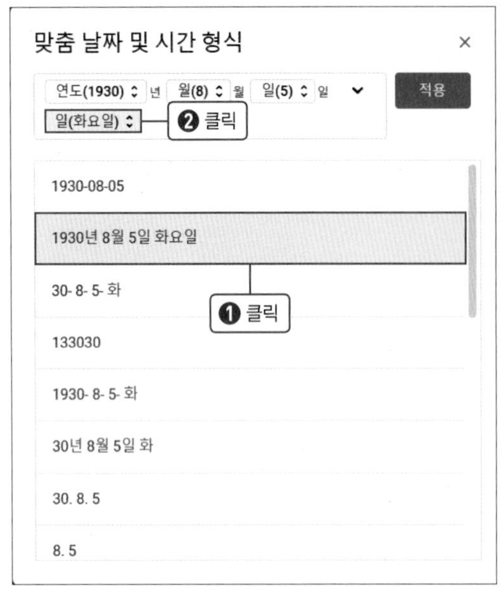


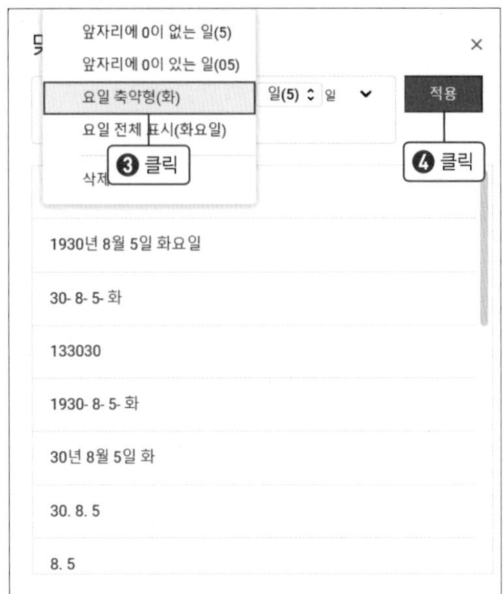


**4** B열에 지정한 날짜 형식이 바뀐 것을 확인합니다.

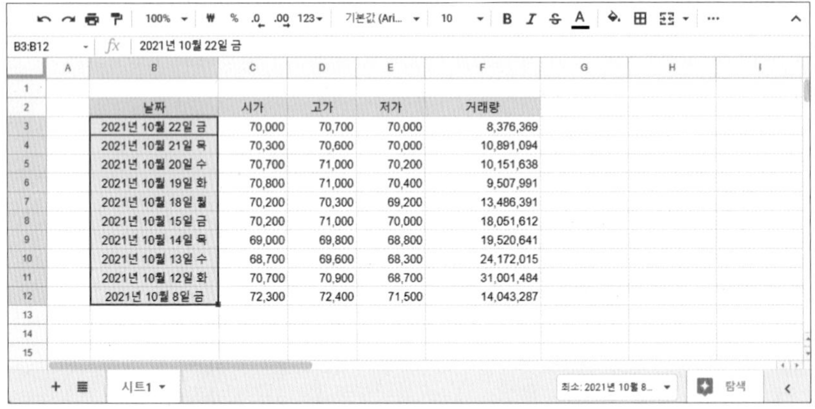

| 날짜 | 시가 | 고가 | 저가 | 거래량 |
|---|---|---|---|---|
| 2021년 10월 22일 금 | 70,000 | 70,700 | 70,000 | 8,376,369 |
| 2021년 10월 21일 목 | 70,300 | 70,600 | 70,000 | 10,891,094 |
| 2021년 10월 20일 수 | 70,700 | 71,000 | 70,200 | 10,151,638 |
| 2021년 10월 19일 화 | 70,800 | 71,000 | 70,400 | 9,507,991 |
| 2021년 10월 18일 월 | 70,200 | 70,300 | 69,200 | 13,486,391 |
| 2021년 10월 15일 금 | 70,200 | 71,000 | 70,000 | 18,051,612 |
| 2021년 10월 14일 목 | 69,000 | 69,800 | 68,800 | 19,520,641 |
| 2021년 10월 13일 수 | 68,700 | 69,600 | 68,300 | 24,172,015 |
| 2021년 10월 12일 화 | 70,700 | 70,900 | 68,700 | 31,001,484 |
| 2021년 10월 8일 금 | 72,300 | 72,400 | 71,500 | 14,043,287 |

실무예제 12

# 연속된 숫자를 입력하고 핸드폰 번호 형태로 나타내기

**1** 제공되는 숫자 서식 이외로 사용자가 규칙을 가진 기호를 조합하여 숫자 표시 형식을 만들 수 있어요. 숫자가 연속으로 입력된 핸드폰 번호 사이에 하이픈(-)을 표시 '000-000-0000' 형태로 변경해 볼게요. F4:F15 셀 범위를 지정합니다.

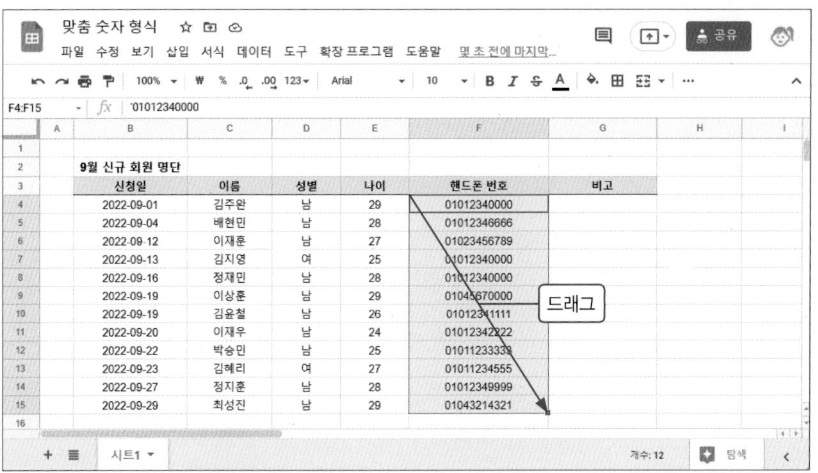


**2** [서식]-[숫자]-[맞춤 숫자 형식]을 선택합니다.

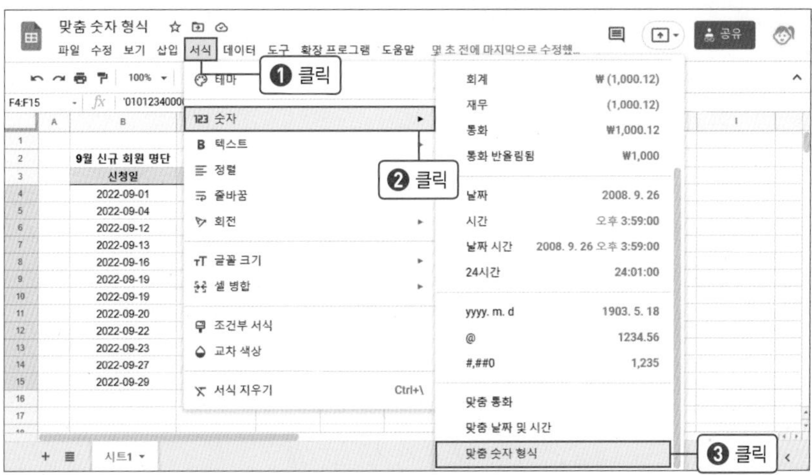

**3** [맞춤 숫자 형식] 대화상자가 나타나면 텍스트 상자에 '000-0000-0000'을 입력하고 [적용]을 클릭합니다.

**4** 방금 지정한 형식으로 숫자가 표시됩니다.

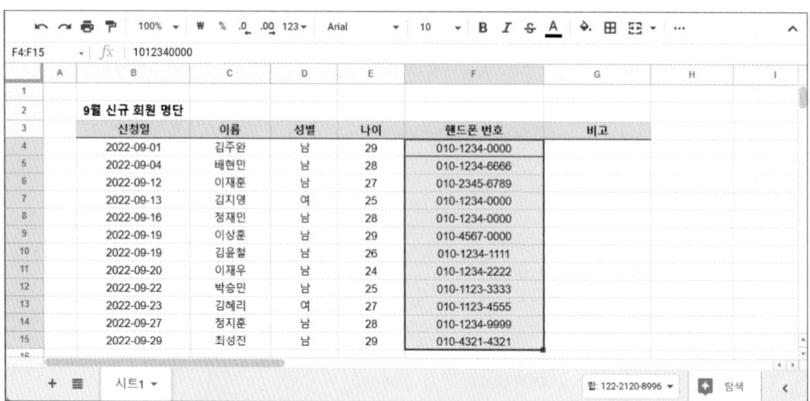

9월 신규 회원 명단

| 신청일 | 이름 | 성별 | 나이 | 핸드폰 번호 | 비고 |
|---|---|---|---|---|---|
| 2022-09-01 | 김주완 | 남 | 29 | 010-1234-0000 | |
| 2022-09-04 | 배현민 | 남 | 28 | 010-1234-6666 | |
| 2022-09-12 | 이재훈 | 남 | 27 | 010-2345-6789 | |
| 2022-09-13 | 김지영 | 여 | 25 | 010-1234-0000 | |
| 2022-09-16 | 정재민 | 남 | 28 | 010-1234-0000 | |
| 2022-09-19 | 이상훈 | 남 | 29 | 010-4567-0000 | |
| 2022-09-19 | 김윤철 | 남 | 26 | 010-1234-1111 | |
| 2022-09-20 | 이재우 | 남 | 24 | 010-1234-2222 | |
| 2022-09-22 | 박승민 | 남 | 25 | 010-1123-3333 | |
| 2022-09-23 | 김혜리 | 여 | 27 | 010-1123-4555 | |
| 2022-09-27 | 정지훈 | 남 | 28 | 010-1234-9999 | |
| 2022-09-29 | 최성진 | 남 | 29 | 010-4321-4321 | |

## 잠깐만요 :: 맞춤 숫자 형식 이용하기

'맞춤 숫자 형식' 메뉴는 기존 서식 메뉴에서 표현하려는 형식이 없을 경우 사용자가 규칙을 가진 기호를 조합하여 사용할 수 있도록 만들었습니다.

| 기호 | 설명 | 입력 | 적용된 표시형식 | 미리보기 |
| --- | --- | --- | --- | --- |
| 0 | 숫자의 자릿수로 무의미한 0이 결과에 표시됩니다. | 49049 | 0000000 | 0049049 |
| # | 숫자의 자릿수로 무의미한 0이 결과에 표시되지 않습니다. | 049049 | # | 49049 |
| ? | 숫자의 자릿수로 무의미한 0이 결과에 공백으로 표시됩니다. | 49049 | ??????? | (공백 두 칸)49049 |
| , | 숫자에 천 단위 구분자를 지정합니다. | 49049 | #, | 49 |
| " " | 원하는 텍스트를 따옴표 안에 삽입하면 텍스트가 표시됩니다. | 길벗 | @"출판사" | 길벗출판사 |
| @ | 셀에 입력한 텍스트를 표시합니다. | 길벗 | (@) | (길벗) |
| * | 셀에 남아있는 공간을 채우기 위해 다음 문자를 반복합니다. | 49049 | *9 | 999999 |
| ; | 항목 구분 기호로 '양수;음수;0;숫자가 아닌 값'의 4형식 구조 조건을 지정할 때 사용합니다. | -49049 | #;(#);-;@ | (49049) |
| [색상] | [Black], [White], [Red], [Blue], [Green], [Magenta], [Yellow], [Cyan]으로 색상을 표시합니다. 이외 색상은 [Color#] 형식으로 지정하고 #에 1~56까지 색상 번호로 구분합니다. | 길벗 | [Magenta]@ | 길벗 |
| [조건] | [조건1];[조건2];[조건3]의 3형식 구조 조건을 지정할 때 사용합니다. | -49049 | [〈=0]<br>[Magenta]#;# | -49049 |
| yy | 연도를 두 자리로 표시합니다. | 2022-4-9 | yy | 22 |
| yyyy | 연도를 네 자리로 표시합니다. | | yyyy | 2022 |
| m | 월을 한 자리로 표시합니다. | | m | 4 |
| mm | 월을 두 자리로 표시합니다. | | mm | 04 |
| mmm | 숫자 뒤에 "월"을 표시합니다. | | mmm | 4월 |
| d | 일을 한 자리로 표시합니다. | | d | 9 |
| dd | 일을 두 자리로 표시합니다. | | dd | 09 |
| ddd 또는 aaa | 요일을 한 글자로 표시합니다.<br>(aaa는 단독으로 사용할 경우 표시되지 않습니다. | | ddd | 토 |
| dddd 또는 aaaa | 요일을 전체 표시합니다.<br>(aaaa는 단독으로 사용할 경우 표시되지 않습니다.) | | dddd | 토요일 |

필수기능 13

# 드롭다운 목록 만들기

**1** [참조] 시트의 부서 목록을 참고하여 [신청서] 시트 B열의 '신청 부서' 항목에 드롭다운 목록을 만들어 볼게요. [신청서] 시트에서 B4:B13 셀 범위를 지정하고 [데이터]-[데이터 확인]을 선택합니다.

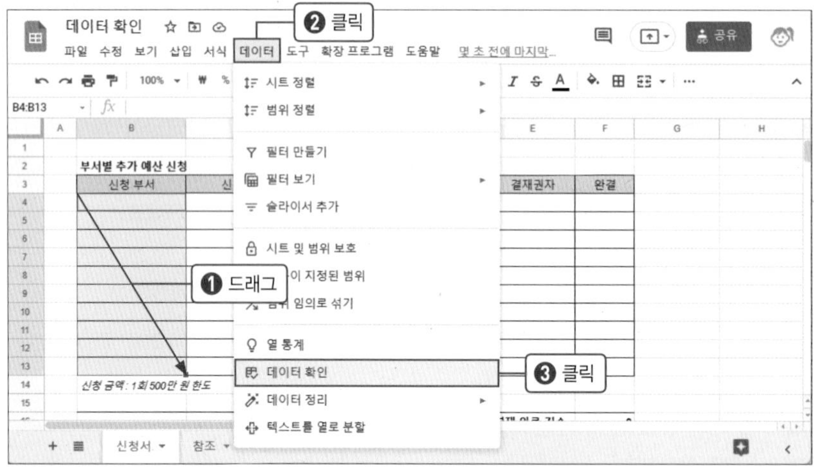


**Tip**

데이터 확인 단축키 Alt+D+V 혹은 [마우스 오른쪽 버튼]-[셀 작업 더보기]-[데이터 확인]을 사용할 수 있어요.

**2** [데이터 확인] 대화상자가 열리면 '기준' 항목에서 '범위에서 목록'을 선택하고 '범위 선택' 단추(⊞)를 클릭합니다.

**3** [데이터 범위 선택] 대화상자가 나타나면 [참조] 시트를 선택하고 B4:B8 셀 범위를 드래그하여 참조 주소가 입력되면 [확인]을 클릭하세요.

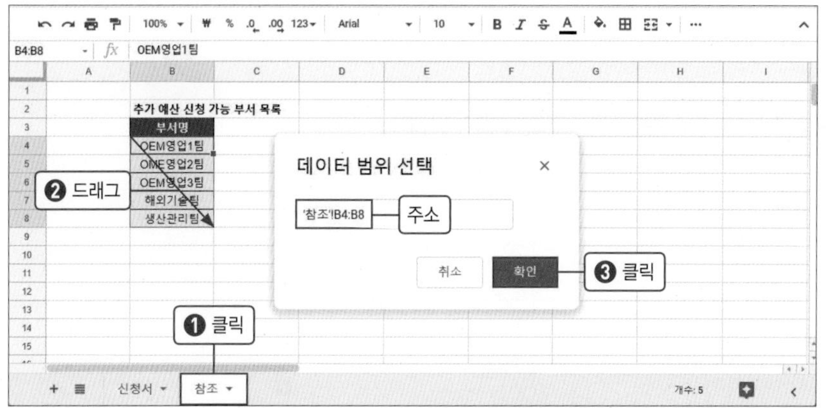


**4** [데이터 확인] 대화상자로 되돌아오면 '셀의 드롭다운 목록 표시' 항목이 체크되었는지, '잘못된 데이터'의 '경고 표시'가 선택되었는지 확인하고 [저장]을 클릭합니다.

**잠깐만요 :: 데이터 확인의 기준 옵션 종류 알아보기**

| 기준 옵션 | 설명 |
|---|---|
| 범위에서의 목록 | 지정한 범위의 고유값을 목록으로 지정합니다. |
| 항목 목록 | 쉼표를 구분으로 허용할 목록을 직접 입력합니다. |
| 숫자 | 사이, 사이값 제외, 미만, 이하, 초과, 이상, 같음, 같지않음의 옵션을 선택하여 허용값을 지정합니다. |
| 텍스트 | 포함, 포함 안함, 같음, 올바른 이메일, 올바른 URL의 옵션을 선택하여 특정 텍스트를 포함하거나 포함하지 않는 값, 특정 텍스트와 특정 숫자와 같은 값, 이메일과 URL형식에 올바른 도메인 값을 허용합니다. |
| 날짜 | 올바른 날짜, 같음, 이전, 당일 또는 이전, 이후, 당일 또는 이후, 사이, 사이 값 제외의 선택 조건에 맞는 날짜를 허용합니다. |
| 맞춤 수식 | 사용자가 입력한 조건식의 결과가 참(True)인 값을 허용합니다. |
| 체크박스 | 체크박스를 삽입하고 체크박스의 선택 유무에 따라 셀의 값을 지정할 수 있습니다. |

**5** [신청서] 시트의 B4:B13 범위의 셀에 목록 단추가 나타나면 셀의 목록 단추를 클릭합니다. 이때 참조한 범위의 내용이 표시되는데 이를 보고 직접 데이터를 입력하거나 선택할 수 있습니다.

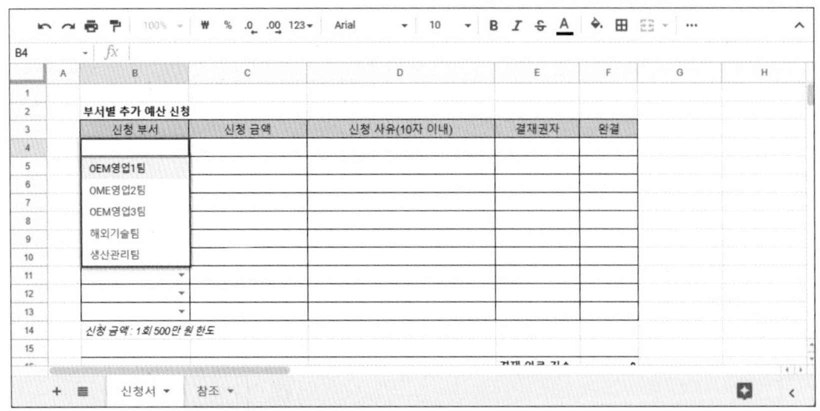

**잠깐만요 :: 허용 값이 아닌 데이터가 입력될 경우**

허용 값이 아닌 데이터가 입력될 경우 셀 상단에 빨간 삼각형의 '경고 표시'가 나타나고 셀에 마우스를 가져가면 오류 내용을 확인할 수 있어요.

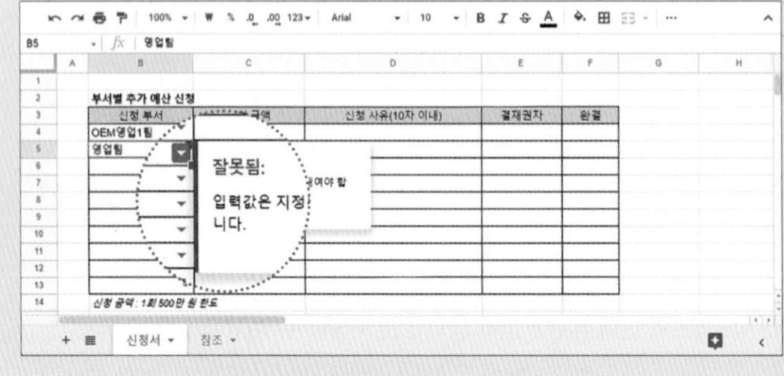

실무예제 14

# 일정 금액만 입력할 수 있도록 제한하기

**1** [신청서] 시트의 C열 '신청 금액' 항목에 10만 원 이상, 500만 원 이하의 금액만 입력할 수 있도록 제한해 볼게요. C4:C13 셀 범위를 지정하고 [데이터 확인] 단축키 Alt + D + V를 눌러 대화상자를 실행합니다.

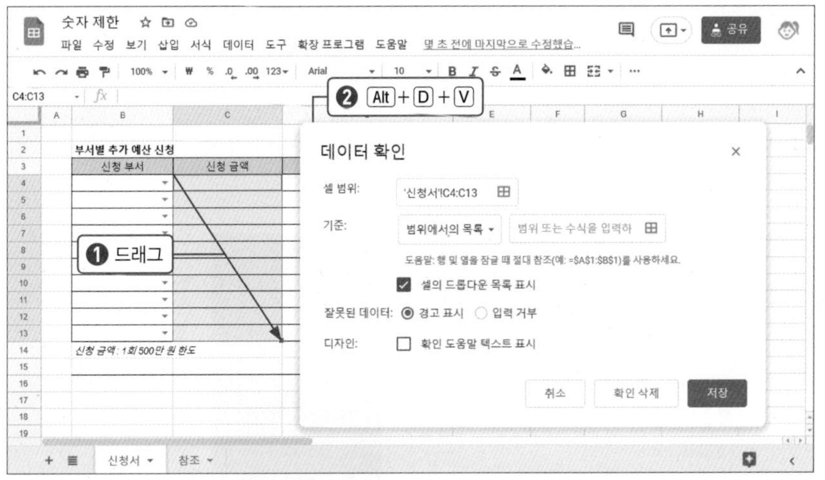


**2** [데이터 확인] 대화상자의 '기준'을 '숫자', '사이'로 지정하고 입력란에 '100000', '5000000'을 입력 후 '잘못된 데이터'에 '입력 거부'를 지정합니다. '디자인'에 '확인 도움말 텍스트 표시'를 체크하여 입력란에 잘못된 데이터가 입력될 경우 표시할 메시지를 자유롭게 입력하고 [저장]을 클릭합니다.

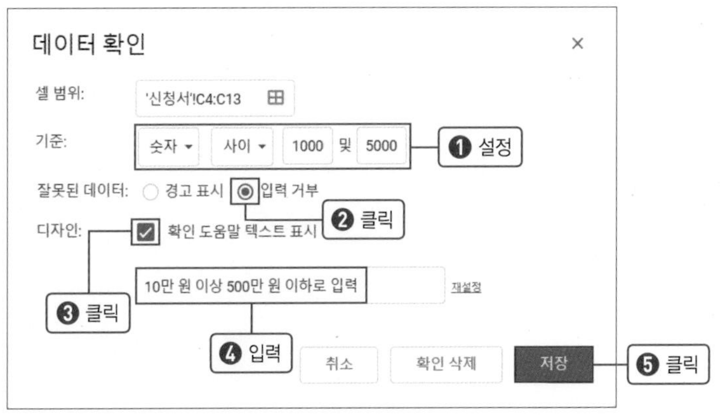

**3** C4셀에 허용 값이 아닌 600만 원을 입력하고 Enter 키를 눌러 봅니다.

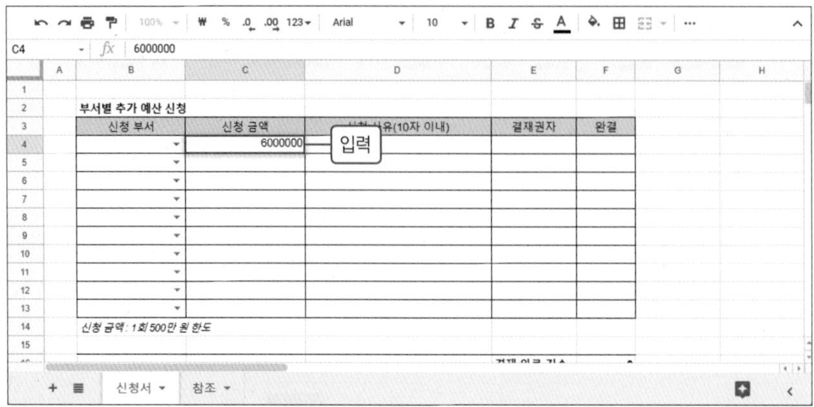


**4** 오류 메시지가 나타나면서 데이터 입력이 거부되면 [확인]을 클릭하여 올바른 데이터를 입력해 주세요. 올바른 데이터를 입력하면 제대로 값이 표시됩니다.

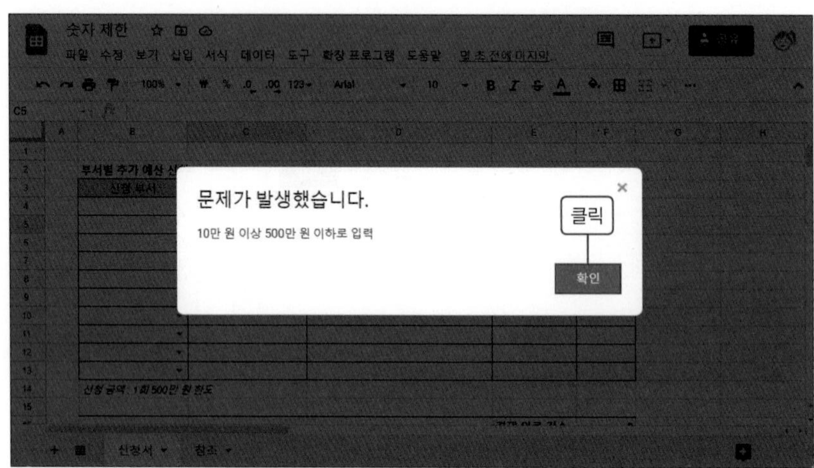

실무예제 15

# 입력할 수 있는 문자 길이 제한하기

**1** [신청서] 시트의 D열에 입력 데이터의 문자 길이를 제한해 볼게요. D4:D13 셀 범위를 지정하고 단축키 Alt + D + V를 눌러 [데이터 확인] 대화상자를 실행합니다.

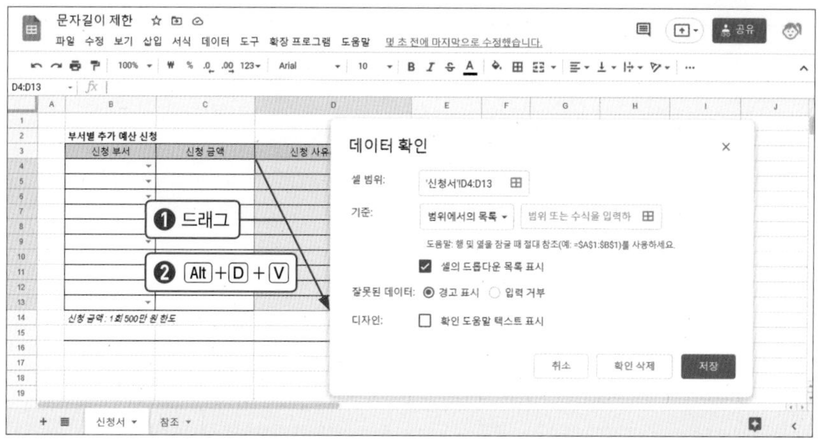


**2** [데이터 확인] 대화상자 나타나면 '기준' 항목을 '맞춤 수식'으로 지정하고 입력란에 다음의 함수식을 입력한 후 [저장]을 클릭합니다.

=LEN(D4)<=10
① ②
① LEN(D4) : D4셀의 총 문자 길이를 반환합니다.
② <=10 : 10보다 작거나 같은 경우의 조건입니다.

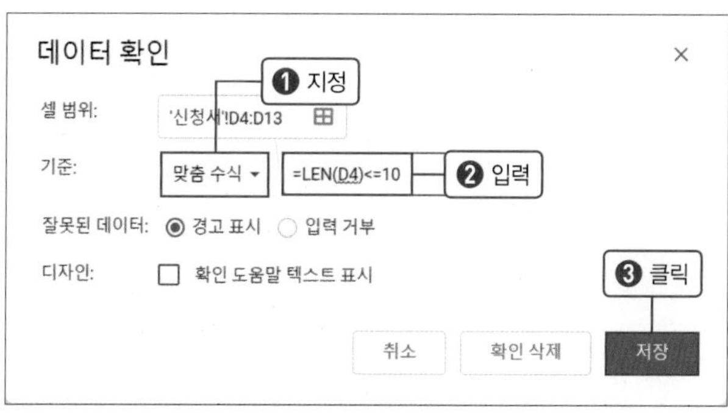

**3** '신청 사유'에 각각 10자 이내, 이상의 데이터를 각각 입력해 봅니다. 입력한 데이터의 총 길이가 10자 이상이면 D5셀에 '경고 표시'가 나타납니다.

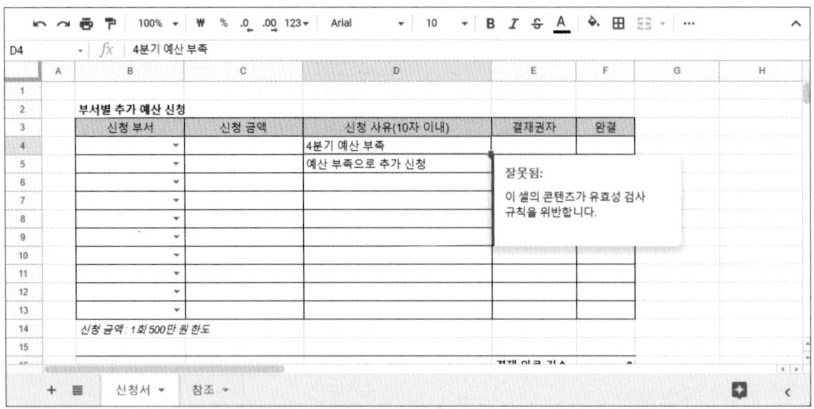


**Tip**

공백도 문자로 인식되기 때문에 D5셀에 입력한 문자의 총 길이가 13자이므로 앞서 설정한 맞춤 수식 조건에 맞지 않는 데이터로 인식합니다.

실무예제 16

# 체크박스의 선택 여부에 따라 셀 값 지정하기

**1** [신청서] 시트의 '완결' 항목에 체크박스를 적용하여 선택된 체크박스의 셀 개수를 F16셀에서 계산하도록 만들어 볼게요. F4:F13 셀 범위를 지정하고 [데이터]-[데이터 확인]을 선택합니다.

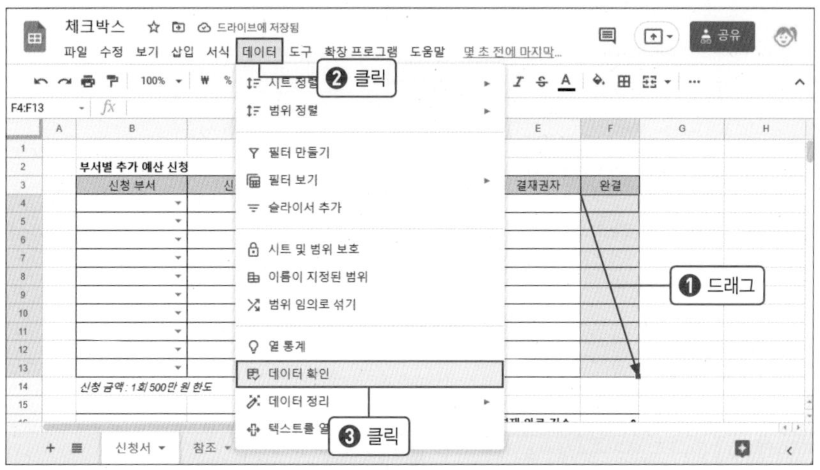


**2** [데이터 확인] 대화상자가 열리면 '기준' 항목에 '체크박스'를 선택하고 '맞춤 셀 값 사용'을 선택합니다. '체크박스가 선택된 경우' 항목에 '완결', '체크박스가 선택 해제된 경우' 항목에 '미결'을 입력하고 [저장]을 클릭합니다.

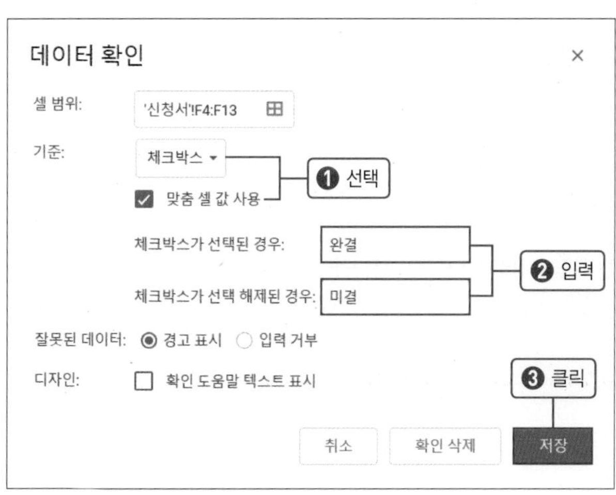

**3** F4:F13 셀 범위의 셀에 체크박스가 나타나면 체크박스 선택 여부에 따라 수식 입력줄에서 셀 값의 변화를 확인해 봅니다.

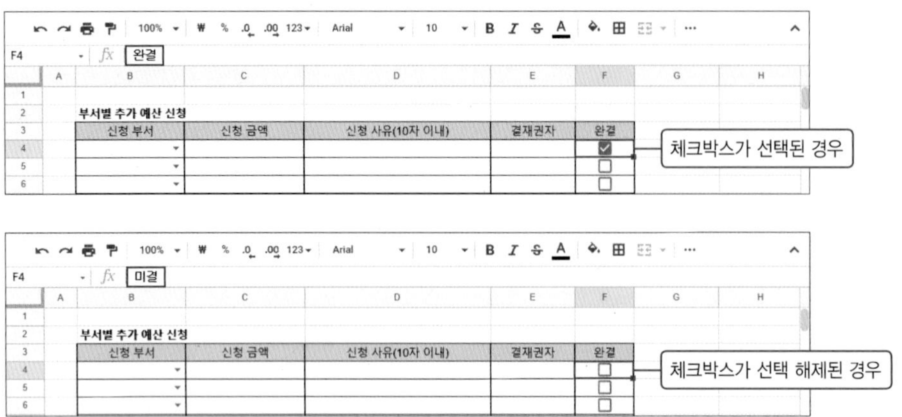


**4** F16셀에는 F4:F13 셀 범위 중 '완결'이 입력된 셀의 개수를 구하는 COUNTIF함수가 사용되어 있기 때문에 체크박스가 선택된 셀의 값에 따라 결제 완료된 건수가 계산된 것을 알 수 있어요.

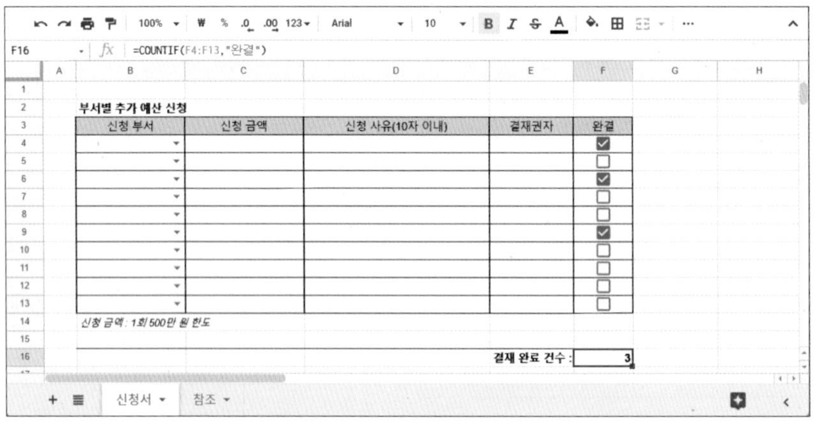


**Tip**

COUNTIF함수의 자세한 내용은 277쪽에서 확인할 수 있습니다.

**⚠ 엑셀과 달라요**

구글 스프레드시트의 [데이터 확인]은 엑셀에서 [데이터] 탭 – [데이터 도구] 그룹 – [데이터 유효성 검사] – [데이터 유효성 검사]로 사용할 수 있으며 제한 대상에 체크 박스는 지원되지 않으며 체크박스를 사용하기 위해서는 [개발 도구] 탭 – [컨트롤] 그룹 – [삽입] – [양식 컨트롤] 메뉴를 사용합니다.

### 잠깐만요 :: 셀 값으로 체크박스 선택 여부 조정하기

체크박스의 선택 여부에 따라 셀 값이 변경되는 원리입니다. 반대로 셀에 지정된 값을 직접 입력하거나 다음과 같이 수식을 사용하여 체크박스의 선택을 조정할 수 있습니다.

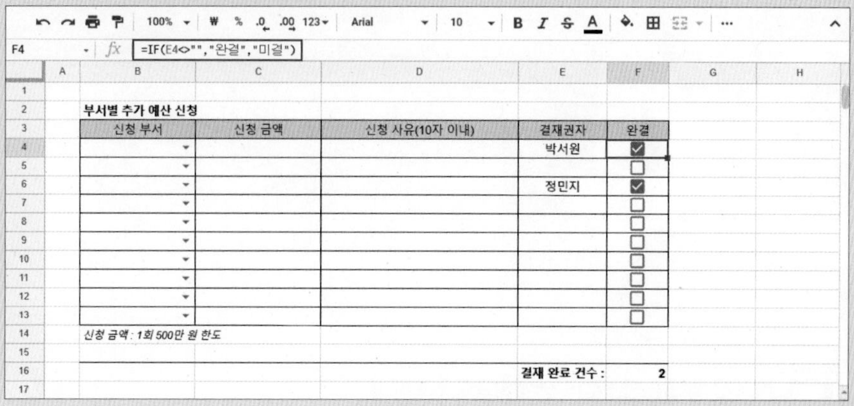

F4 =IF(E4<>"","완결","미결")

| | A | B | C | D | E | F | G | H |
|---|---|---|---|---|---|---|---|---|
| 1 | | | | | | | | |
| 2 | | **부서별 추가 예산 신청** | | | | | | |
| 3 | | 신청 부서 | 신청 금액 | 신청 사유(10자 이내) | 결재권자 | 완결 | | |
| 4 | | | | | 박서원 | ☑ | | |
| 5 | | | | | | ☐ | | |
| 6 | | | | | 정민지 | ☑ | | |
| 7 | | | | | | ☐ | | |
| 8 | | | | | | ☐ | | |
| 9 | | | | | | ☐ | | |
| 10 | | | | | | ☐ | | |
| 11 | | | | | | ☐ | | |
| 12 | | | | | | ☐ | | |
| 13 | | | | | | ☐ | | |
| 14 | | *신청 금액 : 1회 500만 원 한도* | | | | | | |
| 15 | | | | | | | | |
| 16 | | | | | **결재 완료 건수 :** | **2** | | |
| 17 | | | | | | | | |

SECTION

# 04

# 자유자재로 데이터 편집하기

셀에 입력된 글꼴에 서식을 적용하거나 테두리 선을 만들고 테마를 사용해 통일감 있는 보고서를 만드는 다양한 편집 노하우를 알아봅니다.

# 필수기능 01 글꼴에 서식 적용하기



**1** [시트1] 시트의 B2, B3셀에 입력된 글꼴 크기를 변경해 볼게요. B2:B3 셀 범위를 지정하고 [서식] 메뉴를 선택하면 글꼴의 굵기, 기울임, 밑줄, 크기 등의 서식을 지정할 수 있습니다. 여기서는 [글꼴 크기]를 선택하고 [14] 포인트로 변경합니다.

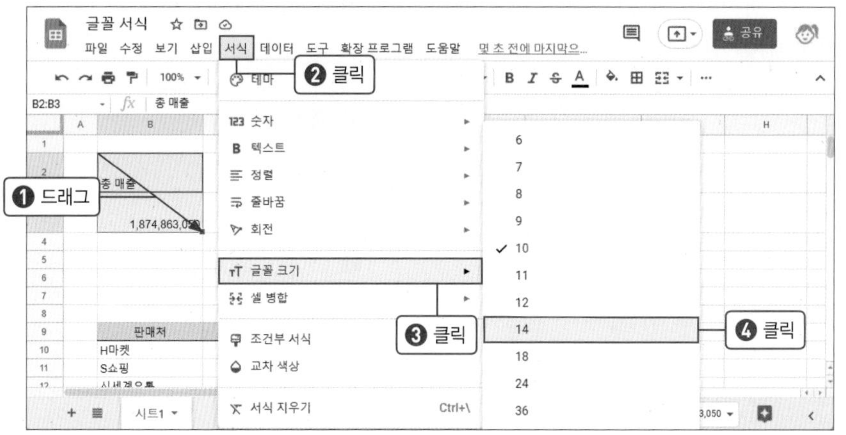


**2** 글꼴 크기가 변경된 것을 확인합니다. 이번에는 글꼴에 굵기를 다르게 적용하고 색상을 변경해 볼게요. 위와 같이 [서식] 메뉴를 사용할 수도 있지만 상단의 툴바를 사용하면 좀 더 쉽고 다양하게 서식을 변경할 수 있어요. B2:B3 셀 범위가 선택된 상태에서 툴바의 [굵게]를 선택하고 [텍스트 색상]을 선택하여 '파란색'으로 글꼴색을 변경합니다.

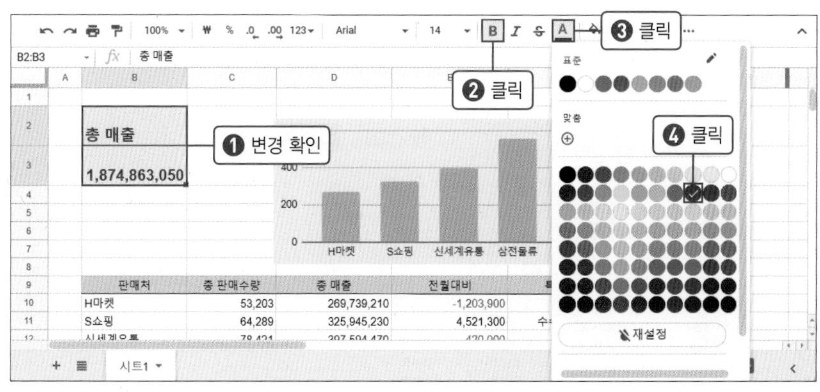

◉ **예제파일** : Chapter02 > Section04 > 글꼴 맞춤 / 글꼴 맞춤(완성)

# 셀의 중앙에 데이터 위치시키기

**1** [AS현황] 시트의 병합된 B2:G2셀에 입력된 데이터를 보면 셀의 가로를 기준으로 왼쪽, 세로를 기준으로 셀의 아래쪽으로 자동 맞춤이 적용된 것을 알 수 있어요. 구글 스프레드시트에서 문자 데이터를 입력하면 기본적으로 셀의 왼쪽, 아래쪽으로 맞춤 설정됩니다. 여기서는 입력 데이터가 셀의 가운데 위치하도록 변경해 볼게요. B2:G2 셀 범위를 선택하고 툴바의 [더 보기]-[가로 맞춤]-[가운데]를 선택합니다.

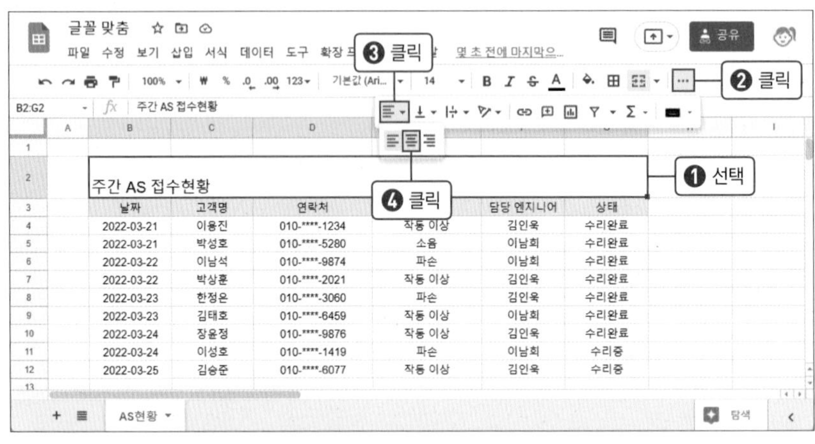


> **Tip**
> 셀 병합에 대해 자세한 내용은 162쪽에서 확인해주세요.

**2** 가로를 기준으로 셀의 가운데 문자 맞춤이 적용되면 이번에는 툴바의 [세로 맞춤]-[가운데]를 선택합니다.

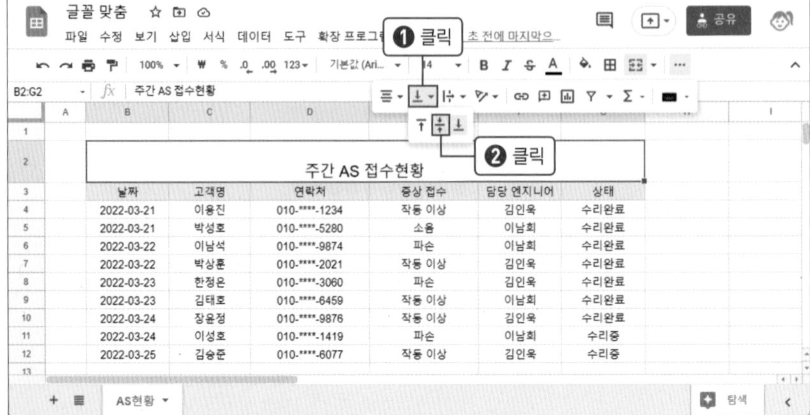

**3** 셀의 가로, 세로를 기준으로 문자가 가운데 맞춤으로 적용됩니다.

B2:G2 | fx 주간 AS 접수현황

주간 AS 접수현황 — 확인

| 날짜 | 고객명 | 연락처 | 증상 접수 | 담당 엔지니어 | 상태 |
|---|---|---|---|---|---|
| 2022-03-21 | 이용진 | 010-****-1234 | 작동 이상 | 김인욱 | 수리완료 |
| 2022-03-21 | 박성호 | 010-****-5280 | 소음 | 이남희 | 수리완료 |
| 2022-03-22 | 이남석 | 010-****-9874 | 파손 | 이남희 | 수리완료 |
| 2022-03-22 | 박상훈 | 010-****-2021 | 작동 이상 | 김인욱 | 수리완료 |
| 2022-03-23 | 한정은 | 010-****-3060 | 파손 | 김인욱 | 수리완료 |
| 2022-03-23 | 김태호 | 010-****-6459 | 작동 이상 | 이남희 | 수리완료 |
| 2022-03-24 | 장윤정 | 010-****-9876 | 작동 이상 | 김인욱 | 수리완료 |
| 2022-03-24 | 이성호 | 010-****-1419 | 파손 | 이남희 | 수리중 |
| 2022-03-25 | 김승준 | 010-****-6077 | 작동 이상 | 김인욱 | 수리중 |

AS현황

**⚠ 엑셀과 달라요**

구글 스프레드시트에서 문자 형식의 데이터를 입력하면 기본적으로 셀 왼쪽, 아래로 맞춤이 적용되는 반면, 엑셀에서는 데이터를 입력하면 셀 왼쪽, 세로 가운데로 맞춤이 적용됩니다.

◉ **예제파일** : Chapter02 > Section04 > 셀 입력 / 셀 입력(완성)

# 03 한 셀에 두 줄 이상 입력하기

**1** D열에 입력된 문자를 보면 열 너비보다 길어서 셀 범위를 넘어가 오버플로우 현상이 발생했어요. D3:D6 셀 범위에 줄 바꿈을 적용하여 한 셀에 여러 줄이 입력되도록 할게요. D3:D6 셀 범위를 지정하고 툴바의 [텍스트 줄바꿈]-[줄바꿈]을 선택합니다.

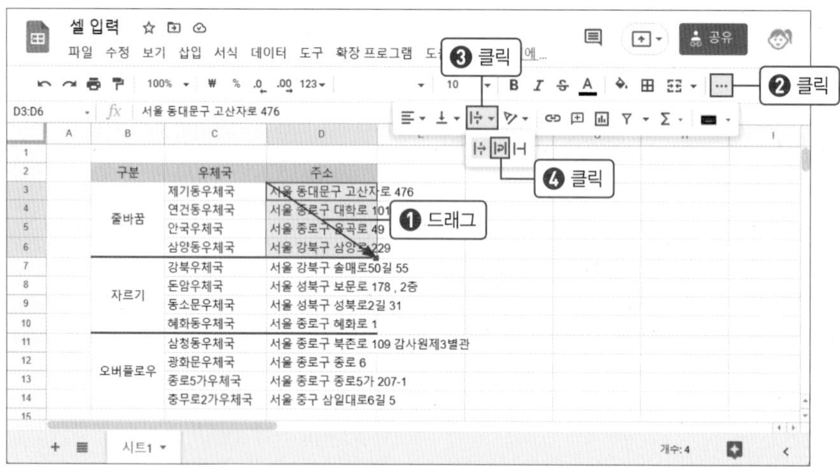


> **Tip**
> [서식] – [줄바꿈] – [줄바꿈]을 사용하거나 줄 바꿈을 할 위치에 커서를 두고 단축키 Alt + Enter를 눌러 사용할 수도 있습니다.

**2** 열 너비에 맞춰 입력 데이터에 줄 바꿈이 적용되었습니다. 이번에는 D7:D10 셀 범위를 선택하고 툴바의 [텍스트 줄바꿈]-[자르기]를 선택합니다.

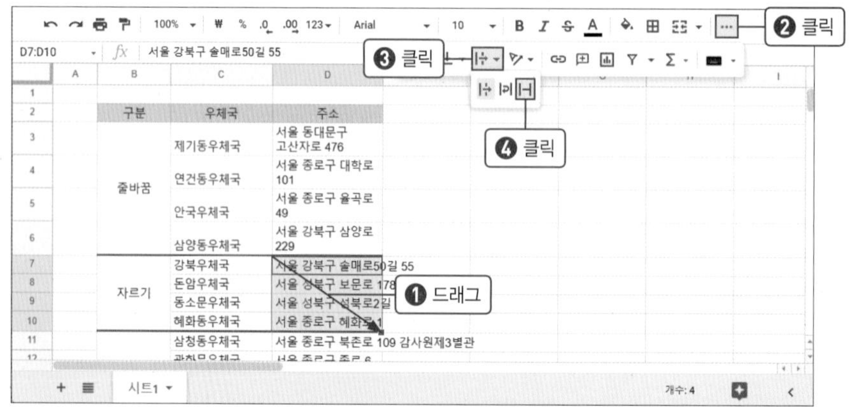


> **Tip**
> 입력 데이터에 맞춰 열 너비를 맞추는 방법에 대해서는 83쪽을 참고하세요.

**3** 자르기를 적용한 셀은 열 너비에 맞춰 나머지 데이터가 표시되지 않습니다. 참고로 줄 바꿈의 기본 설정 값은 '오버플로우'로 지정됩니다. 이때 E열에 다른 데이터가 입력되어 있다면 오버플로우가 설정되었다 해도 데이터는 너비를 벗어나게 표시되지 않습니다.

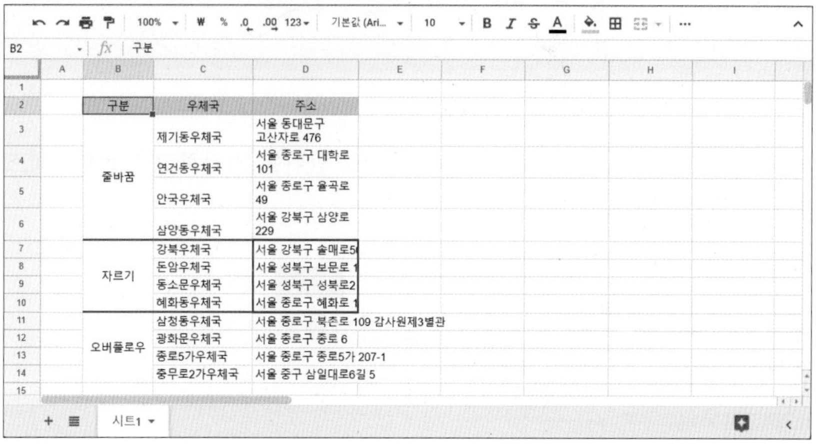

| | A | B | C | D | E |
|---|---|---|---|---|---|
| 1 | | | | | |
| 2 | | 구분 | 우체국 | 주소 | |
| 3 | | 줄바꿈 | 제기동우체국 | 서울 동대문구 고산자로 476 | |
| 4 | | | 연건동우체국 | 서울 종로구 대학로 101 | |
| 5 | | | 안국우체국 | 서울 종로구 율곡로 49 | |
| 6 | | | 삼양동우체국 | 서울 강북구 삼양로 229 | |
| 7 | | 자르기 | 강북우체국 | 서울 강북구 솔매로5( | |
| 8 | | | 돈암우체국 | 서울 성북구 보문로 1 | |
| 9 | | | 동소문우체국 | 서울 성북구 성북로2 | |
| 10 | | | 혜화동우체국 | 서울 종로구 혜화로 1 | |
| 11 | | 오버플로우 | 삼청동우체국 | 서울 종로구 북촌로 109 감사원제3별관 | |
| 12 | | | 광화문우체국 | 서울 종로구 종로 6 | |
| 13 | | | 종로5가우체국 | 서울 종로구 종로5가 207-1 | |
| 14 | | | 충무로2가우체국 | 서울 중구 삼일대로6길 5 | |
| 15 | | | | | |

◉ **예제파일** : Chapter02 > Section04 > 회전 / 회전(완성)

# 글자 방향을 세로로 쌓기

**1** B열에 입력된 글자 방향을 세로로 표시해 볼게요. B3:B11셀 범위를 지정하고 툴바의 [텍스트 회전]-[세로로 쌓기]를 클릭합니다.

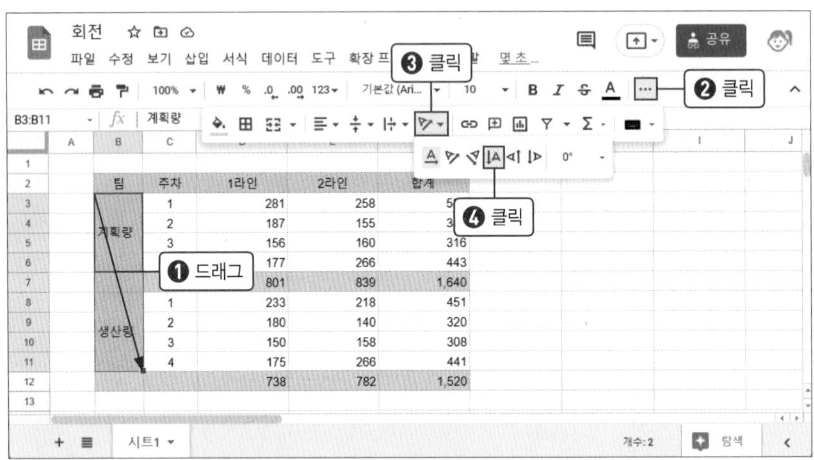


**Tip**
[서식] – [회전] – [세로로 쌓기]로도 실행할 수도 있으며 원하는 방향의 기울기가 없다면 사용자가 직접 맞춤 각도를 설정할 수 있어요.

**2** 글자 방향이 세로로 표시됩니다.

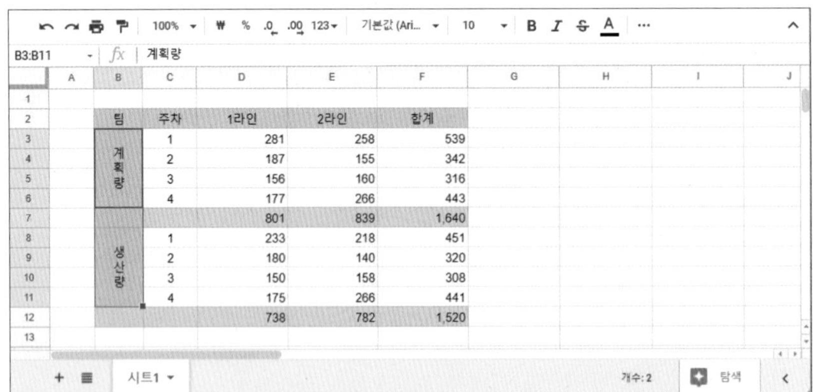

| 팀 | 주차 | 1라인 | 2라인 | 합계 |
|---|---|---|---|---|
| 계획량 | 1 | 281 | 258 | 539 |
| | 2 | 187 | 155 | 342 |
| | 3 | 156 | 160 | 316 |
| | 4 | 177 | 266 | 443 |
| | | 801 | 839 | 1,640 |
| 생산량 | 1 | 233 | 218 | 451 |
| | 2 | 180 | 140 | 320 |
| | 3 | 150 | 158 | 308 |
| | 4 | 175 | 266 | 441 |
| | | 738 | 782 | 1,520 |

필수기능 05

# 테두리 선으로 표 만들기

**1** 왼쪽 표를 참고하여 오른쪽에 테두리 선을 사용하여 표를 만들어 볼게요. 제목 행에 두꺼운 테두리 선을 적용하기 위하여 F2:H2 셀 범위를 지정하고 툴바의 테두리 아이콘(⊞)을 클릭합니다.

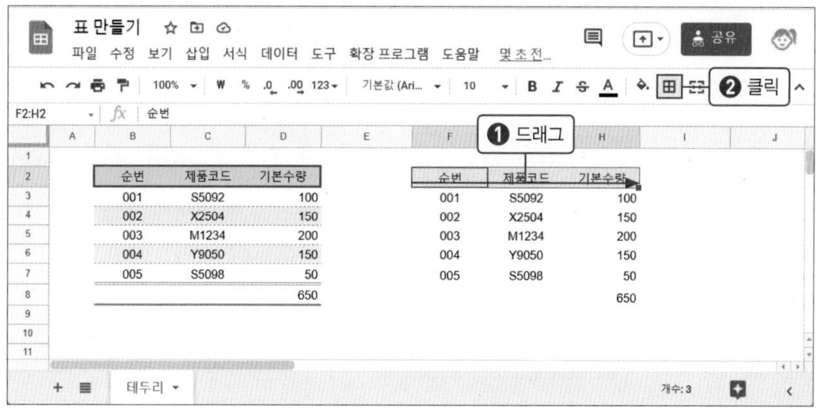


**2** 먼저 테두리 색상을 적용하기 위해 '테두리 색상'을 선택하고 원하는 색상은 자유롭게 선택하세요.

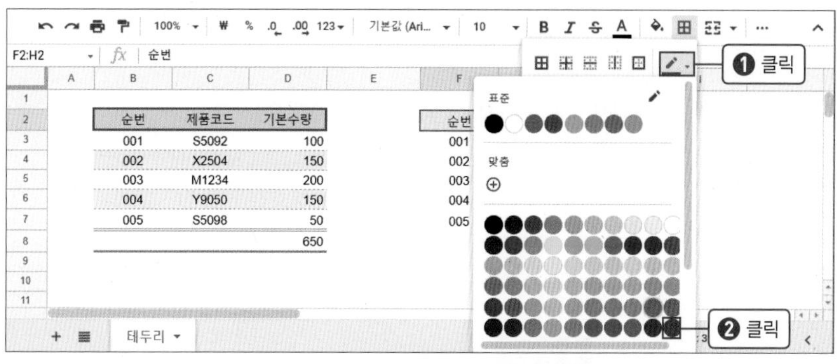

**3** 테두리 색상을 선택했으면 '테두리 스타일'을 선택하여 두 번째 실선을 선택하고 적용할 부위인 '바깥쪽 테두리'를 클릭하세요.

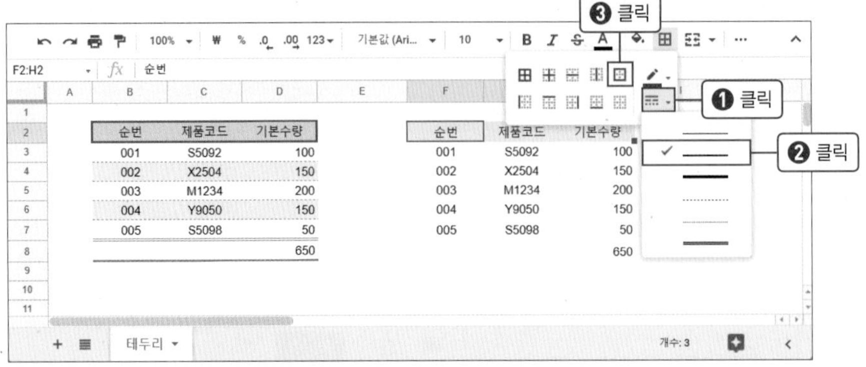


**4** 바깥쪽 테두리에 지정한 색상의 테두리 선이 적용되면 셀에 바탕색을 적용하기 위해 툴바의 채우기 색상 아이콘(◈)을 클릭합니다.

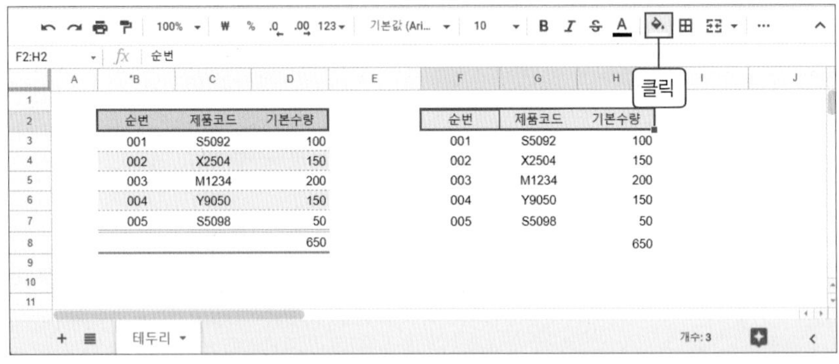


**5** 셀 바탕색에 적용할 색상표가 나타나면 자유롭게 색상을 선택하세요.

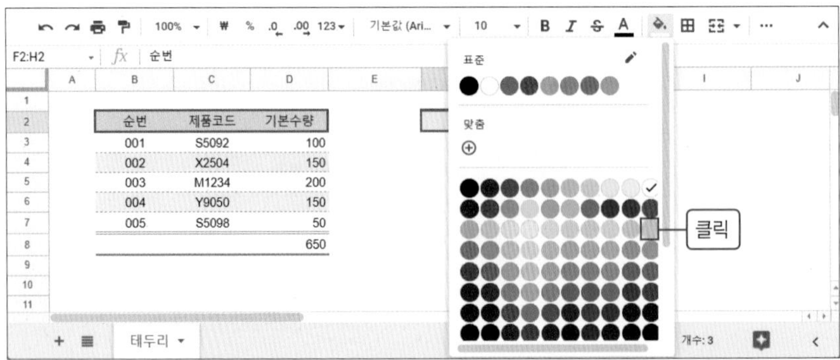

**6** 제목 행에 테두리 선과 바탕색이 채워졌습니다. 이번에는 F3:H7 셀 범위를 지정하고 앞선 과정과 마찬가지 방법으로 테두리 선 스타일을 적용합니다.

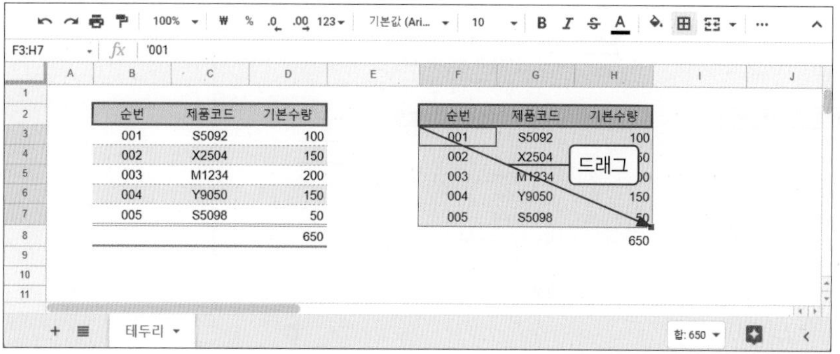


**7** **2**번 과정과 같은 방법으로 테두리 색상을 선택하세요.

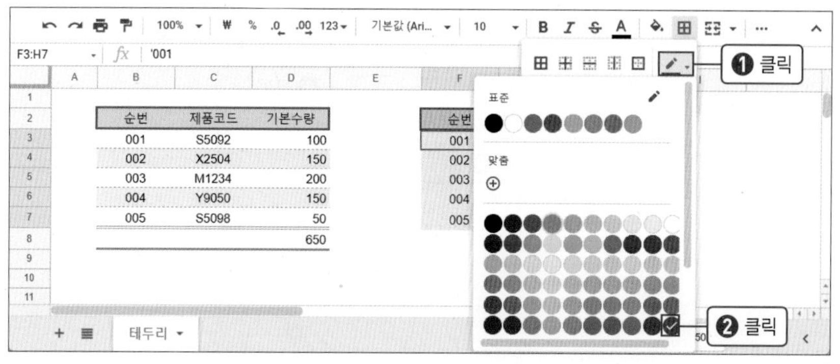


**8** **3**번 과정과 같은 방법으로 테두리 스타일을 '점선'을 변경하고 '가로 테두리'를 선택합니다.

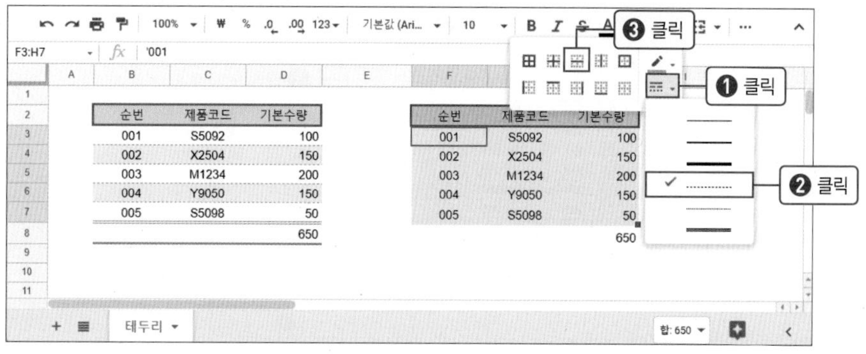

**9** F3:H7 셀 범위에 점선의 가로 테두리가 잘 적용되었으면 F8:H8 셀 범위를 지정하고 툴바의 테두리 아이콘(⊞)을 클릭합니다.

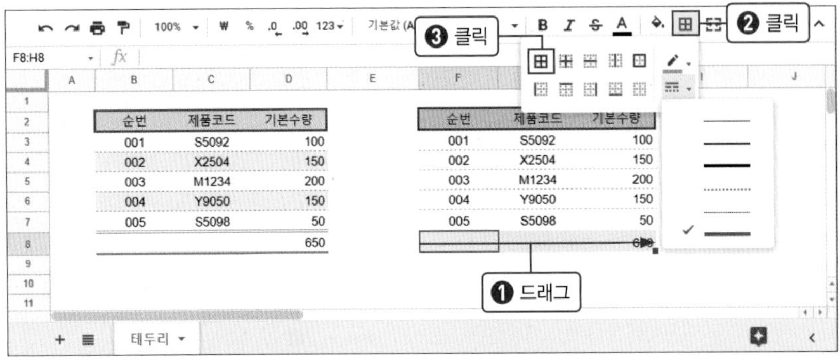


**10** 테두리 스타일을 '이중선'으로 선택하고 '위쪽 테두리'와 '아래쪽 테두리'를 선택합니다.

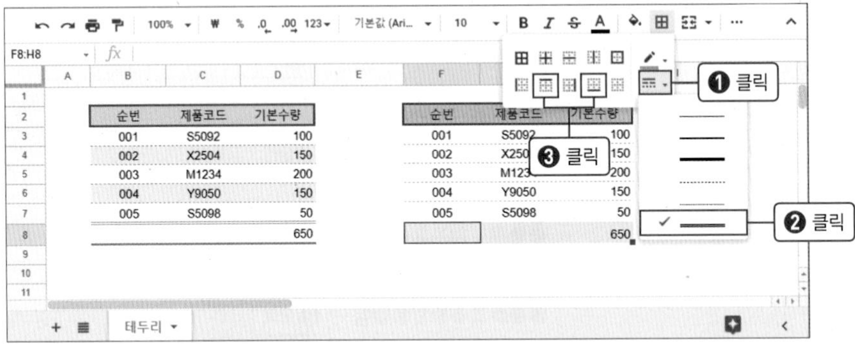


**11** 그리고 다시 테두리 스타일을 선택하여 아래쪽 테두리에 적용할 두 번째 '실선'을 선택합니다.

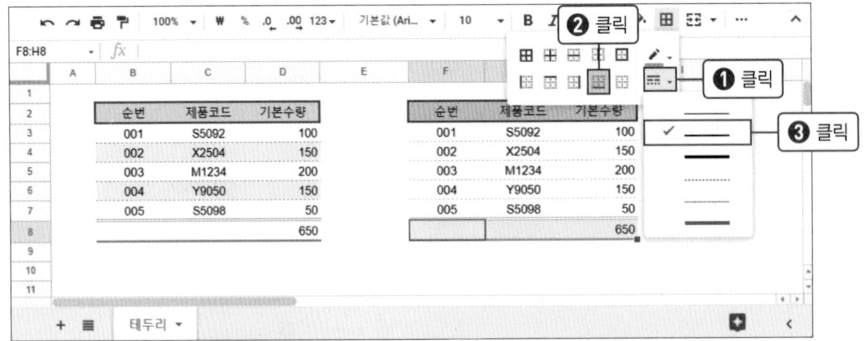

**12** 마지막으로 F4:H4 셀 범위를 지정하고 Ctrl 키를 누른 상태에서 F6:H6 셀 범위를 지정한 후, 툴바의 채우기 색상 아이콘(🎨)을 선택하세요.

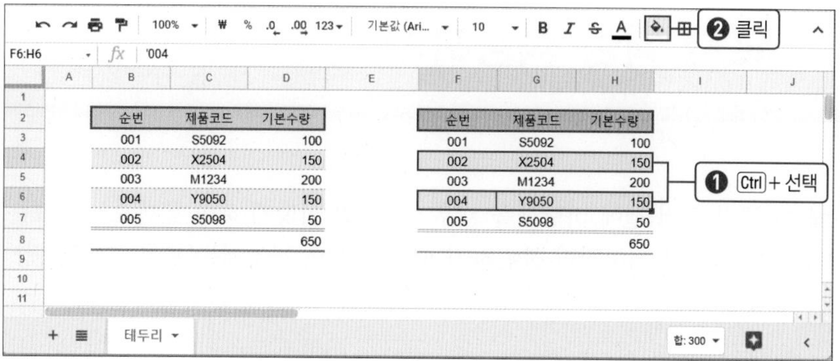


**13** 셀 바탕색을 자유롭게 선택합니다.

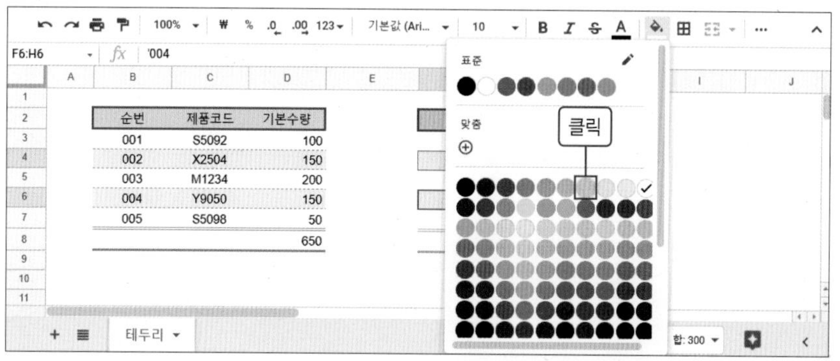


**14** 필요한 부위에 원하는 테두리 선과 바탕색을 적용한 표를 완성하였습니다.

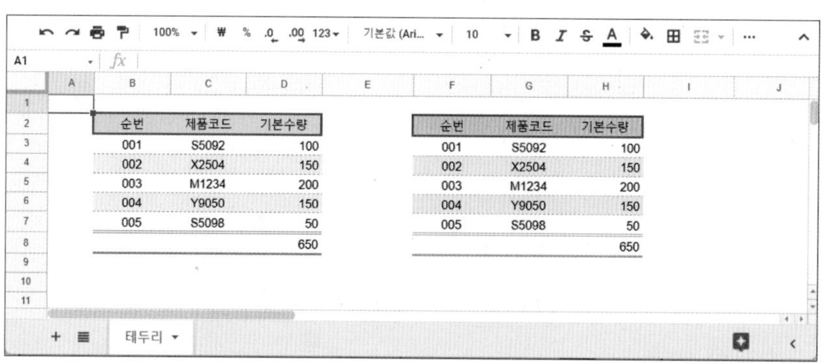

# 클릭 한 번으로 표에 교차 색상 적용하기

**1** [거래내역] 시트에 한 행씩 걸러 셀에 바탕색을 채우기하려면 어떻게 해야 할까요? 이 표는 데이터 양이 많아 범위를 일일이 선택하려면 불편하기 때문에 이런 경우에는 표에 '교차 색상' 기능을 이용합니다.

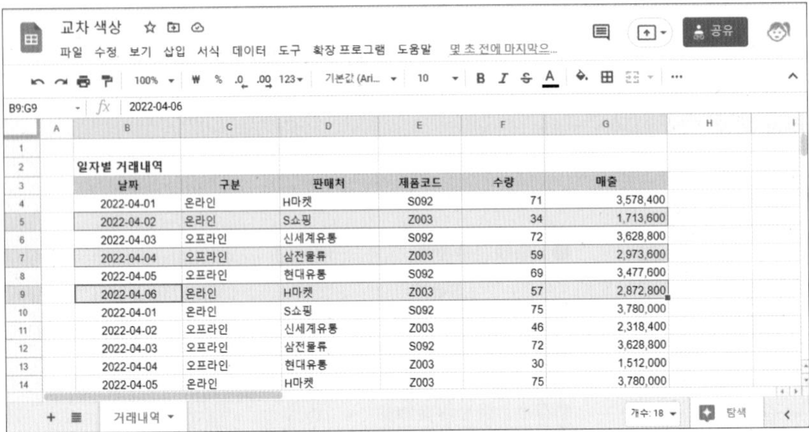

**2** 표의 범위(B3:G21)를 지정하고 [서식]-[교차 색상]을 선택합니다.

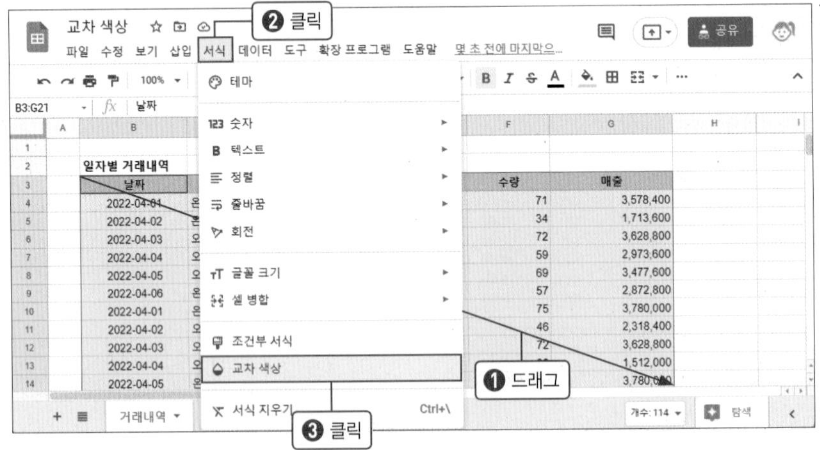

**3** 화면 오른쪽 [교차 색상] 창이 나타나면 '기본 스타일' 항목에서 원하는 스타일을 선택하고 [완료]를 클릭합니다.

**Tip**

[교차 색상] 창의 '맞춤 스타일' 항목을 이용하면 사용자가 각 부위별 색상을 지정할 수 있어요.

**4** 이렇게 한번 적용된 서식 스타일은 다음 표의 행 또는 열에 새로운 데이터가 입력되어도 알아서 적용 범위로 인식되어 교차 색상이 나타납니다. B22셀부터 B25셀까지 새로운 데이터를 입력하면 교차 색상이 자동으로 적용되는 것을 알 수 있어요.

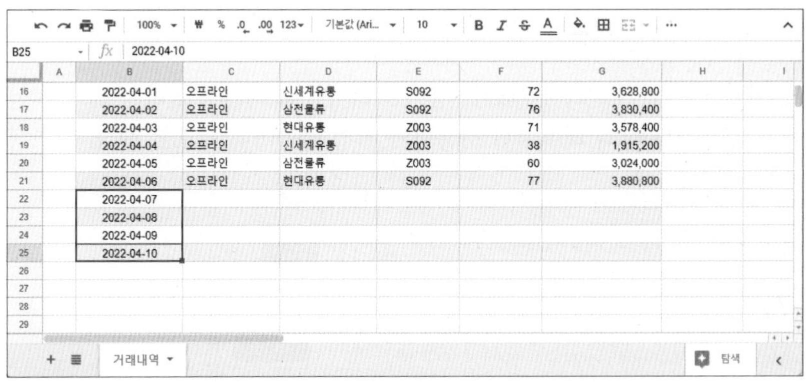

**엑셀과 달라요**

구글 스프레드시트의 '교차 색상'과 엑셀의 '표' 기능을 혼동하는 경우가 많습니다. 둘다 선택 범위에 교차되는 서식을 적용할 수 있다는 공통점이 있지만, 말 그대로 구글 스프레드시트의 '교차 색상' 기능은 서식 적용에 한정되며, 엑셀의 '표' 기능은 수식 자동 채우기가 되거나 필터로 요약값을 확인할 수 있는 등 다양하게 활용될 수 있습니다.

# 실무예제 07 통일된 느낌의 서식을 위해 테마 적용하기

**1** [보고] 시트에는 피벗 테이블과 차트가 삽입되어 있습니다. 각 개체의 서식을 일일이 변경하지 않고 테마를 사용하여 통일된 느낌으로 서식을 만들어 볼게요.

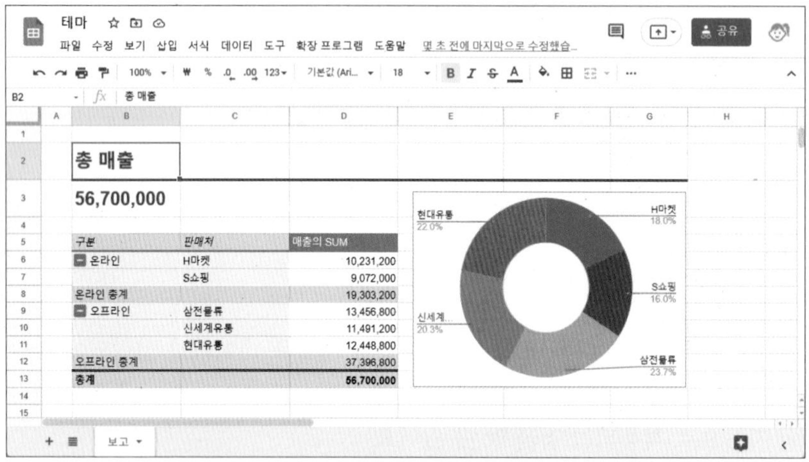


**2** [서식]-[테마]를 선택하면 화면 오른쪽에 [테마] 창이 나타나는데 여기서 원하는 테마를 선택하거나 [맞춤 설정]으로 선택된 현재 테마에서 사용자가 직접 글꼴이나 텍스트 색상, 강조색 등을 지정할 수 있어요.

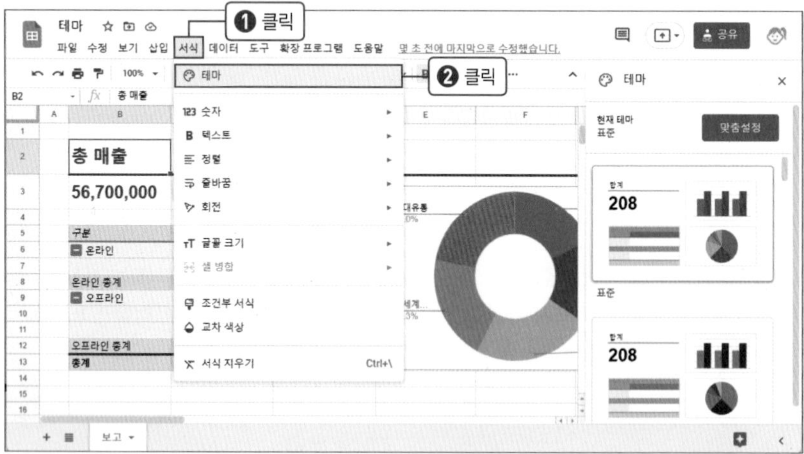

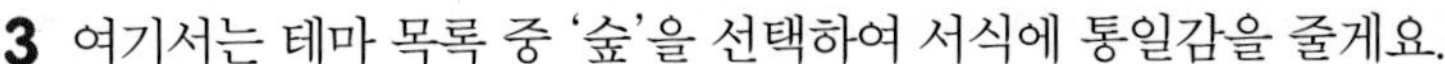

**3** 여기서는 테마 목록 중 '숲'을 선택하여 서식에 통일감을 줄게요.

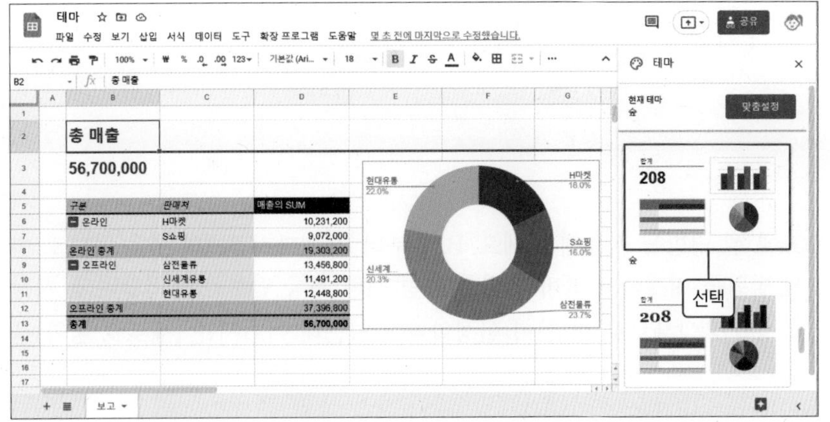

# 08 여러 셀을 하나의 셀로 합치기

**1** [교과과정] 시트 표에 셀 병합을 적용해 볼게요. B2셀부터 B4셀까지 3개의 셀을 하나로 병합하기 위해 B2:B4 셀 범위를 지정하고 툴바의 병합 유형 선택 목록 단추를 클릭합니다. 지정한 범위에 맞춰 [전체 병합]과 [세로로 병합]이 활성화되어 있는데 여기서는 [세로로 병합]을 클릭합니다.

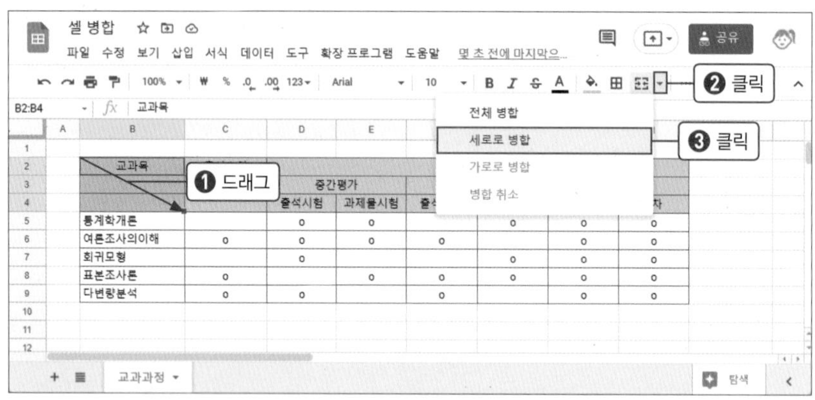


**Tip**

행이 아닌 열, 즉 가로 방향으로 범위가 지정되었다면 [전체 병합]과 [가로로 병합]이 활성화됩니다.

**2** B2셀, B3셀, B4셀이 하나의 셀로 병합됩니다. 참고로 이름 상자에서 셀 주소를 확인하면 'B2:B4'로 표시되지만 수식에서 셀을 참조할 경우 셀 주소는 병합이 시작된 가장 첫 번째 셀인 B2로 인식합니다.

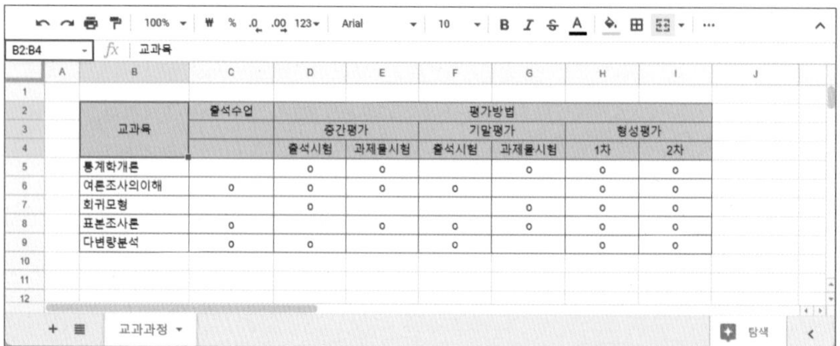

**3** 이번에는 C2:C4 셀 범위를 전체 병합해 볼게요. C2셀부터 C4셀까지 범위를 지정하고 툴바의 [병합 유형 선택]-[전체 병합]을 클릭합니다.

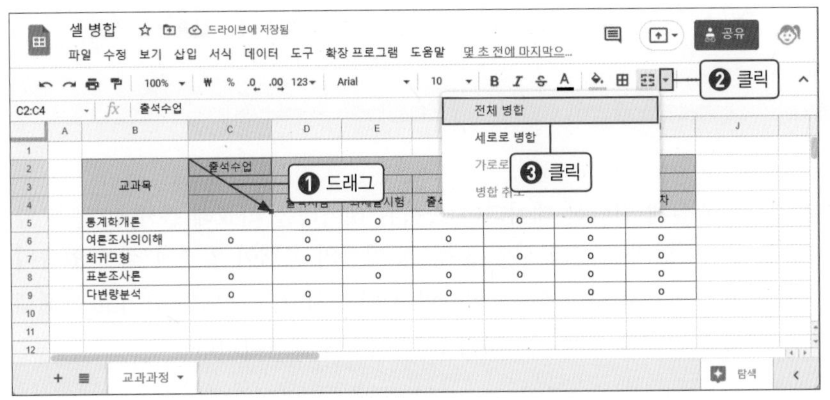


**4** C2:C4 셀이 병합됩니다. 앞서 알아본 [세로로 병합]을 적용했을 때와 [전체 병합]의 적용 결과가 같아 보입니다. 하지만 병합하기 위해 지정한 셀 범위에 따라 [세로로 병합]과 [전체 병합]의 결과가 달라질 수 있습니다.

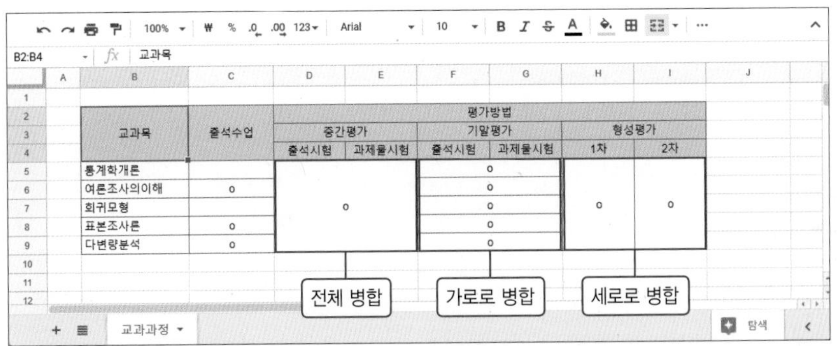


**Tip**

셀 병합 시 병합하려는 셀들에 데이터가 입력된 경우 지정한 범위 내 첫 셀의 데이터를 제외하고 나머지 셀의 데이터는 삭제되며 셀에 병합 취소를 적용하더라도 데이터는 복원되지 않으니 주의하시기 바랍니다.

**⚠ 엑셀과 달라요**

구글 스프레드시트에는 '전체 병합', '가로로 병합', '세로로 병합' 세 종류가 있다면 엑셀에는 '병합하고 가운데 맞춤', '전체 병합', '셀 병합'이 있습니다. 엑셀에서 전체 병합은 구글 스프레드시트의 '가로로 병합'과 동일하며 '세로로 병합' 기능이 제공되지 않기 때문에 Ctrl 키를 활용해 범위를 각각 지정하여 '셀 병합'을 해야 합니다.

# 보이지 않는 유령문자 찾아 없애기

**1** '[공백 제거] 적용 전' 표에 실제 입력한 데이터와 표시된 데이터를 비교해 볼게요. 문자 앞뒤로 불필요한 공백이 입력되어 있거나 문자 사이에 두 개 이상의 공백이 입력된 셀이 있습니다. 문자의 양끝 공백을 삭제하고 문자 사이 두 개 이상의 공백은 하나의 공백만 남기고 삭제해 볼게요. 참고로 D열에는 C열에 입력된 표시 데이터의 문자 개수가 계산됩니다.

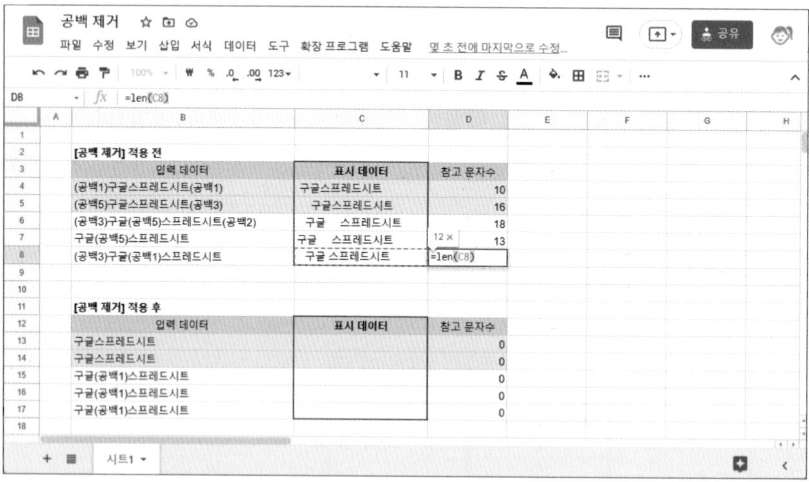


**2** C4:C8 셀 범위를 복사하고 C13셀에 붙여넣기합니다.

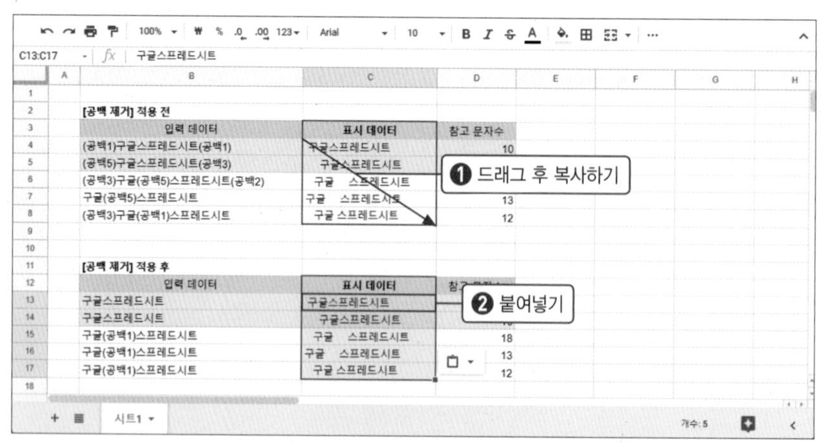


> **Tip**
> 복사하기 단축키는 Ctrl+C이며, 붙여넣기 단축키는 Ctrl+V입니다.

**3** C13:C17 셀 범위가 지정된 상태에서 [데이터]-[데이터 정리]-[공백 제거]를 선택합니다.

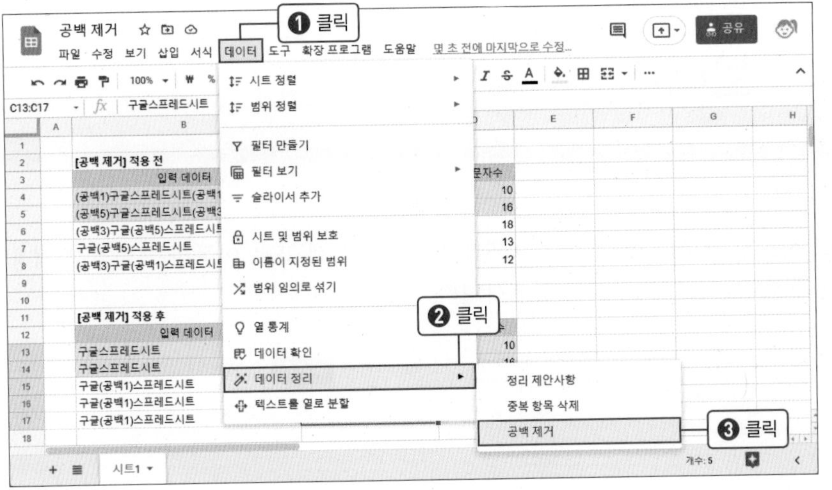


**4** [공백 제거] 대화상자에서 공백을 제거했다는 메시지가 나타나면 [확인]을 클릭합니다.

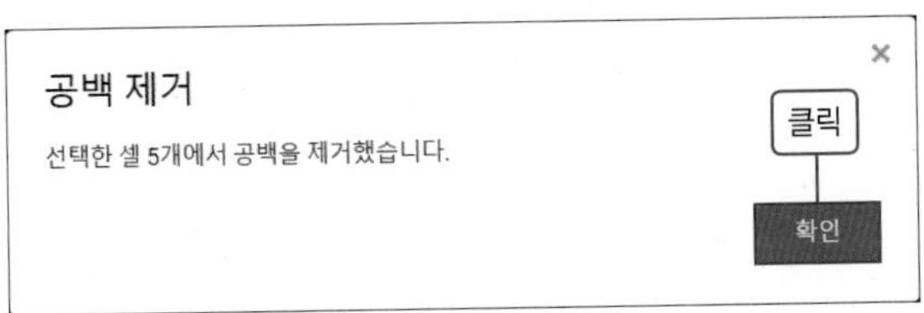


**5** 문자의 양옆에 입력된 공백들이 삭제되고 문자 사이 두 개 이상 입력된 공백은 하나의 공백만 남기고 모두 삭제됩니다.

**Tip**

공백 삭제 기능은 TRIM함수로 대체할 수 있습니다. TRIM함수에 대한 자세한 내용은 305쪽에서 확인할 수 있습니다.

# 특정 셀을 클릭하면 다른 시트 보여주기

**1** [분기별 리포트] 시트의 B6셀을 클릭하면 [내역] 시트의 B14셀 표로 이동하는 링크를 적용해 볼게요. [분기별 리포트] 시트의 B6셀을 선택합니다.

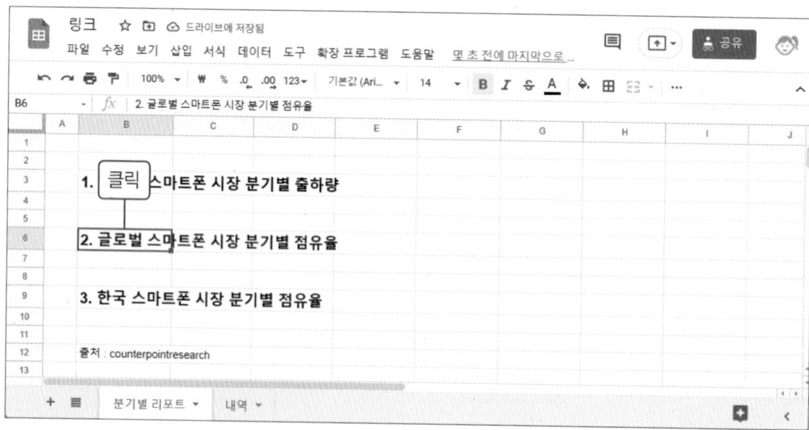


**2** [삽입]-[링크]를 클릭합니다.

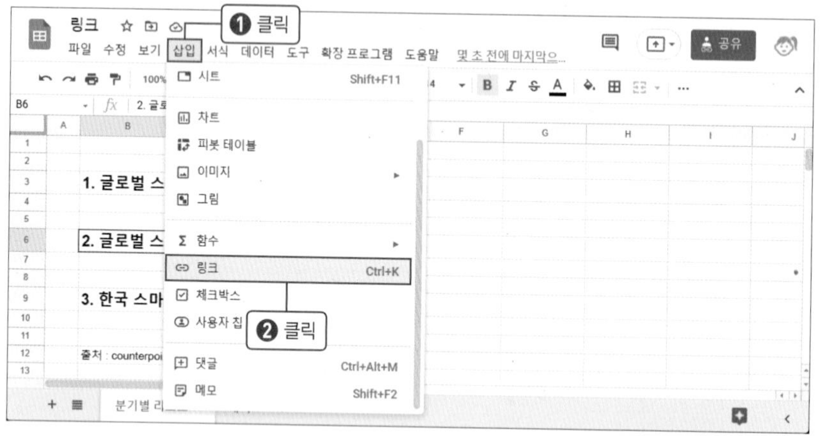


**Tip**

링크 삽입 단축키 Ctrl+K 혹은 [마우스 오른쪽 버튼]-[링크 삽입]를 사용할 수도 있어요.

**3** [링크] 창이 나타나면 입력란에 파일을 검색하거나 링크할 주소를 붙여넣기할 수 있는데 여기서는 [시트 및 이름이 지정된 범위]-[링크할 셀 범위 선택]을 선택합니다.

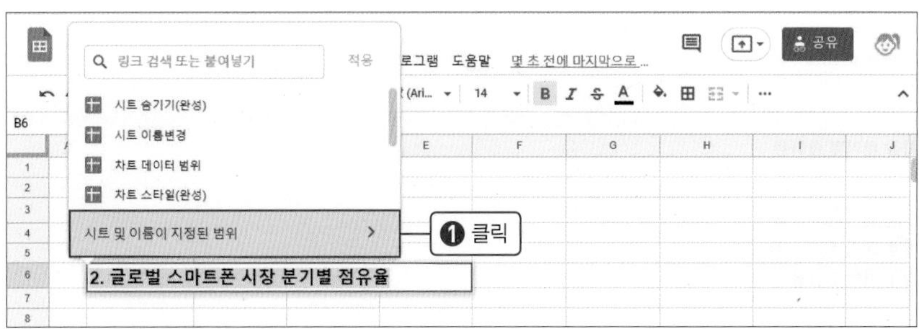


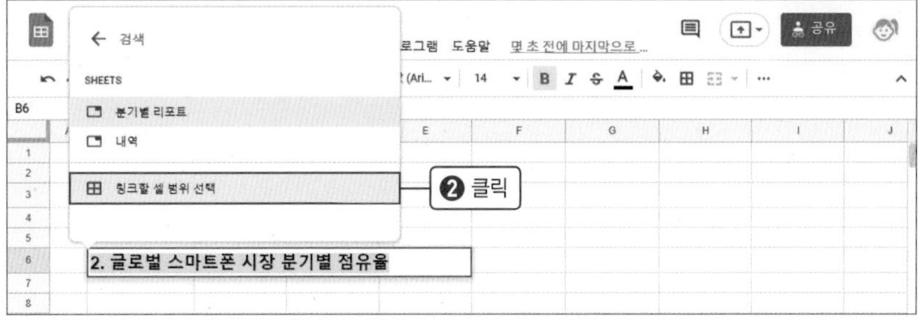


**Tip**

[시트 및 이름이 지정된 범위]를 선택하고 링크할 [내역] 시트를 바로 선택할 수도 있지만 링크의 대상인 [내역] 시트에서 화면을 스크롤했다면 [분기별 리포트]에서 링크된 [내역] 시트로 이동했을 때도 [내역] 시트가 스크롤된 상태로 화면에 나타나게 됩니다. 그래서 단순히 시트를 링크하기 보다는 시트의 셀 혹은 범위를 함께 지정하면 좋습니다.

**4** [데이터 범위 선택] 대화상자가 나타나면 [내역] 시트를 선택하고 B14셀을 선택해 주소를 확인하고 [확인]을 클릭하세요.

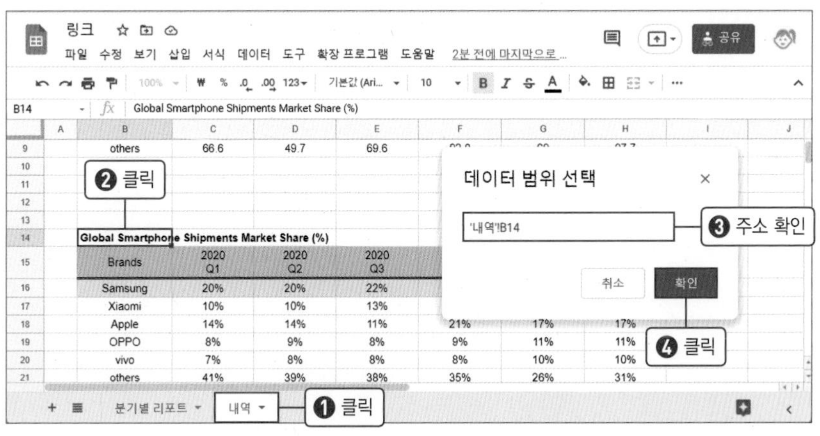

**5** [분기별 리포트] 시트의 B6셀을 선택해 [내역] 시트의 B14셀로 이동하는 링크가 뜨면 클릭합니다.

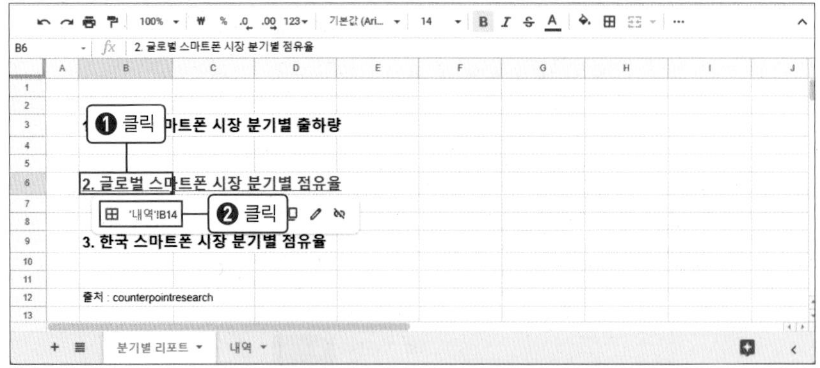


**6** [내역] 시트의 B14셀로 화면이 이동됩니다.

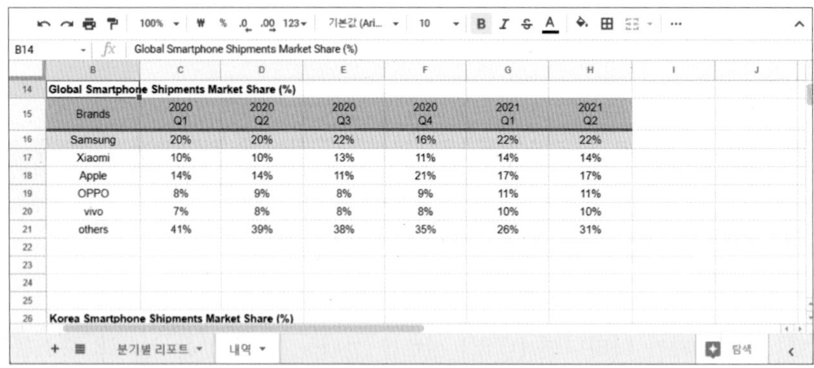

Global Smartphone Shipments Market Share (%)

| Brands | 2020 Q1 | 2020 Q2 | 2020 Q3 | 2020 Q4 | 2021 Q1 | 2021 Q2 |
|---|---|---|---|---|---|---|
| Samsung | 20% | 20% | 22% | 16% | 22% | 22% |
| Xiaomi | 10% | 10% | 13% | 11% | 14% | 14% |
| Apple | 14% | 14% | 11% | 21% | 17% | 17% |
| OPPO | 8% | 9% | 8% | 9% | 11% | 11% |
| vivo | 7% | 8% | 8% | 8% | 10% | 10% |
| others | 41% | 39% | 38% | 35% | 26% | 31% |

Korea Smartphone Shipments Market Share (%)

실무예제 11

# 클릭 한 번으로 다른 스프레드시트 파일로 이동하기

**1** [분기별 리포트] 시트 B9셀에 다른 스프레드시트 파일을 링크해 볼게요. B9셀을 선택하고 링크 삽입 단축키 Ctrl + K를 눌러 링크 창이 열리면 입력란에 '링크2'를 검색합니다. 구글 드라이브 내 관련 파일 목록이 나타나면 '링크2' 파일을 선택한 후 [적용]을 클릭합니다.

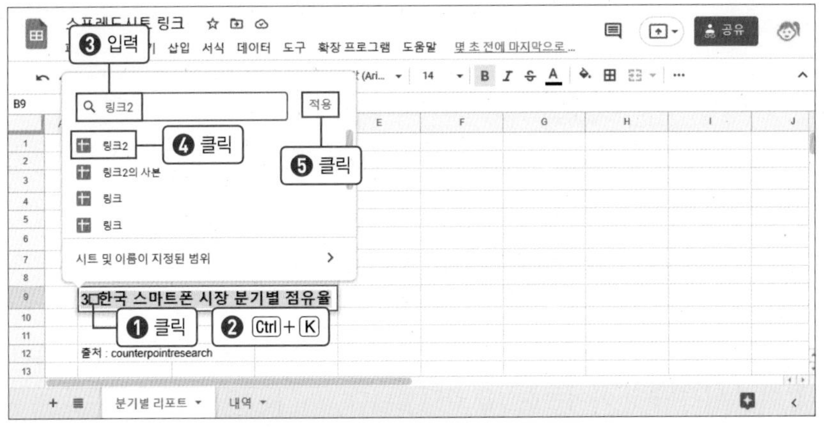


**2** B9셀에 '링크2' 이름의 스프레드시트 파일이 링크됩니다. 링크된 파일의 이름을 클릭해 볼게요.

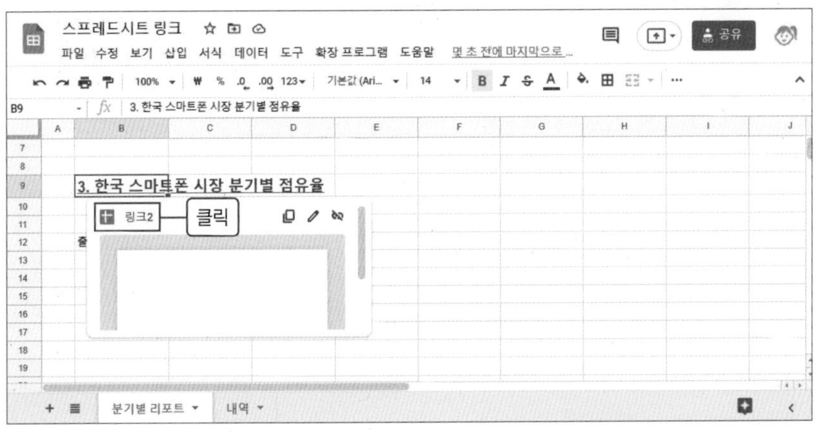

**3** 새 창에 링크된 '링크2' 스프레드시트 파일이 나타납니다. 여기서 B16셀의 표가 화면 처음에 보일 수 있도록 링크된 주소를 수정할게요. 먼저 '링크2' 파일의 [국내 점유율] 시트 B16셀을 선택하고 [마우스 오른쪽 버튼]-[셀 작업 더보기]-[이 셀의 링크 얻기]를 클릭하여 클립보드에 해당 셀 링크를 복사합니다.

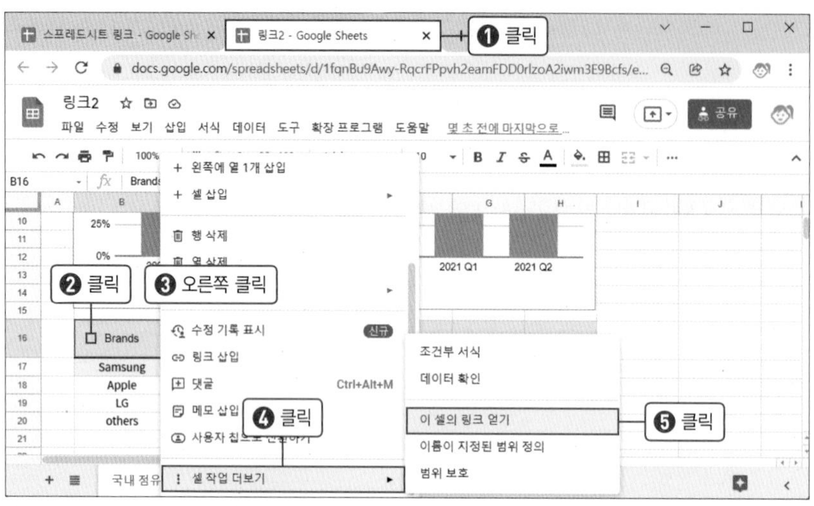


**4** 다시 [스프레드시트 링크] 파일로 돌아와 [분기별 리포트] 시트 B9셀에 마우스를 가져가면 링크창이 나타나는데, 이때 링크 수정 아이콘(✎)을 클릭합니다.

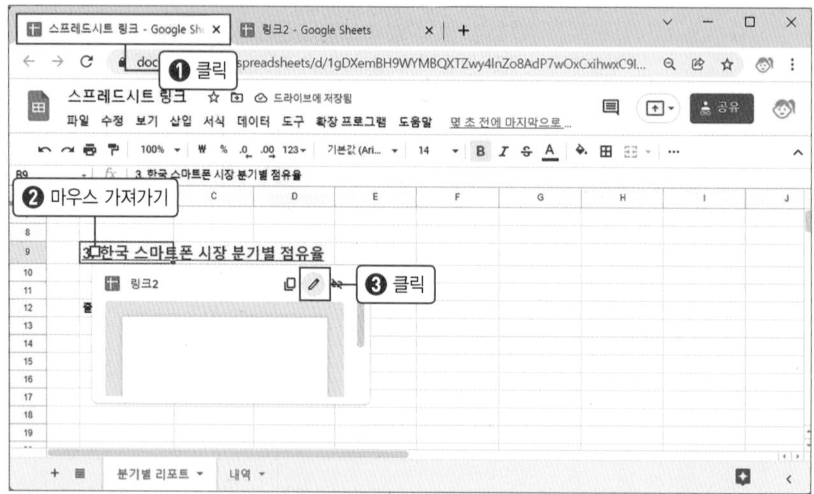

**5** 입력란에 Ctrl + V를 눌러 클립보드에 복사되어 있는 주소를 붙여넣기한 후 [적용]을 클릭하고 다시 링크된 주소를 클릭합니다.

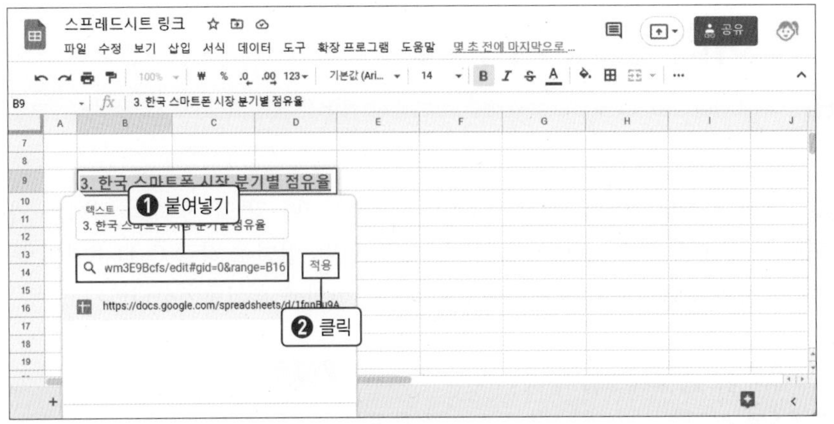


**Tip**

구글 스프레드시트 파일의 각 시트에는 고유 주소가 부여되는데 주소의 구성 중 'edit#gid=0'라는 항목은 시트의 고유 번호를, 시트 번호 뒤 '&range=B16' 항목은 셀 주소를 나타냅니다. 이 구성 원리를 알면 앞선 과정 중 '이 셀의 링크 얻기' 과정을 생략하고 바로 '링크 수정'에서 'edit#gid=0&range=B16'을 입력하면 작업 시간을 줄일 수 있습니다. 구글 스프레드시트 주소 구성에 대한 자세한 내용은 368쪽을 참고하세요

**6** 해당 링크를 누르면 [링크2] 스프레드시트 파일이 나타나면서 [국내 점유율] 시트 B16셀의 표를 바로 볼 수 있습니다.

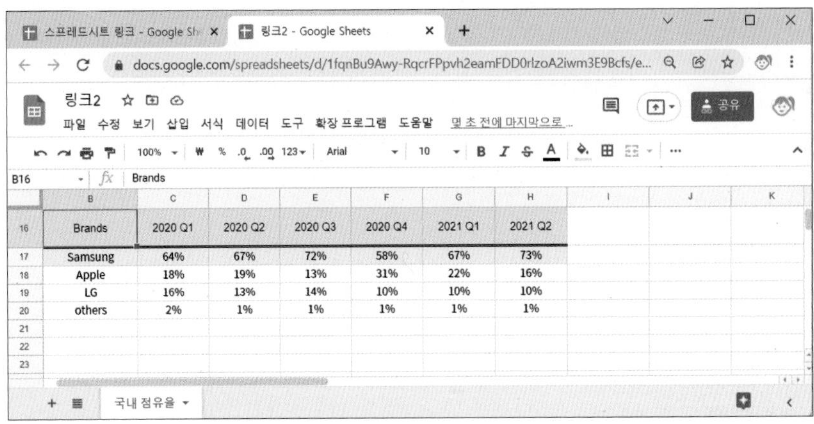

# 필수기능 12 하나의 셀에 입력된 데이터를 여러 셀로 나누기

**1 열 분할 자동 감지** [계약1] 시트 B열의 '계약 갱신일' 항목에는 '년 월 일' 형태의 날짜가 입력되어 있습니다. 이렇게 하나의 셀에 입력된 날짜를 년도별, 월별, 일별로 각각 C, D, E열에 분할해 볼게요. B4:B12 셀 범위의 데이터를 복사하여 C4:C12 셀 범위에 붙여넣기합니다.

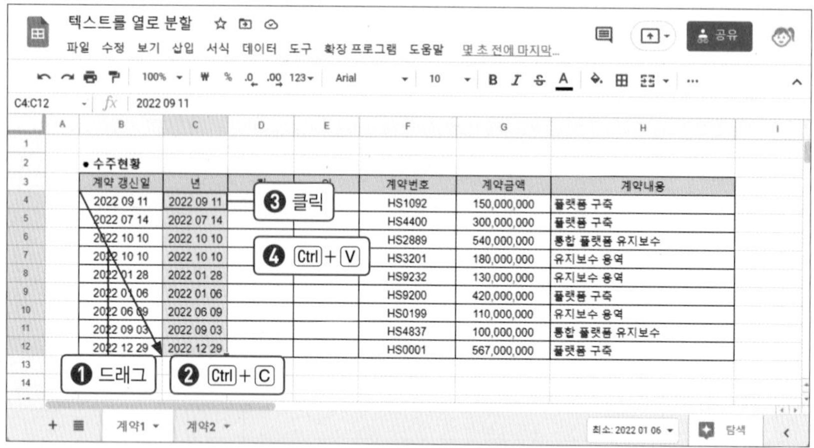


**Tip**

다음 과정의 '텍스트를 열로 분할' 기능을 B열에서 바로 적용하면 원본 데이터열이 사라지기 때문에 원본 데이터를 유지하고 싶은 경우 C열로 데이터를 복사하기 한 후, C열에서 이 기능을 적용하는 것이 좋습니다.

**2** C4:C12 셀 범위가 지정된 상태에서 [데이터]-[텍스트를 열로 분할]을 선택합니다.

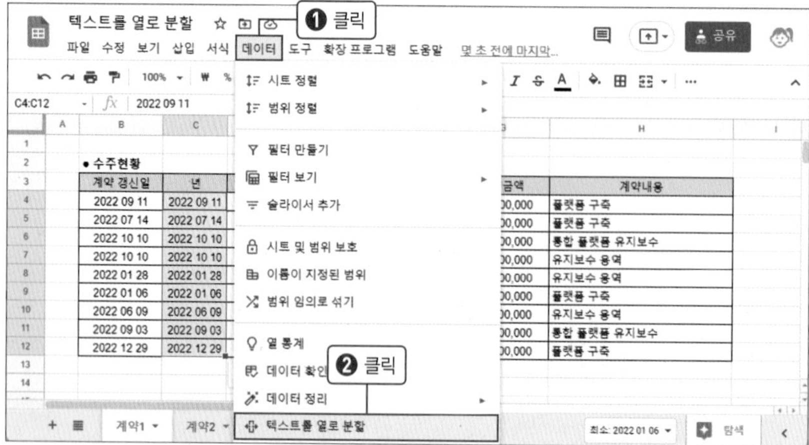

**3** 셀에 입력된 데이터의 '구분선'이 자동 감지되어 '공백'을 기준으로 년도와 월, 일자가 각 셀로 분할되어 나눠집니다.

C4:E12 | fx | 2022

| | 계약 갱신일 | 년 | 월 | 일 | 계약번호 | 계약금액 | 계약내용 |
|---|---|---|---|---|---|---|---|
| 2 | • 수주현황 | | | | | | |
| 4 | 2022 09 11 | 2022 | 9 | 11 | HS1092 | 150,000,000 | 플랫폼 구축 |
| 5 | 2022 07 14 | 2022 | 7 | 14 | HS4400 | 300,000,000 | 플랫폼 구축 |
| 6 | 2022 10 10 | 2022 | 10 | 10 | HS2889 | 540,000,000 | 통합 플랫폼 유지보수 |
| 7 | 2022 10 10 | 2022 | 10 | 10 | HS3201 | 180,000,000 | 유지보수 용역 |
| 8 | 2022 01 28 | 2022 | 1 | 28 | HS9232 | 130,000,000 | 유지보수 용역 |
| 9 | 2022 01 06 | 2022 | 1 | 6 | HS9200 | 420,000,000 | 플랫폼 구축 |
| 10 | 2022 06 09 | 2022 | 6 | 9 | HS0199 | 110,000,000 | 유지보수 용역 |
| 11 | 2022 09 03 | 2022 | 9 | 3 | HS4837 | 100,000,000 | 통합 플랫폼 유지보수 |
| 12 | 2022 12 29 | 구분선: 자동 감지 | | 29 | HS0001 | 567,000,000 | 플랫폼 구축 |

계약1 계약2 합: 18383 탐색

**1 열 분할 구분 기호 직접 입력하기** [계약2] 시트 B열의 '계약 갱신일' 항목에 입력된 '년/월/일' 데이터를 앞선 과정과 동일한 방법으로 년도별, 월별, 일별로 구분해 각각의 셀에 분할해 볼게요. B4:B12 셀 범위의 데이터를 복사하여 C4:C12 셀 범위에 붙여넣기한 후에 [텍스트를 열로 분할] 단축키인 Alt + D + E를 순차적으로 누릅니다.

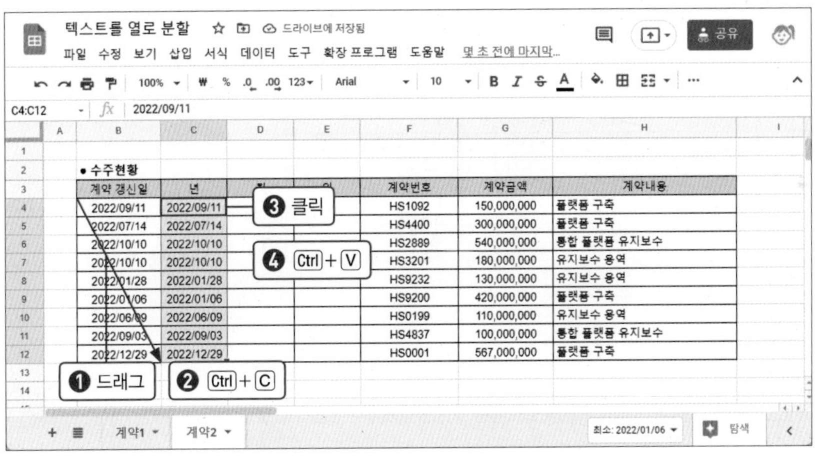

**2** 이번에는 '구분선'을 자동 감지하여 분할되지 않았습니다. '구분선'의 드롭다운 버튼을 클릭하여 구분 기호를 선택하면 되는데, 우리가 사용한 '슬래시(/)' 기호가 목록에 없으므로 '맞춤'을 선택합니다.

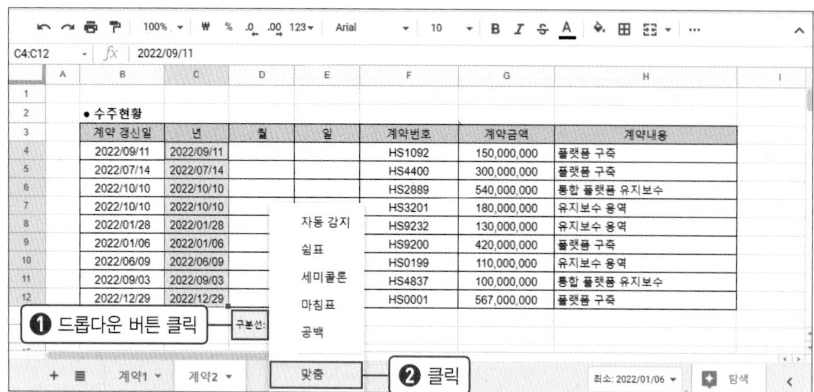


**3** 입력란에 '/'(슬래시)를 입력하면 '슬래시'를 기준으로 년도별, 월별, 일별의 셀로 각각 분할됩니다.

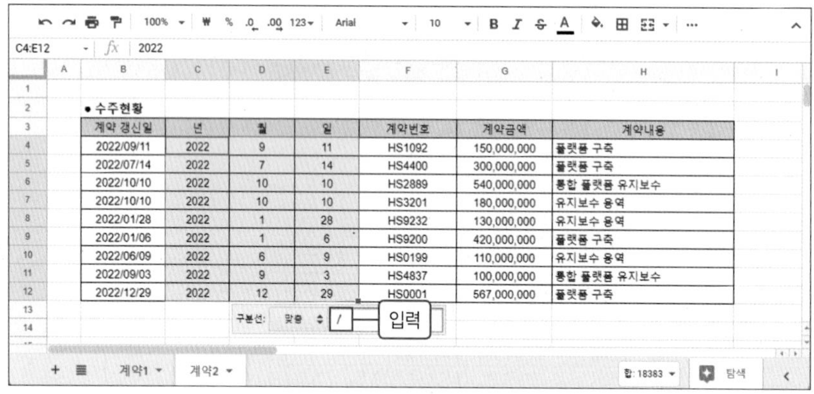


**Tip**

특정 구분자로 텍스트를 분할하는 SPLIT함수를 사용하여 [데이터를 열로 분할] 기능을 대체할 수 있습니다. SPLIT함수의 자세한 내용은 351쪽에서 확인할 수 있습니다.

**⚠ 엑셀과 달라요**

엑셀에서 텍스트 분할은 [데이터] 탭 – [데이터 도구] 그룹 – [텍스트 나누기]로 사용할 수 있으며 분할할 데이터의 위치를 지정할 수도 있어 원본을 남기기 위해 데이터를 복사하여 사용하는 과정을 생략할 수 있습니다.

실무예제 13

# 데이터를 무작위로 섞기

**1** 예제의 B, C열에는 생활관(기숙사)을 신청한 신청자 명단을 입력하고, D열에는 입사 가능한 '동/호수'를 A동부터 C동까지 순차적으로 입력해 두었습니다. 신청자에 무작위로 생활관을 배정해 보도록 할게요. D4:D17 셀 범위를 지정하고 [마우스 오른쪽 버튼]-[셀 작업 더보기]-[범위 임의로 섞기] 또는 메뉴에서 [데이터]-[범위 임의로 섞기]를 클릭합니다.

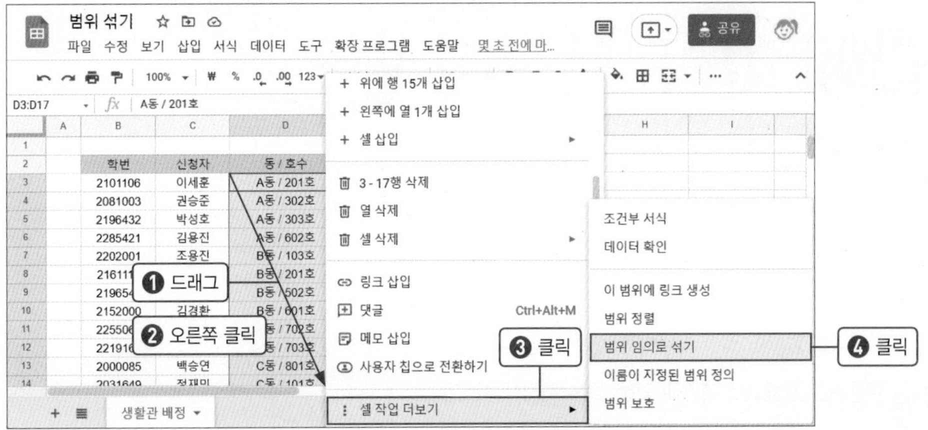


**2** 범위의 데이터 나열이 무작위로 변경된 것을 확인합니다.

| | A | B | C | D |
|---|---|---|---|---|
| 1 | | | | |
| 2 | | 학번 | 신청자 | 동 / 호수 |
| 3 | | 2101106 | 이세훈 | A동 / 201호 |
| 4 | | 2081003 | 권승준 | C동 / 801호 |
| 5 | | 2196432 | 박성호 | A동 / 303호 |
| 6 | | 2285421 | 김용진 | B동 / 201호 |
| 7 | | 2202001 | 조용진 | B동 / 502호 |
| 8 | | 2161116 | 도준우 | C동 / 703호 |
| 9 | | 2196544 | 김승희 | A동 / 602호 |
| 10 | | 2152000 | 김경환 | B동 / 103호 |
| 11 | | 2255068 | 박성재 | A동 / 302호 |
| 12 | | 2219161 | 진은경 | C동 / 303호 |
| 13 | | 2000085 | 백승연 | C동 / 101호 |
| 14 | | 2031649 | 정재민 | B동 / 601호 |
| 15 | | 2013467 | 이미영 | C동 / 602호 |

생활관 배정 개수: 15

SECTION

# 05

# 값에 따라 서식이 변하는 조건부 서식 적용하기

사용자가 특정 조건의 셀을 일부러 찾지 않아도 조건부 서식을 이용하면 자동으로 조건에 맞는 셀에 지정한 서식을 표현할 수 있습니다.

필수기능 01

# 특정 단어가 포함된 셀에 바탕색 적용하기

**1** [명단] 시트의 '구분' 항목에 '신입'이 입력된 셀에만 바탕색을 적용해 볼게요. C4:C17 셀 범위를 지정합니다.

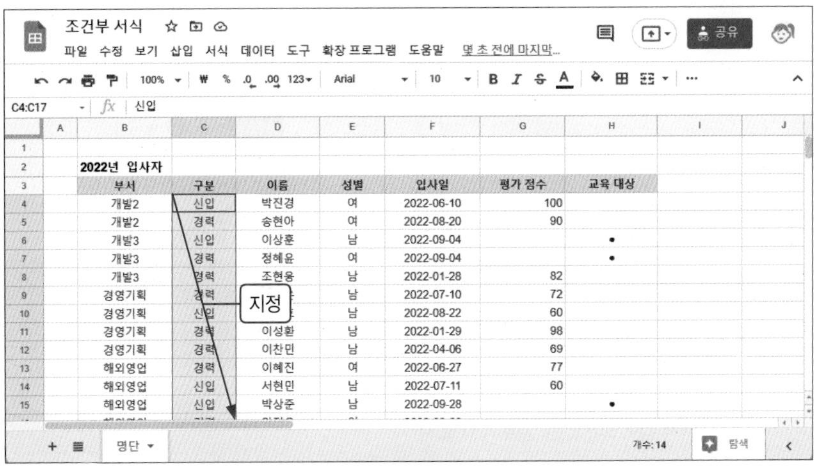


**2** [서식]-[조건부 서식]을 선택하면 화면 오른쪽에 [조건부 서식 규칙] 창이 나타납니다.

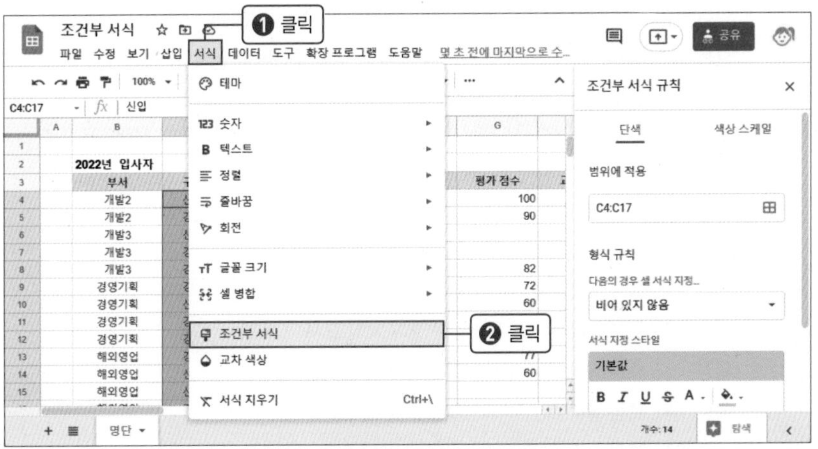


**Tip**

조건부 서식 단축키 Alt+O+F 혹은 [마우스 오른쪽 버튼]-[셀 작업 더보기]-[조건부 서식]을 눌러 실행할 수 있어요.

**3** [조건부 서식 규칙] 창의 [단색] 탭이 나타나면 '형식 규칙' 항목에 '다음의 경우 셀 서식 지정' 목록 단추를 클릭하여 '텍스트가 정확하게 일치함'을 선택하고 입력란에 '신입'을 입력합니다. 조건 충족 시 표시할 '서식 지정 스타일'은 기본값으로 두고 [완료]를 클릭하세요.

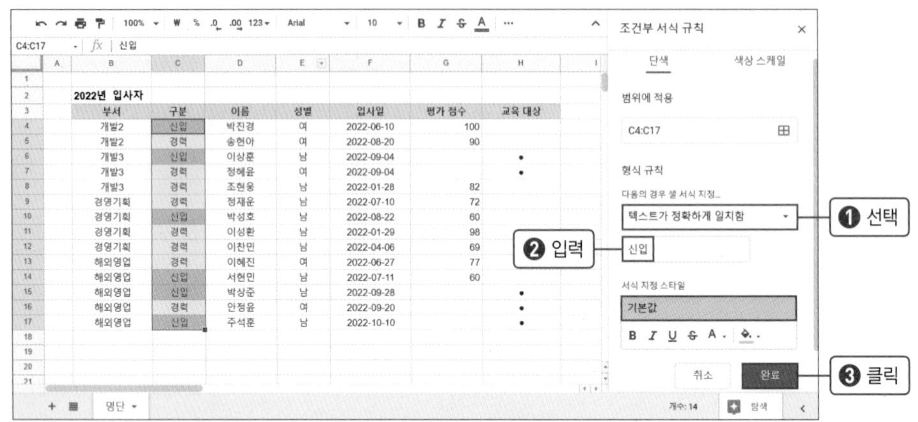


**잠깐만요 :: 형식 규칙의 조건 옵션 살펴보기**

| 목록 | 설명 |
|---|---|
| 비어 있음 | 데이터가 입력되어 있지 않은 빈 셀에 서식 표시 |
| 비어 있지 않음 | 데이터가 입력되어 있는 셀에 서식 표시 |
| 텍스트에 포함 | 특정 텍스트를 포함한 셀에 서식 표시 |
| 텍스트에 포함되지 않음 | 특정 텍스트를 포함하지 않은 셀에 서식 표시 |
| 시작 텍스트 | 특정 텍스트로 시작하는 셀에 서식 표시 |
| 종료 텍스트 | 특정 텍스트로 종료되는 셀에 서식 표시 |
| 텍스트가 정확하게 일치함 | 입력한 텍스트가 정확하게 일치하는 셀에 서식 표시 |
| 날짜 | 오늘, 내일, 어제, 지난주, 지난달, 작년, 정확한 날짜의 옵션을 선택하여 사용일 기준으로 범위 안의 날짜가 입력된 셀에 서식 표시 |
| 기준일 이전 | 오늘, 내일, 어제, 지난주, 지난달, 작년, 정확한 날짜의 옵션을 선택하여 선택일을 기준으로 이전 날짜가 입력된 셀에 서식 표시 |
| 기준일 이후 | 오늘, 내일, 어제, 정확한 날짜의 옵션을 선택하여 선택일을 기준으로 이후 날짜가 입력된 셀에 서식 표시 |
| 초과 | 특정 숫자, 특정 날짜를 초과하는 셀에 서식 표시 |
| 보다 크거나 같음 | 특정 숫자, 특정 날짜보다 크거나 같은 셀에 서식 표시 |
| 미만 | 특정 숫자, 특정 날짜보다 미만인 셀에 서식 표시 |
| 보다 작거나 같음 | 특정 숫자, 특정 날짜보다 작거나 같은 셀에 서식 표시 |
| 같음 | 특정 숫자, 특정 날짜, 특정 텍스트와 같은 셀에 서식 표시 |
| 같지 않음 | 특정 숫자, 특정 날짜, 특정 텍스트와 같지 않은 셀에 서식 표시 |
| 범위 | 특정 범위 안의 숫자, 특정 범위 안의 날짜를 포함한 셀에 서식 표시 |
| 사이에 있지 않음 | 특정 범위 안의 숫자, 특정 범위 안의 날짜 이외 셀에 서식 표시 |
| 맞춤 수식 | 사용자가 입력한 조건식의 결과가 참(True)일 때 셀에 서식 표시 |

**4** '신입'이라고 입력된 셀에 지정한 스타일의 서식이 적용된 것을 확인합니다.

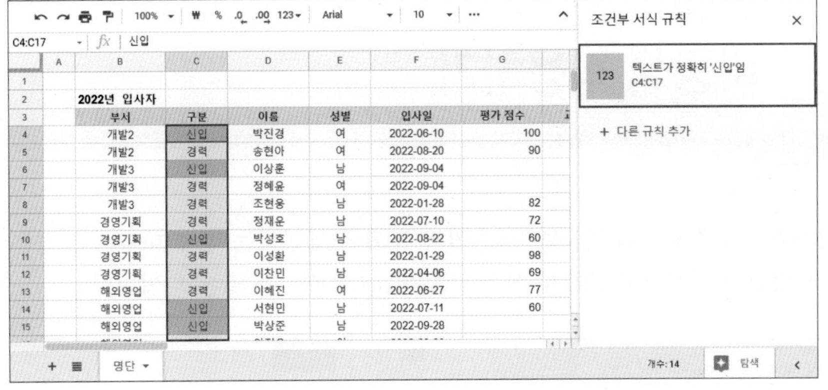


| | A | B | C | D | E | F | G |
|---|---|---|---|---|---|---|---|
| 1 | | | | | | | |
| 2 | | 2022년 입사자 | | | | | |
| 3 | | 부서 | 구분 | 이름 | 성별 | 입사일 | 평가 점수 |
| 4 | | 개발2 | 신입 | 박진경 | 여 | 2022-06-10 | 100 |
| 5 | | 개발2 | 경력 | 송현아 | 여 | 2022-08-20 | 90 |
| 6 | | 개발3 | 신입 | 이상훈 | 남 | 2022-09-04 | |
| 7 | | 개발3 | 경력 | 정혜윤 | 여 | 2022-09-04 | |
| 8 | | 개발3 | 경력 | 조현웅 | 남 | 2022-01-28 | 82 |
| 9 | | 경영기획 | 경력 | 정재운 | 남 | 2022-07-10 | 72 |
| 10 | | 경영기획 | 신입 | 박성호 | 남 | 2022-08-22 | 60 |
| 11 | | 경영기획 | 경력 | 이성환 | 남 | 2022-01-29 | 98 |
| 12 | | 경영기획 | 경력 | 이찬민 | 남 | 2022-04-06 | 69 |
| 13 | | 해외영업 | 경력 | 이혜진 | 여 | 2022-06-27 | 77 |
| 14 | | 해외영업 | 신입 | 서현민 | 남 | 2022-07-11 | 60 |
| 15 | | 해외영업 | 신입 | 박상준 | 남 | 2022-09-28 | |

◉ **예제파일** : Chapter02 > Section05 > 날짜 조건부 서식 / 날짜 조건부 서식(완성)

# 실무예제 02 특정 기간 날짜가 입력된 셀에 바탕색 적용하기

**1** [명단] 시트의 2022년 입사자 표에 '입사일'이 9월과 10월에 해당되는 셀에 바탕색을 적용해 볼게요. F4:F17 셀 범위를 지정하고 조건부 서식 단축키 Alt + O + F를 클릭합니다.

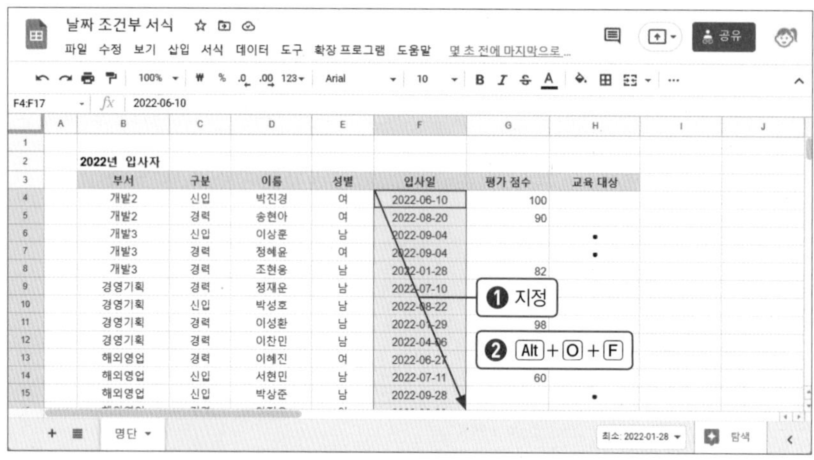


**2** 화면 오른쪽에 [조건부 서식 규칙] 창의 [단색] 탭이 나타나면 '형식 규칙'에 '다음의 경우 셀 서식 지정' 목록 단추를 클릭하여 '범위'를 선택하고 첫 번째 입력란에 '2022-09-01'을 두 번째 입력란에 '2022-10-31'을 입력합니다. 조건 충족 시 셀에 서식을 표시하기 위해 '서식 지정 스타일'에는 '채우기 색상'에 '회색'을 선택하고 [완료]를 클릭합니다.

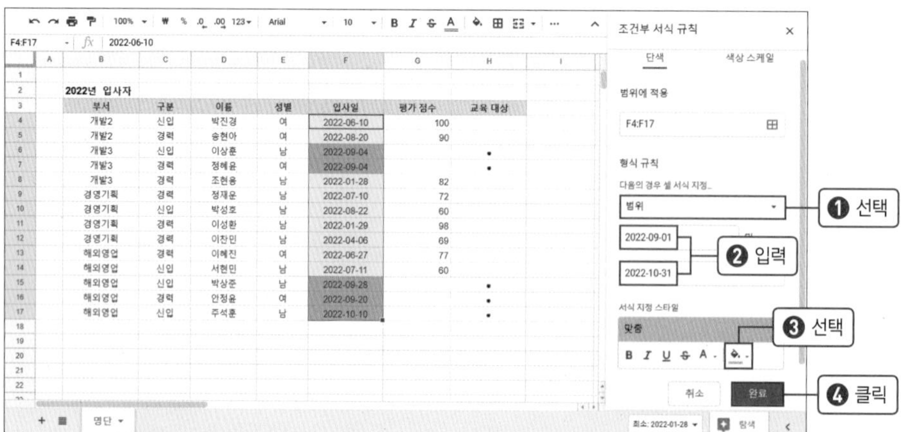

**3** 지정한 범위의 날짜가 입력된 셀이 회색으로 채워집니다.

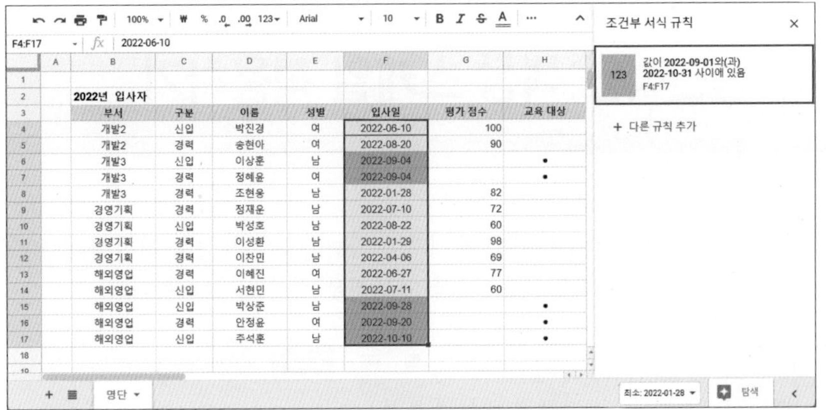

> **Tip**
> 적용한 조건부 서식의 규칙을 수정하고 싶은 경우 [조건부 서식 규칙] 창에서 해당 규칙을 클릭하여 원하는 조건으로 변경하세요.

실무예제 03

# 숫자 크기에 따라 점진적인 색상 스케일 적용하기

**1** '평가 점수' 항목에서 입력된 숫자 크기에 따라 최대값에 가까울수록 색상을 점진적으로 진하게 표현해 볼게요. G4:G17 셀 범위를 지정하고 [서식]-[조건부 서식]을 클릭합니다.

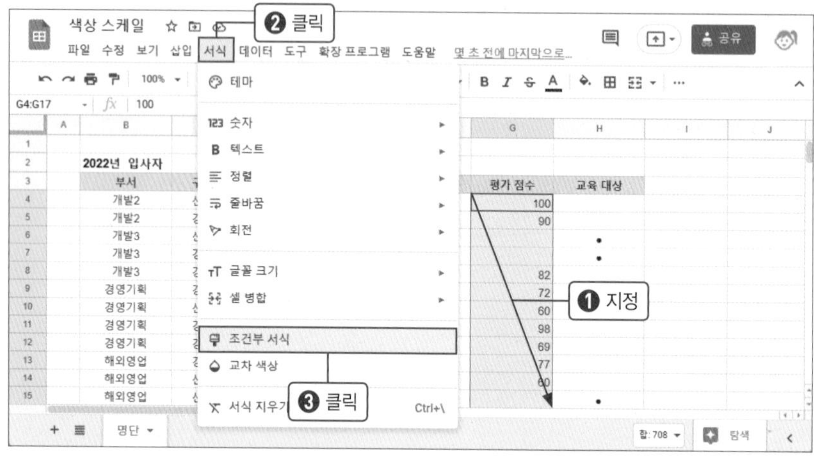


**2** 화면 오른쪽에 [조건부 서식 규칙] 창이 나타나면 [색상 스케일] 탭을 선택하고 '형식 규칙' 항목에서 '미리보기' 서식을 클릭합니다.

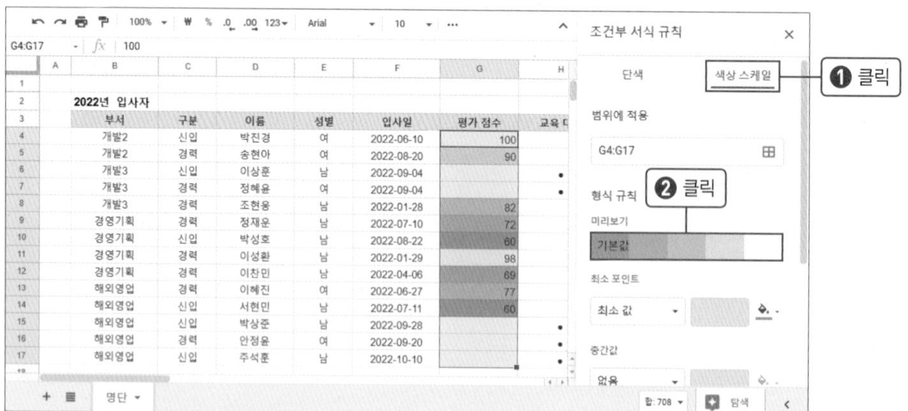

**3** 여러 가지 색상 스케일이 나타나는데 여기서 '흰색에서 빨간색으로'를 선택하고 '최소 포인트'의 목록 단추를 클릭해 봅니다.

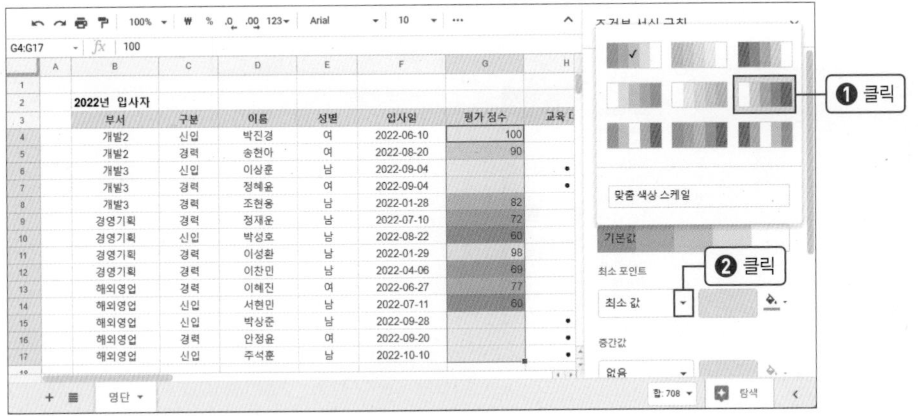


**4** '최소 포인트'를 '숫자'로 변경하고 입력란이 활성화되면 '70'을 입력하여 70점 이하의 모든 점수에는 흰색이 적용되도록 변경하고 [완료]를 클릭합니다.

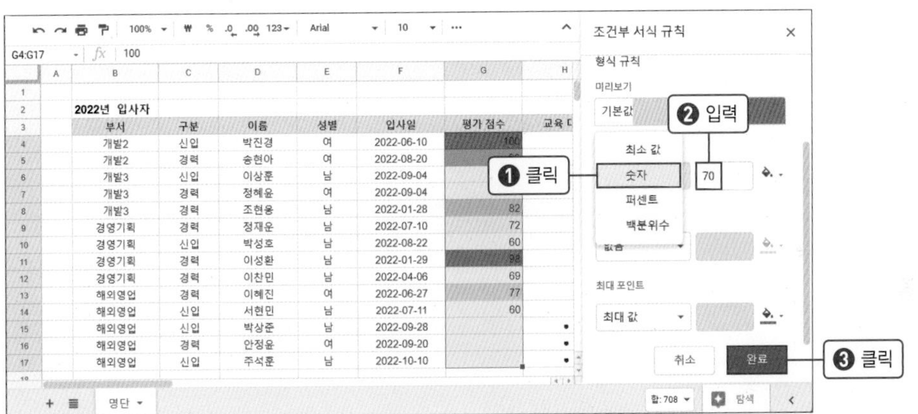


**Tip**

'최소 포인트'에 '최소 값'을 선택하면 알아서 범위 안의 가장 작은 숫자부터 점진적으로 색상이 적용됩니다.

**5** 숫자 크기에 따라 70점 이상인 셀에 색상 스케일이 적용되었습니다.

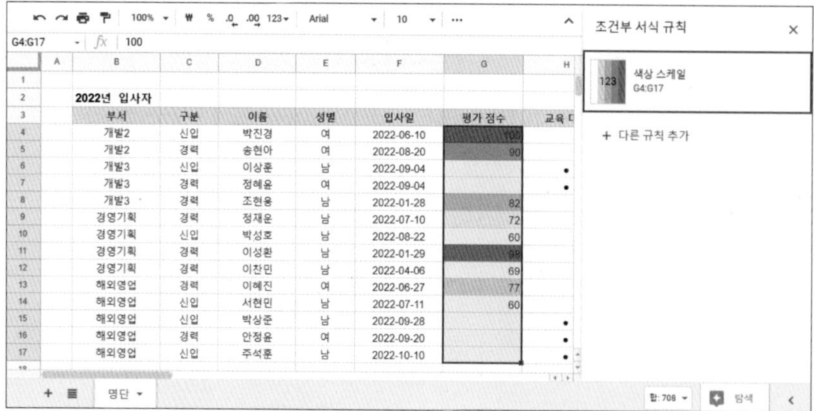

# 실무예제 04 맞춤 조건에 따라 셀 색상 적용하기

**1** 구글 스프레드시트에서 제공하는 조건부 서식 규칙에서 내가 필요한 규칙이 없는 경우에는 사용자가 직접 조건을 만들어 줄 수 있습니다. '입사일'이 8월에 해당하면서 '평가 점수'가 70점 미만인 사원의 이름에 서식을 적용해 볼게요. D4:D17 셀 범위를 지정하고 조건부 서식 단축키 Alt + O + F를 누르세요.

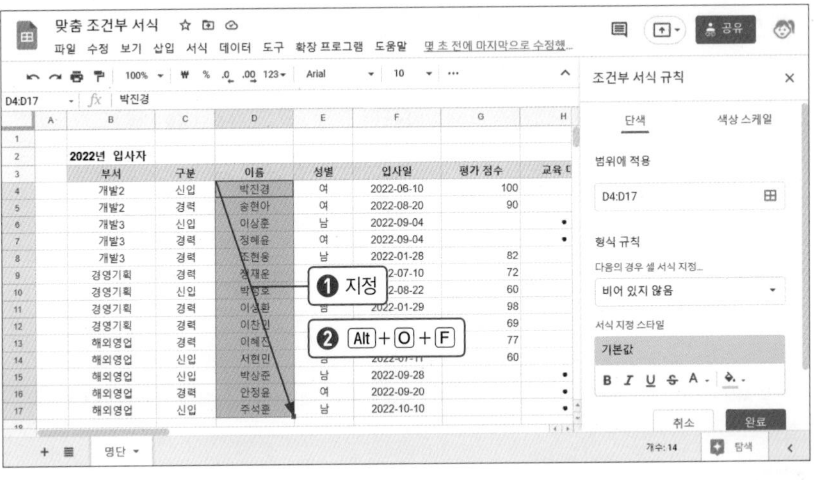

**2** [조건부 서식 규칙] 창의 [단색] 탭이 열리면 '형식 규칙' 항목에서 '다음의 경우 셀 서식 지정'에 '맞춤 수식'을 선택하고 입력란에 다음과 같이 함수식을 입력하고 '서식 지정 스타일'에서 글꼴을 '굵게', 바탕색을 '연한 노란색2'로 변경하고 [완료]를 클릭합니다.

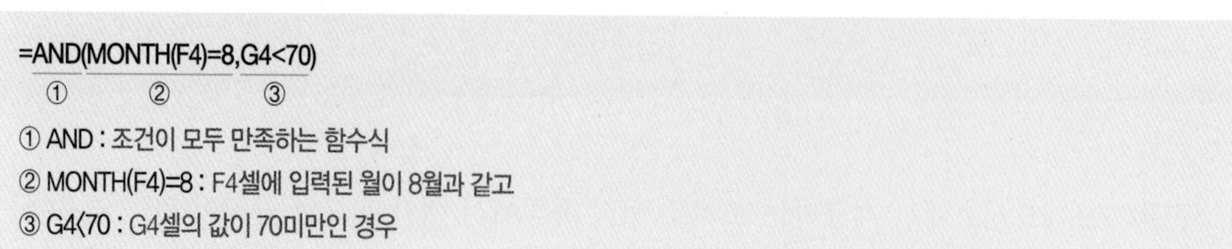

=AND(MONTH(F4)=8,G4<70)

① ② ③

① AND : 조건이 모두 만족하는 함수식

② MONTH(F4)=8 : F4셀에 입력된 월이 8월과 같고

③ G4<70 : G4셀의 값이 70미만인 경우

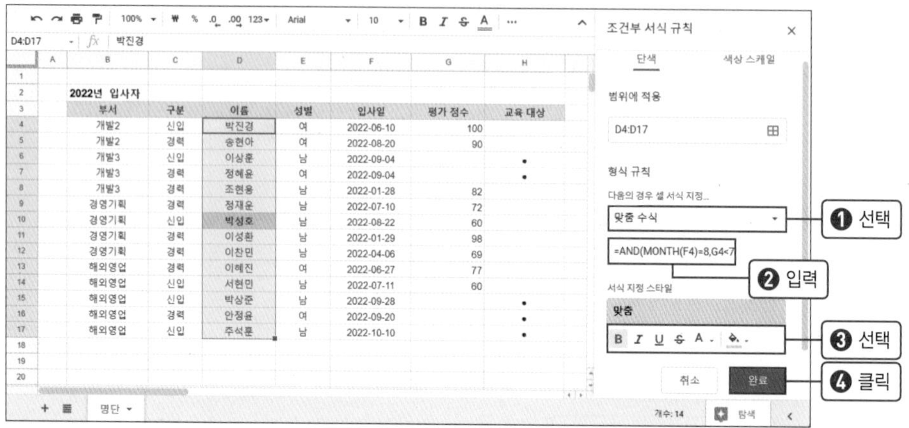


**Tip**

규칙을 삭제하고 싶은 경우 [조건부 서식 규칙] 창에서 삭제할 규칙에 마우스를 가져가면 휴지통 모양의 아이콘(🗑)이 나타나는데 이때 해당 아이콘을 클릭하여 규칙을 삭제합니다.

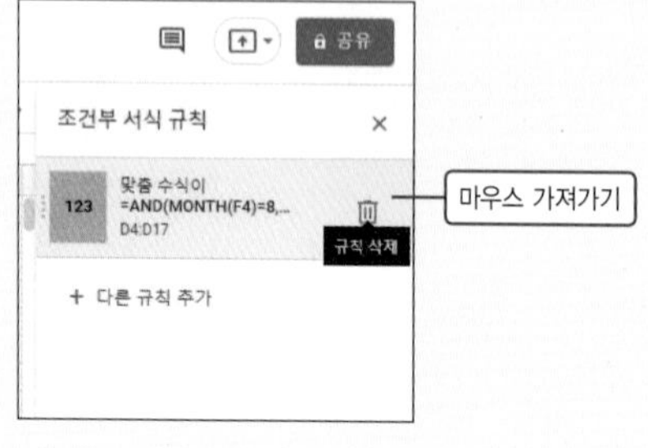

**3** 입사일이 8월달이면서 평가 점수가 70점 미만인 '박성호' 사원 셀에 지정 스타일이 표시되었습니다.

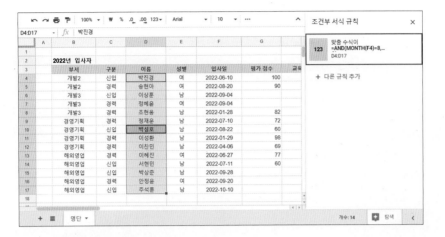

D4:D17 | fx | 박진경

| | A | B | C | D | E | F | G | |
|---|---|---|---|---|---|---|---|---|
| 1 | | | | | | | | |
| 2 | | 2022년 입사자 | | | | | | |
| 3 | | 부서 | 구분 | 이름 | 성별 | 입사일 | 평가 점수 | 교육 |
| 4 | | 개발2 | 신입 | 박진경 | 여 | 2022-06-10 | 100 | |
| 5 | | 개발2 | 경력 | 송현아 | 여 | 2022-08-20 | 90 | |
| 6 | | 개발3 | 신입 | 이상훈 | 남 | 2022-09-04 | | |
| 7 | | 개발3 | 경력 | 정혜윤 | 여 | 2022-09-04 | | |
| 8 | | 개발3 | 경력 | 조현웅 | 남 | 2022-01-28 | 82 | |
| 9 | | 경영기획 | 경력 | 정재운 | 남 | 2022-07-10 | 72 | |
| 10 | | 경영기획 | 신입 | 박성호 | 남 | 2022-08-22 | 60 | |
| 11 | | 경영기획 | 경력 | 이성환 | 남 | 2022-01-29 | 98 | |
| 12 | | 경영기획 | 경력 | 이찬민 | 남 | 2022-04-06 | 69 | |
| 13 | | 해외영업 | 경력 | 이혜진 | 여 | 2022-06-27 | 77 | |
| 14 | | 해외영업 | 신입 | 서현민 | 남 | 2022-07-11 | 60 | |
| 15 | | 해외영업 | 신입 | 박상준 | 남 | 2022-09-28 | | |
| 16 | | 해외영업 | 경력 | 안정윤 | 여 | 2022-09-20 | | |
| 17 | | 해외영업 | 신입 | 주석훈 | 남 | 2022-10-10 | | |
| 18 | | | | | | | | |

명단 · 개수: 14 · 탐색

조건부 서식 규칙

123 맞춤 수식이 =AND(MONTH(F4)=8,... D4:D17

+ 다른 규칙 추가

**⚠ 엑셀과 달라요**

구글 스프레드시트에 비해 엑셀의 조건부 서식에서는 규칙과 스타일은 좀 더 다양한 옵션들이 제공됩니다.

데이터 분석의 첫걸음을 떼어 볼까요? 수많은 데이터 속에서 내가 필요한 데이터만 쉽고 빠르게 찾아 가공하고 처리하는 능력을 끌어올려 봅시다.

CHAPTER

03

# 실력향상!
# 데이터 추출하고
# 가공하기

SECTION

# 06

# 데이터 홍수 속 필요한 데이터만 쏙쏙! 골라내기

공동 사용자의 업무에 방해를 주지 않으면서 중복된 불필요한 데이터를 삭제하거나 필요한 특정 데이터만을 추출하는 권한별 필터사용법에 대해 알아봅니다.

◉ **예제파일** : Chapter03 > Section06 > 고유 목록 추출 / 고유 목록 추출(완성)

필수기능 01

# 중복된 데이터를 제거하여 고유 목록만 추출하기

**1** [문구 단가표] 시트의 표에는 기본수량 항목에 따라 나누어 입력된 제품명이 있습니다. 중복된 제품명을 삭제하여 고유의 제품 목록을 만들어 볼게요. D2:D15 셀 범위를 지정하고 Ctrl + C를 눌러 데이터를 복사한 후, I2셀을 선택해 Ctrl + V를 눌러 붙여넣기합니다.

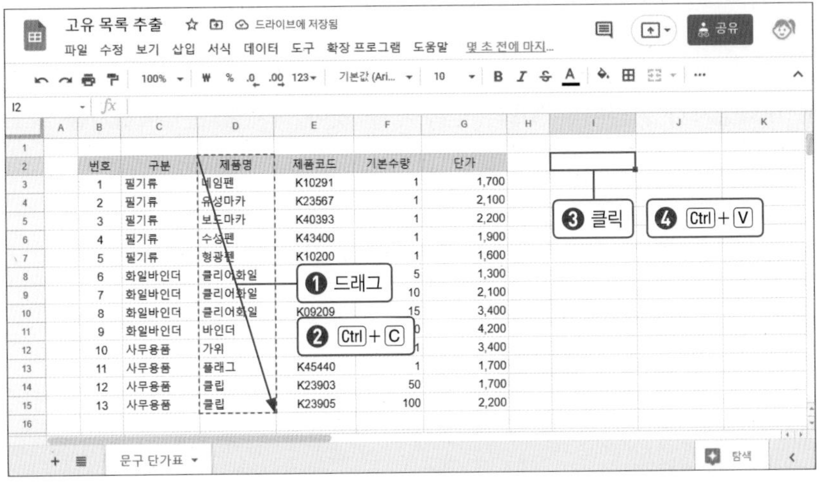


**2** I2:I15 셀 범위가 선택된 상태로 [데이터]-[데이터 정리]-[중복 항목 삭제]를 선택합니다.

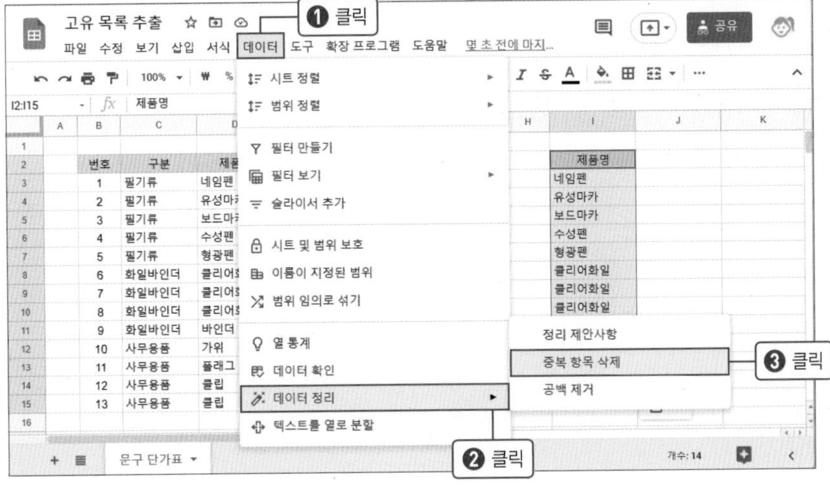

**3** [중복 항목 삭제] 대화상자가 나타나면 '데이터에 머리글 행이 있습니다' 항목에 체크하고 [중복 항목 삭제]를 클릭합니다.

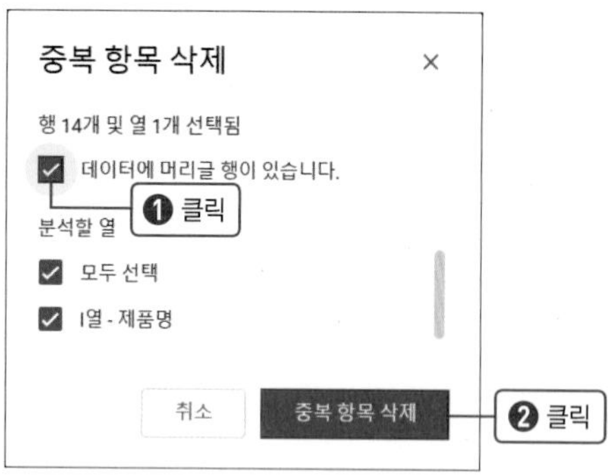


**4** [중복 항목 삭제] 대화상자가 나타나면 3개의 중복 행을 찾아 삭제했다는 메시지를 읽고 [확인]을 클릭하세요.

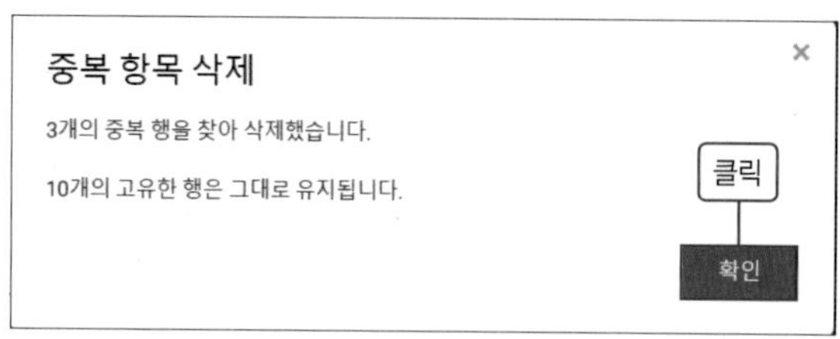


**5** 중복된 제품명이 삭제되고 고유의 제품 목록만 남습니다.

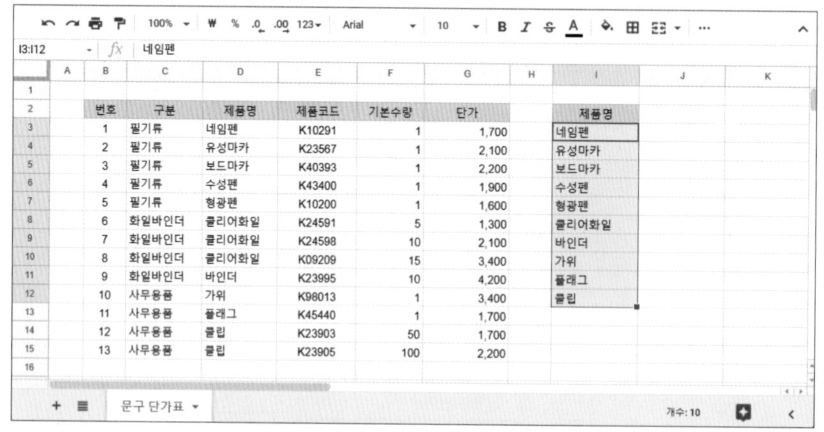

| 번호 | 구분 | 제품명 | 제품코드 | 기본수량 | 단가 | | 제품명 |
|---|---|---|---|---|---|---|---|
| 1 | 필기류 | 네임펜 | K10291 | 1 | 1,700 | | 네임펜 |
| 2 | 필기류 | 유성마카 | K23567 | 1 | 2,100 | | 유성마카 |
| 3 | 필기류 | 보드마카 | K40393 | 1 | 2,200 | | 보드마카 |
| 4 | 필기류 | 수성펜 | K43400 | 1 | 1,900 | | 수성펜 |
| 5 | 필기류 | 형광펜 | K10200 | 1 | 1,600 | | 형광펜 |
| 6 | 화일바인더 | 클리어화일 | K24591 | 5 | 1,300 | | 클리어화일 |
| 7 | 화일바인더 | 클리어화일 | K24598 | 10 | 2,100 | | 바인더 |
| 8 | 화일바인더 | 클리어화일 | K09209 | 15 | 3,400 | | 가위 |
| 9 | 화일바인더 | 바인더 | K23995 | 10 | 4,200 | | 플래그 |
| 10 | 사무용품 | 가위 | K98013 | 1 | 3,400 | | 클립 |
| 11 | 사무용품 | 플래그 | K45440 | 1 | 1,700 | | |
| 12 | 사무용품 | 클립 | K23903 | 50 | 1,700 | | |
| 13 | 사무용품 | 클립 | K23905 | 100 | 2,200 | | |

**Tip**

중복된 데이터에서 고유목록만 추출하는 UNIQUE함수에 대해서는 350쪽을 참고하세요.

◉ **예제파일** : Chapter03 > Section06 > 중복 항목 삭제 / 중복 항목 삭제(완성)



실무예제 02

# 특정 데이터만 남기고 중복된 데이터 삭제하기

**1** [문구 단가표] 시트의 표에는 제품코드순으로 최근 날짜의 단가확정일과 이전 날짜의 단가확정일순으로 데이터가 입력되어 있습니다. 최근 날짜의 '2022-02-19일' 데이터는 남기고 이전 날짜인 '2022-01-28일' 데이터를 삭제할게요. B2:G30 셀 범위를 지정하고 [데이터]-[데이터 정리]-[중복 항목 삭제]를 클릭합니다.

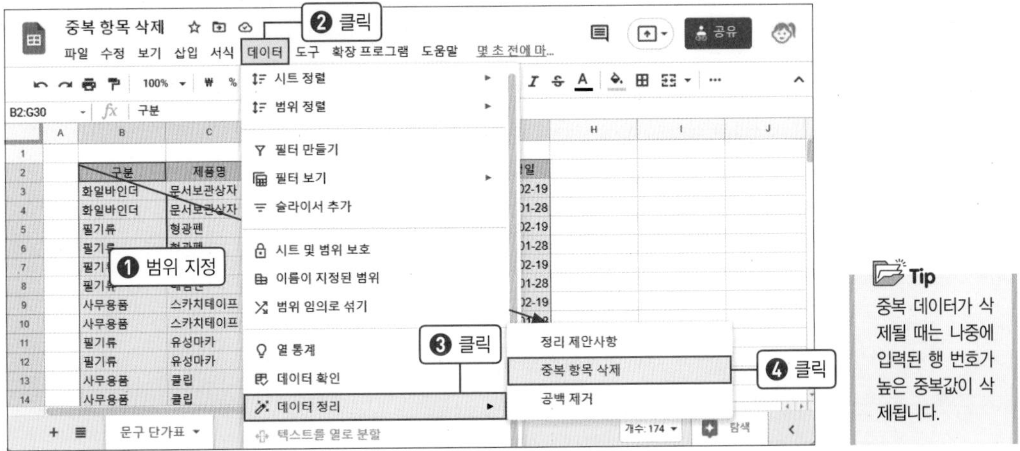


**Tip**
중복 데이터가 삭제될 때는 나중에 입력된 행 번호가 높은 중복값이 삭제됩니다.

**2** [중복 항목 삭제] 대화상자가 나타나면 '데이터에 머리글 행이 있습니다.'에 체크합니다. '분석할 열' 항목에서 인상된 '단가'와 최근의 '단가확정일' 데이터를 제외한 중복 내용을 모두 삭제하기 위해 'F열-단가'와 'G열-단가확정일'에 체크를 해지하고 [중복 항목 삭제]를 클릭합니다.

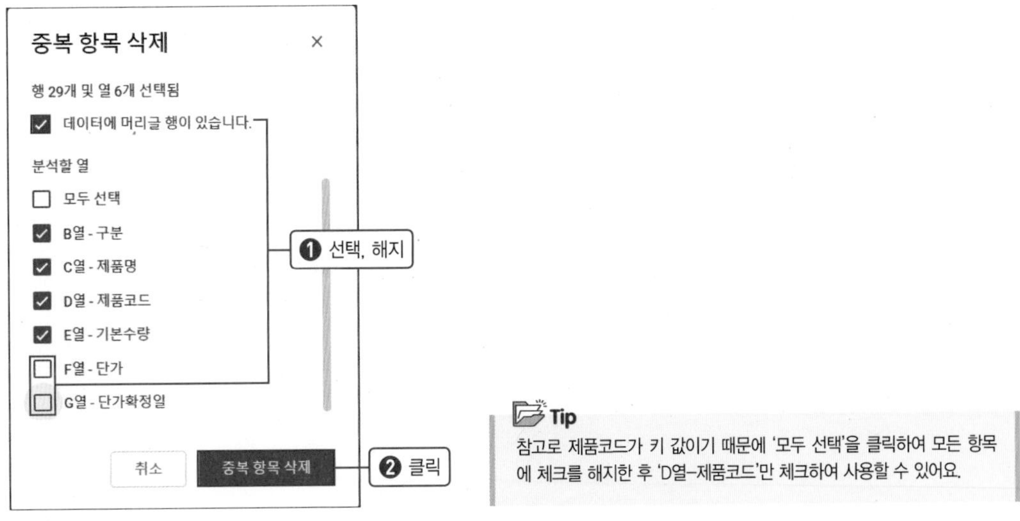


**Tip**
참고로 제품코드가 키 값이기 때문에 '모두 선택'을 클릭하여 모든 항목에 체크를 해지한 후 'D열-제품코드'만 체크하여 사용할 수 있어요.

**3** [중복 항목 삭제] 대화상자에서 14개의 중복 행을 찾아 삭제했다는 메시지가 나타나면 [확인]을 클릭하세요.

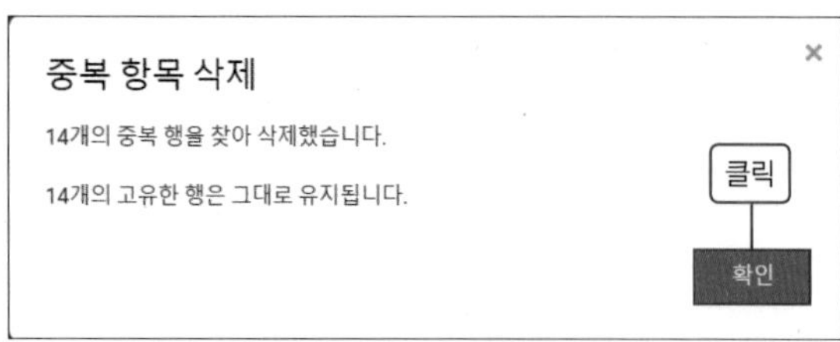


**4** 최근 단가확정일인 2022-02-19일의 데이터만 남고 중복된 제품의 데이터가 삭제된 것을 확인합니다.

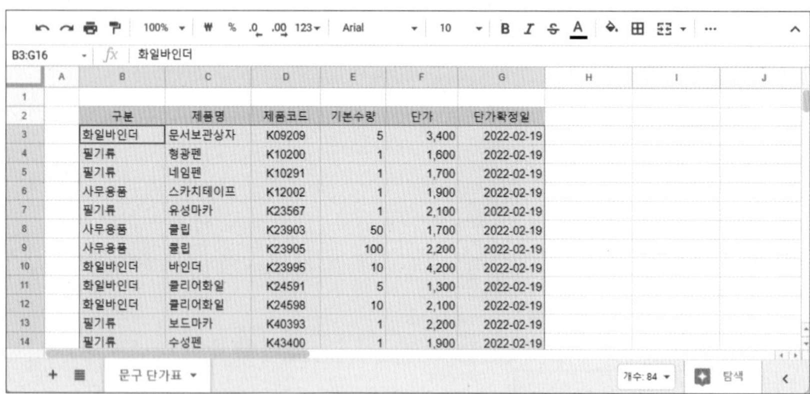

| 구분 | 제품명 | 제품코드 | 기본수량 | 단가 | 단가확정일 |
|---|---|---|---|---|---|
| 화일바인더 | 문서보관상자 | K09209 | 5 | 3,400 | 2022-02-19 |
| 필기류 | 형광펜 | K10200 | 1 | 1,600 | 2022-02-19 |
| 필기류 | 네임펜 | K10291 | 1 | 1,700 | 2022-02-19 |
| 사무용품 | 스카치테이프 | K12002 | 1 | 1,900 | 2022-02-19 |
| 필기류 | 유성마카 | K23567 | 1 | 2,100 | 2022-02-19 |
| 사무용품 | 클립 | K23903 | 50 | 1,700 | 2022-02-19 |
| 사무용품 | 클립 | K23905 | 100 | 2,200 | 2022-02-19 |
| 화일바인더 | 바인더 | K23995 | 10 | 4,200 | 2022-02-19 |
| 화일바인더 | 클리어화일 | K24591 | 5 | 1,300 | 2022-02-19 |
| 화일바인더 | 클리어화일 | K24598 | 10 | 2,100 | 2022-02-19 |
| 필기류 | 보드마카 | K40393 | 1 | 2,200 | 2022-02-19 |
| 필기류 | 수성펜 | K43400 | 1 | 1,900 | 2022-02-19 |

필수기능 03

# 특정 문자가 포함된 셀의 데이터 바꾸기

업무 시간 단축

| 단축키 | 작동 |
|---|---|
| Ctrl + F | 찾기 |
| Ctrl + H | 찾기 및 바꾸기 |

**1** [9월 2주] 시트의 표에서 '박성훈'을 찾아 '이성훈'으로 데이터를 바꾸려고 합니다. [찾기 및 바꾸기] 기능을 바로 실행할 수 있지만 여기서는 먼저 [찾기] 기능을 이용해 원하는 셀을 찾아 보겠습니다. 찾기 단축키인 Ctrl + F를 누르면 화면 오른쪽 툴바 아래 [찾기] 창이 나타납니다.

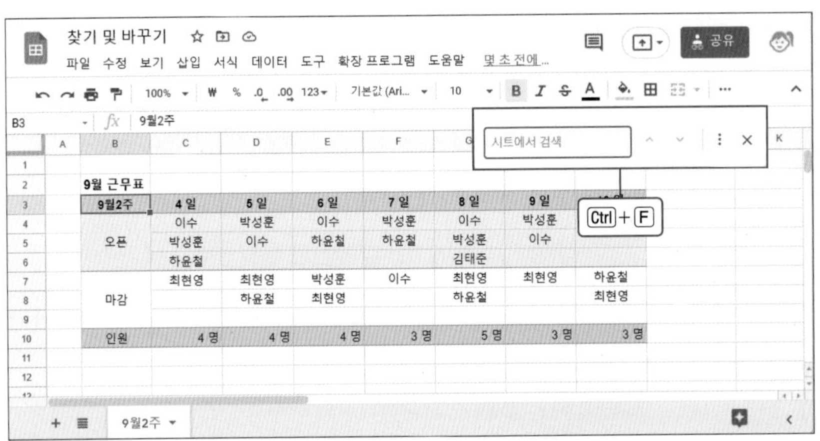


**2** 입력 창에 '박성훈'을 입력하면 '박성훈'이 입력된 6개의 셀에 바탕색이 표시됩니다. 여기서 옵션 더보기(⋮)를 클릭해 [찾기 및 바꾸기] 대화상자를 엽니다.

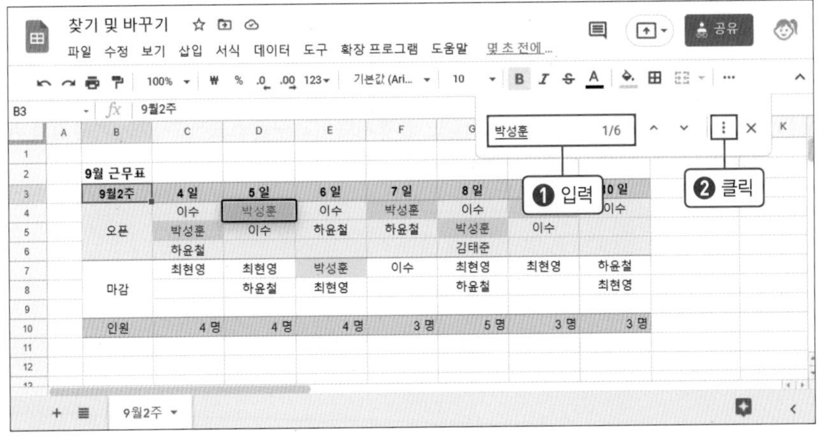

**3** [찾기 및 바꾸기] 대화상자의 '찾기' 입력란에 '박성훈'이 입력되어 있어요. '바꾸기' 입력란에 '이성훈'을 입력하고 '검색' 옵션의 '모든 시트'를 '이 시트'로 변경한 뒤 [모두 바꾸기]를 클릭하면 '박성훈 인스턴스 6개가 이성훈(으)로 교체됨'이란 메시지가 나타납니다. [완료]를 클릭하세요.

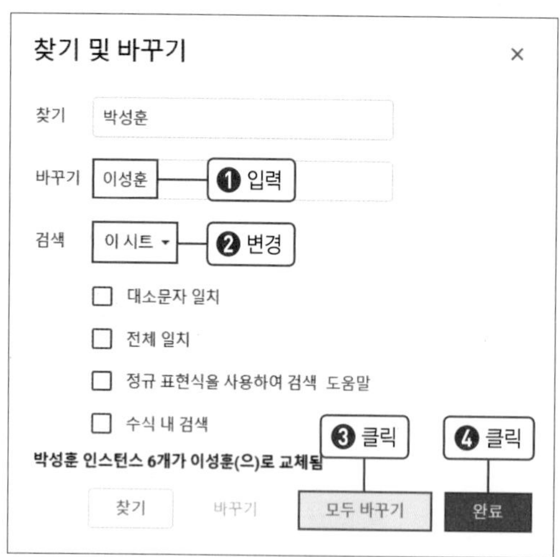


**4** '박성훈'으로 입력된 6개의 셀 값이 '이성훈'으로 변경됩니다.

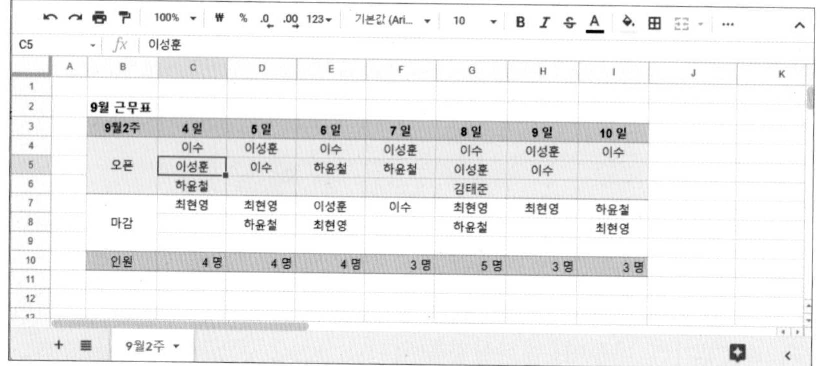

**⚠ 엑셀과 달라요**

앞선 예제에서는 시트가 하나만 있기 때문에 [찾기 및 바꾸기] 대화상자의 검색 위치를 '모든 시트'로 설정해도 상관없습니다. 하지만 엑셀은 [찾기 및 바꾸기]의 기본 검색 위치가 화면에 표시되는 '현재 시트'이고 구글 스프레드시트는 기본 검색 위치가 '모든 시트'이기 때문에 사용환경에 따라 검색 위치 옵션을 설정할 때 주의해야 합니다.

Google Sheet

실무예제 04

# 특정할 수 없는 데이터를 패턴으로 만들어 바꾸기

**1** [9월3주] 시트 표에는 동명이인을 구분하기 위해 '이상윤' 이름 뒤에 알파벳으로 구분했습니다. 하지만 다시 알파벳을 지우고 싶다면 패턴을 찾아 바꾸기로 일괄 삭제할 수 있어요.

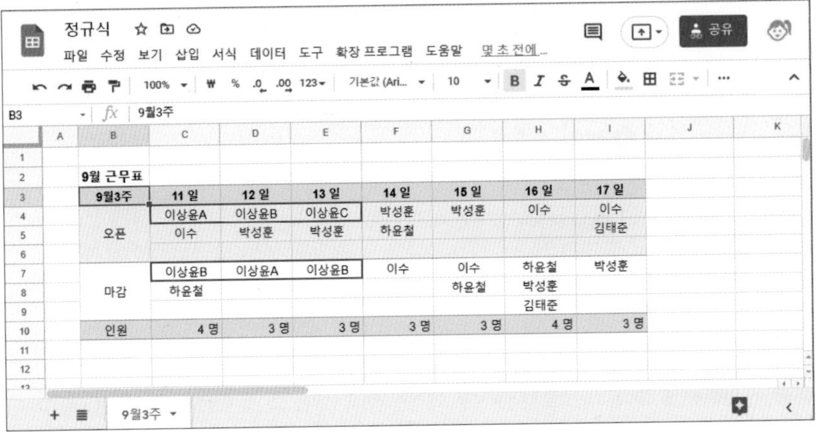

**2** [수정]-[찾기 및 바꾸기]를 선택합니다. 간단하게 단축키 Ctrl + H를 눌러도 됩니다.

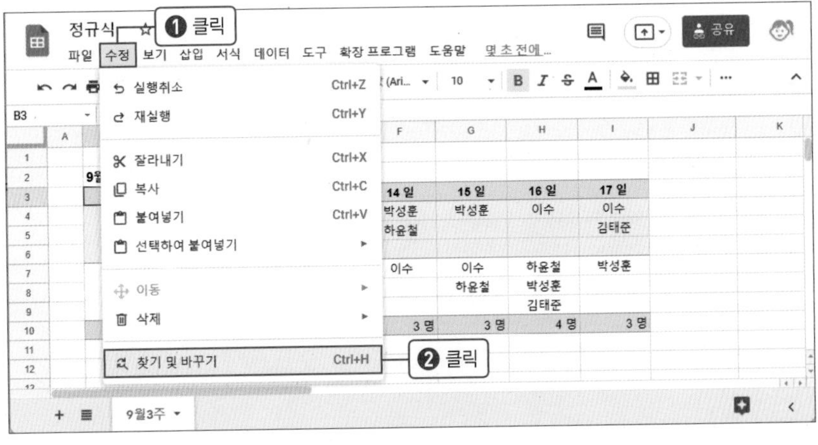

**3** [찾기 및 바꾸기] 대화상자가 나타나면 '찾기' 입력란에 '[a-zA-Z]'를 입력하고 '바꾸기'는 공란으로 두어요. '검색' 옵션을 '이 시트'로 선택하고 '정규 표현식을 사용하여 검색' 항목에 체크합니다. 이때 자동으로 '대소문자 일치'에 함께 체크가 되는데 무시해도 됩니다. [모두 바꾸기]를 클릭하고 '[a-zA-Z] 인스턴스 6개가 (으)로 교체됨' 메시지가 나타나면 [완료]를 클릭하세요.

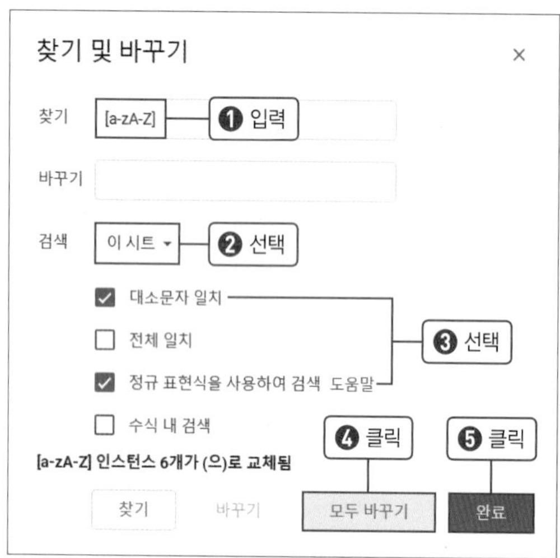


**Tip**

'정규 표현식을 사용하여 검색' 옵션은 입력 패턴을 다루는 기법으로 다양한 프로그래밍 언어에서 사용됩니다. 정규 표현식을 사용하면 사용자가 다양한 검색 조건을 만들 수 있습니다. 자세한 정규 표현식에 대해서는 357쪽을 참고해주세요.

[a-zA-Z]는 소문자 a부터 z까지, 대문자 A부터 Z까지의 모든 영문자라는 의미입니다. 참고로 예제에서는 '이상윤' 이름 뒤 A,B,C를 삭제하기 위해 [ABC] 혹은 [A-C]로 사용할 수도 있습니다.

**4** '이상윤' 이름 뒤에 입력된 A, B, C 알파벳이 삭제되었습니다.

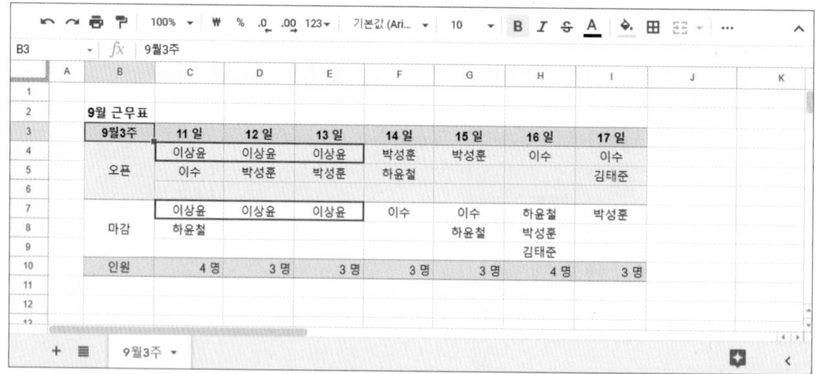


**엑셀과 달라요**

엑셀의 [찾기 및 바꾸기]에는 정규 표현식을 지원하지 않아요.

필수기능 05

# 데이터를 규칙에 따라 나열하기

**1** [명단] 시트 표의 입사일을 기준으로 오름차순 정렬로 바꿔주되 입사일이 같은 경우에는 이름을 가나다 순으로 데이터를 나열해 볼게요. B2:F11 셀 범위를 지정하고 [데이터]-[범위 정렬]-[고급 범위 정렬 옵션]을 클릭합니다.

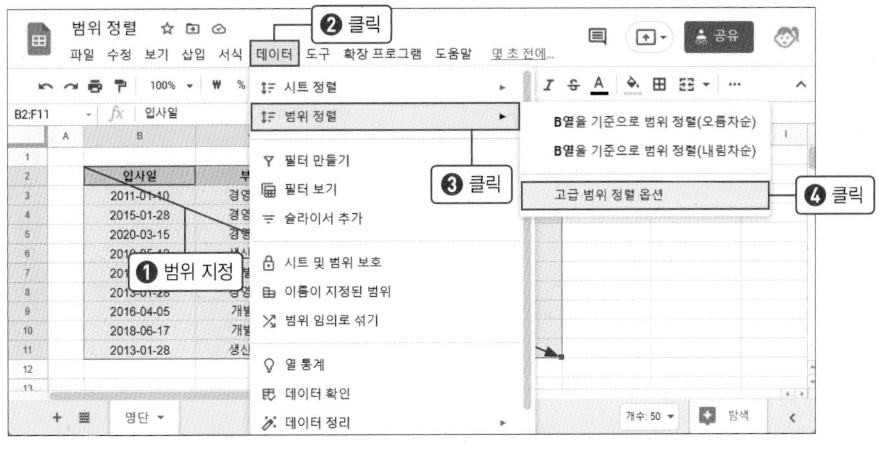


**Tip**
[시트 정렬]은 표의 머리글 행을 구분하지 않고 정렬하므로 실무에서는 잘 사용하지 않습니다.

**2** [B2에서 F11까지 범위 정렬] 대화상자가 나타나면 '데이터에 머리글 행이 있습니다.' 항목에 체크합니다. '정렬 기준' 항목은 '입사일'과 'A → Z'로 선택하여 입사일을 기준으로 오름차순 정렬로 설정합니다. 다음 기준인 입사일이 같은 경우 이름을 기준으로 정렬하기 위해 '다른 정렬 기준 열 추가'를 클릭하여 규칙을 추가합니다.

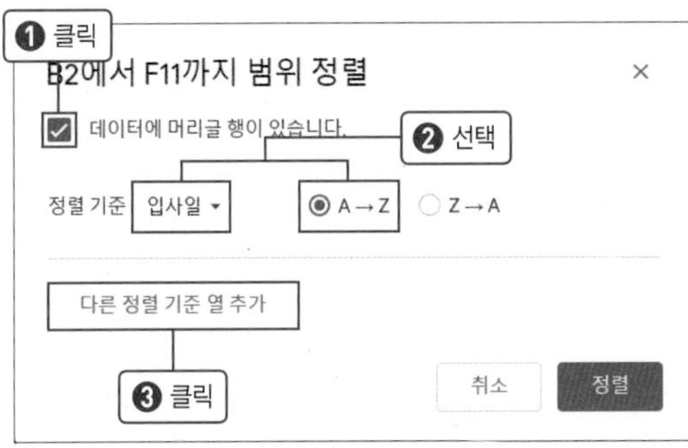

**3** 두 번째 '정렬 기준' 항목에 '이름'과 'A → Z'를 선택하여 이름이 오름차순으로 정렬되도록 설정하고 [정렬]을 클릭합니다.

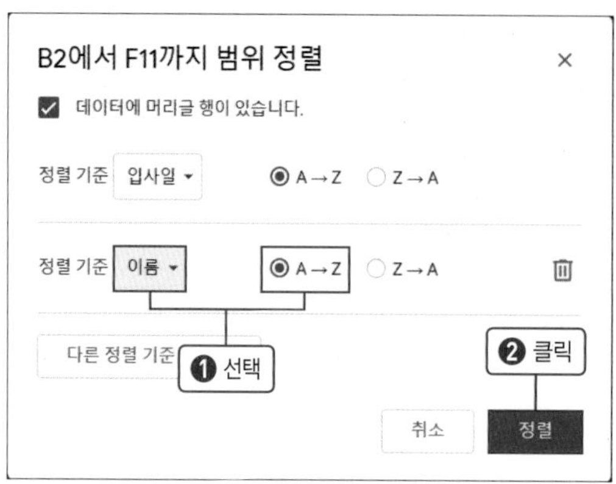


**4** 입사일이 빠른 순서이면서 입사일이 같을 때는 이름을 기준으로 오름차순 정렬로 바뀐 것을 확인합니다.

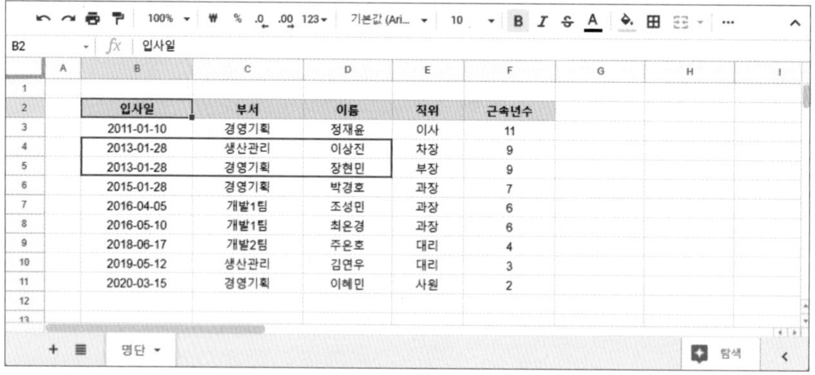

| 입사일 | 부서 | 이름 | 직위 | 근속년수 |
|---|---|---|---|---|
| 2011-01-10 | 경영기획 | 정재윤 | 이사 | 11 |
| 2013-01-28 | 생산관리 | 이상진 | 차장 | 9 |
| 2013-01-28 | 경영기획 | 장현민 | 부장 | 9 |
| 2015-01-28 | 경영기획 | 박경호 | 과장 | 7 |
| 2016-04-05 | 개발1팀 | 조성민 | 과장 | 6 |
| 2016-05-10 | 개발1팀 | 최은경 | 과장 | 6 |
| 2018-06-17 | 개발2팀 | 주은호 | 대리 | 4 |
| 2019-05-12 | 생산관리 | 김연우 | 대리 | 3 |
| 2020-03-15 | 경영기획 | 이혜민 | 사원 | 2 |

**⚠ 엑셀과 달라요**

엑셀에서는 정렬 방법이나 기준이 구글 스프레드시트보다 다양합니다. 정렬 기준을 셀값 이외 셀색이나 글꼴색 등으로 정렬할 수 있고 사용자가 직접 정렬 기준 목록을 만들어 사용할 수도 있어요.

필수기능 06

# 특정 조건의 데이터만 추출하기

**1** [신규 수강생] 시트 표에서 필터를 적용해 '서울'에 거주하며 '드로잉'을 등록한 수강생 데이터를 추출해 볼게요. B2:G24 셀 범위를 지정하고 [데이터]-[필터 만들기]를 클릭합니다.

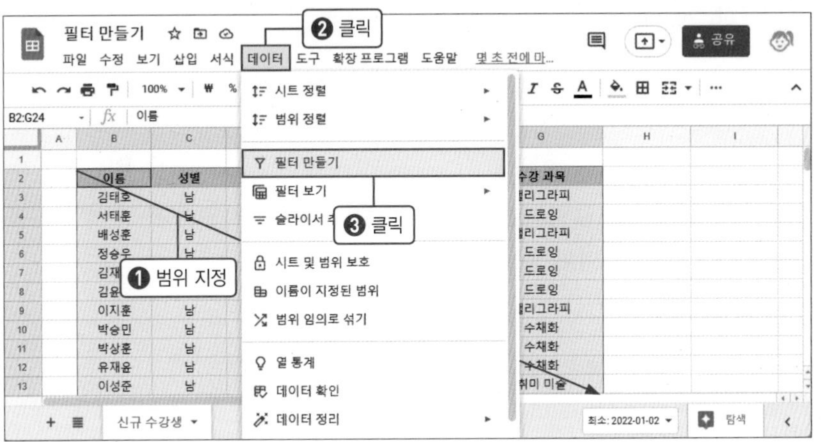


**2** 표에 필터가 적용되었습니다. E2셀의 '거주지' 항목의 필터 목록 버튼(⊽)을 클릭하면 해당 필드의 목록이 나타나는데 '값별 필터링' 항목에 '경기'를 클릭하여 선택 해지하고 '서울'만 체크 표시된 상태로 [확인]을 클릭하세요.

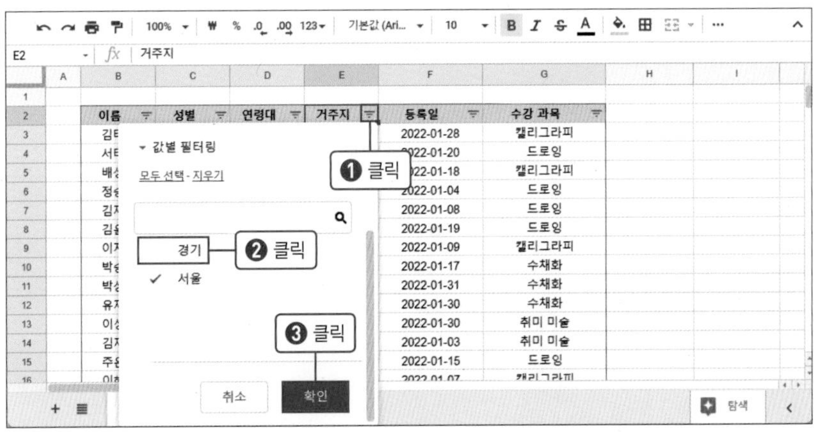


**Tip**
필터로 원하는 값 혹은 조건을 지정하거나 텍스트의 색상이나 셀 바탕색으로도 필터링할 수 있어요.

**3** 서울에 거주하는 수강생의 데이터만 추출되었습니다.

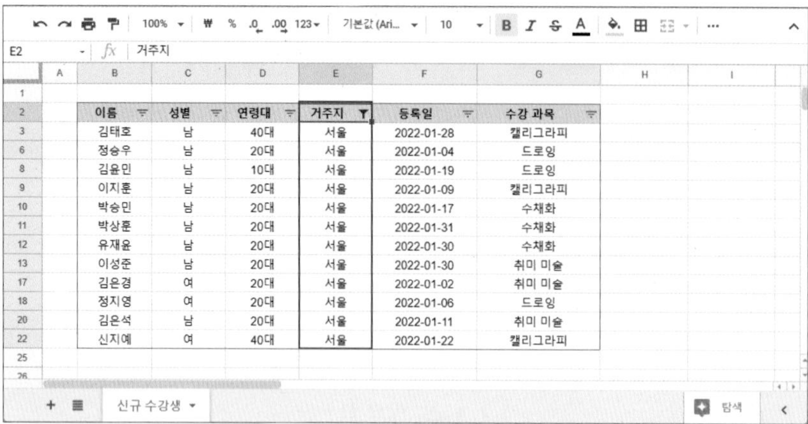

| 이름 | 성별 | 연령대 | 거주지 | 등록일 | 수강 과목 |
|---|---|---|---|---|---|
| 김태호 | 남 | 40대 | 서울 | 2022-01-28 | 캘리그라피 |
| 정승우 | 남 | 20대 | 서울 | 2022-01-04 | 드로잉 |
| 김윤민 | 남 | 10대 | 서울 | 2022-01-19 | 드로잉 |
| 이지훈 | 남 | 20대 | 서울 | 2022-01-09 | 캘리그라피 |
| 박승민 | 남 | 20대 | 서울 | 2022-01-17 | 수채화 |
| 박상훈 | 남 | 20대 | 서울 | 2022-01-31 | 수채화 |
| 유재윤 | 남 | 20대 | 서울 | 2022-01-30 | 수채화 |
| 이성준 | 남 | 20대 | 서울 | 2022-01-30 | 취미 미술 |
| 김은경 | 여 | 20대 | 서울 | 2022-01-02 | 취미 미술 |
| 정지영 | 여 | 20대 | 서울 | 2022-01-06 | 드로잉 |
| 김은석 | 남 | 20대 | 서울 | 2022-01-11 | 취미 미술 |
| 신지예 | 여 | 40대 | 서울 | 2022-01-22 | 캘리그라피 |

**4** 이번에는 G2셀의 필터 목록 버튼을 클릭하여 '값별 필터링' 항목에 '지우기'를 클릭하여 목록 전체를 체크 해지하고 '드로잉'만 선택한 후 [확인]을 클릭합니다.

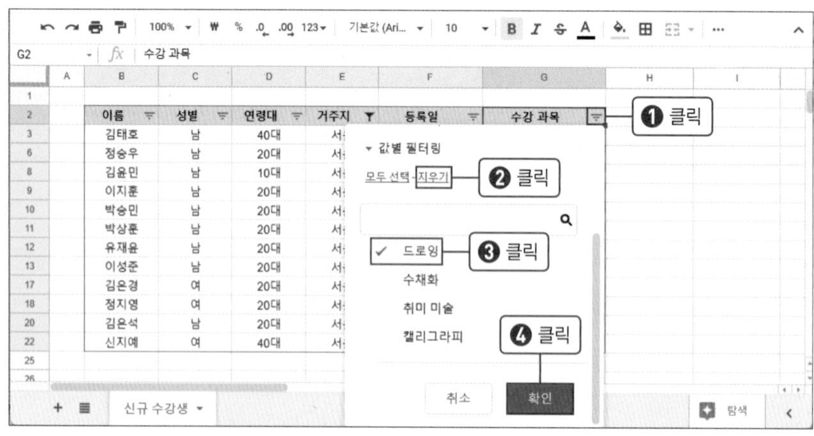


**5** 서울에 거주하면서 동시에 드로잉을 수강하는 신규 수강생의 목록만 나타납니다.

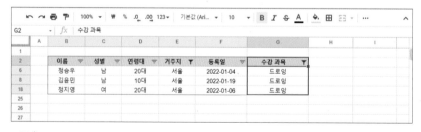

| 이름 | 성별 | 연령대 | 거주지 | 등록일 | 수강 과목 |
|---|---|---|---|---|---|
| 정승우 | 남 | 20대 | 서울 | 2022-01-04 | 드로잉 |
| 김윤민 | 남 | 10대 | 서울 | 2022-01-19 | 드로잉 |
| 정지영 | 여 | 20대 | 서울 | 2022-01-06 | 드로잉 |

**Tip**

필터에 조건이 적용된 '거주지' 필드명과 '수강 과목' 필드명은 필터 목록 버튼(▼)의 모양이 다르게 표시된 것을 알 수 있어요.

**⚠ 엑셀과 달라요**

엑셀에서는 필터를 삭제하는 것 이외 표에 적용된 필터는 남기고 필드에 적용된 조건들만 한 번에 지울 수 있습니다.



**잠깐만요 :: 표에 적용된 필터는 삭제하지 않고 필드 조건만 지우려면?**

표에 적용한 필터를 삭제하고 싶어서 [데이터] – [필터 삭제]를 적용하면 표 머리글에 적용된 필터가 나타나지 않습니다. 표에 적용된 필터는 그대로 남기고 필드에 적용된 조건만을 지우고 싶다면 조건이 적용된 각각의 필드를 선택하여 조건을 일일이 삭제해야 합니다. 여러 필드에 필터링이 된 상황이라면 일일이 필터의 조건을 찾아서 지우는 것보다는 필터를 전체 삭제하고 새로 적용하거나 다음 과정에서 알아볼 '필터 보기' 기능을 사용하는 것이 좋습니다.

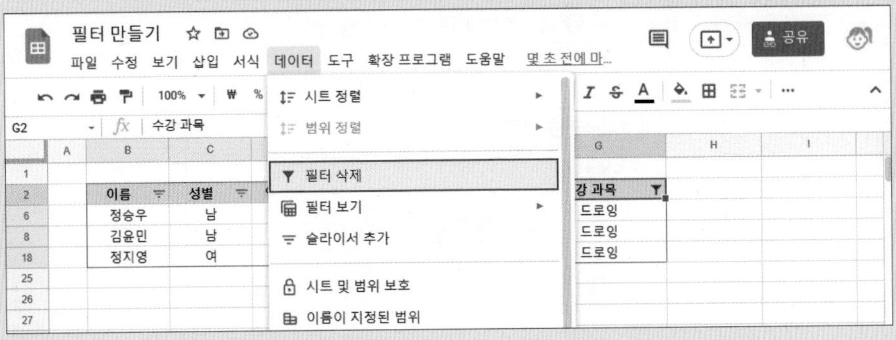

# 공동 사용자의 작업을 방해하지 않고 데이터 필터링하기

**1** 구글 스프레드시트의 가장 큰 장점은 바로 여러 사용자가 동시 작업을 할 수 있다는 점입니다. 하지만 필터를 사용하여 데이터에 변화를 주면 다른 사용자의 작업을 방해할 수도 있습니다. 또한 앞선 과정에서 알아본 것처럼 여러 시점에서 데이터를 추출해야 할 때, 매번 필터링된 조건을 변경하기가 매우 번거롭습니다. 이럴 때 사용할 수 있는 방법이 바로 '필터 보기'입니다. 표 안에 셀을 위치하고 [데이터]-[필터 보기]-[새 필터 보기 만들기]를 클릭합니다.

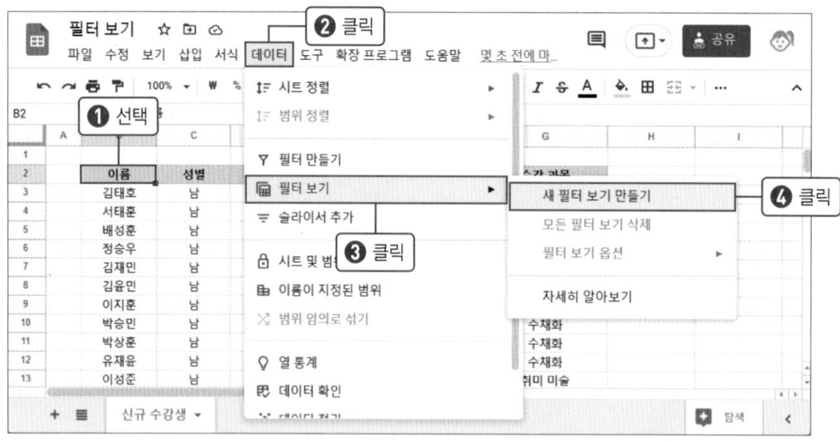


**2** 수식 입력줄 아래 '이름:' 항목에 '취미반'을 입력해서 '취미'라는 단어로 시작하는 과목을 수강한 사람의 명단을 추출해 볼게요. G2셀의 필터 목록 버튼(☰)을 클릭하여 '조건별 필터링' 항목에 '시작 텍스트:'를 선택하고 입력란에는 '취미'를 입력한 후, [확인]을 클릭합니다.

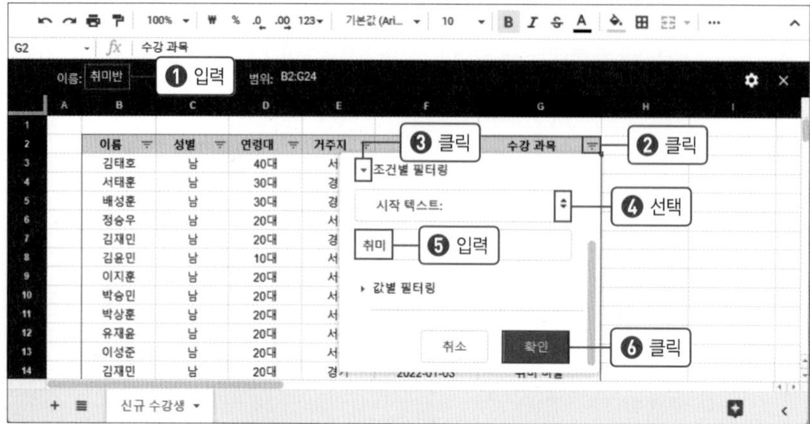

3 '취미'라는 단어로 시작하는 과목의 데이터만 추출되었습니다. 상단의 닫기 버튼(×)을 클릭합니다.

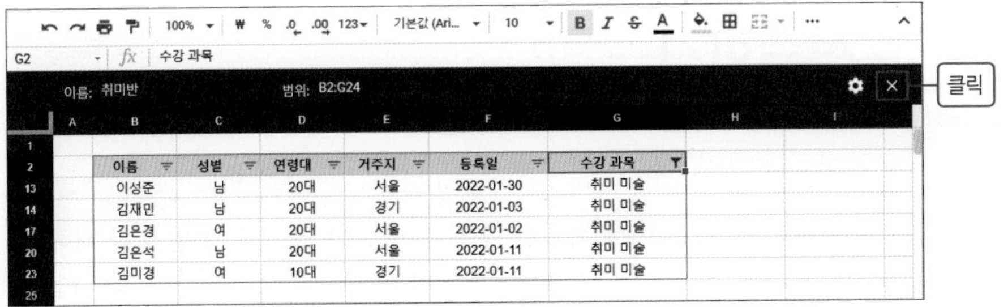


| 이름 | 성별 | 연령대 | 거주지 | 등록일 | 수강 과목 |
|---|---|---|---|---|---|
| 이성준 | 남 | 20대 | 서울 | 2022-01-30 | 취미 미술 |
| 김재민 | 남 | 20대 | 경기 | 2022-01-03 | 취미 미술 |
| 김은경 | 여 | 20대 | 서울 | 2022-01-02 | 취미 미술 |
| 김은석 | 남 | 20대 | 서울 | 2022-01-11 | 취미 미술 |
| 김미경 | 여 | 10대 | 경기 | 2022-01-11 | 취미 미술 |

4 다시 공동 작업 화면으로 돌아오면 [데이터]-[필터 보기]를 클릭하여 [취미반] 메뉴가 생성된 것을 확인합니다. 이렇게 필요에 따라 혹은 사용자별로 여러 필터 보기를 만들면 공동 사용자의 작업을 방해하지 않고 필요 조건의 데이터를 클릭 한 번으로 쉽게 확인할 수 있으며 공동 작업 화면의 표에 새로운 데이터가 추가되었을 때 필터 보기에도 알아서 범위가 조정되어 필터 조건에 반영됩니다.

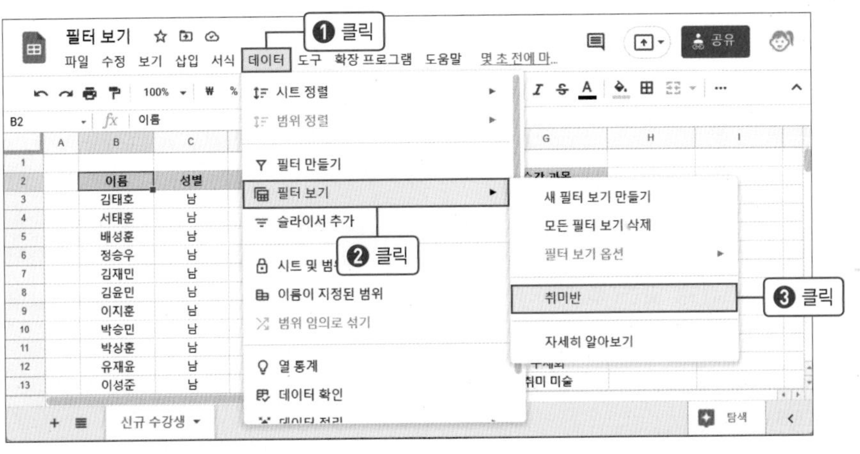


## 잠깐만요 :: 필터 보기에서 만든 목록을 삭제하려면?

[필터 보기]에 추가한 특정 필터 목록을 삭제하려면 해당 이름의 필터를 선택하여 필터 보기 화면으로 이동한 후 우측 상단의 옵션 아이콘(⚙)을 선택하여 삭제할 수 있으며 모든 필터 목록을 한꺼번에 삭제하려면 [데이터] – [필터 보기] – [모든 필터 보기 삭제]를 선택하여 삭제할 수 있습니다.

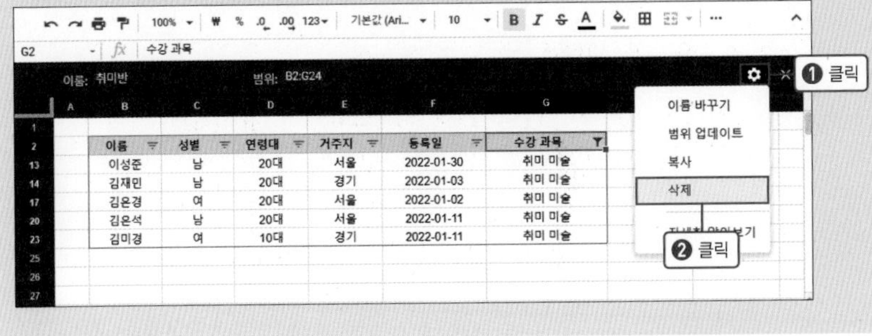

# 사용자가 직접 필터 조건을 만들어 사용하기

**1** [신규 수강생] 시트의 표에서 두 가지 이상 과목을 수강한 사람이 있는지 알아 보기 위해 중복 입력된 이름을 조건으로 필터링해 볼게요. 표 안에 셀을 위치하고 필터 단축키인 Alt + D + F를 눌러 필터를 적용합니다.

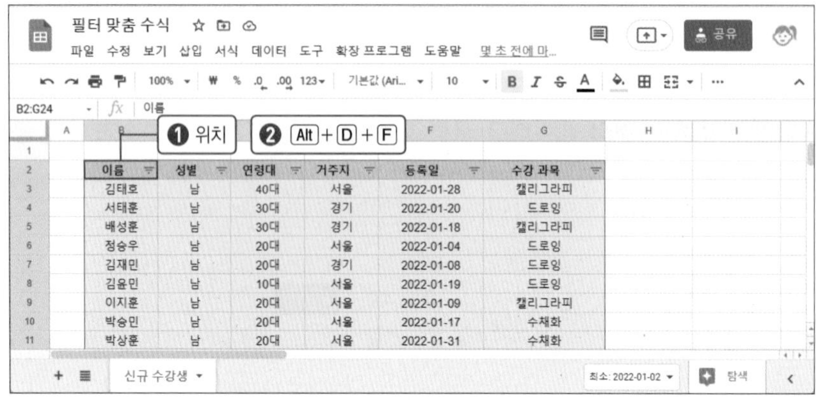


**2** B2셀의 필터 목록 버튼(☰)을 클릭하여 '조건별 필터링' 항목을 '맞춤 수식'으로 선택하고 입력란에는 내가 원하는 조건에 맞는 셀 개수를 구하는 COUNTIF 함수식을 다음과 같이 입력한 후 [확인]을 클릭합니다.

```
=COUNTIF($B$3:$B$26,B3)>1
            ①            ②
```

① COUNTIF($B$3:$B$26,B3) /* 고정된 B3:B26의 범위 안에서 B3셀에 입력된 데이터부터 순차적으로 동일한 셀이 몇 개 있는지 값을 반환 */

② >1 /* 1을 초과하는 경우 */

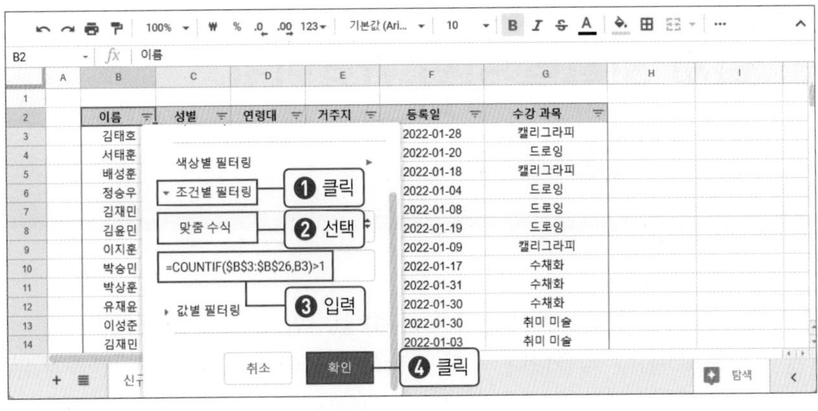


**3** '김재민'이라는 중복된 데이터가 필터링 처리되었습니다. 따라서 '김재민'이라는 사람은 두 가지 이상 과목을 수강하고 있다는 것을 의미합니다.

| | 이름 | 성별 | 연령대 | 거주지 | 등록일 | 수강 과목 |
|---|---|---|---|---|---|---|
| 7 | 김재민 | 남 | 20대 | 경기 | 2022-01-08 | 드로잉 |
| 14 | 김재민 | 남 | 20대 | 경기 | 2022-01-03 | 취미 미술 |

**⚠ 엑셀과 달라요**

엑셀에서는 기본으로 선택할 수 있는 필터 조건이 필드의 데이터 형식에 따라 달라지며 구글 스프레드시트에 비해 다양하다는 것이 장점이지만 '맞춤 수식'은 제공되지 않습니다.

**잠깐만요 :: 공동 작업 화면에서 필터링한 데이터를 필터 보기에 추가하고 싶다면?**

공동 작업 화면에서 필터링한 데이터를 그대로 [필터 보기] 목록에 추가하고 싶다면 [데이터] – [필터 보기] – [필터 보기로 저장]을 클릭합니다.

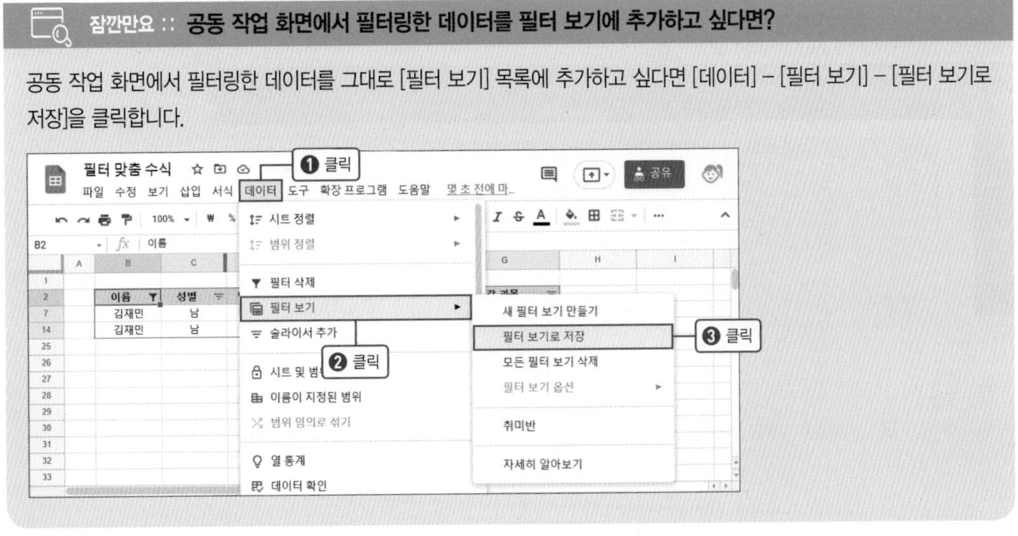

# 09 뷰어 권한을 가진 사용자가 필터 사용하기

**1** 뷰어 권한을 가진 사용자는 기본적으로 필터 조작을 할 수 없지만 임시 필터 보기를 만들어 원하는 데이터를 쉽게 필터링해 볼 수 있습니다. 해당 단락의 실습예제는 사본으로 만들지 않고 '보기 전용' 상태로 실습해 보세요. 표에 셀을 위치하고 [데이터]-[필터 보기]-[새 임시 필터 보기 만들기]를 클릭합니다.

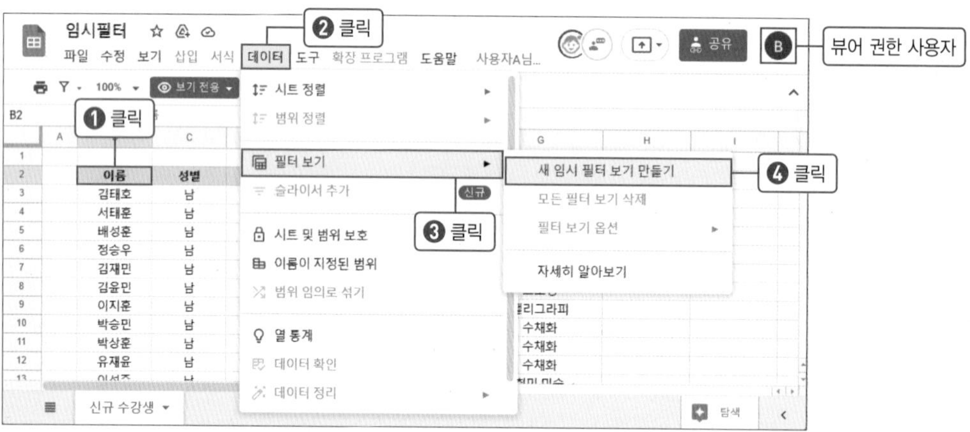


**2** '임시 필터1' 이름의 임시 필터가 열리고 여기서 필터를 조작하여 필요한 데이터를 추출할 수 있습니다. 닫기 버튼(✕)을 클릭하여 공동 작업 화면으로 이동합니다.

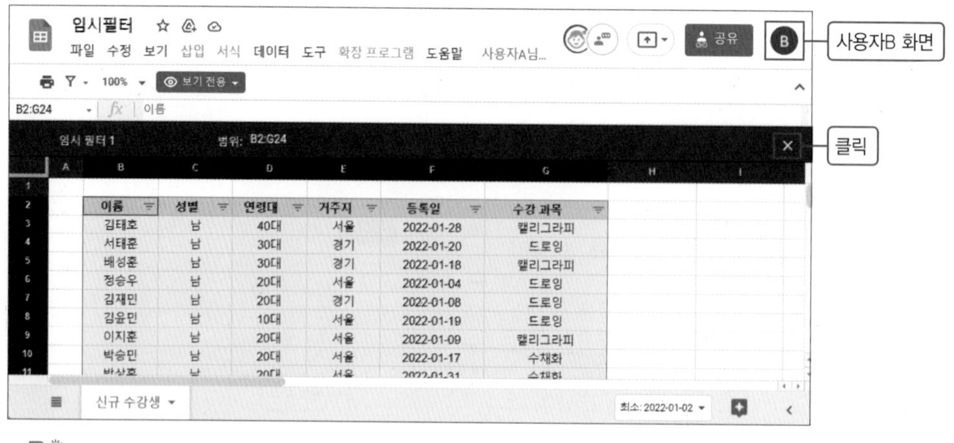


**Tip**

임시 필터는 사용자가 이름을 지정할 수 없어요.

**3** [데이터]-[필터 보기]에 [임시 필터1] 목록이 추가되었습니다. 임시 필터는 본인만 볼 수 있는 목록으로 다른 사용자에게는 보이지 않습니다. 또한 일회성으로 해당 파일을 닫고 재접속하면 임시 필터는 남지 않고 사라집니다.

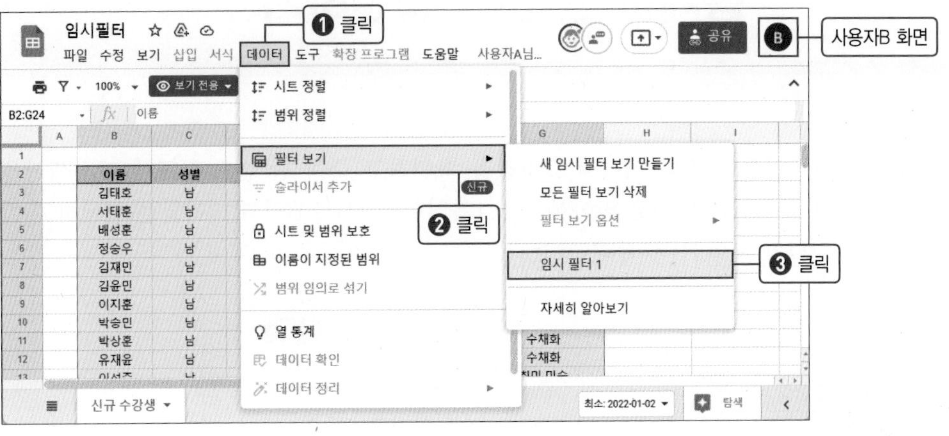

# 실무예제 10 상태 표시줄의 탐색 창으로 통계값 한 번에 확인하기

**1** 상태 표시줄에서 선택한 열의 데이터 요약값을 확인하고 클릭 한 번으로 표에 교차색상을 적용하거나 차트를 삽입하는 방법을 알아볼게요. [가입현황] 시트 B열의 머리글을 선택하고 화면 오른쪽 하단에 [탐색창 열기]를 클릭합니다.

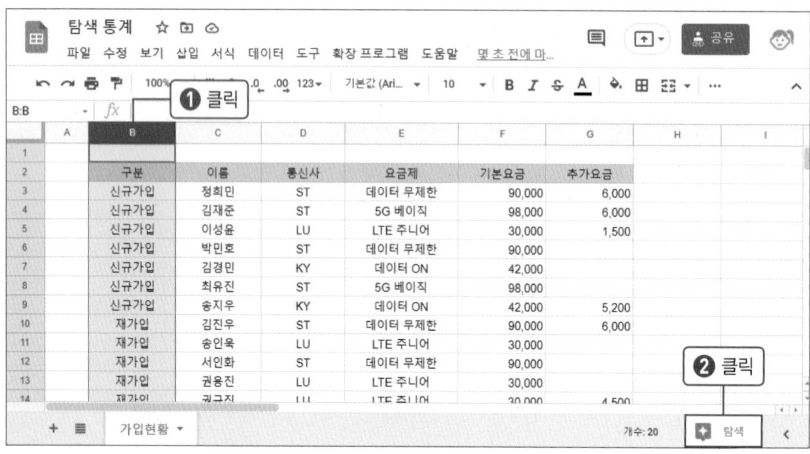


**2** [탐색] 창을 통하여 표의 해당 열에 입력된 데이터 개수를 확인하거나 교차색상을 적용할 수 있습니다. 또한 추천 피봇 테이블이나 분석 차트를 추가할 수도 있어요. '피봇 테이블' 항목에 마우스를 가져가면 손쉽게 피봇 테이블을 삽입하거나 미리보기를 할 수 있습니다.

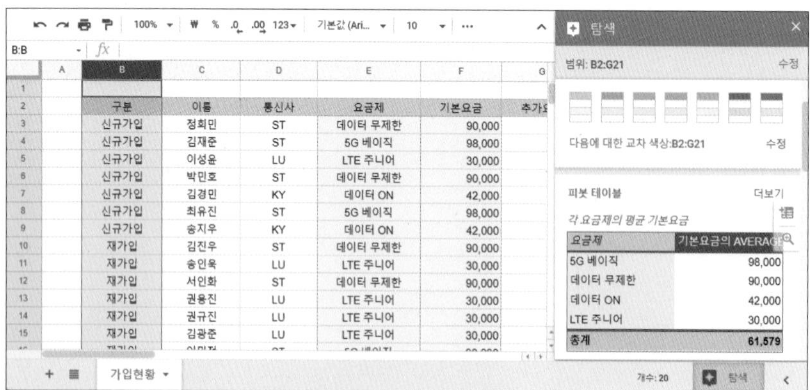

**3** [탐색] 창을 아래로 스크롤해 봅니다. 선택한 열에 대한 통계값이 차트로 나타나며 차트 계열에 마우스를 가져가면 계열의 값까지 확인할 수 있으며 차트 삽입 및 미리보기도 할 수 있습니다.

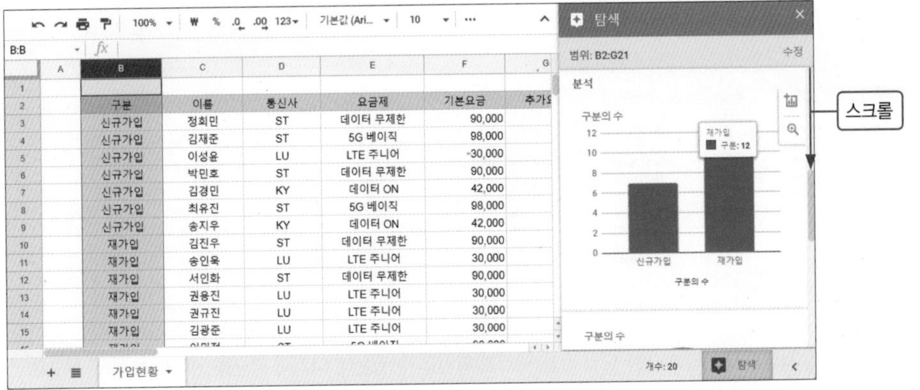


**4** 이번에는 D열의 머리글을 선택해 보세요. D열의 데이터에 맞게 추천 피봇 테이블과 분석 차트를 확인할 수 있어요. 이렇게 일일이 차트를 만들거나 필터를 적용하여 필요 데이터를 추출하지 않아도 간편하게 선택한 열에 대한 통계값을 쉽게 확인할 수 있습니다.

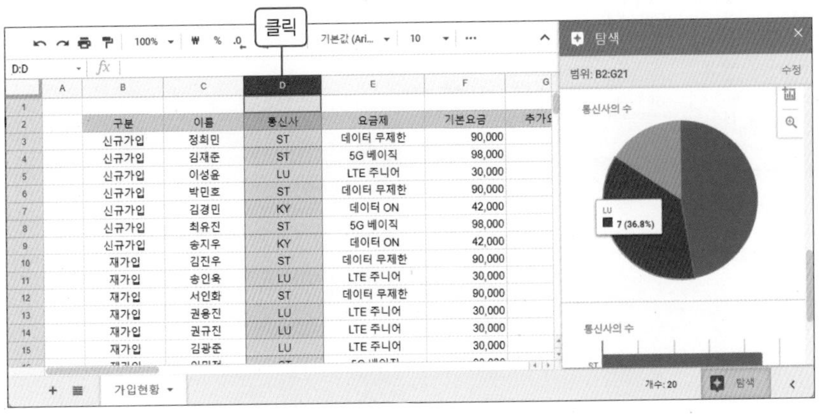

**잠깐만요 :: 작업 표시줄에서 데이터 형식에 따라 요약 값을 빠르게 확인하기**

① 신규가입자의 평균 기본요금을 확인하기 위해 F3:F9 셀 범위를 지정하면 작업 표시줄에 기본으로 합계가 계산되는데 이것을 클릭해 봅니다.

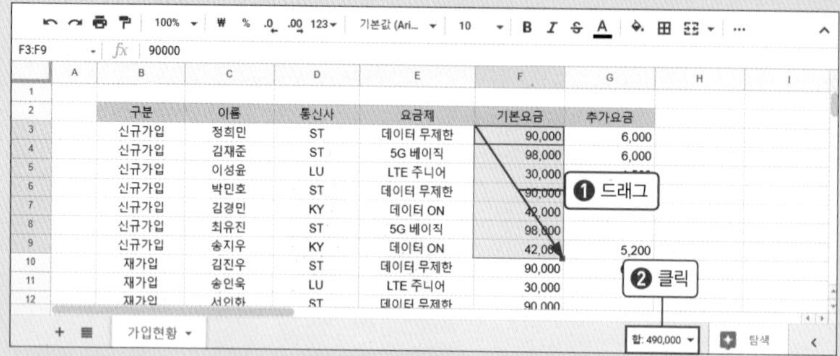


② 합계, 평균, 최소값 등 지정된 데이터에 대한 요약 값을 빠르게 확인할 수 있는데 여기서 평균을 선택해 보세요. 참고로 엑셀에서는 숫자 데이터를 지정할 경우 작업 표시줄에 기본적으로 합계, 평균, 개수가 동시에 표시되며 추가로 숫자 셀 수, 최소 값, 최대 값을 함께 나타낼 수 있어요.

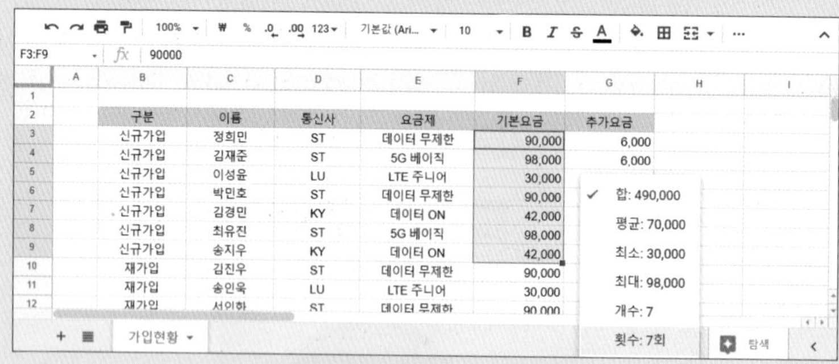

Google Sheet

실무예제 11

# 머리글 클릭만으로 해당 열에 대한 다양한 통계 확인하기

**1** [평가표] 시트에서 중간평가와 기말평가에 각각 몇 명이 응시했는지, 그리고 C등급을 받은 학생 수가 몇 명인지 열 통계를 이용하여 알아보도록 할게요. 먼저 B열의 셀 하나를 선택하고 [데이터]-[열 통계]를 클릭하거나 [마우스 오른쪽 버튼]-[열 통계]를 클릭합니다.

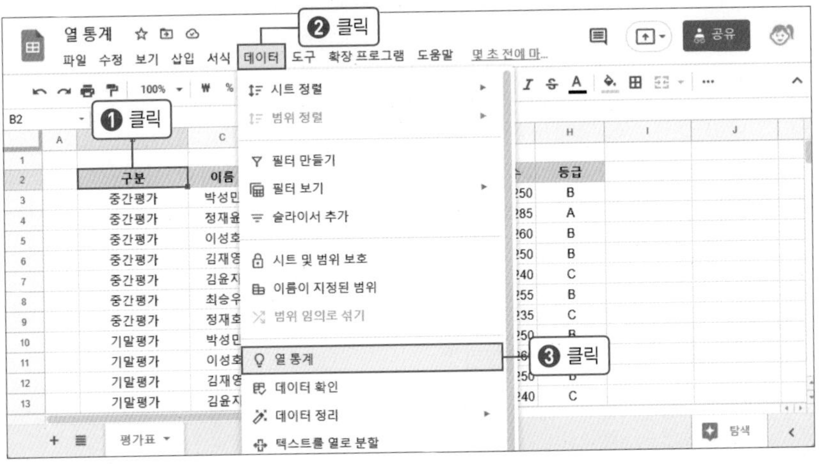


**2** 화면 오른쪽에 열 통계창이 나타나는데 차트의 통계 값에 표의 머리글 행이 포함되어 나타나므로 '행 무시'에 무시할 행 늘리기 버튼(+)을 두 번 클릭하여 1, 2행은 통계 값에서 제외시킵니다.

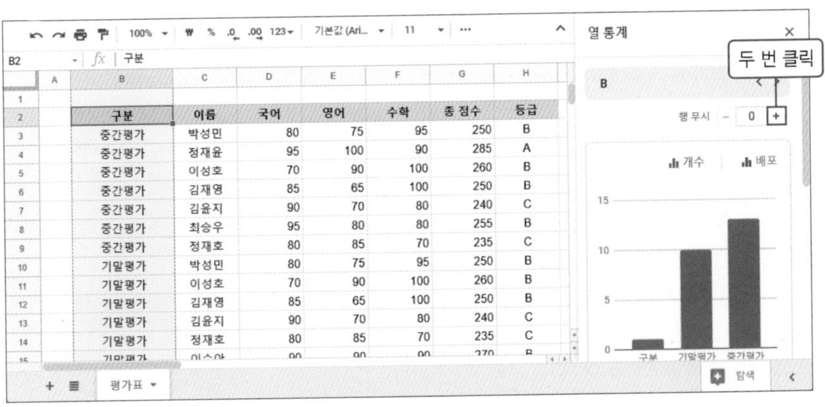

**3** 범위가 새롭게 지정되면서 중간평가와 기말평가의 통계 값을 차트로 확인할 수 있으며 차트 계열에 마우스를 가져가면 계열의 값을 확인할 수 있습니다.

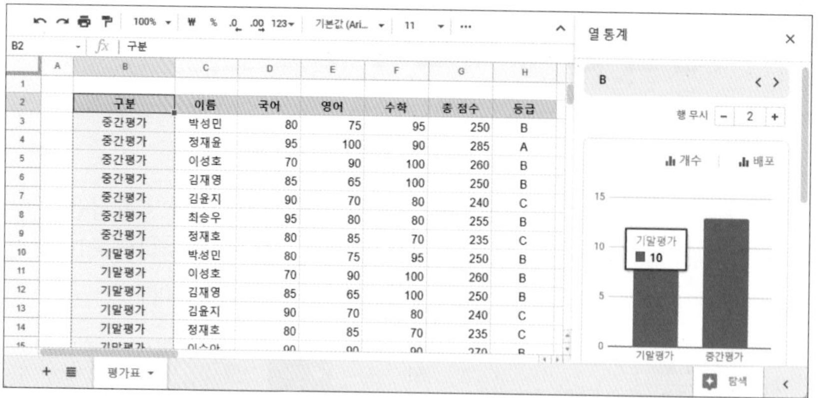

| 구분 | 이름 | 국어 | 영어 | 수학 | 총 점수 | 등급 |
|---|---|---|---|---|---|---|
| 중간평가 | 박성민 | 80 | 75 | 95 | 250 | B |
| 중간평가 | 정재윤 | 95 | 100 | 90 | 285 | A |
| 중간평가 | 이성호 | 70 | 90 | 100 | 260 | B |
| 중간평가 | 김재영 | 85 | 65 | 100 | 250 | B |
| 중간평가 | 김윤지 | 90 | 70 | 80 | 240 | C |
| 중간평가 | 최승우 | 95 | 80 | 80 | 255 | B |
| 중간평가 | 정재호 | 80 | 85 | 70 | 235 | C |
| 기말평가 | 박성민 | 80 | 75 | 95 | 250 | B |
| 기말평가 | 이성호 | 70 | 90 | 100 | 260 | B |
| 기말평가 | 김재영 | 85 | 65 | 100 | 250 | B |
| 기말평가 | 김윤지 | 90 | 70 | 80 | 240 | C |
| 기말평가 | 정재호 | 80 | 85 | 70 | 235 | C |



**4** 이번에는 H열의 '등급'에 대한 열 통계를 살펴보도록 할게요. H열에 위치한 아무 셀을 클릭해 보세요. 열 통계의 열 주소가 변경되면서 등급별로 차트가 나타납니다.

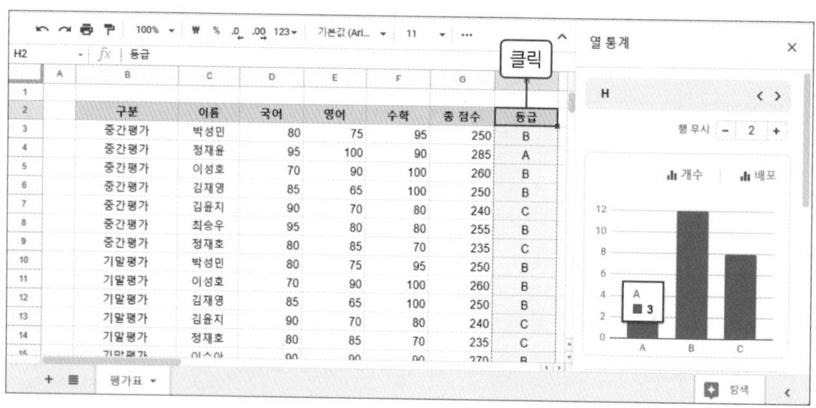

| 구분 | 이름 | 국어 | 영어 | 수학 | 총 점수 | 등급 |
|---|---|---|---|---|---|---|
| 중간평가 | 박성민 | 80 | 75 | 95 | 250 | B |
| 중간평가 | 정재윤 | 95 | 100 | 90 | 285 | A |
| 중간평가 | 이성호 | 70 | 90 | 100 | 260 | B |
| 중간평가 | 김재영 | 85 | 65 | 100 | 250 | B |
| 중간평가 | 김윤지 | 90 | 70 | 80 | 240 | C |
| 중간평가 | 최승우 | 95 | 80 | 80 | 255 | B |
| 중간평가 | 정재호 | 80 | 85 | 70 | 235 | C |
| 기말평가 | 박성민 | 80 | 75 | 95 | 250 | B |
| 기말평가 | 이성호 | 70 | 90 | 100 | 260 | B |
| 기말평가 | 김재영 | 85 | 65 | 100 | 250 | B |
| 기말평가 | 김윤지 | 90 | 70 | 80 | 240 | C |
| 기말평가 | 정재호 | 80 | 85 | 70 | 235 | C |



**Tip**

[열 통계] 창의 통계 열 주소를 변경하기 위해서 '이전 열 검사(<)' 혹은 '다음 열 검사' 버튼(>)을 클릭하여 이동할 수 있지만 마우스를 사용하여 필요한 열을 클릭하는 것이 더 편리합니다.

**5** [열 통계] 창을 스크롤하면 고유 데이터에 대해 가장 자주 발생하는 빈도와 가장 드물게 발생하는 빈도를 선택하여 값을 확인할 수 있으며 선택 열에 대한 전체 행 수, 빈 셀, 고유 값 확인이 가능합니다. [열 통계] 창의 값 등급'C'에 마우스를 가져가면 H열에 'C'가 입력된 셀에 서식이 표시되어 필요한 데이터를 쉽게 찾아볼 수 있습니다.

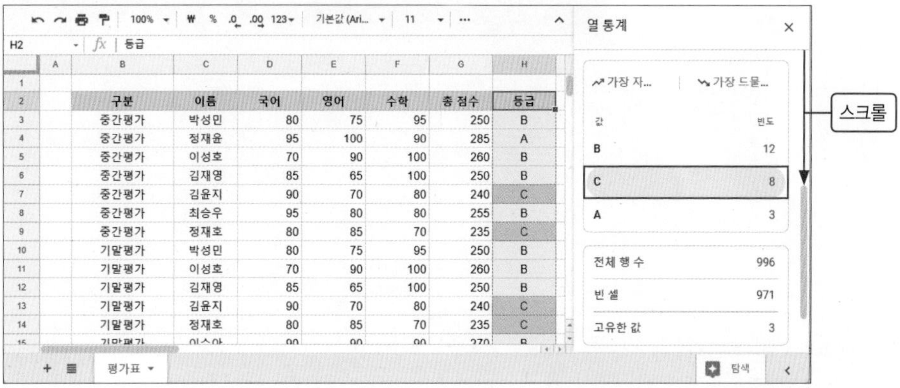

SECTION

# 07

# 피봇 테이블로 똑똑하게 데이터 분석하기

대량의 데이터를 처리하는데 필요한 필수 도구인 피봇 테이블을 이용하여 데이터를 다양한 형태로 분석해 봅니다.

필수기능 01

# 피봇 테이블로 대량의 데이터 요약하기

업무 시간 단축

| 단축키 | 작동 |
| --- | --- |
| Ctrl + A | 셀 위치에 따른 표 또는 시트 전체 선택 |
| Alt + I + P | 피봇 테이블 생성 |

**1** [데이터] 시트 표에는 수도권을 비롯하여 전국 광역시별로 연도별 범죄 성격에 따른 발생 건수와 검거 건수 데이터가 있습니다. 피봇 테이블을 사용하여 행정구역별로 범죄 발생 건수와 검거 건수를 집계해 볼게요. 표 안에 셀을 클릭한 상태에서 전체선택 단축키인 Ctrl + A를 눌러 표 전체(B2:F146)를 선택합니다.

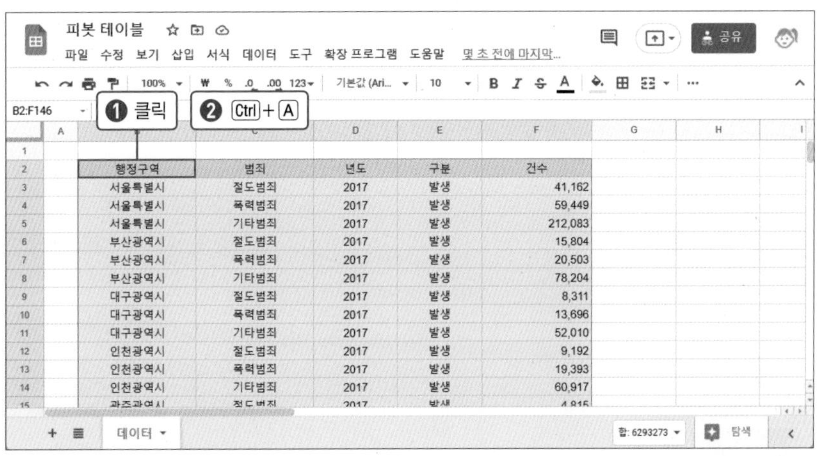


**Tip**

표가 아닌 곳에서 단축키 Ctrl + A를 누르면 스프레드시트 전체가 선택됩니다.

**2** [삽입]-[피봇 테이블]을 클릭하거나 피봇 테이블 만들기 단축키인 Alt + I + P를 순차적으로 누릅니다.

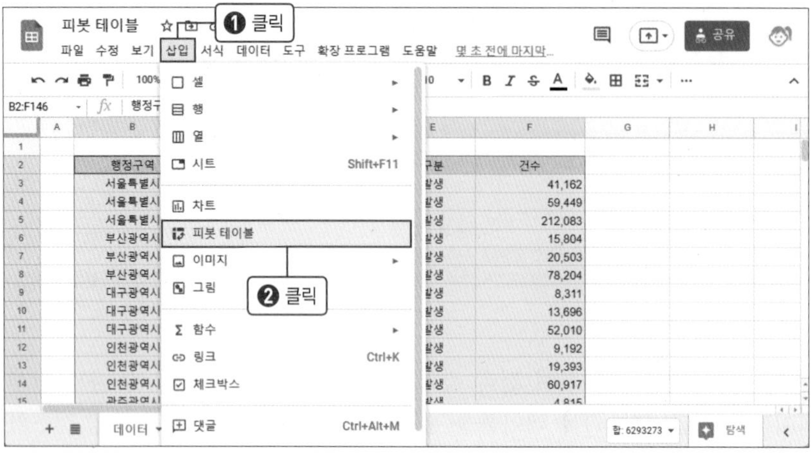


**3** [피봇 테이블] 만들기 대화상자가 나타나면 피봇 테이블의 '삽입 위치' 항목을 기존 [데이터] 시트에 만들거나 새로운 시트를 만들 수 있는데 여기서는 '새 시트'로 선택하고 [만들기]를 클릭할게요.

**4** [피봇 테이블1]이라는 이름의 새로운 시트가 생성되었습니다. 시트의 왼쪽에는 피봇 테이블의 보고서와 우측에는 [피봇 테이블 편집기] 창이 나타납니다. [피봇 테이블 편집기] 창의 '추천' 항목에서 피봇 테이블의 보고서 레이아웃을 쉽게 선택해 사용할 수도 있지만 우리는 레이아웃을 직접 구성해 봅시다.

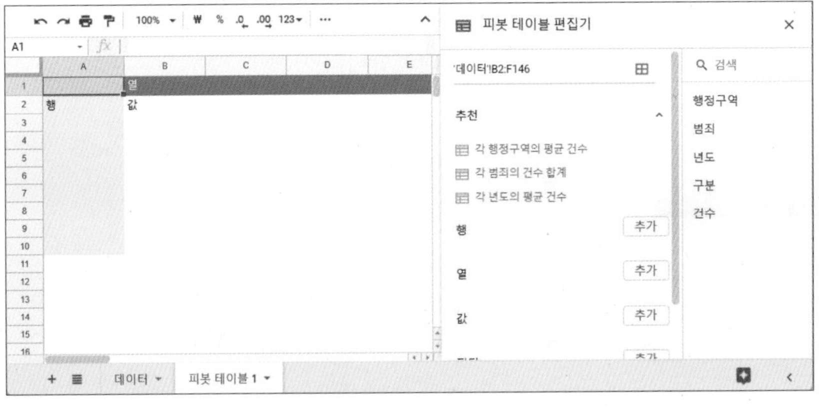

5 [피봇 테이블 편집기] 창의 '행' 영역에서 [추가]를 클릭하고 [행정구역] 필드를 선택합니다.

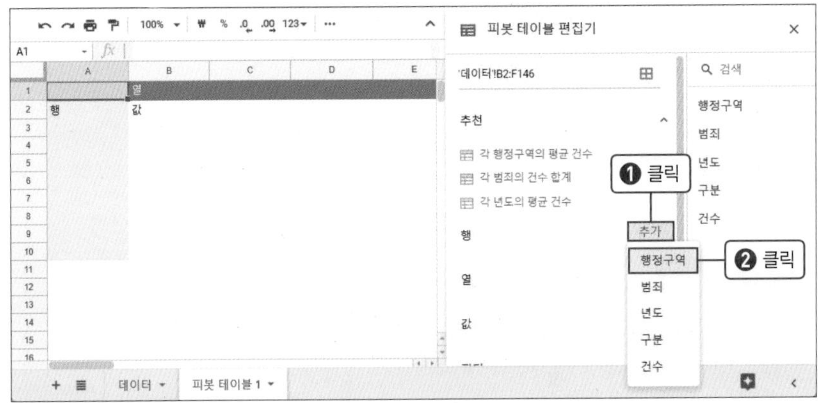


6 피봇 테이블 보고서에 행정구역별 데이터가 행 방향으로 집계된 것을 확인합니다. 이번에는 [피봇 테이블 편집기] 창의 '열' 영역에 [구분] 필드를 추가하는데, 가장 오른쪽의 필드 검색란에서 [구분] 필드를 선택한 후 '열' 영역으로 드래그하여 필드를 추가해 봅니다.

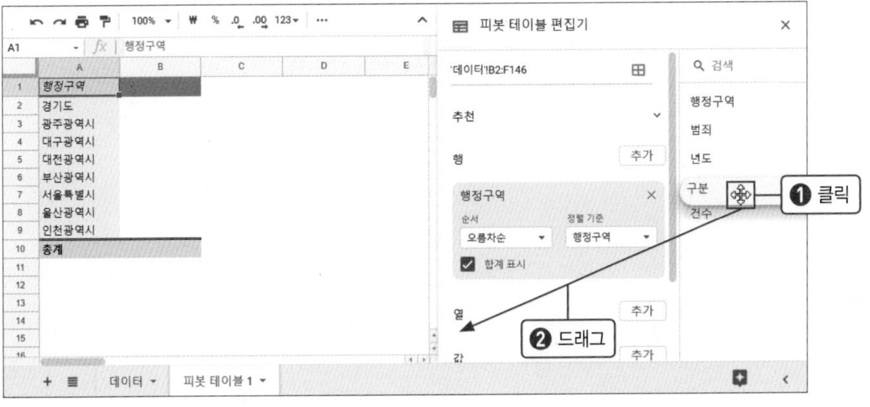

**7** 열 방향으로 [구분] 필드의 데이터가 요약되어 표시됩니다. 계속해서 [피봇 테이블 편집기] 창의 필드 검색란에서 [건수] 필드를 '값' 항목으로 드래그합니다.

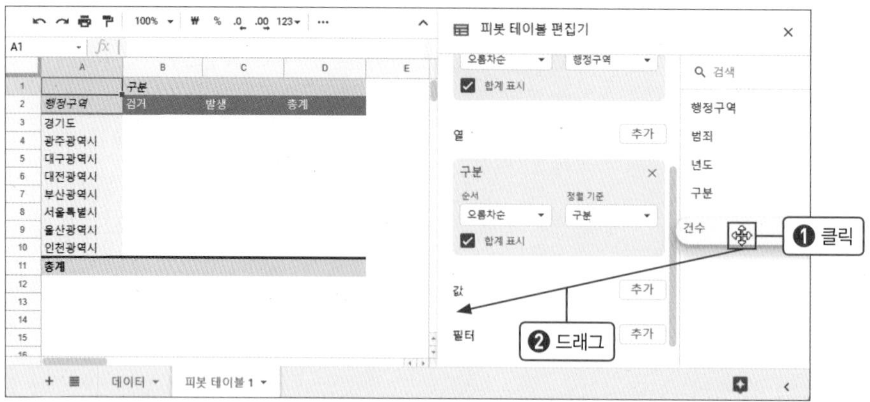


**8** 표를 따로 만들거나 어려운 함수를 사용하지 않고도 클릭 몇 번만으로 피봇 테이블 보고서에 행정구역별 구분에 따른 값이 집계됩니다.

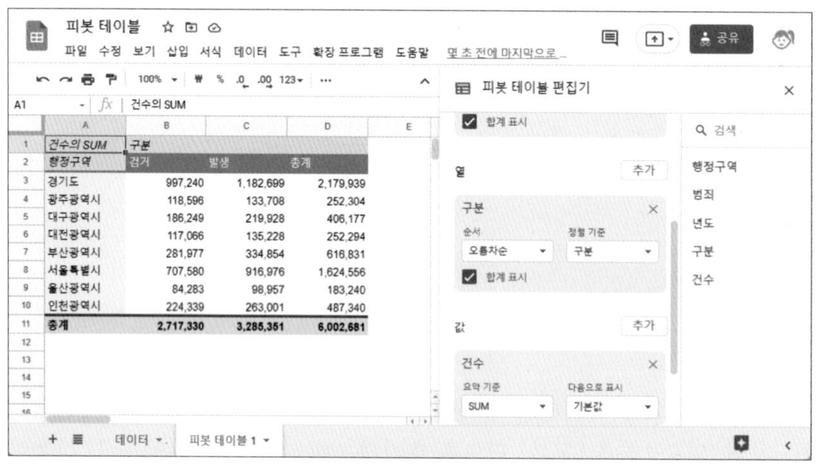


**Tip**

[피봇 테이블 편집기] 창의 각 영역에는 필드 항목을 한 개 이상 추가할 수 있습니다.

실무예제 02

# 피봇 테이블 집계 값에 필터 적용하기

**1** 앞서 만든 피봇에 필터를 적용하여 범죄 유형 중 '절도범죄' 건수만 요약해 볼게요. [피봇 테이블 편집기] 창의 필드 목록에서 [범죄] 필드를 선택하고 '필터' 영역으로 드래그합니다.

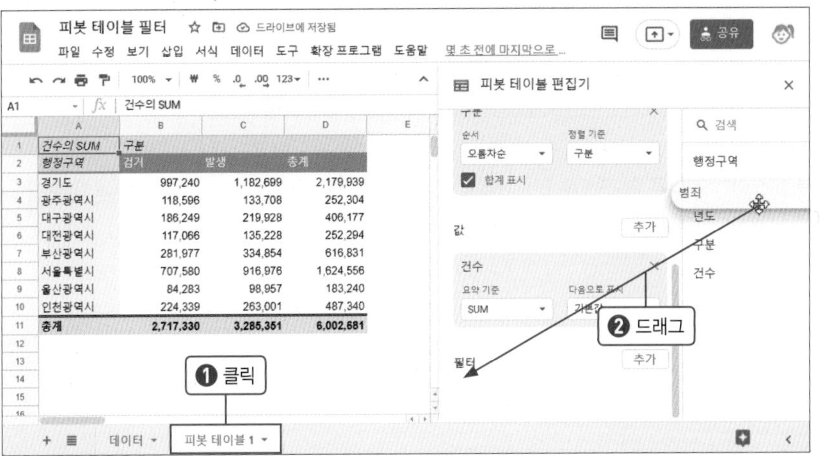


**Tip**

[피봇 테이블1] 시트에서 셀의 위치가 피봇 테이블 안에 있다면 화면 우측 [피봇 테이블 편집기] 창이 나타나며, 셀의 위치가 피봇 테이블이 아닌 곳에 있다면 [피봇 테이블 편집기] 창이 표시되지 않습니다.

**2** '필터' 영역에 [범죄] 필드가 추가되었으면 '상태'의 드롭 다운 버튼으로 '절도범죄'만 체크하고 나머지 '기타범죄'와 '폭력범죄'의 체크를 해지한 후 [확인]을 클릭합니다.

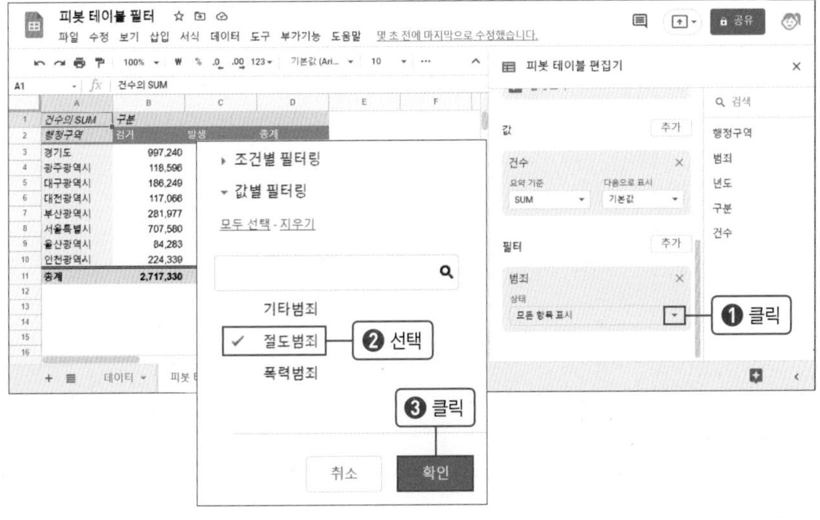

**3** '절도범죄'에 대한 행정구역별 검거와 발생에 대한 건수가 집계되었습니다.

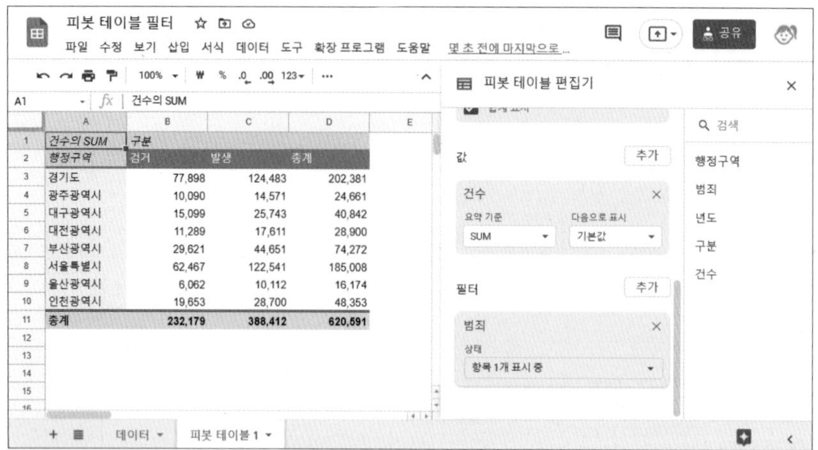


| 건수의 SUM | 구분 | | |
|---|---|---|---|
| 행정구역 | 검거 | 발생 | 총계 |
| 경기도 | 77,898 | 124,483 | 202,381 |
| 광주광역시 | 10,090 | 14,571 | 24,661 |
| 대구광역시 | 15,099 | 25,743 | 40,842 |
| 대전광역시 | 11,289 | 17,611 | 28,900 |
| 부산광역시 | 29,621 | 44,651 | 74,272 |
| 서울특별시 | 62,467 | 122,541 | 185,008 |
| 울산광역시 | 6,062 | 10,112 | 16,174 |
| 인천광역시 | 19,653 | 28,700 | 48,353 |
| 총계 | 232,179 | 388,412 | 620,591 |

**Tip**

피봇 테이블 보고서에 조건을 필터링하는 방법으로 '슬라이서'를 추가해 사용할 수 있습니다. 슬라이서에 대한 자세한 내용은 238쪽을 참고해 주세요.

# 실무예제 03 피봇 테이블 집계 값을 특정 항목별로 나열하기

**1** 예제의 [피봇 테이블1] 시트에는 행정구역별로 발생한 절도범죄와 검거건수가 집계되어 있습니다. 해당 피봇 테이블을 범죄 발생건수가 많은 순으로 행정구역 목록을 나열할게요.

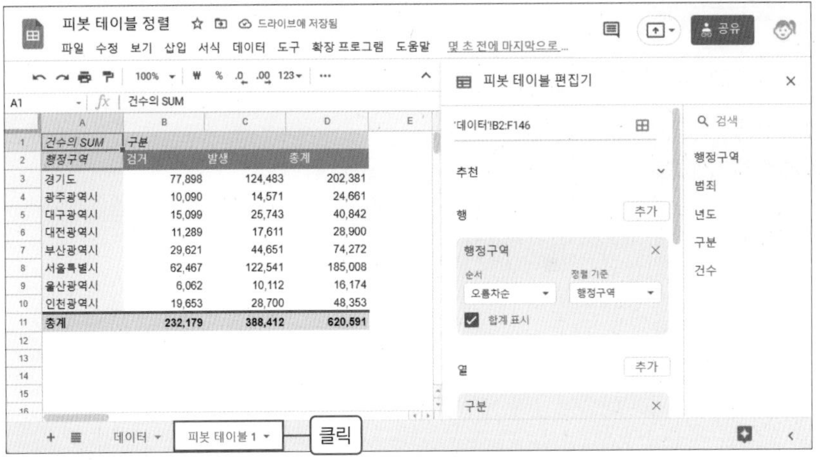


**2** [피봇 테이블 편집기] 창의 '행' 영역의 '행정구역' 필드에서 '순서' 목록 단추를 클릭하여 '내림차순'으로 변경합니다.

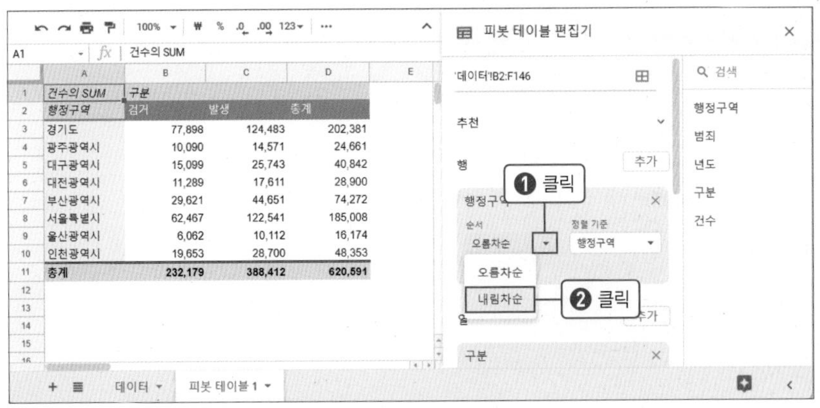


기본 사용법
입력 / 편집
데이터 작성
함수
표&차트 시각화

**3** 행정구역의 이름순으로 내림차순 정렬이 적용됩니다. 우리는 행정구역의 이름순이 아닌 발생건수가 큰 순서대로 나열할 것이기 때문에 여기서 '정렬 기준'의 목록 단추를 클릭하여 [건수의 SUM-카테고리:]로 대상을 변경하고 아래 새로운 목록 단추가 생기면 [발생]을 선택합니다.

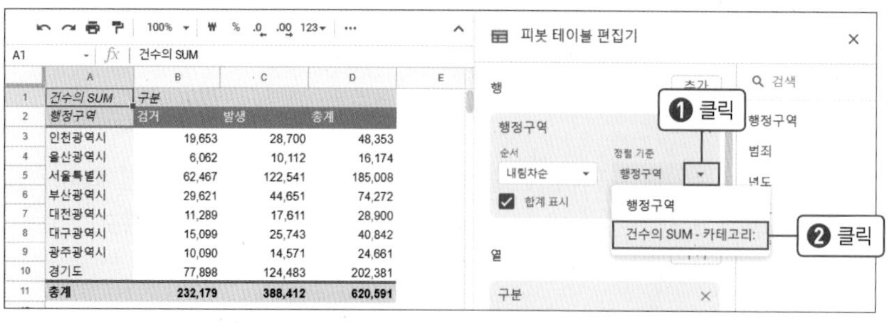


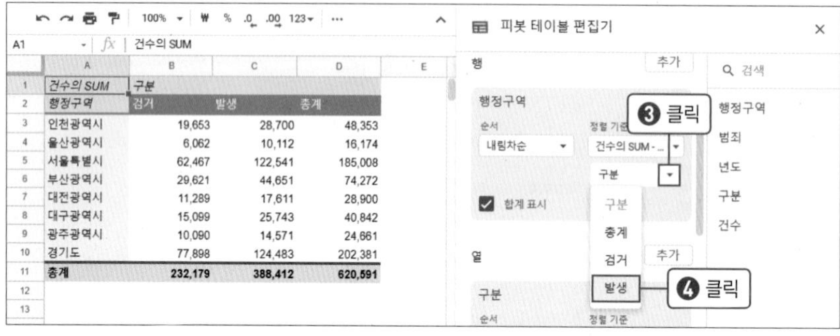


**4** '절도범죄'의 발생건수가 높은 순으로 행정구역이 나열되었습니다. 이번에는 [구분] 필드의 순서를 '내림차순'으로 선택해 구분 필드 순서를 변경합니다.

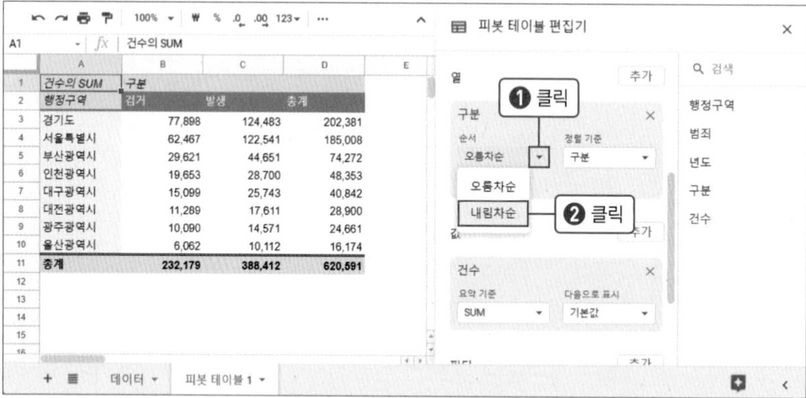

**5** [구분] 필드가 내림차순으로 바뀌면서 '발생'과 '검거'의 열 위치가 변경되었습니다.

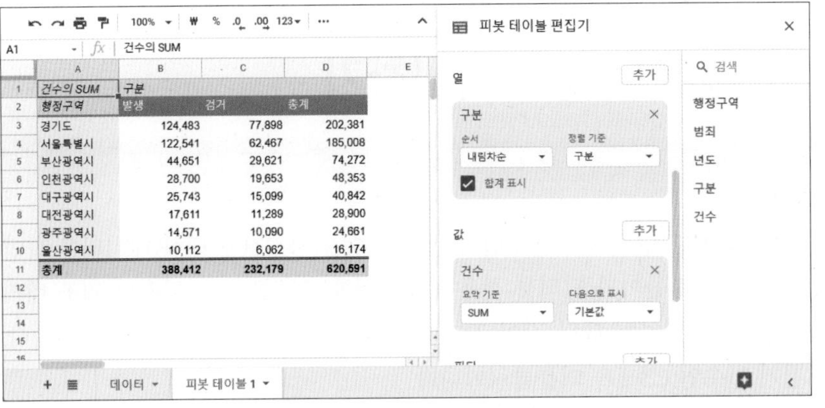


### 잠깐만요 :: 필드의 합계 사용하지 않으려면

여기서는 열값에 대한 총계는 쓰지 않기 때문에 [구분] 필드의 '검거'와 '발생'에 대한 '총계' 열을 지워 볼게요. [피봇 테이블 편집기] 창의 '열' 영역의 [구분] 필드의 '합계 표시'를 클릭하여 체크를 해지합니다.

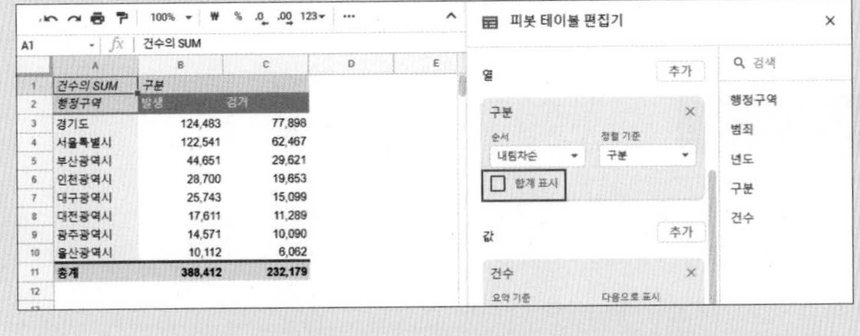

◉ **예제파일** : Chapter03 > Section07 > 피봇 테이블 원본 / 피봇 테이블 원본(완성)

# 피봇 테이블 특정 값에 대한 세부 데이터 확인하기

**1** 피봇 테이블 보고서에 집계된 경기도의 절도범죄 검거 건수 77,898건에 대한 데이터를 확인하려고 합니다. [데이터] 시트로 돌아가 필터를 적용해 데이터를 추출할 수도 있지만 피봇 테이블의 보고서에 집계된 값을 클릭하여 해당 값이 집계된 세부 데이터를 확인할 수도 있습니다. 경기도 절도범죄의 검거 건수인 C3셀을 더블클릭합니다.

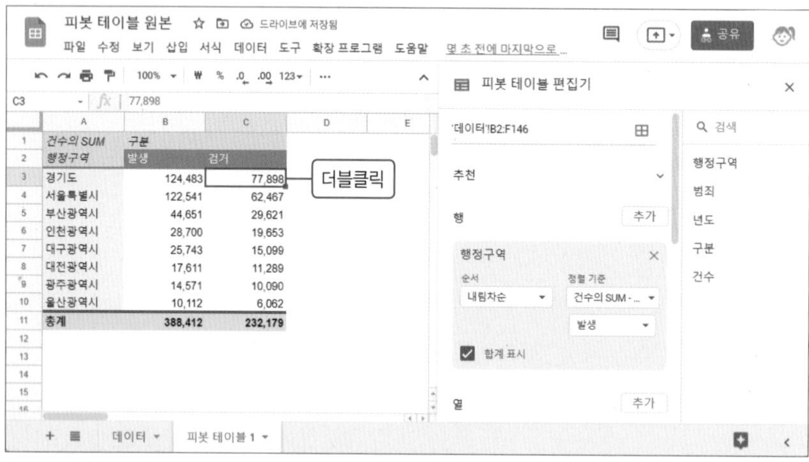


**2** [세부정보1-경기도-검거]라는 새로운 시트에서 [피봇 테이블1] 시트의 C3셀 값에 대한 세부 정보가 나타나 한 눈에 세부정보를 확인할 수 있습니다.

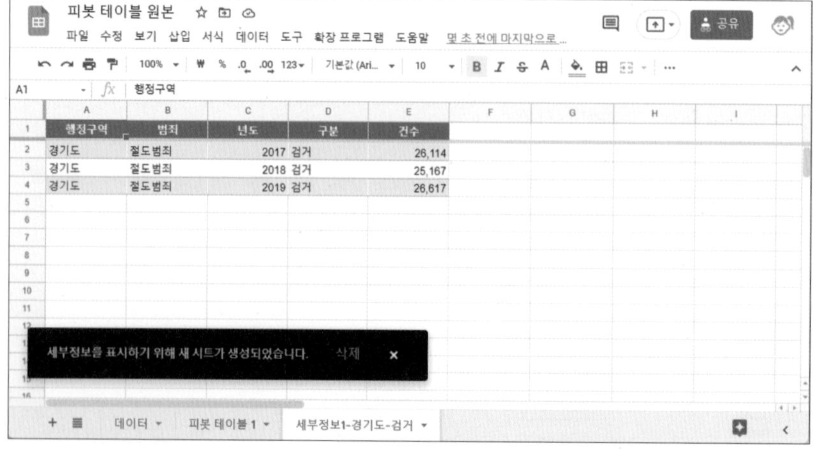

## Tip

피봇 테이블 보고서는 원본 데이터 시트가 삭제되거나 다른 파일로 분리되었을 때 #REF! 오류가 발생합니다. 오류가 발생된 피봇 테이블 보고서는 행/열/값/필터 영역에 구성된 열 필드 주소를 기억하고 있기 때문에 동일 구성의 원본을 참조하면 기존 피봇 테이블 보고서 레이아웃을 다시 사용할 수 있습니다.

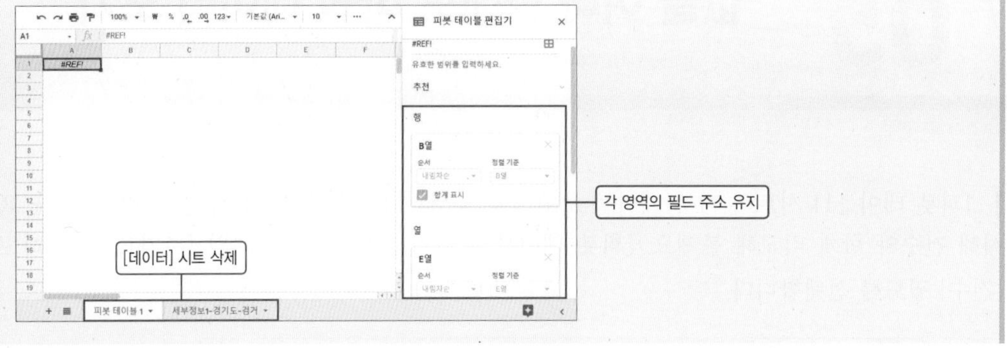


### ⚠ 엑셀과 달라요

엑셀에서 피벗 테이블은 원본 시트와 분리하여 다른 파일에서도 사용할 수 있으며 원본 시트가 삭제된다고 하여 #REF! 오류가 발생되지 않습니다.

# 값을 여러 형태로 바꿔 데이터 보기

**1** [피봇 테이블1] 시트의 피봇 테이블 보고서에 발생과 검거건수 옆에 각 열의 비율(%)을 표시해 건수와 함께 비교해 볼게요. [피봇 테이블 편집기] 창의 '값' 영역의 [추가]를 클릭하고 [건수] 필드를 선택합니다.

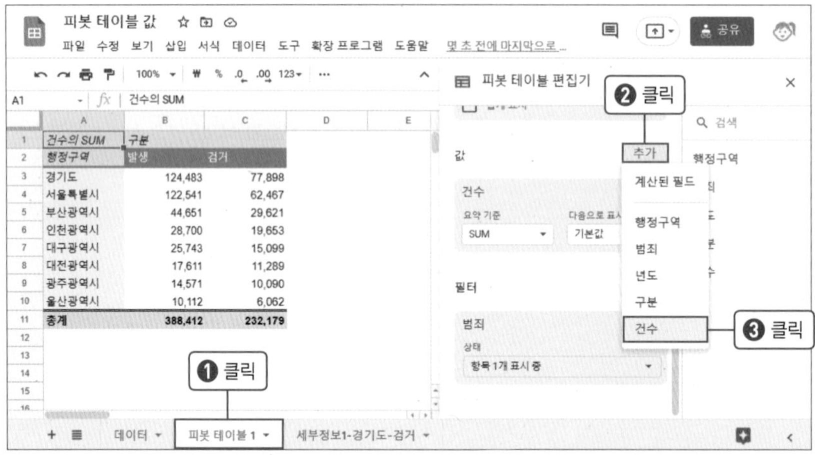


**2** 추가된 [건수] 필드의 '다음으로 표시' 목록 단추를 클릭하여 [열의 %]로 설정값을 변경합니다.

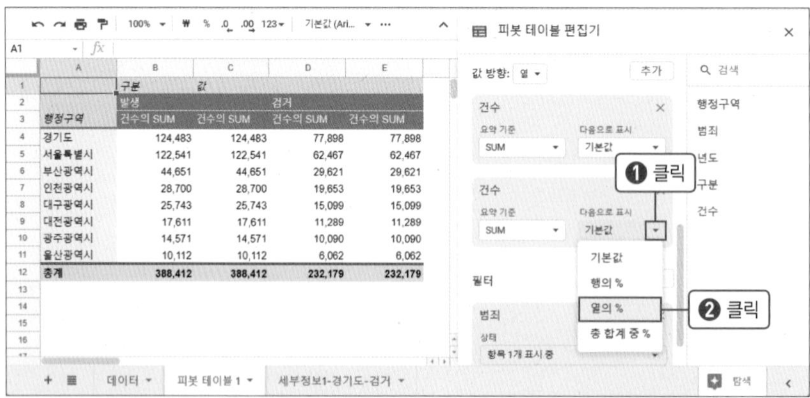

**3** [건수] 필드가 기본값과 비율(%)로 함께 표시됩니다. 그런데 피봇 테이블 보고서의 필드명이 '건수의 SUM'으로 표시되어 항목을 구분하기가 불편합니다.

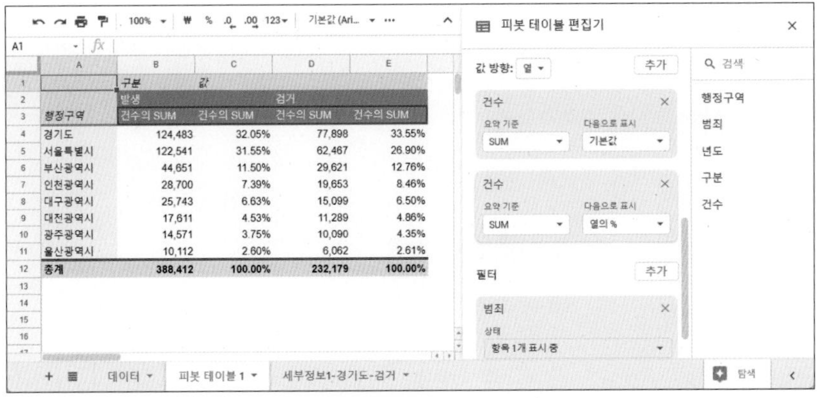


**4** 필드명을 변경해 볼게요. B3셀을 선택하고 '건수'로 변경하고, C3셀을 선택한 후 '%'로 변경합니다.

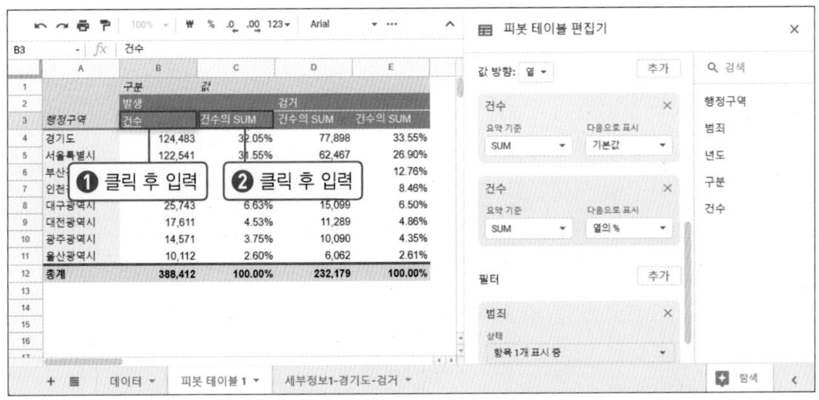


**5** D3, E3 셀에도 변경한 필드명이 자동으로 적용되어 나타납니다. [피봇 테이블 편집기] 창의 '값' 영역에도 변경된 필드명으로 바뀌어 구분하기가 쉽습니다.

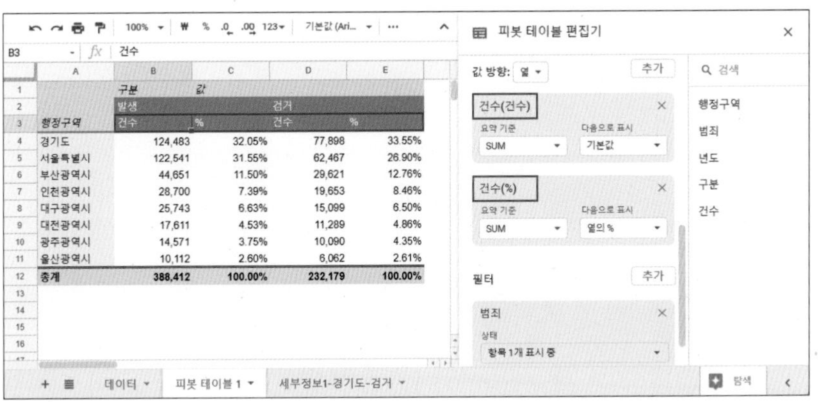

### 잠깐만요 :: 값 영역에는 동일한 필드를 추가할 수 있어요

다른 영역에는 할 수 없지만 '값' 영역에는 동일한 필드를 1개 이상 추가할 수 있으며 '값' 영역에 필드가 2개 이상일 경우에는 값이 표시되는 방향을 변경할 수 있습니다.

실무예제 06

# 특정값으로 그룹 묶기

**1** '행정구역' 항목의 데이터 중 '경기도'와 '서울특별시', '인천광역시'를 수도권이라는 그룹을 만들어 데이터를 집계할게요. [피봇 테이블1] 시트에서 그룹으로 묶을 A4:A5 셀 범위를 지정하고 Ctrl 키를 누른 상태로 A7셀을 선택한 후 [마우스 오른쪽 버튼]-[피봇 그룹 만들기]를 클릭합니다.

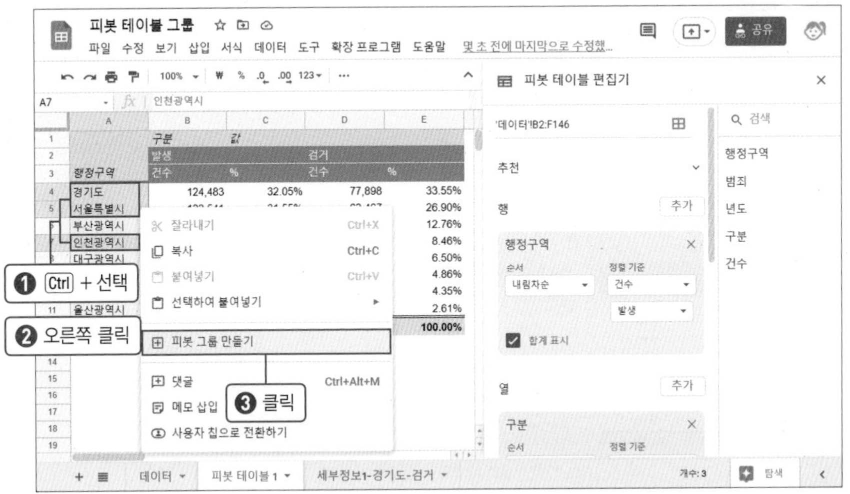


**2** '경기도'와 '서울특별시', '인천광역시'를 그룹핑한 새로운 카테고리가 만들어지면서 [피봇 테이블 편집기] 창의 '행' 영역에 '행정구역을(를) 그룹화함'이라는 새로운 필드가 만들어집니다. [피봇 테이블 편집기] 창의 '행' 영역에 '행정구역' 필드의 [합계 표시]는 체크를 해지할게요.

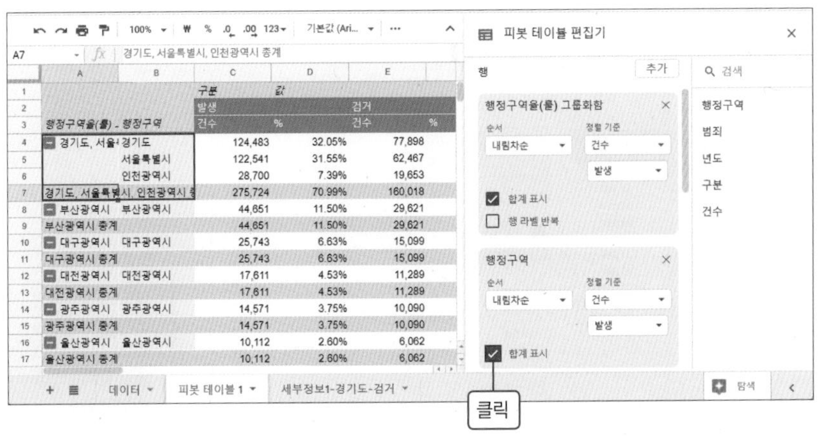

**3** 그룹 이름을 변경해 볼게요. A4셀을 선택하고 '경기도, 서울특별시, 인천광역시'의 그룹 이름 대신 '수도권'을 입력합니다.

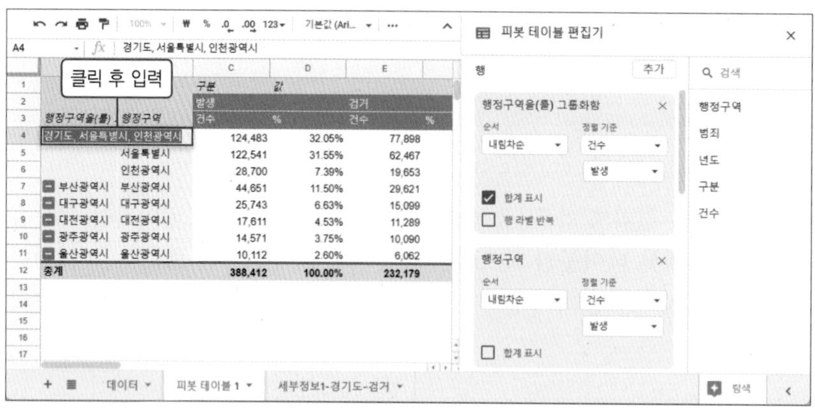


**4** '수도권'으로 그룹 이름이 바뀌었습니다.

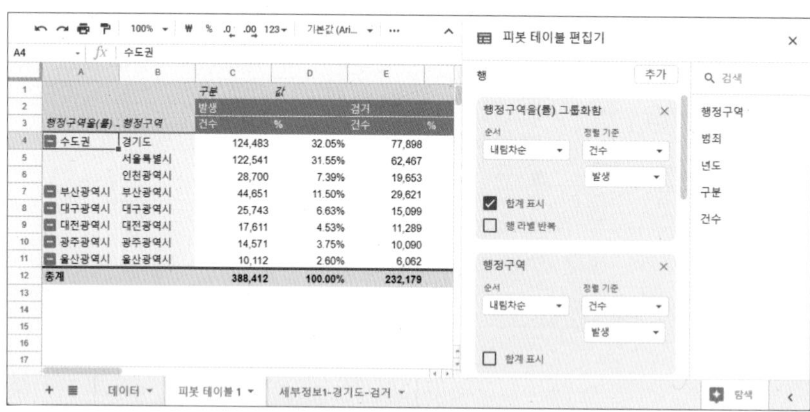

**5** 그룹 항목을 모두 접어 볼게요. 그룹화된 A열에 [마우스 오른쪽 버튼]-[행정구역을(를) 그룹화함의 모든 항목 접기]를 클릭합니다.

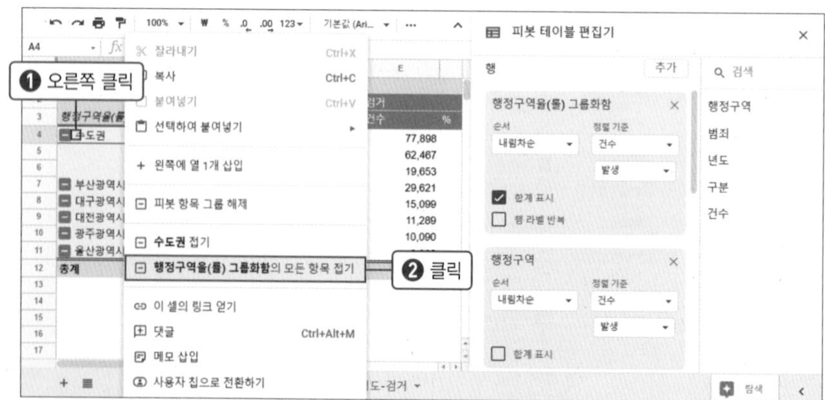


**Tip**

필드 축소, 확장 버튼(+ / −)을 클릭하여 특정 그룹만 펼치고 접을 수 있어요.

**6** 그룹별로 '값' 영역의 필드 총계가 새로 계산됩니다.

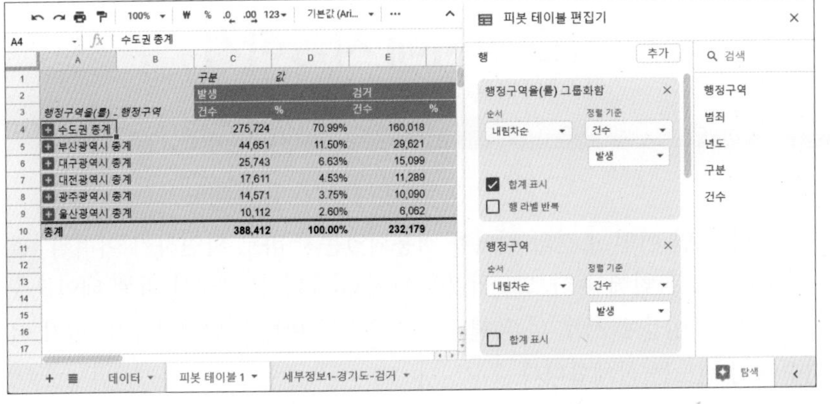

☑ Google Sheet ☑ Excel

◉ **예제파일** : Chapter03 > Section07 > 피봇 테이블 복사 / 피봇 테이블 복사(완성)

# 07 피봇 테이블 복사해 사용하기

**1** 피봇 테이블을 사용하다 보면 어떤 조건의 필터가 적용되었는지 바로 확인하기 어려워 '필터' 영역의 상태 목록을 일일이 확인해야 하므로 귀찮을 때가 있습니다. 그래서 피봇 테이블을 여러 개로 복사하여 각 피봇 테이블에 서로 다른 필터를 적용하는 방법을 알아볼게요. 먼저 여기서 '값' 영역의 [건수(%)] 필드는 삭제합니다.

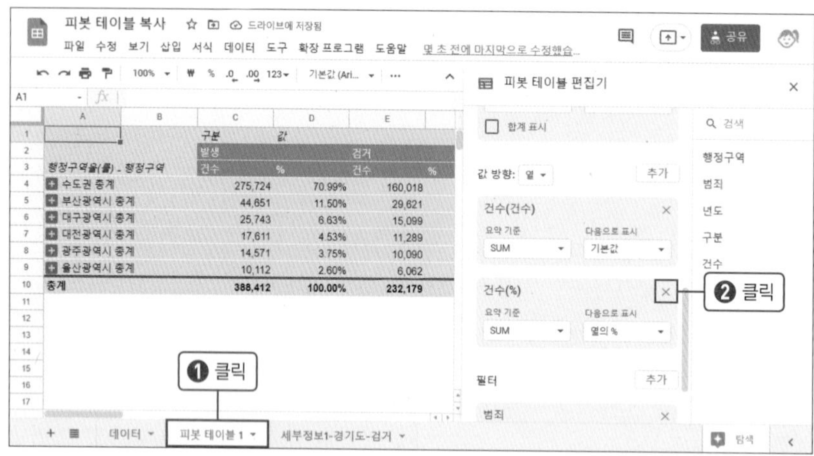


**2** 현재 피봇 테이블에 필터링된 '절도범죄' 데이터만 구분하기 위해 A1셀에는 '절도'라고 입력하고 해당 피봇 테이블을 Ctrl + A로 전체 선택하여 Ctrl + C를 눌러 복사합니다. 그런 다음 A12셀에 Ctrl + V로 붙여넣기합니다.

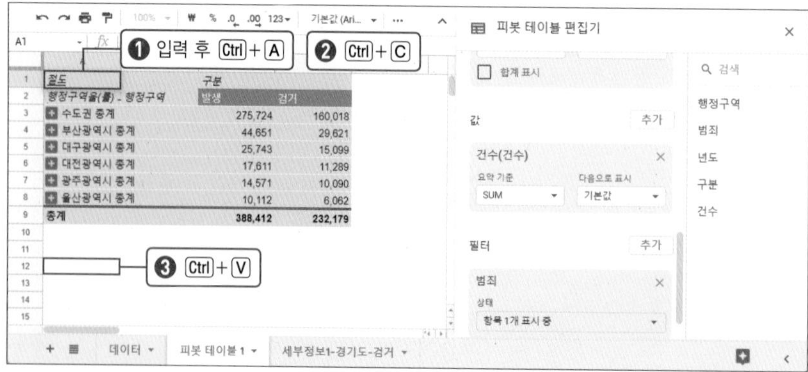

**3** A12셀에 복사된 피봇 테이블의 필터 조건인 '폭력'으로 이름을 입력하고 [피봇 테이블 편집기] 창의 '필터' 영역에 '범죄' 필드의 상태 목록 단추를 클릭하여 '폭력범죄'를 선택합니다.

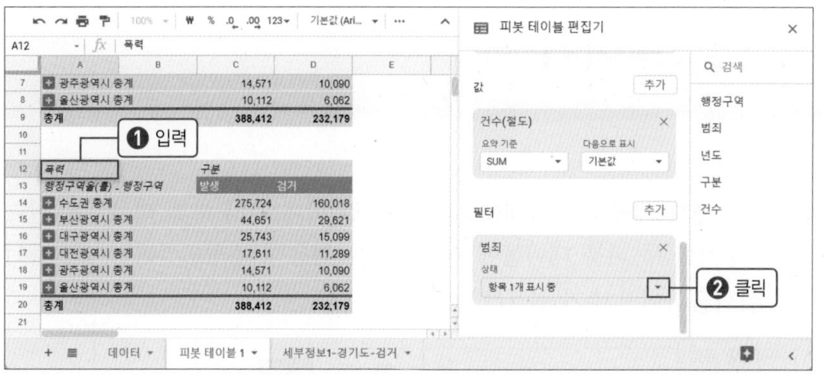

**4** 이렇게 상황에 따라 피봇 테이블의 필터 조건을 매번 변경하지 않고도 여러 조건으로 필터링된 피봇 테이블을 만들어 편리하게 사용할 수 있습니다.

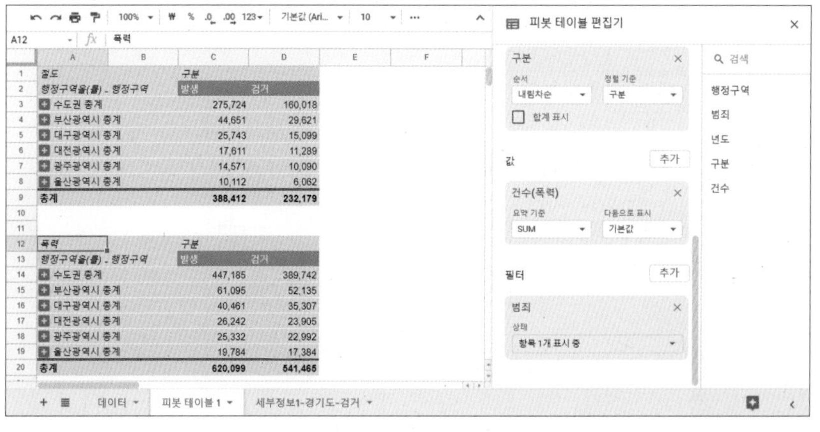

# 두 가지 이상 피봇 테이블 한 번에 컨트롤하기

**1** 슬라이서란 필터 메뉴를 별도 개체로 나타내어 사용자가 한 번에 여러 피봇 테이블을 컨트롤 할 수 있습니다. 앞서 생성한 두 피봇 테이블에 슬라이서를 적용해 볼게요. [피봇 테이블1] 시트를 선택하고 [데이터]-[슬라이서 추가]를 클릭합니다.

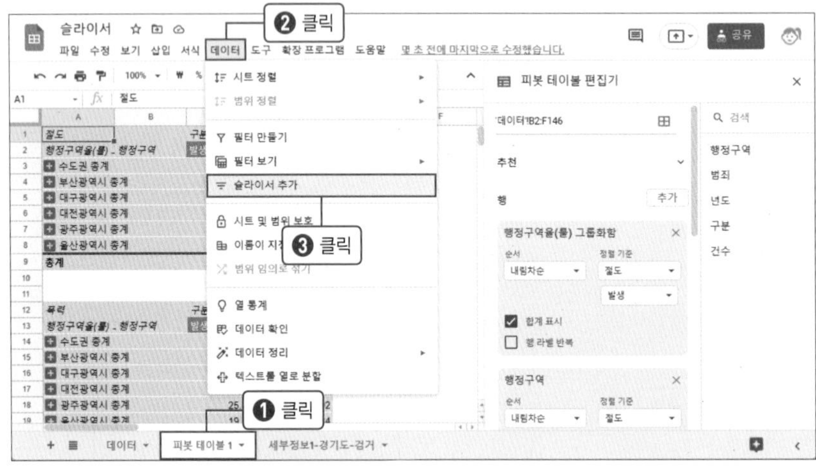


**2** 슬라이서가 추가되면 적당한 위치에 드래그하여 위치시키고 화면 우측 [슬라이서] 창의 [데이터] 탭의 '데이터 범위'에서 적용 범위를 확인한 후 '열' 항목의 드롭다운 버튼을 클릭하여 [년도] 필드를 선택합니다.

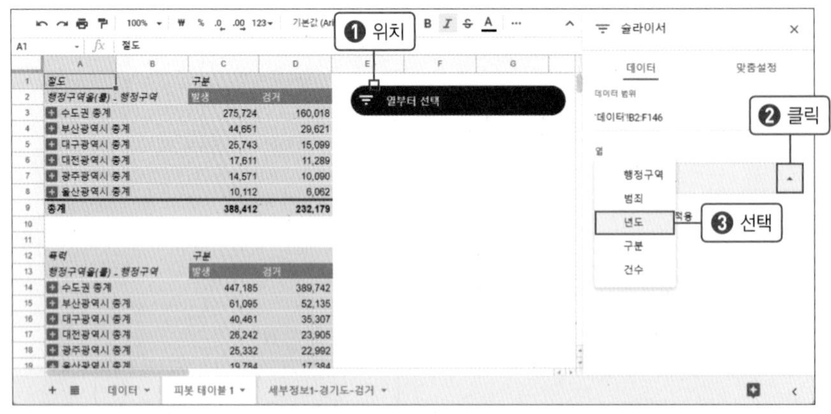


**Tip**

[슬라이서] 창의 [맞춤설정] 탭에서 슬라이서의 제목과 글꼴, 배경 색상 등 서식을 지정할 수 있어요.

**3** 슬라이서의 필터 아이콘 또는 [모두] 목록 단추를 클릭하여 2019년도를 제외한 나머지 년도에는 체크를 해지하고 [확인]을 클릭하세요.

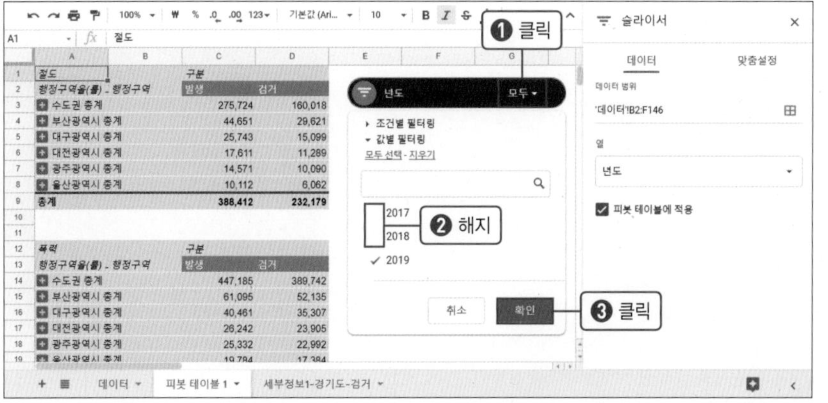


**4** 절도범죄로 필터된 피봇 테이블과 폭력범죄로 필터된 피봇 테이블의 발생과 검거건수가 2019년도 해당하는 데이터로 새롭게 집계되는 것을 알 수 있습니다.

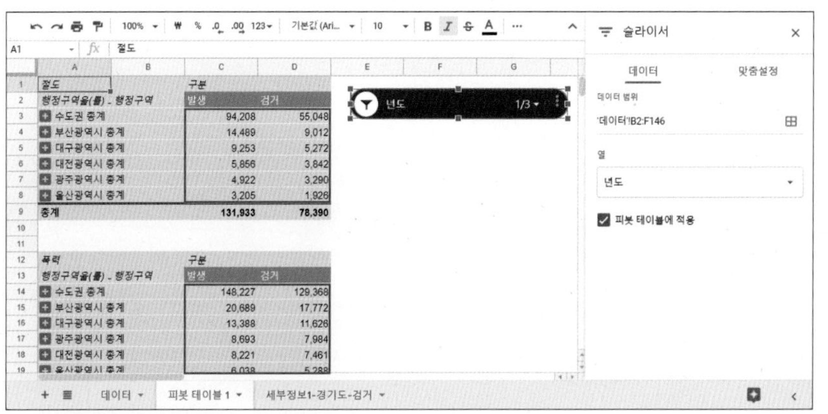

**Tip**

슬라이서는 한 개 이상 추가하여 사용할 수 있어요.

필요한 조건을 만들어 데이터를 추출하거나 판단하는데 사용되는 함수들은 필수적으로 알아두어야 합니다. 업무가 편해지는데 강력한 힘을 발휘하는 구글 스프레드시트의 함수들을 소개합니다.

CHAPTER

# 04

# 복잡한 계산도 척척, 함수의 원리 익히기

SECTION

# 08

# 수식을 사용하기 전 알아두기

엑셀보다 쉽다! 셀을 참조하는 방법부터 배열 사용까지!
구글 스프레드시트는 엑셀과 비교하면 좀 더 유연한 수식
사용을 할 수 있습니다.

필수기능 01

# 셀을 참조하는 형태 알아보기

셀을 참조하는 방식은 엑셀과 동일하며 크게 상대 참조, 절대 참조, 혼합 참조로 나뉠 수 있고 셀 주소를 표기할 때 고정 기호($)를 사용하는 방식에 따라 구분합니다.
여기서 셀 주소는 열 주소와 행 주소를 함께 표기하며 범위를 지정할 경우 '열 주소:열 주소' 혹은 '행 주소:행 주소', '열/행 주소:열/행 주소' 형태를 사용하는데 구글 스프레드시트에서 범위를 지정할 때 추가로 '열/행 주소:열 주소' 혹은 '열/행 주소: 행 주소'의 형태를 사용할 수 있습니다.

## 1 | 상대 참조

상대 참조는 입력된 수식을 자동 채우기하거나 붙여넣기할 때 셀이 이동하는 방향에 따라 참조되는 셀의 주소 혹은 범위도 함께 이동되는 참조 방식으로 다음과 같이 표기합니다.

예 A1, B2, C:D, 2:3, E10:F

## 2 | 절대 참조

절대 참조는 수식을 다른 방향으로 채우기할 때 참조 셀 혹은 범위를 함께 이동하지 않도록 고정하는 방식을 말하며 표기법은 고정할 주소 앞에 고정 기호인 '$'를 입력합니다.

예 $A$1, $B$2, $C:$D, $2:$3, $E$10:$20

## 3 | 혼합 참조

상대 참조와 절대 참조가 혼합된 형태인 혼합 참조는 주소 일부에 고정 기호($)를 사용하는 방식입니다.

예 A$1, $B2, $C:D, $2:3, $E10:F

**잠깐만요 :: 셀 주소 고정 기호 $를 간단한 방법으로 입력하기**

셀 주소에 고정 기호($)를 사용하여 셀 주소 형태를 변경할 수 있는데, 이때 사용자가 직접 고정 기호를 입력할 수도 있지만 보통은 입력된 셀 주소에 F4를 누르는 방법으로 $ 기호를 붙여서 사용합니다. F4는 토글키로 누를 때마다 상대 참조 → 절대 참조 → 행 고정 혼합 참조 → 열 고정 혼합 참조 형태로 순환되면서 셀 참조 방식을 변경합니다.

# 02 복잡한 셀 주소 대신 이름으로 지정해 사용하기

**1** 복잡한 셀 주소 대신 범위에 이름을 지정해 편리하게 사용해 볼게요. 먼저 이름을 지정하기 위해 [재고] 시트의 C4:C8 셀 범위를 지정하고 [데이터]-[이름이 지정된 범위]를 선택합니다.

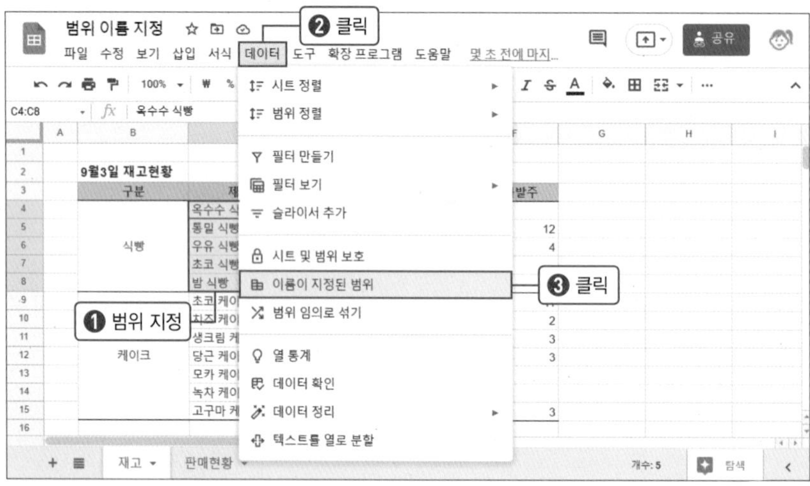


**Tip**
범위 지정 후 [마우스 오른쪽 버튼]-[셀 작업 더보기]-[이름이 지정된 범위 정의]를 선택하거나 이름상자에 바로 이름을 입력할 수도 있어요.

**2** 화면 우측에 [범위 이름 지정] 창이 나타나면 이름 입력란에 '식빵'을 입력하고 [완료]를 클릭합니다. [재고] 시트의 C4:C8 셀 주소를 앞으로 '식빵'이라는 이름으로 사용할 수 있어요.

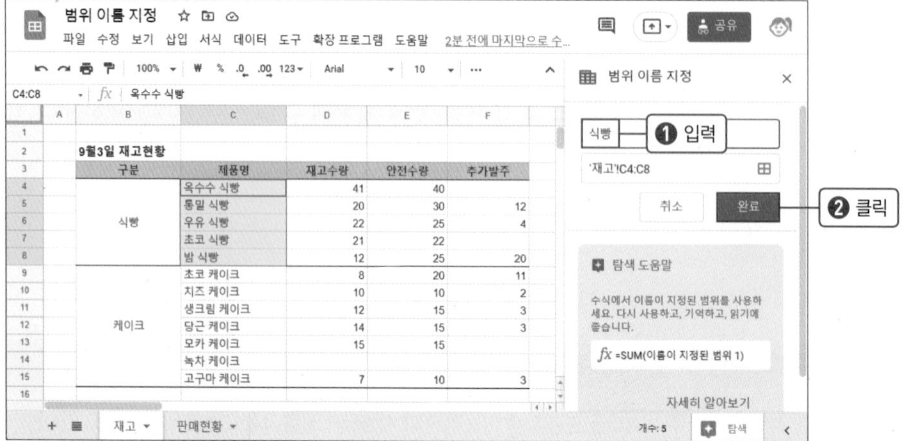

**3** 이번에는 C9:C15 셀 범위를 지정하고 화면 우측의 [범위 이름 지정] 창의 [+범위 추가]를 클릭합니다.

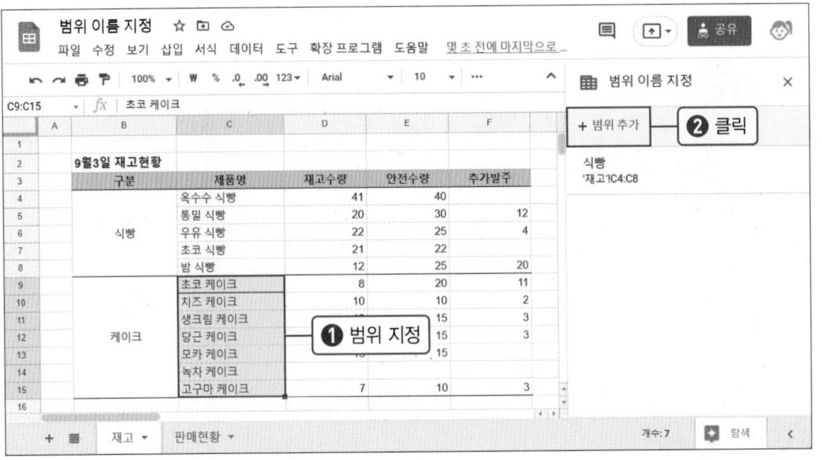


**4** C9:C15 셀범위에 정의할 이름 입력란에 '케이크'라고 입력하고 [완료]를 클릭합니다.

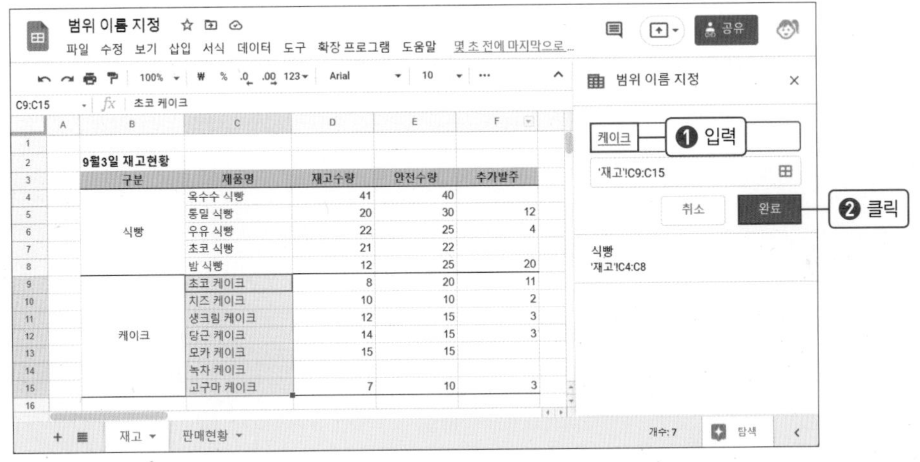


**Tip**

정의한 이름을 수정하거나 삭제하고 싶은 경우 [범위 이름 지정] 창에서 해당 이름에 마우스를 가져가면 연필 모양(✎)의 수정 아이콘이 나타나는데 해당 아이콘을 클릭하여 이름 또는 범위를 수정하고 삭제할 수 있어요.

**5** 이제 이렇게 정의한 이름을 사용해 볼게요. [판매현황] 시트를 선택하고 B8셀에 식빵의 총 제품 수를, B15셀에 케이크의 총 제품 수를 계산하기 위해 B8셀에는 함수식 '=COUNTA(식빵)'을, B15셀에는 함수식 '=COUNTA(케이크)'를 입력합니다.

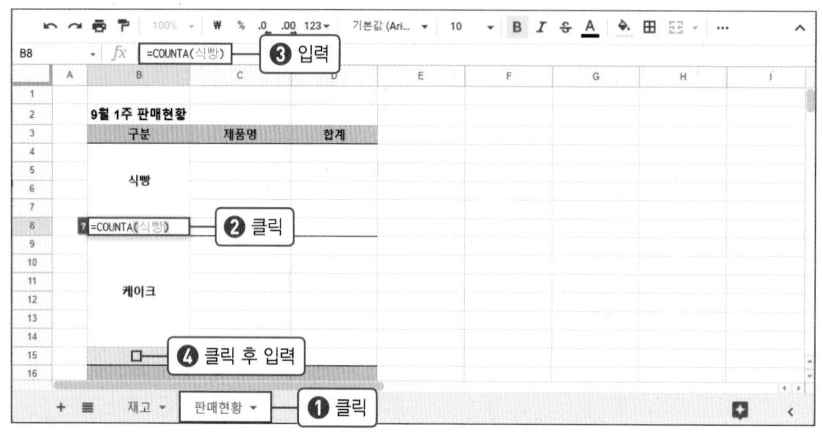


**Tip**
비어 있지 않은 셀의 개수를 구하는 COUNTA함수의 자세한 내용은 279쪽을 참고하세요.

**6** 각 제품의 개수를 계산했으면 C4:C15 셀 범위에 제품명을 입력합니다. C4셀에 '={식빵;케이크}'를 입력하고 Enter를 누르세요.

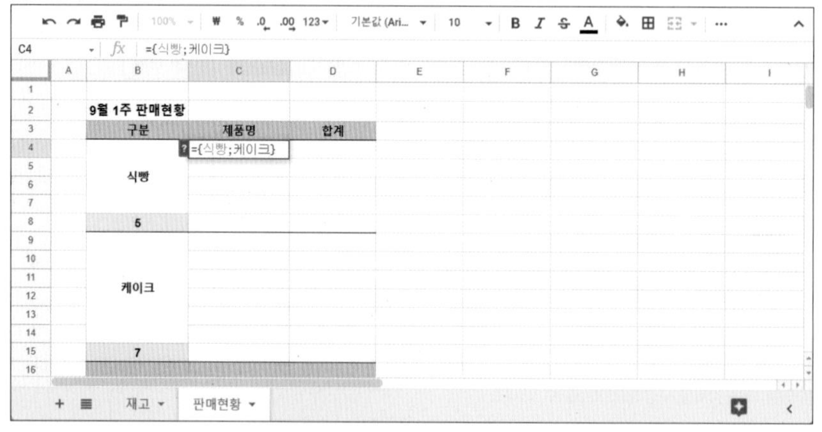


**Tip**
배열 만들기에 대한 자세한 내용은 248쪽을 참고하세요.

**7** '식빵'과 '케이크' 범위의 데이터가 표시되었습니다. 복잡한 셀 주소 대신 정의한 이름으로 함수식을 쉽게 사용해 보았습니다.

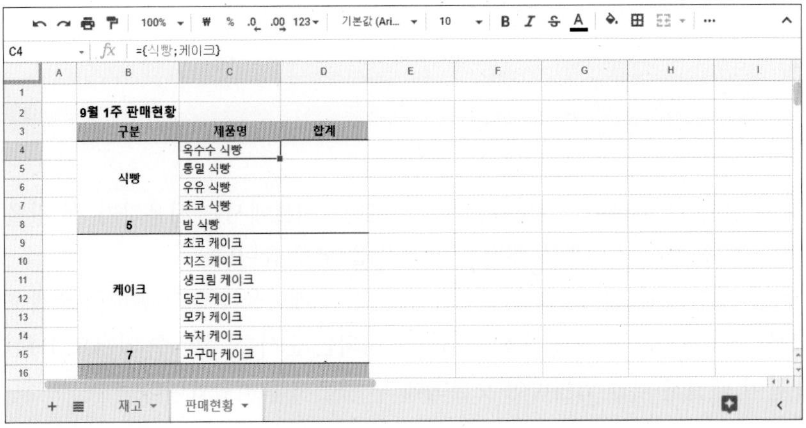

◉ **예제파일** : Chapter04 > Section08 > 배열 / 배열(완성)

# 03 강력한 기능의 배열 만들기

**1** 배열은 행과 열로 구성된 값의 테이블입니다. 구글 스프레드시트에서는 사용자가 셀 값을 그룹화하여 배열을 만들거나, 함수의 결과를 배열로 반환 받을 수 있습니다.
여기서는 사용자가 직접 배열을 만드는 방법을 알아봅니다. 먼저 배열을 만들기 위해서 중괄호를 사용하여 값을 그룹화할 수 있으며 문장 부호로 값이 표시되는 순서를 정할 수 있어요. B4셀을 선택하고 다음과 같이 배열 수식을 입력하여 오른쪽에 두 주문서를 취합합니다.

```
={F3:H8 /* F3:H8 셀 범위의 데이터를 반환 */
; /* 아래쪽 새로운 행에 */
F11:H15} /* F11:H15 셀 범위의 데이터를 반환 */
```

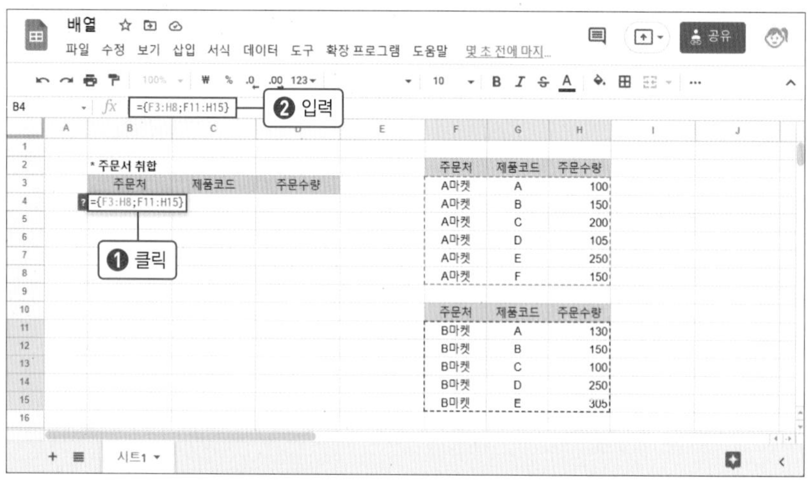


**잠깐만요 :: 문장 부호에 따른 데이터 표시 방법**

| 문장 부호 | 설명 |
|---|---|
| 쉼표(,) | 배열에 데이터 행을 쓸 수 있도록 열을 분리합니다.<br>예 첫 번째 테이블을 반환 후 오른쪽에 있는 새로운 열에 두 번째 테이블을 배치합니다.<br>* 이때 배열의 길이는 동일해야 합니다. |
| 세미콜론(;) | 배열에 데이터 열을 쓸 수 있도록 행을 분리합니다.<br>예 첫 번째 테이블을 반환 후 아래 새로운 행에 두 번째 테이블을 배치합니다. |

**2** B4셀에 입력한 배열 수식에 따라 두 테이블의 데이터가 표시됩니다. 이때 배열로 반환된 결과값은 일부만 삭제할 수 없으며 결과값이 표시될 범위 내 다른 데이터가 입력되어 있으면 오류가 발생됩니다.

B5 | fx | A마켓

* 주문서 취합

| 주문처 | 제품코드 | 주문수량 |
|---|---|---|
| A마켓 | A | 100 |
| A마켓 | B | 150 |
| A마켓 | C | 200 |
| A마켓 | D | 105 |
| A마켓 | E | 250 |
| A마켓 | F | 150 |
| B마켓 | A | 130 |
| B마켓 | B | 150 |
| B마켓 | C | 100 |
| B마켓 | D | 250 |
| B마켓 | E | 305 |

| 주문처 | 제품코드 | 주문수량 |
|---|---|---|
| A마켓 | A | 100 |
| A마켓 | B | 150 |
| A마켓 | C | 200 |
| A마켓 | D | 105 |
| A마켓 | E | 250 |
| A마켓 | F | 150 |

| 주문처 | 제품코드 | 주문수량 |
|---|---|---|
| B마켓 | A | 130 |
| B마켓 | B | 150 |
| B마켓 | C | 100 |
| B마켓 | D | 250 |
| B마켓 | E | 305 |

시트1

**Tip**
수식을 입력한 B4셀을 제외한 배열로 반환된 다른 셀을 클릭하여 수식입력줄을 확인하면 수식이 아닌 값의 형태로 표시되는 것을 알 수 있어요.

# 자동 채우기가 필요 없는 ARRAYFORMULA함수 알아보기

**1** 결과를 배열로 반환하는 대표적인 함수로는 앞으로 알아볼 ARRAYFORMULA, FILTER, SORT, UNIQUE, SPLIT 등이 있습니다. ARRAYFORMULA함수는 단일 인수를 사용하는 함수에 인수를 배열로 받아 처리할 수 있도록 도와주는 역할을 담당합니다. 이때 INDEX, AVERAGEIF, AVERAGEIFS, SUMIFS, MAXIFS, MINIFS 등 인수를 배열로 받는 일부 함수에는 적용되지 않습니다.

문자 길이를 계산하는 LEN함수를 통하여 ARRAYFORMULA함수를 어떻게 적용해 사용할 수 있는지 알아볼게요. C3셀에 문자 길이를 반환하는 함수식 '=LEN(B3)'을 입력합니다.

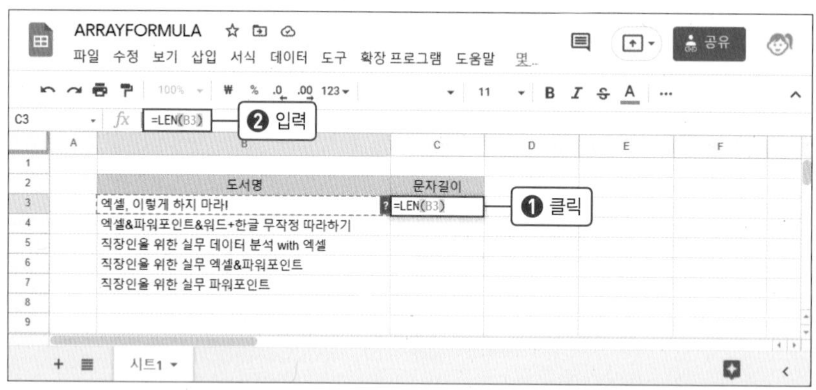


**2** 보통은 이렇게 함수식을 마무리하고 자동 채우기 핸들을 드래그하여 나머지 셀에도 수식을 채웁니다.

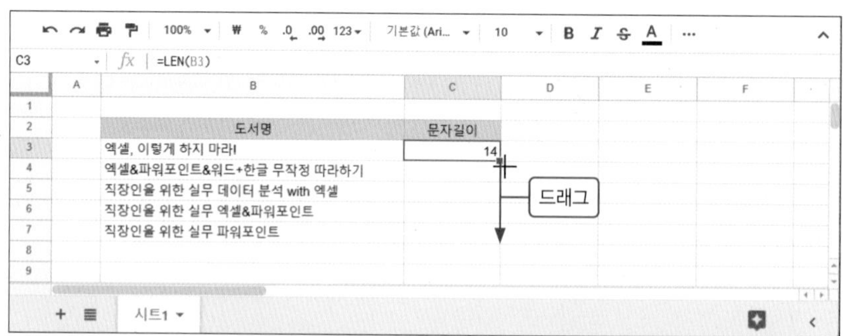


**Tip**

수식 입력 후 '자동 완성 제안사항' 팝업창이 나타난다면 260쪽 내용을 참고하세요.

**3** 하지만 이때 ARRAYFORMULA함수를 적용하면 범위로 받은 인수의 결과값을 배열로 한 번에 표시할 수 있습니다. C3셀의 함수식을 다음과 같이 수정합니다. LEN함수 인수 대상이 셀이 아닌 범위로 지정됩니다.

```
=LEN(B3:B7)
```

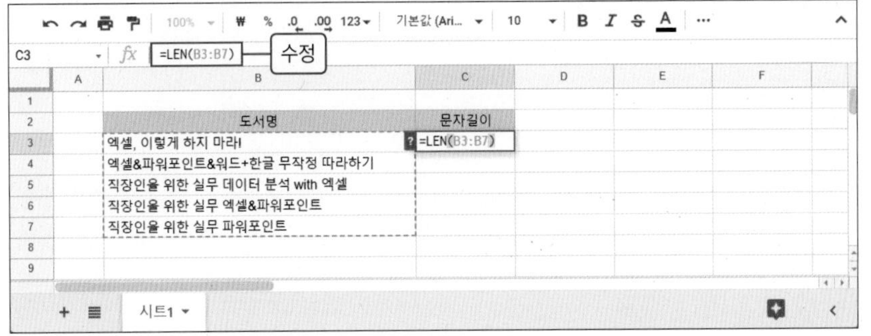


**4** 함수식을 수정했으면 인수를 배열로 받을 수 있도록 Ctrl + Shift + Enter를 눌러 ARRAYFORMULA 함수를 적용한 후 Enter 키를 누르세요.

```
=ArrayFormula(LEN(B3:B7))
```

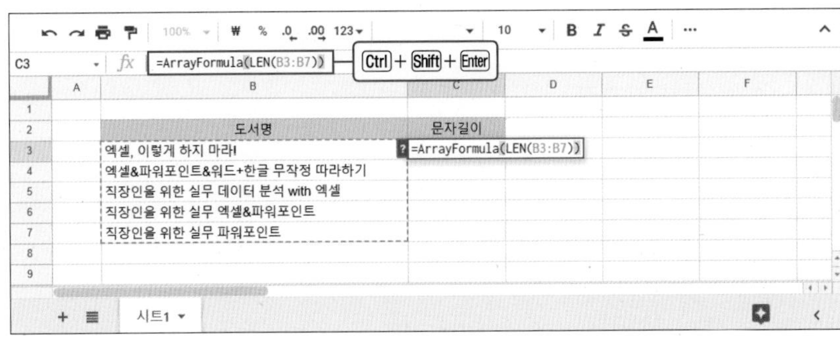


**Tip**
ARRAYFORMULA함수는 사용자가 직접 입력하여 사용할 수도 있지만 단축키 Ctrl + Shift + Enter를 눌러 쉽게 사용할 수 있습니다.

**5** 결과가 배열로 반환되어 자동 채우기를 하지 않아도 결과값이 채워집니다.

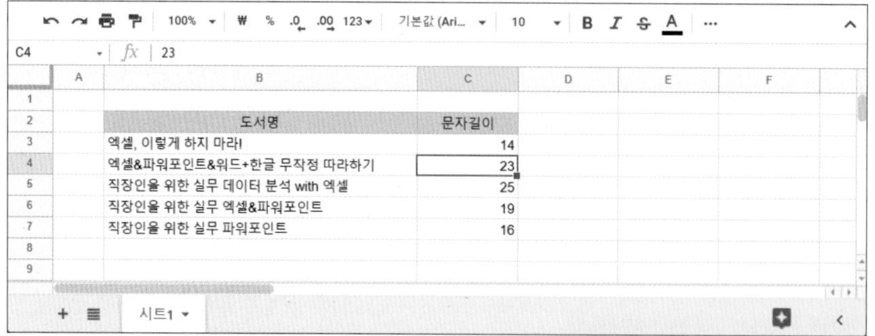

| | A | B | C | D | E | F |
|---|---|---|---|---|---|---|
| 1 | | | | | | |
| 2 | | 도서명 | 문자길이 | | | |
| 3 | | 엑셀, 이렇게 하지 마라! | 14 | | | |
| 4 | | 엑셀&파워포인트&워드+한글 무작정 따라하기 | 23 | | | |
| 5 | | 직장인을 위한 실무 데이터 분석 with 엑셀 | 25 | | | |
| 6 | | 직장인을 위한 실무 엑셀&파워포인트 | 19 | | | |
| 7 | | 직장인을 위한 실무 파워포인트 | 16 | | | |
| 8 | | | | | | |
| 9 | | | | | | |

**Tip**

더 많은 ARRAYFORMULA함수를 적용한 예는 294, 297, 315, 353쪽을 참고하세요.

실무예제 05

# 비연속적 범위에 수식 또는 값 한 번에 채우기

방법1 수식 입력 → (수식 포함)범위 선택 → Ctrl + Enter (비연속적 범위 사용 불가)

방법2 범위 선택 → 수식 입력 → Enter → Ctrl + Enter (비연속적 범위 사용 가능)

**1** 방법1 [시트1]의 C4셀에는 B열 금액에 C열의 할인율을 참조하여 할인금액이 계산되었습니다. 자동 채우기 핸들을 사용하지 않고 해당 수식을 표 전체에 채우기로 적용해 볼게요. 수식이 포함된 셀 범위(C4:E9)를 선택합니다.

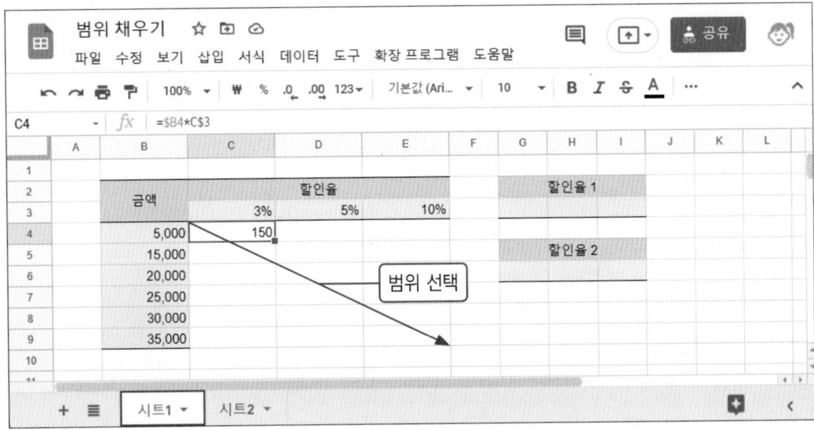


**2** 범위를 선택한 후 Ctrl + Enter를 누르면 지정한 범위에 수식이 한번에 채우기가 적용됩니다.

C4:E9 =$B4*C$3

| 금액 | 할인율 3% | 5% | 10% |
|---|---|---|---|
| 5,000 | 150 | 250 | 500 |
| 15,000 | 450 | 750 | 1,500 |
| 20,000 | 600 | 1,000 | 2,000 |
| 25,000 | 750 | 1,250 | 2,500 |
| 30,000 | 900 | 1,500 | 3,000 |
| 35,000 | 1,050 | 1,750 | 3,500 |

할인율 1

할인율 2

Ctrl + Enter

합: 23,400

기본 사용법
입력 / 편집
데이터 작성
함수
표&차트 시각화

**3** 이번에는 비연속적 범위에 셀을 참조시켜 볼게요. G3셀을 선택하고 '=C$3'을 입력하여 할인율의 값을 참조시킵니다.

**4** G3:I3 셀 범위를 선택한 후 Ctrl을 누른 채 G6:I6 셀 범위도 선택합니다.

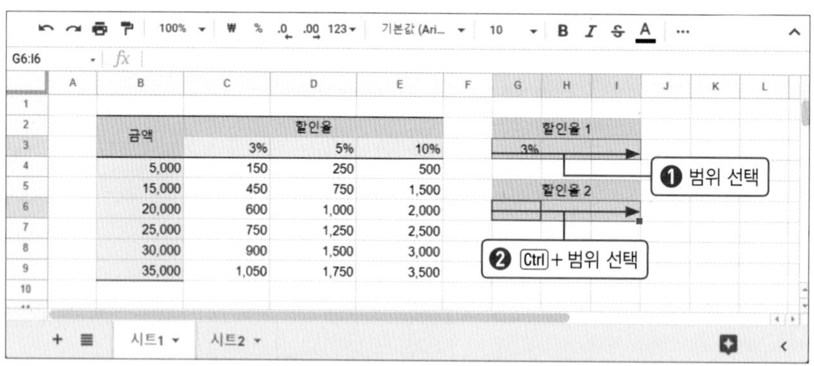


**Tip**

연속되지 않은 범위를 선택할 때는 Ctrl를 누르며 선택하세요.

**5** 각 범위를 선택했으면 Ctrl + Enter를 눌러 보세요. G3셀에 입력한 수식이 삭제되었습니다. 이렇게 수식 또는 값을 입력한 다음, 범위를 선택해서 Ctrl + Enter를 사용하는 방법은 연속적 범위에만 가능합니다.

**6** 방법2 그럼 이번에는 다른 방법으로 범위를 채워 볼게요. [시트2]를 선택하고 이번에는 채우기할 셀 범위(C4:E9)를 먼저 선택하고 바로 다음과 같이 수식을 입력한 후 Enter를 누르세요.

```
=$B4*C$3
```

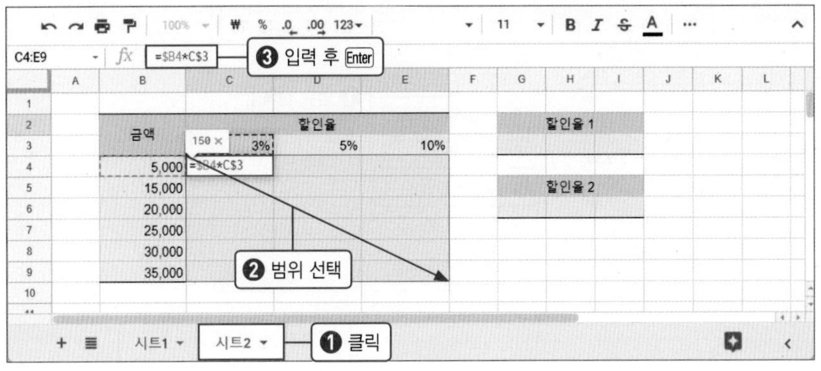


**7** Enter를 눌러 셀의 위치가 C5셀로 이동하면 Ctrl + Enter를 눌러 수식 채우기를 적용합니다.

C4:E9 | fx =$B5*C$3

| | A | B | C | D | E |
|---|---|---|---|---|---|
| 1 | | | | | |
| 2 | | 금액 | 할인율 | | |
| 3 | | | 3% | 5% | 10% |
| 4 | | 5,000 | 150 | [illegible] | 500 |
| 5 | | 15,000 | 450 | | 1,500 |
| 6 | | 20,000 | 600 | 1,000 | 2,000 |
| 7 | | 25,000 | 750 | 1,250 | 2,500 |
| 8 | | 30,000 | 900 | 1,500 | 3,000 |
| 9 | | 35,000 | 1,050 | 1,750 | 3,500 |

Ctrl + Enter

할인율 1

할인율 2

시트1 시트2 합: 23,400

**8** 이제 비연속 범위에 셀 값을 참조시킬게요. [시트2]에서 했던 방법과 동일하게 먼저 G3:I3 셀 범위를 선택하고 Ctrl를 누른 상태에서 G6:I6 셀 범위를 선택합니다. 그리고 다음과 같이 셀을 참조하는 수식(=C$3)을 입력하고 Enter를 누르세요.

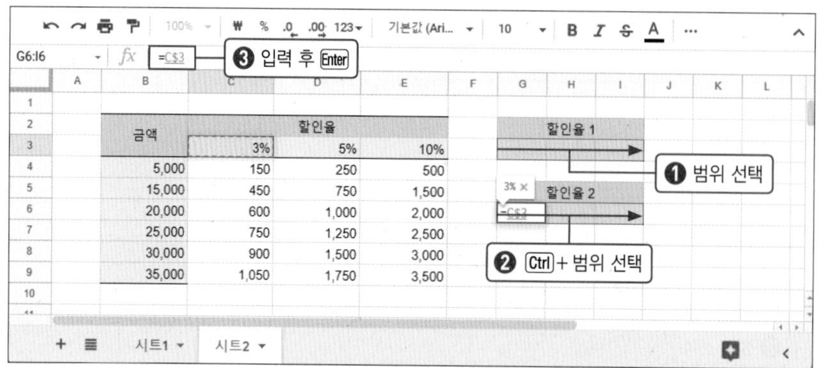


**9** H6셀로 셀이 이동하면 Ctrl + Enter를 누릅니다. 비연속 범위지만 수식 채우기가 되었습니다.

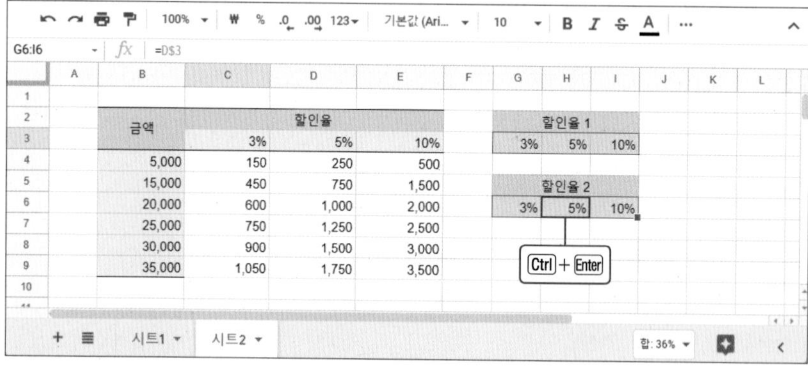


**⚠ 엑셀과 달라요**

엑셀에서는 범위에 채우기할 때 범위를 지정한 후 수식 또는 값을 입력하고 Ctrl + Enter를 눌러 채우기하며, 단일셀, 비연속적 범위 상관없이 채우기가 가능해요.

## 잠깐만요 :: '방법2'로 비연속적 범위에 수식 또는 값이 채워지지 않는다면?

비연속적 범위에 값을 채우기 위해 빈 셀들을 선택한 후 '해당없음'을 입력하고 Enter 키를 누르고 이동된 셀의 위치를 확인해보세요. 이동된 셀의 위치가 단일 셀이거나 이동된 셀 위치가 범위에 있어도 값이 입력된 셀이 단일 셀인 경우에는 채우기가 적용되지 않으니 상황에 따라 범위 선택 순서를 조정할 수 있습니다.

• **비연속적 범위에 채우기가 가능한 예**

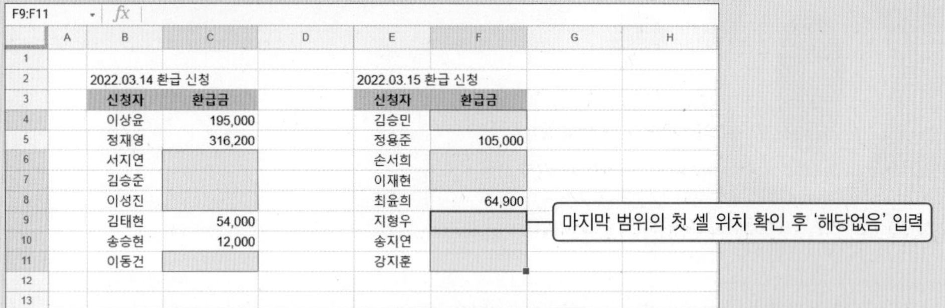

F9:F11 | fx

| | A | B | C | D | E | F | G | H |
|---|---|---|---|---|---|---|---|---|
| 1 | | | | | | | | |
| 2 | | 2022.03.14 환급 신청 | | | 2022.03.15 환급 신청 | | | |
| 3 | | 신청자 | 환급금 | | 신청자 | 환급금 | | |
| 4 | | 이상윤 | 195,000 | | 김승민 | | | |
| 5 | | 정재영 | 316,200 | | 정용준 | 105,000 | | |
| 6 | | 서지연 | | | 손서희 | | | |
| 7 | | 김승준 | | | 이재현 | | | |
| 8 | | 이성진 | | | 최윤희 | 64,900 | | |
| 9 | | 김태현 | 54,000 | | 지형우 | | | |
| 10 | | 송승현 | 12,000 | | 송지연 | | | |
| 11 | | 이동건 | | | 강지훈 | | | |
| 12 | | | | | | | | |
| 13 | | | | | | | | |

마지막 범위의 첫 셀 위치 확인 후 '해당없음' 입력

F9:F11 | fx 해당없음

| | A | B | C | D | E | F | G | H |
|---|---|---|---|---|---|---|---|---|
| 1 | | | | | | | | |
| 2 | | 2022.03.14 환급 신청 | | | 2022.03.15 환급 신청 | | | |
| 3 | | 신청자 | 환급금 | | 신청자 | 환급금 | | |
| 4 | | 이상윤 | 195,000 | | 김승민 | 해당없음 | | |
| 5 | | 정재영 | 316,200 | | 정용준 | 105,000 | | |
| 6 | | 서지연 | 해당없음 | | 손서희 | 해당없음 | | |
| 7 | | 김승준 | 해당없음 | | 이재현 | 해당없음 | | |
| 8 | | 이성진 | 해당없음 | | 최윤희 | 64,900 | | |
| 9 | | 김태현 | 54,000 | | 지형우 | 해당없음 | | |
| 10 | | 송승현 | 12,000 | | 송지연 | 해당없음 | | |
| 11 | | 이동건 | 해당없음 | | 강지훈 | 해당없음 | | |
| 12 | | | | | | | | |
| 13 | | | | | | | | |

Enter 키로 이동된 셀 위치 확인 후 Ctrl + Enter

• **비연속적 범위에 채우기가 불가능한 예**

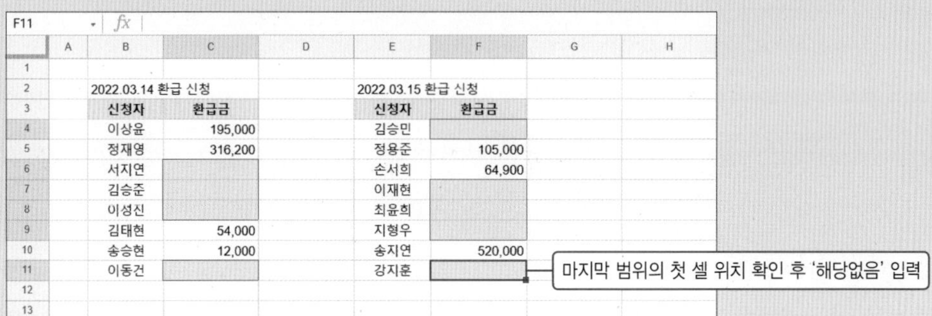

F11 | fx

| | A | B | C | D | E | F | G | H |
|---|---|---|---|---|---|---|---|---|
| 1 | | | | | | | | |
| 2 | | 2022.03.14 환급 신청 | | | 2022.03.15 환급 신청 | | | |
| 3 | | 신청자 | 환급금 | | 신청자 | 환급금 | | |
| 4 | | 이상윤 | 195,000 | | 김승민 | | | |
| 5 | | 정재영 | 316,200 | | 정용준 | 105,000 | | |
| 6 | | 서지연 | | | 손서희 | 64,900 | | |
| 7 | | 김승준 | | | 이재현 | | | |
| 8 | | 이성진 | | | 최윤희 | | | |
| 9 | | 김태현 | 54,000 | | 지형우 | | | |
| 10 | | 송승현 | 12,000 | | 송지연 | 520,000 | | |
| 11 | | 이동건 | | | 강지훈 | | | |
| 12 | | | | | | | | |
| 13 | | | | | | | | |

마지막 범위의 첫 셀 위치 확인 후 '해당없음' 입력

F11 | fx

| | A | B | C | D | E | F | G | H |
|---|---|---|---|---|---|---|---|---|
| 1 | | | | | | | | |
| 2 | | 2022.03.14 환급 신청 | | | 2022.03.15 환급 신청 | | | |
| 3 | | 신청자 | 환급금 | | 신청자 | 환급금 | | |
| 4 | | 이상윤 | 195,000 | | 김승민 | | | |
| 5 | | 정재영 | 316,200 | | 정용준 | 105,000 | | |
| 6 | | 서지연 | | | 손서희 | 64,900 | | |
| 7 | | 김승준 | | | 이재현 | | | |
| 8 | | 이성진 | | | 최윤희 | | | |
| 9 | | 김태현 | 54,000 | | 지형우 | | | |
| 10 | | 송승현 | 12,000 | | 송지연 | 520,000 | | |
| 11 | | 이동건 | | | 강지훈 | 해당없음 | | |
| 12 | | | | | | | | |
| 13 | | | | | | | | |

Enter 키로 이동된 셀 위치 확인 후 Ctrl + Enter

SECTION

# 09

# 실무 필수 함수 익히기

복잡한 계산도 문제 없다!
실무에서 가장 많이 사용하는 함수의 종류와 사용법을 소개합니다.

실무예제 01

# 합계/평균 구하기

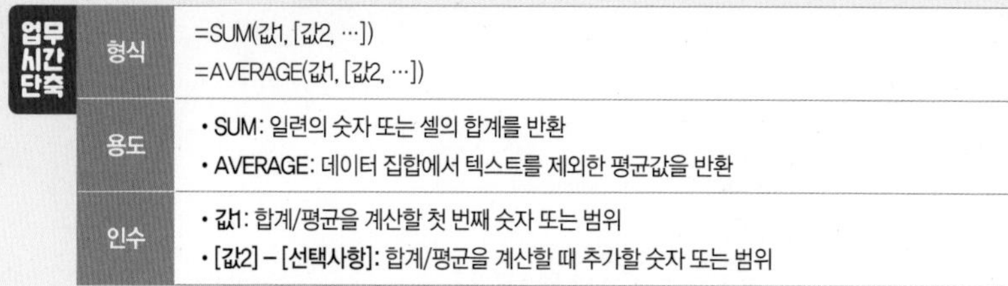

업무시간단축

| | |
|---|---|
| 형식 | =SUM(값1, [값2, …])<br>=AVERAGE(값1, [값2, …]) |
| 용도 | • SUM: 일련의 숫자 또는 셀의 합계를 반환<br>• AVERAGE: 데이터 집합에서 텍스트를 제외한 평균값을 반환 |
| 인수 | • 값1: 합계/평균을 계산할 첫 번째 숫자 또는 범위<br>• [값2] – [선택사항]: 합계/평균을 계산할 때 추가할 숫자 또는 범위 |

**1** C4셀부터 C9셀까지 'M카드' 사용 실적의 합계와 평균을 계산해 볼게요. C10셀을 선택하고 수식의 시작을 알리는 기호 '='을 입력합니다. 이때 구글 스프레드시트는 데이터의 패턴을 감지하고 추천 수식을 표시합니다. [수식 추천 사용] 기능은 상황에 따라 불편한 요소가 될 수 있어 해당 교재에서는 사용하지 않겠습니다. C10셀에 다음과 같이 합계를 구하는 함수식을 입력하고 Enter를 누르세요.

```
=SUM(C4:C9)
```

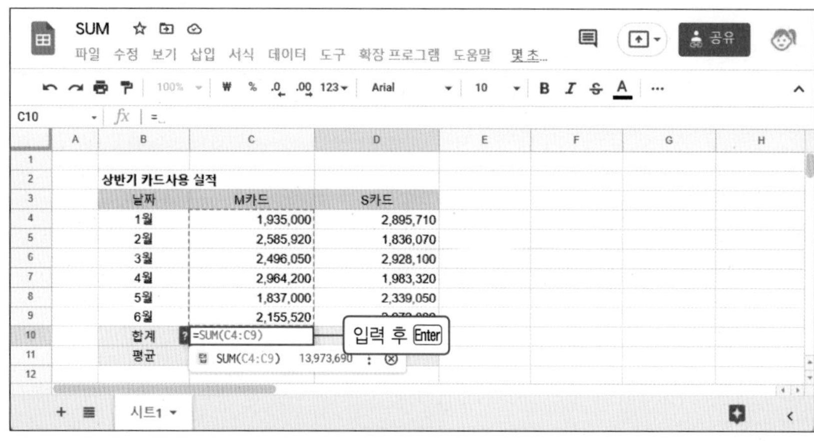

**Tip**

[도구] – [자동 완성] – [수식 추천 사용]에 체크를 해지하면 해당 기능이 실행되지 않습니다.

**2** 함수식을 입력하고 Enter를 누르면 [자동 완성] 창이 나타나는데 앞서 사용한 수식을 사용자가 자동 채우기를 적용하지 않고도 Ctrl + Enter나 확인 아이콘(☑)을 클릭하여 손쉽게 동일한 수식을 채울 수 있기 때문에 편리할 수 있지만 우리는 C11셀에 합계가 아닌 평균을 계산할 것이기 때문에 [자동 완성] 기능은 사용하지 않겠습니다. C10셀에 합계를 확인합니다.

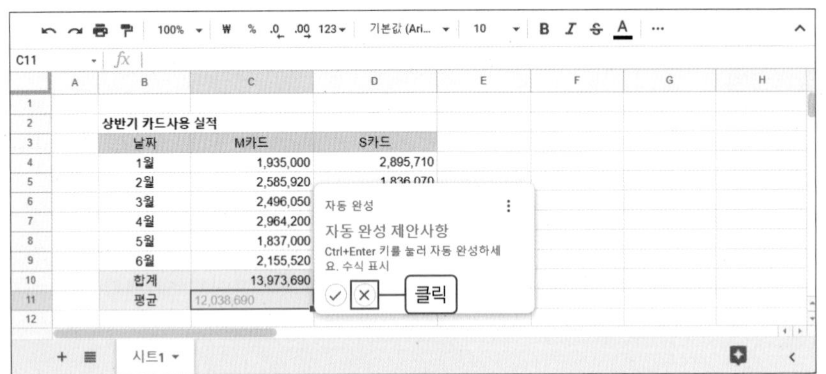


**Tip**

[도구] – [자동 완성] – [자동 완성 사용]에 체크를 해지하면 해당 기능이 실행되지 않습니다.

**3** C11셀에 평균을 계산하기 위해 다음의 함수식을 입력합니다.

```
=AVERAGE(C4:C9)
```

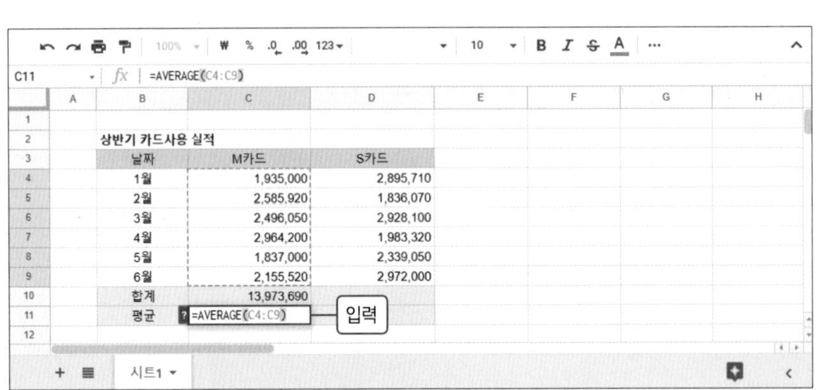

**4** 'M카드' 합계와 평균을 계산했으면 C10:C11 셀 범위를 지정하고 자동 채우기 핸들을 오른쪽으로 드래그하여 'S카드'의 합계와 평균을 구합니다.



| 날짜 | M카드 | S카드 |
|---|---|---|
| 1월 | 1,935,000 | 2,895,710 |
| 2월 | 2,585,920 | 1,836,070 |
| 3월 | 2,496,050 | 2,928,100 |
| 4월 | 2,964,200 | 1,983,320 |
| 5월 | 1,837,000 | 2,339,050 |
| 6월 | 2,155,520 | 2,972,000 |
| 합계 | 13,973,690 | |
| 평균 | 2,328,948 | |

**5** 각 카드 종류별로 상반기 사용 실적의 합계와 평균을 간단하게 계산했습니다.

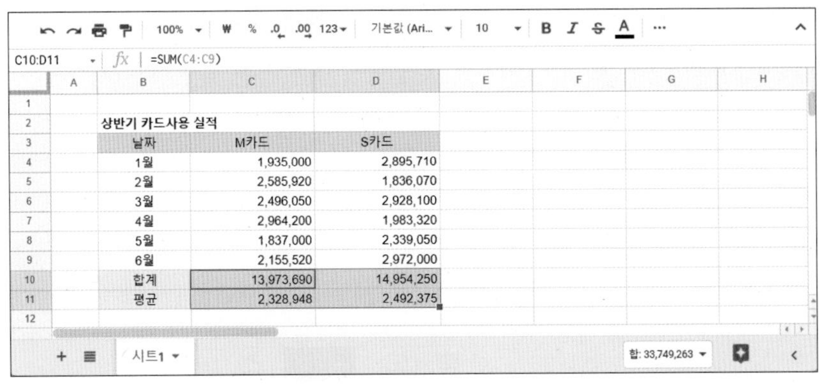



| 날짜 | M카드 | S카드 |
|---|---|---|
| 1월 | 1,935,000 | 2,895,710 |
| 2월 | 2,585,920 | 1,836,070 |
| 3월 | 2,496,050 | 2,928,100 |
| 4월 | 2,964,200 | 1,983,320 |
| 5월 | 1,837,000 | 2,339,050 |
| 6월 | 2,155,520 | 2,972,000 |
| 합계 | 13,973,690 | 14,954,250 |
| 평균 | 2,328,948 | 2,492,375 |

**잠깐만요 :: 함수 목록에서 내가 필요한 함수 찾기**

셀에 함수명 일부만 입력하면 관련된 이름의 함수 목록이 나타나기 때문에 이동키와 Tab 키를 사용하여 쉽고 빠르게 필요한 함수를 선택하여 사용할 수 있습니다.

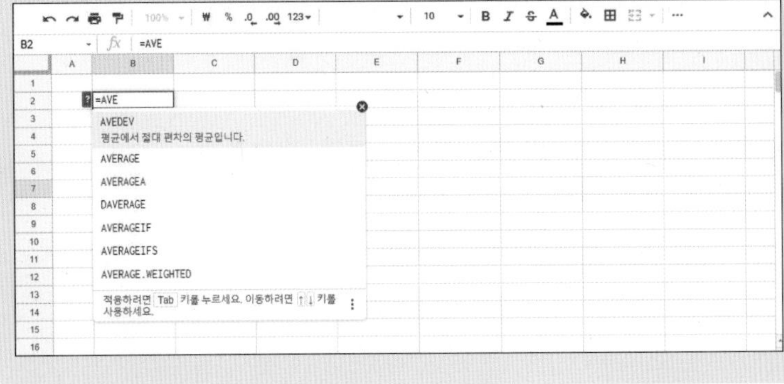

◉ **예제파일** : Chapter04 > Section09 > IF / IF(완성)

# 02 논리 표현식으로 특정값 반환하기

**업무 시간 단축**

| | |
|---|---|
| 형식 | =IF(논리_표현식, TRUE인_경우_값 [FALSE인_경우_값]) |
| 용도 | 논리 표현식이 TRUE인 경우 특정 값을 반환하고 FALSE인 경우 다른 값을 반환 |
| 인수 | • **논리_표현식**: 특정 논리값(예 TRUE 또는 FALSE)을 나타내는 표현식을 포함하는 셀 참조 또는 표현식<br>• **TRUE인_경우_값**: 논리 표현식이 TRUE인 경우 함수에서 반환되는 값<br>• **[FALSE인_경우_값] – [선택사항 I 기본값 빈칸]**: 논리 표현식이 FALSE인 경우 함수에서 반환되는 값으로 생략하면 FALSE를 반환 |

**1** [리스트] 시트의 표 C열의 '면세품' 항목에 체크된 품목에 대해서는 E열 '구매 금액' 항목에 D열의 '공급가'를 나타내고, '면세품' 항목에 체크가 없는 품목에 대해서는 공급가에 부가세 10%를 포함한 금액을 계산하려고 합니다. E3셀을 선택하고 다음과 같이 수식을 입력한 후 Enter를 누르세요.

```
=IF(C3<>" " /* C3셀이 공백이 아닌 경우의 조건식 */
,D3 /* 조건식을 만족할 경우 D3셀의 값을 반환 */
,D3*1.1) /* 조건식을 만족하지 않는 경우 D3셀의 값에 곱하기 1.1 */
```

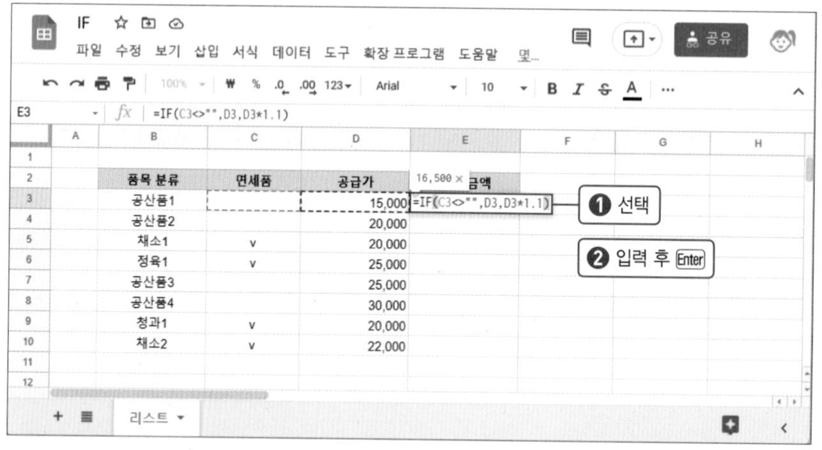


**Tip**

함수식을 입력하면 셀에 미리 결과값(16,500)이 나타나는데 수식 미리보기 기능의 사용 설정은 F9를 사용하면 됩니다.

**2** E3셀의 자동 채우기 핸들을 더블클릭하거나 드래그하여 E10셀까지 수식을 채우기합니다.

E3 =IF(C3<>"",D3,D3*1.1)

| | A | B | C | D | E |
|---|---|---|---|---|---|
| 1 | | | | | |
| 2 | | 품목 분류 | 면세품 | 공급가 | 구매 금액 |
| 3 | | 공산품1 | | 15,000 | 16,500 |
| 4 | | 공산품2 | | 20,000 | |
| 5 | | 채소1 | v | 20,000 | |
| 6 | | 정육1 | v | 25,000 | |
| 7 | | 공산품3 | | 25,000 | |
| 8 | | 공산품4 | | 30,000 | |
| 9 | | 청과1 | v | 20,000 | |
| 10 | | 채소2 | v | 22,000 | |



**3** 면세품이 아닌 품목에 대해서는 부가세를 포함한 금액이 계산되었습니다.

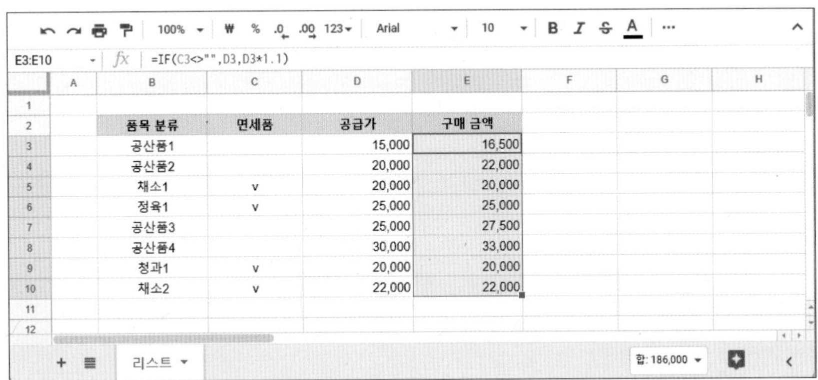

E3:E10 =IF(C3<>"",D3,D3*1.1)

| | A | B | C | D | E |
|---|---|---|---|---|---|
| 1 | | | | | |
| 2 | | 품목 분류 | 면세품 | 공급가 | 구매 금액 |
| 3 | | 공산품1 | | 15,000 | 16,500 |
| 4 | | 공산품2 | | 20,000 | 22,000 |
| 5 | | 채소1 | v | 20,000 | 20,000 |
| 6 | | 정육1 | v | 25,000 | 25,000 |
| 7 | | 공산품3 | | 25,000 | 27,500 |
| 8 | | 공산품4 | | 30,000 | 33,000 |
| 9 | | 청과1 | v | 20,000 | 20,000 |
| 10 | | 채소2 | v | 22,000 | 22,000 |



**Tip**

조건이 두 가지 이상일 경우 IF함수의 세 번째 인수자리에 IF함수를 중첩하여 사용할 수 있습니다.

# 03 조건식을 이용해 점수에 따라 다른 결과값 반환하기

업무 시간 단축

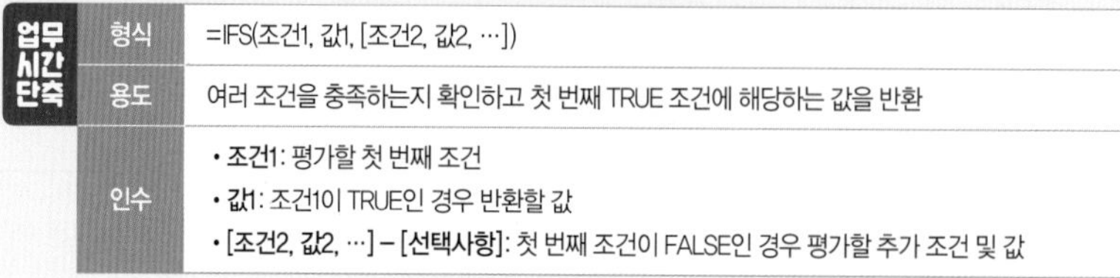

| | |
|---|---|
| 형식 | =IFS(조건1, 값1, [조건2, 값2, …]) |
| 용도 | 여러 조건을 충족하는지 확인하고 첫 번째 TRUE 조건에 해당하는 값을 반환 |
| 인수 | • **조건1**: 평가할 첫 번째 조건<br>• **값1**: 조건1이 TRUE인 경우 반환할 값<br>• **[조건2, 값2, …] – [선택사항]**: 첫 번째 조건이 FALSE인 경우 평가할 추가 조건 및 값 |

**1** E열에 입력된 '총 점수'가 170점을 초과하면 '합격', 150점을 초과하면 '재시험', 나머지 경우에는 '불합격'을 표시할게요. F3셀을 선택하고 다음과 같이 함수식을 입력하고 Enter를 누릅니다.

```
=IFS(E3>170,"합격", /* E3셀 값이 170을 초과하면 '합격' */
  E3>150,"재시험", /* E3셀 값이 150을 초과하면 '재시험' */
  True,"불합격") /* 나머지 값에 대해 '불합격' */
```

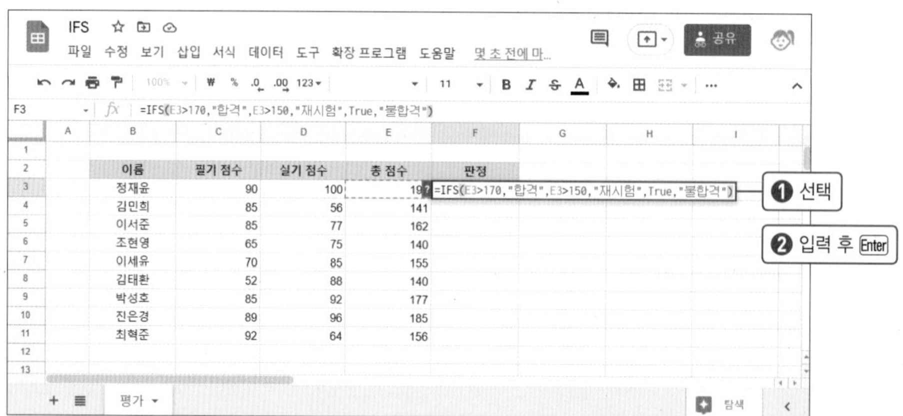


| 이름 | 필기 점수 | 실기 점수 | 총 점수 | 판정 |
|---|---|---|---|---|
| 정재윤 | 90 | 100 | 190 | |
| 김민희 | 85 | 56 | 141 | |
| 이서준 | 85 | 77 | 162 | |
| 조현영 | 65 | 75 | 140 | |
| 이세유 | 70 | 85 | 155 | |
| 김태환 | 52 | 88 | 140 | |
| 박성호 | 85 | 92 | 177 | |
| 진은경 | 89 | 96 | 185 | |
| 최혁준 | 92 | 64 | 156 | |

**2** F3셀에 '총 점수'에 대한 결과가 계산되면 자동 채우기 핸들을 F11셀까지 드래그하여 수식을 채우기하세요.

F3 =IFS(E3>170,"합격",E3>150,"재시험",True,"불합격")

| 이름 | 필기 점수 | 실기 점수 | 총 점수 | 판정 |
|---|---|---|---|---|
| 정재윤 | 90 | 100 | 190 | 합격 |
| 김민희 | 85 | 56 | 141 | |
| 이서준 | 85 | 77 | 162 | |
| 조현영 | 65 | 75 | 140 | |
| 이세윤 | 70 | 85 | 155 | |
| 김태환 | 52 | 88 | 140 | |
| 박성호 | 85 | 92 | 177 | |
| 진은경 | 89 | 96 | 185 | |
| 최혁준 | 92 | 64 | 156 | |

드래그

**3** '총 점수'를 기준으로 계산된 결과값을 확인합니다.

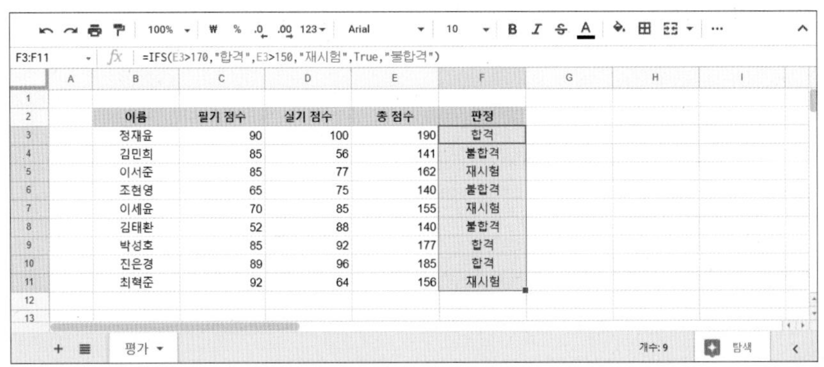

F3:F11 =IFS(E3>170,"합격",E3>150,"재시험",True,"불합격")

| 이름 | 필기 점수 | 실기 점수 | 총 점수 | 판정 |
|---|---|---|---|---|
| 정재윤 | 90 | 100 | 190 | 합격 |
| 김민희 | 85 | 56 | 141 | 불합격 |
| 이서준 | 85 | 77 | 162 | 재시험 |
| 조현영 | 65 | 75 | 140 | 불합격 |
| 이세윤 | 70 | 85 | 155 | 재시험 |
| 김태환 | 52 | 88 | 140 | 불합격 |
| 박성호 | 85 | 92 | 177 | 합격 |
| 진은경 | 89 | 96 | 185 | 합격 |
| 최혁준 | 92 | 64 | 156 | 재시험 |

**Tip**

해당 함수식을 IF함수로 사용할 경우 다음과 같이 입력할 수 있습니다.

=IF(E3>170,"합격",IF(E3>150,"재시험","불합격"))

◉ **예제파일** : Chapter04 > Section09 > OR / OR(완성)

# 여러 조건을 논리값으로 판단하기

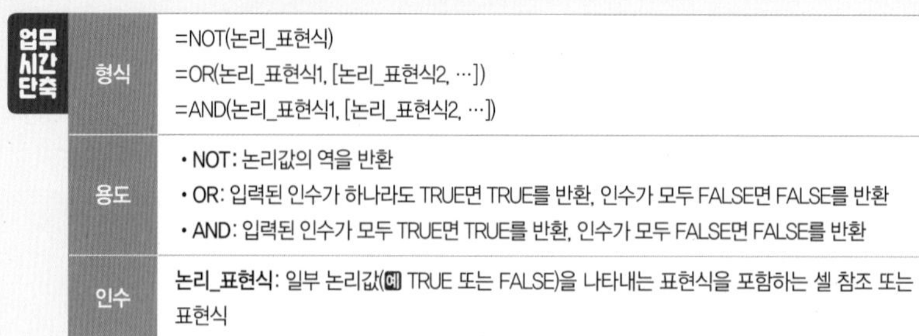

업무 시간 단축

| | |
|---|---|
| 형식 | =NOT(논리_표현식)<br>=OR(논리_표현식1, [논리_표현식2, …])<br>=AND(논리_표현식1, [논리_표현식2, …]) |
| 용도 | • NOT : 논리값의 역을 반환<br>• OR : 입력된 인수가 하나라도 TRUE면 TRUE를 반환, 인수가 모두 FALSE면 FALSE를 반환<br>• AND : 입력된 인수가 모두 TRUE면 TRUE를 반환, 인수가 모두 FALSE면 FALSE를 반환 |
| 인수 | **논리_표현식** : 일부 논리값(예 TRUE 또는 FALSE)을 나타내는 표현식을 포함하는 셀 참조 또는 표현식 |

**1** 왼쪽 표를 참고하여 F열에 재직 중인 직원을 논리값으로 반환하겠습니다. F6셀을 선택하는데 이때 논리값을 역으로 반환하는 NOT함수를 사용하였기 때문에 조건을 반대로 지정합니다.

```
=NOT(B6="육아휴직") /* B6셀의 값이 '육아휴직'이 아닌 셀 */
```

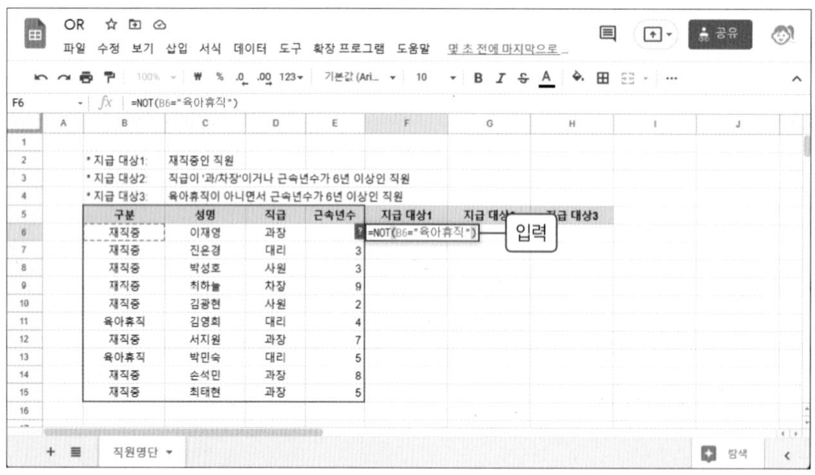

**2** B6셀 값이 '재직중'이기 때문에 F6셀에 결과값이 TRUE로 반환되어요. 다음으로 자동 채우기 핸들을 F15셀까지 드래그하여 함수식을 채우기하세요.

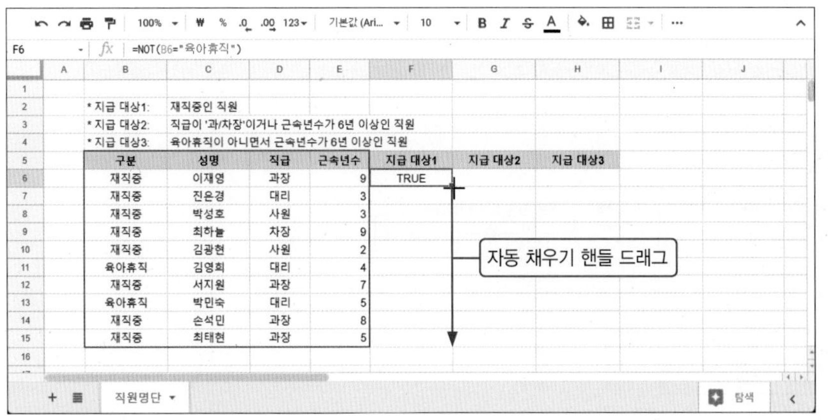


**3** 11행과 13행의 '육아휴직'인 직원을 제외하고 모두 'TRUE' 값으로 출력되면 이번에는 G6셀에 직급이 '과장' 또는 '차장'이거나 '근속년수'가 6년 이상인 직원을 찾는 함수식을 다음과 같이 입력합니다.

```
=OR(D6="과장",D6="차장",E6>=6) /* D6셀이 '과장'이거나 '차장'이거나 E6셀이 6이상인 셀 */
```

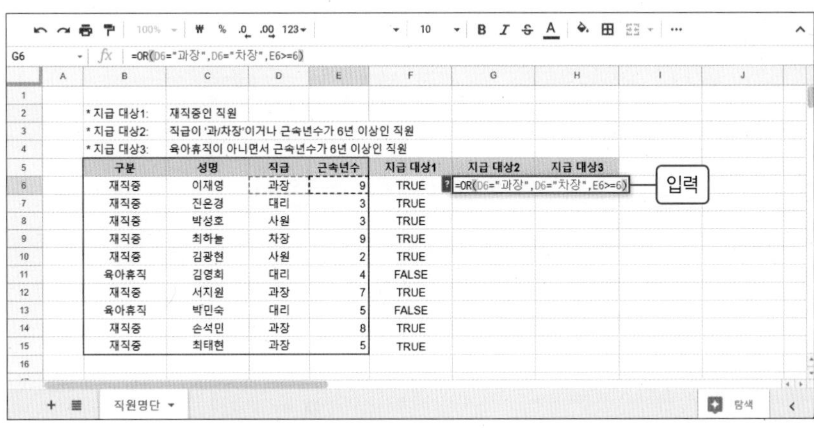

**4** G6셀의 자동 채우기 핸들을 더블클릭하여 G15셀까지 수식을 채우기합니다. 15행의 데이터를 살펴보면 '근속년수' 조건이 만족되지 않았지만 '직급'의 조건을 만족했기 때문에 'TRUE' 값으로 출력된 것을 알 수 있어요.

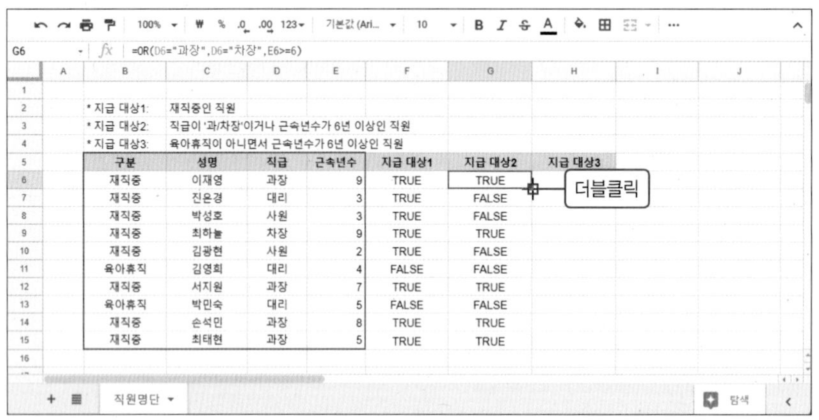


**5** 이번에는 '육아휴직'이 아니면서 '근속년수'가 6년 이상인 직원을 찾기 위해 H6셀을 선택하고 다음과 같이 함수식을 입력합니다.

```
=AND(B6<>"육아휴직",E6>=6) /* B6셀 값이 '육아휴직' 아닌 셀(<>) 이면서 E6셀의 값이 6이상인 셀 */
```

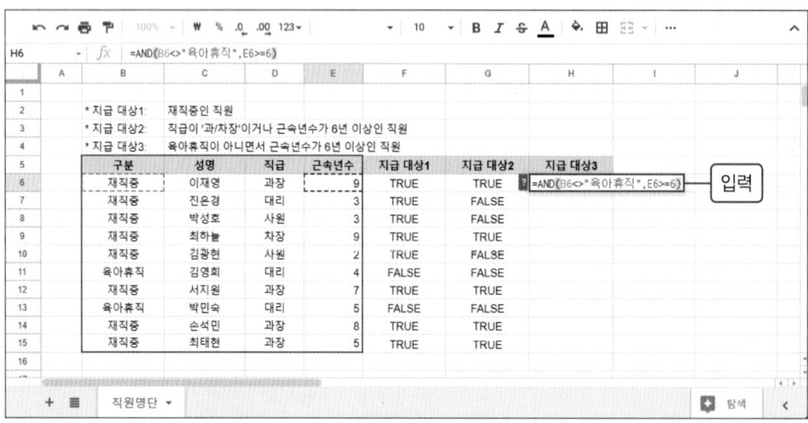

**6** H6셀의 자동 채우기 핸들을 더블클릭하여 H15셀까지 수식을 채우기하면 두 가지 조건을 모두 만족하는 셀에 'TRUE '값이 출력된 것을 알 수 있습니다.

H6 =AND(B6<>"육아휴직",E6>=6)

* 지급 대상1: 재직중인 직원
* 지급 대상2: 직급이 '과/차장'이거나 근속년수가 6년 이상인 직원
* 지급 대상3: 육아휴직이 아니면서 근속년수가 6년 이상인 직원

| 구분 | 성명 | 직급 | 근속년수 | 지급 대상1 | 지급 대상2 | 지급 대상3 |
|---|---|---|---|---|---|---|
| 재직중 | 이재영 | 과장 | 9 | TRUE | TRUE | TRUE |
| 재직중 | 진은경 | 대리 | 3 | TRUE | FALSE | FALSE |
| 재직중 | 박성호 | 사원 | 3 | TRUE | FALSE | FALSE |
| 재직중 | 최하늘 | 차장 | 9 | TRUE | TRUE | TRUE |
| 재직중 | 김광현 | 사원 | 2 | TRUE | FALSE | FALSE |
| 육아휴직 | 김영희 | 대리 | 4 | FALSE | FALSE | FALSE |
| 재직중 | 서지원 | 과장 | 7 | TRUE | TRUE | TRUE |
| 육아휴직 | 박민숙 | 대리 | 5 | FALSE | FALSE | FALSE |
| 재직중 | 손석민 | 과장 | 8 | TRUE | TRUE | TRUE |
| 재직중 | 최태현 | 과장 | 5 | TRUE | TRUE | FALSE |

더블클릭

직원명단

Google Sheet | Excel



필수기능 05

# 특정 조건의 합계 구하기

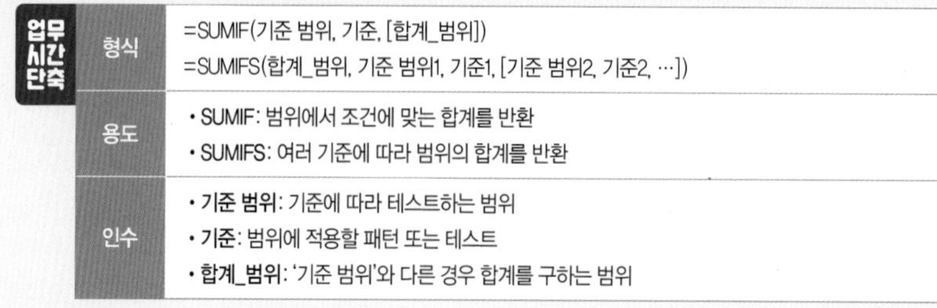

| 업무 시간 단축 | |
|---|---|
| 형식 | =SUMIF(기준 범위, 기준, [합계_범위])<br>=SUMIFS(합계_범위, 기준 범위1, 기준1, [기준 범위2, 기준2, …]) |
| 용도 | • SUMIF: 범위에서 조건에 맞는 합계를 반환<br>• SUMIFS: 여러 기준에 따라 범위의 합계를 반환 |
| 인수 | • **기준 범위**: 기준에 따라 테스트하는 범위<br>• **기준**: 범위에 적용할 패턴 또는 테스트<br>• **합계_범위**: '기준 범위'와 다른 경우 합계를 구하는 범위 |

**1** 왼쪽 표를 참고하여 오른쪽 질문 항목에 대해 계산합니다. 먼저 J2셀을 선택하고 출하된 '기초 화장품'의 총 수량을 구하기 위해 다음과 같이 함수식을 입력한 뒤 Enter를 누릅니다.

```
=SUMIF(D3:D24,"기초 화장품", /* D3:D24 셀 범위에서 '기초 화장품'이 입력된 셀 */
 E3:E24) /* 기준에 맞는 경우 E3:E24 셀 범위의 값 더하기 */
```

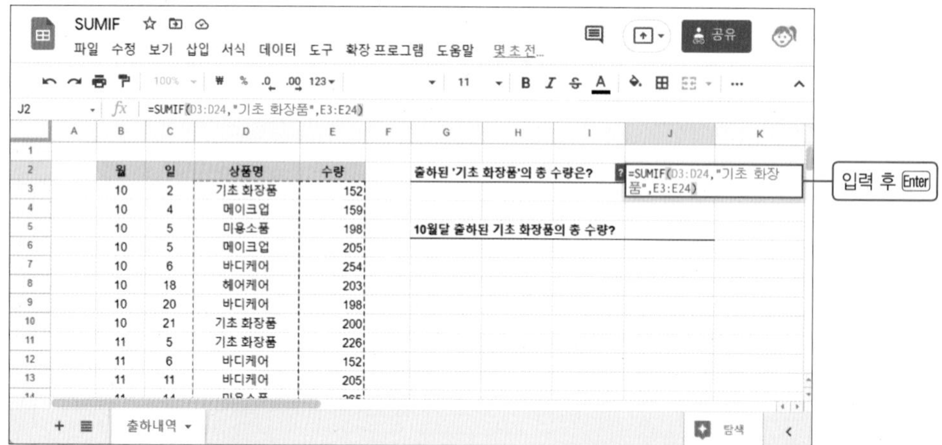

**2** '기초 화장품'의 총 수량이 계산되었으면 이번에는 10월에 출하된 기초 화장품의 총 수량을 계산해 볼게요. J5셀을 선택하고 다음과 같이 함수식을 입력한 뒤 Enter를 누르세요.

```
=SUMIFS(E3:E24, /* 합계 범위 */
  D3:D24,"기초 화장품", /* D3:D24 셀 범위에서 '기초 화장품'이 입력된 셀 */
  B3:B24,10) /* B3:B24 셀 범위에서 '10'이 입력된 셀 */
```

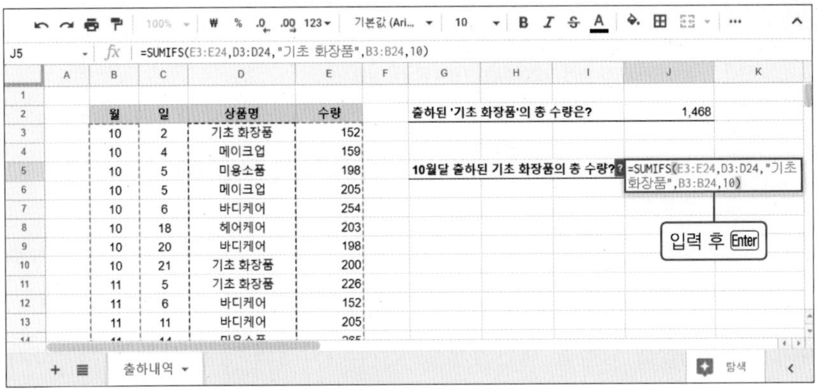

J5 | fx =SUMIFS(E3:E24,D3:D24,"기초 화장품",B3:B24,10)

| | A | B | C | D | E | F | G | H | I | J | K |
|---|---|---|---|---|---|---|---|---|---|---|---|
| 1 | | | | | | | | | | | |
| 2 | | 월 | 일 | 상품명 | 수량 | | 출하된 '기초 화장품'의 총 수량은? | | | 1,468 | |
| 3 | | 10 | 2 | 기초 화장품 | 152 | | | | | | |
| 4 | | 10 | 4 | 메이크업 | 159 | | | | | | |
| 5 | | 10 | 5 | 미용소품 | 198 | | 10월달 출하된 기초 화장품의 총 수량? | | | =SUMIFS(E3:E24,D3:D24,"기초 화장품",B3:B24,10) | |
| 6 | | 10 | 5 | 메이크업 | 205 | | | | | | |
| 7 | | 10 | 6 | 바디케어 | 254 | | | | | | |
| 8 | | 10 | 18 | 헤어케어 | 203 | | | | | | |
| 9 | | 10 | 20 | 바디케어 | 198 | | | | | | |
| 10 | | 10 | 21 | 기초 화장품 | 200 | | | | | | |
| 11 | | 11 | 5 | 기초 화장품 | 226 | | | | | | |
| 12 | | 11 | 6 | 바디케어 | 152 | | | | | | |
| 13 | | 11 | 11 | 바디케어 | 205 | | | | | | |

입력 후 Enter

출하내역

**3** 10월달 출하된 기초 화장품의 총 수량이 계산됩니다.

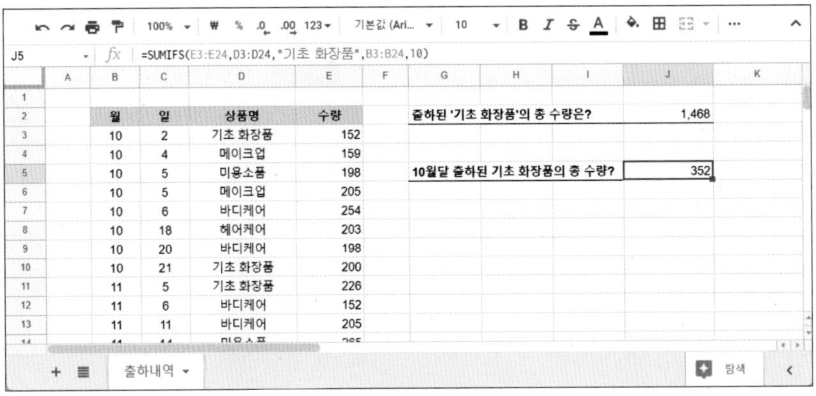

J5 | fx =SUMIFS(E3:E24,D3:D24,"기초 화장품",B3:B24,10)

| | A | B | C | D | E | F | G | H | I | J | K |
|---|---|---|---|---|---|---|---|---|---|---|---|
| 1 | | | | | | | | | | | |
| 2 | | 월 | 일 | 상품명 | 수량 | | 출하된 '기초 화장품'의 총 수량은? | | | 1,468 | |
| 3 | | 10 | 2 | 기초 화장품 | 152 | | | | | | |
| 4 | | 10 | 4 | 메이크업 | 159 | | | | | | |
| 5 | | 10 | 5 | 미용소품 | 198 | | 10월달 출하된 기초 화장품의 총 수량? | | | 352 | |
| 6 | | 10 | 5 | 메이크업 | 205 | | | | | | |
| 7 | | 10 | 6 | 바디케어 | 254 | | | | | | |
| 8 | | 10 | 18 | 헤어케어 | 203 | | | | | | |
| 9 | | 10 | 20 | 바디케어 | 198 | | | | | | |
| 10 | | 10 | 21 | 기초 화장품 | 200 | | | | | | |
| 11 | | 11 | 5 | 기초 화장품 | 226 | | | | | | |
| 12 | | 11 | 6 | 바디케어 | 152 | | | | | | |
| 13 | | 11 | 11 | 바디케어 | 205 | | | | | | |

출하내역

# 필수기능 06 조건에 맞는 셀의 평균 계산하기

업무 시간 단축

| | |
|---|---|
| 형식 | =AVERAGEIF(기준_범위, 기준, [평균_범위])<br>=AVERAGEIFS(평균_범위, 기준_범위1, 기준1, [기준_범위2, 기준2, …]) |
| 용도 | • **AVERAGEIF**: 기준에 따른 범위의 평균을 반환<br>• **AVERAGEIFS**: 여러 기준에 따른 범위의 평균을 반환 |
| 인수 | • **기준 범위**: 기준에 대해 확인할 범위<br>• **기준**: '기준_범위'에 적용할 패턴 또는 테스트<br>• **평균_범위**: 평균을 계산할 범위(AVERAGEIF함수의 경우 선택사항으로 생략하면 '기준_범위'가 평균 계산에 사용) |

**1** 왼쪽 표를 참고하여 오른쪽 질문 항목을 계산할게요. 먼저 여학생의 평균 신장을 계산하기 위해 K2셀을 선택하고 다음과 같이 함수식을 입력한 뒤 Enter를 누르세요.

```
=AVERAGEIF(C3:C18,"여" /* C3:C18 셀 범위에서 '여'가 입력된 셀 */
,E3:E18) /* 평균을 계산할 범위 */
```

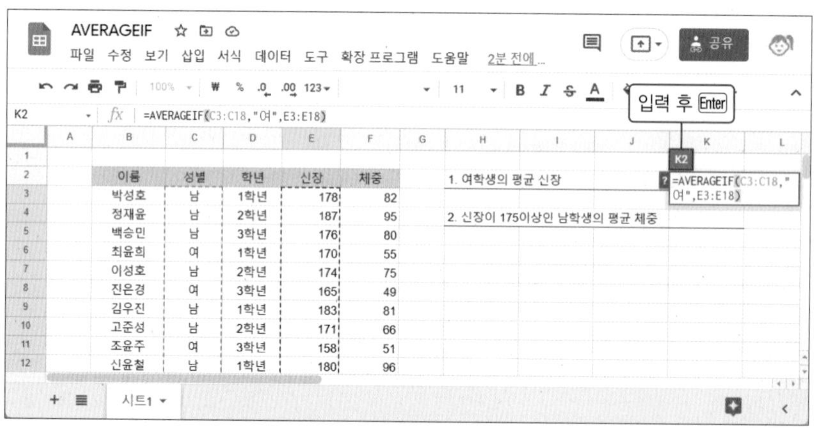

**2** K2셀에 여학생의 평균 신장이 계산되었으면 이번에는 신장이 175 이상인 남학생의 평균 체중을 계산할게요. K4셀을 선택하고 다음의 함수식을 입력한 뒤 Enter를 누릅니다.

```
=AVERAGEIFS(F3:F18, /* 평균을 계산할 범위 */
E3:E18,">=175", /* E3:E18 셀 범위에서 셀 값이 175이상인 셀 */
C3:C18,"남") /* C3:C18 셀 범위에서 '남'이 입력된 셀 */
```

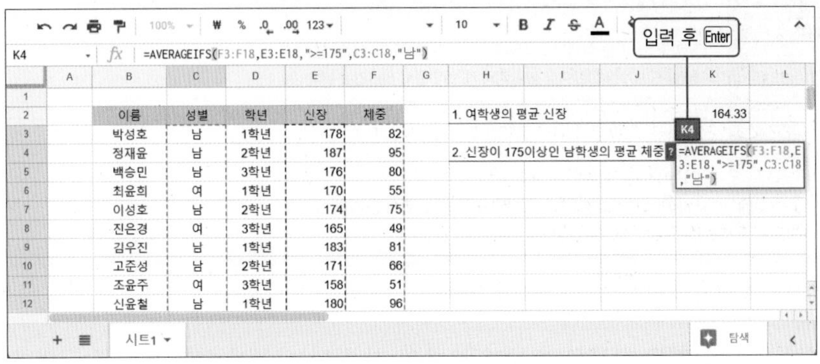


**3** 신장이 175 이상인 남학생의 평균 체중이 계산됩니다.

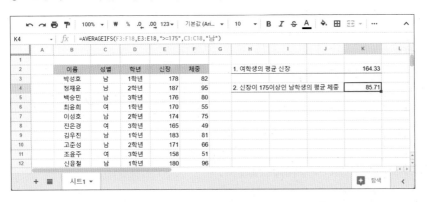

K4 | =AVERAGEIFS(F3:F18,E3:E18,">=175",C3:C18,"남")

| | A | B | C | D | E | F | G | H | I | J | K | L |
|---|---|---|---|---|---|---|---|---|---|---|---|---|
| 1 | | | | | | | | | | | | |
| 2 | | 이름 | 성별 | 학년 | 신장 | 체중 | | 1. 여학생의 평균 신장 | | | 164.33 | |
| 3 | | 박성호 | 남 | 1학년 | 178 | 82 | | | | | | |
| 4 | | 정재윤 | 남 | 2학년 | 187 | 95 | | 2. 신장이 175이상인 남학생의 평균 체중 | | | 85.71 | |
| 5 | | 백승민 | 남 | 3학년 | 176 | 80 | | | | | | |
| 6 | | 최윤희 | 여 | 1학년 | 170 | 55 | | | | | | |
| 7 | | 이성호 | 남 | 2학년 | 174 | 75 | | | | | | |
| 8 | | 진은경 | 여 | 3학년 | 165 | 49 | | | | | | |
| 9 | | 김우진 | 남 | 1학년 | 183 | 81 | | | | | | |
| 10 | | 고준성 | 남 | 2학년 | 171 | 66 | | | | | | |
| 11 | | 조윤주 | 여 | 3학년 | 158 | 51 | | | | | | |
| 12 | | 신윤철 | 남 | 1학년 | 180 | 96 | | | | | | |

시트1

Google Sheet | Excel

◉ **예제파일** : Chapter04 > Section09 > MAXIFS / MAXIFS(완성)

# 조건에 맞는 최고값/최저값 구하기

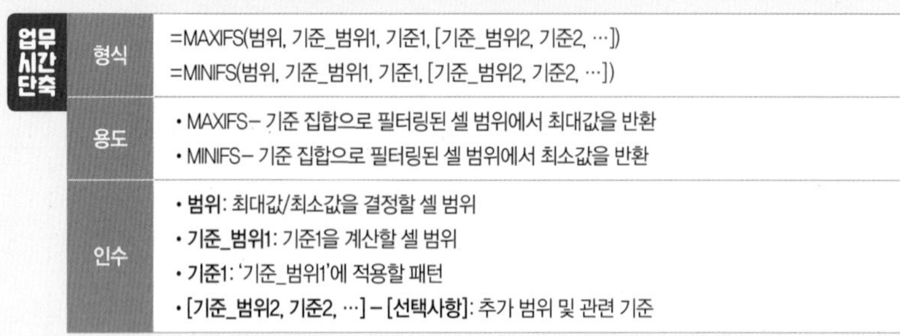

업무 시간 단축

| | |
|---|---|
| 형식 | =MAXIFS(범위, 기준_범위1, 기준1, [기준_범위2, 기준2, …])<br>=MINIFS(범위, 기준_범위1, 기준1, [기준_범위2, 기준2, …]) |
| 용도 | • MAXIFS– 기준 집합으로 필터링된 셀 범위에서 최대값을 반환<br>• MINIFS– 기준 집합으로 필터링된 셀 범위에서 최소값을 반환 |
| 인수 | • **범위**: 최대값/최소값을 결정할 셀 범위<br>• **기준_범위1**: 기준1을 계산할 셀 범위<br>• **기준1**: '기준_범위1'에 적용할 패턴<br>• **[기준_범위2, 기준2, …]** – **[선택사항]**: 추가 범위 및 관련 기준 |

**1** 왼쪽 표를 참고하여 오른쪽 질문 항목을 계산해 볼게요. 각 학년별 영어 최고 점수를 구하기 위해 G4셀을 선택하고 다음의 함수식을 입력한 뒤 Enter를 누르세요.

```
=MAXIFS($E$3:$E$13, /* 최대 값을 결정할 범위 */
 $C$3:$C$13,G3) /* C3:C13 셀 범위에서 G3셀의 조건을 가진 셀 */
```

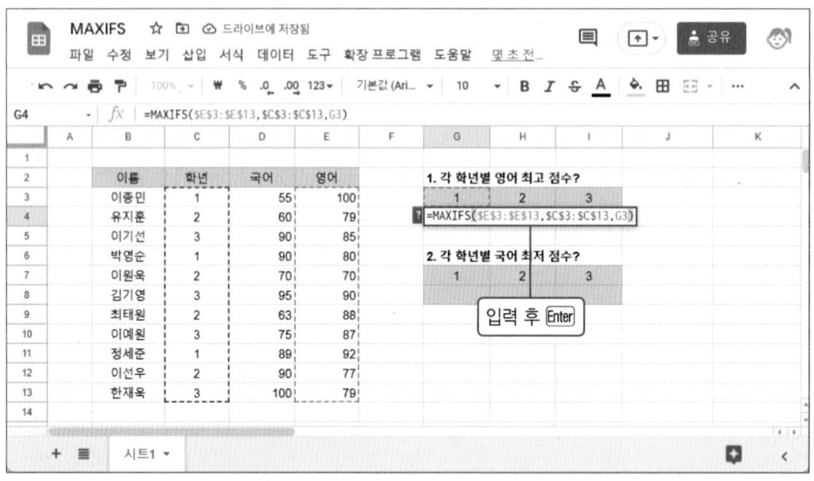


| 이름 | 학년 | 국어 | 영어 |
|---|---|---|---|
| 이종민 | 1 | 55 | 100 |
| 유지훈 | 2 | 60 | 79 |
| 이기선 | 3 | 90 | 85 |
| 박영순 | 1 | 90 | 80 |
| 이원욱 | 2 | 70 | 70 |
| 김기영 | 3 | 95 | 90 |
| 최태원 | 2 | 63 | 88 |
| 이예원 | 3 | 75 | 87 |
| 정세준 | 1 | 89 | 92 |
| 이선우 | 2 | 90 | 77 |
| 한재욱 | 3 | 100 | 79 |

**Tip**

각 조건이 입력된 오른쪽 방향으로 자동 채우기를 적용하기 위해 조건 셀을 제외한 범위는 고정되도록 절대 참조하세요.

**2** 1학년의 영어 최고 점수가 계산되면 해당 셀의 자동 채우기 핸들을 드래그하여 I4셀까지 수식을 채우기합니다.

G4 =MAXIFS($E$3:$E$13,$C$3:$C$13,G3)

| 이름 | 학년 | 국어 | 영어 |
|---|---|---|---|
| 이종민 | 1 | 55 | 100 |
| 유지훈 | 2 | 60 | 79 |
| 이기선 | 3 | 90 | 85 |
| 박영순 | 1 | 90 | 80 |
| 이원욱 | 2 | 70 | 70 |
| 김기영 | 3 | 95 | 90 |
| 최태원 | 2 | 63 | 88 |
| 이예원 | 3 | 75 | 87 |
| 정세준 | 1 | 89 | 92 |
| 이선우 | 2 | 90 | 77 |
| 한재욱 | 3 | 100 | 79 |

1. 각 학년별 영어 최고 점수?

| 1 | 2 | 3 |
|---|---|---|
| 100 | | |

드래그

**3** 각 학년별 영어 최고 점수를 계산했으니 이번에는 각 학년별로 국어 최저 점수를 계산할게요. G8셀을 선택하고 다음의 함수식을 입력한 뒤 Enter를 누르세요.

```
=MINIFS($D$3:$D$13, /* 최소 값을 결정할 범위 */
 $C$3:$C$13,G7) /* C3:C13 셀 범위에서 G7셀의 조건을 가진 셀 */
```

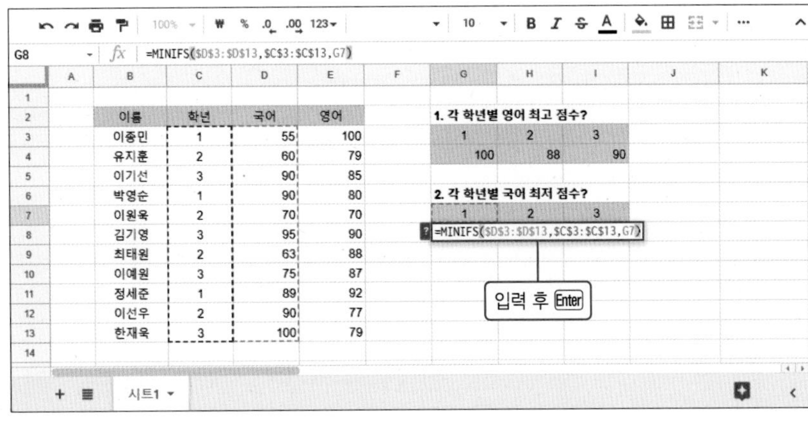

**4** G8셀의 자동 채우기 핸들을 드래그하여 I8셀까지 수식을 채우면 각 학년별 국어 최저 점수가 확인됩니다.

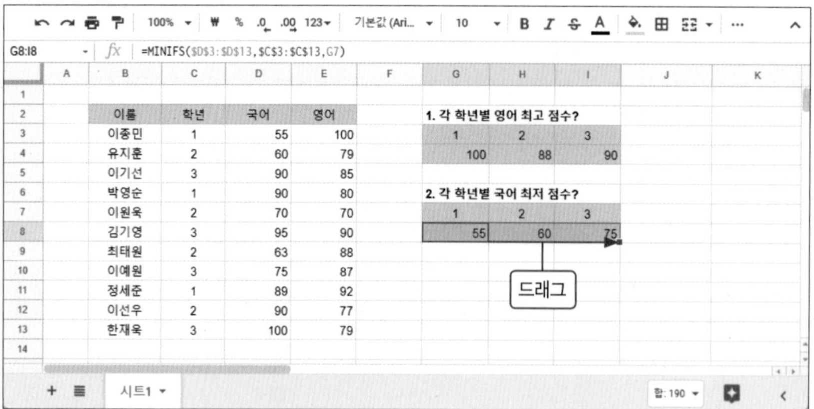

# 08 조건에 맞는 셀의 개수 구하기

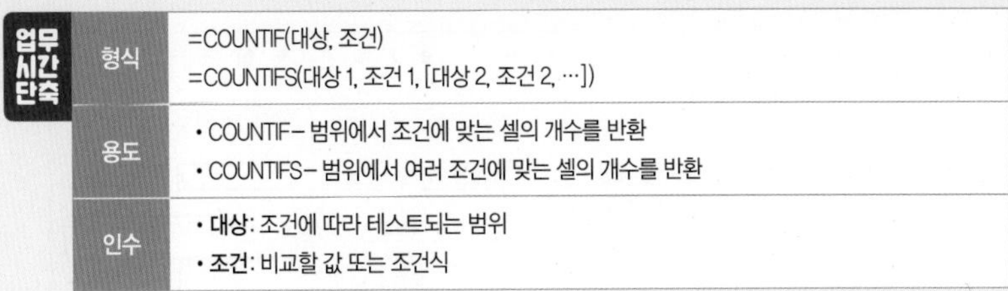

업무 시간 단축

| | |
|---|---|
| 형식 | =COUNTIF(대상, 조건)<br>=COUNTIFS(대상 1, 조건 1, [대상 2, 조건 2, …]) |
| 용도 | • COUNTIF– 범위에서 조건에 맞는 셀의 개수를 반환<br>• COUNTIFS– 범위에서 여러 조건에 맞는 셀의 개수를 반환 |
| 인수 | • **대상**: 조건에 따라 테스트되는 범위<br>• **조건**: 비교할 값 또는 조건식 |

**1** [검진결과] 시트의 왼쪽 표를 참고하여 오른쪽 질문 항목에 대한 인원을 계산해 볼게요. 먼저 몸무게가 '정상'인 인원을 계산하기 위해 I2셀을 선택하고 다음과 같이 함수식을 입력한 뒤 Enter를 누르세요.

```
=COUNTIF(C3:C10,"정상") /* C3:C10 셀 범위에서 '정상'이 입력된 셀의 개수 계산 */
```

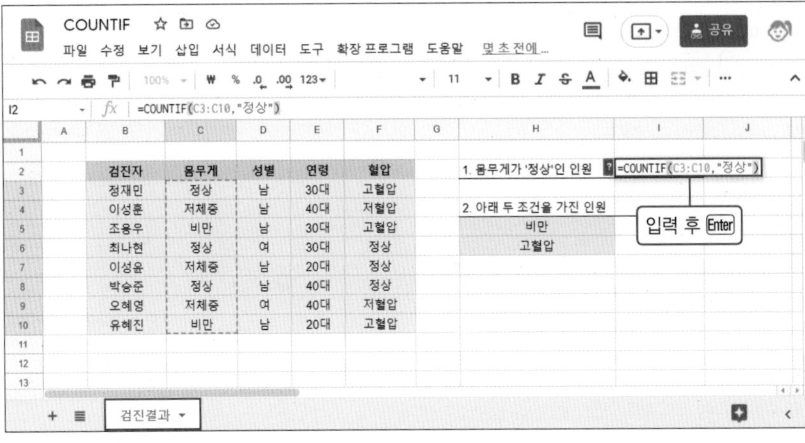

**2** I2셀에 몸무게가 '정상'인 인원의 결과를 확인하고 I4셀에 H5, H6셀의 조건을 가진 인원을 계산하기 위해 다음과 같이 함수식을 입력한 뒤 Enter를 누르세요.

```
=COUNTIFS(C3:C10,H5, /* C3:C10 셀 범위에서 '비만'이 입력된 셀과 */
  F3:F10,H6) /* F3:F10 셀 범위에서 '고혈압'이 입력된 셀이 같은 행에 매칭되는 셀의 개수 */
```

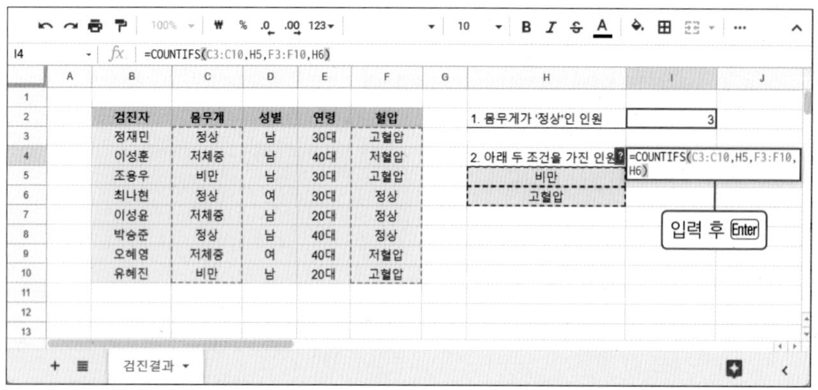


**3** I4셀에 계산된 인원을 확인합니다.

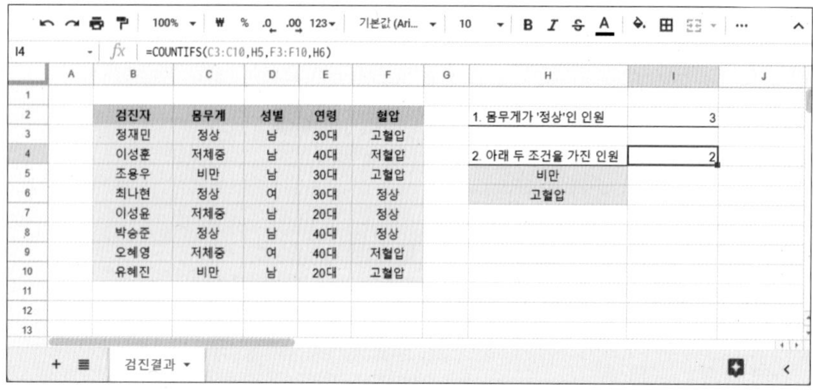

필수기능 09

# COUNT함수를 이용하여 셀 개수 구하기

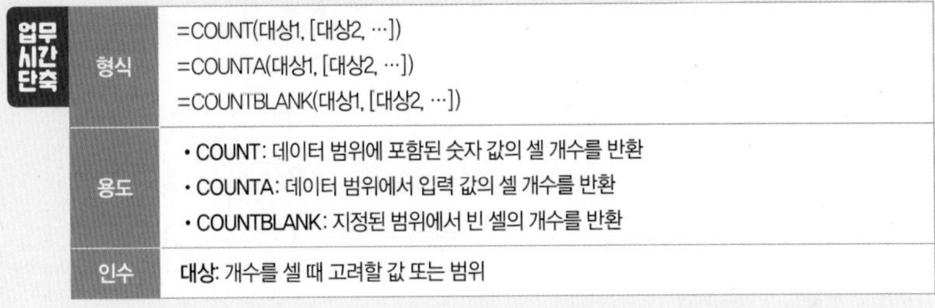

업무 시간 단축

| | |
|---|---|
| 형식 | =COUNT(대상1, [대상2, …])<br>=COUNTA(대상1, [대상2, …])<br>=COUNTBLANK(대상1, [대상2, …]) |
| 용도 | • COUNT: 데이터 범위에 포함된 숫자 값의 셀 개수를 반환<br>• COUNTA: 데이터 범위에서 입력 값의 셀 개수를 반환<br>• COUNTBLANK: 지정된 범위에서 빈 셀의 개수를 반환 |
| 인수 | **대상:** 개수를 셀 때 고려할 값 또는 범위 |

**1** [명단] 시트의 왼쪽 표를 참고하여 오른쪽 질문 항목에 맞는 인원을 구해 볼게요. 먼저 왼쪽 표를 보고 '총 신청 인원'을 구해 봅니다. H2셀을 선택하고 다음과 같이 함수식을 입력한 뒤 Enter를 누르세요.

```
=COUNTA(C3:C10) /* C3:C10 셀 범위에서 문자, 숫자, 기호 등 비어 있지 않는 셀의 개수 */
```

| 번호 | 신청자 | 체험 완료일 | 회원 등록 |
|---|---|---|---|
| 1 | 정재민 | 2022-09-05 | 완료 |
| 2 | 이성훈 | 2022-09-10 | |
| 3 | 조용우 | | 완료 |
| 4 | 유혜진 | | |
| 5 | 최나현 | 2022-09-20 | 완료 |
| 6 | 이성윤 | | 완료 |
| 7 | 박승준 | 2022-09-28 | |
| 8 | 오혜영 | | 완료 |

1. 총 신청 인원 =COUNTA(C3:C10)
2. 체험을 완료한 인원
3. 회원 등록을 하지 않은 인원

입력 후 Enter

**2** H2셀에 총 신청 인원이 8명으로 계산된 결과 값을 확인하고 이번에는 H4셀에 체험을 완료한 인원을 구해 볼게요. 다음과 같이 함수식을 입력하고 Enter를 누르세요.

```
=COUNT(D3:D10) /* D3:D10 셀 범위에서 숫자가 입력된 셀의 개수 */
```

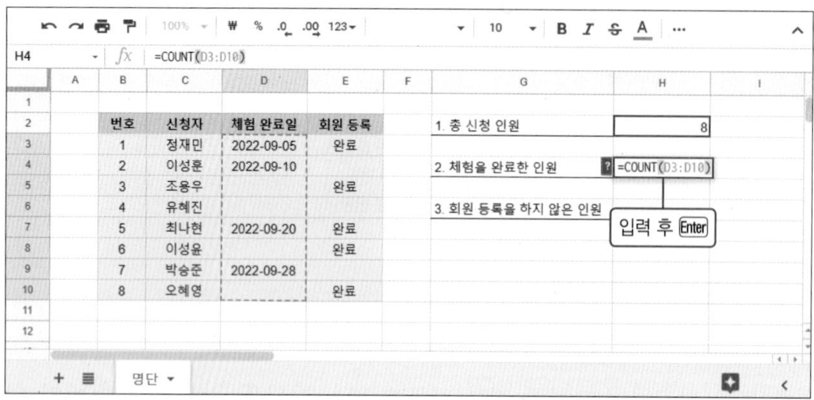


**3** H4셀에 체험을 완료한 인원이 4명으로 계산된 결과 값을 확인하고 H6셀에 회원 등록을 하지 않은 인원을 구해 볼게요. 다음과 같이 함수식을 입력하고 Enter를 누르세요.

```
=COUNTBLANK(E3:E10) /* E3:E10 셀 범위에서 비어 있는 셀의 개수 */
```

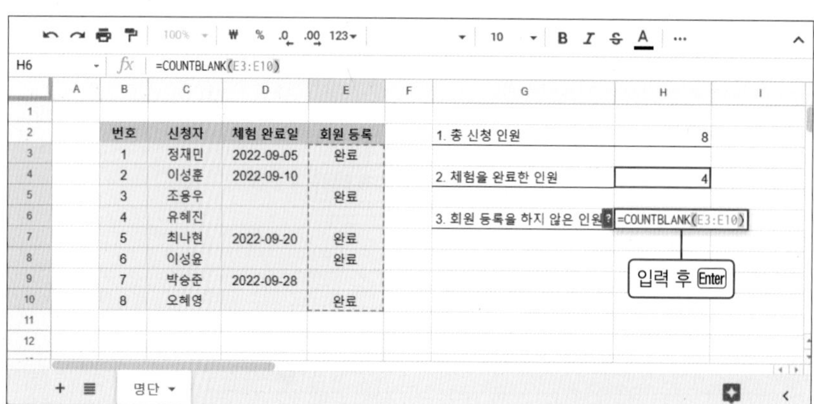

**4** H6셀에 회원 등록을 하지 않은 인원이 계산되었습니다.

| | A | B | C | D | E | F | G | H |
|---|---|---|---|---|---|---|---|---|
| 1 | | | | | | | | |
| 2 | | 번호 | 신청자 | 체험 완료일 | 회원 등록 | | 1. 총 신청 인원 | 8 |
| 3 | | 1 | 정재민 | 2022-09-05 | 완료 | | | |
| 4 | | 2 | 이성훈 | 2022-09-10 | | | 2. 체험을 완료한 인원 | 4 |
| 5 | | 3 | 조용우 | | 완료 | | | |
| 6 | | 4 | 유혜진 | | | | 3. 회원 등록을 하지 않은 인원 | 3 |
| 7 | | 5 | 최나현 | 2022-09-20 | 완료 | | | |
| 8 | | 6 | 이성윤 | | 완료 | | | |
| 9 | | 7 | 박승준 | 2022-09-28 | | | | |
| 10 | | 8 | 오혜영 | | 완료 | | | |

H6 =COUNTBLANK(E3:E10)

명단

기본 사용법 입력 / 편집 데이터 작성 함수 표&차트 시각화

◉ **예제파일** : Chapter04 > Section09 > LARGE / LARGE(완성)

# N번째로 크거나 작은 값 찾기

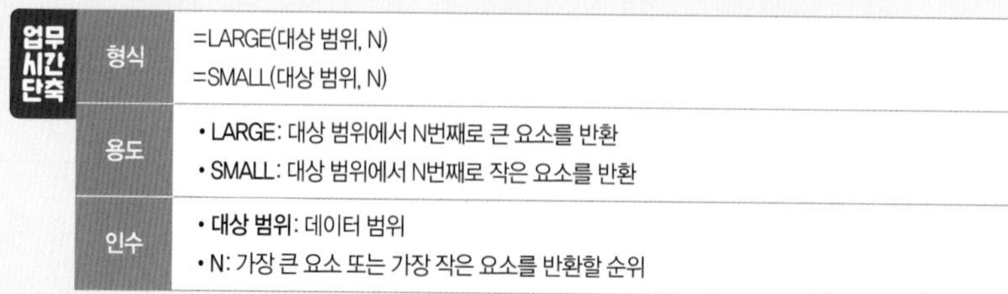

업무 시간 단축

| | |
|---|---|
| 형식 | =LARGE(대상 범위, N)<br>=SMALL(대상 범위, N) |
| 용도 | • LARGE: 대상 범위에서 N번째로 큰 요소를 반환<br>• SMALL: 대상 범위에서 N번째로 작은 요소를 반환 |
| 인수 | • **대상 범위**: 데이터 범위<br>• N: 가장 큰 요소 또는 가장 작은 요소를 반환할 순위 |

**1** [행운복권] 시트의 왼쪽표를 참고하여 오른쪽 질문 항목을 계산할게요. 최고 당첨금액을 구하기 위하여 G2셀을 선택하고 다음과 같이 함수식을 입력한 뒤 Enter를 누르세요.

```
=LARGE(C3:C8,1) /* C3:C8 셀 범위에서 첫 번째 큰 값 */
```

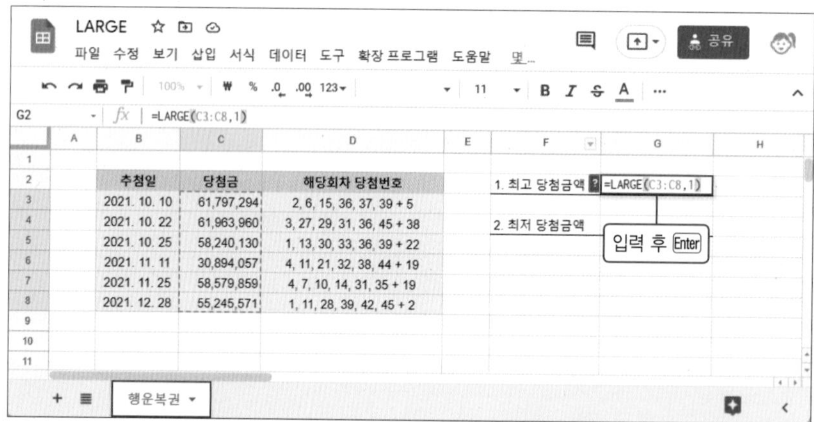

**2** G2셀에 계산된 최고 당첨금액을 확인하고 이번에는 G4셀에 최저 당첨금액을 계산할게요. G4셀에 다음과 같이 함수식을 입력한 뒤 Enter를 누르세요.

```
=SMALL(C3:C8,1) /* C3:C8 셀 범위에서 첫 번째 작은 값 */
```

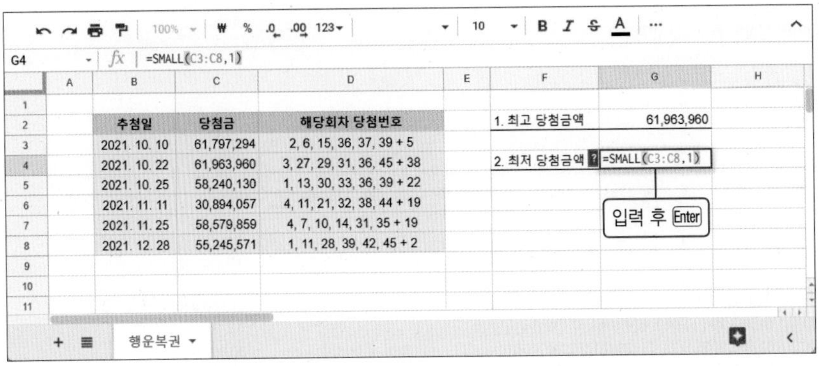

| | A | B | C | D | E | F | G |
|---|---|---|---|---|---|---|---|
| 1 | | | | | | | |
| 2 | | 추첨일 | 당첨금 | 해당회차 당첨번호 | | 1. 최고 당첨금액 | 61,963,960 |
| 3 | | 2021. 10. 10 | 61,797,294 | 2, 6, 15, 36, 37, 39 + 5 | | | |
| 4 | | 2021. 10. 22 | 61,963,960 | 3, 27, 29, 31, 36, 45 + 38 | | 2. 최저 당첨금액 | =SMALL(C3:C8,1) |
| 5 | | 2021. 10. 25 | 58,240,130 | 1, 13, 30, 33, 36, 39 + 22 | | | |
| 6 | | 2021. 11. 11 | 30,894,057 | 4, 11, 21, 32, 38, 44 + 19 | | | |
| 7 | | 2021. 11. 25 | 58,579,859 | 4, 7, 10, 14, 31, 35 + 19 | | | |
| 8 | | 2021. 12. 28 | 55,245,571 | 1, 11, 28, 39, 42, 45 + 2 | | | |

입력 후 Enter

**3** G4셀에 최저 당첨금액이 계산되었습니다.

| | A | B | C | D | E | F | G |
|---|---|---|---|---|---|---|---|
| 1 | | | | | | | |
| 2 | | 추첨일 | 당첨금 | 해당회차 당첨번호 | | 1. 최고 당첨금액 | 61,963,960 |
| 3 | | 2021. 10. 10 | 61,797,294 | 2, 6, 15, 36, 37, 39 + 5 | | | |
| 4 | | 2021. 10. 22 | 61,963,960 | 3, 27, 29, 31, 36, 45 + 38 | | 2. 최저 당첨금액 | 30,894,057 |
| 5 | | 2021. 10. 25 | 58,240,130 | 1, 13, 30, 33, 36, 39 + 22 | | | |
| 6 | | 2021. 11. 11 | 30,894,057 | 4, 11, 21, 32, 38, 44 + 19 | | | |
| 7 | | 2021. 11. 25 | 58,579,859 | 4, 7, 10, 14, 31, 35 + 19 | | | |
| 8 | | 2021. 12. 28 | 55,245,571 | 1, 11, 28, 39, 42, 45 + 2 | | | |

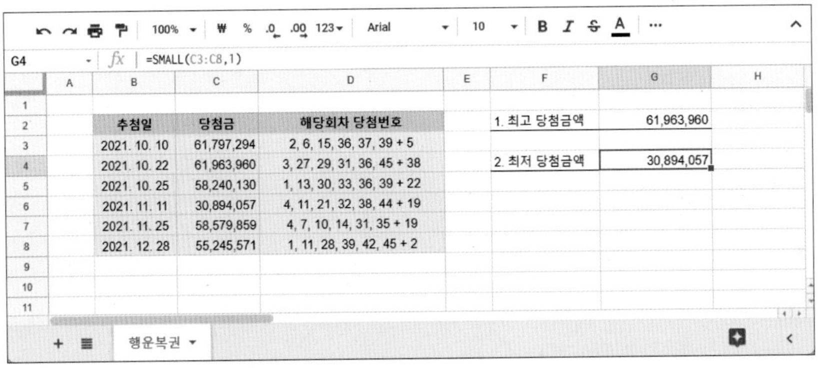

## 잠깐만요 :: MAX, MIN함수로 최고, 최저 당첨금을 구하기

LARGE, SMALL함수로 가장 크고 작은 N번째 순위의 값을 구할 수 있다면 MAX와 MIN함수로는 대상 범위에서 가장 크고 작은 값을 구할 수 있습니다.

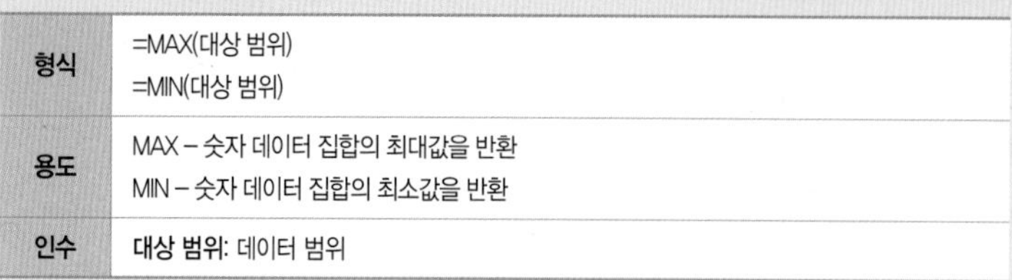

| | |
|---|---|
| **형식** | =MAX(대상 범위)<br>=MIN(대상 범위) |
| **용도** | MAX – 숫자 데이터 집합의 최대값을 반환<br>MIN – 숫자 데이터 집합의 최소값을 반환 |
| **인수** | **대상 범위:** 데이터 범위 |

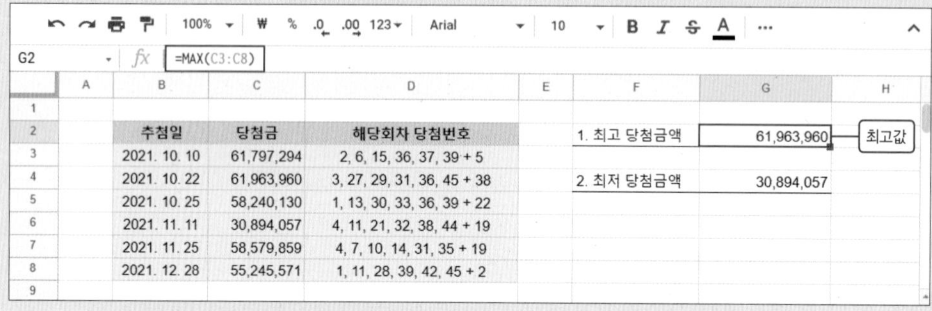

G2 =MAX(C3:C8)

| | A | B | C | D | E | F | G | H |
|---|---|---|---|---|---|---|---|---|
| 1 | | | | | | | | |
| 2 | | 추첨일 | 당첨금 | 해당회차 당첨번호 | | 1. 최고 당첨금액 | 61,963,960 | |
| 3 | | 2021. 10. 10 | 61,797,294 | 2, 6, 15, 36, 37, 39 + 5 | | | | |
| 4 | | 2021. 10. 22 | 61,963,960 | 3, 27, 29, 31, 36, 45 + 38 | | 2. 최저 당첨금액 | 30,894,057 | |
| 5 | | 2021. 10. 25 | 58,240,130 | 1, 13, 30, 33, 36, 39 + 22 | | | | |
| 6 | | 2021. 11. 11 | 30,894,057 | 4, 11, 21, 32, 38, 44 + 19 | | | | |
| 7 | | 2021. 11. 25 | 58,579,859 | 4, 7, 10, 14, 31, 35 + 19 | | | | |
| 8 | | 2021. 12. 28 | 55,245,571 | 1, 11, 28, 39, 42, 45 + 2 | | | | |
| 9 | | | | | | | | |



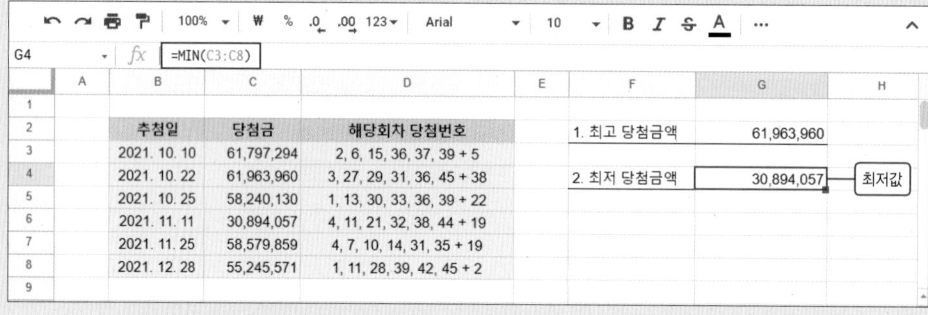

G4 =MIN(C3:C8)

| | A | B | C | D | E | F | G | H |
|---|---|---|---|---|---|---|---|---|
| 1 | | | | | | | | |
| 2 | | 추첨일 | 당첨금 | 해당회차 당첨번호 | | 1. 최고 당첨금액 | 61,963,960 | |
| 3 | | 2021. 10. 10 | 61,797,294 | 2, 6, 15, 36, 37, 39 + 5 | | | | |
| 4 | | 2021. 10. 22 | 61,963,960 | 3, 27, 29, 31, 36, 45 + 38 | | 2. 최저 당첨금액 | 30,894,057 | |
| 5 | | 2021. 10. 25 | 58,240,130 | 1, 13, 30, 33, 36, 39 + 22 | | | | |
| 6 | | 2021. 11. 11 | 30,894,057 | 4, 11, 21, 32, 38, 44 + 19 | | | | |
| 7 | | 2021. 11. 25 | 58,579,859 | 4, 7, 10, 14, 31, 35 + 19 | | | | |
| 8 | | 2021. 12. 28 | 55,245,571 | 1, 11, 28, 39, 42, 45 + 2 | | | | |
| 9 | | | | | | | | |

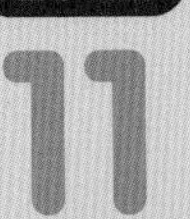

실무예제 11

# 무작위 추첨 번호 생성하기

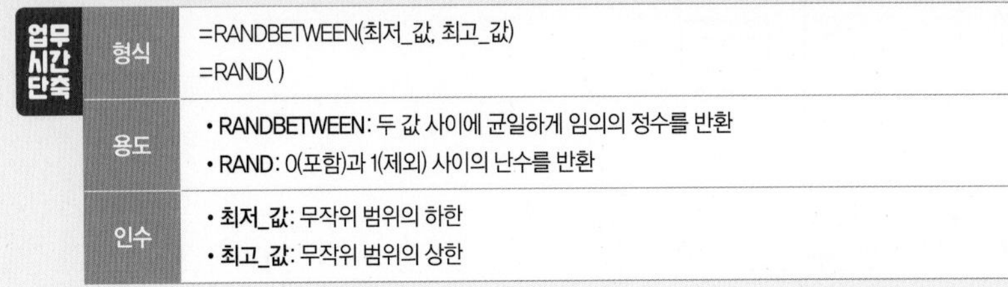

업무 시간 단축

| | |
|---|---|
| 형식 | =RANDBETWEEN(최저_값, 최고_값)<br>=RAND( ) |
| 용도 | • RANDBETWEEN: 두 값 사이에 균일하게 임의의 정수를 반환<br>• RAND: 0(포함)과 1(제외) 사이의 난수를 반환 |
| 인수 | • **최저_값**: 무작위 범위의 하한<br>• **최고_값**: 무작위 범위의 상한 |

**1** 1번부터 45번 사이의 6개의 값을 무작위로 추출해 볼게요. C3셀을 선택하고 임의의 정수를 반환하는 함수식을 다음과 같이 입력하고 Enter를 누르세요.

```
=RANDBETWEEN(1,45) /* 1부터 45까지 사이의 숫자를 반환 */
```

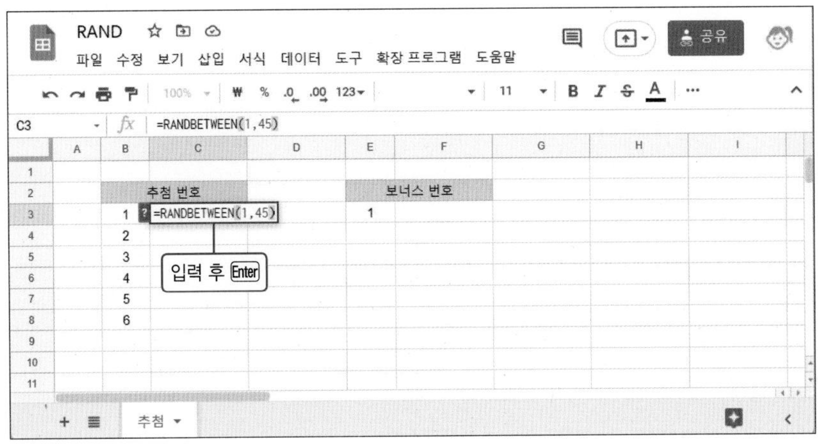

**2** C3셀에 값이 나타나면 자동 채우기 핸들을 드래그하여 C8셀까지 수식을 채우기하세요.

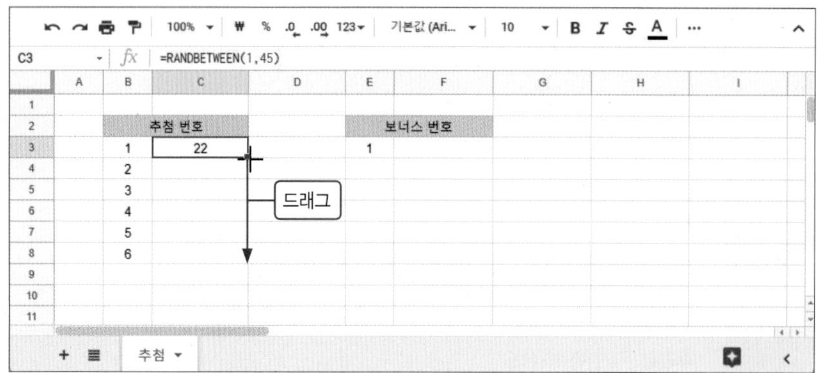


**3** 1번부터 45번까지 사이의 숫자가 추출되었습니다. 여기서 처음 C3셀에 추출된 값과 다르게 변경된 것을 알 수 있는데 파일을 새로 열거나 새로고침, 다른 셀에 데이터를 입력하는 등 파일이 새로 활성화될 때마다 RANDBETWEEN함수의 값은 계속 변하기 때문입니다.

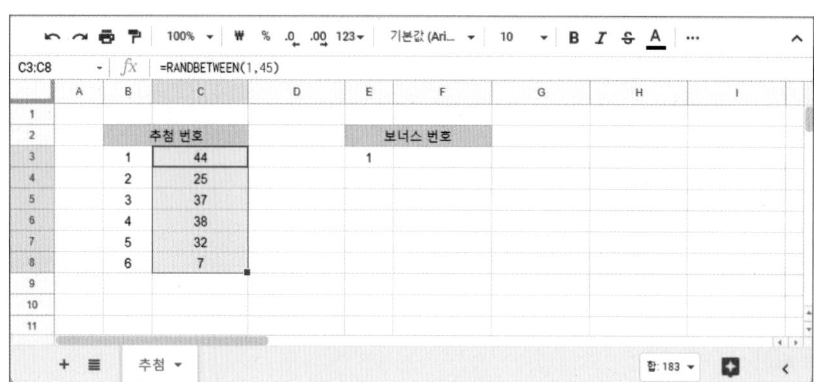

**4** 이번에는 보너스 번호를 소수점으로 추출하기 위해 F3셀을 선택하고 다음의 함수식을 입력한 뒤 Enter를 누르세요. F3셀에 소수가 추출되었으면 툴바의 소수점 이하 자릿수 감소 버튼(.0)을 클릭하여 소수점 자리수도 조정해 봅니다.

```
=RAND()
```

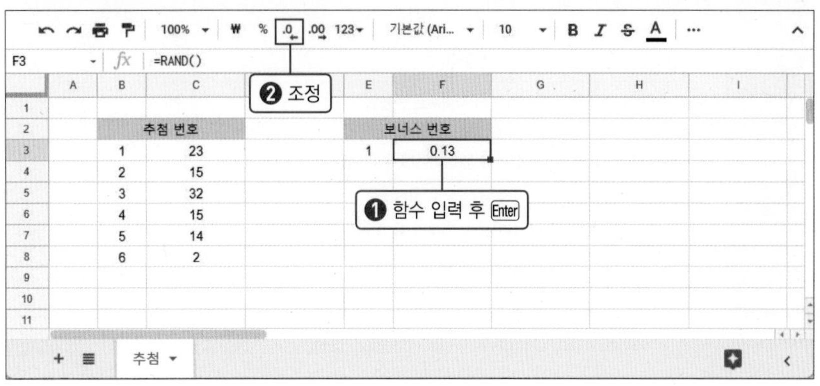


기본 사용법

입력 / 편집

데이터 작성

함수

표&차트 시각화

# 12 반올림, 올림, 내림값 구하기

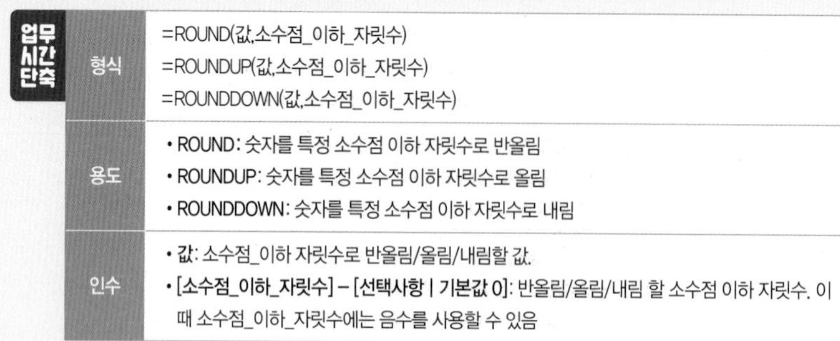

업무 시간 단축

| | |
|---|---|
| 형식 | =ROUND(값,소수점_이하_자릿수)<br>=ROUNDUP(값,소수점_이하_자릿수)<br>=ROUNDDOWN(값,소수점_이하_자릿수) |
| 용도 | • ROUND: 숫자를 특정 소수점 이하 자릿수로 반올림<br>• ROUNDUP: 숫자를 특정 소수점 이하 자릿수로 올림<br>• ROUNDDOWN: 숫자를 특정 소수점 이하 자릿수로 내림 |
| 인수 | • **값**: 소수점_이하 자릿수로 반올림/올림/내림할 값.<br>• **[소수점_이하_자릿수] – [선택사항 l 기본값 0]**: 반올림/올림/내림 할 소수점 이하 자릿수. 이때 소수점_이하_자릿수에는 음수를 사용할 수 있음 |

**1** D열에 입력된 값에 각각 ROUND함수, ROUNDUP함수, ROUNDDOWN함수를 적용해 볼게요. 먼저 ROUND함수를 이용해 반올림한 값을 계산하기 위해 F5셀에 다음과 같이 함수식을 입력하고 Enter를 누르세요.

```
=ROUND(D5,-3) /* D5셀의 값을 소수점 기준 왼쪽 방향의 세 번째 자리에서 반올림 */
```

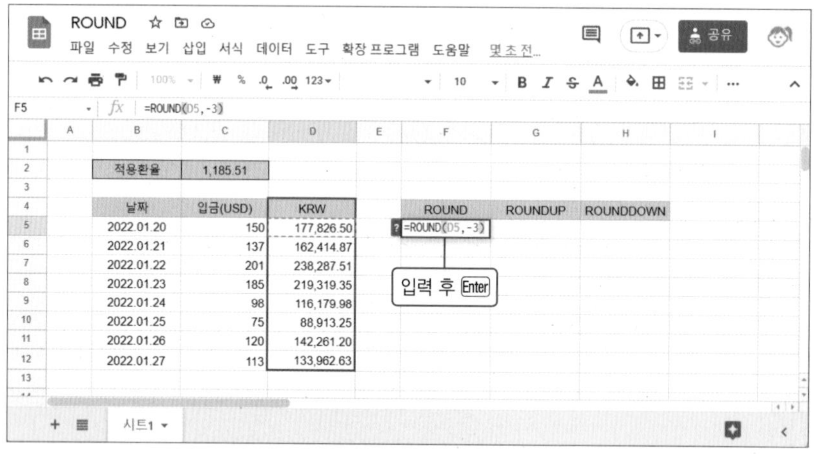

**2** F5셀에 반올림한 값을 구했으면 G5셀을 선택하고 다음과 같이 함수식을 입력한 뒤 Enter를 눌러 백의 자리에서 올림하는 값을 구합니다.

```
=ROUNDUP(D5,-3) /* D5셀의 값을 소수점 기준 왼쪽 방향의 세 번째 자리에서 올림 */
```

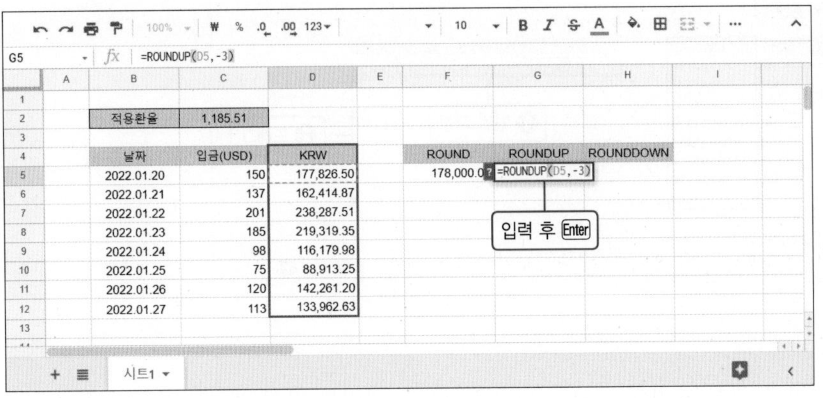


**3** G5셀에 올림한 값을 구했으면 G5셀을 선택하고 백의 자리에서 내림하는 값을 구하는 함수식을 입력하고 Enter를 누릅니다.

```
=ROUNDDOWN(D5,-3)  /* D5셀의 값을 소수점 기준 왼쪽 방향의 세 번째 자리에서 내림 */
```

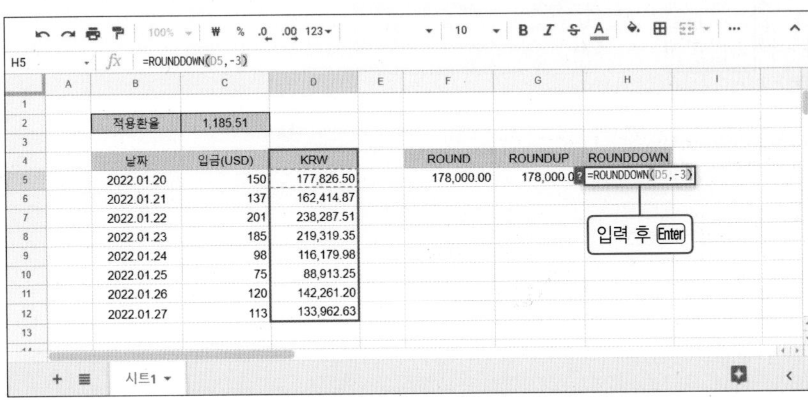

**4** 나머지 셀에도 수식을 적용하기 위해 F5:H5 셀 범위를 지정하고 자동 채우기 핸들을 13행까지 드래그합니다.

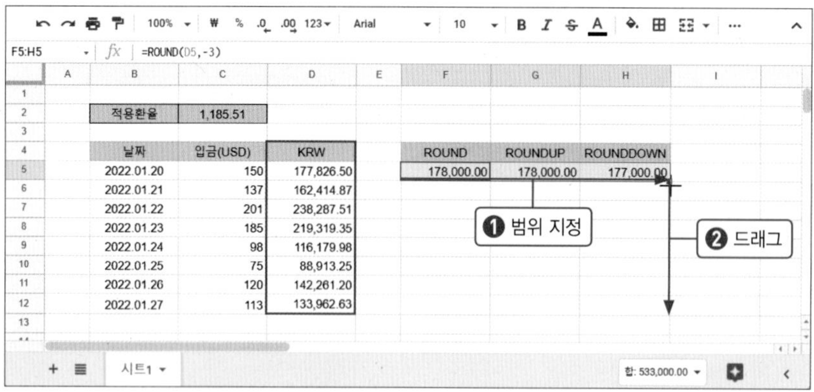


| 적용환율 | 1,185.51 | | | | |
|---|---|---|---|---|---|
| **날짜** | **입금(USD)** | **KRW** | **ROUND** | **ROUNDUP** | **ROUNDDOWN** |
| 2022.01.20 | 150 | 177,826.50 | 178,000.00 | 178,000.00 | 177,000.00 |
| 2022.01.21 | 137 | 162,414.87 | | | |
| 2022.01.22 | 201 | 238,287.51 | | | |
| 2022.01.23 | 185 | 219,319.35 | | | |
| 2022.01.24 | 98 | 116,179.98 | | | |
| 2022.01.25 | 75 | 88,913.25 | | | |
| 2022.01.26 | 120 | 142,261.20 | | | |
| 2022.01.27 | 113 | 133,962.63 | | | |

**5** D열에 입력된 숫자를 백의 자리에서 각각 반올림, 올림, 내림한 값이 계산되었습니다.

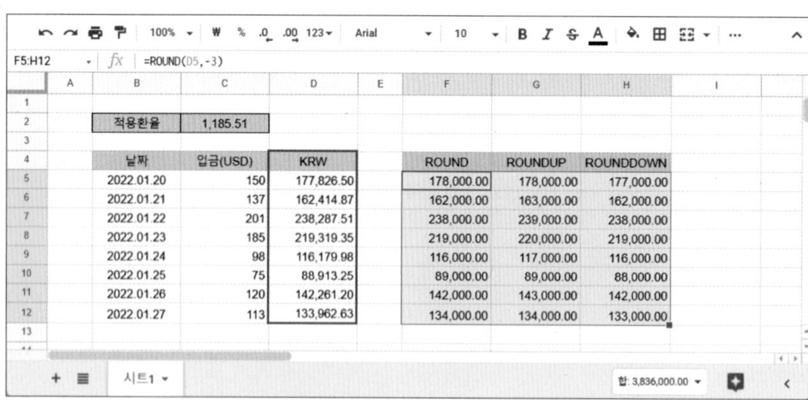


| 적용환율 | 1,185.51 | | | | |
|---|---|---|---|---|---|
| **날짜** | **입금(USD)** | **KRW** | **ROUND** | **ROUNDUP** | **ROUNDDOWN** |
| 2022.01.20 | 150 | 177,826.50 | 178,000.00 | 178,000.00 | 177,000.00 |
| 2022.01.21 | 137 | 162,414.87 | 162,000.00 | 163,000.00 | 162,000.00 |
| 2022.01.22 | 201 | 238,287.51 | 238,000.00 | 239,000.00 | 238,000.00 |
| 2022.01.23 | 185 | 219,319.35 | 219,000.00 | 220,000.00 | 219,000.00 |
| 2022.01.24 | 98 | 116,179.98 | 116,000.00 | 117,000.00 | 116,000.00 |
| 2022.01.25 | 75 | 88,913.25 | 89,000.00 | 89,000.00 | 88,000.00 |
| 2022.01.26 | 120 | 142,261.20 | 142,000.00 | 143,000.00 | 142,000.00 |
| 2022.01.27 | 113 | 133,962.63 | 134,000.00 | 134,000.00 | 133,000.00 |

필수기능 13

# 숨겨진 행은 계산에서 제외하기

업무 시간 단축

| 형식 | =SUBTOTAL(함수_코드, 범위1, [범위2, …]) |
|---|---|
| 용도 | SUBTOTAL: 지정된 집계 함수를 사용하여 열 방향 범위의 셀에 대한 소계를 반환 |
| 인수 | • **함수_코드**: 소계 집계에 사용할 함수<br>• **범위**: 계산을 위한 열 방향 범위<br>• **함수 코드 참조** |

| 적용 함수 | 계산 | 함수_코드 | |
|---|---|---|---|
| | | 자동필터 적용 | 그룹, 숨기기, 자동필터 적용 |
| AVERAGE | 평균 | 1 | 101 |
| COUNT | 숫자가 입력된 셀 개수 | 2 | 102 |
| COUNTA | 입력된 셀 개수 | 3 | 103 |
| MAX | 최대값 | 4 | 104 |
| MIN | 최소값 | 5 | 105 |
| PRODUCT | 곱하기 | 6 | 106 |
| STDEV | 표준 편차(표본) | 7 | 107 |
| STDEVP | 표준 편차(전체) | 8 | 108 |
| SUM | 합계 | 9 | 109 |
| VAR | 분산(표본) | 10 | 110 |
| VARP | 분산(전체) | 11 | 111 |

**1** C3:F3 셀 범위에는 각 항목에 대한 지점별 합계가 계산되어 있는데 표 중간 작년 동월실적이 없는 '종로지점' 행을 숨기려고 합니다. SUM함수로 계산된 합계는 숨겨진 행의 데이터를 포함하고 있기 때문에 SUBTOTAL함수로 숨겨진 행을 제외하고 합계를 계산하는 방법을 알아 보겠습니다.

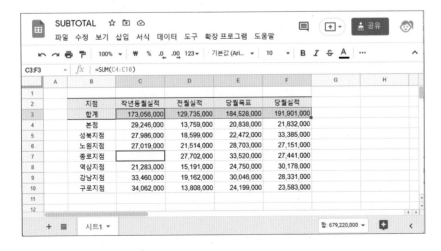

SUBTOTAL
파일 수정 보기 삽입 서식 데이터 도구 확장 프로그램 도움말
C3:F3 =SUM(C4:C10)

| 지점 | 작년동월실적 | 전월실적 | 당월목표 | 당월실적 |
|---|---|---|---|---|
| 합계 | 173,056,000 | 129,735,000 | 184,528,000 | 191,901,000 |
| 본점 | 29,246,000 | 13,759,000 | 20,838,000 | 21,832,000 |
| 성북지점 | 27,986,000 | 18,599,000 | 22,472,000 | 33,385,000 |
| 노원지점 | 27,019,000 | 21,514,000 | 28,703,000 | 27,151,000 |
| 종로지점 | | 27,702,000 | 33,520,000 | 27,441,000 |
| 역삼지점 | 21,283,000 | 15,191,000 | 24,750,000 | 30,178,000 |
| 강남지점 | 33,460,000 | 19,162,000 | 30,046,000 | 28,331,000 |
| 구로지점 | 34,062,000 | 13,808,000 | 24,199,000 | 23,583,000 |

시트1 합: 679,220,000

**2** C3셀을 선택하고 다음의 함수식으로 수정한 뒤 Enter를 누르세요.

```
=SUBTOTAL(109,C4:C10) /* 함수 코드 '109'(SUM)을 적용하여 C4:C10셀 범위를 계산 */
```

C3 | =SUBTOTAL(109,C4:C10)

| | A | B | C | D | E | F |
|---|---|---|---|---|---|---|
| 2 | | 지점 | 작년동월실적 | 전월실적 | 당월목표 | 당월실적 |
| 3 | | 합계 | =SUBTOTAL(109,C4:C10) | ...735,000 | 184,528,000 | 191,901,000 |
| 4 | | 본점 | 29,246,000 | 13,759,000 | 20,838,000 | 21,832,000 |
| 5 | | 성북지점 | 27,986,000 | 18,599,000 | 22,472,000 | 33,385,000 |
| 6 | | 노원지점 | 27,019,000 | 21,514,000 | 28,703,000 | 27,151,000 |
| 7 | | 종로지점 | | 27,702,000 | 33,520,000 | 27,441,000 |
| 8 | | 역삼지점 | 21,283,000 | 15,191,000 | 24,750,000 | 30,178,000 |
| 9 | | 강남지점 | 33,460,000 | 19,162,000 | 30,046,000 | 28,331,000 |
| 10 | | 구로지점 | 34,062,000 | 13,808,000 | 24,199,000 | 23,583,000 |

수정 후 Enter

**3** C3셀에 수정한 함수식을 F3셀까지 드래그하여 자동 채우기합니다.

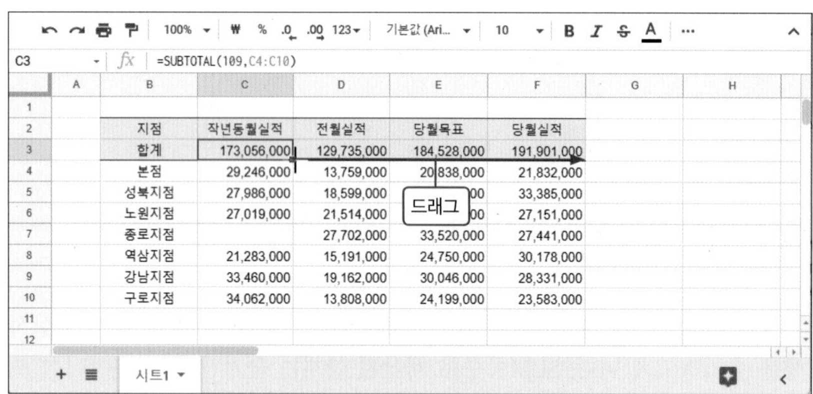

C3 | =SUBTOTAL(109,C4:C10)

| | A | B | C | D | E | F |
|---|---|---|---|---|---|---|
| 2 | | 지점 | 작년동월실적 | 전월실적 | 당월목표 | 당월실적 |
| 3 | | 합계 | 173,056,000 | 129,735,000 | 184,528,000 | 191,901,000 |
| 4 | | 본점 | 29,246,000 | 13,759,000 | 20,838,000 | 21,832,000 |
| 5 | | 성북지점 | 27,986,000 | 18,599,000 | | 33,385,000 |
| 6 | | 노원지점 | 27,019,000 | 21,514,000 | | 27,151,000 |
| 7 | | 종로지점 | | 27,702,000 | 33,520,000 | 27,441,000 |
| 8 | | 역삼지점 | 21,283,000 | 15,191,000 | 24,750,000 | 30,178,000 |
| 9 | | 강남지점 | 33,460,000 | 19,162,000 | 30,046,000 | 28,331,000 |
| 10 | | 구로지점 | 34,062,000 | 13,808,000 | 24,199,000 | 23,583,000 |

**4** 변경한 수식이 적용되면 7행의 머리글을 선택하고 [마우스 오른쪽 버튼]-[행 숨기기]를 클릭하여 '종로지점'의 데이터를 숨겨보세요.

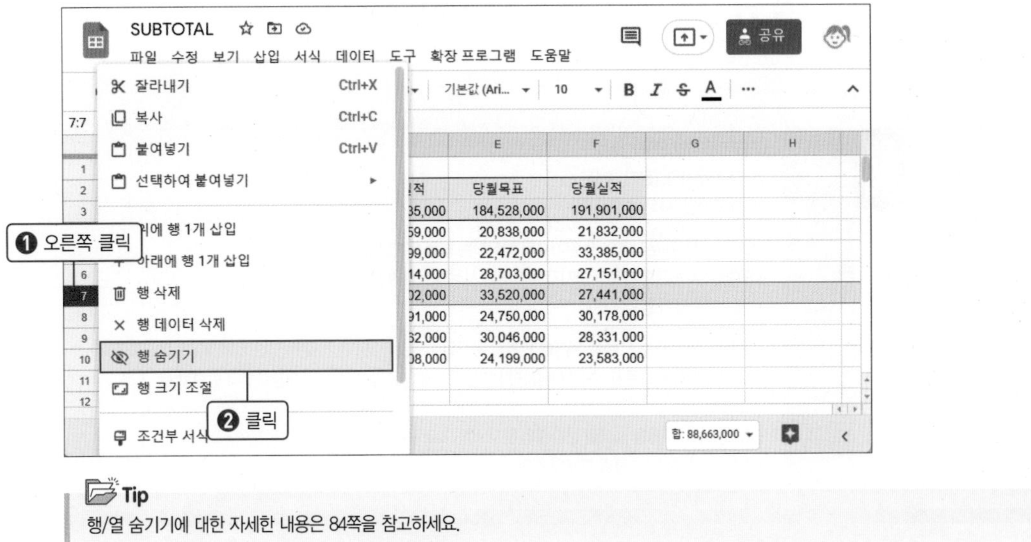


> **Tip**
> 행/열 숨기기에 대한 자세한 내용은 84쪽을 참고하세요.

**5** 3행의 합계값에 숨기기 적용된 '종로지점'의 데이터가 제외된 것을 확인합니다.

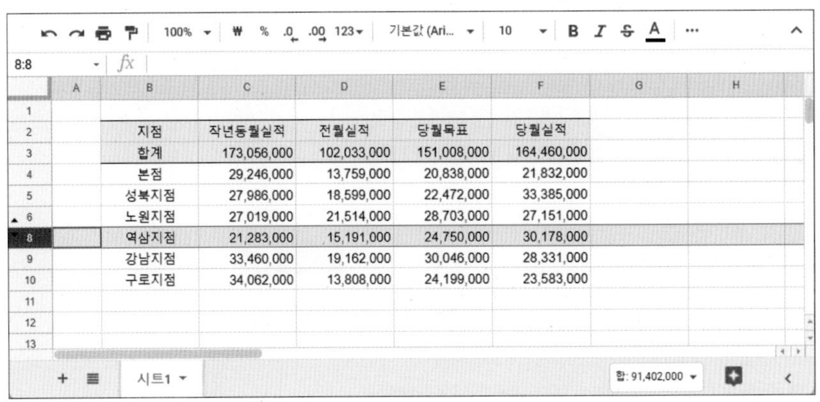

| 지점 | 작년동월실적 | 전월실적 | 당월목표 | 당월실적 |
|---|---|---|---|---|
| 합계 | 173,056,000 | 102,033,000 | 151,008,000 | 164,460,000 |
| 본점 | 29,246,000 | 13,759,000 | 20,838,000 | 21,832,000 |
| 성북지점 | 27,986,000 | 18,599,000 | 22,472,000 | 33,385,000 |
| 노원지점 | 27,019,000 | 21,514,000 | 28,703,000 | 27,151,000 |
| 역삼지점 | 21,283,000 | 15,191,000 | 24,750,000 | 30,178,000 |
| 강남지점 | 33,460,000 | 19,162,000 | 30,046,000 | 28,331,000 |
| 구로지점 | 34,062,000 | 13,808,000 | 24,199,000 | 23,583,000 |

필수기능 14

# 필요한 문자열 추출하기

업무 시간 단축

| | |
|---|---|
| 형식 | =LEFT(문자열, [문자_수])<br>=RIGHT(문자열, [문자_수])<br>=MID(문자열, 시작, 추출 길이) |
| 용도 | • LEFT: 지정된 문자열의 첫 문자부터 시작되는 하위 문자열을 반환<br>• RIGHT: 지정된 문자열의 마지막 문자부터 시작되는 하위 문자열을 반환<br>• MID: 문자열의 일부를 반환 |
| 인수 | • **문자열**: 왼쪽 또는 오른쪽, 일부를 반환할 문자열<br>• **(LEFT / RIGHT) [문자_수]**: [선택사항 \| 기본값 1] 문자열의 왼쪽 또는 오른쪽부터 반환할 문자의 수<br>• **(MID) 시작**: 추출을 시작할 문자열의 문자 색인으로 왼쪽에서 시작<br>• **(MID) 추출 길이**: 추출할 부분의 길이 |

**1** [문자추출] 시트의 왼쪽 표를 참고하여 오른쪽 표의 각 항목을 추출해 볼게요. 먼저 '학번'을 추출하기 위해 E3셀을 선택하고 함수식 '=LEFT(B3:B9,8)'을 입력한 후 첫 번째 인수를 배열로 처리하기 위해 Ctrl + Shift + Enter를 눌러 ARRAYFORMULA함수를 적용합니다. 마지막으로 Enter를 누르세요.

```
=ArrayFormula( /* LEFT함수의 첫 번째 인수를 배열로 받아 결과를 배열로 출력 */
 LEFT(B3:B9,8)) /* 대상 셀에서 왼쪽 문자열로부터 여덟 번째 문자열까지 반환 */
```

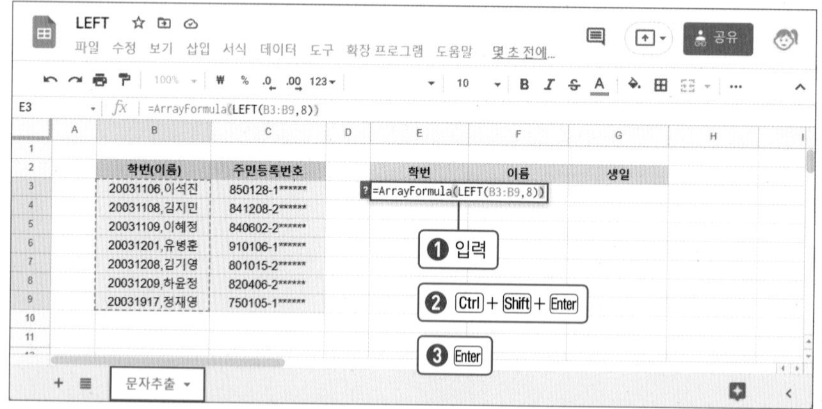


**Tip**

E3셀에 ARRAYFORMULA함수를 사용하지 않으려면 함수식 '=LEFT(B3,8)'를 입력한 후 E9셀까지 자동 채우기를 적용하면 됩니다.

**2** E3:E9 셀 범위에 B열의 데이터가 왼쪽을 기준으로 여덟 번째 자리까지 추출된 것을 확인합니다. 이번에는 F3셀에 '이름'을 추출하기 위해 함수식 '=RIGHT(B3:B9,3)'을 입력하고 Ctrl + Shift + Enter를 눌러 ARRAYFORMULA함수를 적용합니다. 마지막으로 Enter를 누르세요.

```
=ArrayFormula( /* RIGHT함수의 첫 번째 인수를 배열로 받아 결과를 배열로 출력 */
 RIGHT(B3:B9,3)) /* 대상 셀에서 오른쪽 문자열로부터 세 번째 문자열까지 반환 */
```

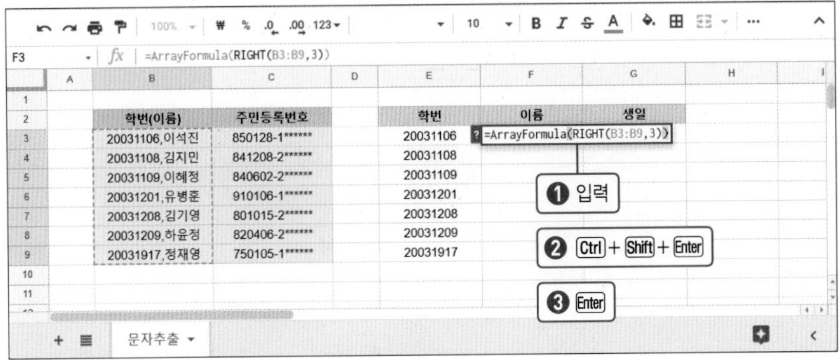


**Tip**
F3셀에 ARRAYFORMULA함수를 사용하지 않으려면 함수식 '=RIGHT(B3,3)'를 입력한 후 F9셀까지 자동 채우기를 적용하면 됩니다.

**3** F3:F9 셀 범위에 B열 데이터의 오른쪽을 기준으로 세 번째 자리까지 추출된 것을 확인합니다.

F3 =ArrayFormula(RIGHT(B3:B9,3))

| 학번(이름) | 주민등록번호 | | 학번 | 이름 | 생일 |
|---|---|---|---|---|---|
| 20031106,이석진 | 850128-1****** | | 20031106 | 이석진 | |
| 20031108,김지민 | 841208-2****** | | 20031108 | 김지민 | |
| 20031109,이혜정 | 840602-2****** | | 20031109 | 이혜정 | |
| 20031201,유병훈 | 910106-1****** | | 20031201 | 유병훈 | |
| 20031208,김기영 | 801015-2****** | | 20031208 | 김기영 | |
| 20031209,하윤정 | 820406-2****** | | 20031209 | 하윤정 | |
| 20031917,정재영 | 750105-1****** | | 20031917 | 정재영 | |

**4** 이번에는 G열에 C열의 '주민등록번호'를 참고하여 '생일'을 추출해 볼게요. G3셀에 함수식 '=MID(C3:C9,3,2)&"월"&MID(C3:C9,5,2)&"일"'을 입력하고 Ctrl + Shift + Enter를 눌러 ARRAYFORMULA함수를 적용합니다. 마지막으로 Enter 키를 누르세요.

```
=ArrayFormula( /* MID함수의 첫 번째 인수를 배열로 받아 결과를 배열로 출력 */
 MID(C3:C9,3,2)&"월" /* 대상 셀에서 세 번째 시작위치로부터 2개의 문자를 추출하고 연결연산자(&)를 사용하여 "월"을 표시 */
 &MID(C3:C9,5,2)&"일") /* 대상 셀에서 다섯 번째 시작위치로부터 2개의 문자 추출하고 연결연산자(&)를 사용하여 "일"을 표시 */
```

G3 | fx =ArrayFormula(MID(C3:C9,3,2)&"월"&MID(C3:C9,5,2)&"일")

| 학번(이름) | 주민등록번호 | 학번 | 이름 | 생일 |
|---|---|---|---|---|
| 20031106,이석진 | 850128-1****** | 20031106 | 이석진 | =ArrayFormula(MID(C3:C9,3,2)&"월"&MID(C3:C9,5,2)&"일") |
| 20031108,김지민 | 841208-2****** | 20031108 | 김지민 | |
| 20031109,이혜정 | 840602-2****** | 20031109 | 이혜정 | |
| 20031201,유병훈 | 910106-1****** | 20031201 | 유병훈 | |
| 20031208,김기영 | 801015-2****** | 20031208 | 김기영 | |
| 20031209,하윤정 | 820406-2****** | 20031209 | 하윤정 | |
| 20031917,정재영 | 750105-1****** | 20031917 | 정재영 | |

❶ 입력
❷ Ctrl + Shift + Enter
❸ Enter

문자추출

**5** 주민등록번호를 참조하여 생일이 계산되었습니다.

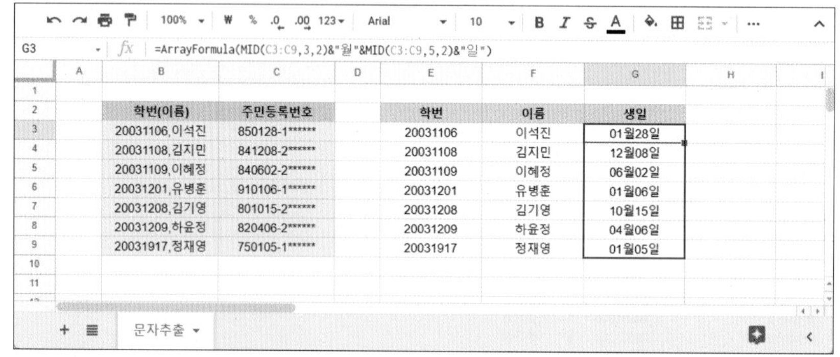

G3 | fx =ArrayFormula(MID(C3:C9,3,2)&"월"&MID(C3:C9,5,2)&"일")

| 학번(이름) | 주민등록번호 | 학번 | 이름 | 생일 |
|---|---|---|---|---|
| 20031106,이석진 | 850128-1****** | 20031106 | 이석진 | 01월28일 |
| 20031108,김지민 | 841208-2****** | 20031108 | 김지민 | 12월08일 |
| 20031109,이혜정 | 840602-2****** | 20031109 | 이혜정 | 06월02일 |
| 20031201,유병훈 | 910106-1****** | 20031201 | 유병훈 | 01월06일 |
| 20031208,김기영 | 801015-2****** | 20031208 | 김기영 | 10월15일 |
| 20031209,하윤정 | 820406-2****** | 20031209 | 하윤정 | 04월06일 |
| 20031917,정재영 | 750105-1****** | 20031917 | 정재영 | 01월05일 |

문자추출

**Tip**

G3셀에 ARRAYFORMULA함수를 사용하지 않으려면 함수식 '=MID(C3,3,2)&"월"&MID(C3,5,2)&"일"'을 입력한 후 G9셀까지 자동 채우기를 적용하세요.

# 15 문자의 위치를 찾아 불규칙한 문자열 추출하기

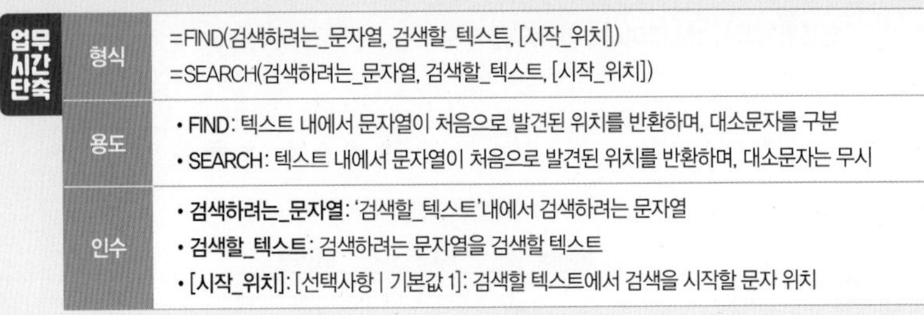

업무 시간 단축

| | |
|---|---|
| 형식 | =FIND(검색하려는_문자열, 검색할_텍스트, [시작_위치])<br>=SEARCH(검색하려는_문자열, 검색할_텍스트, [시작_위치]) |
| 용도 | • FIND: 텍스트 내에서 문자열이 처음으로 발견된 위치를 반환하며, 대소문자를 구분<br>• SEARCH: 텍스트 내에서 문자열이 처음으로 발견된 위치를 반환하며, 대소문자는 무시 |
| 인수 | • **검색하려는_문자열**: '검색할_텍스트'내에서 검색하려는 문자열<br>• **검색할_텍스트**: 검색하려는 문자열을 검색할 텍스트<br>• **[시작_위치]**: [선택사항 \| 기본값 1]: 검색할 텍스트에서 검색을 시작할 문자 위치 |

**1** 왼쪽표에 입력된 상품명 중 쉼표 앞 상품 이름만 추출해 볼게요. 문자길이가 불규칙하므로 작업하기 쉽도록 우선 쉼표의 위치를 찾고, 해당 위치 이전 자리까지 표시합니다. D3셀을 선택하고 '=FIND(",",B3:B13)'를 입력한 후 Ctrl + Shift + Enter를 눌러 ARRAYFORMULA함수를 적용합니다. 마지막으로 Enter를 누르세요.

```
=ArrayFormula( /* FIND함수의 두번째 인수를 배열로 받아 결과를 배열로 출력 */
 FIND(",", /* 쉼표(,)를 찾기 */
 B3:B13)) /* 대상 셀을 범위로 지정 */
```

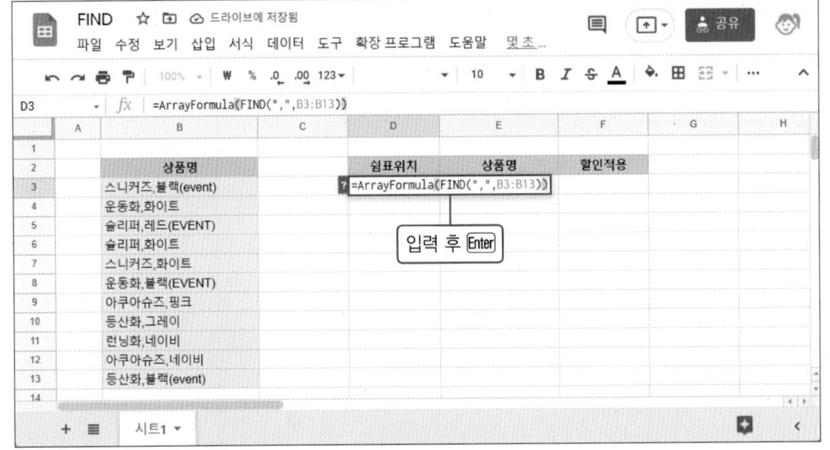


**Tip**

ARRAYFORMULA함수를 사용하지 않으려면 D3셀에 함수식 '=FIND(",",B3)'을 입력한 후 D13셀까지 자동 채우기를 적용하면 됩니다.

**2** FIND함수로 쉼표의 위치를 찾았으면 LEFT함수를 사용하여 쉼표 위치 이전 자리 수까지 문자를 추출할게요. E3셀에 함수식 '=LEFT(B3:B13,D3:D13-1)'을 입력하고 Ctrl + Shift + Enter를 눌러 ARRAYFORMULA함수를 적용합니다. 마지막으로 Enter를 누르세요.

```
=ArrayFormula( /* LEFT함수의 첫 번째, 두 번째 인수를 배열로 받아 결과를 배열로 출력 */
  LEFT(B3:B13, /* B3:B13 셀 범위에서 입력 데이터 왼쪽을 기준으로 */
  D3:D13-1)) /* 쉼표위치에서 1을 마이너스한 수만큼 추출 */
```

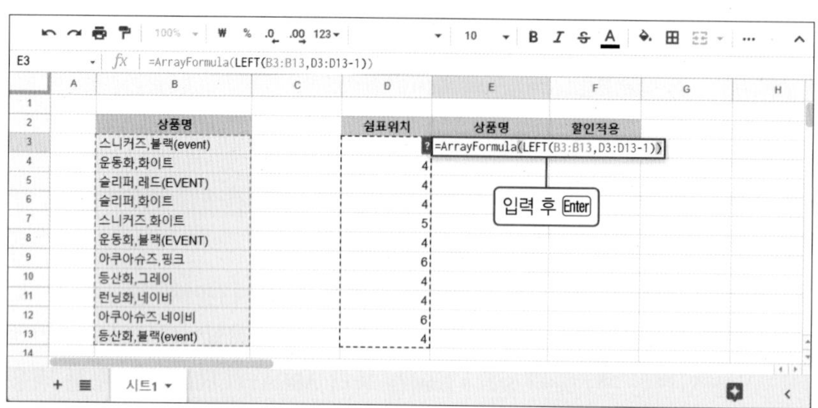


> **Tip**
> LEFT함수에 대한 자세한 내용은 294쪽을 참고하세요.

**3** B열에 입력된 상품명에서 왼쪽을 기준으로 쉼표 이전 자리 수까지의 문자가 추출되었습니다.

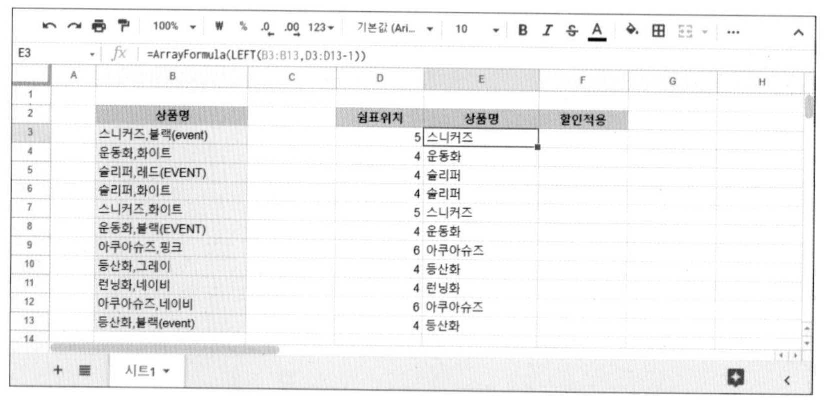


> **Tip**
> D열에 쉼표위치를 찾는 과정을 생략하고 E열에 바로 다음의 함수식을 사용할 수 있어요.
> =ArrayFormula(LEFT(B3:B13,FIND(",",B3:B13)-1))

**4** 이번에는 B열에 입력된 셀 중 '(EVENT)' 또는 '(event)'가 입력된 상품에 할인 적용해 볼게요. 이때 대소문자를 구분하지 않는 SEARCH함수를 사용하도록 합니다. F3셀에 다음과 같이 함수식을 완성하세요.

```
=ArrayFormula( /* SEARCH함수의 두 번째 인수를 배열로 받아 결과를 배열로 출력 */
 IF(SEARCH("EVENT",B3:B13)<>0, /* B3:B13 셀 범위에서 'EVENT'가 입력된 문자열 위치가 '0'이 아닌 조건 */
 "10%", /* 조건을 만족하면 10%를 출력 */
 " ")) /* 조건을 만족하지 않으면 공백을 출력 */
```

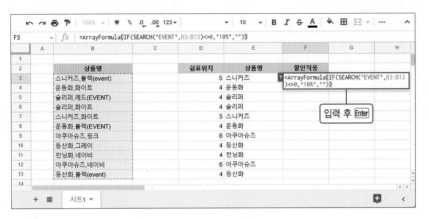

F3 =ArrayFormula(IF(SEARCH("EVENT",B3:B13)<>0,"10%",""))

| | A | B | C | D | E | F | G | H |
|---|---|---|---|---|---|---|---|---|
| 1 | | | | | | | | |
| 2 | | 상품명 | | 심표위치 | 상품명 | 할인적용 | | |
| 3 | | 스니커즈,블랙(event) | | 5 | 스니커즈 | =ArrayFormula(IF(SEARCH("EVENT",B3:B13)<>0,"10%","")) | | |
| 4 | | 운동화,화이트 | | 4 | 운동화 | | | |
| 5 | | 슬리퍼,레드(EVENT) | | 4 | 슬리퍼 | | | |
| 6 | | 슬리퍼,화이트 | | 4 | 슬리퍼 | | | |
| 7 | | 스니커즈,화이트 | | 5 | 스니커즈 | | | |
| 8 | | 운동화,블랙(EVENT) | | 4 | 운동화 | | | |
| 9 | | 아쿠아슈즈,핑크 | | 6 | 아쿠아슈즈 | | | |
| 10 | | 등산화,그레이 | | 4 | 등산화 | | | |
| 11 | | 런닝화,네이비 | | 4 | 런닝화 | | | |
| 12 | | 아쿠아슈즈,네이비 | | 6 | 아쿠아슈즈 | | | |
| 13 | | 등산화,블랙(event) | | 4 | 등산화 | | | |

입력 후 Enter

시트1

**Tip**
IF함수에 대한 자세한 내용은 262쪽을 참조하세요.

**5** '(EVENT)' 또는 '(event)'가 입력된 상품에 10% 할인이 표시되며, 나머지 해당 문자가 없는 셀에는 '#VALUE!' 오류를 표시합니다.

F3 =ArrayFormula(IF(SEARCH("EVENT",B3:B13)<>0,"10%",""))

| | A | B | C | D | E | F | G | H |
|---|---|---|---|---|---|---|---|---|
| 1 | | | | | | | | |
| 2 | | 상품명 | | 심표위치 | 상품명 | 할인적용 | | |
| 3 | | 스니커즈,블랙(event) | | 5 | 스니커즈 | 10% | | |
| 4 | | 운동화,화이트 | | 4 | 운동화 | #VALUE! | | |
| 5 | | 슬리퍼,레드(EVENT) | | 4 | 슬리퍼 | 10% | | |
| 6 | | 슬리퍼,화이트 | | 4 | 슬리퍼 | #VALUE! | | |
| 7 | | 스니커즈,화이트 | | 5 | 스니커즈 | #VALUE! | | |
| 8 | | 운동화,블랙(EVENT) | | 4 | 운동화 | 10% | | |
| 9 | | 아쿠아슈즈,핑크 | | 6 | 아쿠아슈즈 | #VALUE! | | |
| 10 | | 등산화,그레이 | | 4 | 등산화 | #VALUE! | | |
| 11 | | 런닝화,네이비 | | 4 | 런닝화 | #VALUE! | | |
| 12 | | 아쿠아슈즈,네이비 | | 6 | 아쿠아슈즈 | #VALUE! | | |
| 13 | | 등산화,블랙(event) | | 4 | 등산화 | 10% | | |

시트1

**Tip**
오류를 표시하고 싶지 않은 경우 IFERROR함수를 사용할 수 있습니다. IFERROR함수의 자세한 내용은 342쪽을 참고해주세요

# 여러 셀의 문자열을 하나의 셀에 나타내기

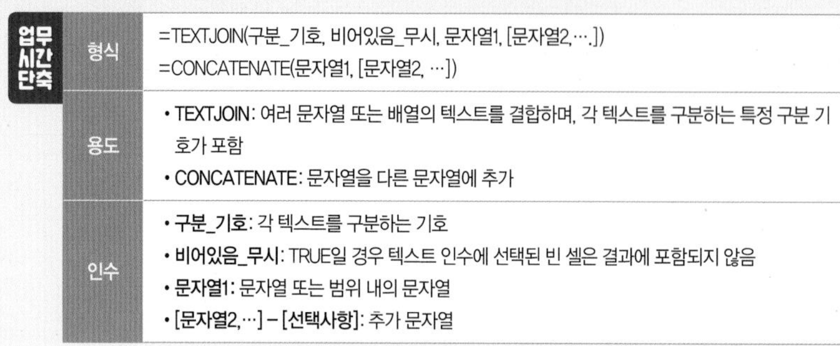

업무 시간 단축

| | |
|---|---|
| 형식 | =TEXTJOIN(구분_기호, 비어있음_무시, 문자열1, [문자열2,···])<br>=CONCATENATE(문자열1, [문자열2, ···]) |
| 용도 | • TEXTJOIN: 여러 문자열 또는 배열의 텍스트를 결합하며, 각 텍스트를 구분하는 특정 구분 기호가 포함<br>• CONCATENATE: 문자열을 다른 문자열에 추가 |
| 인수 | • **구분_기호**: 각 텍스트를 구분하는 기호<br>• **비어있음_무시**: TRUE일 경우 텍스트 인수에 선택된 빈 셀은 결과에 포함되지 않음<br>• **문자열1**: 문자열 또는 범위 내의 문자열<br>• **[문자열2,···] – [선택사항]**: 추가 문자열 |

**1** 왼쪽 표를 참고하여 F열에 '학번/학과/이름' 형태로 문자열을 입력하려고 합니다. F3셀을 선택하고 다음과 같이 함수식을 입력합니다. 이때 비어 있는 셀의 데이터는 무시하고 문자열을 결합하게 됩니다.

```
=TEXTJOIN("/",TRUE, /* 결합할 문자열 사이 구분 기호로 "/(슬러시)"로 지정하고 비어 있는 셀은 포함하지 않음 */
 B3:D3) /* B3:D3 셀 범위의 문자열을 결합 */
```

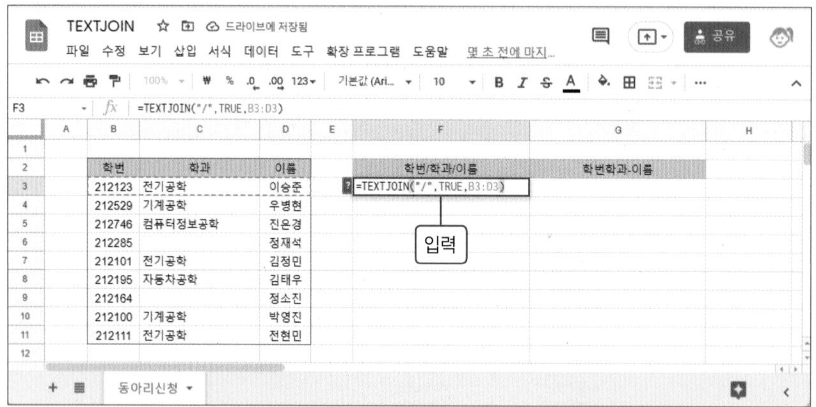


**2** 범위의 문자열이 구분 기호로 구분되어 결합되었습니다. 이번에는 G3셀을 선택하고 다음과 같이 함수식을 사용하여 '학번학과-이름' 형태로 문자열이 나타나도록 입력합니다.

```
=CONCATENATE(B3:C3,"-",D3) /* B3:C3 셀 범위의 문자열을 결합 후 "-"(하이픈)의 문자열과 D3셀의 문자열을 결합 */
```

> **Tip**
> 연결 연산자 엠퍼센트(&)를 사용하여 해당 함수식을 '=B3&C3&"−"&D3'로 대신할 수 있어요.

**3** F3:G3 셀 범위를 지정하고 자동 채우기 핸들을 11행까지 드래그하세요.

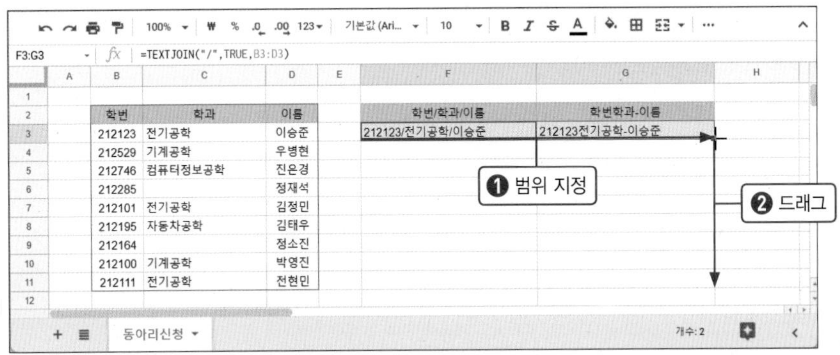


**4** TEXTJOIN함수는 구분 기호로 결합 문자열을 구분하여 표시할 수 있으며 CONCATENATE 함수는 인수의 모든 문자열을 하나의 문자열로 나타냅니다.

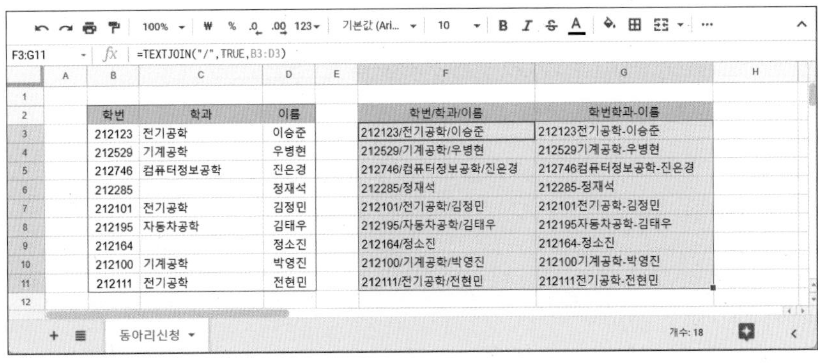

◉ 예제파일 : Chapter04 > Section09 > PROPER / PROPER(완성)

# 지정된 문자열을 대문자/소문자로 변환하기

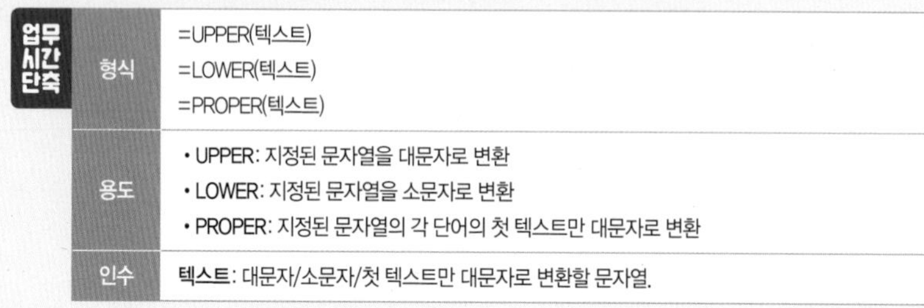

업무 시간 단축

| | |
|---|---|
| 형식 | =UPPER(텍스트)<br>=LOWER(텍스트)<br>=PROPER(텍스트) |
| 용도 | • UPPER: 지정된 문자열을 대문자로 변환<br>• LOWER: 지정된 문자열을 소문자로 변환<br>• PROPER: 지정된 문자열의 각 단어의 첫 텍스트만 대문자로 변환 |
| 인수 | **텍스트**: 대문자/소문자/첫 텍스트만 대문자로 변환할 문자열. |

**1** B열에 입력된 영단어를 모두 대문자로 변경해 볼게요. C3셀에 다음과 같이 수식을 입력합니다.

```
=UPPER(B3)
```

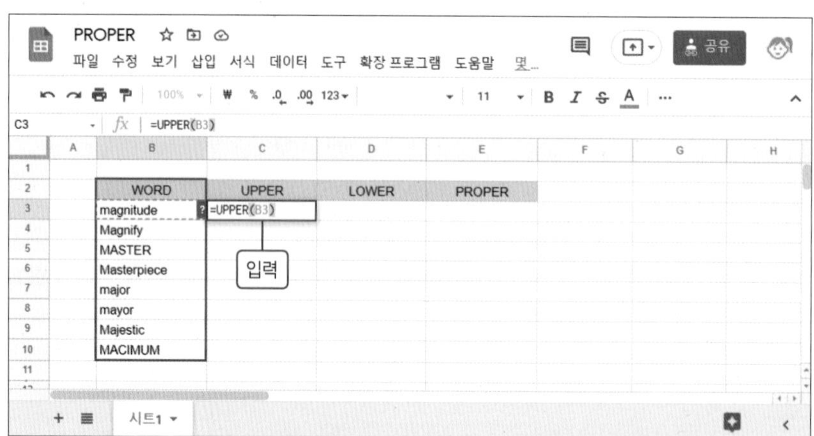

**2** C3셀에 B3셀의 영단어가 대문자로 추출되었습니다. 이번에는 D열에 B열의 영단어를 소문자로 변경해 볼게요. D3셀을 선택하고 다음의 수식을 입력하세요.

```
=LOWER(B3)
```

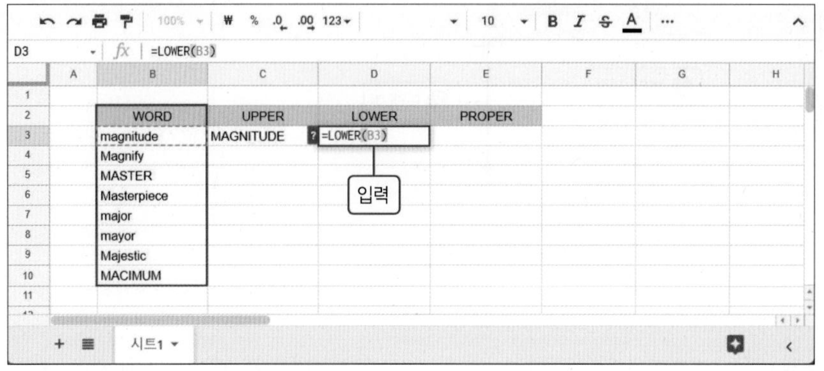


**3** 이번에는 E열에 B열의 단어의 첫 글자만 대문자로, 나머지는 소문자로 표시해 볼게요. E3셀을 선택하고 다음과 같이 수식을 입력합니다.

```
=PROPER(B3)
```

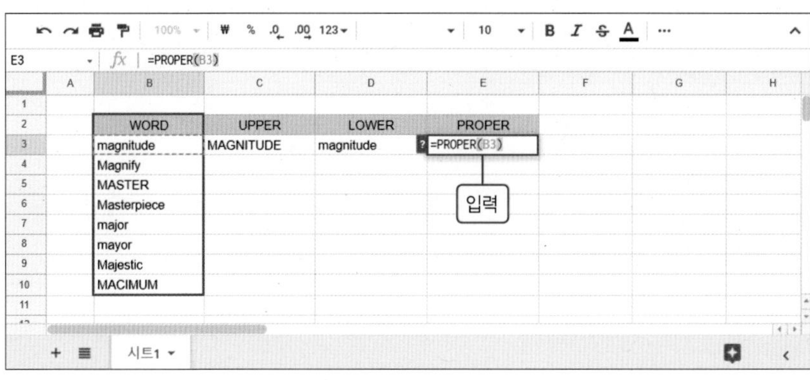

**4** E3셀에 B3셀 단어의 첫 글자만 대문자로 표시됩니다. C3:E3 셀 범위를 선택한 후 자동 채우기 핸들을 10행까지 드래그하여 수식을 적용하세요.

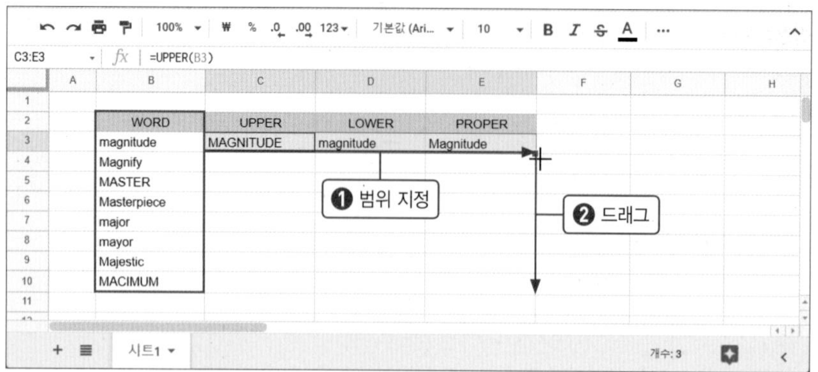


**5** B열의 영단어가 각각 대문자, 소문자, 단어의 첫 글자만 대문자고 나머지는 소문자로 추출되었습니다.

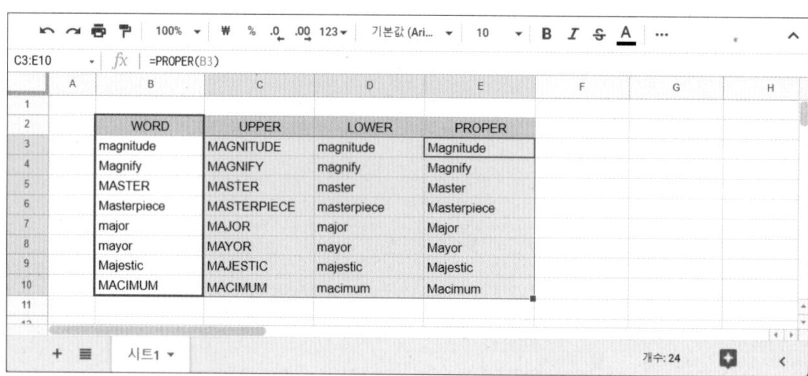


| WORD | UPPER | LOWER | PROPER |
|---|---|---|---|
| magnitude | MAGNITUDE | magnitude | Magnitude |
| Magnify | MAGNIFY | magnify | Magnify |
| MASTER | MASTER | master | Master |
| Masterpiece | MASTERPIECE | masterpiece | Masterpiece |
| major | MAJOR | major | Major |
| mayor | MAYOR | mayor | Mayor |
| Majestic | MAJESTIC | majestic | Majestic |
| MACIMUM | MACIMUM | macimum | Macimum |

필수기능 18

# 불필요한 공백 제거하기

| 업무 시간 단축 | |
|---|---|
| 형식 | =TRIM(문자열) |
| 용도 | 텍스트에서 선행, 후행, 반복 공백을 삭제 |
| 인수 | **문자열**: 다듬어질 문자열 또는 그러한 문자열을 포함하는 셀에 대한 참조 |

**1** C열에는 B열에 입력한 데이터와 같이 문자 사이에 불필요한 공백들이 입력되었어요. 눈에 보이지 않는 이러한 공백이 입력된 데이터는 참조 대상이 될 경우 오류가 발생할 수 있습니다. C3셀과 C4셀에는 앞뒤 공백을 제거하여 '구글스프레드시트' 데이터를, C5:C7 셀 범위에는 앞뒤 공백과 중간에 하나의 공백이 포함된 '구글 스프레드시트'가 나타나도록 바꿀게요. E3셀을 선택하고 다음과 같이 함수식을 입력합니다.

```
=TRIM(C3)
```

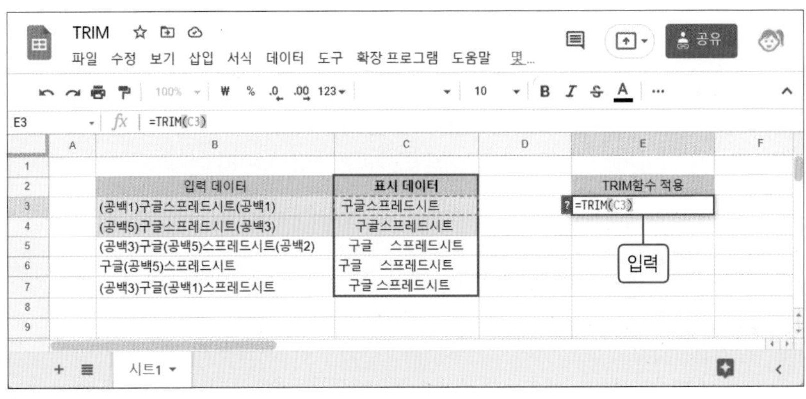

**2** 앞뒤 공백이 제거된 것을 확인하고 E3셀의 자동 채우기 핸들을 E7셀까지 드래그하여 수식을 적용합니다.

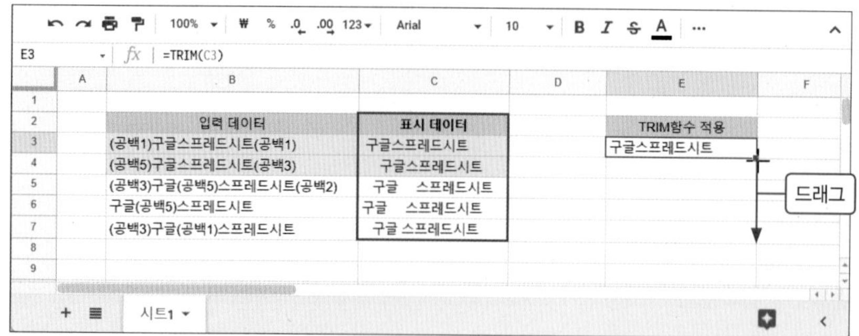


**3** 문자 앞뒤로 불필요한 공백들과 문자 사이 반복 공백이 삭제된 것을 확인합니다.

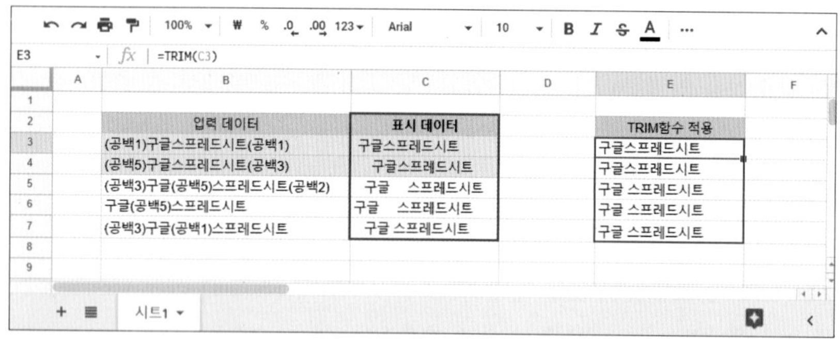


**Tip**

TRIM함수는 [데이터 정리]의 [공백 제거] 기능으로 대체할 수 있습니다. [공백 제거]에 대한 자세한 내용은 166쪽에서 확인하세요.

◉ **예제파일** : Chapter04 > Section09 > CLEAN / CLEAN(완성)

실무예제 19

# 인쇄할 수 없는 문자를 삭제하기

| 업무 시간 단축 | | |
|---|---|---|
| | 형식 | =CLEAN(텍스트) |
| | 용도 | CLEAN : 출력 불가능한 ASCII 문자를 삭제한 텍스트를 반환 |
| | 인수 | **텍스트** : 인쇄할 수 없는 문자를 삭제할 텍스트 |

**1** B열에 입력된 품번에는 Alt + Enter로 줄 바꿈이 적용되어 우리 눈에는 보이지 않는 개행 문자(줄 바꿈을 나타내는 제어문자)가 포함되어 있습니다. 줄 바꿈 문자를 삭제하기 위해 D3셀을 선택하고 다음의 함수식을 입력합니다.

```
=CLEAN(B3)
```

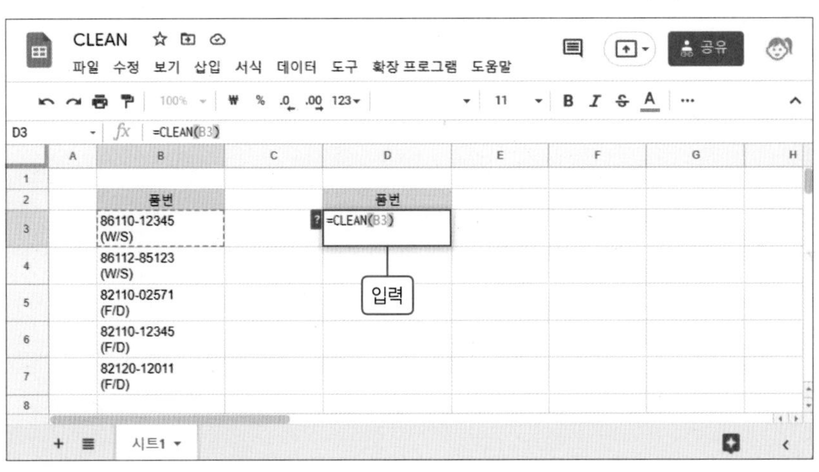

**2** 줄 바꿈 문자가 삭제된 것을 확인하고 자동 채우기 핸들을 D7셀까지 드래그하여 함수식을 적용합니다.

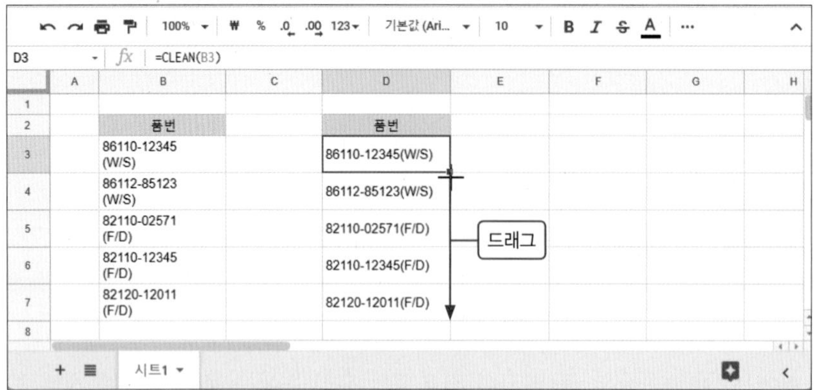

◉ **예제파일** : Chapter04 > Section09 > ROW / ROW(완성)

# 필수기능 20 중간에 행이 삭제되어도 순번 유지하기

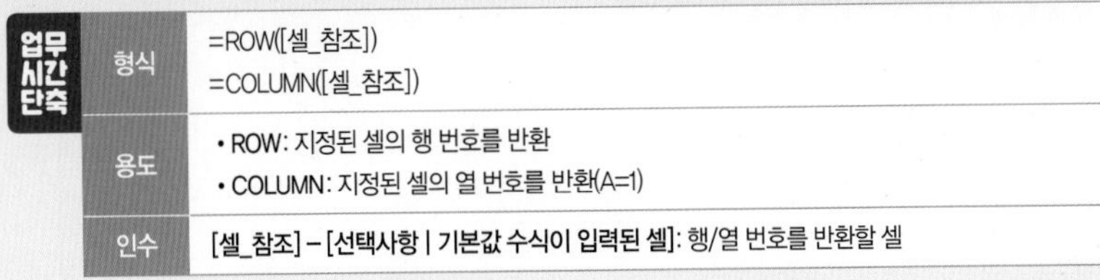

업무 시간 단축

| | |
|---|---|
| 형식 | =ROW([셀_참조])<br>=COLUMN([셀_참조]) |
| 용도 | • ROW: 지정된 셀의 행 번호를 반환<br>• COLUMN: 지정된 셀의 열 번호를 반환(A=1) |
| 인수 | **[셀_참조] – [선택사항 ǀ 기본값 수식이 입력된 셀]**: 행/열 번호를 반환할 셀 |

**1** 행 번호를 반환하는 ROW함수로 순번을 입력해 볼게요. B4셀을 선택하고 다음의 함수식을 입력합니다.

```
=ROW( )-3 /* 셀이 위치한 행 번호에 -3 */
```

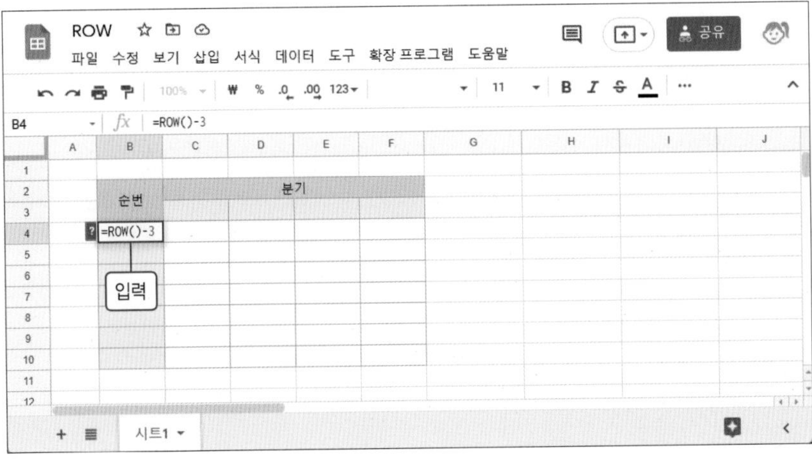

**2** B4셀의 행 번호 값인 '4'에 '3'을 마이너스 한 값인 '1'이 출력되었으면 자동 채우기 핸들을 드래그하여 B10셀까지 수식을 채우기합니다.

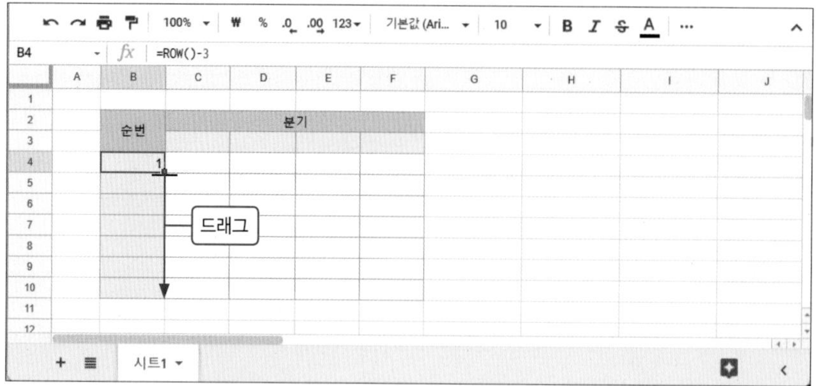


**3** 순번이 나타납니다. 연속 숫자 채우로 순번을 사용하면 중간에 행이 삭제되었을 때 중간 번호가 사라지기 때문에 다시 순번을 매겨야 하는 불편함이 있는데 이렇게 ROW함수를 사용하면 중간에 행이 삭제되어도 순번을 유지할 수 있습니다.

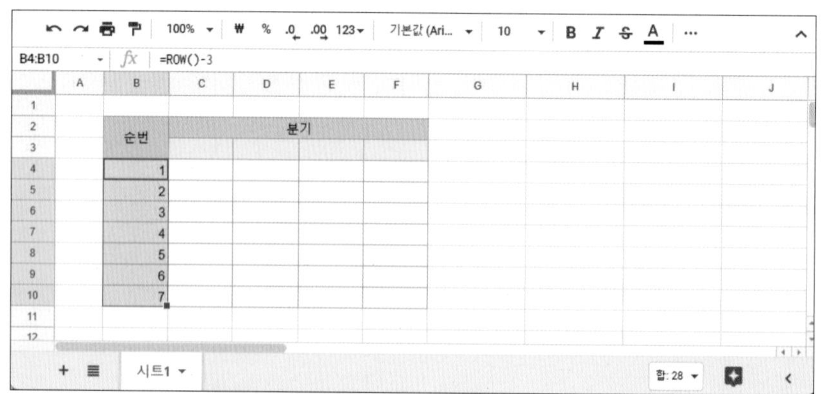


**4** 이번에는 열 방향으로 순번을 나타낼게요. C3셀을 선택하고 다음의 함수식을 입력하세요. 참고로 COLUMN함수는 A열을 1번으로 반환합니다.

```
=COLUMN( )-2 /* 셀이 위치한 열 번호에 -2 */
```

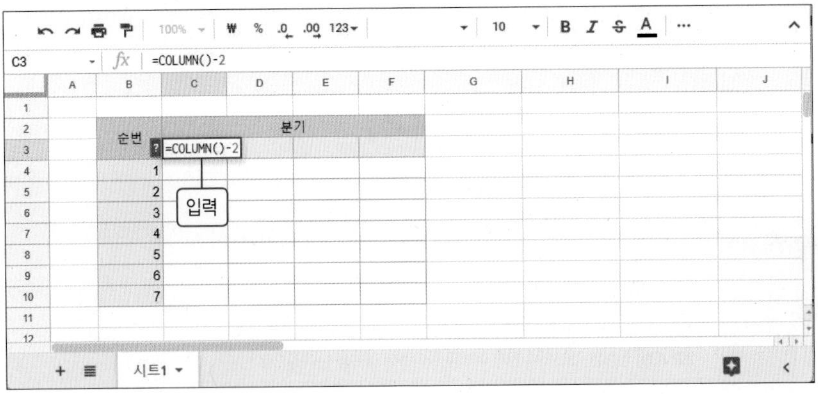

5 C열의 열 번호 '3'에 '2'를 마이너스한 '1'이 출력되었으면 자동 채우기 핸들을 F3셀까지 드래그하여 수식을 채우세요.

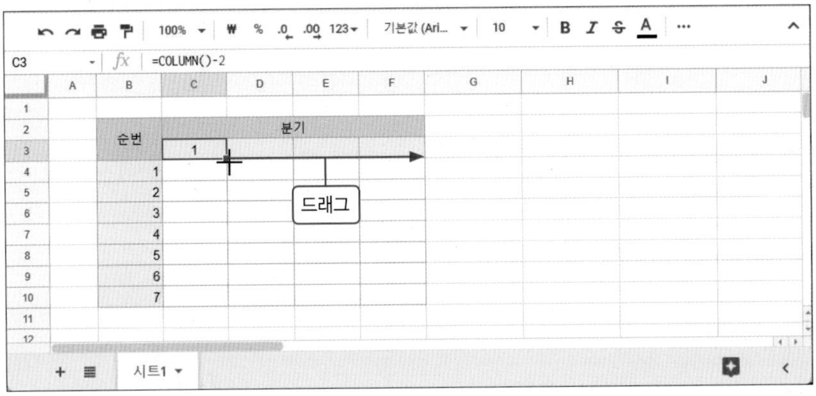

6 이렇게 반환된 숫자는 중간에 열이 삭제되어도 순번이 유지됩니다.

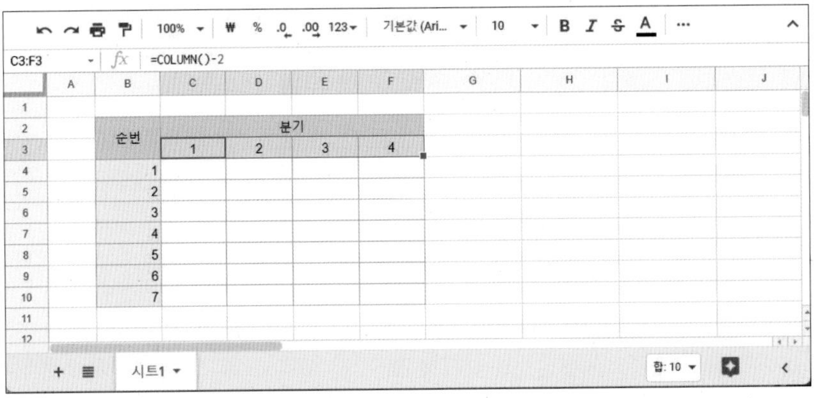

# 홀수/짝수 판단하기

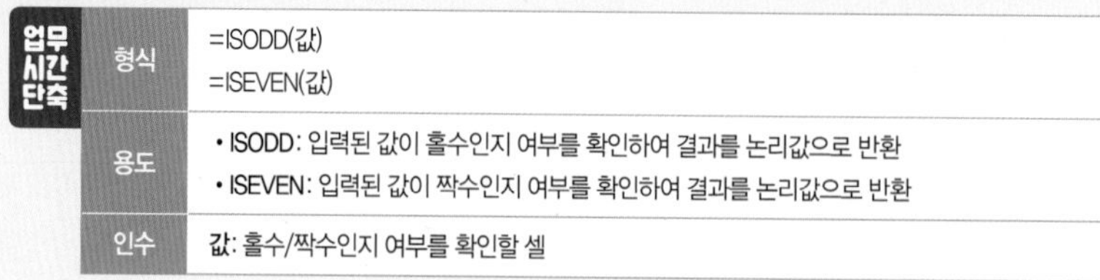

| 업무 시간 단축 | |
|---|---|
| 형식 | =ISODD(값)<br>=ISEVEN(값) |
| 용도 | • ISODD: 입력된 값이 홀수인지 여부를 확인하여 결과를 논리값으로 반환<br>• ISEVEN: 입력된 값이 짝수인지 여부를 확인하여 결과를 논리값으로 반환 |
| 인수 | 값: 홀수/짝수인지 여부를 확인할 셀 |

**1** 학번이 홀수인 학생에게는 과제 유형 'A'를, 짝수인 학생에게는 과제 유형 'B'를 부여하도록 표를 만들겠습니다. 먼저 학번이 홀수인지를 판단하기 위해 E3셀을 선택하고 다음의 함수식을 입력합니다.

```
=ISODD(B3)
```

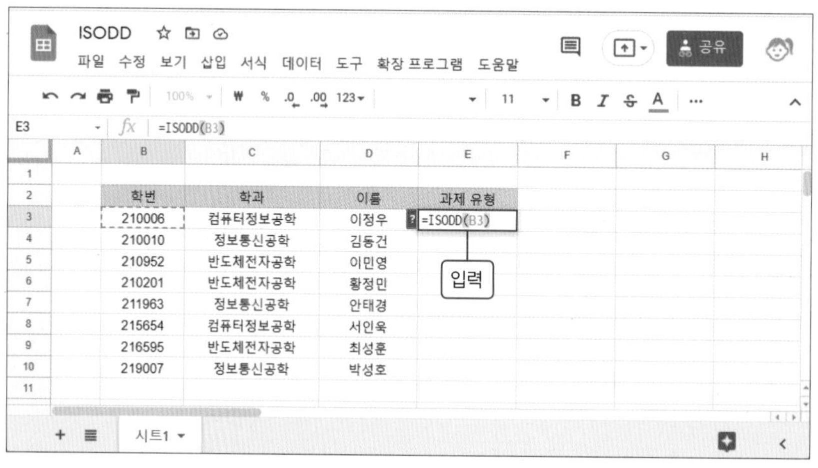

| 학번 | 학과 | 이름 | 과제 유형 |
|---|---|---|---|
| 210006 | 컴퓨터정보공학 | 이정우 | =ISODD(B3) |
| 210010 | 정보통신공학 | 김동건 | |
| 210952 | 반도체전자공학 | 이민영 | |
| 210201 | 반도체전자공학 | 황정민 | |
| 211963 | 정보통신공학 | 안태경 | |
| 215654 | 컴퓨터정보공학 | 서인욱 | |
| 216595 | 반도체전자공학 | 최성훈 | |
| 219007 | 정보통신공학 | 박성호 | |



**Tip**

짝수를 'TRUE'로 판단할 때에는 ISEVEN함수를 사용하세요.

**2** B3셀에 입력된 값은 짝수로 E3셀에 'FALSE'가 반환된 것을 확인하고 자동 채우기 핸들을 드래그하여 E10셀까지 수식 채우기를 적용합니다.

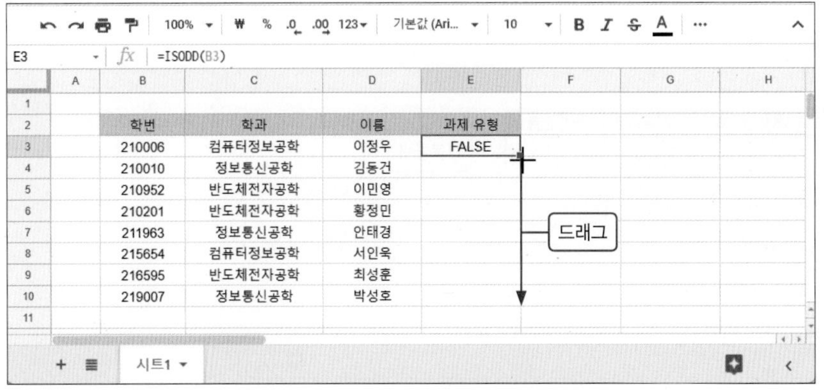
E3 =ISODD(B3)

| | A | B | C | D | E |
|---|---|---|---|---|---|
| 1 | | | | | |
| 2 | | 학번 | 학과 | 이름 | 과제 유형 |
| 3 | | 210006 | 컴퓨터정보공학 | 이정우 | FALSE |
| 4 | | 210010 | 정보통신공학 | 김동건 | |
| 5 | | 210952 | 반도체전자공학 | 이민영 | |
| 6 | | 210201 | 반도체전자공학 | 황정민 | |
| 7 | | 211963 | 정보통신공학 | 안태경 | |
| 8 | | 215654 | 컴퓨터정보공학 | 서인욱 | |
| 9 | | 216595 | 반도체전자공학 | 최성훈 | |
| 10 | | 219007 | 정보통신공학 | 박성호 | |



**3** 이렇게 반환된 논리값에 IF함수를 중첩 사용하여 과제 유형을 출력할게요. E3셀의 함수식을 다음과 같이 수정합니다.

```
=IF(ISODD(B3),"A","B") /* B3셀이 홀수로 TRUE면 'A'를 FALSE면 'B'를 출력 */
```

E3 =IF(ISODD(B3),"A","B")

| | A | B | C | D | E |
|---|---|---|---|---|---|
| 1 | | | | | |
| 2 | | 학번 | 학과 | 이름 | 과제 유형 |
| 3 | | 210006 | 컴퓨터정보공학 | 이정우 | =IF(ISODD(B3),"A","B") |
| 4 | | 210010 | 정보통신공학 | 김동건 | FALSE |
| 5 | | 210952 | 반도체전자공학 | 이민영 | FALSE |
| 6 | | 210201 | 반도체전자공학 | 황정민 | TRUE |
| 7 | | 211963 | 정보통신공학 | 안태경 | TRUE |
| 8 | | 215654 | 컴퓨터정보공학 | 서인욱 | FALSE |
| 9 | | 216595 | 반도체전자공학 | 최성훈 | TRUE |
| 10 | | 219007 | 정보통신공학 | 박성호 | TRUE |

수정

시트1

**Tip**

IF함수에 대한 자세한 내용은 262쪽을 참고하세요.

**4** FALSE값 대신 'B'로 출력된 것을 확인하고 자동 채우기 핸들을 더블클릭하여 나머지 범위에도 변경된 수식을 적용합니다.

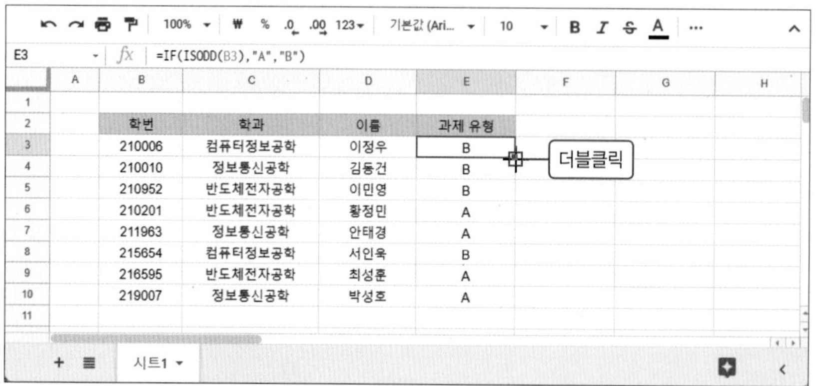


| | A | B | C | D | E |
|---|---|---|---|---|---|
| 1 | | | | | |
| 2 | | 학번 | 학과 | 이름 | 과제 유형 |
| 3 | | 210006 | 컴퓨터정보공학 | 이정우 | B |
| 4 | | 210010 | 정보통신공학 | 김동건 | B |
| 5 | | 210952 | 반도체전자공학 | 이민영 | B |
| 6 | | 210201 | 반도체전자공학 | 황정민 | A |
| 7 | | 211963 | 정보통신공학 | 안태경 | A |
| 8 | | 215654 | 컴퓨터정보공학 | 서인욱 | B |
| 9 | | 216595 | 반도체전자공학 | 최성훈 | A |
| 10 | | 219007 | 정보통신공학 | 박성호 | A |

필수기능 22

# 테이블 참고하여 값 불러오기

업무 시간 단축

| 형식 | =VLOOKUP(검색할_키, 범위, 색인, [정렬됨]) |
|---|---|
| 용도 | VLOOKUP: 열 방향 검색. 범위의 첫 번째 열에서 키를 검색한 다음 키가 있는 행에서 지정된 셀의 값을 반환 |
| 인수 | • **검색할_키**: 검색할 값<br>• **범위**: 검색을 수행할 범위<br>• **색인**: 범위에서 반환될 값이 있는 열 색인<br>• **[정렬됨] – [기본값 \| TRUE]**: 정렬됨이 TRUE이거나 생략된 경우, 근접한 값(검색할 키보다 작거나 같은 값)이 반환. FALSE로 설정된 경우 완전 일치한 값만 반환되며 일치값이 여러 개인 경우, 처음으로 발견된 값에 해당하는 셀을 반환(대부분의 경우 FALSE로 설정하는 것이 좋음) |

**1** [주문서] 시트의 D열에 '거래처코드'에 따른 '거래처명'을 입력하려고 합니다. 이때 오른쪽 '참조표'를 보고 거래처 코드에 맞는 거래처명을 찾아 볼게요. D3셀에 함수식 '=VLOOKUP(C3:C16,G4:H9,2,0)'을 입력한 후, 바로 Ctrl + Shift + Enter를 눌러 ARRAYFORMULA 함수를 적용하고 마지막으로 Enter를 누릅니다.

```
=ArrayFormula( /* VLOOKUP함수의 첫 번째 인수를 배열로 받아 결과를 배열로 출력 */
 VLOOKUP(C3:C16, /* 찾을 대상을 지정 */
 G4:H9,2, /* 찾아올 테이블 범위를 지정하고 테이블에서 두 번째 열을 가져오기 */
 0)) /* (FALSE는 숫자 '0'으로 대신해 사용가능)일치하는 값 반환 */
```

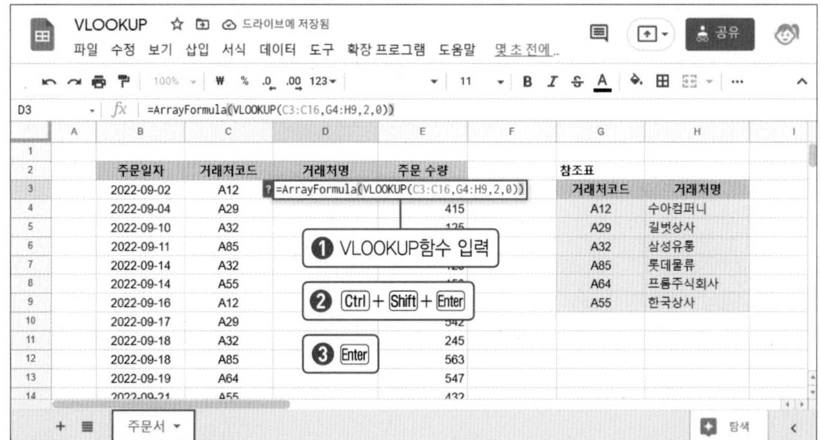


**Tip**

D3셀에 ARRAYFORMULA함수를 사용하지 않을 경우 다음과 같이 함수식을 바꿔 사용한 후, D16셀까지 자동 채우기를 적용하세요.

```
=VLOOKUP(C3,$G$4:$H$9,2,0)
```

**2** 오른쪽 참조표의 데이터를 참고하여 C열에 입력된 거래처코드에 따라 거래처명이 나타납니다.

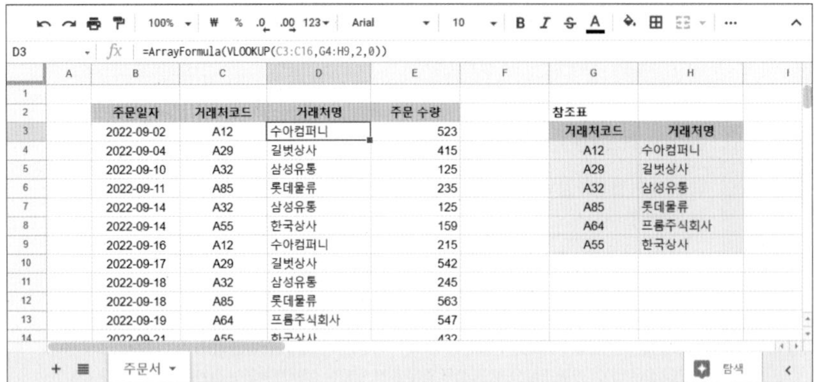

D3 =ArrayFormula(VLOOKUP(C3:C16,G4:H9,2,0))

| 주문일자 | 거래처코드 | 거래처명 | 주문 수량 |
|---|---|---|---|
| 2022-09-02 | A12 | 수아컴퍼니 | 523 |
| 2022-09-04 | A29 | 길벗상사 | 415 |
| 2022-09-10 | A32 | 삼성유통 | 125 |
| 2022-09-11 | A85 | 롯데물류 | 235 |
| 2022-09-14 | A32 | 삼성유통 | 125 |
| 2022-09-14 | A55 | 한국상사 | 159 |
| 2022-09-16 | A12 | 수아컴퍼니 | 215 |
| 2022-09-17 | A29 | 길벗상사 | 542 |
| 2022-09-18 | A32 | 삼성유통 | 245 |
| 2022-09-18 | A85 | 롯데물류 | 563 |
| 2022-09-19 | A64 | 프롬주식회사 | 547 |
| 2022-09-21 | A55 | 한국상사 | 432 |

참조표

| 거래처코드 | 거래처명 |
|---|---|
| A12 | 수아컴퍼니 |
| A29 | 길벗상사 |
| A32 | 삼성유통 |
| A85 | 롯데물류 |
| A64 | 프롬주식회사 |
| A55 | 한국상사 |

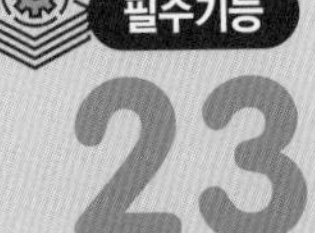


# 23 판매처에 따른 수수료 계산하기

업무 시간 단축

| 형식 | =HLOOKUP(검색할_키, 범위, 색인, [정렬됨]) |
|---|---|
| 용도 | HLOOKUP: 행 방향 검색. 범위의 첫 번째 행에서 키를 검색한 다음 키가 있는 열에서 지정된 셀의 값을 반환 |
| 인수 | • **검색할_키**: 검색할 값<br>• **범위**: 검색을 수행할 범위<br>• **색인**: 범위에서 반환될 값이 있는 행 번호.<br>• **[정렬됨] – [기본값 \| TRUE]**: 정렬됨이 TRUE이거나 생략된 경우, 근접한 값(검색할 키보다 작거나 같은 값)이 반환. 정렬됨이 FALSE인 경우에는 완전 일치 값만 반환되며 일치값이 여러 개인 경우 처음으로 발견된 값에 해당하는 셀의 콘텐츠가 반환, 그런 값이 없을 경우에는 #N/A 반환 |

**1** 상단의 수수료율 표(B2:E3)를 참고하여 하단에 매출금액에 따른 수수료 금액을 계산할게요. E6셀을 선택하고 다음과 같이 수식을 입력한 후 Enter를 누릅니다.

```
=HLOOKUP(C6, /* 찾을 대상을 지정 */
 $B$2:$E$3,2, /* 찾아올 테이블 범위를 지정하고 테이블에서 두 번째 행을 가져오기 */
 0) /* (FALSE는 숫자 '0'으로 대신해 사용가능)일치하는 값 반환 */
 *D6 /* HLOOKUP함수로 반환된 수수료율에 매출액 곱하기 */
```

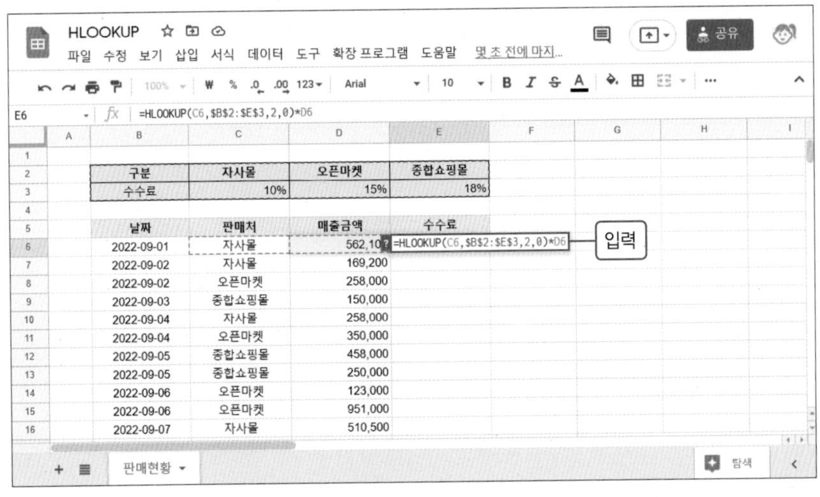

**2** 매출액에 대한 수수료율이 적용되어 수수료 금액이 계산되었어요. E27셀까지 자동 채우기 핸들을 드래그하여 수식을 적용합니다.

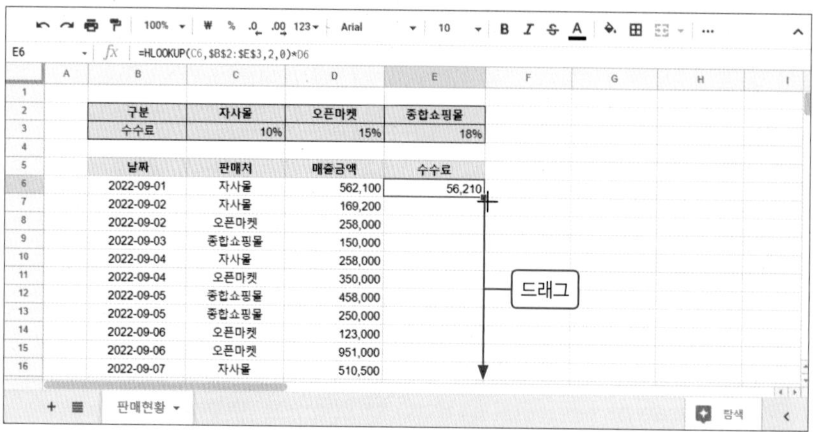


| 구분 | 자사몰 | 오픈마켓 | 종합쇼핑몰 |
|---|---|---|---|
| 수수료 | 10% | 15% | 18% |

| 날짜 | 판매처 | 매출금액 | 수수료 |
|---|---|---|---|
| 2022-09-01 | 자사몰 | 562,100 | 56,210 |
| 2022-09-02 | 자사몰 | 169,200 | |
| 2022-09-02 | 오픈마켓 | 258,000 | |
| 2022-09-03 | 종합쇼핑몰 | 150,000 | |
| 2022-09-04 | 자사몰 | 258,000 | |
| 2022-09-04 | 오픈마켓 | 350,000 | |
| 2022-09-05 | 종합쇼핑몰 | 458,000 | |
| 2022-09-05 | 종합쇼핑몰 | 250,000 | |
| 2022-09-06 | 오픈마켓 | 123,000 | |
| 2022-09-06 | 오픈마켓 | 951,000 | |
| 2022-09-07 | 자사몰 | 510,500 | |

**3** 각 판매처에 대한 수수료가 계산된 것을 확인합니다.

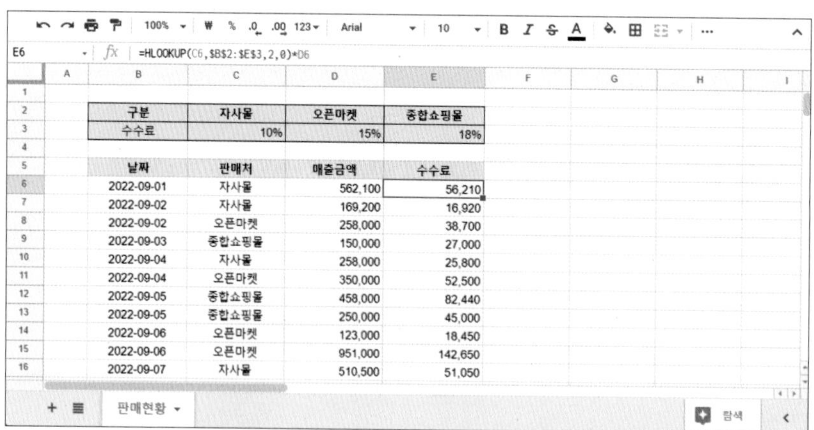


| 구분 | 자사몰 | 오픈마켓 | 종합쇼핑몰 |
|---|---|---|---|
| 수수료 | 10% | 15% | 18% |

| 날짜 | 판매처 | 매출금액 | 수수료 |
|---|---|---|---|
| 2022-09-01 | 자사몰 | 562,100 | 56,210 |
| 2022-09-02 | 자사몰 | 169,200 | 16,920 |
| 2022-09-02 | 오픈마켓 | 258,000 | 38,700 |
| 2022-09-03 | 종합쇼핑몰 | 150,000 | 27,000 |
| 2022-09-04 | 자사몰 | 258,000 | 25,800 |
| 2022-09-04 | 오픈마켓 | 350,000 | 52,500 |
| 2022-09-05 | 종합쇼핑몰 | 458,000 | 82,440 |
| 2022-09-05 | 종합쇼핑몰 | 250,000 | 45,000 |
| 2022-09-06 | 오픈마켓 | 123,000 | 18,450 |
| 2022-09-06 | 오픈마켓 | 951,000 | 142,650 |
| 2022-09-07 | 자사몰 | 510,500 | 51,050 |

필수기능 24

# 행과 열 교차 셀의 값 가져오기

업무 시간 단축

| | |
|---|---|
| 형식 | =INDEX(참조, [행], [열]) |
| 용도 | INDEX: 행과 열 오프셋으로 지정된 셀의 값 반환 |
| 인수 | • **참조**: 값이 반환되는 셀의 범위<br>• **[행] – [선택사항 \| 기본값 0]**: 셀의 참조 범위 내에서 반환될 행의 색인<br>• **[열] – [선택사항 \| 기본값 0]**: 셀의 참조 범위 내에서 반환될 열의 색인 |

**1** I2셀에 회원번호를 입력하면 왼쪽 표를 참고하여 아래 회원정보를 조회해 볼게요. H5셀을 선택하고 다음과 같이 함수식을 입력하세요.

```
=INDEX(B3:F13, /* 데이터를 조회할 범위 */
  I2-100, /* 범위 내에서 가져올 행의 색인(행 번호를 직접 입력하지 않고 '회원번호'에서 100을 뺀 값을 참조 시킴) */
  0) /* 범위 내에서 가져올 열의 색인('0' 또는 생략할 경우 열 전체 데이터를 반환) */
```

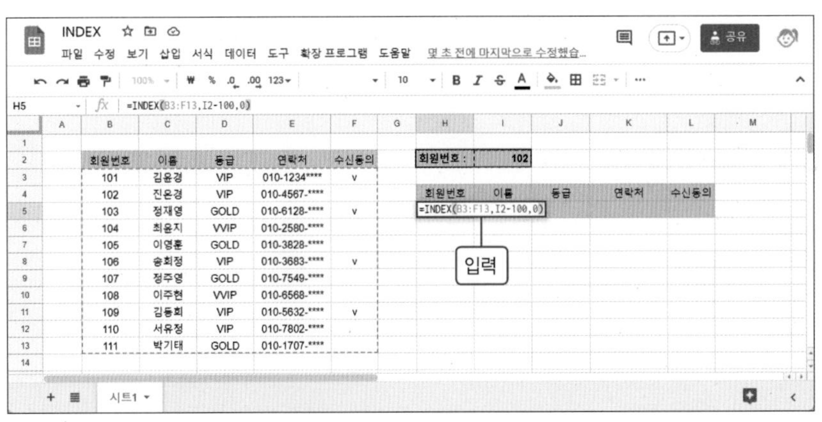

**2** I2셀에 입력된 회원번호를 가진 회원정보가 조회되는 것을 확인합니다.

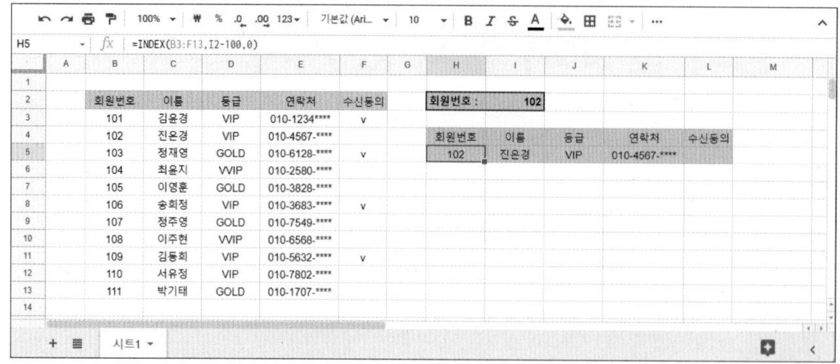

**3** I2셀에 '109'를 입력하면 함수식에 지정한 범위의 아홉 번째 행인 '109'번 회원의 정보가 조회되는데 이것은 해당 예제에서 반환될 행의 색인에 맞춰 조회 번호를 사용했기 때문에 가능합니다. 다른 예제에서는 일일이 찾을 값이 어느 위치에 있는지 쉽게 알 수 없으므로 보통의 경우 찾는 값의 위치를 찾아주는 MATCH함수와 함께 사용합니다.

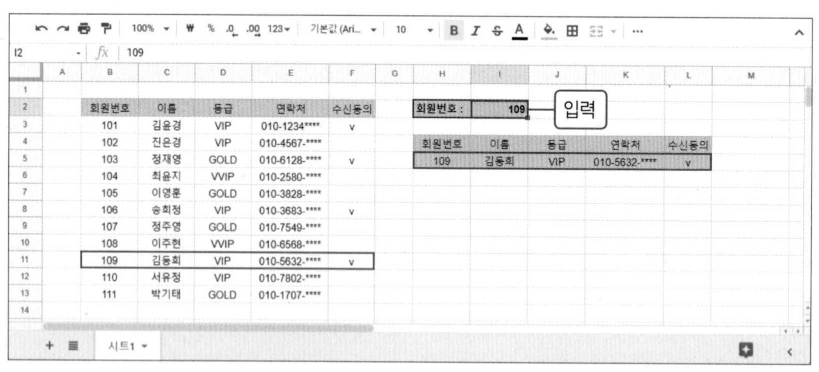


**Tip**

MATCH함수에 대한 자세한 내용은 321쪽을 참고하세요.

◉ **예제파일** : Chapter04 > Section09 > MATCH / MATCH(완성)

필수기능 25

# 범위에서 찾는 값의 위치를 반환하기

업무 시간 단축

| | |
|---|---|
| 형식 | =MATCH(검색할_키, 범위, [검색_유형]) |
| 용도 | 범위에서 지정된 값과 일치하는 항목의 상대적 위치를 반환 |
| 인수 | • **검색할_키**: 검색할 값<br>• **범위**: 검색할 1차원 배열<br>• **[검색_유형] – [선택사항 \| 기본값 1]**: 1이 기본값으로, 범위가 오름차순으로 정렬된 것으로 추정하고 검색할_키보다 작거나 같은 값 중 가장 큰 값을 반환. 0일 경우 완전 일치를 나타내며, 범위가 정렬되지 않은 경우에 필요. –1일 경우 범위가 내림차순으로 정렬된 것으로 추정하여 검색할_키보다 크거나 같은 값 중 가장 작은 값을 반환. |

**1** I2셀에 입력된 이름이 왼쪽 표 범위(B3:F13)에서 몇 번째 행에 위치하는지를 알아보겠습니다. H5셀을 선택하고 다음과 같이 함수식을 입력하세요.

```
=MATCH($I$2, /* I2셀에 입력된 데이터를 */
 $C$3:$C$13,0) /* C3:C13 셀 범위에서 완전 일치하는 셀을 검색 */
```

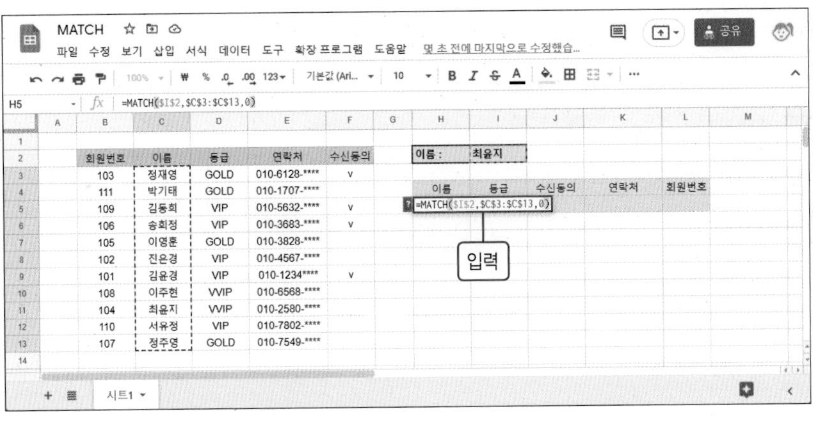

**2** 표 범위 내 '최윤지'가 아홉 번째 행에 위치합니다. 이번에는 반대로 H7셀을 선택하고 왼쪽 표의 헤더에서 조회할 항목이 몇 번째 열에 위치하는지 알아보기 위해 다음과 같이 함수식을 입력합니다.

```
=MATCH(H4, /* H4셀에 입력된 데이터를 */
 $B$2:$F$2,0) /* B2:F2 셀 범위에서 완전 일치하는 셀 검색 */
```

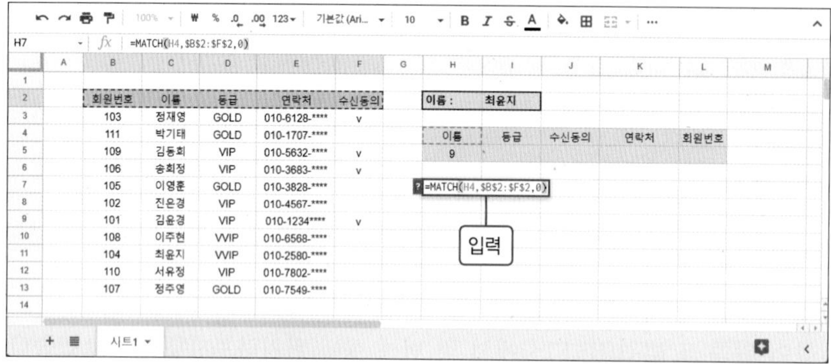


**3** '이름' 항목이 왼쪽 표 헤더의 두 번째 위치한 것을 확인하고 자동 채우기 핸들을 오른쪽으로 드래그하여 L7셀까지 수식 채우기를 적용합니다.

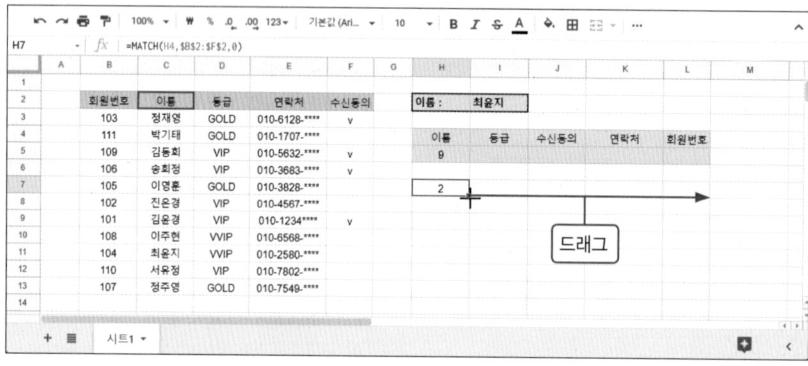

**4** 왼쪽 표 헤더에서 각 조회 항목이 몇 번째 위치하는지 숫자로 반환됩니다.

H7:L7 $f_x$ =MATCH(H4,$B$2:$F$2,0)

| | B | C | D | E | F | G | H | I | J | K | L |
|---|---|---|---|---|---|---|---|---|---|---|---|
| 2 | 회원번호 | 이름 | 등급 | 연락처 | 수신동의 | | 이름 : | 최윤지 | | | |
| 3 | 103 | 정재영 | GOLD | 010-6128-**** | v | | | | | | |
| 4 | 111 | 박기태 | GOLD | 010-1707-**** | | | 이름 | 등급 | 수신동의 | 연락처 | 회원번호 |
| 5 | 109 | 김동희 | VIP | 010-5632-**** | v | | 9 | | | | |
| 6 | 106 | 송희정 | VIP | 010-3683-**** | v | | | | | | |
| 7 | 105 | 이영훈 | GOLD | 010-3828-**** | | | 2 | 3 | 5 | 4 | 1 |
| 8 | 102 | 진은경 | VIP | 010-4567-**** | | | | | | | |
| 9 | 101 | 김윤경 | VIP | 010-1234**** | v | | | | | | |
| 10 | 108 | 이주현 | VVIP | 010-6568-**** | | | | | | | |
| 11 | 104 | 최윤지 | VVIP | 010-2580-**** | | | | | | | |
| 12 | 110 | 서유정 | VIP | 010-7802-**** | | | | | | | |
| 13 | 107 | 정주영 | GOLD | 010-7549-**** | | | | | | | |

**5** 이렇게 찾는 값의 행과 열의 위치를 반환해 보았습니다. 여기에 INDEX함수를 중첩 사용하여 왼쪽 표를 참고로 I2셀에 이름을 검색했을 때 아래 각 조회 항목에 맞는 데이터가 나타나도록 H5셀에 다음과 같이 함수식을 입력합니다.

```
=INDEX($B$3:$F$13, /* 데이터를 조회할 범위 */
 MATCH($I$2,$C$3:$C$13,0), /* 범위에서 가져올 행의 색인 */
 MATCH(H4,$B$2:$F$2,0)) /* 범위에서 가져올 열의 색인 */
```

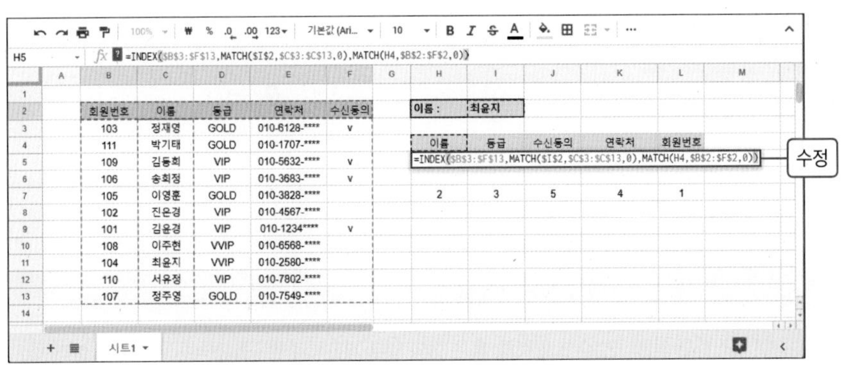
H5 $f_x$ =INDEX($B$3:$F$13,MATCH($I$2,$C$3:$C$13,0),MATCH(H4,$B$2:$F$2,0))

| | B | C | D | E | F | G | H | I | J | K | L |
|---|---|---|---|---|---|---|---|---|---|---|---|
| 2 | 회원번호 | 이름 | 등급 | 연락처 | 수신동의 | | 이름 : | 최윤지 | | | |
| 3 | 103 | 정재영 | GOLD | 010-6128-**** | v | | | | | | |
| 4 | 111 | 박기태 | GOLD | 010-1707-**** | | | 이름 | 등급 | 수신동의 | 연락처 | 회원번호 |
| 5 | 109 | 김동희 | VIP | 010-5632-**** | v | | =INDEX($B$3:$F$13,MATCH($I$2,$C$3:$C$13,0),MATCH(H4,$B$2:$F$2,0)) | | | | |
| 6 | 106 | 송희정 | VIP | 010-3683-**** | v | | | | | | |
| 7 | 105 | 이영훈 | GOLD | 010-3828-**** | | | 2 | 3 | 5 | 4 | 1 |
| 8 | 102 | 진은경 | VIP | 010-4567-**** | | | | | | | |
| 9 | 101 | 김윤경 | VIP | 010-1234**** | v | | | | | | |
| 10 | 108 | 이주현 | VVIP | 010-6568-**** | | | | | | | |
| 11 | 104 | 최윤지 | VVIP | 010-2580-**** | | | | | | | |
| 12 | 110 | 서유정 | VIP | 010-7802-**** | | | | | | | |
| 13 | 107 | 정주영 | GOLD | 010-7549-**** | | | | | | | |



**Tip**

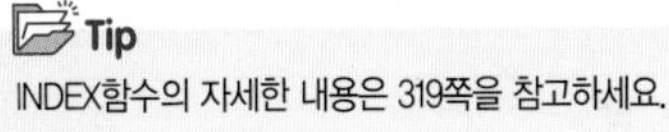
INDEX함수의 자세한 내용은 319쪽을 참고하세요.

**6** 자동 채우기 핸들을 오른쪽으로 드래그하여 L5셀까지 수식을 채우기하세요.

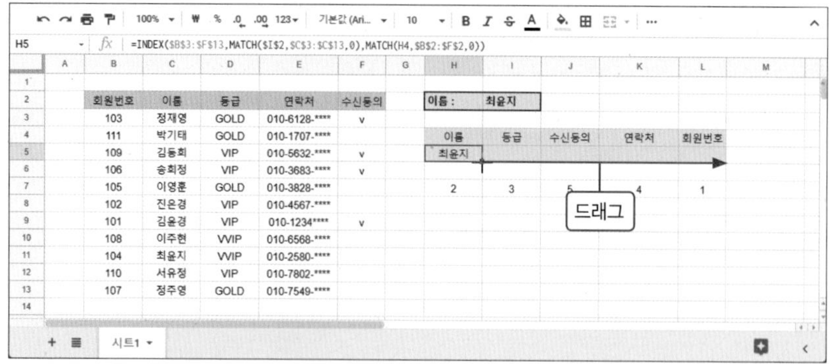


**7** I2셀에 입력된 이름의 회원정보가 조회되는 것을 확인합니다.

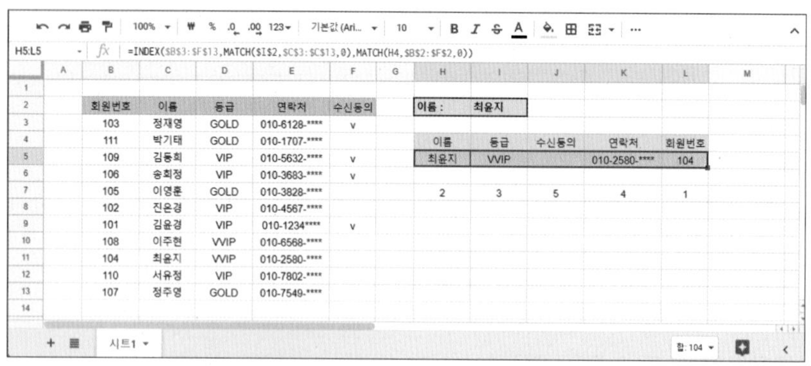


### 잠깐만요 :: F9 키를 사용하여 함수식의 결과를 미리 볼 수 있어요

중첩 함수를 사용하는 과정이 복잡하고 어렵다면 수식 입력줄, 혹은 셀의 일부 계산식의 범위를 선택하고 F9를 눌러 해당 식에 대한 결과값을 미리 확인해 보세요. 내가 작성한 수식이 맞는지 한 눈에 알 수 있어서 편리합니다.

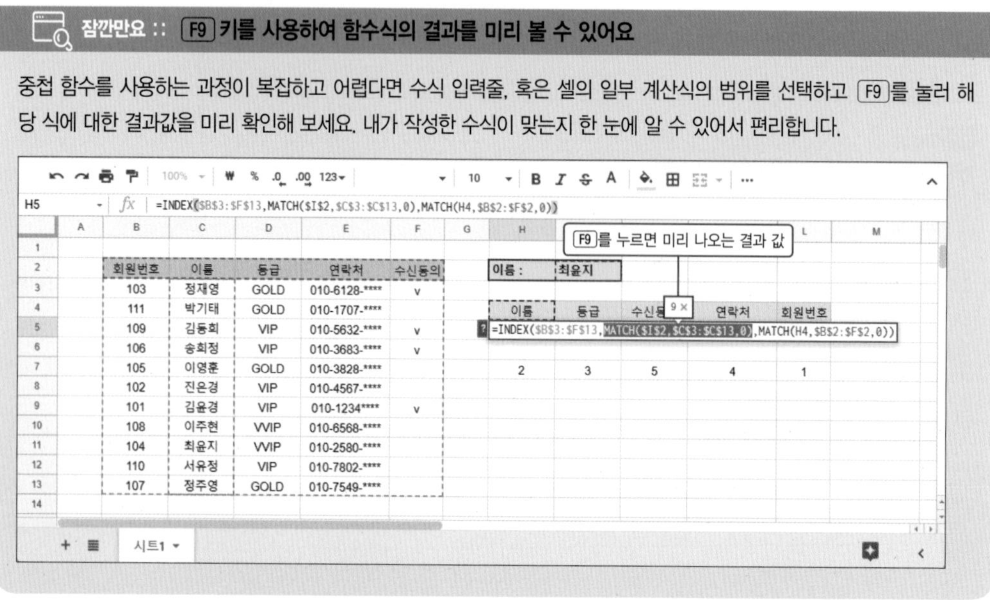

필수기능 26

# 동적범위의 평균 구하기

업무 시간 단축

| 형식 | =OFFSET(셀_참조, 오프셋_행, 오프셋_열, [높이], [너비]) |
|---|---|
| 용도 | 시작 셀 참조에서 지정된 수의 행과 열로 변환된 범위 참조를 반환 |
| 인수 | • **셀_참조**: 오프셋 행과 열을 세는 시작점<br>• **오프셋_행**: 이동할 행의 개수<br>• **오프셋_열**: 이동할 열의 개수<br>• **[높이] – [선택사항]**: 반환될 범위의 높이로 오프셋 대상에서 시작<br>• **[너비] – [선택사항]**: 반환될 범위의 너비로 오프셋 대상에서 시작 |

**1** 상단의 표(B2:C5)에 '월별 생산 계획량'표를 참고하여 기간별 생산 계획량의 평균을 계산해 보도록 할게요. C3셀을 선택하고 'OEM1 팀'의 1월부터 6월까지의 계획량을 나타내기 위해 다음과 같이 함수식을 입력합니다.

```
=OFFSET(B10,0,1, /* B10셀을 시작점으로 아래 방향으로 '0'번의 행 이동 후 오른쪽 방향으로 '1'번의 열 이동 */
  1,6) /* 이동된 셀의 위치에서 '1'개의 행과 '6'개의 열을 출력 */
```

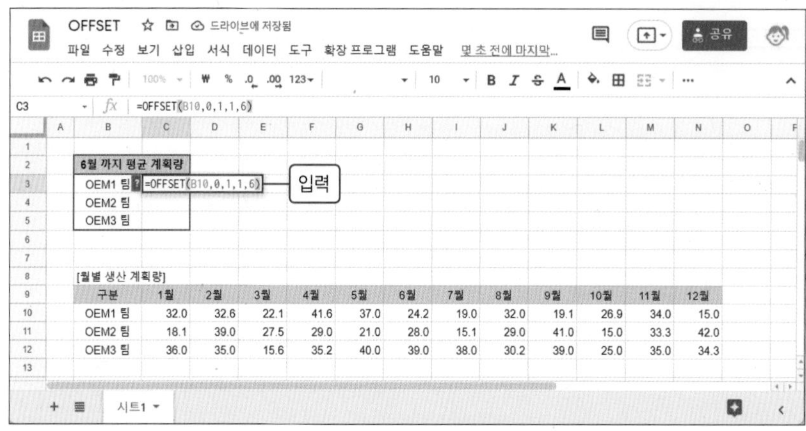


**Tip**

이동 행과 열 개수를 입력하는 두세 번째 인수 자리에 양수를 입력하면 아래쪽, 오른쪽 방향으로 이동하고, 음수를 입력하면 위쪽, 왼쪽 방향으로 이동됩니다.

**2** 10행의 1월부터 6월까지의 데이터가 C3셀에 배열로 반환됩니다.

C3 =OFFSET(B10,0,1,1,6)

| 6월 까지 평균 계획량 | | | | | | |
|---|---|---|---|---|---|---|
| OEM1 팀 | 32.0 | 32.6 | 22.1 | 41.6 | 37.0 | 24.2 |
| OEM2 팀 | | | | | | |
| OEM3 팀 | | | | | | |

[월별 생산 계획량]

| 구분 | 1월 | 2월 | 3월 | 4월 | 5월 | 6월 | 7월 | 8월 | 9월 | 10월 | 11월 | 12월 |
|---|---|---|---|---|---|---|---|---|---|---|---|---|
| OEM1 팀 | 32.0 | 32.6 | 22.1 | 41.6 | 37.0 | 24.2 | 19.0 | 32.0 | 19.1 | 26.9 | 34.0 | 15.0 |
| OEM2 팀 | 18.1 | 39.0 | 27.5 | 29.0 | 21.0 | 28.0 | 15.1 | 29.0 | 41.0 | 15.0 | 33.3 | 42.0 |
| OEM3 팀 | 36.0 | 35.0 | 15.6 | 35.2 | 40.0 | 39.0 | 38.0 | 30.2 | 39.0 | 25.0 | 35.0 | 34.3 |

시트1

**3** 이렇게 반환된 값에 AVERAGE함수를 중첩 사용하여 평균을 구하고 OFFSET함수의 출력할 열 개수를 지정하는 인수 자리에 B2셀을 참조시킵니다. 참고로 B2셀에는 숫자 '6'이 입력되어 있어 출력할 마지막 월을 참조하여 매번 함수의 출력 범위를 변경하지 않아도 됩니다.

```
=AVERAGE(OFFSET(B10,0,1,1,$B$2))
```

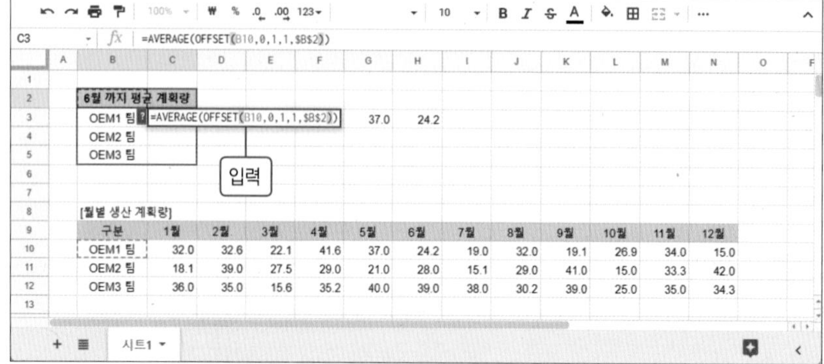

C3 =AVERAGE(OFFSET(B10,0,1,1,$B$2))

| 6월 까지 평균 계획량 | | | |
|---|---|---|---|
| OEM1 팀 | =AVERAGE(OFFSET(B10,0,1,1,$B$2)) | 37.0 | 24.2 |
| OEM2 팀 | | | |
| OEM3 팀 | | | |



[월별 생산 계획량]

| 구분 | 1월 | 2월 | 3월 | 4월 | 5월 | 6월 | 7월 | 8월 | 9월 | 10월 | 11월 | 12월 |
|---|---|---|---|---|---|---|---|---|---|---|---|---|
| OEM1 팀 | 32.0 | 32.6 | 22.1 | 41.6 | 37.0 | 24.2 | 19.0 | 32.0 | 19.1 | 26.9 | 34.0 | 15.0 |
| OEM2 팀 | 18.1 | 39.0 | 27.5 | 29.0 | 21.0 | 28.0 | 15.1 | 29.0 | 41.0 | 15.0 | 33.3 | 42.0 |
| OEM3 팀 | 36.0 | 35.0 | 15.6 | 35.2 | 40.0 | 39.0 | 38.0 | 30.2 | 39.0 | 25.0 | 35.0 | 34.3 |

시트1

**Tip**

B2셀에는 맞춤 숫자 형식이 사용되어 있어 실제 입력 값과 표시되는 값이 다릅니다. 맞춤 숫자 형식에 대한 자세한 내용은 135쪽을 참고하세요

**4** C3셀에 'OEM 팀'의 1월부터 6월까지의 평균이 계산되면 Ctrl+C로 셀을 복사한 후 C4:C5 셀 범위를 지정하고 [마우스 오른쪽 버튼]-[선택하여 붙여넣기]-[수식만]을 클릭하여 수식을 적용하세요.

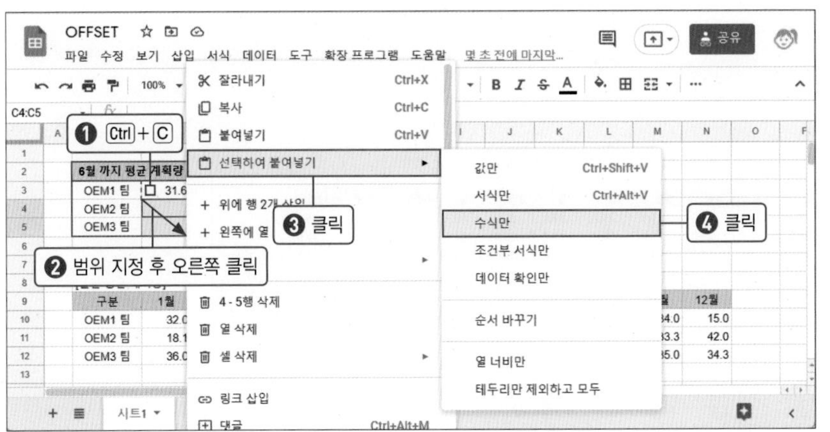


**Tip**

자동 채우기로 서식에 영향을 받을 수 있어 [선택하여 붙여넣기]를 통해 수식만 붙여넣기를 적용하였습니다. 선택하여 붙여넣기에 대한 자세한 내용은 126쪽을 참고하세요.

**5** 1월부터 6월까지 각 팀의 평균 생산 계획량이 계산되었습니다. 여기서 B2셀을 선택하고 셀 값과 수식 입력줄의 값을 비교해 봅니다. 출력할 열의 개수가 참조되는 셀로 숫자 '8'을 입력해 보세요.

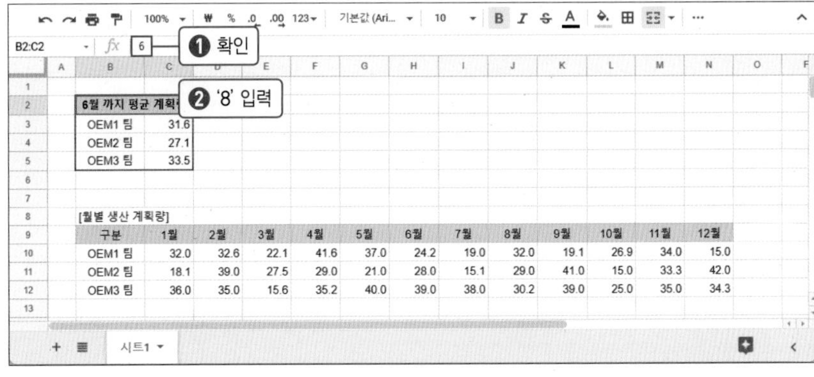

**6** 평균을 구할 셀 범위를 변경하지 않고도 각 팀별로 1월부터 8월까지의 평균 계획량이 계산됩니다.

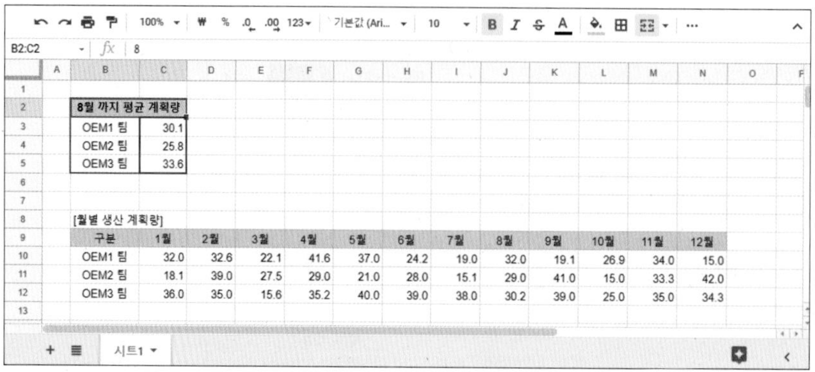

| 8월 까지 평균 계획량 | |
|---|---|
| OEM1 팀 | 30.1 |
| OEM2 팀 | 25.8 |
| OEM3 팀 | 33.6 |

[월별 생산 계획량]

| 구분 | 1월 | 2월 | 3월 | 4월 | 5월 | 6월 | 7월 | 8월 | 9월 | 10월 | 11월 | 12월 |
|---|---|---|---|---|---|---|---|---|---|---|---|---|
| OEM1 팀 | 32.0 | 32.6 | 22.1 | 41.6 | 37.0 | 24.2 | 19.0 | 32.0 | 19.1 | 26.9 | 34.0 | 15.0 |
| OEM2 팀 | 18.1 | 39.0 | 27.5 | 29.0 | 21.0 | 28.0 | 15.1 | 29.0 | 41.0 | 15.0 | 33.3 | 42.0 |
| OEM3 팀 | 36.0 | 35.0 | 15.6 | 35.2 | 40.0 | 39.0 | 38.0 | 30.2 | 39.0 | 25.0 | 35.0 | 34.3 |

☑ Google Sheet ☑ Excel

필수기능 27

# 문서의 입력 날짜와 시간을 항상 최신으로 유지하기

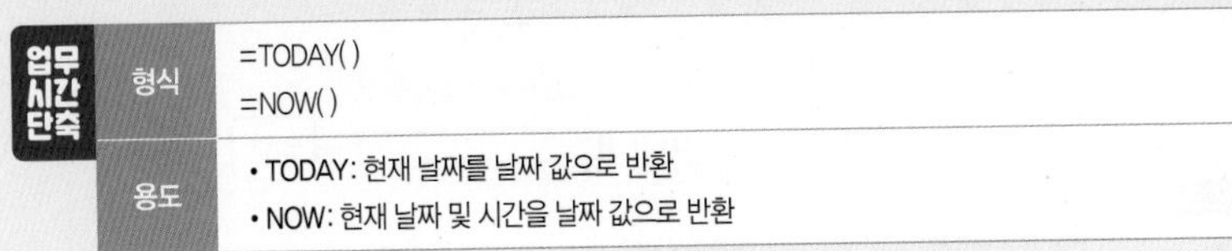

업무 시간 단축

| | |
|---|---|
| 형식 | =TODAY( )<br>=NOW( ) |
| 용도 | • TODAY: 현재 날짜를 날짜 값으로 반환<br>• NOW: 현재 날짜 및 시간을 날짜 값으로 반환 |

**1** 해당 예제의 표는 웹페이지로부터 추천 도서 목록을 실시간으로 반영합니다. 표 상단에 항상 최신 날짜와 시간을 나타내 볼게요. D2셀을 선택하고 다음의 함수식을 입력합니다.

```
=TODAY( )
```

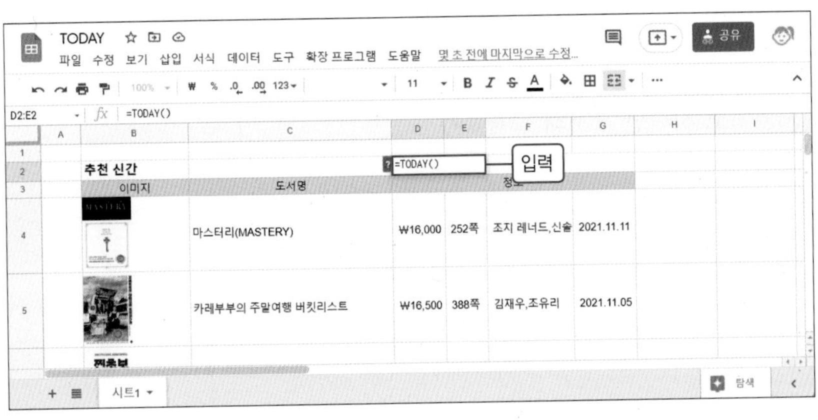

**2** D2셀에 PC기준의 날짜가 표시되었습니다. 이번에는 날짜와 시간을 함께 표시해 볼게요. F2셀을 선택하고 다음과 같이 함수식을 입력하세요.

```
=NOW( )
```

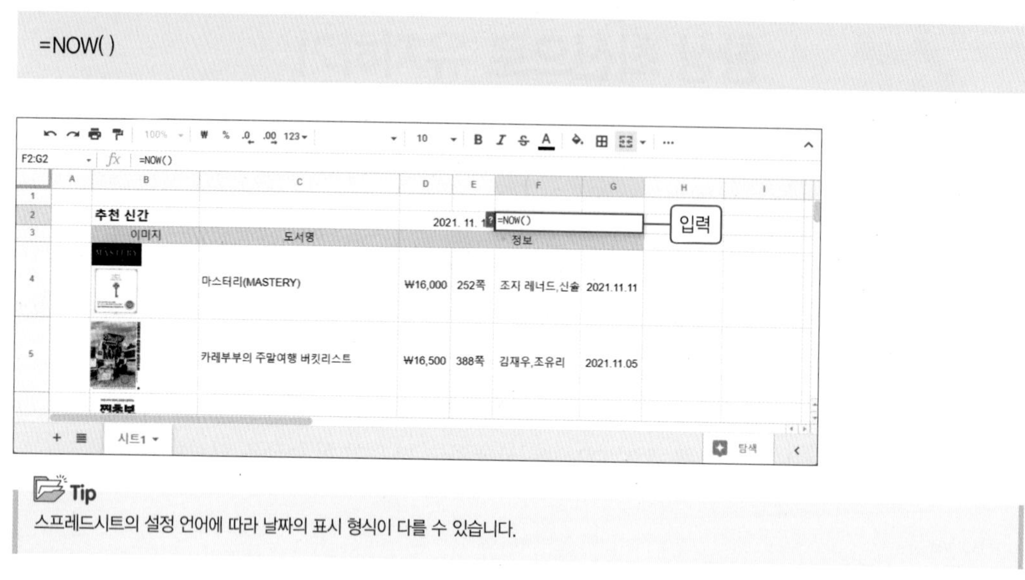


**Tip**

스프레드시트의 설정 언어에 따라 날짜의 표시 형식이 다를 수 있습니다.

**3** 현재 날짜와 시간이 나타납니다. D2셀에 TODAY함수를 사용하여 날짜를 표시했기 때문에 해당 셀에는 날짜를 제외하고 시간만 표시해 볼게요.

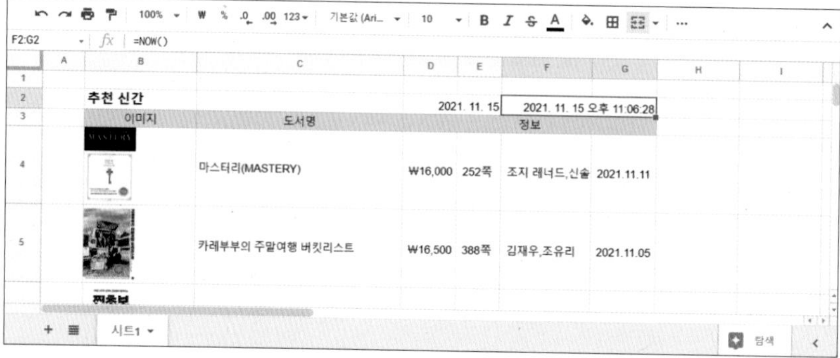

**4** F2셀을 선택하고 [서식]-[숫자]-[시간]을 선택합니다.

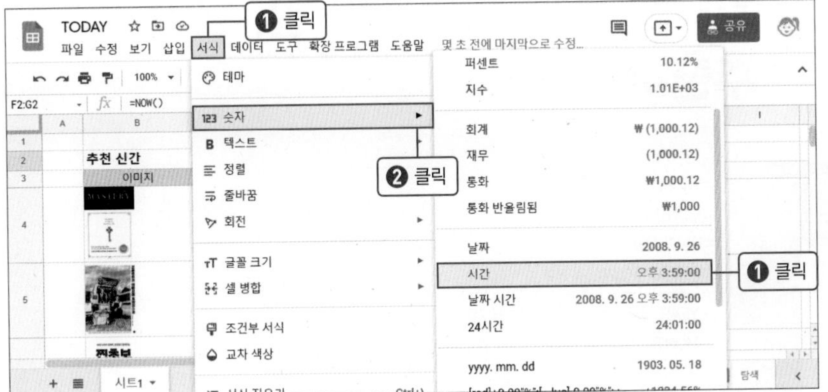

**5** F2셀의 값이 지정한 시간 형식으로 표시되었습니다.

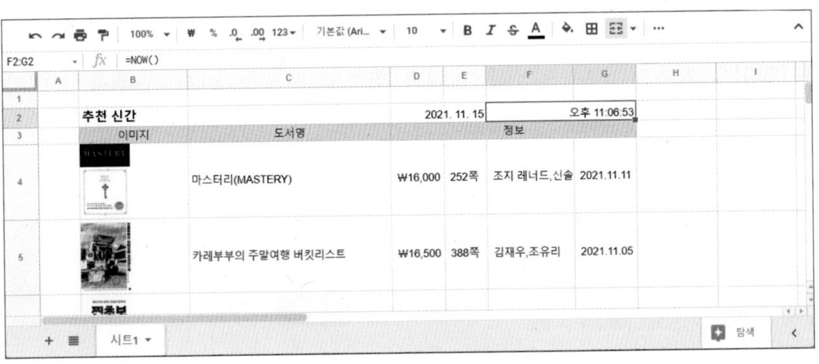

# 28 입력된 날짜의 년, 월, 일, 요일 추출하기

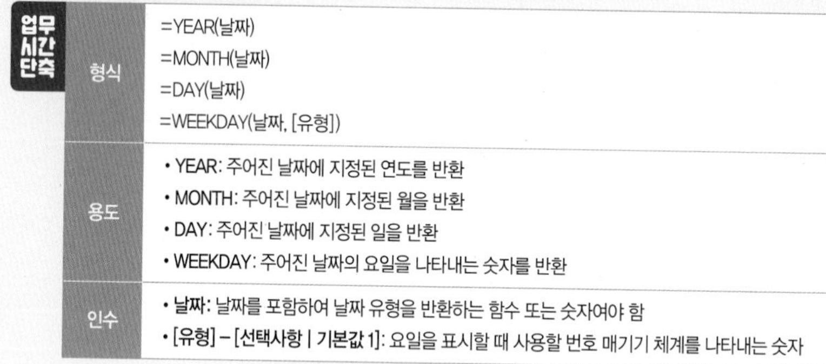

업무 시간 단축

| | |
|---|---|
| 형식 | =YEAR(날짜)<br>=MONTH(날짜)<br>=DAY(날짜)<br>=WEEKDAY(날짜, [유형]) |
| 용도 | • YEAR: 주어진 날짜에 지정된 연도를 반환<br>• MONTH: 주어진 날짜에 지정된 월을 반환<br>• DAY: 주어진 날짜에 지정된 일을 반환<br>• WEEKDAY: 주어진 날짜의 요일을 나타내는 숫자를 반환 |
| 인수 | • **날짜:** 날짜를 포함하여 날짜 유형을 반환하는 함수 또는 숫자여야 함<br>• **[유형] – [선택사항 \| 기본값 1]:** 요일을 표시할 때 사용할 번호 매기기 체계를 나타내는 숫자 |

**1** B열에 입력된 생년월일을 참조하여 년, 월, 일, 요일을 추출해 볼게요. 먼저 D3셀을 선택하고 년도를 반환하는 함수식을 입력합니다.

```
=YEAR(B3)
```

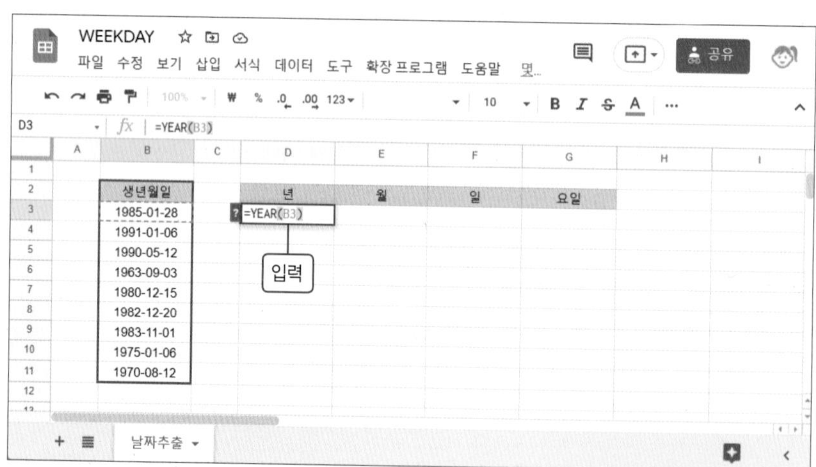

**2** D3셀에 '년도'가 추출되면 E3셀에 '월'을 추출하는 함수식을 입력합니다.

```
=MONTH(B3)
```

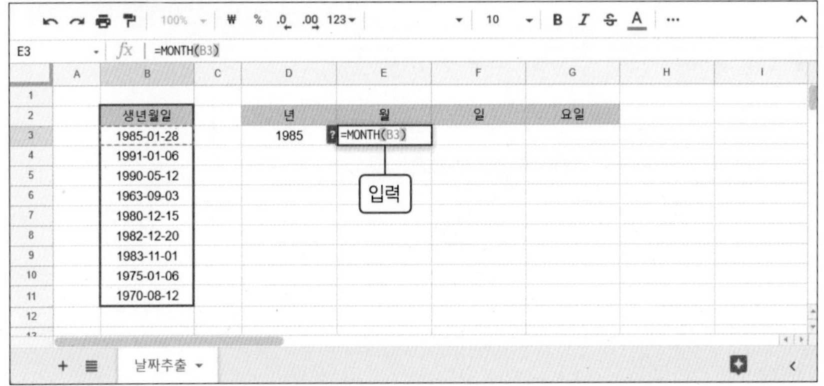


**3** E3셀에 '월'이 추출된 것을 확인하고 F3셀에 '일'을 추출하는 함수식을 다음과 같이 입력하세요.

```
=DAY(B3)
```

F3 | =DAY(B3)

| 생년월일 | 년 | 월 | 일 | 요일 |
|---|---|---|---|---|
| 1985-01-28 | 1985 | 1 | =DAY(B3) | |
| 1991-01-06 | | | | |
| 1990-05-12 | | | | |
| 1963-09-03 | | | | |
| 1980-12-15 | | | | |
| 1982-12-20 | | | | |
| 1983-11-01 | | | | |
| 1975-01-06 | | | | |
| 1970-08-12 | | | | |

입력

날짜추출

**4** F3셀에 '일'이 추출되었습니다. 이번에는 B3셀에 입력된 날짜의 요일을 구하기 위해 G23셀에 다음과 같이 함수식을 입력합니다.

```
=WEEKDAY(B3)
```

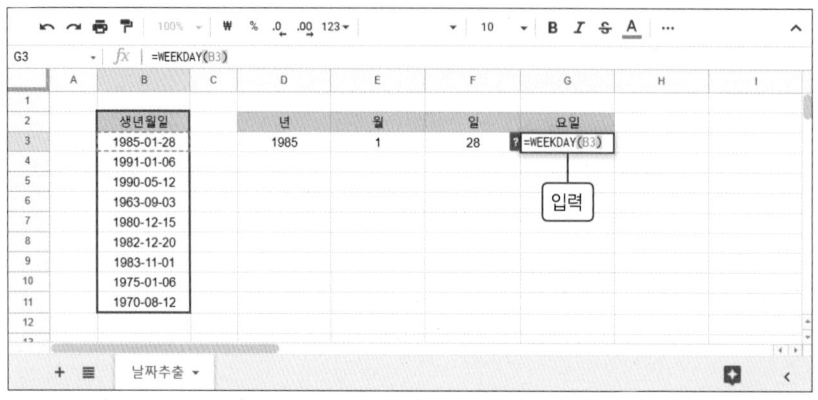


**Tip**

WEEKDAY함수는 요일을 나타내는 함수로 두 번째 인수 자리에 유형값을 생략하면 기본값이 '1'로 지정되며 '1'은 일요일로 시작하여 '7'은 토요일로 나타납니다.

**5** 요일의 번호가 계산되면 D3:G3 셀 범위를 지정하고 11행까지 자동 채우기 핸들을 드래그하여 수식을 채우기합니다.

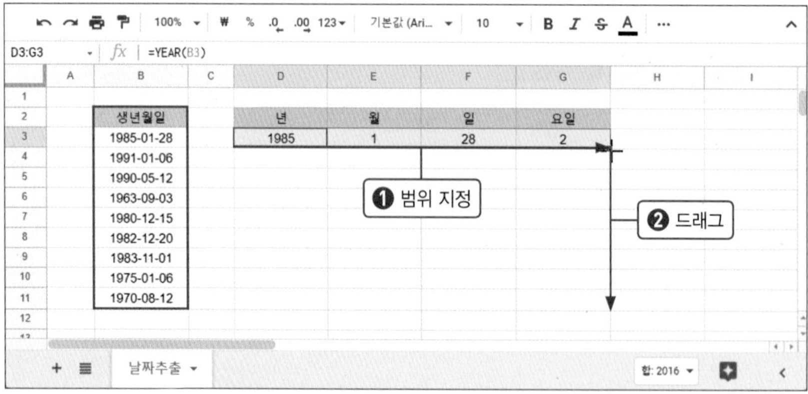

**6** 여기서 요일이 번호로 표시되어 구분이 어렵기 때문에 [서식]을 적용하여 문자로 나타내 볼게요. 요일이 계산된 G3:G11 셀 범위를 지정합니다.

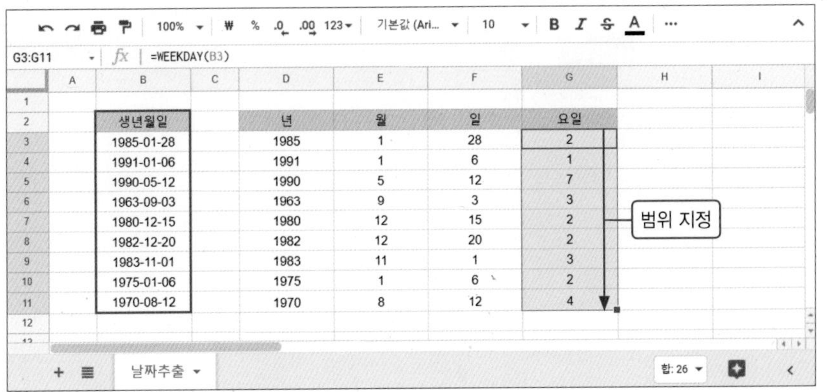


**7** [서식]-[숫자]-[맞춤 숫자 형식]을 선택합니다.

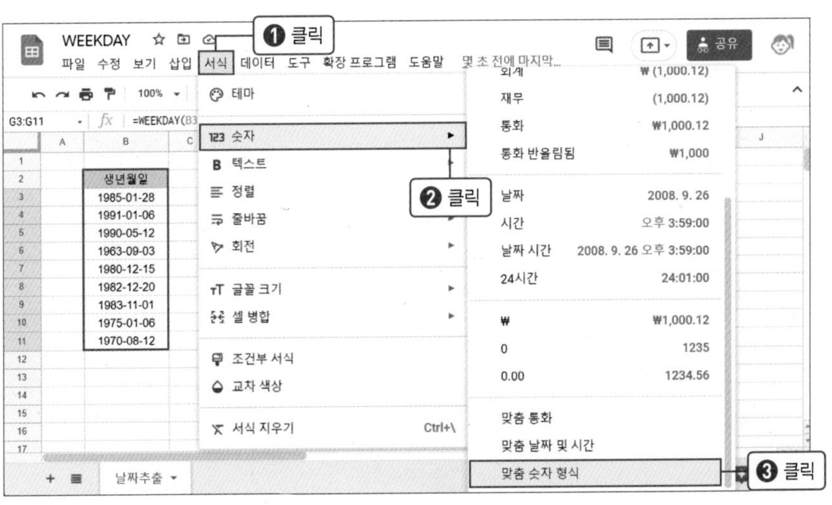

**8** [맞춤 숫자 형식] 대화상자가 나타나면 입력란에 'dddd'를 입력하고 [적용]을 클릭하세요.

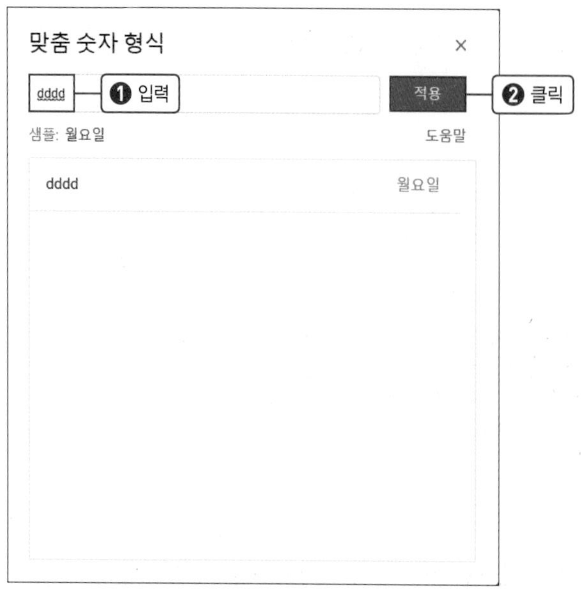


Tip
맞춤 숫자 형식에 대해서는 135쪽을 참고하세요.

**9** 요일의 번호가 문자로 표시되어 요일을 확인하기가 쉽습니다.

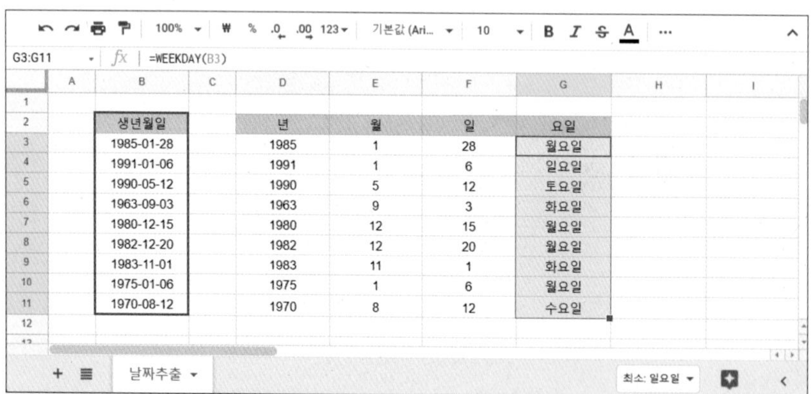


| 생년월일 | 년 | 월 | 일 | 요일 |
|---|---|---|---|---|
| 1985-01-28 | 1985 | 1 | 28 | 월요일 |
| 1991-01-06 | 1991 | 1 | 6 | 일요일 |
| 1990-05-12 | 1990 | 5 | 12 | 토요일 |
| 1963-09-03 | 1963 | 9 | 3 | 화요일 |
| 1980-12-15 | 1980 | 12 | 15 | 월요일 |
| 1982-12-20 | 1982 | 12 | 20 | 월요일 |
| 1983-11-01 | 1983 | 11 | 1 | 화요일 |
| 1975-01-06 | 1975 | 1 | 6 | 월요일 |
| 1970-08-12 | 1970 | 8 | 12 | 수요일 |

Tip
G3셀의 함수식을 다음과 같이 사용하면 [맞춤 숫자 형식]을 적용하지 않아도 됩니다.

```
=TEXT(WEEKDAY(B3),"dddd")
```

필수기능 29

# N개월 이전, 이후 날짜 구하기

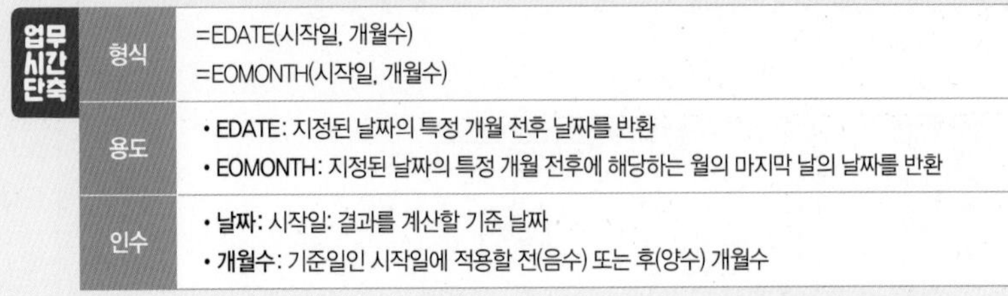

업무 시간 단축

| | |
|---|---|
| 형식 | =EDATE(시작일, 개월수)<br>=EOMONTH(시작일, 개월수) |
| 용도 | • EDATE: 지정된 날짜의 특정 개월 전후 날짜를 반환<br>• EOMONTH: 지정된 날짜의 특정 개월 전후에 해당하는 월의 마지막 날의 날짜를 반환 |
| 인수 | • **날짜:** 시작일: 결과를 계산할 기준 날짜<br>• **개월수:** 기준일인 시작일에 적용할 전(음수) 또는 후(양수) 개월수 |

**1** '교환(환불)가능일' 항목에 '상품 구입일'로부터 1개월 이후의 날짜를 계산해 볼게요. D3셀을 선택하고 다음과 같이 함수식을 입력합니다.

```
=EDATE(B3,1)
```

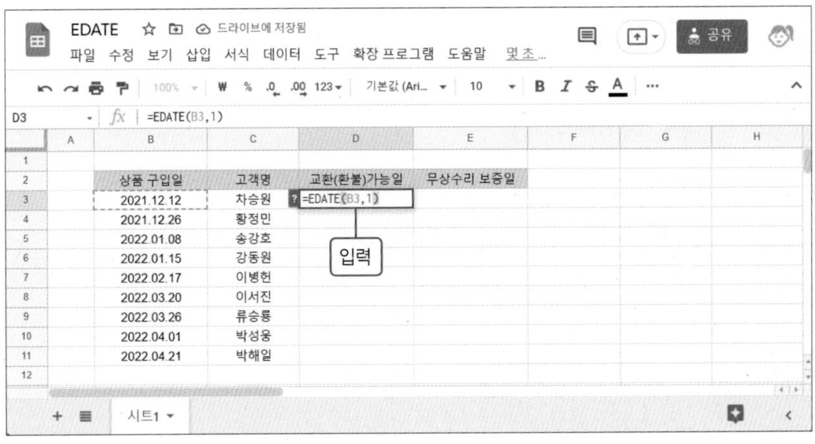

**2** D3셀에 상품 구입일 이후 1개월째 되는 날짜가 계산된 것을 확인하고 E3셀에 '상품 구입일'로부터 2년이 지난 달의 마지막 일자를 계산하기 위해 다음의 함수식을 입력합니다.

```
=EOMONTH(B3,24)
```

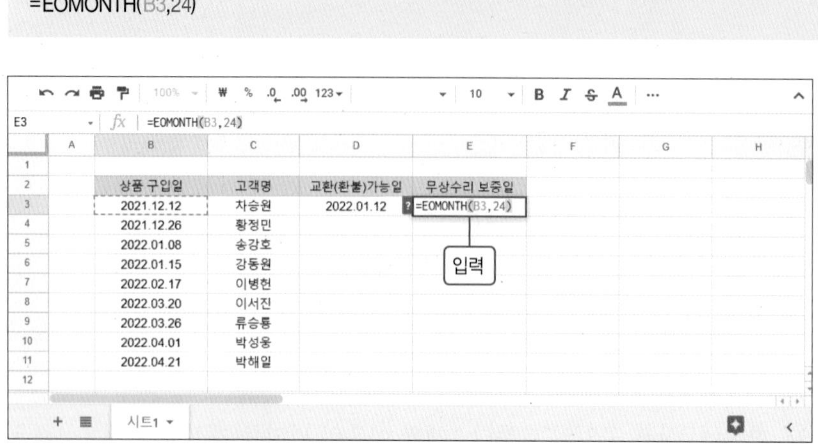


**3** E3셀에 '상품 구입일'로부터 2년 후인 2023년, 12월의 마지막 날짜인 31일이 출력된 것을 확인하고 D3:E3셀 범위를 지정하여 자동 채우기 핸들을 11행까지 드래그하세요.

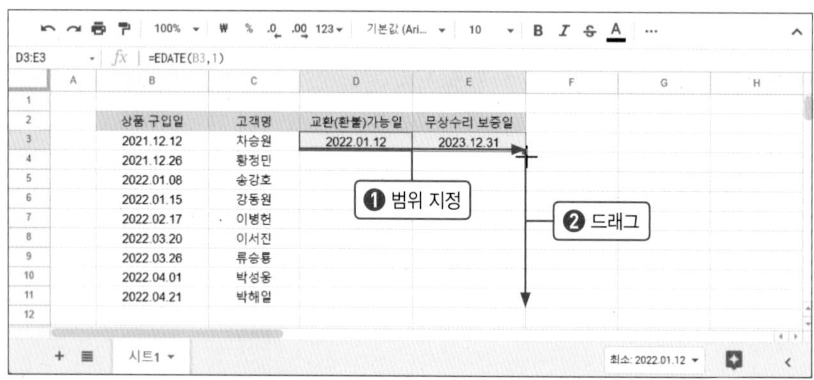


**4** '상품 구입일'로부터 1개월 지난 날짜와 2년 지난 달의 마지막 날짜가 계산되었습니다.

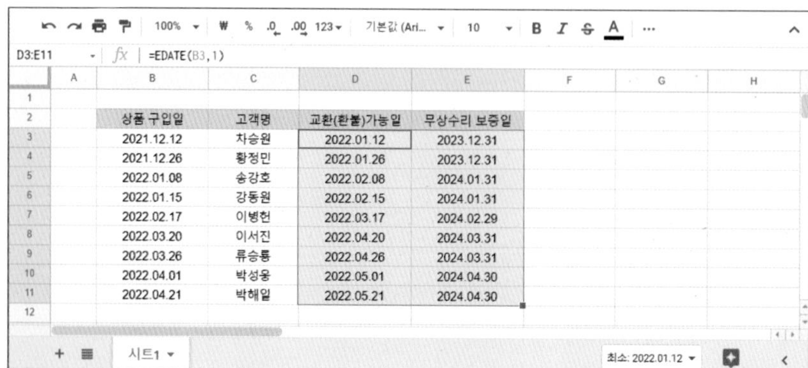

## 잠깐만요 :: 년/월/일 구성 요소를 날짜로 전환하는 DATE함수 알아보기

앞서 알아본 주어진 날짜의 년/월/일을 반환하는 함수와는 반대로 각 구성 요소를 날짜로 반환하는 DATE함수에 대해 알아 볼게요.

| 형식 | =DATE(년,월,일) |
|---|---|
| 용도 | 년, 월, 일을 날짜로 전환 |
| 인수 | **년, 월, 일**: 날짜의 년, 월, 일 구성 요소 |

I열에 오른쪽 월, 일 요소를 참고하여 '2022.월.일' 형식의 날짜를 표시하기 위해 I3셀을 선택하고 다음의 함수식을 입력한 후 I11셀까지 자동 채우기를 적용합니다.

```
=DATE(2022,E3,F3)
```

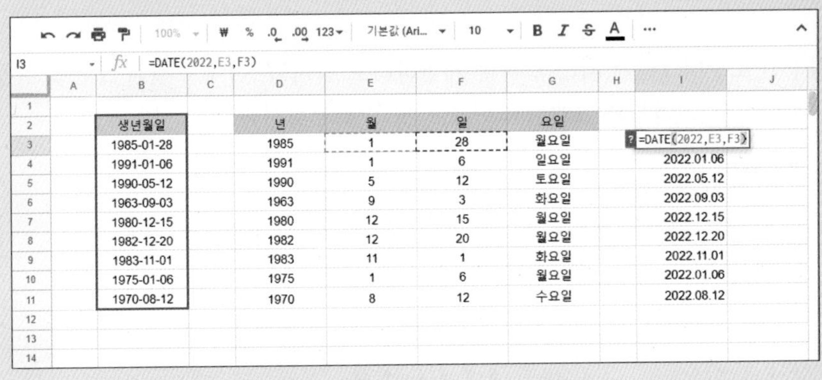


| | A | B | C | D | E | F | G | H | I | J |
|---|---|---|---|---|---|---|---|---|---|---|
| 1 | | | | | | | | | | |
| 2 | | 생년월일 | | 년 | 월 | 일 | 요일 | | | |
| 3 | | 1985-01-28 | | 1985 | 1 | 28 | 월요일 | | =DATE(2022,E3,F3) | |
| 4 | | 1991-01-06 | | 1991 | 1 | 6 | 일요일 | | 2022.01.06 | |
| 5 | | 1990-05-12 | | 1990 | 5 | 12 | 토요일 | | 2022.05.12 | |
| 6 | | 1963-09-03 | | 1963 | 9 | 3 | 화요일 | | 2022.09.03 | |
| 7 | | 1980-12-15 | | 1980 | 12 | 15 | 월요일 | | 2022.12.15 | |
| 8 | | 1982-12-20 | | 1982 | 12 | 20 | 월요일 | | 2022.12.20 | |
| 9 | | 1983-11-01 | | 1983 | 11 | 1 | 화요일 | | 2022.11.01 | |
| 10 | | 1975-01-06 | | 1975 | 1 | 6 | 월요일 | | 2022.01.06 | |
| 11 | | 1970-08-12 | | 1970 | 8 | 12 | 수요일 | | 2022.08.12 | |
| 12 | | | | | | | | | | |
| 13 | | | | | | | | | | |
| 14 | | | | | | | | | | |

필수기능 30

# 접수일로부터 주말과 휴일을 제외한 완료일 구하기

업무 시간 단축

| 형식 | =WORKDAY(시작일, 영업일수, [휴일]) |
|---|---|
| 용도 | WORKDAY : 지정된 영업일 수 이후의 종료일을 계산 |
| 인수 | • **시작일** : 계산을 시작할 날짜<br>• **영업일수** : 시작일부터 계산을 시작할 영업일의 수. 음수인 경우 반대로 계산<br>• **[휴일] – [선택사항]** : 휴일로 간주할 날짜를 포함하는 범위 또는 배열 |

**1** E열에 '수리 접수일'로부터 2일째 되는 날짜를 계산하려고 합니다. 이때 주말과 오른쪽 휴무 일정은 계산에서 제외합니다. E3셀을 선택하고 다음의 함수식을 입력하세요.

```
=WORKDAY(D3,2, /* 접수일로부터 주말을 제외하고 2일째 되는 날짜 */
 $H$4:$H$5) /* H4:H5 셀 범위의 날짜도 휴일로 간주 */
```

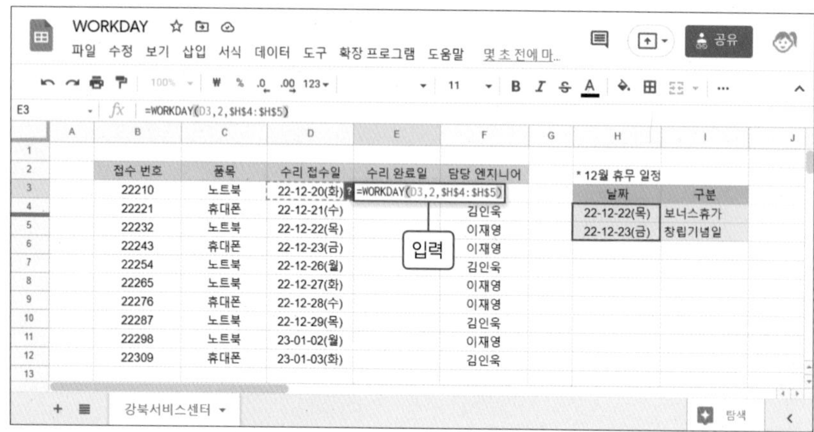

**2** '22-12-20(화)'로부터 2일째 되는 날짜는 '22-12-22(목)'이지만 휴무 일정 표의 날짜와 주말을 휴일로 간주했기 때문에 '22-12-26(월)'이 계산됩니다. 해당 셀의 자동 채우기 핸들을 드래그하여 E12셀까지 수식을 채우기합니다.

E3 =WORKDAY(D3,2,$H$4:$H$5)

| 접수 번호 | 품목 | 수리 접수일 | 수리 완료일 | 담당 엔지니어 |
|---|---|---|---|---|
| 22210 | 노트북 | 22-12-20(화) | 22-12-26(월) | 김인욱 |
| 22221 | 휴대폰 | 22-12-21(수) | | 김인욱 |
| 22232 | 노트북 | 22-12-22(목) | | 이재영 |
| 22243 | 휴대폰 | 22-12-23(금) | | 이재영 |
| 22254 | 노트북 | 22-12-26(월) | | |
| 22265 | 노트북 | 22-12-27(화) | | |
| 22276 | 휴대폰 | 22-12-28(수) | | 이재영 |
| 22287 | 노트북 | 22-12-29(목) | | 김인욱 |
| 22298 | 노트북 | 23-01-02(월) | | 이재영 |
| 22309 | 휴대폰 | 23-01-03(화) | | 김인욱 |

* 12월 휴무 일정

| 날짜 | 구분 |
|---|---|
| 22-12-22(목) | 보너스휴가 |
| 22-12-23(금) | 창립기념일 |

드래그

**3** '수리 접수일'로부터 주말과 휴무 일정표의 날짜를 제외한 2일째 되는 '수리 완료일'이 계산되었습니다.

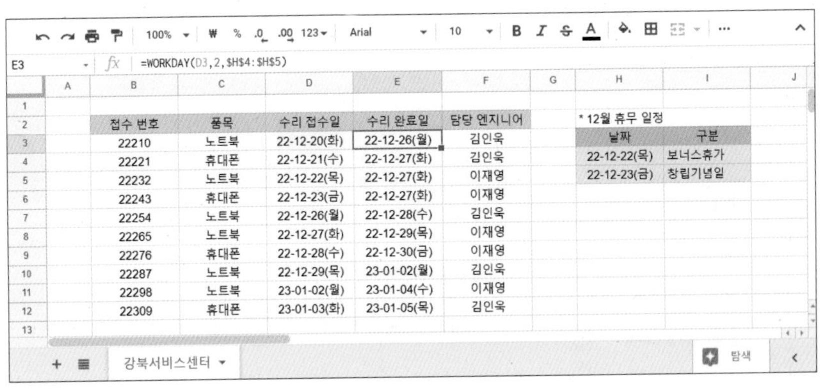

E3 =WORKDAY(D3,2,$H$4:$H$5)

| 접수 번호 | 품목 | 수리 접수일 | 수리 완료일 | 담당 엔지니어 |
|---|---|---|---|---|
| 22210 | 노트북 | 22-12-20(화) | 22-12-26(월) | 김인욱 |
| 22221 | 휴대폰 | 22-12-21(수) | 22-12-27(화) | 김인욱 |
| 22232 | 노트북 | 22-12-22(목) | 22-12-27(화) | 이재영 |
| 22243 | 휴대폰 | 22-12-23(금) | 22-12-27(화) | 이재영 |
| 22254 | 노트북 | 22-12-26(월) | 22-12-28(수) | 김인욱 |
| 22265 | 노트북 | 22-12-27(화) | 22-12-29(목) | 이재영 |
| 22276 | 휴대폰 | 22-12-28(수) | 22-12-30(금) | 이재영 |
| 22287 | 노트북 | 22-12-29(목) | 23-01-02(월) | 김인욱 |
| 22298 | 노트북 | 23-01-02(월) | 23-01-04(수) | 이재영 |
| 22309 | 휴대폰 | 23-01-03(화) | 23-01-05(목) | 김인욱 |

* 12월 휴무 일정

| 날짜 | 구분 |
|---|---|
| 22-12-22(목) | 보너스휴가 |
| 22-12-23(금) | 창립기념일 |

◉ **예제파일** : Chapter04 > Section09 > IFERROR / IFERROR(완성)

필수기능 31

# 오류 메시지 표시하지 않기

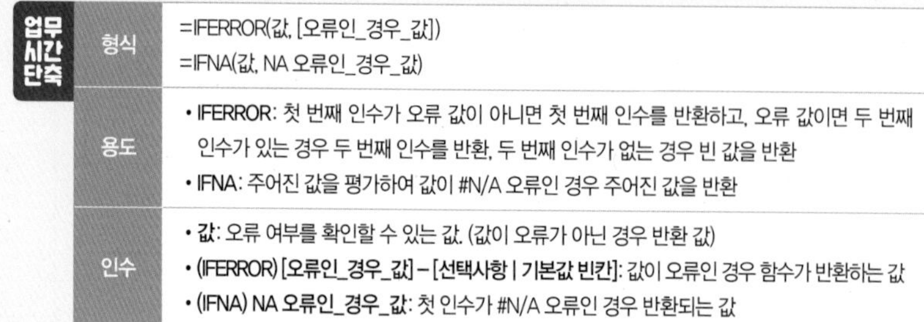

업무 시간 단축

| | |
|---|---|
| 형식 | =IFERROR(값, [오류인_경우_값])<br>=IFNA(값, NA 오류인_경우_값) |
| 용도 | • IFERROR: 첫 번째 인수가 오류 값이 아니면 첫 번째 인수를 반환하고, 오류 값이면 두 번째 인수가 있는 경우 두 번째 인수를 반환, 두 번째 인수가 없는 경우 빈 값을 반환<br>• IFNA: 주어진 값을 평가하여 값이 #N/A 오류인 경우 주어진 값을 반환 |
| 인수 | • **값**: 오류 여부를 확인할 수 있는 값. (값이 오류가 아닌 경우 반환 값)<br>• **(IFERROR) [오류인_경우_값] – [선택사항 \| 기본값 빈칸]**: 값이 오류인 경우 함수가 반환하는 값<br>• **(IFNA) NA 오류인_경우_값**: 첫 인수가 #N/A 오류인 경우 반환되는 값 |

**1** 왼쪽 표의 C열 '할인율' 항목에는 오른쪽 코드별 할인율표를 참고하여 각 코드에 맞는 할인율을 불러오도록 VLOOKUP함수를 사용했습니다. 하지만 찾는 값이 없어 C9셀과 C10셀에 '#N/A'오류가 표시되었습니다. 참고로 '#N/A' 오류는 찾는 값이 없거나 수식에 사용할 수 없는 값을 지정한 경우 발생합니다.

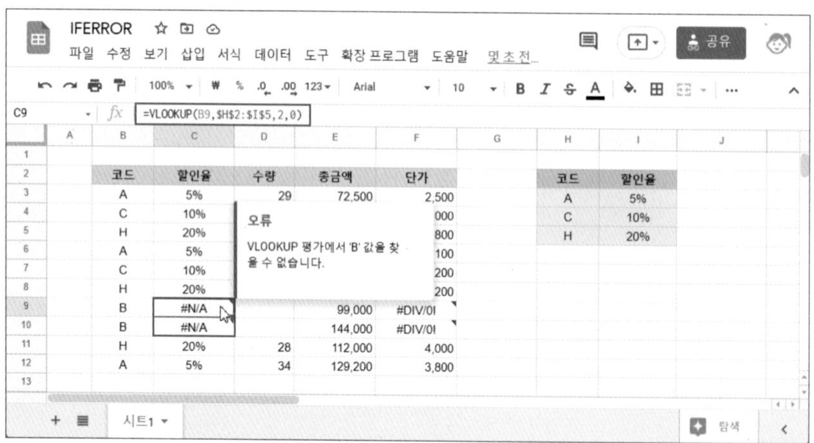

**2** '#N/A' 오류가 발생한 셀에 '미등록코드'라는 문구를 표시해 볼게요. C3셀을 선택하고 함수식을 다음과 같이 수정합니다.

```
=IFNA(VLOOKUP(B3,$H$2:$I$5,2,0),"미등록코드")
/* VLOOKUP함수로 코드별 할인율을 찾고 NA함수가 발생할 경우 '미등록코드'를 반환 */
```

C3 | fx =IFNA(VLOOKUP(B3,$H$2:$I$5,2,0),"미등록코드")

| | A | B | C | D | E | F | G | H | I | J |
|---|---|---|---|---|---|---|---|---|---|---|
| 1 | | | | | | | | | | |
| 2 | | 코드 | 할인율 | 수량 | 총금액 | 단가 | | 코드 | 할인율 | |
| 3 | | A | =IFNA(VLOOKUP(B3,$H$2:$I$5,2,0),"미등록코드") | | | | | A | 5% | |
| 4 | | C | 10% | 15 | 45,000 | 3,000 | | C | 10% | |
| 5 | | H | 20% | 20 | 56,000 | 2,800 | | H | 20% | |
| 6 | | A | 5% | 22 | 46,200 | 2,100 | | | | |
| 7 | | C | 10% | 15 | 33,000 | 2,200 | | | | |
| 8 | | H | 20% | 18 | 75,600 | 4,200 | | | | |
| 9 | | B | #N/A | | 99,000 | #DIV/0! | | | | |
| 10 | | B | #N/A | | 144,000 | #DIV/0! | | | | |
| 11 | | H | 20% | 28 | 112,000 | 4,000 | | | | |
| 12 | | A | 5% | 34 | 129,200 | 3,800 | | | | |
| 13 | | | | | | | | | | |

수정

시트1

**Tip**

수식을 수정해야 할 경우 수식 입력줄에서 수정하거나, 해당 셀을 더블클릭, 혹은 선택된 셀에서 F2를 누르면 수정할 수 있는 상태가 됩니다.

**3** C3셀에 함수식을 수정했으면 C12셀까지 자동 채우기 핸들을 드래그합니다.

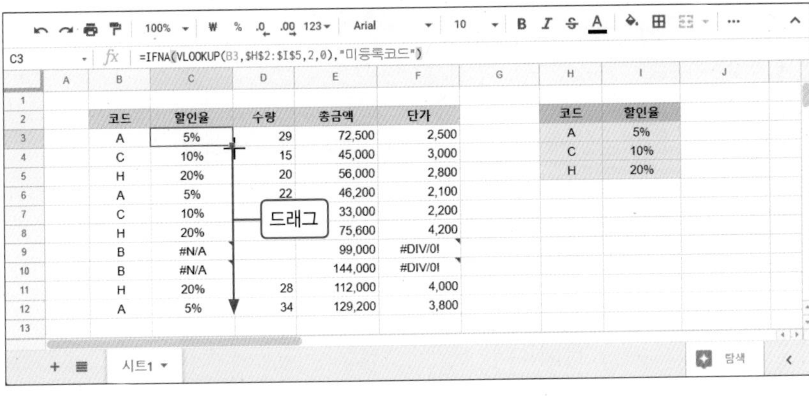

C3 | fx =IFNA(VLOOKUP(B3,$H$2:$I$5,2,0),"미등록코드")

| | A | B | C | D | E | F | G | H | I | J |
|---|---|---|---|---|---|---|---|---|---|---|
| 1 | | | | | | | | | | |
| 2 | | 코드 | 할인율 | 수량 | 총금액 | 단가 | | 코드 | 할인율 | |
| 3 | | A | 5% | 29 | 72,500 | 2,500 | | A | 5% | |
| 4 | | C | 10% | 15 | 45,000 | 3,000 | | C | 10% | |
| 5 | | H | 20% | 20 | 56,000 | 2,800 | | H | 20% | |
| 6 | | A | 5% | 22 | 46,200 | 2,100 | | | | |
| 7 | | C | 10% | 15 | 33,000 | 2,200 | | | | |
| 8 | | H | 20% | 18 | 75,600 | 4,200 | | | | |
| 9 | | B | #N/A | | 99,000 | #DIV/0! | | | | |
| 10 | | B | #N/A | | 144,000 | #DIV/0! | | | | |
| 11 | | H | 20% | 28 | 112,000 | 4,000 | | | | |
| 12 | | A | 5% | 34 | 129,200 | 3,800 | | | | |
| 13 | | | | | | | | | | |

**4** C9셀과 C10셀에 '#N/A' 오류 대신 '미등록코드'가 표시되었습니다. 이번에는 F9셀과 F10셀에 발생한 '#DIV/0!' 오류를 IFERROR함수를 사용하여 공백처리해 볼게요. 참고로 해당 오류는 값을 나누어야 하는데 분모가 숫자'0'이거나 빈 셀인 경우 발생합니다.

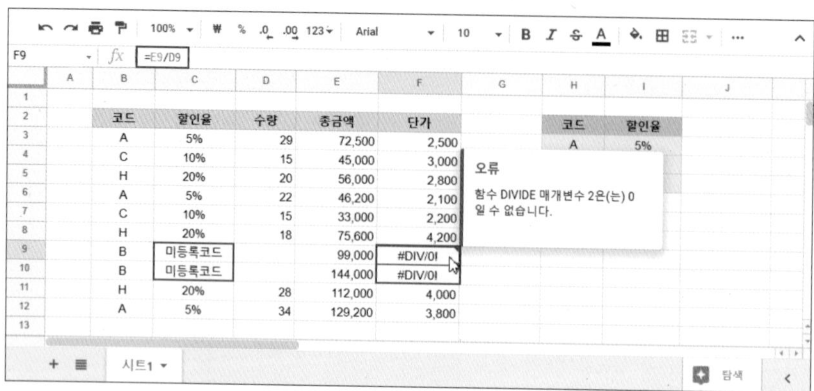

**5** F3셀을 선택하고 함수식을 다음과 같이 수정합니다.

```
=IFERROR(E3/D3) /* E3/D3셀의 결과값이 오류면 빈 셀을 표시 */
```

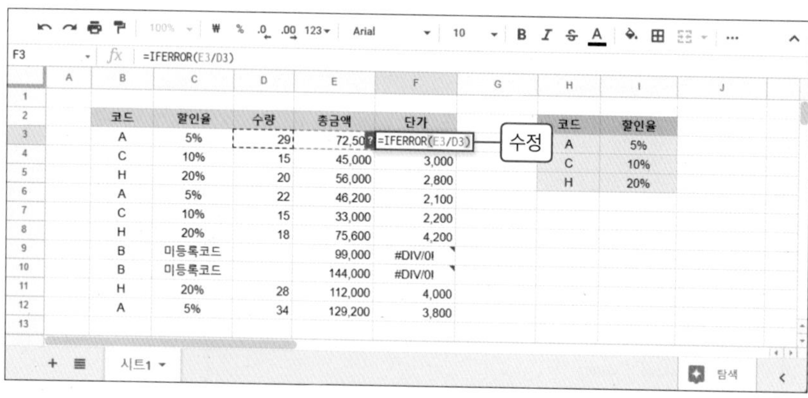

**6** F3셀의 자동 채우기 핸들을 F12셀까지 드래그하여 변경된 수식을 적용하세요.

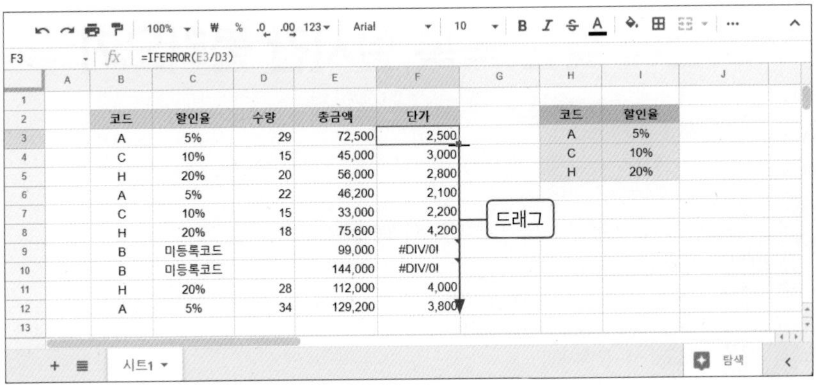

F3 | =IFERROR(E3/D3)

| | A | B | C | D | E | F | G | H | I | J |
|---|---|---|---|---|---|---|---|---|---|---|
| 1 | | | | | | | | | | |
| 2 | | 코드 | 할인율 | 수량 | 총금액 | 단가 | | 코드 | 할인율 | |
| 3 | | A | 5% | 29 | 72,500 | 2,500 | | A | 5% | |
| 4 | | C | 10% | 15 | 45,000 | 3,000 | | C | 10% | |
| 5 | | H | 20% | 20 | 56,000 | 2,800 | | H | 20% | |
| 6 | | A | 5% | 22 | 46,200 | 2,100 | | | | |
| 7 | | C | 10% | 15 | 33,000 | 2,200 | | | | |
| 8 | | H | 20% | 18 | 75,600 | 4,200 | | | | |
| 9 | | B | 미등록코드 | | 99,000 | #DIV/0! | | | | |
| 10 | | B | 미등록코드 | | 144,000 | #DIV/0! | | | | |
| 11 | | H | 20% | 28 | 112,000 | 4,000 | | | | |
| 12 | | A | 5% | 34 | 129,200 | 3,800 | | | | |
| 13 | | | | | | | | | | |

드래그

시트1

**7** F9셀과 F10셀에 발생한 '#DIV/0!' 오류가 공백으로 표시됩니다.

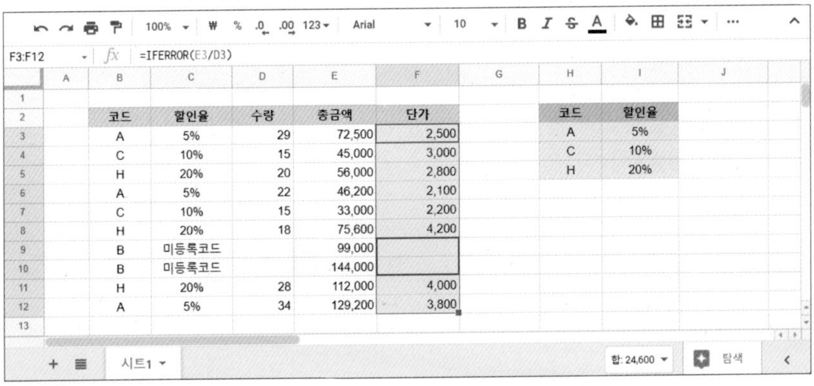

F3:F12 | =IFERROR(E3/D3)

| | A | B | C | D | E | F | G | H | I | J |
|---|---|---|---|---|---|---|---|---|---|---|
| 1 | | | | | | | | | | |
| 2 | | 코드 | 할인율 | 수량 | 총금액 | 단가 | | 코드 | 할인율 | |
| 3 | | A | 5% | 29 | 72,500 | 2,500 | | A | 5% | |
| 4 | | C | 10% | 15 | 45,000 | 3,000 | | C | 10% | |
| 5 | | H | 20% | 20 | 56,000 | 2,800 | | H | 20% | |
| 6 | | A | 5% | 22 | 46,200 | 2,100 | | | | |
| 7 | | C | 10% | 15 | 33,000 | 2,200 | | | | |
| 8 | | H | 20% | 18 | 75,600 | 4,200 | | | | |
| 9 | | B | 미등록코드 | | 99,000 | | | | | |
| 10 | | B | 미등록코드 | | 144,000 | | | | | |
| 11 | | H | 20% | 28 | 112,000 | 4,000 | | | | |
| 12 | | A | 5% | 34 | 129,200 | 3,800 | | | | |
| 13 | | | | | | | | | | |

시트1 합: 24,600

**Tip**

IFNA함수의 경우 #N/A오류에 관해서만 처리하므로 발생 오류 종류에 상관없이 오류 값을 처리하고 싶은 경우에는 IFERROR함수를 사용하세요.

필수기능 32

# 조건에 맞는 목록 실시간 불러오기

업무 시간 단축

| | |
|---|---|
| 형식 | =FILTER(범위, 조건1, [조건2, …]) |
| 용도 | 지정된 조건을 충족하는 열 또는 행만 반환하여 원본 범위의 필터링 버전을 반환 |
| 인수 | • **범위**: 필터링할 데이터<br>• **조건1**: 범위의 행 또는 열에 해당하는 TRUE 또는 FALSE 값을 포함하는 행 또는 열이나, TRUE 또는 FALSE를 평가하는 배열 수식<br>• [조건2 …] – [선택사항] |

**1** [상품조회] 시트의 왼쪽 표를 참고하여 G7셀에 G3:H3 셀 범위에 입력된 조건에 맞는 데이터만 추출해 볼게요. G7셀을 선택하고 다음과 같이 함수식을 입력합니다.

```
=FILTER(B2:E71, /* 필터링할 데이터 범위 */
 B2:B71=G3, /* B2:B71 셀 범위 중 G3셀에 입력된 데이터와 일치하는 조건 지정 */
 C2:C71=H3) /* C2:C71 셀 범위 중 H3셀에 입력된 데이터와 일치하는 조건 지정 */
```

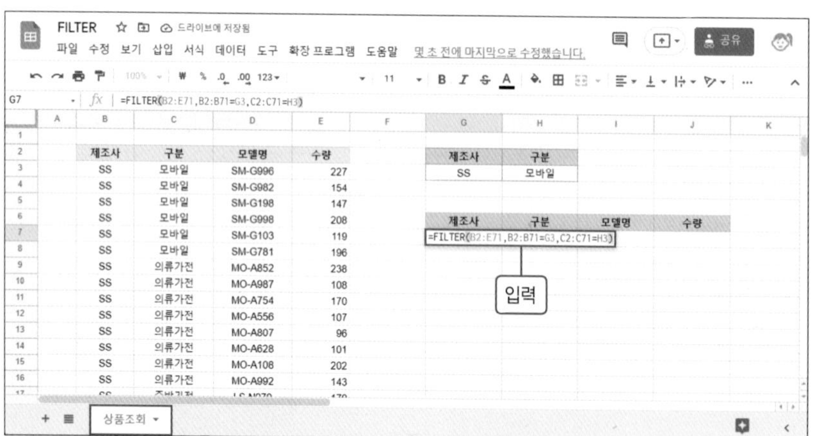

**2** SS제조사의 모바일 데이터가 나타납니다.

G7 =FILTER(B2:E71,B2:B71=G3,C2:C71=H3)

| 제조사 | 구분 | 모델명 | 수량 |
|---|---|---|---|
| SS | 모바일 | SM-G996 | 227 |
| SS | 모바일 | SM-G982 | 154 |
| SS | 모바일 | SM-G198 | 147 |
| SS | 모바일 | SM-G998 | 208 |
| SS | 모바일 | SM-G103 | 119 |
| SS | 모바일 | SM-G781 | 196 |
| SS | 의류가전 | MO-A852 | 238 |
| SS | 의류가전 | MO-A987 | 108 |
| SS | 의류가전 | MO-A754 | 170 |
| SS | 의류가전 | MO-A556 | 107 |
| SS | 의류가전 | MO-A807 | 96 |
| SS | 의류가전 | MO-A628 | 101 |
| SS | 의류가전 | MO-A108 | 202 |
| SS | 의류가전 | MO-A992 | 143 |

| 제조사 | 구분 |
|---|---|
| SS | 모바일 |

| 제조사 | 구분 | 모델명 | 수량 |
|---|---|---|---|
| SS | 모바일 | SM-G996 | 227 |
| SS | 모바일 | SM-G982 | 154 |
| SS | 모바일 | SM-G198 | 147 |
| SS | 모바일 | SM-G998 | 208 |
| SS | 모바일 | SM-G103 | 119 |
| SS | 모바일 | SM-G781 | 196 |

상품조회

**3** H3셀에 '모바일'을 '의류가전'으로 변경하고 G7셀의 표를 확인하면 SS제조사의 의류가전 데이터가 추출된 것을 알 수 있어요.

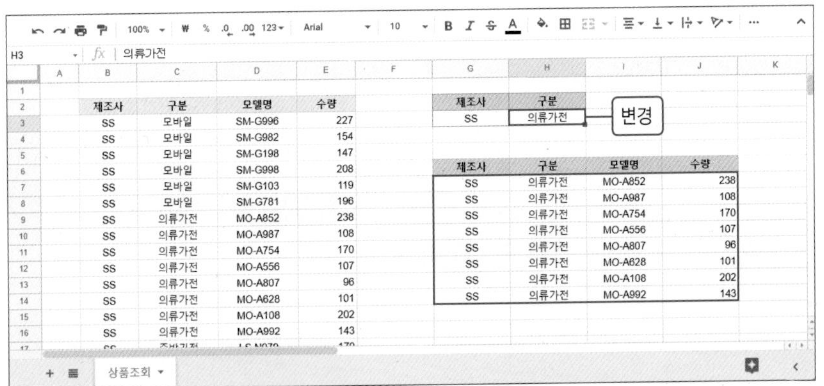
H3 의류가전

| 제조사 | 구분 |
|---|---|
| SS | 의류가전 |



| 제조사 | 구분 | 모델명 | 수량 |
|---|---|---|---|
| SS | 의류가전 | MO-A852 | 238 |
| SS | 의류가전 | MO-A987 | 108 |
| SS | 의류가전 | MO-A754 | 170 |
| SS | 의류가전 | MO-A556 | 107 |
| SS | 의류가전 | MO-A807 | 96 |
| SS | 의류가전 | MO-A628 | 101 |
| SS | 의류가전 | MO-A108 | 202 |
| SS | 의류가전 | MO-A992 | 143 |

**Tip**

데이터 범위에 찾는 조건의 값이 없는 경우 '#N/A'오류가 발생할 수 있습니다. 보기 싫은 '#N/A'를 처리하는 방법에 대해서는 342쪽을 참고해주세요

**⚠ 엑셀과 달라요**

FILTER함수는 엑셀365, 2021 버전에서 사용할 수 있습니다.

◉ **예제파일** : Chapter04 > Section09 > SORT / SORT(완성)

필수기능 33

# 금액이 큰 데이터 순으로 필요 목록만 불러오기

업무 시간 단축

| | |
|---|---|
| 형식 | =SORT(범위, 열_정렬, 오름차순, [열 정렬2, 오름차순2, …]) |
| 용도 | 하나 이상의 열의 값을 기준으로 지정된 배열 또는 범위의 행을 정렬 |
| 인수 | • **범위**: 정렬할 데이터<br>• **열_정렬**: 정렬의 기준이 될 값을 포함하는 범위 내 또는 범위 밖의 범위에 있는 열의 색인<br>• **오름차순**: TRUE 또는 FALSE로 표현. FALSE는 내림차순, TRUE는 오름차순으로 정렬<br>• **[열_정렬2, 오름차순2] – [선택사항]**: 두번째 열과 정렬 순서를 표시 |

**1** [후원리스트] 왼쪽 표를 참고하여 F2셀에 '후원금액'이 큰 순으로 표를 정렬해 볼게요. 이때 동일한 후원금액에 대해서는 날짜가 빠른 순으로 나타냅니다. F2셀을 선택하고 다음과 같이 함수식을 입력합니다.

```
=SORT(B2:D14,3,0,1,1) /* B2:D14 셀 범위의 표에서 세 번째 열을 내림차순하고 첫 번째 열을 오름차순으로 표시 */
```

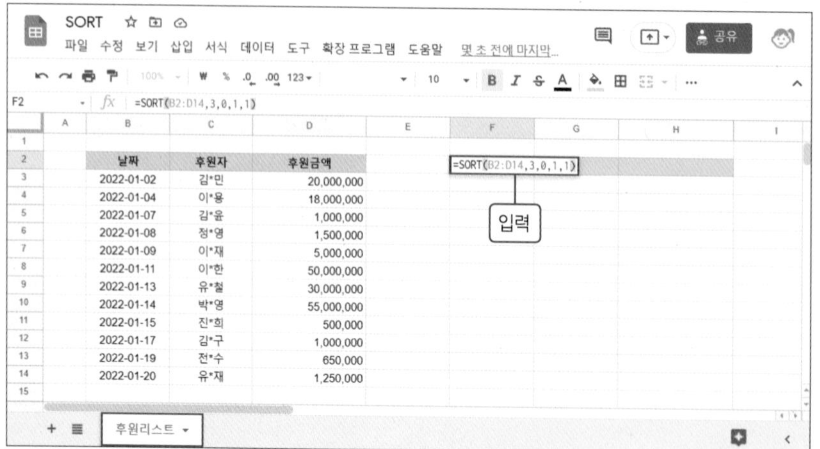


| 날짜 | 후원자 | 후원금액 |
|---|---|---|
| 2022-01-02 | 김*민 | 20,000,000 |
| 2022-01-04 | 이*용 | 18,000,000 |
| 2022-01-07 | 김*윤 | 1,000,000 |
| 2022-01-08 | 정*영 | 1,500,000 |
| 2022-01-09 | 이*재 | 5,000,000 |
| 2022-01-11 | 이*한 | 50,000,000 |
| 2022-01-13 | 유*철 | 30,000,000 |
| 2022-01-14 | 박*영 | 55,000,000 |
| 2022-01-15 | 진*희 | 500,000 |
| 2022-01-17 | 김*구 | 1,000,000 |
| 2022-01-19 | 전*수 | 650,000 |
| 2022-01-20 | 유*재 | 1,250,000 |

**2** 후원금액이 큰 것부터 작은 순으로 내림차순 되면서 후원금액이 같은 데이터의 경우 날짜가 빠른 순으로 정렬되었습니다.

F2 =SORT(B2:D14,3,0,1,1)

| | A | B | C | D | E | F | G | H |
|---|---|---|---|---|---|---|---|---|
| 1 | | | | | | | | |
| 2 | | 날짜 | 후원자 | 후원금액 | | 날짜 | 후원자 | 후원금액 |
| 3 | | 2022-01-02 | 김*민 | 20,000,000 | | 2022-01-14 | 박*영 | 55,000,000 |
| 4 | | 2022-01-04 | 이*용 | 18,000,000 | | 2022-01-11 | 이*한 | 50,000,000 |
| 5 | | 2022-01-07 | 김*윤 | 1,000,000 | | 2022-01-13 | 유*철 | 30,000,000 |
| 6 | | 2022-01-08 | 정*영 | 1,500,000 | | 2022-01-02 | 김*민 | 20,000,000 |
| 7 | | 2022-01-09 | 이*재 | 5,000,000 | | 2022-01-04 | 이*용 | 18,000,000 |
| 8 | | 2022-01-11 | 이*한 | 50,000,000 | | 2022-01-09 | 이*재 | 5,000,000 |
| 9 | | 2022-01-13 | 유*철 | 30,000,000 | | 2022-01-08 | 정*영 | 1,500,000 |
| 10 | | 2022-01-14 | 박*영 | 55,000,000 | | 2022-01-20 | 유*재 | 1,250,000 |
| 11 | | 2022-01-15 | 진*희 | 500,000 | | 2022-01-07 | 김*윤 | 1,000,000 |
| 12 | | 2022-01-17 | 김*구 | 1,000,000 | | 2022-01-17 | 김*구 | 1,000,000 |
| 13 | | 2022-01-19 | 전*수 | 650,000 | | 2022-01-19 | 전*수 | 650,000 |
| 14 | | 2022-01-20 | 유*재 | 1,250,000 | | 2022-01-15 | 진*희 | 500,000 |
| 15 | | | | | | | | |

후원리스트

**⚠ 엑셀과 달라요**

SORT함수는 엑셀365, 2021 버전에서 사용할 수 있습니다.

◉ **예제파일** : Chapter04 > Section09 > UNIQUE / UNIQUE(완성)

필수기능 34

# 중복 데이터를 제외하고 고유 목록만 추출하기

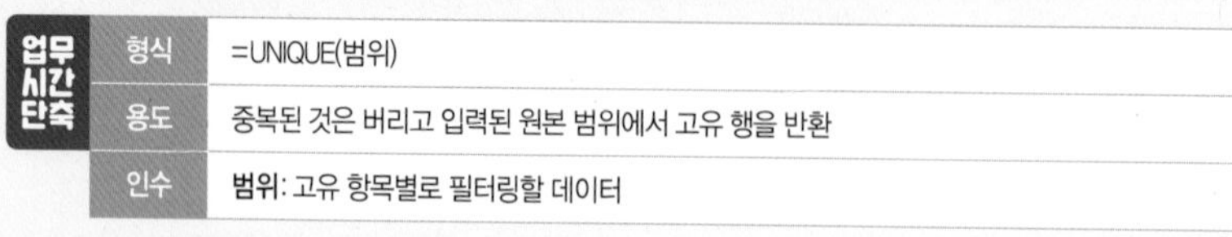

| 업무 시간 단축 | | |
|---|---|---|
| | 형식 | =UNIQUE(범위) |
| | 용도 | 중복된 것은 버리고 입력된 원본 범위에서 고유 행을 반환 |
| | 인수 | **범위**: 고유 항목별로 필터링할 데이터 |

**1** [매매현황] 시트의 G열에 C열에 입력된 중복된 '단지명'을 제거하고 고유값을 추출해 볼게요. G3셀에 다음과 같이 함수식을 입력합니다.

```
=UNIQUE(C3:C23) /* C3:C23 셀 범위에서 입력된 중복 항목을 삭제 */
```

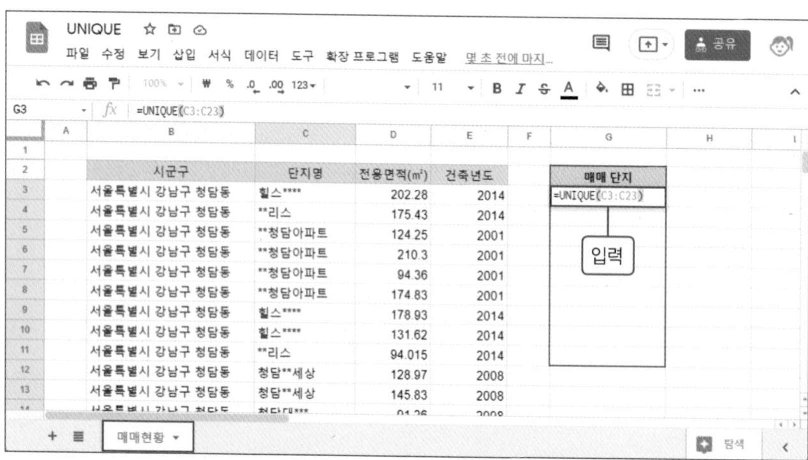


**Tip**

[데이터]-[데이터 정리]-[중복 항목 삭제]를 사용할 수도 있지만 데이터가 계속 추가되는 경우라면 함수의 대상 범위를 확장 적용해 사용하면 편리합니다.

## 2 G3셀부터 G9셀까지 거래된 매매 단지 목록이 출력됩니다.

G3 =UNIQUE(C3:C23)

| | A | B | C | D | E | F | G |
|---|---|---|---|---|---|---|---|
| 1 | | | | | | | |
| 2 | | 시군구 | 단지명 | 전용면적(㎡) | 건축년도 | | 매매 단지 |
| 3 | | 서울특별시 강남구 청담동 | 힐스**** | 202.28 | 2014 | | 힐스**** |
| 4 | | 서울특별시 강남구 청담동 | **리스 | 175.43 | 2014 | | **리스 |
| 5 | | 서울특별시 강남구 청담동 | **청담아파트 | 124.25 | 2001 | | **청담아파트 |
| 6 | | 서울특별시 강남구 청담동 | **청담아파트 | 210.3 | 2001 | | 청담**세상 |
| 7 | | 서울특별시 강남구 청담동 | **청담아파트 | 94.36 | 2001 | | 청담대*** |
| 8 | | 서울특별시 강남구 청담동 | **청담아파트 | 174.83 | 2001 | | ***스위트 |
| 9 | | 서울특별시 강남구 청담동 | 힐스**** | 178.93 | 2014 | | 현대**** |
| 10 | | 서울특별시 강남구 청담동 | 힐스**** | 131.62 | 2014 | | |
| 11 | | 서울특별시 강남구 청담동 | **리스 | 94.015 | 2014 | | |
| 12 | | 서울특별시 강남구 청담동 | 청담**세상 | 128.97 | 2008 | | |
| 13 | | 서울특별시 강남구 청담동 | 청담**세상 | 145.83 | 2008 | | |

매매현황

**Tip**

원본의 고유 목록을 추출할 때 영문일 경우 대소문자를 구분하여 추출합니다.

**⚠ 엑셀과 달라요**

UNIQUE함수는 엑셀365, 2021 버전에서 사용할 수 있습니다.

SECTION

# 10

# 구글 스프레드시트의 강력 함수로 빠르게 업무 처리하기

특정할 수 없는 데이터를 패턴으로 받아 처리하거나 외부 데이터 및 문서를 수집하여 실시간으로 변화하는 데이터를 관찰해 봅니다.

◉ **예제파일** : Chapter04 > Section10 > SPLIT / SPLIT(완성)

필수기능 01

# 단일 셀에 입력된 문자열 분할하기

업무 시간 단축

| | |
|---|---|
| 형식 | =SPLIT(텍스트, 구분자, [각_텍스트_분할], [빈_텍스트_제거]) |
| 용도 | 텍스트를 지정된 문자 또는 문자열에서 나누고 행에서 개별 셀에 각 부분을 배치 |
| 인수 | • **텍스트**: 분할할 텍스트<br>• **구분자**: 텍스트를 분할하기 위해 사용할 문자<br>• **[각_텍스트_분할] – [선택사항 \| 기본값 TRUE]**: 구분자에 포함된 각 문자에서 텍스트를 분할할지 여부<br>• **[빈_텍스트_제거] – [선택사항 \| 기본값 TRUE]**: 분할 결과에서 비어 있는 텍스트 메시지를 삭제할지 여부 |

**1** [리스트] 시트의 B열에 입력된 '상품정보'를 참고하여 공백을 기준으로 '코드', '제품명', '색상', '사이즈' 항목으로 분할시켜 각 셀에 자동으로 입력해 볼게요. C3셀에 함수식 '=SPLIT(B3:B18," ")'을 입력하고 Ctrl + Shift + Enter를 눌러 ARRAYFORMULA함수를 적용해 SPLIT함수의 첫 번째 인수를 배열로 사용할 수 있도록 만듭니다. 마지막으로 Enter를 누르세요.

```
=ArrayFormula( /* SPLIT함수의 첫 번째 인수를 배열로 받아 결과를 배열로 출력 */
 SPLIT(B3:B18," ")) /* 공백을 구분자로 텍스트를 분할 */
```

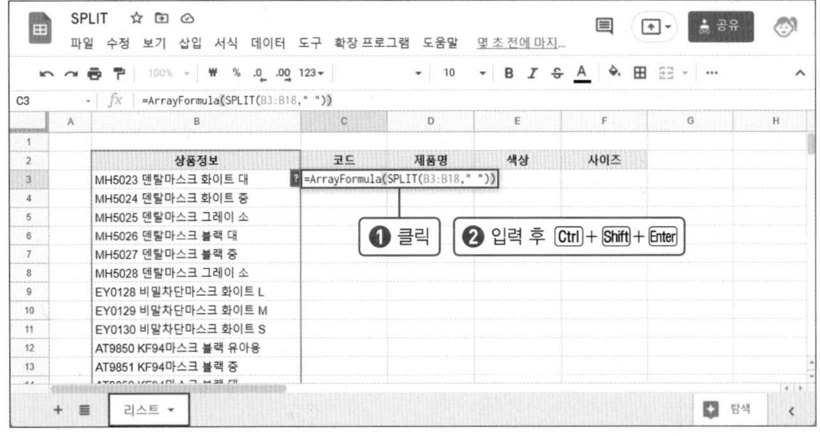


**Tip**
ARRAYFORMULA함수를 사용하지 않을 경우 '=SPLIT(B3," ")'의 함수식을 사용해서 자동 채우기를 적용합니다.

**2** B3:B18 셀 범위의 '상품정보'가 공백을 기준으로 각 셀에 분할된 것을 확인합니다.

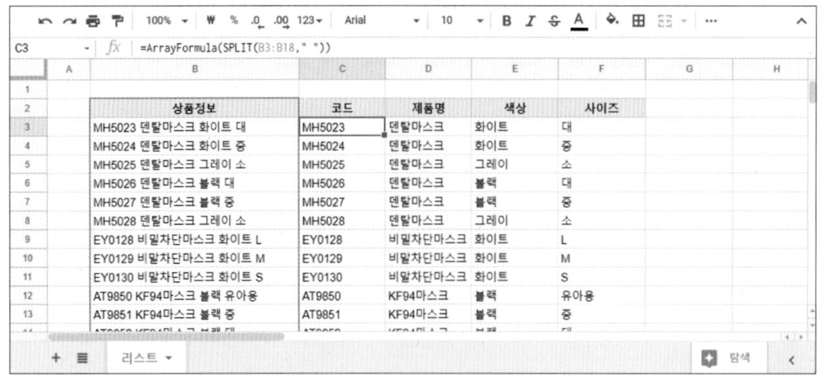

**Tip**

[데이터] – [텍스트를 열로 분할] 메뉴로 대신할 수 있습니다. '텍스트를 열로 분할'에 대한 자세한 내용은 174쪽을 참고하세요.

필수기능 02

# 입력 패턴을 찾아 일부 텍스트 추출하기

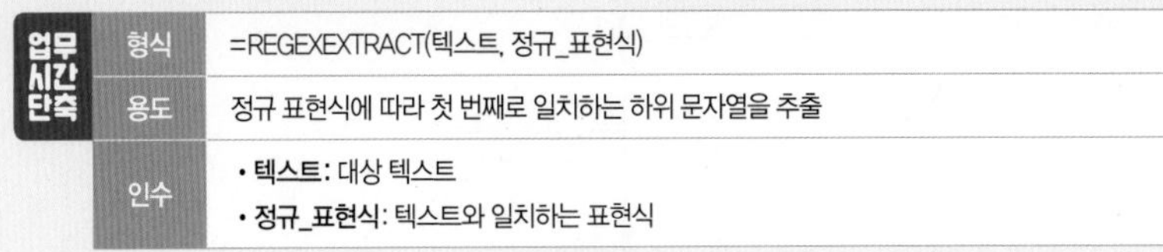

업무 시간 단축

| | |
|---|---|
| 형식 | =REGEXEXTRACT(텍스트, 정규_표현식) |
| 용도 | 정규 표현식에 따라 첫 번째로 일치하는 하위 문자열을 추출 |
| 인수 | • **텍스트**: 대상 텍스트<br>• **정규_표현식**: 텍스트와 일치하는 표현식 |

**1** [도서명] 시트 B열에 입력된 '도서명' 목록을 보면 교재의 '제목'과 '학년-학기', '연도'의 입력순서가 불규칙한 것을 알 수 있는데 이렇게 불규칙하게 입력된 문자열 중에 학년과 학기만 추출할 수 있습니다. C3셀을 선택하고 다음의 함수식을 입력합니다.

```
=REGEXEXTRACT(B3,"\d-\d") /* B3셀의 문자열 중 '숫자-숫자' 패턴을 추출 */
```

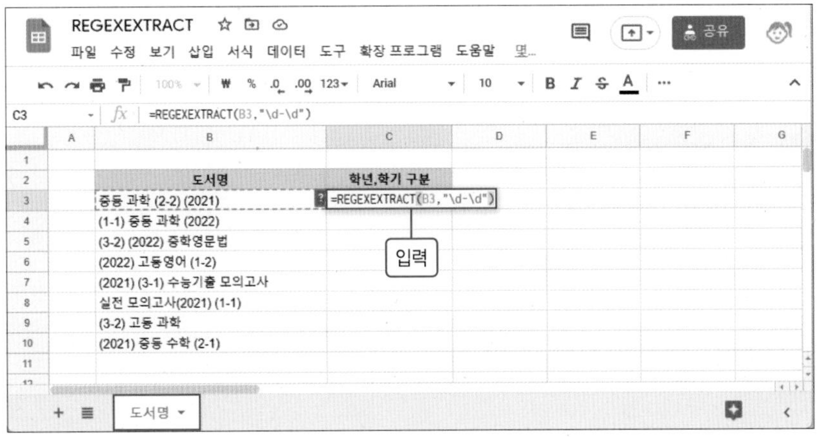


**Tip**

"\d-\d"는 "\d\W\d" 혹은 "[0-9]-[0-9]"와 동일한 표현식입니다.

**2** 정규 표현식에 따라 문자 패턴이 일치하는 학년과 학기가 추출된 것을 확인하고 자동 채우기 핸들을 C10셀까지 드래그하여 수식 채우기를 적용합니다.

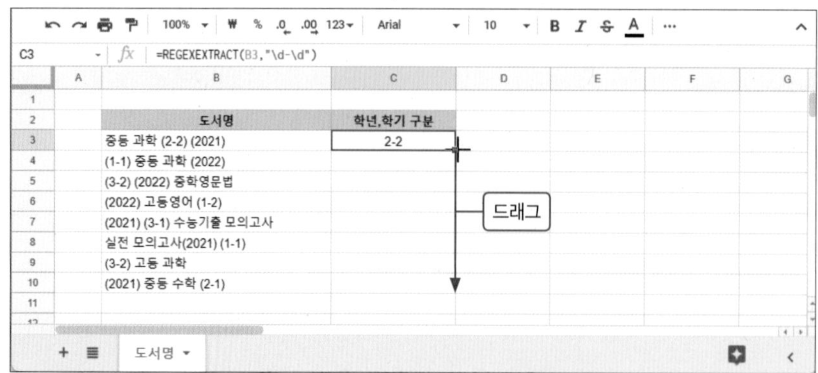


**3** 문자의 일부를 반환하거나 특정 문자의 위치를 찾는 함수로는 추출할 수 없는 패턴의 데이터를 추출했습니다.

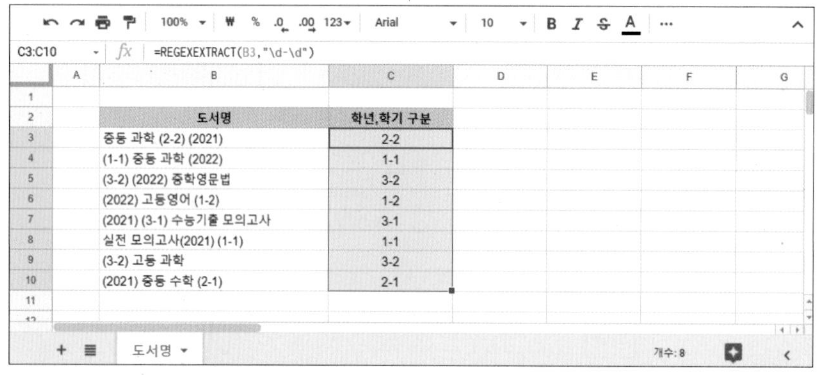


| 도서명 | 학년,학기 구분 |
|---|---|
| 중등 과학 (2-2) (2021) | 2-2 |
| (1-1) 중등 과학 (2022) | 1-1 |
| (3-2) (2022) 중학영문법 | 3-2 |
| (2022) 고등영어 (1-2) | 1-2 |
| (2021) (3-1) 수능기출 모의고사 | 3-1 |
| 실전 모의고사(2021) (1-1) | 1-1 |
| (3-2) 고등 과학 | 3-2 |
| (2021) 중등 수학 (2-1) | 2-1 |

**Tip**

도서명에서 '년도'를 추출하고 싶은 경우에는 다음과 같이 함수식을 사용해 봅니다.

```
=REGEXEXTRACT(B3,"\d{4}")
```

### 잠깐만요 :: 입력 패턴을 다루는 정규 표현식 알아보기

다양한 정규 표현식에 대해 알아봅니다.

| 표현식 | 설명 |
|---|---|
| [xyz]<br>[x–z] | 집합 범위 안에서 문자를 검색합니다. |
| [^x] | 집합에 없는 문자를 검색합니다. |
| ^ | 정규 표현식의 맨 앞에 배치하며, '^' 뒤에 위치한 문자열을 검색합니다(구글 스프레드시트에서만 가능). |
| $ | 정규 표현식의 맨 뒤에 배치하며, '$' 앞에 위치한 문자열을 검색합니다(구글 스프레드시트에서만 가능). |
| x\|y | x또는 y를 검색합니다. |
| * | 기호 앞에 있는 문자를 0회 이상 표시되는 단어를 검색합니다. |
| + | 기호 앞에 있는 문자를 1회 이상 표시되는 단어를 검색합니다. |
| ? | 기호 앞에 있는 문자를 0회, 1회 표시되는 단어를 검색합니다. |
| {x}<br>{x,y} | 지정한 범위 안의 횟수만큼 반복되는 단어를 검색합니다. |
| \s | 공백을 검색합니다. |
| \d | 숫자를 검색합니다. |
| \D | 숫자가 아닌 문자를 검색합니다. |
| \w | 문자(영문)와 숫자를 검색합니다. |
| \W | 문자(영문)와 숫자가 아닌 문자를 검색합니다. |

◉ **예제파일** : Chapter04 > Section10 > REGEXREPLACE / REGEXREPLACE(완성)

# 03 불규칙 형식의 다양한 문자열을 한 번에 변경하기

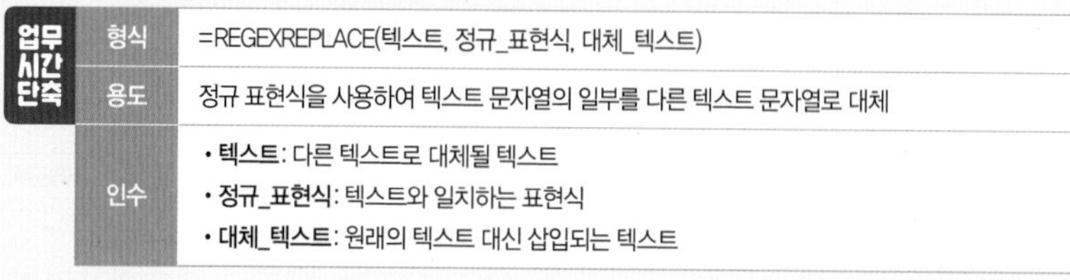

업무 시간 단축

| | |
|---|---|
| 형식 | =REGEXREPLACE(텍스트, 정규_표현식, 대체_텍스트) |
| 용도 | 정규 표현식을 사용하여 텍스트 문자열의 일부를 다른 텍스트 문자열로 대체 |
| 인수 | • **텍스트**: 다른 텍스트로 대체될 텍스트<br>• **정규_표현식**: 텍스트와 일치하는 표현식<br>• **대체_텍스트**: 원래의 텍스트 대신 삽입되는 텍스트 |

**1** [연락망] 시트의 C열에 입력된 '이메일 주소'의 최상위 도메인('co.kr', 'net', 'com')을 'or.kr'로 일괄변경해 볼게요. D3셀에 다음의 함수식을 입력한 후 Enter를 누르세요.

```
=REGEXREPLACE(C3, /* C3셀의 문자열 중 */
"[.]\w+\W?[a-zA-Z]*$", /* 해당 정규 표현식과 일치하는 텍스트를 */
".or.kr") /* 입력된 문자열로 대체 */
```

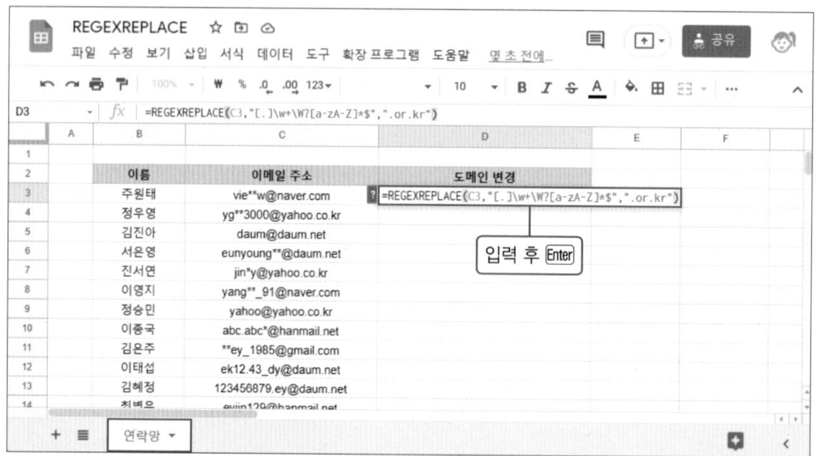


**Tip**

정규 표현식은 사용자마다 표현이 다를 수 있습니다. 다양한 정규식을 접목해서 사용해 보세요. 정규 표현식에 대해서는 357쪽을 참고하도록 합니다.

**2** 이메일 주소의 최상위 도메인이 'or.kr'로 변경된 것을 확인하고 D3셀의 자동 채우기 핸들을 더블클릭하여 D15셀까지 수식을 적용하세요.

```
=REGEXREPLACE(C3,"[.]\w+\W?[a-zA-Z]*$",".or.kr")
```

| | A | B | C | D |
|---|---|---|---|---|
| 1 | | | | |
| 2 | | 이름 | 이메일 주소 | 도메인 변경 |
| 3 | | 주원태 | vie**w@naver.com | vie**w@naver.or.kr |
| 4 | | 정우영 | yg**3000@yahoo.co.kr | yg**3000@yahoo.or.kr |
| 5 | | 김진아 | daum@daum.net | daum@daum.or.kr |
| 6 | | 서은영 | eunyoung**@daum.net | eunyoung**@daum.or.kr |
| 7 | | 진서연 | jin*y@yahoo.co.kr | jin*y@yahoo.or.kr |
| 8 | | 이영지 | yang**_91@naver.com | yang**_91@naver.or.kr |
| 9 | | 정승민 | yahoo@yahoo.co.kr | yahoo@yahoo.or.kr |
| 10 | | 이종국 | abc.abc*@hanmail.net | abc.abc*@hanmail.or.kr |
| 11 | | 김은주 | **ey_1985@gmail.com | **ey_1985@gmail.or.kr |
| 12 | | 이태섭 | ek12.43_dy@daum.net | ek12.43_dy@daum.or.kr |
| 13 | | 김혜정 | 123456879.ey@daum.net | 123456879.ey@daum.or.kr |

더블클릭

연락망

◉ **예제파일** : Chapter04 > Section10 > REGEXMATCH / REGEXMATCH(완성)

# 문자의 패턴을 판단하여 논리값으로 반환하기

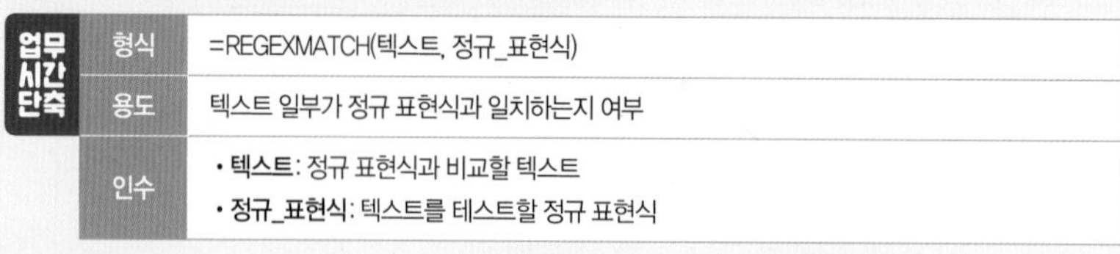

업무 시간 단축

| | |
|---|---|
| 형식 | =REGEXMATCH(텍스트, 정규_표현식) |
| 용도 | 텍스트 일부가 정규 표현식과 일치하는지 여부 |
| 인수 | • **텍스트**: 정규 표현식과 비교할 텍스트<br>• **정규_표현식**: 텍스트를 테스트할 정규 표현식 |

**1** C열에 입력된 값이 한글이 아니면 D열에 'TRUE'를 반환하고 한글일 경우에는 'FALSE'를 반환해 볼게요. D5셀을 선택하고 다음과 같이 함수식을 입력한 후 Enter를 누릅니다.

```
=REGEXMATCH(C5,"[^가-힣]") /* C5셀의 문자열이 한글이 아니면 TRUE 반환 */
```

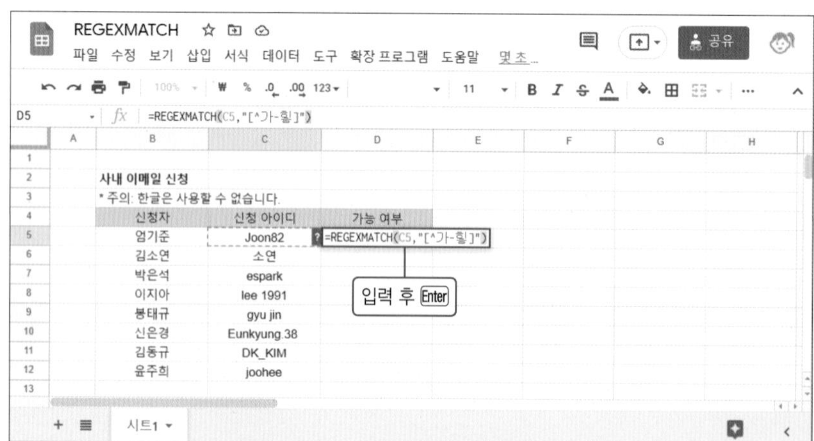

**2** C5셀에는 영문이 입력되어 있어 D5셀에 'TRUE'가 반환되었습니다. D5셀의 자동 채우기 핸들을 D12셀까지 드래그하여 수식 채우기를 적용하세요.

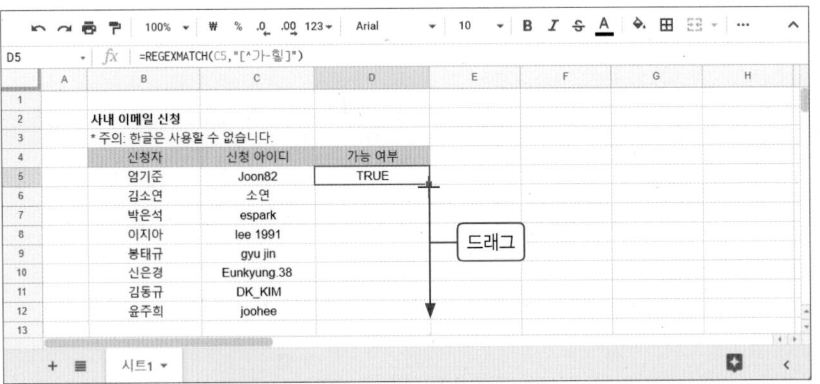


**3** D6셀을 제외한 나머지 셀에 'TRUE'가 반환된 것을 확인합니다. 이 논리값을 IF함수를 중첩해서 사용하면 목적에 맞는 논리 결과를 한글로 나타낼 수 있어요. 여기서는 '가능'과 '불가능'으로 표시해 볼게요. D5셀의 함수식을 다음과 같이 변경합니다.

```
=IF(REGEXMATCH(C5,"[^가-힣]"), /* C5셀의 문자열이 한글이 아닌 경우의 조건식 */
 "가능", /* 조건식을 만족할 경우 "가능" 반환 */
 "불가능") /* 조건식을 만족하지 않을 경우 "불가능" 반환 */
```

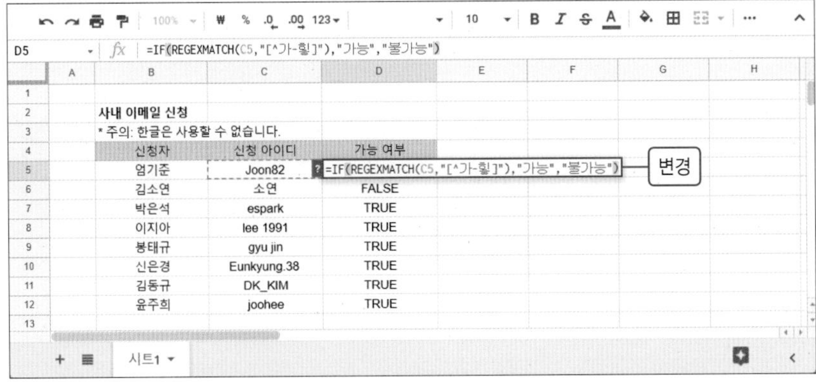


**Tip**

IF함수에 대한 자세한 내용은 262쪽을 참고하세요.

**4** D5셀에 'TRUE' 대신 '가능'이 나타나면 자동 채우기 핸들을 D12셀까지 드래그하여 채우기를 적용합니다.

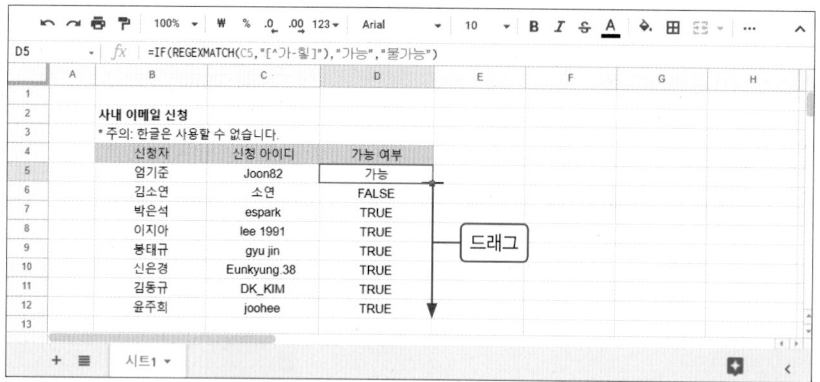


**5** 한글로 신청된 신청 아이디는 '불가능'으로 표시되는 표를 만들었습니다.

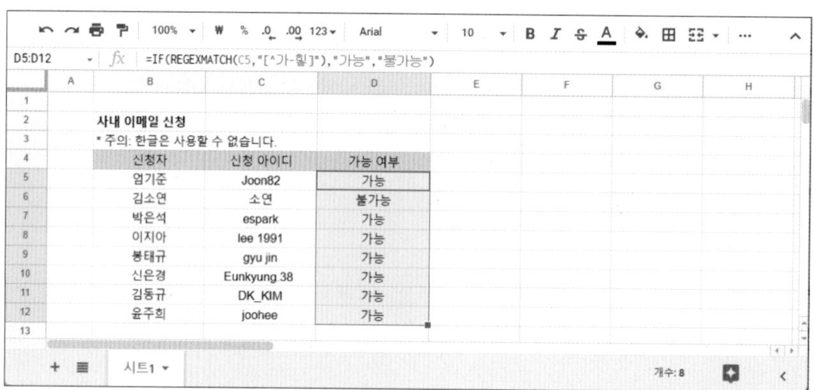

# 필수기능 05 온라인 이미지를 셀에 삽입하기

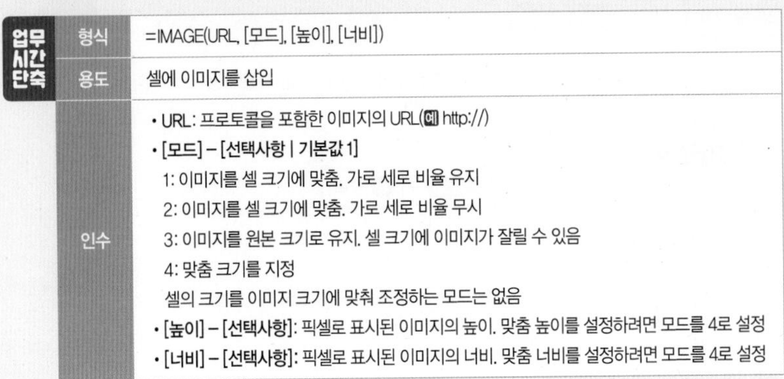

업무 시간 단축

| | |
|---|---|
| 형식 | =IMAGE(URL, [모드], [높이], [너비]) |
| 용도 | 셀에 이미지를 삽입 |
| 인수 | • URL: 프로토콜을 포함한 이미지의 URL(예 http://)<br>• [모드] – [선택사항 I 기본값 1]<br>1: 이미지를 셀 크기에 맞춤. 가로 세로 비율 유지<br>2: 이미지를 셀 크기에 맞춤. 가로 세로 비율 무시<br>3: 이미지를 원본 크기로 유지. 셀 크기에 이미지가 잘릴 수 있음<br>4: 맞춤 크기를 지정<br>셀의 크기를 이미지 크기에 맞춰 조정하는 모드는 없음<br>• [높이] – [선택사항]: 픽셀로 표시된 이미지의 높이. 맞춤 높이를 설정하려면 모드를 4로 설정<br>• [너비] – [선택사항]: 픽셀로 표시된 이미지의 너비. 맞춤 너비를 설정하려면 모드를 4로 설정 |

**1** [도서목록] 시트에 도서명에 맞는 이미지를 웹사이트에서 찾아 삽입해 볼게요.

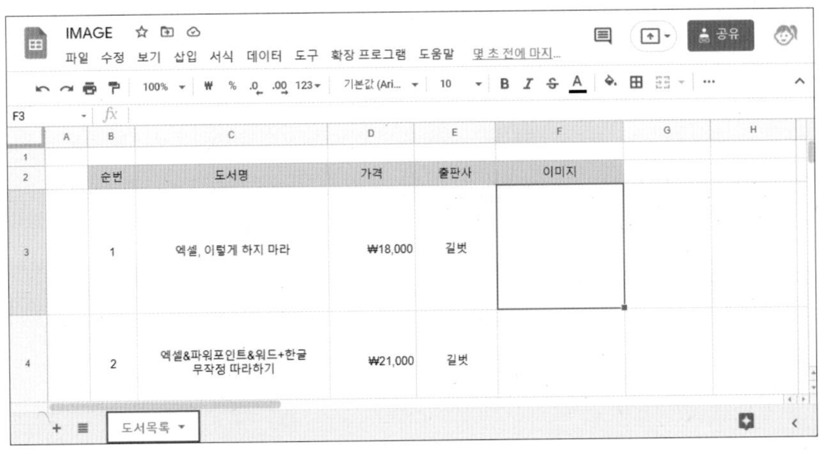

**2** 길벗 홈페이지(https://www.gilbut.co.kr/)에 접속하여 도서를 검색하고 가져올 이미지에 [마우스 오른쪽 버튼]-[이미지 주소 복사]를 클릭합니다.

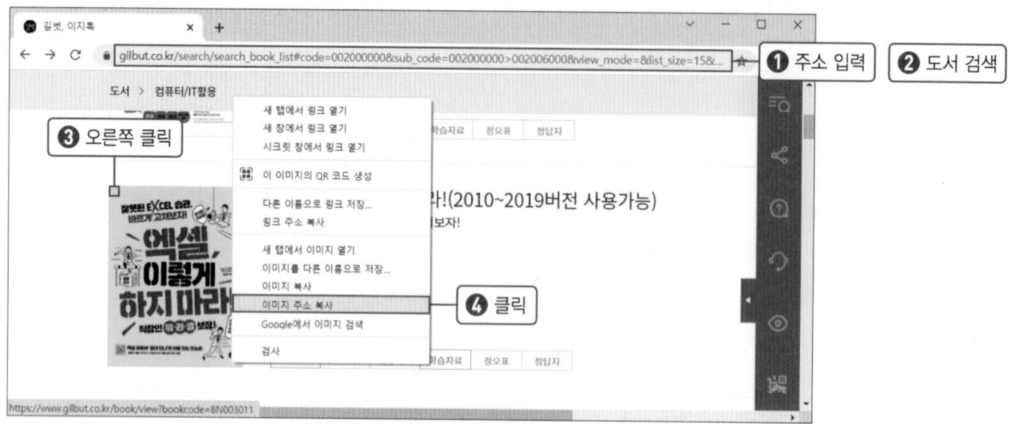


**3** 다시 구글 스프레드시트로 돌아와 F3셀에 IMAGE함수의 인수에 복사한 주소를 붙여넣기하여 다음과 같이 완성하고 Enter를 누르면 셀 크기에 맞추어 이미지가 나타납니다.

```
=IMAGE("https://gimg.gilbut.co.kr/book/BN003011/rn_view_BN003011.jpg")
```

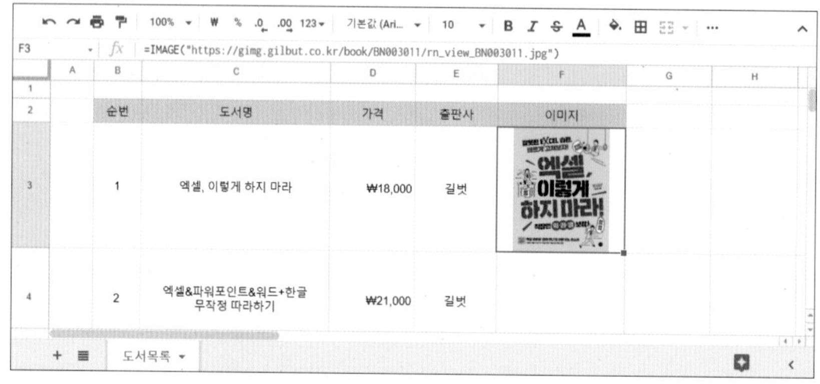


**Tip**

웹페이지에서 이미지를 한 번에 스크래핑하는 방법은 384쪽을 참고하세요.

◉ **예제파일** : Chapter04 > Section10 > SPARKLINE / SPARKLINE(완성)

필수기능 06

# 셀 안에 작은 차트 만들기

업무 시간 단축

| | |
|---|---|
| 형식 | =SPARKLINE(데이터, [옵션]) |
| 용도 | 단일 셀 안에 포함된 소형 차트를 생성 |
| 인수 | • **데이터**: 차트로 표시할 데이터가 들어 있는 범위 또는 배열<br>• **[옵션] – [선택사항]**: 차트를 맞춤설정하기 위해 사용하는 선택적 설정 및 관련 값의 범위 또는 배열(예 {옵션1,설정 값1;옵션2,설정 값2…}) |

**1** [월별판매량] 시트의 1월부터 12월까지의 채널별 추이를 SPARKLINE함수를 사용하여 셀 안에 작은 차트로 표현해 볼게요. SPARKLINE함수의 옵션에 차트 타입은 'line'(선 그래프/기본값), 'bar'(누적 막대 그래프), 'column'(열 차트), 'winloss'(양수 및 음수(승패 차트))로 설정할 수 있는데 여기서는 열 차트로 선택합니다. O3셀을 선택하고 다음과 같이 함수식을 입력하고 Enter를 누르세요.

```
=SPARKLINE(C3:N3, /* 표현할 데이터 범위 */
 {"charttype","column"; /* 차트 종류를 열 차트로 설정 */
 "lowcolor","red"; /* 최저값은 빨간색으로 표시 */
 "highcolor","orange"}) /* 최고값은 주황색으로 표시 */
```

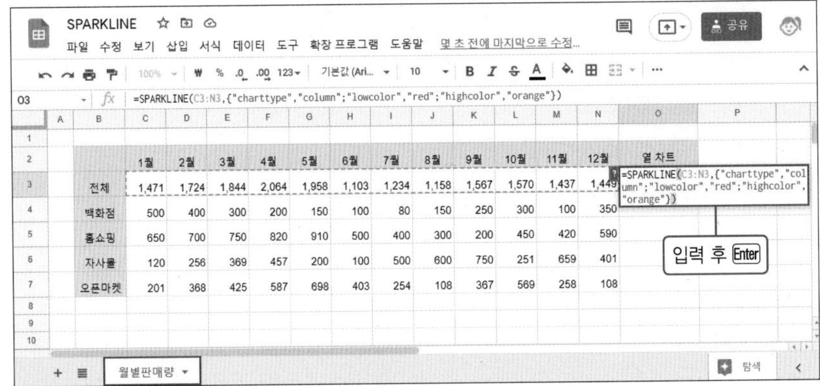


| | 1월 | 2월 | 3월 | 4월 | 5월 | 6월 | 7월 | 8월 | 9월 | 10월 | 11월 | 12월 | 열 차트 |
|---|---|---|---|---|---|---|---|---|---|---|---|---|---|
| 전체 | 1,471 | 1,724 | 1,844 | 2,064 | 1,958 | 1,103 | 1,234 | 1,158 | 1,567 | 1,570 | 1,437 | 1,449 | |
| 백화점 | 500 | 400 | 300 | 200 | 150 | 100 | 80 | 150 | 250 | 300 | 100 | 350 | |
| 홈쇼핑 | 650 | 700 | 750 | 820 | 910 | 500 | 400 | 300 | 200 | 450 | 420 | 590 | |
| 자사몰 | 120 | 256 | 369 | 457 | 200 | 100 | 500 | 600 | 750 | 251 | 659 | 401 | |
| 오픈마켓 | 201 | 368 | 425 | 587 | 698 | 403 | 254 | 108 | 367 | 569 | 258 | 108 | |

**⚠ 엑셀과 달라요**

엑셀에서 스파크라인을 사용하여 추세를 표현하려면 [삽입] 탭 – [스파크라인] 그룹을 선택합니다.

**2** O3셀에 열 차트가 나타나면 자동 채우기 핸들을 O7셀까지 드래그하여 모든 채널에 열 차트를 적용합니다.

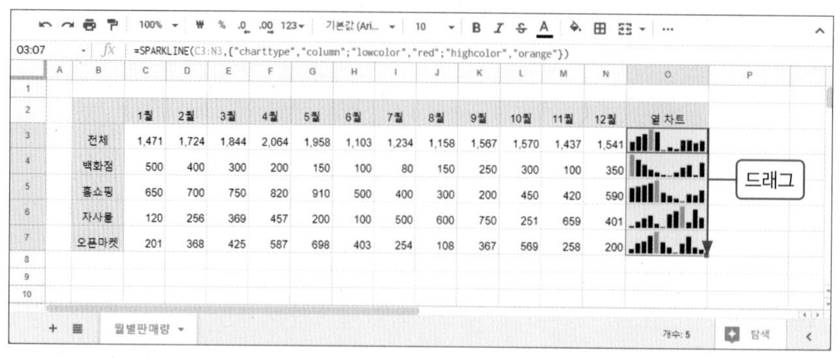


## 잠깐만요 :: 차트 종류에 대한 옵션 설정 알아보기

Line: 선그래프(기본값)

| 옵션 | 설명 |
|---|---|
| xmin / xmax | 가로축의 최소값 / 최대값 설정 |
| ymin / ymax | 세로축의 최소값 / 최대값 설정 |
| linewidth | 차트에서 사용할 선의 너비 결정 |

Bar: 누적 막대 그래프

| 옵션 | 설명 |
|---|---|
| max | 가로축의 최대값 설정 |

Column: 열 차트 / Winloss: 양수 및 음수(승패 차트)

| 옵션 | 설명 |
|---|---|
| negcolor | 모든 음수 열의 색상 설정 |
| lowcolor / highcolor | 차트의 최저값 / 최고값에 사용할 색상 설정 |
| firstcolor / lastcoclor | 첫 번째 열의 색상 / 마지막 열의 색상 설정 |
| ymin / ymax | 열의 높이 최소값 / 최대값(Winloss 해당없음) |
| axis | 축의 여부. “true”및 “false” 옵션 사용 |
| axiscolor | 축의 색상 설정(해당하는 경우) |

공통 옵션

| 옵션 | 설명 |
|---|---|
| color | 차트의 색상을 이름(예 ‘green’) 또는 16진수 코드(예 ‘#3D3D3D’)로 입력<br>(Bar : 누적 막대 그래프의 경우 color1, color2로 사용) |
| empty | 빈 셀을 처리하는 방법을 설정. “zero” 또는 “ignore” 옵션 사용 |
| nan | 숫자가 아닌 데이터가 들어 있는 셀을 처리하는 방법. “convert” 또는 “ignore” 옵션 사용 |
| rtl | 차트를 오른쪽에서 왼쪽으로 렌더링할지 여부. “true” 또는” false” 옵션 사용 |

필수기능 07

# 다른 스프레드시트의 데이터 불러오기

| 업무 시간 단축 | | |
|---|---|---|
| | 형식 | =IMPORTRANGE(스프레드시트 URL, 범위_문자열) |
| | 용도 | 지정된 스프레드시트에서 셀 범위를 가져오기 |
| | 인수 | • **스프레드시트 URL**: 가져올 데이터가 있는 스프레드시트의 URL<br>• **범위_문자열**: 가져올 범위를 지정하는 "시트이름!범위"형식의 문자열 |

**1** 첫 번째 파일인 [CC] 파일의 [단가표] 시트 표를 참고하여 두 번째 파일인 [IMPORTRANGE] 파일의 [주문표] 시트 '제품코드'에 맞는 단가를 쉽게 구할 수 있는 방법을 알려 드릴게요. 이럴 때는 VLOOKUP함수를 사용하면 됩니다. 우선 [CC] 파일을 선택하세요.

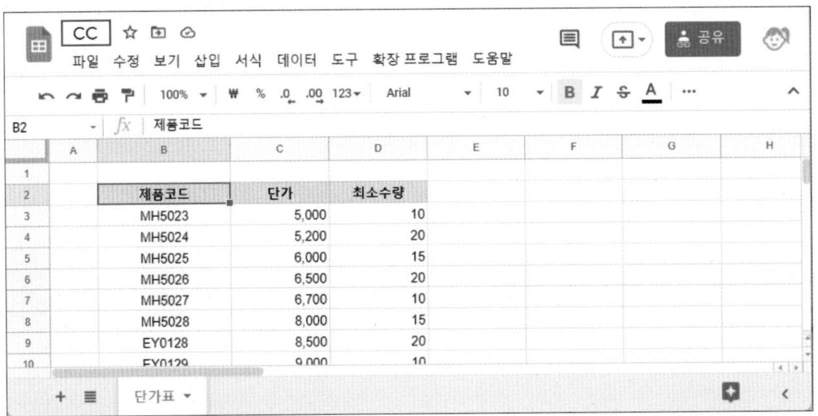


| 제품코드 | 단가 | 최소수량 |
|---|---|---|
| MH5023 | 5,000 | 10 |
| MH5024 | 5,200 | 20 |
| MH5025 | 6,000 | 15 |
| MH5026 | 6,500 | 20 |
| MH5027 | 6,700 | 10 |
| MH5028 | 8,000 | 15 |
| EY0128 | 8,500 | 20 |
| EY0129 | 9,000 | 10 |

IMPORTRANGE
파일 수정 보기 삽입 서식 데이터 도구 확장 프로그램 도움말
D4
주문표

2022.01.28 주문 현황표

| 제품코드 | 주문수량 | 단가 |
|---|---|---|
| MH5026 | 2,000 | |
| MH5027 | 1,500 | |
| MH5028 | 3,000 | |
| EY0128 | 3,200 | |
| EY0129 | 3,500 | |
| AT9852 | 2,500 | |
| BN0604 | 1,000 | |

**Tip**

VLOOKUP함수에 대한 자세한 내용은 315쪽을 참고하세요. 참고로 SUMIFS, AVERAGEIFS, COUNTIFS, MAXIFS 등 두 개 이상의 인수를 배열로 받는 종류의 함수 내에서는 IMPORTRANGE함수를 사용할 수 없어요.

**2** 참조할 [CC] 파일의 주소(URL)를 복사합니다. 파일의 주소를 복사하는 방법은 주소창에서 다음과 같이 'edit~' 주소 이전까지 선택해서 Ctrl + C를 누르면 됩니다.

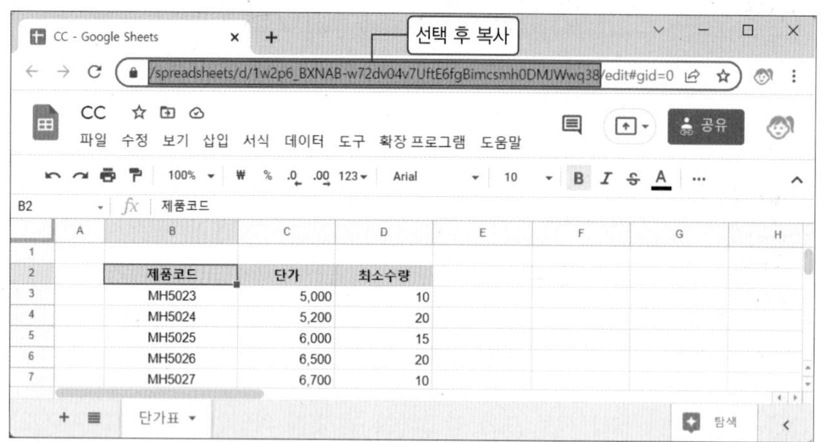


**3** [IMPORTRANGE] 파일로 돌아와 D4셀을 선택하고 VLOOKUP함수의 두 번째 인수자리(참조할 테이블 지정)에 IMPORTRANGE함수를 사용하여 [CC] 파일을 참조시킵니다. 이때 URL과 범위에 따옴표를 함께 입력해야 해요.

```
=VLOOKUP(B4, /* 찾을 대상(B4셀)을 지정 */
 IMPORTRANGE("https://docs.google.com/spreadsheets/d/1w2p6_BXNAB-w72dv04v7UftE6fgBimcsmh0DMJWw
 q38","$B$2:$C$18"), /* 찾아올 테이블 범위를 지정 */
 2,0) /* 찾아올 테이블에서 정확히 일치하는 값만 두 번째 열에서 가져오기 */
```

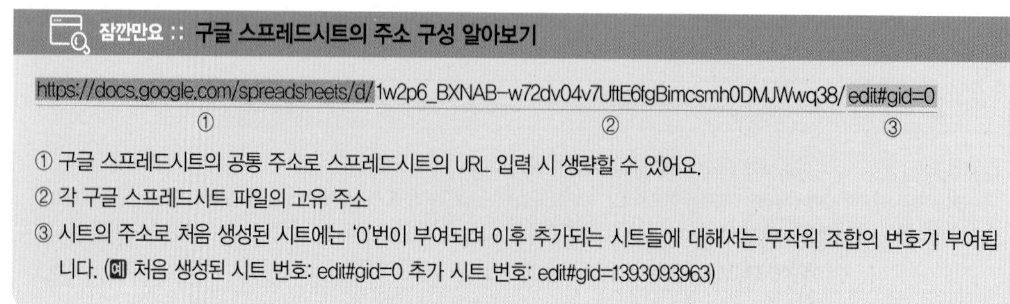

**잠깐만요 :: 구글 스프레드시트의 주소 구성 알아보기**

https://docs.google.com/spreadsheets/d/ 1w2p6_BXNAB-w72dv04v7UftE6fgBimcsmh0DMJWwq38/ edit#gid=0

① ② ③

① 구글 스프레드시트의 공통 주소로 스프레드시트의 URL 입력 시 생략할 수 있어요.

② 각 구글 스프레드시트 파일의 고유 주소

③ 시트의 주소로 처음 생성된 시트에는 '0'번이 부여되며 이후 추가되는 시트들에 대해서는 무작위 조합의 번호가 부여됩니다. (예 처음 생성된 시트 번호: edit#gid=0 추가 시트 번호: edit#gid=1393093963)

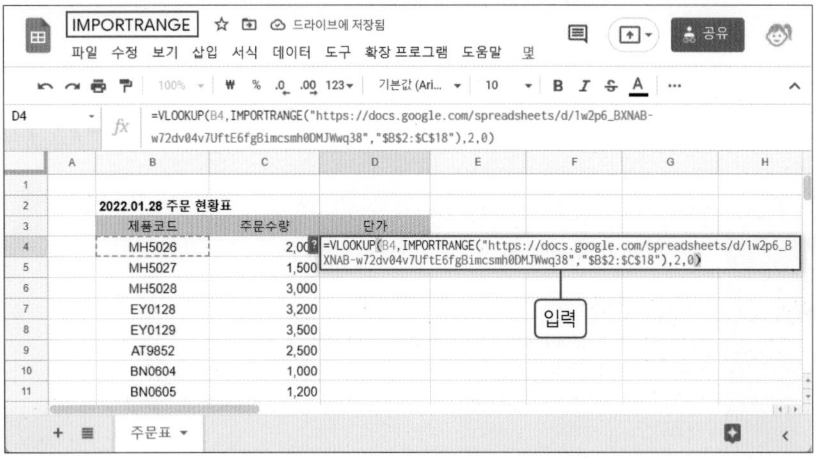

**Tip**

IMPORTRANGE함수의 두 번째 인수에 시트 이름을 생략하고 범위만 지정할 경우에 알아서 첫 번째 시트를 참조합니다. 실무에서 작업할 때는 시트 이름을 함께 명시하는 것이 좋습니다.

**4** [IMPORTRANGE] 파일의 D4셀에 제품코드에 대한 단가가 찾아지면 자동 채우기 핸들을 D11셀까지 드래그하여 수식을 채우기합니다.

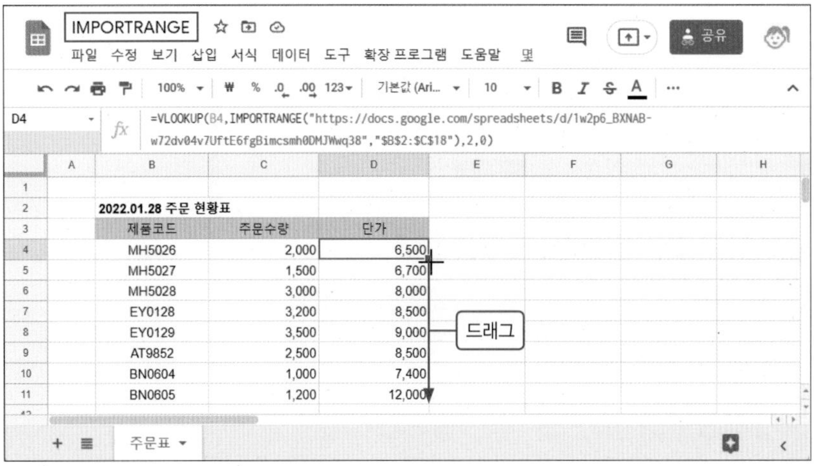

### 잠깐만요 :: IMPORTRANGE함수를 사용하여 다른 스프레드시트의 데이터 가져오기

IMPORTRANGE함수를 사용하여 다른 스프레드시트의 데이터를 가져오기하려면 가져오려는 스프레드시트에 권한이 있어야 합니다. 처음 다른 스프레드시트의 데이터를 가져올 때 '엑세스 허용' 메세지가 나타나면 이를 클릭합니다. 대상 스프레드시트에 엑세스가 허용되면 이후에는 연결에 제약 없이 사용이 가능하며 불특정다수에게 공유된 스프레드시트인 경우 해당 과정이 생략됩니다.

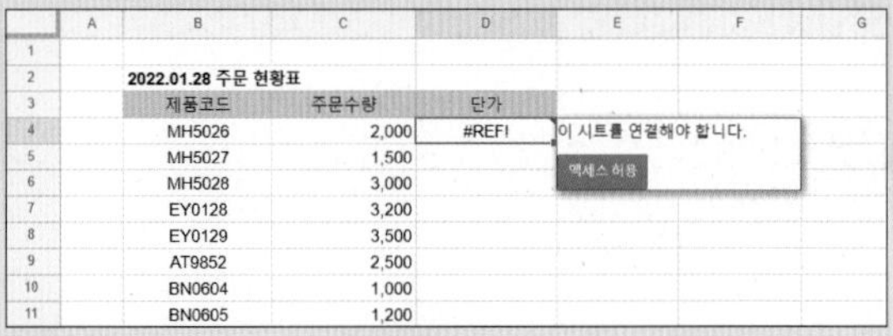

◉ **예제파일** : Chapter04 > Section10 > IMPORTHTML / IMPORTHTML(완성)

# 필수기능 08 국내증시 검색 상위 종목 스크래핑하기

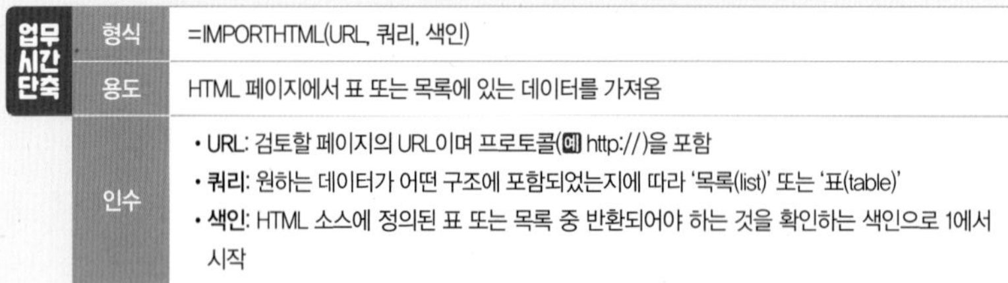

| 업무 시간 단축 | |
|---|---|
| 형식 | =IMPORTHTML(URL, 쿼리, 색인) |
| 용도 | HTML 페이지에서 표 또는 목록에 있는 데이터를 가져옴 |
| 인수 | • URL: 검토할 페이지의 URL이며 프로토콜(예 http://)을 포함<br>• **쿼리**: 원하는 데이터가 어떤 구조에 포함되었는지에 따라 '목록(list)' 또는 '표(table)'<br>• **색인**: HTML 소스에 정의된 표 또는 목록 중 반환되어야 하는 것을 확인하는 색인으로 1에서 시작 |

**1** 네이버 금융 국내 증시(https://finance.naver.com/sise/lastsearch2.naver) 웹페이지의 하단에 있는 검색 상위 종목 표(테이블)를 구글 스프레드시트로 불러 올게요. 먼저 해당 웹페이지에서 가져올 표의 색인을 검색하기 위하여 빈 화면에서 [마우스 오른쪽 버튼]-[검사]를 클릭하거나 단축키 F12를 눌러 [개발자 도구]를 실행합니다.

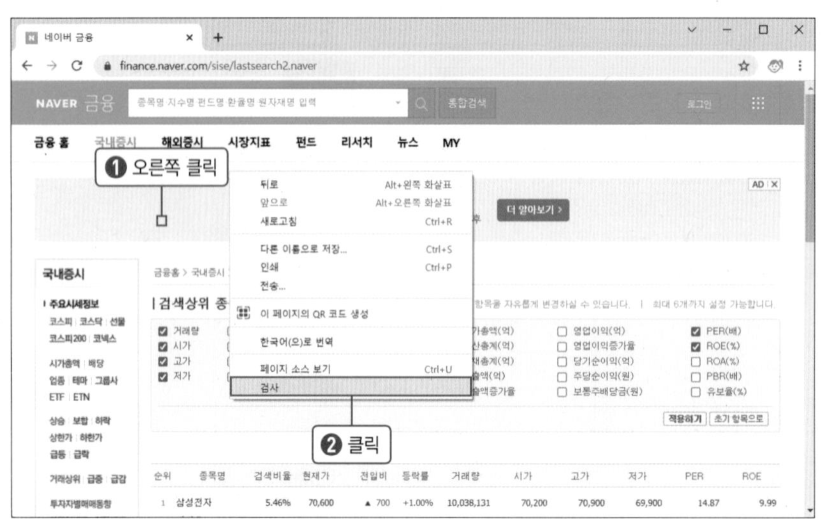

**2** 웹페이지 우측 [개발자 도구] 화면에 해당 페이지의 구조를 알 수 있는 HTML이 나타납니다. 참고로 여기서는 HTML을 설명하기 위해 <head>태그와 <body>태그만 표시되도록 하위 코드를 모두 축소시킨 상태입니다. HTML이란 웹페이지를 구성하는 언어로 <head> 영역과 <body> 영역으로 나뉘며 여기에서 우리가 필요한 HTML 요소는 본문을 구성하는 <body> 영역 안에 사용된 태그입니다.

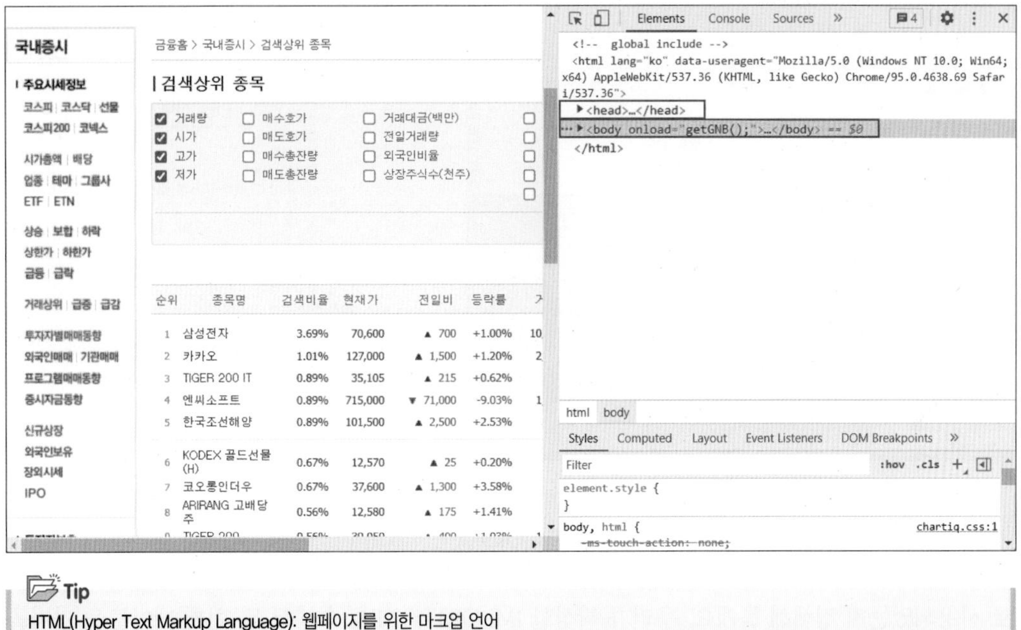

**Tip**

HTML(Hyper Text Markup Language): 웹페이지를 위한 마크업 언어

**3** HTML 사용이 익숙하지 않은 사용자라면 [개발자 도구] 화면 상단의 요소 선택 아이콘(  )을 클릭해서 웹페이지에서 가져오기 할 표를 선택해 봅니다. 표 위에 마우스를 가져가면 [개발자 도구] 화면에 <div>태그가 있는 위치로 이동하여 손쉽게 필요한 부분의 코드를 찾을 수 있습니다.

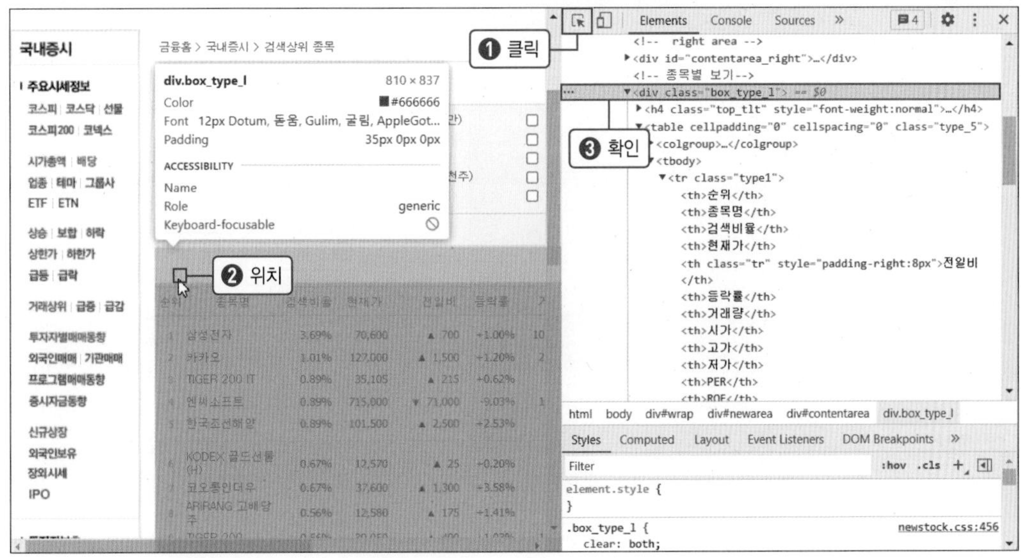

**4** 여기서 우리는 〈div〉태그 하단의 〈table〉태그로 만들어진 표를 가져오기해야 합니다. 이번에는 반대로 [개발자 도구] 창의 〈table〉태그를 선택해 보세요. 웹페이지의 표가 선택된 것을 알 수 있습니다.

**5** 이제 우리가 가져올 〈table〉태그를 확인했으니 이 태그가 HTML의 〈body〉태그 안에 몇 번째로 사용되었는지 검색해 볼게요. 우리가 작성할 IMPORTHTML함수에서 몇 번째 테이블을 가져올지 정하여 인수로 사용해야 하기 때문입니다. Ctrl+F를 눌러 검색창이 나타나면 검색란에 'table'을 입력하고 Enter를 누르면 우리가 찾는 table이 세 번째로 검색이 되는데 첫 번째 검색된 table은 〈head〉 영역 안에 검색되기 때문에 〈body〉 영역 안에서는 두 번째 테이블인 것을 기억해둡니다.

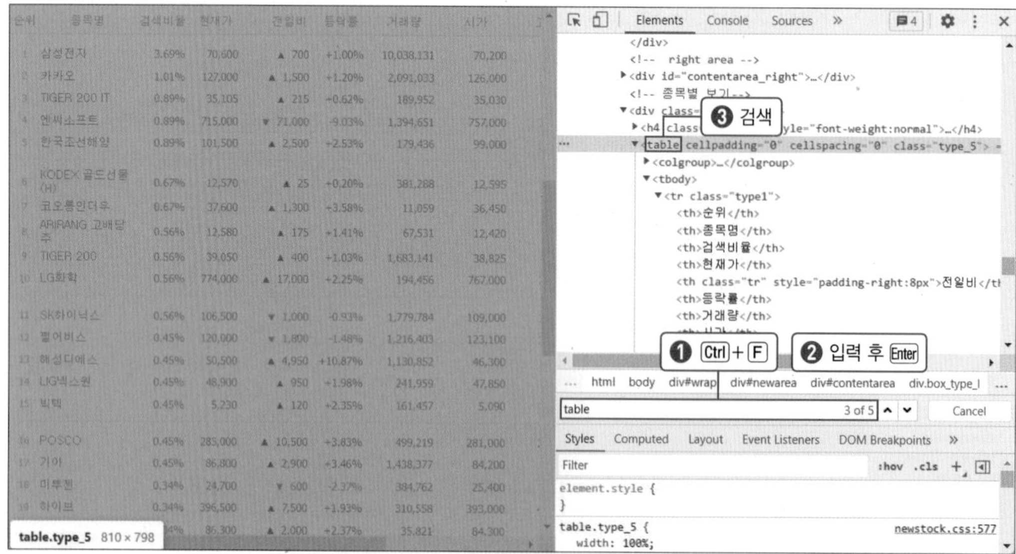

## 6 다시 구글 스프레드시트로 돌아와서 B2셀에 다음과 같이 함수식을 입력합니다.

```
=IMPORTHTML("https://finance.naver.com/sise/lastsearch2.naver", /* 해당 웹페이지에서 */
"Table",2) /* 두 번째 표를 가져오기 */
```

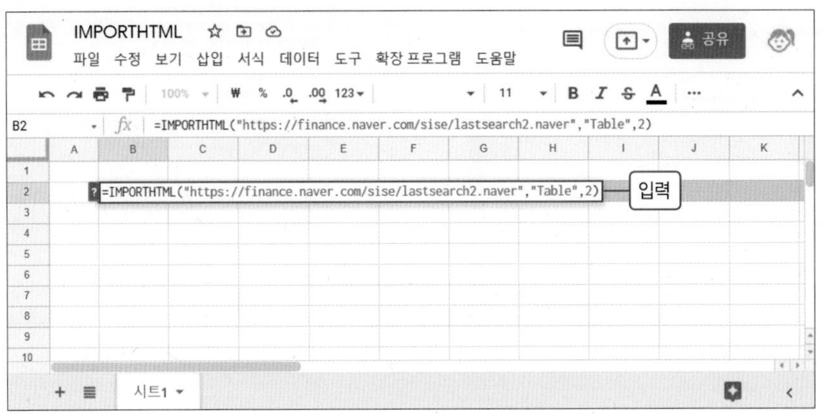


**Tip**

표(table)가 아닌 목록(list)를 가져오기 할 때에는 〈table〉태그처럼 〈ul〉(순서가 없는 리스트), 〈ol〉(순서가 있는 리스트)태그를 찾아 사용합니다.

## 7 국내증시 페이지의 검색 상위 종목표가 나타납니다. 순위 데이터 사이에 세 개의 빈 행이 표시되는데 웹페이지의 HTML을 다시 확인해 볼게요.

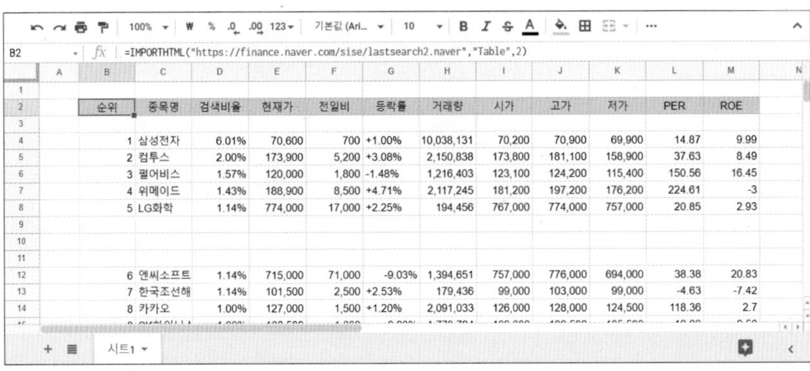

B2 =IMPORTHTML("https://finance.naver.com/sise/lastsearch2.naver","Table",2)

| 순위 | 종목명 | 검색비율 | 현재가 | 전일비 | 등락률 | 거래량 | 시가 | 고가 | 저가 | PER | ROE |
|---|---|---|---|---|---|---|---|---|---|---|---|
| | | | | | | | | | | | |
| 1 | 삼성전자 | 6.01% | 70,600 | 700 | +1.00% | 10,038,131 | 70,200 | 70,900 | 69,900 | 14.87 | 9.99 |
| 2 | 컴투스 | 2.00% | 173,900 | 5,200 | +3.08% | 2,150,838 | 173,800 | 181,100 | 158,900 | 37.63 | 8.49 |
| 3 | 펄어비스 | 1.57% | 120,000 | 1,800 | -1.48% | 1,216,403 | 123,100 | 124,200 | 115,400 | 150.56 | 16.45 |
| 4 | 위메이드 | 1.43% | 188,900 | 8,500 | +4.71% | 2,117,245 | 181,200 | 197,200 | 176,200 | 224.61 | -3 |
| 5 | LG화학 | 1.14% | 774,000 | 17,000 | +2.25% | 194,456 | 767,000 | 774,000 | 757,000 | 20.85 | 2.93 |
| | | | | | | | | | | | |
| | | | | | | | | | | | |
| | | | | | | | | | | | |
| 6 | 엔씨소프트 | 1.14% | 715,000 | 71,000 | -9.03% | 1,394,651 | 757,000 | 776,000 | 694,000 | 38.38 | 20.83 |
| 7 | 한국조선해 | 1.14% | 101,500 | 2,500 | +2.53% | 179,436 | 99,000 | 103,000 | 99,000 | -4.63 | -7.42 |
| 8 | 카카오 | 1.00% | 127,000 | 1,500 | +1.20% | 2,091,033 | 126,000 | 128,000 | 124,500 | 118.36 | 2.7 |

**8** 참고로 〈table〉태그는 〈tr〉(행)과 〈td〉(열)로 구성되어 셀을 이루는 역할을 하는데 웹페이지의 [개발자 도구] 화면을 보면 검색 순위 5, 6의 데이터가 표시되는 행 중간에 3개의 〈tr〉태그가 사용되어 있다는 것을 확인할 수 있어요.

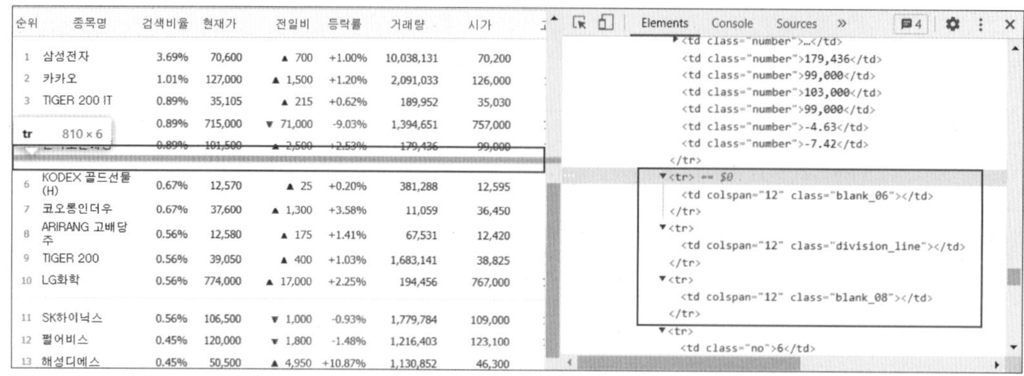


**9** 다시 구글 스프레드시트로 돌아와 빈 행은 제외하고 데이터를 보기 위해 B2:M48 셀 범위를 선택하고 [데이터] - [필터 만들기]를 클릭합니다.

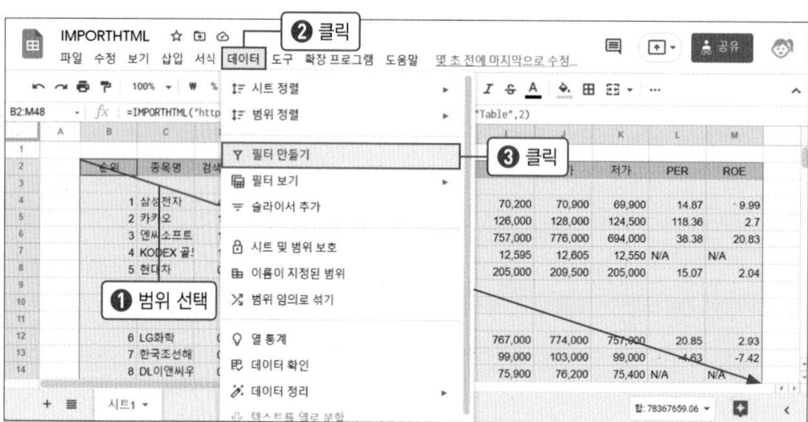

**10** B2셀의 필터 단추를 클릭하여 '값별 필터링'에 '공백' 항목을 체크 해지한 후 [확인]을 클릭합니다.

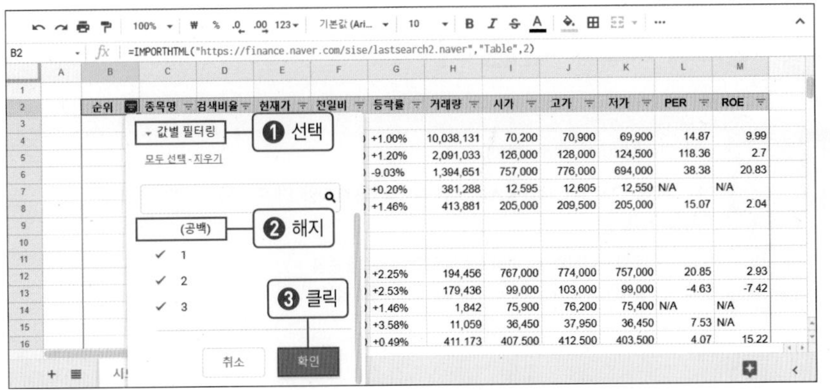


**11** 국내 증시 검색 상위 종목을 확인할 수 있습니다.

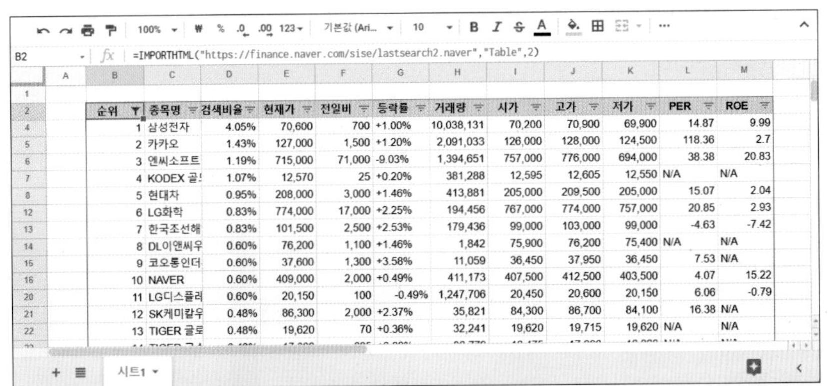

**Tip**

필터 만들기에 대한 자세한 내용은 203쪽을 참고해 주세요.

# 온라인 출판 사이트의 도서명과 정보 스크래핑하기

**업무 시간 단축**

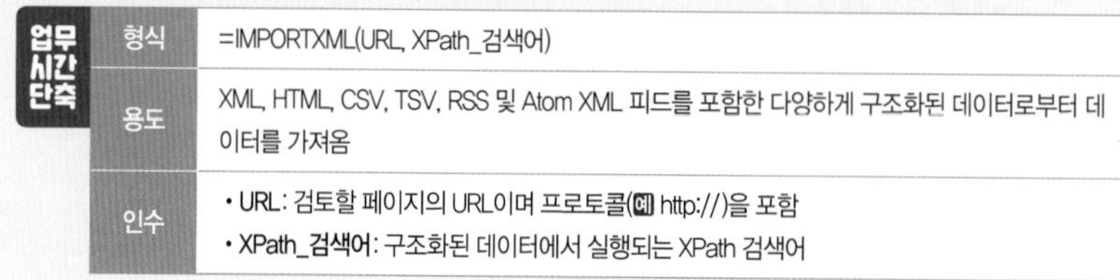

| | |
|---|---|
| 형식 | =IMPORTXML(URL, XPath_검색어) |
| 용도 | XML, HTML, CSV, TSV, RSS 및 Atom XML 피드를 포함한 다양하게 구조화된 데이터로부터 데이터를 가져옴 |
| 인수 | • **URL**: 검토할 페이지의 URL이며 프로토콜(예 http://)을 포함<br>• **XPath_검색어**: 구조화된 데이터에서 실행되는 XPath 검색어 |

**1** HTML에서 필요한 요소를 찾는 방법으로 XPath를 추출하여 데이터를 수집해 볼게요. '길벗 이지톡'(https://www.gilbut.co.kr/search/search_book_list) 사이트로 접속해 메뉴에서 '도서'를 클릭하여 화면 하단에 보여지는 도서의 목록으로 이동합니다. 해당 웹페이지 영역에서 [마우스 오른쪽 버튼]-[검사]를 클릭합니다.

**Tip**
XPath(XML Path Language): XML의 특정 요소나 속성에 접근하기 위한 경로 언어입니다.

**2** 화면 우측에 [개발자 도구] 화면이 나타나면 도서명을 가져오기 위해서 화면 상단의 요소 선택 아이콘( )을 클릭하고 웹페이지에서 가져오기할 도서명을 클릭하면 해당 HTML이 선택됩니다.

**3** [개발자 도구] 화면에 해당 위치가 확인되면 [마우스 오른쪽 버튼]-[Copy]-[Copy XPath]를 클릭합니다.

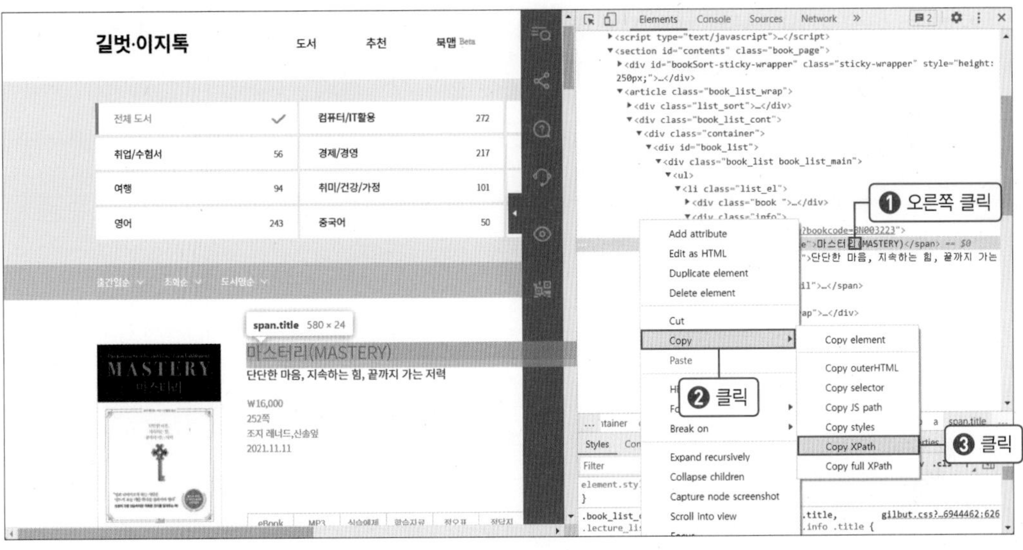

**4** 구글 스프레드시트를 실행하여 B열에 도서명을 나열시켜 볼게요. B3셀을 선택하고 다음과 같이 함수식을 입력합니다.

```
=IMPORTXML("https://www.gilbut.co.kr/search/search_book_list", /* 해당 웹페이지의 URL */
"//*[@id='book_list']/div[1]/ul/li[1]/div[2]/a/span[1]")
/* 복사한 XPath를 붙여넣기합니다. 이때 복사한 XPath는 큰 따옴표(" ")안에 사용되므로 //*[@id='book_list'] 부분은 작은
따옴표(' ')로 변경해야 합니다. */
```

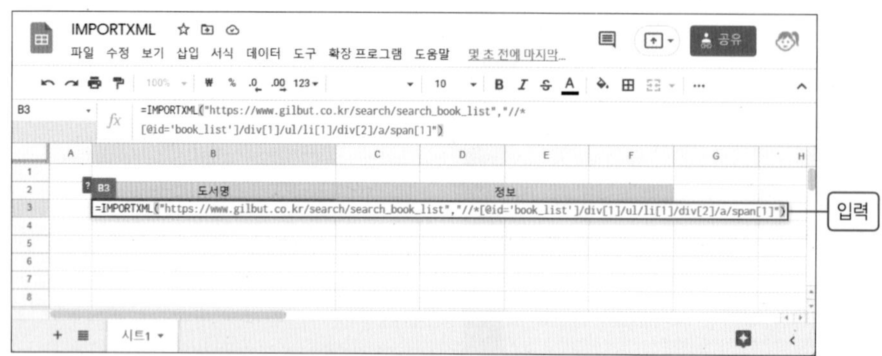


**5** 붙여넣기한 경로에는 선택한 해당 도서명만 표시됩니다. 해당 경로를 HTML과 함께 살펴보면 book_list의 고유id를 시작으로 하위 계층으로 첫 번째 〈div〉태그 아래로 〈ul〉태그, 그 아래로 첫 번째 〈li〉태그…순으로 마치 PC의 탐색기에서 파일 위치를 찾는 것처럼 계층적 구조 형태인 것을 알 수 있어요. 여기서는 모든 도서명을 가지고 와야 하기 때문에 어느 태그에서 인덱스가 나뉘는지 살펴보고 경로를 수정해야 합니다.

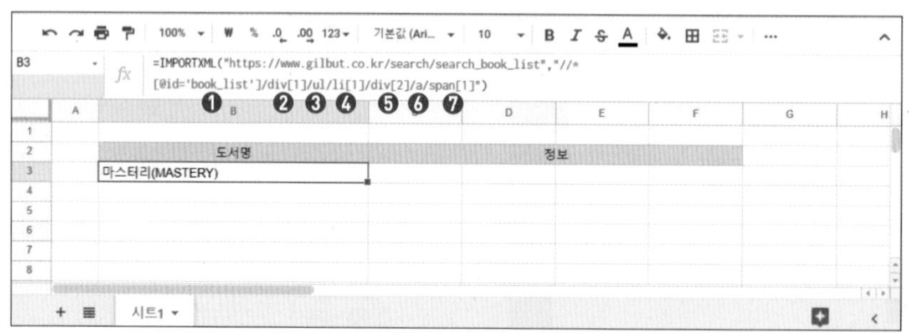

**6** HTML에 익숙하지 않은 사용자를 위해 모든 하위 계층을 포함하여 <span>태그의 도서목록을 찾기 위해 다음과 같이 함수식의 XPath 부분을 수정해 봅니다.

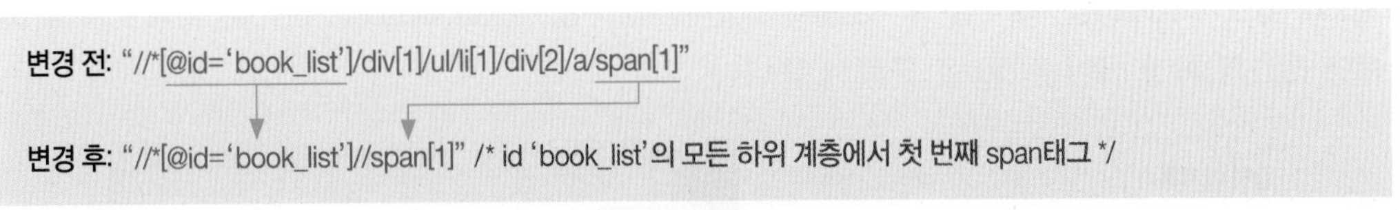

**변경 전:** "//*[@id='book_list']/div[1]/ul/li[1]/div[2]/a/span[1]"
**변경 후:** "//*[@id='book_list']//span[1]" /* id 'book_list'의 모든 하위 계층에서 첫 번째 span태그 */


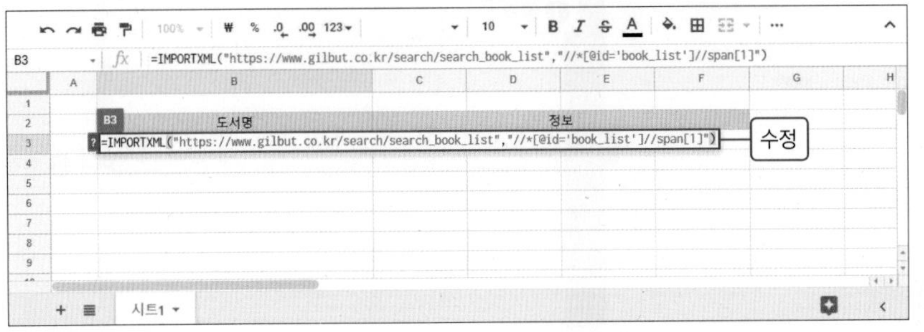


**Tip**

동일 계층에 같은 구조의 태그가 있을 수도 있기 때문에 가능한 찾는 요소가 어떤 태그에서 인덱스를 나누는지 경로를 따라 올라가면서 최소한으로 수정하는 것이 좋습니다.

**7** 모든 도서목록이 나타나는 것을 확인하고 이번에는 도서의 가격, 쪽수, 지은이, 발행일의 정보를 찾아 수집해 보겠습니다.

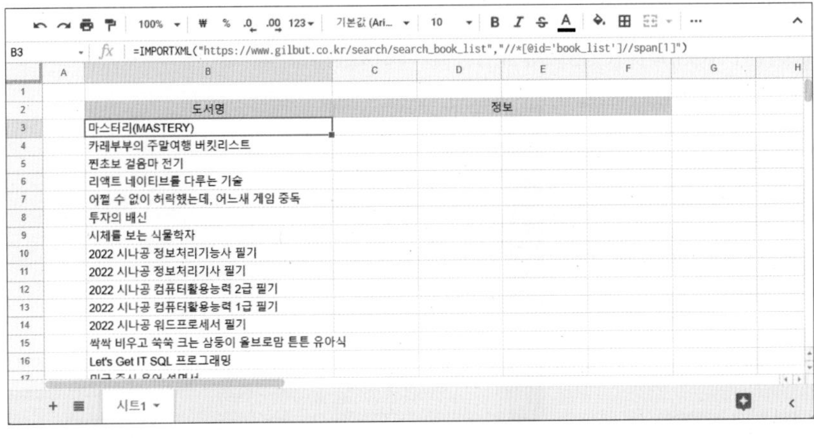

**8** 다시 웹페이지로 돌아와 [F12]를 눌러 화면 우측에 [개발자 도구]를 표시하고 요소 선택 아이콘(⬚)을 클릭한 후 웹페이지에서 가져오기할 도서의 정보를 클릭합니다. 이때 선택된 〈span〉태그의 XPath를 복사할 수 있는데 그전에 선택된 〈span〉태그의 구조를 살펴보기 위해 해당 태그의 확장 아이콘(▶)을 클릭해 봅니다.

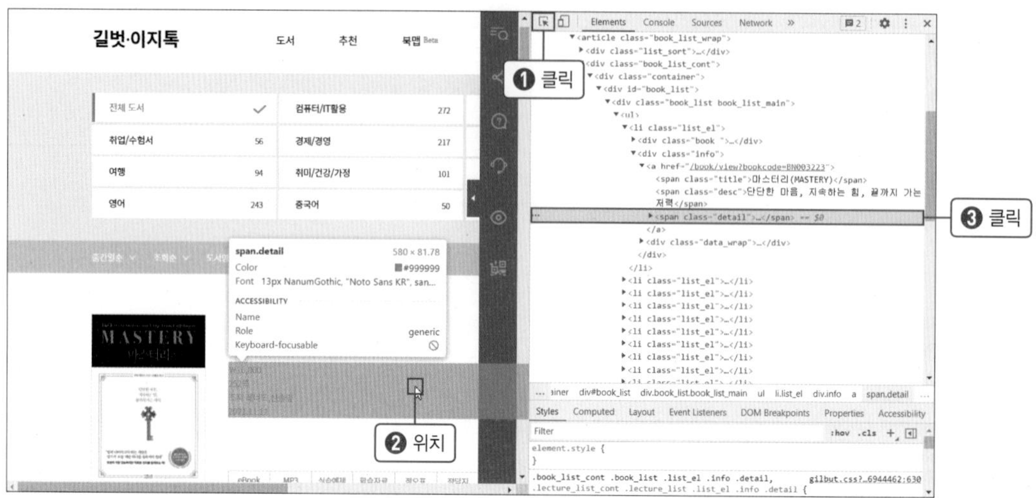


**9** 〈span〉태그에는 '가격', '쪽수', '지은이', '발행일'의 데이터가 있는데 불러올 데이터 사이에 줄 바꿈 역할을 하는 〈br〉태그가 사용되었습니다. 이를 그대로 〈span〉태그의 XPath를 복사하면 구글 스프레드시트에 빈 열이 생길 수 있어 텍스트의 인덱스를 추출하겠습니다. '가격' 데이터에서 [마우스 오른쪽 버튼]-[Copy]-[Copy XPath]를 클릭하세요.

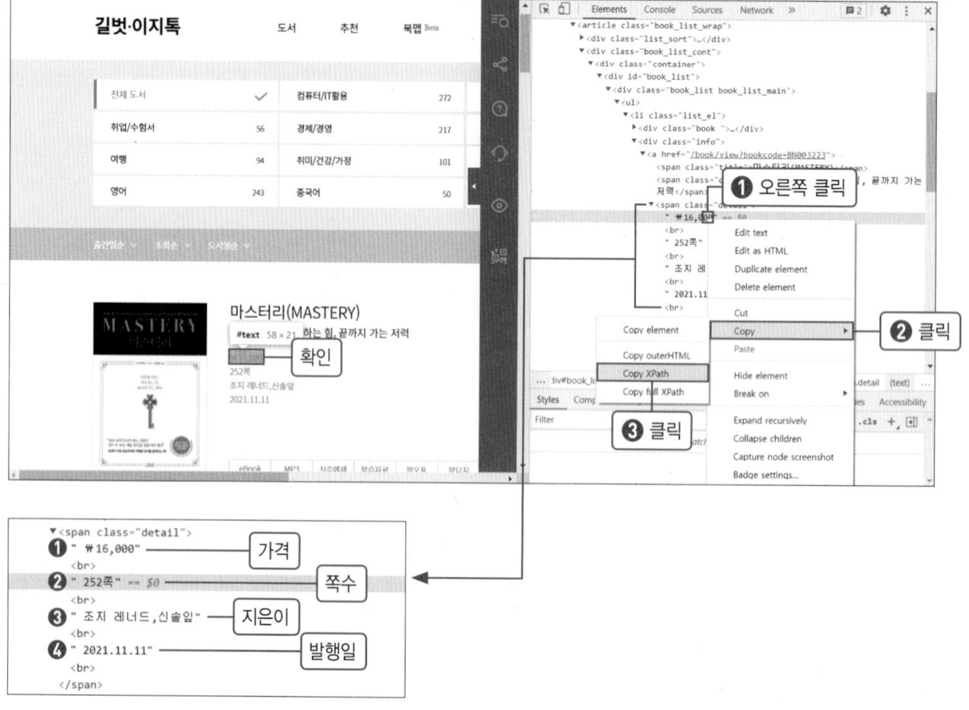

**10** 구글 스프레드시트로 돌아와 C3셀에 다음과 같이 함수식을 입력하고 Enter를 누릅니다. 도서명을 불러오기했을 때와 같이 해당 경로의 데이터만 표시됩니다.

> =IMPORTXML("https://www.gilbut.co.kr/search/search_book_list", /* 해당 웹페이지의 URL */
> "//*[@id='book_list']/div[1]/ul/li[1]/div[2]/a/span[3]/text( )[1]")
> /* 복사한 XPath를 붙여넣기합니다. 이때 복사한 XPath는 큰 따옴표(" ")안에 사용되므로 //*[@id='book_list'] 해당 부분은 작은 따옴표(' ')로 변경합니다. */

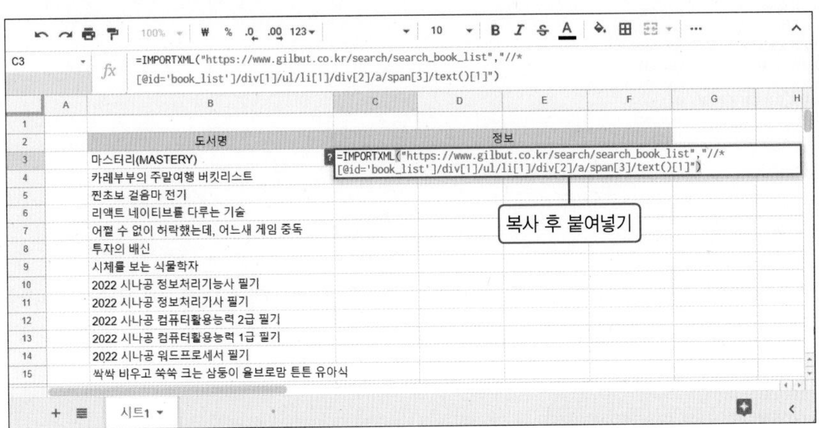
=IMPORTXML("https://www.gilbut.co.kr/search/search_book_list","//*[@id='book_list']/div[1]/ul/li[1]/div[2]/a/span[3]/text()[1]")
복사 후 붙여넣기

**11** 여기서 모든 도서의 가격을 가져오기 위해서 어느 태그에서 인덱스가 나뉘는지 살펴보고 경로를 수정해야겠죠? 앞선 방법과 같이 id book_list의 모든 하위 계층에서 세 번째 <span>태그의 첫 번째 텍스트만 불러오도록 경로를 수정한 후 Enter를 누릅니다.

> **변경 전:** //*[@id='book_list']/div[1]/ul/li[1]/div[2]/a/span[3]/text( )[1]"
>
> **변경 후:** //*[@id='book_list']//span[3]/text( )[1]" /* id 'book_list'의 모든 하위 계층에서 세 번째 span태그의 첫 번째 text */

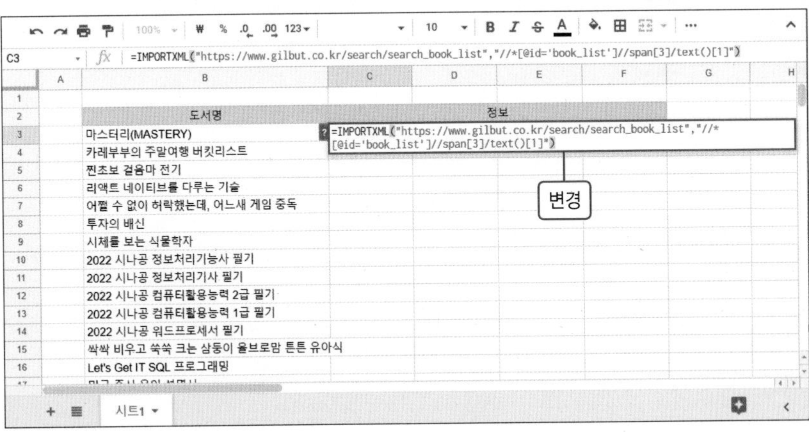
=IMPORTXML("https://www.gilbut.co.kr/search/search_book_list","//*[@id='book_list']//span[3]/text()[1]")
변경

**12** 모든 도서의 가격 데이터가 수집되었으면 해당 함수식을 복사합니다.

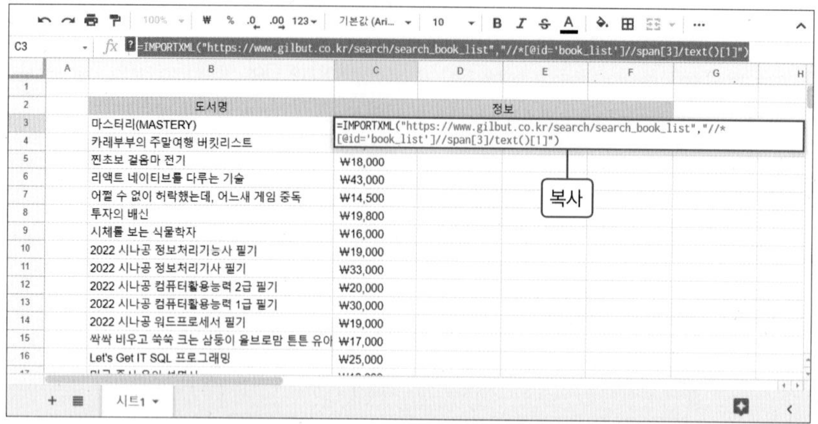

=IMPORTXML("https://www.gilbut.co.kr/search/search_book_list","//*[@id='book_list']//span[3]/text()[1]")
도서명
정보
복사

**13** 복사한 함수식은 D3셀에 붙여넣기한 후 <span>태그의 두 번째 텍스트를 가져오기 위해 XPath부분의 인덱스를 다음과 같이 수정합니다.

=IMPORTXML("https://www.gilbut.co.kr/search/search_book_list","//*[@id='book_list']//span[3]/text( )[2]")
변경

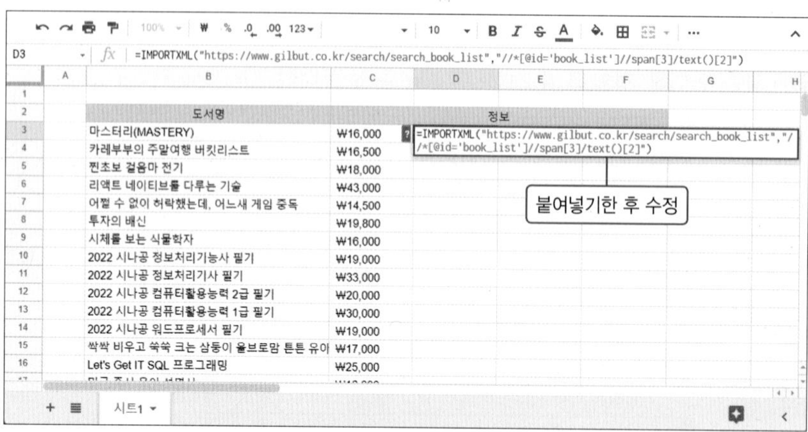

=IMPORTXML("https://www.gilbut.co.kr/search/search_book_list","//*[@id='book_list']//span[3]/text()[2]")
도서명
정보
붙여넣기한 후 수정

**14** 도서의 '쪽수' 데이터가 수집되었으면 해당 함수식을 복사하여 E3셀에 붙여넣기하고 위와 동일한 방법으로 XPath 부분의 텍스트 인덱스를 수정하세요.

=IMPORTXML("https://www.gilbut.co.kr/search/search_book_list","//*[@id='book_list']//span[3]/text( )[3]")
변경

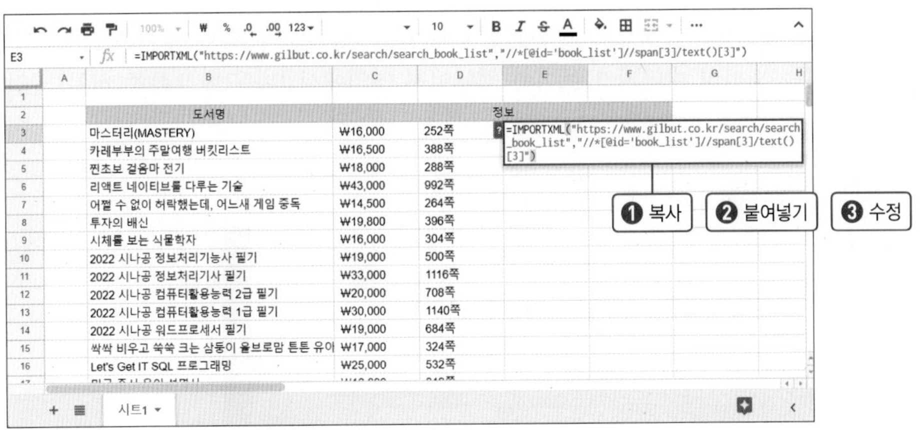

E3
=IMPORTXML("https://www.gilbut.co.kr/search/search_book_list","//*[@id='book_list']//span[3]/text()[3]")
❶ 복사
❷ 붙여넣기
❸ 수정
시트1

| | A | B | C | D | E |
|---|---|---|---|---|---|
| 2 | | 도서명 | 정보 | | |
| 3 | | 마스터리(MASTERY) | ₩16,000 | 252쪽 | =IMPORTXML("https://www.gilbut.co.kr/search/search_book_list","//*[@id='book_list']//span[3]/text()[3]") |
| 4 | | 카레부부의 주말여행 버킷리스트 | ₩16,500 | 388쪽 | |
| 5 | | 찐초보 걸음마 전기 | ₩18,000 | 288쪽 | |
| 6 | | 리액트 네이티브를 다루는 기술 | ₩43,000 | 992쪽 | |
| 7 | | 어쩔 수 없이 허락했는데, 어느새 게임 중독 | ₩14,500 | 264쪽 | |
| 8 | | 투자의 배신 | ₩19,800 | 396쪽 | |
| 9 | | 시체를 보는 식물학자 | ₩16,000 | 304쪽 | |
| 10 | | 2022 시나공 정보처리기능사 필기 | ₩19,000 | 500쪽 | |
| 11 | | 2022 시나공 정보처리기사 필기 | ₩33,000 | 1116쪽 | |
| 12 | | 2022 시나공 컴퓨터활용능력 2급 필기 | ₩20,000 | 708쪽 | |
| 13 | | 2022 시나공 컴퓨터활용능력 1급 필기 | ₩30,000 | 1140쪽 | |
| 14 | | 2022 시나공 워드프로세서 필기 | ₩19,000 | 684쪽 | |
| 15 | | 싹싹 비우고 쑥쑥 크는 삼둥이 울브로맘 튼튼 유아 | ₩17,000 | 324쪽 | |
| 16 | | Let's Get IT SQL 프로그래밍 | ₩25,000 | 532쪽 | |

**15** E열에 '지은이' 데이터가 수집된 것을 확인하고 F3셀에 복사한 함수식을 붙여넣기한 후 다음과 같이 텍스트의 인덱스를 수정하여 '발행일'의 데이터를 확인합니다. 이렇게 수집된 추천 도서 목록은 웹페이지가 새로 갱신될 때 마다 자동으로 갱신되므로 웹페이지에 따로 접속하지 않아도 되어 편리합니다.

=IMPORTXML("https://www.gilbut.co.kr/search/search_book_list","//*[@id='book_list']//span[3]/text( )[4]")
변경

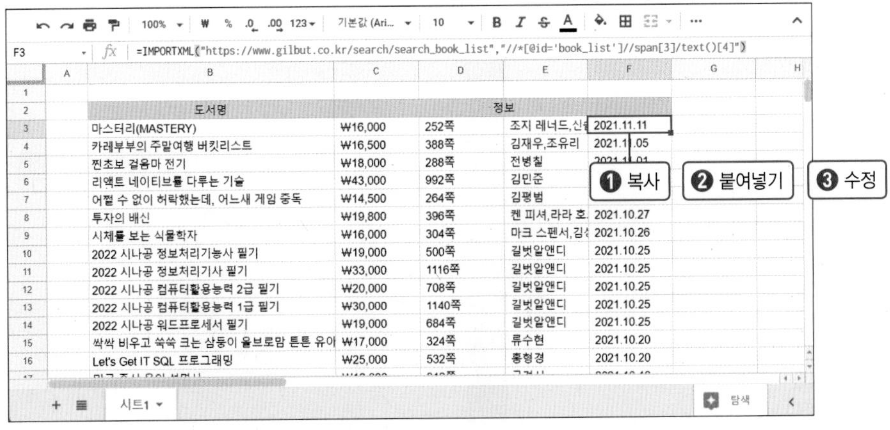

F3
=IMPORTXML("https://www.gilbut.co.kr/search/search_book_list","//*[@id='book_list']//span[3]/text()[4]")
❶ 복사
❷ 붙여넣기
❸ 수정
시트1

| | A | B | C | D | E | F |
|---|---|---|---|---|---|---|
| 2 | | 도서명 | 정보 | | | |
| 3 | | 마스터리(MASTERY) | ₩16,000 | 252쪽 | 조지 레너드,신 | 2021.11.11 |
| 4 | | 카레부부의 주말여행 버킷리스트 | ₩16,500 | 388쪽 | 김재우,조유리 | 2021.11.05 |
| 5 | | 찐초보 걸음마 전기 | ₩18,000 | 288쪽 | 전병칠 | |
| 6 | | 리액트 네이티브를 다루는 기술 | ₩43,000 | 992쪽 | 김민준 | |
| 7 | | 어쩔 수 없이 허락했는데, 어느새 게임 중독 | ₩14,500 | 264쪽 | 김평범 | |
| 8 | | 투자의 배신 | ₩19,800 | 396쪽 | 켄 피셔,라라 호 | 2021.10.27 |
| 9 | | 시체를 보는 식물학자 | ₩16,000 | 304쪽 | 마크 스펜서,김 | 2021.10.26 |
| 10 | | 2022 시나공 정보처리기능사 필기 | ₩19,000 | 500쪽 | 길벗알앤디 | 2021.10.25 |
| 11 | | 2022 시나공 정보처리기사 필기 | ₩33,000 | 1116쪽 | 길벗알앤디 | 2021.10.25 |
| 12 | | 2022 시나공 컴퓨터활용능력 2급 필기 | ₩20,000 | 708쪽 | 길벗알앤디 | 2021.10.25 |
| 13 | | 2022 시나공 컴퓨터활용능력 1급 필기 | ₩30,000 | 1140쪽 | 길벗알앤디 | 2021.10.25 |
| 14 | | 2022 시나공 워드프로세서 필기 | ₩19,000 | 684쪽 | 길벗알앤디 | 2021.10.25 |
| 15 | | 싹싹 비우고 쑥쑥 크는 삼둥이 울브로맘 튼튼 유아 | ₩17,000 | 324쪽 | 류수현 | 2021.10.20 |
| 16 | | Let's Get IT SQL 프로그래밍 | ₩25,000 | 532쪽 | 홍형경 | 2021.10.20 |

# 실무예제 10 웹사이트에서 도서 이미지 스크래핑하기

**1** 길벗 이지톡'(https://www.gilbut.co.kr/search/search_book_list)의 도서 메뉴를 클릭하고 화면 하단에 보여지는 도서의 이미지가 보이는 웹페이지 영역에서 [마우스 오른쪽 버튼]-[검사]를 클릭합니다

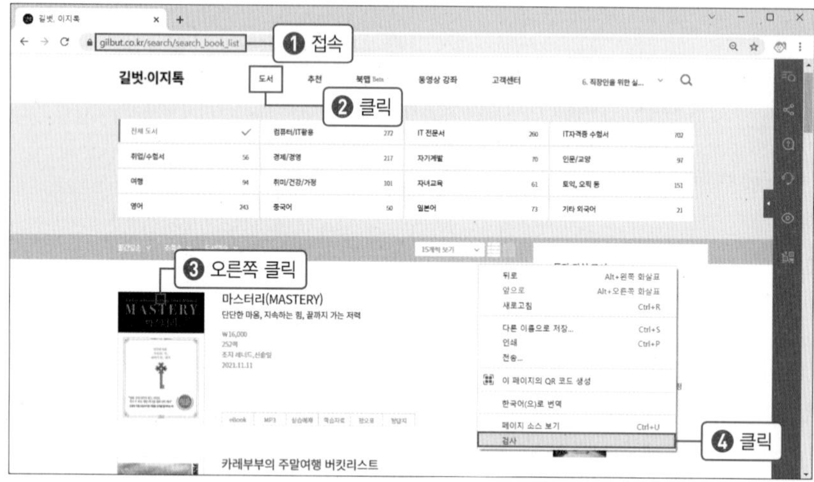


**2** 화면 우측에 [개발자 도구]가 표시되면 상단의 요소 선택 아이콘(⬚)을 클릭하고 웹페이지에서 가져오기할 도서의 이미지를 클릭하세요.

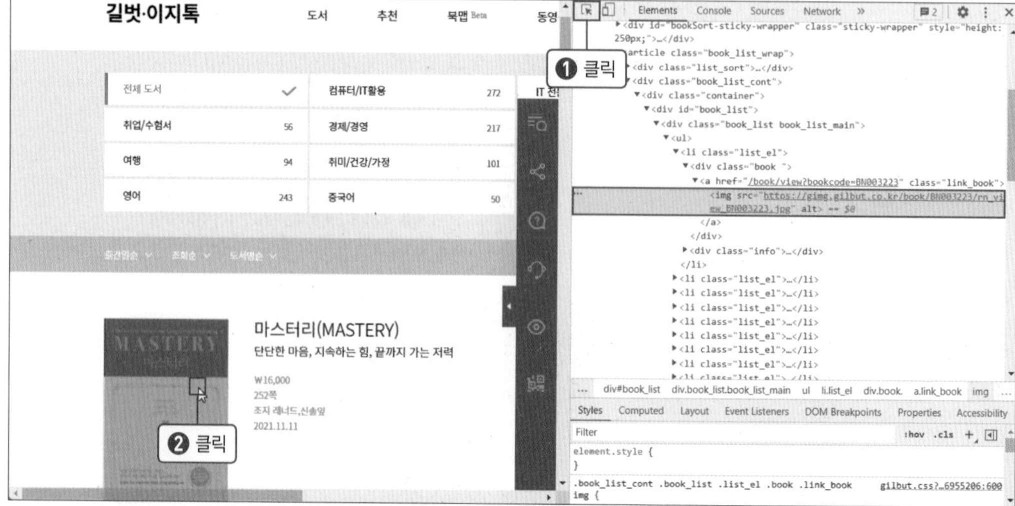

**3** [개발자 도구] 화면에 HTML이 선택되면 해당 위치에서 [마우스 오른쪽 버튼]-[Copy]-[Copy XPath]를 클릭합니다.

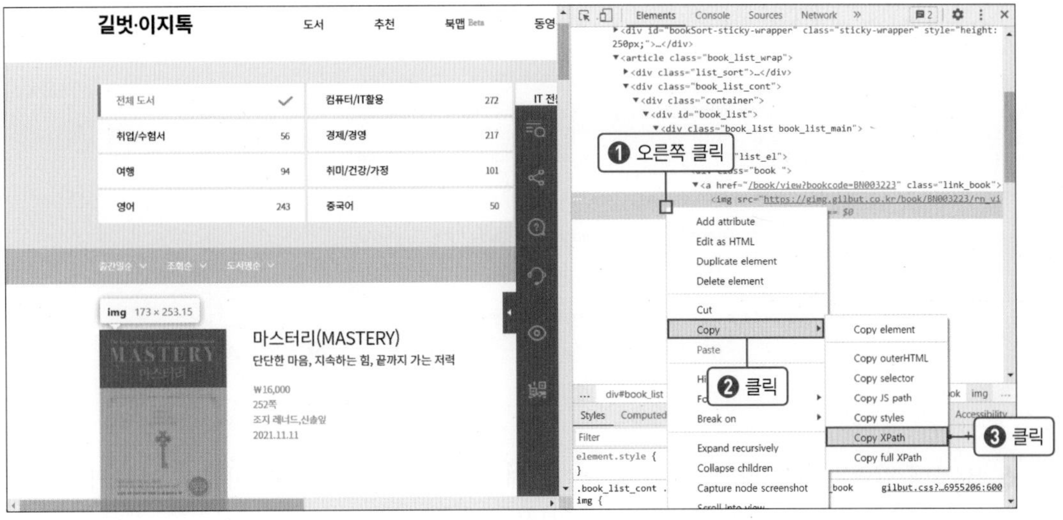


**4** 구글 스프레드시트를 실행하여 B열에 도서의 이미지를 나열해 볼게요. B3셀을 선택하고 다음과 같이 함수식을 입력합니다.

=IMPORTXML("https://www.gilbut.co.kr/search/search_book_list", /* 해당 웹페이지의 URL */
"//*[@id='book_list']/div[1]/ul/li[1]/div[1]/a/img")
/* 복사한 XPath를 붙여넣기합니다. 이때 복사한 XPath는 큰 따옴표(" ")안에 사용되므로 //*[@id='book_list'] 해당 부분은 작은 따옴표(' ')로 변경해야 합니다. */

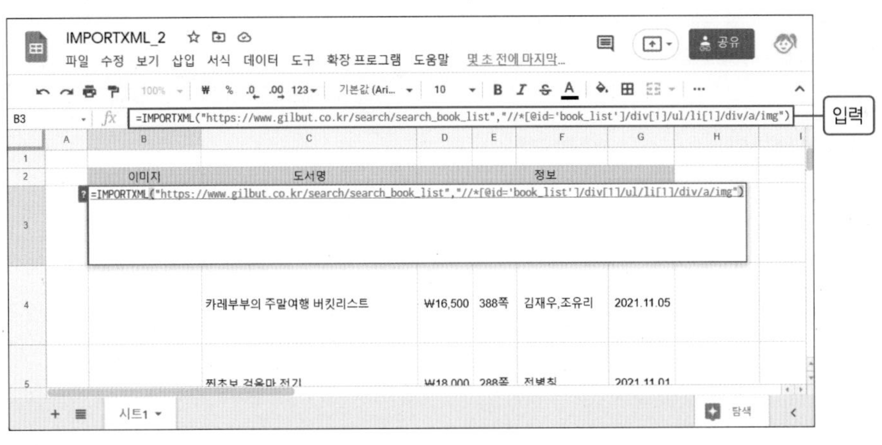

**5** 오류 메시지가 나타납니다. 이미지의 경우에는 <img>태그를 그대로 사용하지 않고 img태그의 URL을 받는 속성인 src를 사용해야 하며 '//@src' 형태로 입력합니다.

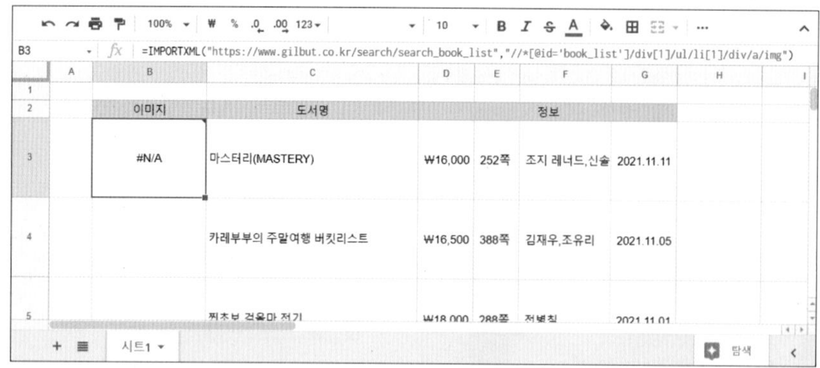


**6** B3셀에 입력된 함수식의 다음과 같이 수정하여 해당 경로의 이미지 이외 다른 도서의 이미지도 수집할 수 있도록 XPath 코드를 수정합니다.

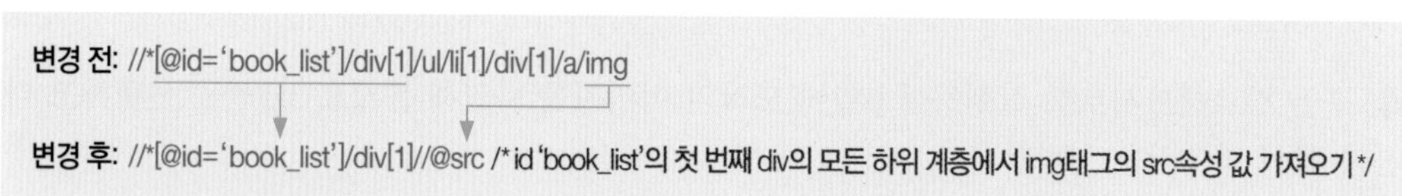

**변경 전:** //*[@id='book_list']/div[1]/ul/li[1]/div[1]/a/img

**변경 후:** //*[@id='book_list']/div[1]//@src /* id 'book_list'의 첫 번째 div의 모든 하위 계층에서 img태그의 src속성 값 가져오기 */

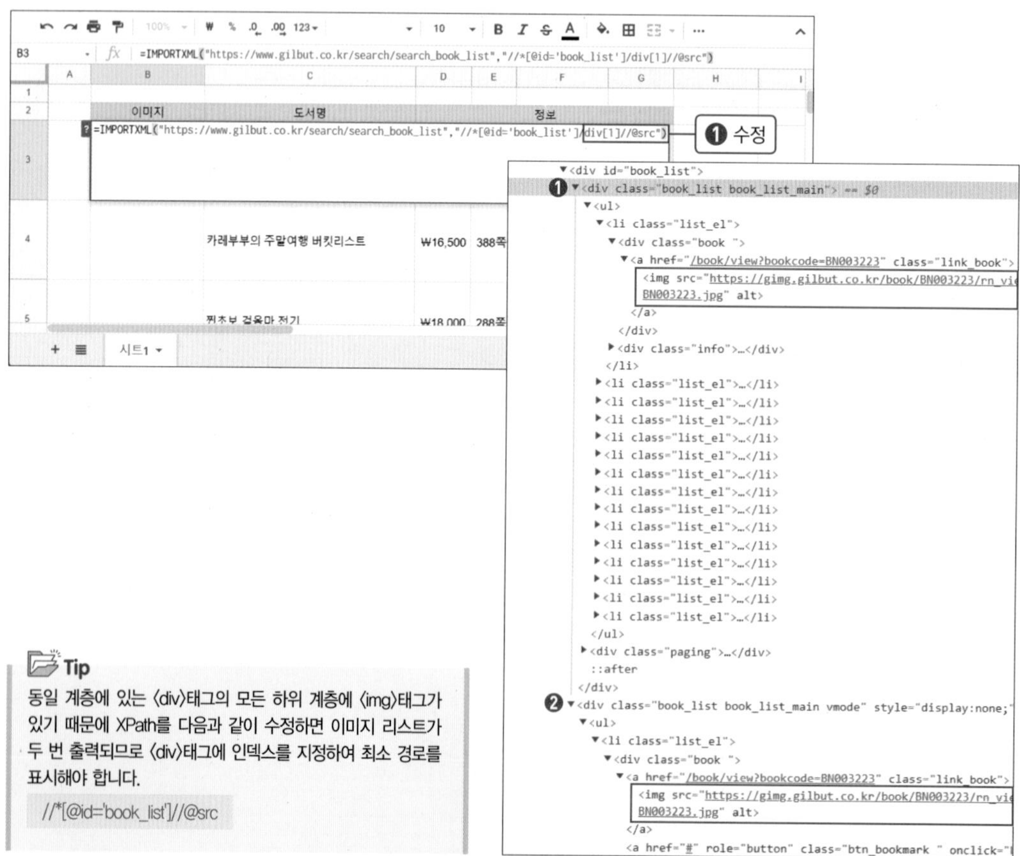


**Tip**

동일 계층에 있는 <div>태그의 모든 하위 계층에 <img>태그가 있기 때문에 XPath를 다음과 같이 수정하면 이미지 리스트가 두 번 출력되므로 <div>태그에 인덱스를 지정하여 최소 경로를 표시해야 합니다.

//*[@id='book_list']//@src

**7** src속성 값인 이미지의 주소가 나타납니다.

B3 | fx =IMPORTXML("https://www.gilbut.co.kr/search/search_book_list","//*[@id='book_list']/div[1]//@src")

| | A | B | C | D | E | F | G |
|---|---|---|---|---|---|---|---|
| 1 | | | | | | | |
| 2 | | 이미지 | 도서명 | 정보 | | | |
| 3 | | https://gimg.gilbut.co.k | 마스터리(MASTERY) | ₩16,000 | 252쪽 | 조지 레너드,신솔 | 2021.11.11 |
| 4 | | https://gimg.gilbut.co.k | 카레부부의 주말여행 버킷리스트 | ₩16,500 | 388쪽 | 김재우,조유리 | 2021.11.05 |
| 5 | | https://gimg.gilbut.co.k | 찌추보 걸음마 전기 | ₩18,000 | 288쪽 | 전병칠 | 2021.11.01 |

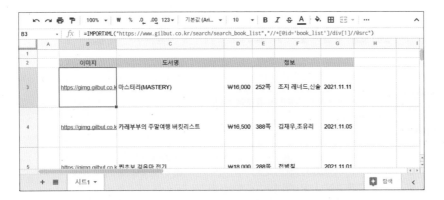

**8** 해당 주소를 이미지 형태로 보기 위하여 B3셀을 선택하고 IMAGE함수를 사용하고 이를 배열로 받기 위해 Ctrl + Shift + Enter를 눌러 ARRAYFORMULA함수를 적용합니다.

```
=ArrayFormula(IMAGE(IMPORTXML("https://www.gilbut.co.kr/search/search_book_list","//*[@id='book_list']/div[1]//@src")))
```

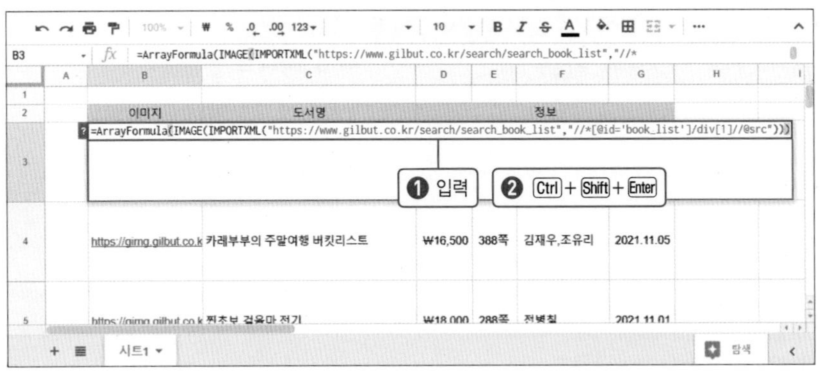


**Tip**
IMAGE함수에 대한 자세한 내용은 363쪽을 참고하세요.

**9** 도서의 이미지가 수집되었습니다.

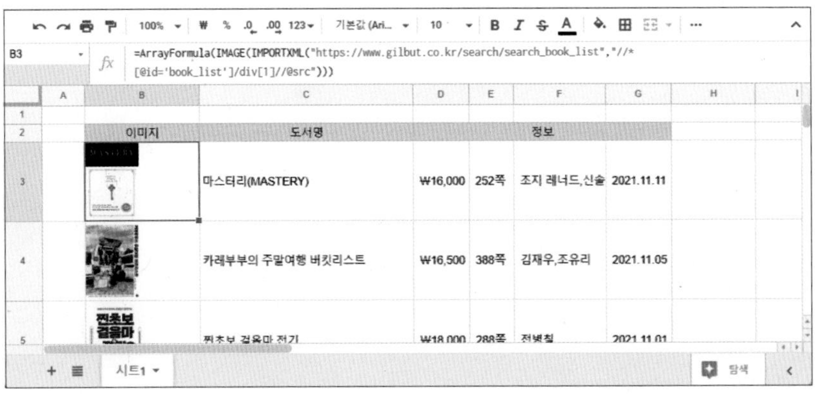

# 관심 분야의 신문기사 스크래핑하기

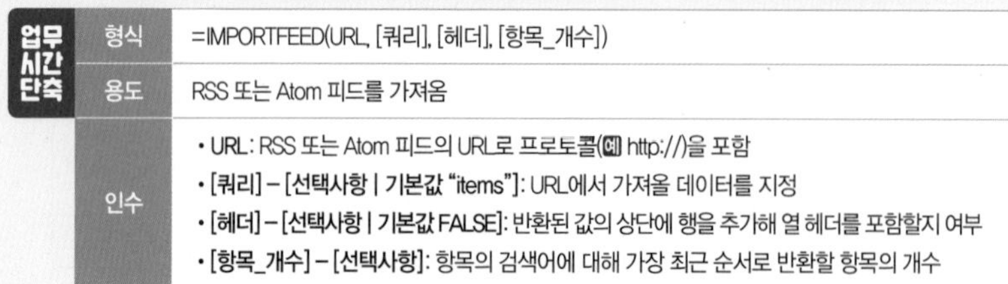

| 업무 시간 단축 | |
|---|---|
| 형식 | =IMPORTFEED(URL, [쿼리], [헤더], [항목_개수]) |
| 용도 | RSS 또는 Atom 피드를 가져옴 |
| 인수 | • URL : RSS 또는 Atom 피드의 URL로 프로토콜(예 http://)을 포함<br>• **[쿼리] – [선택사항 \| 기본값 "items"]**: URL에서 가져올 데이터를 지정<br>• **[헤더] – [선택사항 \| 기본값 FALSE]**: 반환된 값의 상단에 행을 추가해 열 헤더를 포함할지 여부<br>• **[항목_개수] – [선택사항]**: 항목의 검색어에 대해 가장 최근 순서로 반환할 항목의 개수 |

**1** 사이트에 방문하지 않고 자동으로 관심 분야의 기사를 수집해 볼게요. 웹브라우저를 실행하여 'SBS 뉴스 RSS 피드' 페이지(https://news.sbs.co.kr/news/rss.do)에 접속하여 'SBS 분야별 뉴스 구독하기'의 '스포츠' 분야의 RSS URL을 복사합니다.

**Tip**

**RSS(Rich Site Summary)**: 웹사이트의 정보를 사용자에게 보다 쉽게 제공하기 위하여 만들어진 XML 기반의 콘텐츠 배급 포맷으로 업데이트가 빈번한 다양한 미디어 채널에서는 RSS버전을 제공하고 있습니다.

**2** 구글 스프레드시트를 열어 B2셀에 다음과 같이 함수식을 입력합니다.

```
=IMPORTFEED("https://news.sbs.co.kr/news/SectionRssFeed.do?sectionId=09&plink=RSSREADER",
 /* 해당 URL에서 데이터를 가져오기 */
 "ITEMS TITLE", /* 피드의 항목 중 제목을 가져오기 */
 "TRUE", /* 상단에 열 헤더를 포함 */
 10) /* 가장 최근 순서로 10개 피드만 반환 */
```

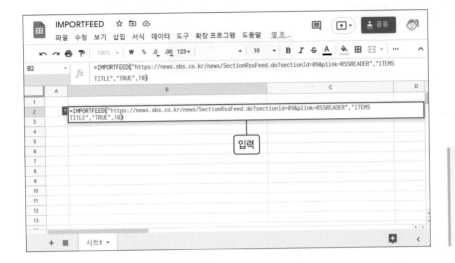

> **Tip**
> 모든 항목을 가져오기하고 싶은 경우 쿼리 인수 자리를 생략하거나 "ITEMS"를 입력합니다.

**3** B열에 총 10개의 기사 제목이 나타납니다. 이번에는 C2셀에 해당 기사의 URL을 표시하여 사용자가 바로 해당 페이지로 접속할 수 있도록 코드를 작성해 봅니다. C2셀을 선택하고 다음과 같이 함수식을 입력하세요.

```
=IMPORTFEED("https://news.sbs.co.kr/news/SectionRssFeed.do?sectionId=09&plink=RSSREADER",
 /* 해당 URL에서 데이터를 가져오기 */
 "ITEMS URL", /* 피드의 항목 중 URL을 가져오기 */
 "TRUE", /* 상단에 열 헤더를 포함 */
 10) /* 가장 최근 순서로 10개 피드만 반환 */
```

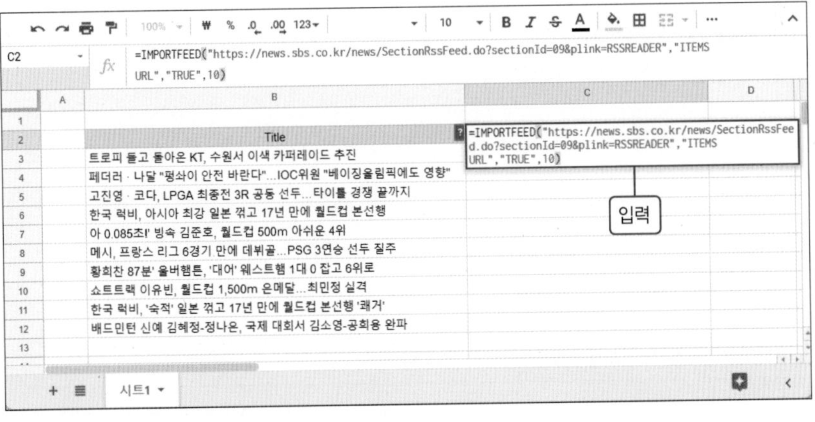

**4** C열에 기사 접속 URL이 표시됩니다.

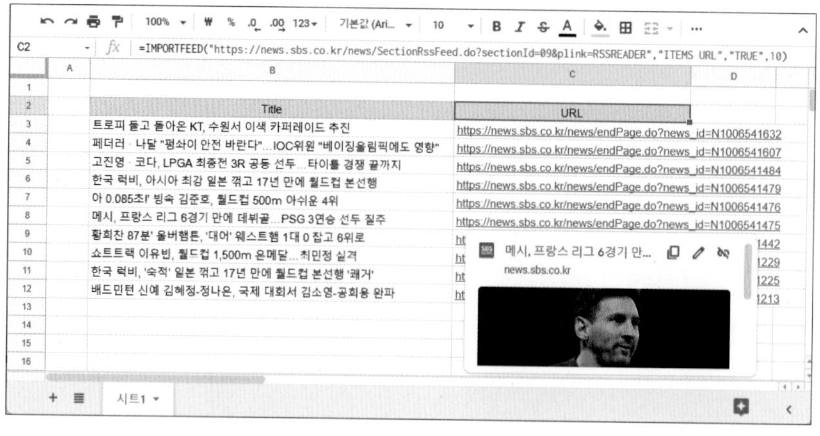

**잠깐만요 :: 쿼리에 사용할 수 있는 ITEMS 타입 알아보기**

쿼리에 사용할 수 있는 ITEMS 타입으로 다음과 같이 사용할 수 있습니다.

| 타입 | 설명 |
|---|---|
| title | 제목 |
| author | 작성자 |
| url | 각 항목의 URL |
| created | 게시 날짜 |
| summary | 요약(하이퍼링크 및 이미지를 제외한 항목의 콘텐츠) |

필수기능 12

# QUERY함수에 함께 사용되는 명령어

**업무 시간 단축**

| | |
|---|---|
| 형식 | =QUERY(데이터, 쿼리, [헤더]) |
| 용도 | 쿼리문에 맞는 데이터를 추출 |
| 인수 | • **데이터**: 쿼리를 수행할 셀 범위<br>• **쿼리**: 수행할 쿼리로 쿼리문은 따옴표로 묶어서 사용<br>• **[헤더] – [선택사항]**: 데이터 상단의 헤더 행의 개수. 생략하거나 '–1'로 설정한 경우 데이터의 콘텐츠를 기반으로 추정 |

## QUERY함수의 구조

관계형 데이터베이스에서 데이터를 조회하고 추출, 가공, 분석 등을 작업하기 위해 SQL(Structured Query Language)을 사용합니다. 구글 스프레드시트의 QUERY함수는 SQL에서 사용하는 명령어 일부를 사용하며 SQL에서 사용하는 명령어와 구글 스프레드시트의 QUERY함수에 적용하는 명령어를 사용하는 방법이 다릅니다.

SQL의 기본 구문이 SELECT + FROM절이라면 구글 스프레드시트에서는 FROM절을 사용하지 않고 QUERY함수의 첫 번째 인수에 가져오기할 데이터를 받고 두 번째 인수에 명령어를 사용합니다.

다음 예제에서 QUERY함수를 사용하여 필요 데이터를 추출해 보겠습니다.

B2 | fx 전형명

| | A | B | C | D | E |
|---|---|---|---|---|---|
| 1 | | | | | |
| 2 | | 전형명 | 모집단위 | 모집마감 | 모집인원 |
| 3 | | 특별전형 | 경영학부 | 22-12-12-월요일 | 16 |
| 4 | | 특별전형 | 국제학부 | 22-12-13-화요일 | 17 |
| 5 | | 특별전형 | 기계공학부 | 22-12-14-수요일 | 18 |
| 6 | | 특별전형 | 융합전자공학부 | 22-12-15-목요일 | 14 |
| 7 | | 특별전형 | 건축공학부 | 22-12-16-금요일 | 9 |
| 8 | | 특별전형 | 신소재공학부 | 22-12-17-토요일 | 8 |
| 9 | | 특별전형 | 산업경영공학부 | 22-12-18-일요일 | 25 |
| 10 | | 특별전형 | 관광학부 | 22-12-19-월요일 | 31 |
| 11 | | 특별전형 | 경제금융학부 | 22-12-20-화요일 | 37 |
| 12 | | 특별전형 | 미디어학부 | 22-12-21-수요일 | 8 |
| 13 | | 특별전형 | 디자인조형학부 | 22-12-22-목요일 | 15 |
| 14 | | 일반전형 | 경영학부 | 22-12-23-금요일 | 74 |

SELECT + GROUP BY절을 사용하여 전형별 모집인원 데이터를 추출합니다.

```
=QUERY(B2:E26,“SELECT B, SUM(E) GROUP BY B”,1)
       대상 테이블  SELECT + GROUP BY절 명령어   헤더(머리글 행 표시)
/* 대상 테이블에서 B을 그룹화하고 B열과 E열의 합계를 조회하며 머리글 행을 표시 */
```

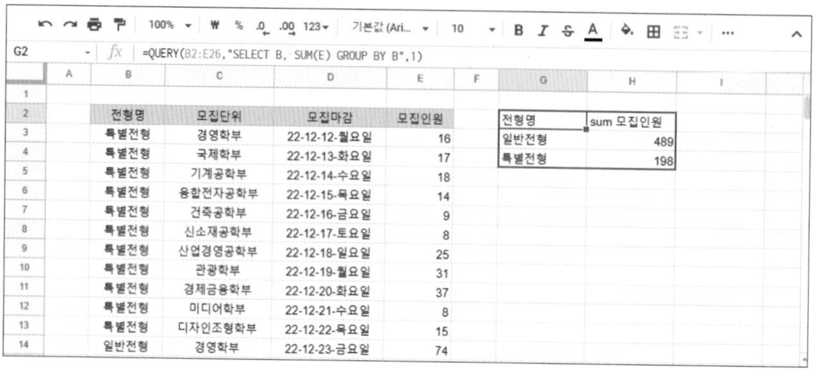

G2 =QUERY(B2:E26,"SELECT B, SUM(E) GROUP BY B",1)

| | B | C | D | E |
|---|---|---|---|---|
| 2 | 전형명 | 모집단위 | 모집마감 | 모집인원 |
| 3 | 특별전형 | 경영학부 | 22-12-12-월요일 | 16 |
| 4 | 특별전형 | 국제학부 | 22-12-13-화요일 | 17 |
| 5 | 특별전형 | 기계공학부 | 22-12-14-수요일 | 18 |
| 6 | 특별전형 | 융합전자공학부 | 22-12-15-목요일 | 14 |
| 7 | 특별전형 | 건축공학부 | 22-12-16-금요일 | 9 |
| 8 | 특별전형 | 신소재공학부 | 22-12-17-토요일 | 8 |
| 9 | 특별전형 | 산업경영공학부 | 22-12-18-일요일 | 25 |
| 10 | 특별전형 | 관광학부 | 22-12-19-월요일 | 31 |
| 11 | 특별전형 | 경제금융학부 | 22-12-20-화요일 | 37 |
| 12 | 특별전형 | 미디어학부 | 22-12-21-수요일 | 8 |
| 13 | 특별전형 | 디자인조형학부 | 22-12-22-목요일 | 15 |
| 14 | 일반전형 | 경영학부 | 22-12-23-금요일 | 74 |

| G | H |
|---|---|
| 전형명 | sum 모집인원 |
| 일반전형 | 489 |
| 특별전형 | 198 |

이때 QUERY함수에 사용할 수 있는 명령어의 종류는 다음과 같으며 명령어는 크게 SELECT → WHERE → GROUP BY → ORDER BY절 순으로 사용하며 여기에 기타절을 추가로 사용할 수 있습니다.

## QUERY함수에 사용되는 명령어 종류

| 명령어 | 설명 |
|---|---|
| ❶ SELECT | 조회하고 싶은 열 이름(A, B, C)을 입력하며, 테이블의 모든 열을 불러올 경우에는'*'를 입력(다른 파일이나 계산된 테이블을 참조할 경우 열 이름이 아닌 열 번호(Col1, Col2, Col3)를 사용) |
| ❷ WHERE | 조건식을 기술하여 데이터를 필터링 |
| GROUP BY | 특정열을 그룹화함(GROUP BY된 테이블을 필터링하는 HAVING 명령어는 지원되지 않음) |
| PIVOT | 크로스탭(교차표) 형태로 데이터를 추출하는 명령어 |
| ORDER BY | 추출된 열을 정렬 (오름차순: ASC, 내림차순: DESC) |
| LIMIT | 추출된 데이터에서 처음 N개만 출력 |
| OFFSET | 추출된 데이터에서 처음 N개를 제외 |
| LABEL | 열의 헤더를 변경하는 명령어 (SELECT절에 '이름 AS 이름' 문법 지원 안됨) |
| FORMAT | 데이터 형식을 지정하거나 변경하는 명령어 |

❶ **SELECT절**: SELECT절은 반환할 열과 해당 순서를 지정하며 'SELECT *'를 사용하면 데이터 원본 테이블의 모든 열이 원래 순서대로 반환됩니다. 이때 열 식별자 이외 집계 함수, 스칼라 함수 또는 연산자를 사용할 수 있습니다.

**– 집계 함수**

집계 함수는 단독으로 사용하면 지정된 테이블을 대상으로 전체 요약 값을 반환하고 GROUP BY또는 PIVOT절을 함께 사용하면 그룹화된 열 항목에 대한 세부 요약 값을 반환합니다. 집계 함수는 SELECT, ORDER BY, LABEL, FORMAT절에서 사용할 수 있습니다.

| 함수 | 설명 |
|---|---|
| SUM( ) | 열에 있는 모든 값의 합계 |
| AVG( ) | 열에 있는 모든 값의 평균 값 |
| COUNT( ) | 열의 요소인 수를 반환하며 Null셀은 제외 |
| MAX( ) | 열의 최대값을 반환 |
| MIN( ) | 열의 최소값을 반환 |

**– 스칼라 함수**

스칼라 함수는 매개변수에 대해 다른 값을 생성하며 단일 값으로 평가되는 모든 것을 매개변수로 사용할 수 있습니다. SELECT, WHERE, GROUP BY, PIVOT, ORDER BY, LABEL, FORMAT절에서 사용할 수 있습니다.

| 함수 | 설명 |
|---|---|
| DAY( ) | 날짜 또는 날짜/시간에서 일을 반환 |
| HOUR( ) | 날짜 또는 날짜/시간에서 시간 값을 반환 |
| MINUTE( ) | 날짜 또는 날짜/시간에서 분 값을 반환 |
| SECOND( ) | 날짜 또는 날짜/시간에서 초를 반환 |
| MILLISECOND( ) | 날짜 또는 날짜/시간에서 밀리초 반환 |
| QUARTER( ) | 날짜 또는 날짜/시간에서 분기를 반환 |
| DAYOFWEEK( ) | 날짜 또는 날짜/시간에서 요일을 반환 |
| NOW( ) | 현재 날짜 시간을 반환 |
| DATEDIFF( ) | 두 날짜 또는 날짜/시간 간의 일 차이를 반환 |
| TODATE( ) | 주어진 값을 날짜로 변환 |
| UPPER( ) | 주어진 문자열을 대문자로 반환 |
| LOWER( ) | 주어진 문자열을 소문자로 반환 |

**– 산술 연산자**

산술 연산자를 사용하여 수학 연산을 수행합니다.

| 연산자 | 설명 |
|---|---|
| + | 덧셈 |
| – | 뺄셈 |
| * | 곱셈 |
| / | 나눗셈. 0으로 나누면 NULL 반환 |

❷ **WHERE절**: WHERE절은 지정된 조건과 일치하는 행만 반환하며 다음의 연산자를 사용할 수 있습니다.

**– 비교 연산자**

| 연산자 | 설명 |
|---|---|
| > | 보다 큼 |
| >= | 크거나 같음 |
| < | 보다 작음 |
| <= | 작거나 같음 |
| = | 같음 |
| != | 같지 않음 |
| <> | 같지 않음 |

**– 논리 연산자**

| 연산자 | 설명 |
|---|---|
| AND | 전, 후 조건 모두 만족 |
| OR | 전, 후 조건 중 하나라도 만족 |
| NOT | 이후의 조건과 반대 |

### – 문자열 비교 연산자

| 연산자 | 설명 |
|---|---|
| CONTAINS | 부문 문자열이 일치 |
| STARTS WITH | 시작 문자열이 일치 |
| ENDS WITH | 종료 문자열이 일치 |
| MATCHES | 정규 표현식에 일치 |
| LIKE | 와일드 카드를 지원하는 텍스트 검색('%', '_')<br>예 %가: 문자 수 관계없이 '가'로 끝나는<br>_가: '가'로 끝나는 두 글자 |

앞에서 설명한 WHERE절에 연산자와 스칼라 함수를 사용하면 다음과 같이 사용할 수 있습니다.

=QUERY(B2:E26,"SELECT * WHERE NOT B='특별전형' AND DAYOFWEEK(D)=7 FORMAT D 'MM-DD(DDD)'")

/* 대상 테이블의 모든 필드를 조회하되, B열의 값이 '특별전형'이 아니면서 D열의 값이 7(토요일)인 데이터를 'MM-DD(DDD)' 형식으로 날짜를 표시 */

G7 | fx | =QUERY(B2:E26,"SELECT * WHERE NOT B='특별전형' AND DAYOFWEEK(D)=7 FORMAT D 'MM-DD(DDD)'")

| | A | B | C | D | E | F | G | H | I | J |
|---|---|---|---|---|---|---|---|---|---|---|
| 1 | | | | | | | | | | |
| 2 | | 전형명 | 모집단위 | 모집마감 | 모집인원 | | 전형명 | sum 모집인원 | | |
| 3 | | 특별전형 | 경영학부 | 22-12-12-월요일 | 16 | | 일반전형 | 489 | | |
| 4 | | 특별전형 | 국제학부 | 22-12-13-화요일 | 17 | | 특별전형 | 198 | | |
| 5 | | 특별전형 | 기계공학부 | 22-12-14-수요일 | 18 | | | | | |
| 6 | | 특별전형 | 융합전자공학부 | 22-12-15-목요일 | 14 | | | | | |
| 7 | | 특별전형 | 건축공학부 | 22-12-16-금요일 | 9 | | 전형명 | 모집단위 | 모집마감 | 모집인원 |
| 8 | | 특별전형 | 신소재공학부 | 22-12-17-토요일 | 8 | | 일반전형 | 국제학부 | 12-24(토) | 50 |
| 9 | | 특별전형 | 산업경영공학부 | 22-12-18-일요일 | 25 | | 일반전형 | 경제금융학부 | 12-31(토) | 36 |
| 10 | | 특별전형 | 관광학부 | 22-12-19-월요일 | 31 | | | | | |
| 11 | | 특별전형 | 경제금융학부 | 22-12-20-화요일 | 37 | | | | | |
| 12 | | 특별전형 | 미디어학부 | 22-12-21-수요일 | 8 | | | | | |
| 13 | | 특별전형 | 디자인조형학부 | 22-12-22-목요일 | 15 | | | | | |
| 14 | | 일반전형 | 경영학부 | 22-12-23-금요일 | 74 | | | | | |
| 15 | | 일반전형 | 국제학부 | 22-12-24-토요일 | 50 | | | | | |

**Tip**

요일을 반환하는 DAYOFWEEK함수는 일요일을 1로 시작하여 요일에 따라 순차적으로 증가하는 색인을 나타낼 수 있습니다.

이외에도 이후에 나올 예제들로 앞서 설명한 QUERY함수의 명령어들을 사용해 봅시다.

실무예제 13

# 담당지역을 배정받지 않은 직원의 정보 추출하기

**1** [Oct.] 시트 표를 참고하여 '담당지역'을 배정받지 못한 직원의 '직원코드'와 '팀', '이름'을 [Query] 시트에 추출해 볼게요.

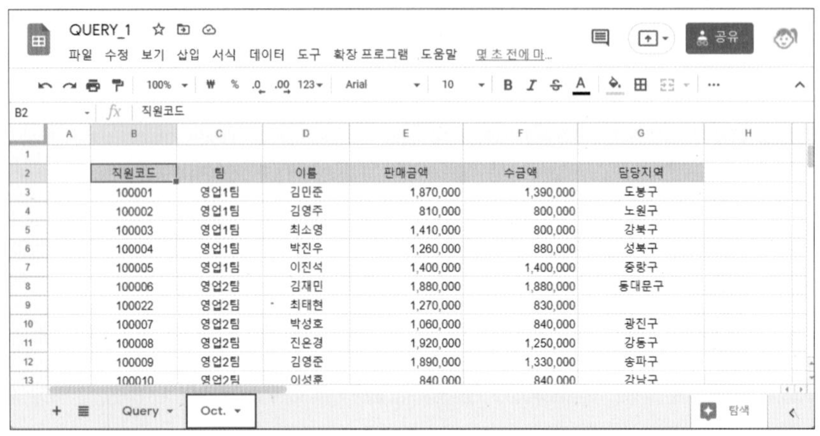

| 직원코드 | 팀 | 이름 | 판매금액 | 수금액 | 담당지역 |
|---|---|---|---|---|---|
| 100001 | 영업1팀 | 김민준 | 1,870,000 | 1,390,000 | 도봉구 |
| 100002 | 영업1팀 | 김영주 | 810,000 | 800,000 | 노원구 |
| 100003 | 영업1팀 | 최소영 | 1,410,000 | 800,000 | 강북구 |
| 100004 | 영업1팀 | 박진우 | 1,260,000 | 880,000 | 성북구 |
| 100005 | 영업1팀 | 이진석 | 1,400,000 | 1,400,000 | 중랑구 |
| 100006 | 영업2팀 | 김재민 | 1,880,000 | 1,880,000 | 동대문구 |
| 100022 | 영업2팀 | 최태현 | 1,270,000 | 830,000 | |
| 100007 | 영업2팀 | 박성호 | 1,060,000 | 840,000 | 광진구 |
| 100008 | 영업2팀 | 진은경 | 1,920,000 | 1,250,000 | 강동구 |
| 100009 | 영업2팀 | 김영준 | 1,890,000 | 1,330,000 | 송파구 |
| 100010 | 영업2팀 | 이성후 | 840,000 | 840,000 | 강남구 |

**2** 데이터를 추출할 [Query] 시트의 B3셀을 선택하고 QUERY함수에 SELECT + WHERE절을 사용하여 다음과 같이 함수식을 입력하고 Enter를 누르세요.

```
=QUERY(Oct.!B2:G24,  /* 쿼리문으로 추출할 테이블 지정 */
 "SELECT B,C,D  /* 지정한 테이블에서 B열과 C열, D열을 조회 */
 WHERE G IS NULL")  /* 지정한 테이블에서 G열이 공백인 데이터 조건 지정 */
```

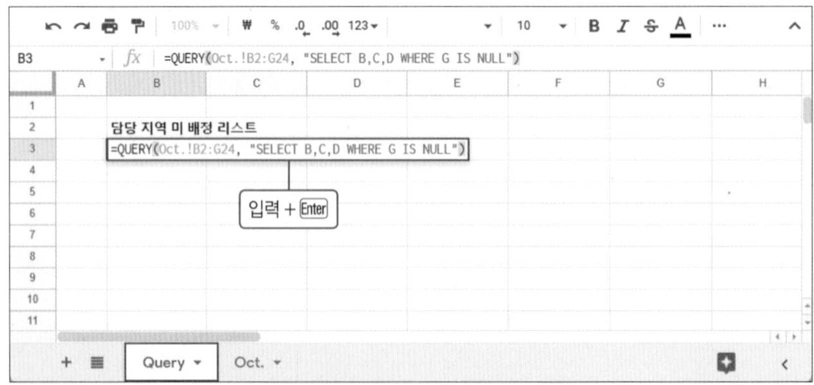

3 '담당지역'에 데이터가 누락된 직원의 '직원코드'와 '팀', '이름'이 추출된 것을 확인합니다.

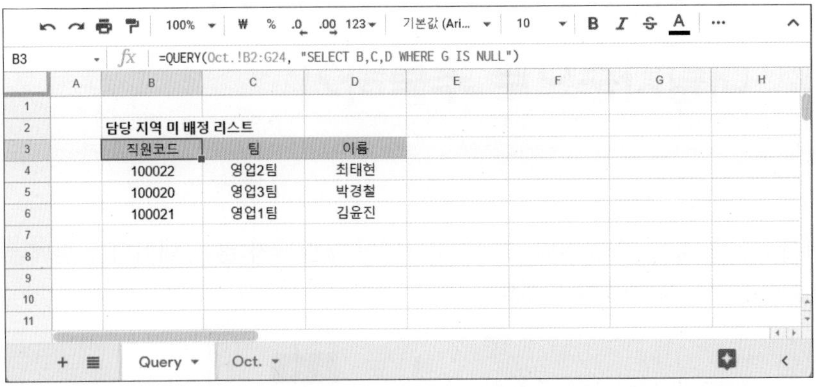

B3 =QUERY(Oct.!B2:G24, "SELECT B,C,D WHERE G IS NULL")

담당 지역 미 배정 리스트

| 직원코드 | 팀 | 이름 |
|---|---|---|
| 100022 | 영업2팀 | 최태현 |
| 100020 | 영업3팀 | 박경철 |
| 100021 | 영업1팀 | 김윤진 |

Query Oct.

# 두 가지 조건을 만족하는 데이터를 내림차순으로 추출하기

**1** [Oct.] 시트 표에서 '김'씨 성을 가진 직원 중 '담당지역'이 누락되지 않은 데이터를 판매금액이 높은 순으로 [Query] 시트에 추출해 볼게요.

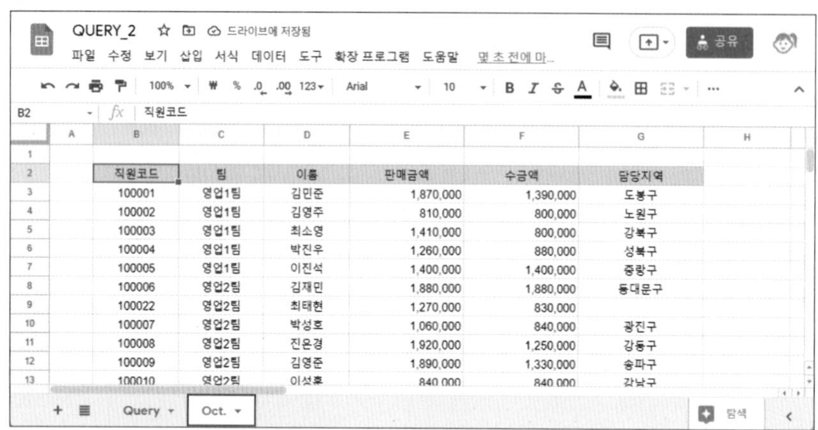

| 직원코드 | 팀 | 이름 | 판매금액 | 수금액 | 담당지역 |
|---|---|---|---|---|---|
| 100001 | 영업1팀 | 김민준 | 1,870,000 | 1,390,000 | 도봉구 |
| 100002 | 영업1팀 | 김영주 | 810,000 | 800,000 | 노원구 |
| 100003 | 영업1팀 | 최소영 | 1,410,000 | 800,000 | 강북구 |
| 100004 | 영업1팀 | 박진우 | 1,260,000 | 880,000 | 성북구 |
| 100005 | 영업1팀 | 이진석 | 1,400,000 | 1,400,000 | 중랑구 |
| 100006 | 영업2팀 | 김재민 | 1,880,000 | 1,880,000 | 동대문구 |
| 100022 | 영업2팀 | 최태현 | 1,270,000 | 830,000 | |
| 100007 | 영업2팀 | 박성호 | 1,060,000 | 840,000 | 광진구 |
| 100008 | 영업2팀 | 진은경 | 1,920,000 | 1,250,000 | 강동구 |
| 100009 | 영업2팀 | 김영준 | 1,890,000 | 1,330,000 | 송파구 |
| 100010 | 영업2팀 | 이석호 | 840,000 | 840,000 | 강남구 |

**2** 데이터를 추출할 [Query] 시트의 B3셀을 선택하고 QUERY함수에 SELECT + WHERE + ORDER BY절을 사용하여 다음과 같이 함수식을 입력하고 Enter를 누릅니다.

```
=QUERY(Oct.!B2:G24, /* 쿼리문으로 추출할 테이블 지정 */
 "SELECT * /* 테이블의 모든 열 조회 */
 WHERE D LIKE '김%' AND G IS NOT NULL /* 테이블에서 D열에 입력된 데이터가 '김'으로 시작하면서 G열이 공백이
                                        아닌 조건 지정 */
 ORDER BY E DESC" /* E열에 데이터가 큰 순으로(내림차순) 정렬 */
 ,1) /* 헤더 표시(생략 가능) */
```

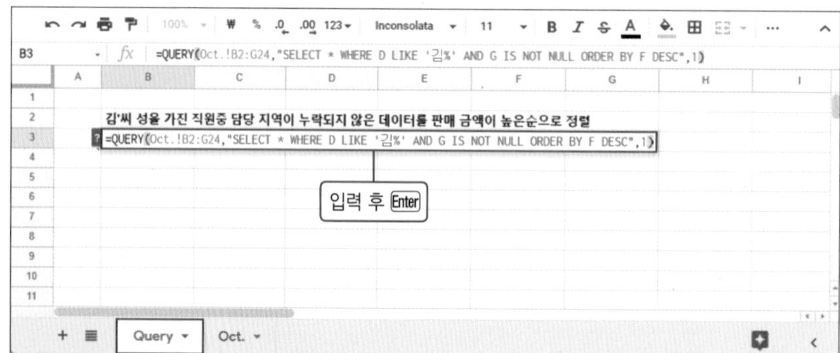

**3** '김'씨 성을 가진 직원 중 '담당지역'이 누락되지 않은 데이터가 판매금액이 높은 순으로 정렬되어 나타납니다.

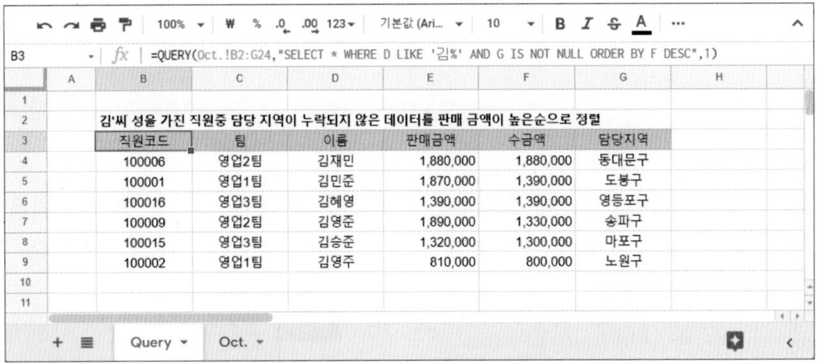

B3 =QUERY(Oct.!B2:G24,"SELECT * WHERE D LIKE '김%' AND G IS NOT NULL ORDER BY F DESC",1)

김'씨 성을 가진 직원중 담당 지역이 누락되지 않은 데이터를 판매 금액이 높은순으로 정렬

| 직원코드 | 팀 | 이름 | 판매금액 | 수금액 | 담당지역 |
|---|---|---|---|---|---|
| 100006 | 영업2팀 | 김재민 | 1,880,000 | 1,880,000 | 동대문구 |
| 100001 | 영업1팀 | 김민준 | 1,870,000 | 1,390,000 | 도봉구 |
| 100016 | 영업3팀 | 김혜영 | 1,390,000 | 1,390,000 | 영등포구 |
| 100009 | 영업2팀 | 김영준 | 1,890,000 | 1,330,000 | 송파구 |
| 100015 | 영업3팀 | 김승준 | 1,320,000 | 1,300,000 | 마포구 |
| 100002 | 영업1팀 | 김영주 | 810,000 | 800,000 | 노원구 |

Query Oct.

**Tip**

[Query] 시트의 E, F열에는 천 단위 구분 숫자 서식이 적용되어 있습니다. 서식이 지정되지 않은 셀에 QUERY함수로 표시 형식을 지정하려면 마지막 절에 FORMAT절을 사용할 수 있습니다.

- **E, F열 값을 소수점 한자리까지 표시한 예**

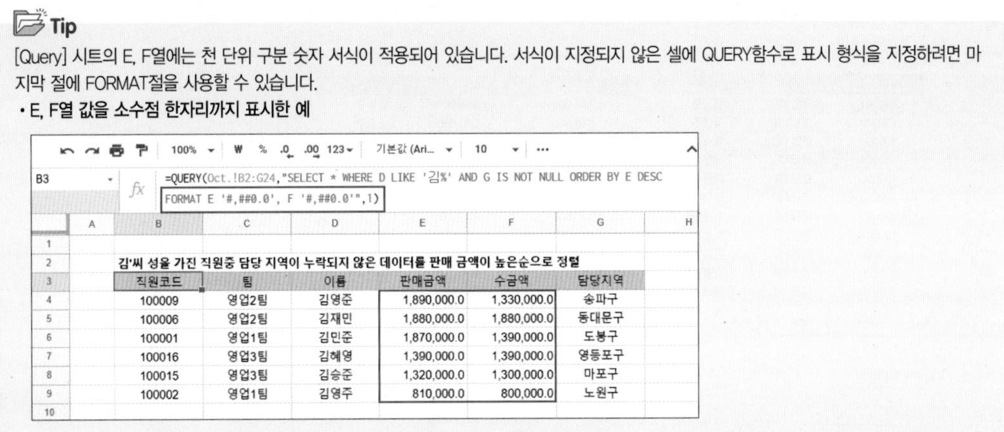

B3 =QUERY(Oct.!B2:G24,"SELECT * WHERE D LIKE '김%' AND G IS NOT NULL ORDER BY E DESC FORMAT E '#,##0.0', F '#,##0.0'",1)

김'씨 성을 가진 직원중 담당 지역이 누락되지 않은 데이터를 판매 금액이 높은순으로 정렬

| 직원코드 | 팀 | 이름 | 판매금액 | 수금액 | 담당지역 |
|---|---|---|---|---|---|
| 100009 | 영업2팀 | 김영준 | 1,890,000.0 | 1,330,000.0 | 송파구 |
| 100006 | 영업2팀 | 김재민 | 1,880,000.0 | 1,880,000.0 | 동대문구 |
| 100001 | 영업1팀 | 김민준 | 1,870,000.0 | 1,390,000.0 | 도봉구 |
| 100016 | 영업3팀 | 김혜영 | 1,390,000.0 | 1,390,000.0 | 영등포구 |
| 100015 | 영업3팀 | 김승준 | 1,320,000.0 | 1,300,000.0 | 마포구 |
| 100002 | 영업1팀 | 김영주 | 810,000.0 | 800,000.0 | 노원구 |

# 팀별 수금률을 계산하고 수금률이 두 번째 높은 데이터부터 추출하기

**1** [Oct.] 시트 표를 참고하여 [Query] 시트에 팀별로 그룹핑하여 '총 판매금액'과 '총 수금액'을 나타내고 '수금률'을 계산하여 수금률이 가장 높은 팀을 제외한 나머지 데이터를 추출해 볼게요.

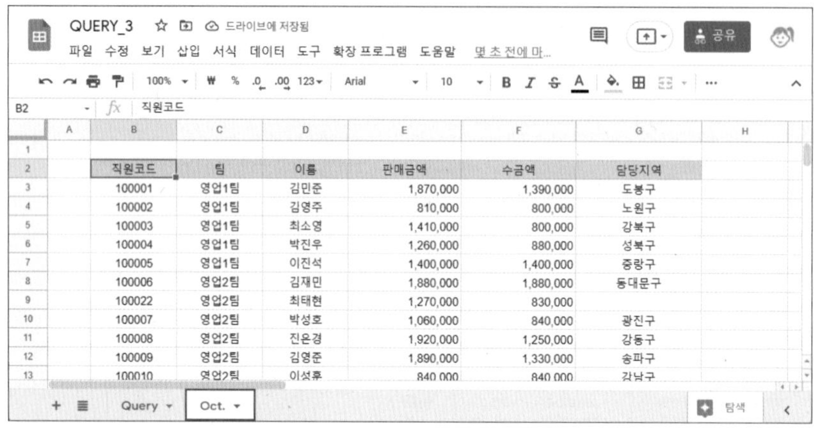

| | A | B | C | D | E | F | G | H |
|---|---|---|---|---|---|---|---|---|
| 1 | | | | | | | | |
| 2 | | 직원코드 | 팀 | 이름 | 판매금액 | 수금액 | 담당지역 | |
| 3 | | 100001 | 영업1팀 | 김민준 | 1,870,000 | 1,390,000 | 도봉구 | |
| 4 | | 100002 | 영업1팀 | 김영주 | 810,000 | 800,000 | 노원구 | |
| 5 | | 100003 | 영업1팀 | 최소영 | 1,410,000 | 800,000 | 강북구 | |
| 6 | | 100004 | 영업1팀 | 박진우 | 1,260,000 | 880,000 | 성북구 | |
| 7 | | 100005 | 영업1팀 | 이진석 | 1,400,000 | 1,400,000 | 중랑구 | |
| 8 | | 100006 | 영업2팀 | 김재민 | 1,880,000 | 1,880,000 | 동대문구 | |
| 9 | | 100022 | 영업2팀 | 최태현 | 1,270,000 | 830,000 | | |
| 10 | | 100007 | 영업2팀 | 박성호 | 1,060,000 | 840,000 | 광진구 | |
| 11 | | 100008 | 영업2팀 | 진은경 | 1,920,000 | 1,250,000 | 강동구 | |
| 12 | | 100009 | 영업2팀 | 김영준 | 1,890,000 | 1,330,000 | 송파구 | |
| 13 | | 100010 | 영업2팀 | 이성후 | 840,000 | 840,000 | 강남구 | |

**2** 데이터를 추출할 [Query] 시트의 B5셀을 선택하고 QUERY함수에 SELECT + GROUP BY + ORDER BY + OFFSET + LABEL절을 사용하여 다음과 같이 함수식을 입력하고 Enter를 누르세요.

```
=QUERY(Oct.!B2:G24, /* 쿼리문으로 추출할 테이블 지정 */
 "SELECT C, SUM(E), SUM(F), SUM(F)/SUM(E)  /* 테이블에서 팀(C), '판매금액(E)합계'와 '수금액(F)합계', '수금률
                                              계산(F/E)' 조회 */
 GROUP BY C /* '팀(C)'별로 그룹화 */
 ORDER BY SUM(F)/SUM(E) DESC /* '수금률'이 큰 순으로 정렬(내림차순) */
 OFFSET 1 /* 정렬된 데이터에서 처음 한 개의 데이터(수금률이 가장 높은)를 제외 */
 LABEL SUM(F)/SUM(E) '%'" /* 계산한 수금률의 헤더 이름을 '%'로 변경 */
 ,1) /* 헤더 표시(생략 가능) */
```

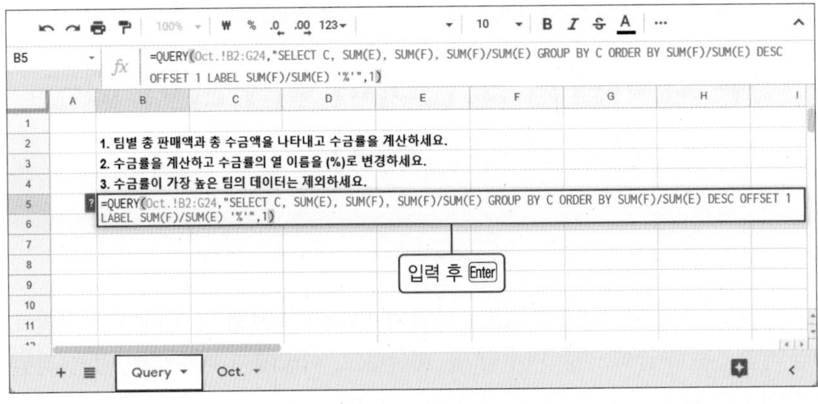


**3** 수금률이 가장 높은 '영업3팀'의 데이터는 제외하고 수금률이 두 번째로 높은 팀의 데이터부터 추출되어 나타납니다.

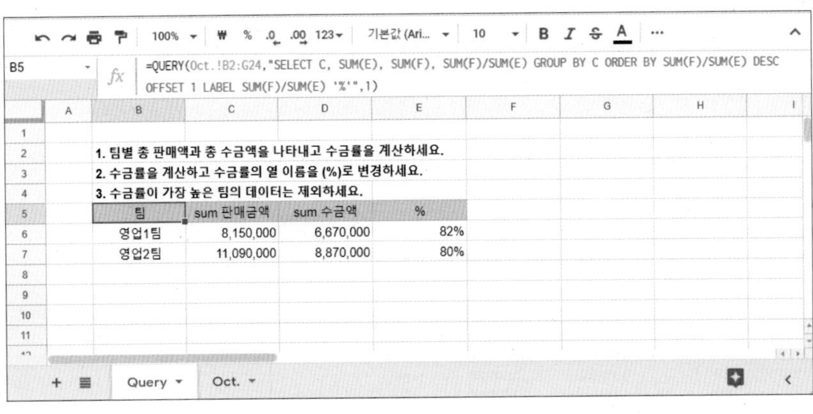


| 팀 | sum 판매금액 | sum 수금액 | % |
|---|---|---|---|
| 영업1팀 | 8,150,000 | 6,670,000 | 82% |
| 영업2팀 | 11,090,000 | 8,870,000 | 80% |

실무예제 16

# 두 테이블을 조인하여 미수금이 없는 직원 데이터 추출하기

**1** [QUERY_4] 파일의 [Oct.] 시트와 [QUERY_CC] 파일의 [Nov.] 시트를 조인하여 직원별로 두 달 간의 '총 판매금액'과 '총 수금액', '총 미수금'을 계산하고, 이중에서 미수금이 없는 직원의 데이터를 [QUERY_4] 파일의 [Query] 시트로 추출해 볼게요.

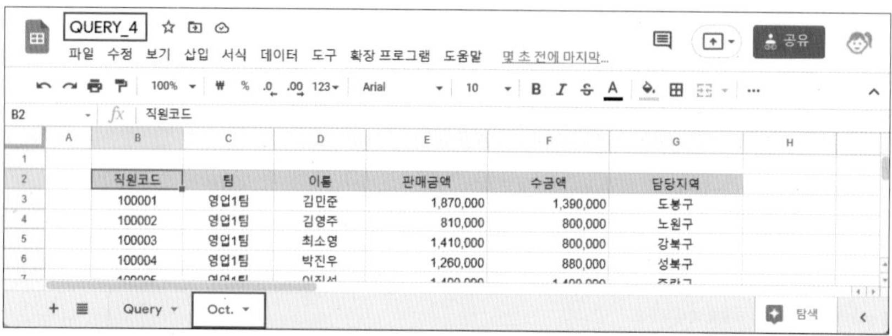

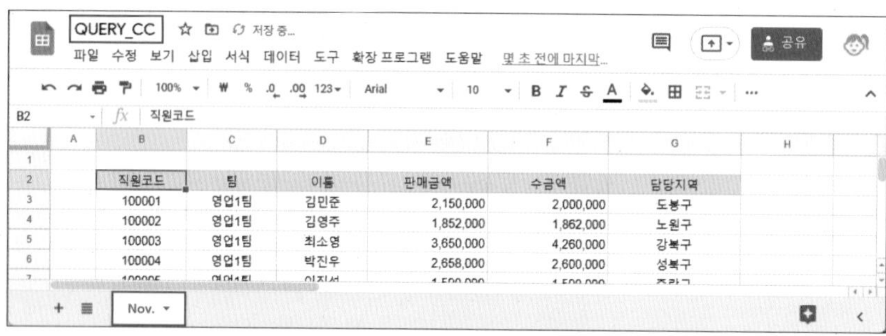

**2** 먼저 [QUERY_4] 파일의 [Query] 시트 B4셀에 [Oct.] 시트의 테이블과 [QUERY_CC] 파일의 [Nov.]테이블을 조인하는 함수를 아래와 같이 입력하고 Enter를 누르세요. 이때 [Nov.] 시트의 헤더는 제외하고 범위를 지정합니다.

```
={Oct.!B2:G24 /* [Oct] 시트의 B2:G24 셀 범위 참조 */
 ; /* 세로 방향으로 조인 */
 IMPORTRANGE("https://docs.google.com/spreadsheets/d/1w1woABXQ76PT_Y7QdEQlS2Tc3enuVnDMqh6dlCo
 uPms/","B3:G24")} /* [QUERY_CC] 파일의 B3:G24 셀 범위 참조 */
```

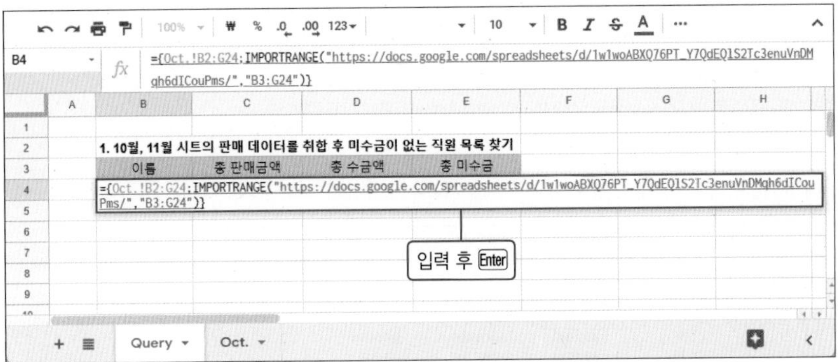


**Tip**
배열을 만드는 중괄호({ }) 사용에 대한 자세한 내용은 248쪽을, IMPORTRANGE함수에 대한 내용은 367쪽을 참고하세요.

**3** 조인된 테이블이 헤더를 제외하고 총44개의 리스트로 나타납니다.

B4 ={Oct.!B2:G24;IMPORTRANGE("https://docs.google.com/spreadsheets/d/1w1woABXQ76PT_Y7QdEQlS2Tc3enuVnDMqh6dICouPms/","B3:G24")}

1. 10월, 11월 시트의 판매 데이터를 취합 후 미수금이 없는 직원 목록 찾기

| 이름 | 총 판매금액 | 총 수금액 | 총 미수금 | | |
|---|---|---|---|---|---|
| 직원코드 | 팀 | 이름 | 판매금액 | 수금액 | 담당지역 |
| 100001 | 영업1팀 | 김민준 | 1,870,000 | 1,390,000 | 도봉구 |
| 100002 | 영업1팀 | 김영주 | 810,000 | 800,000 | 노원구 |
| 100003 | 영업1팀 | 최소영 | 1,410,000 | 800,000 | 강북구 |
| 100004 | 영업1팀 | 박진우 | 1,260,000 | 880,000 | 성북구 |
| 100005 | 영업1팀 | 이진석 | 1,400,000 | 1,400,000 | 중랑구 |
| 100006 | 영업2팀 | 김재민 | 1,880,000 | 1,880,000 | 동대문구 |
| 100022 | 영업2팀 | 최태현 | 1,270,000 | 830,000 | |
| 100007 | 영업2팀 | 박성호 | 1,060,000 | 840,000 | 광진구 |

Query Oct.

**4** 조인된 테이블에 QUERY함수의 SLECT+GROUP BY절을 사용하여 중복된 직원 이름을 그룹핑하여 '판매금액'과 '수금액', '미수금'을 계산하는 함수식을 입력하고 Enter를 누릅니다.

```
=QUERY({Oct.!B2:G24;IMPORTRANGE("https://docs.google.com/spreadsheets/d/1w1woABXQ76PT_
 Y7QdEQlS2Tc3enuVnDMqh6dICouPms/","B3:G24")}, /* 쿼리문으로 추출할 테이블 지정 */
 "SELECT Col3,SUM(Col4),SUM(Col5),SUM(Col4)-SUM(Col5) /* 대상 테이블에서 '세 번째 열(이름)'과 '네 번째 열
                                                    (판매금액)의 합계', '다섯 번째 열(수금액)의 합계',
                                                    미수금 계산(네 번째 열 - 다섯 번째 열)' 조회 */
 GROUP BY Col3") /* 세 번째 열(이름)로 그룹화 */
```

B4 | =QUERY({Oct.!B2:G24;IMPORTRANGE("https://docs.google.com/spreadsheets/d/1w1woABXQ76PT_Y7QdEQlS2Tc3enuVnDMqh6dICouPms/","B3:G24")}, "SELECT Col3, SUM(Col4),SUM(Col5),SUM(Col4)-SUM(Col5) GROUP BY Col3")

**1. 10월, 11월 시트의 판매 데이터를 취합 후 미수금이 없는 직원 목록 찾기**

| | A | B | C | D | E | F | G |
|---|---|---|---|---|---|---|---|
| 3 | | 이름 | 총 판매금액 | 총 수금액 | 총 미수금 | | |
| 4 | | =QUERY({Oct.!B2:G24;IMPORTRANGE("https://docs.google.com/spreadsheets/d/1w1woABXQ76PT_Y7QdEQlS2Tc3enuVnDMqh6dICouPms/","B3:G24")}, "SELECT Col3, SUM(Col4),SUM(Col5),SUM(Col4)-SUM(Col5) GROUP BY Col3") | | | | | |
| 6 | | 100002 | 영업1팀 | 김영주 | 810,000 | 800,000 | 노원구 |
| 7 | | 100003 | 영업1팀 | 최소영 | | 800,000 | 강북구 |
| 8 | | 100004 | 영업1팀 | 박진우 | | 880,000 | 성북구 |
| 9 | | 100005 | 영업1팀 | 이진석 | 1,400,000 | 1,400,000 | 중랑구 |
| 10 | | 100006 | 영업2팀 | 김재민 | 1,880,000 | 1,880,000 | 동대문구 |
| 11 | | 100022 | 영업2팀 | 최태현 | 1,270,000 | 830,000 | |

입력 후 Enter

Query Oct.

**Tip**
SELECT절에 다른 파일의 테이블 열이나 계산된 테이블 열을 가져오기할 때는 열 이름(A, B, C)이 아닌 열 번호(Col1, Col2, Col3)로 입력합니다.

**5** 이름별로 그룹화되면서 헤더를 제외하고 총 22개의 데이터가 표시됩니다.

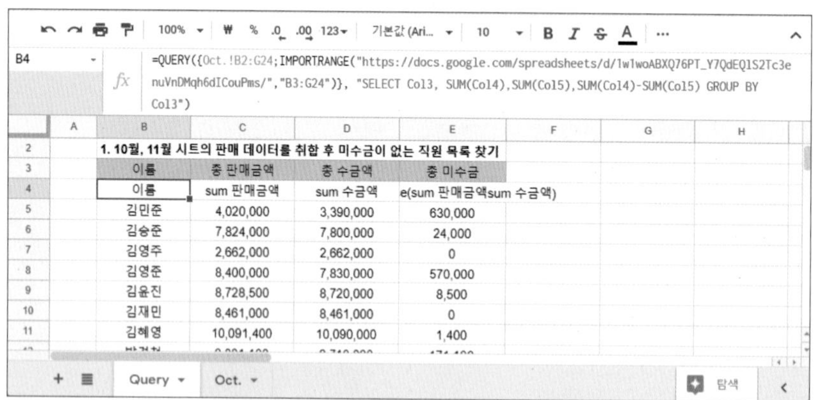

B4 | =QUERY({Oct.!B2:G24;IMPORTRANGE("https://docs.google.com/spreadsheets/d/1w1woABXQ76PT_Y7QdEQlS2Tc3enuVnDMqh6dICouPms/","B3:G24")}, "SELECT Col3, SUM(Col4),SUM(Col5),SUM(Col4)-SUM(Col5) GROUP BY Col3")

**1. 10월, 11월 시트의 판매 데이터를 취합 후 미수금이 없는 직원 목록 찾기**

| | A | B | C | D | E |
|---|---|---|---|---|---|
| 3 | | 이름 | 총 판매금액 | 총 수금액 | 총 미수금 |
| 4 | | 이름 | sum 판매금액 | sum 수금액 | e(sum 판매금액sum 수금액) |
| 5 | | 김민준 | 4,020,000 | 3,390,000 | 630,000 |
| 6 | | 김승준 | 7,824,000 | 7,800,000 | 24,000 |
| 7 | | 김영주 | 2,662,000 | 2,662,000 | 0 |
| 8 | | 김영준 | 8,400,000 | 7,830,000 | 570,000 |
| 9 | | 김윤진 | 8,728,500 | 8,720,000 | 8,500 |
| 10 | | 김재민 | 8,461,000 | 8,461,000 | 0 |
| 11 | | 김혜영 | 10,091,400 | 10,090,000 | 1,400 |

Query Oct. 탐색

**6** SQL에서는 그룹화된 새로운 테이블에 조건을 만들어 필터링할 때 HAVING절을 사용하지만 QUERY함수에는 HAVING절이 지원되지 않기 때문에 앞서 만든 함수식을 다시 조회 대상 테이블로 QUERY함수의 SELECT+WHERE절을 중첩 사용하여 조건을 필터링해 보겠습니다. 아래와 같이 함수식을 수정하고 Enter를 누르세요.

```
=QUERY(QUERY({Oct.!B2:G24;IMPORTRANGE("https://docs.google.com/spreadsheets/d/1w1woABXQ76PT_Y7
QdEQlS2Tc3enuVnDMqh6dlCouPms/","B3:G24")},"SELECT Col3,SUM(Col4),SUM(Col5),SUM(Col4)-
SUM(Col5) GROUP BY Col3"), /* 쿼리문으로 추출할 대상 테이블 지정 */
"SELECT * /* 테이블의 모든 열 조회 */
WHERE Col4=0" /* 네 번째 열(미수금)의 값이 0인 조건 지정 */
,0) /* 헤더 표시하지 않음 */
```

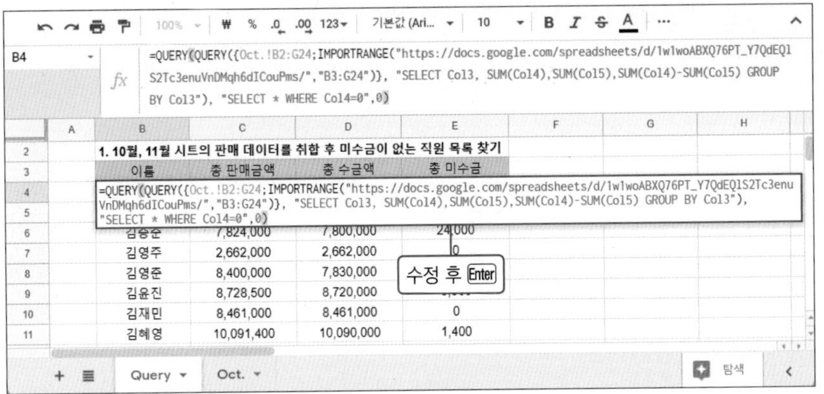


**7** [Oct.], [Nov.] 시트의 두 테이블을 조인하여 미수금이 없는 직원의 목록이 나타납니다.

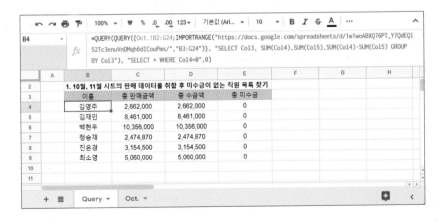

=QUERY(QUERY({Oct.!B2:G24;IMPORTRANGE("https://docs.google.com/spreadsheets/d/1w1woABXQ76PT_Y7QdEQlS2Tc3enuVnDMqh6dICouPms/","B3:G24")}, "SELECT Col3, SUM(Col4),SUM(Col5),SUM(Col4)-SUM(Col5) GROUP BY Col3"), "SELECT * WHERE Col4=0",0)

1. 10월, 11월 시트의 판매 데이터를 취합 후 미수금이 없는 직원 목록 찾기

| 이름 | 총 판매금액 | 총 수금액 | 총 미수금 |
|---|---|---|---|
| 김영주 | 2,662,000 | 2,662,000 | 0 |
| 김재민 | 8,461,000 | 8,461,000 | 0 |
| 백현우 | 10,356,000 | 10,356,000 | 0 |
| 정승재 | 2,474,870 | 2,474,870 | 0 |
| 진은경 | 3,154,500 | 3,154,500 | 0 |
| 최소영 | 5,060,000 | 5,060,000 | 0 |

# 구글 파이낸스에서 국내증시의 특정 종목 데이터 가져오기

업무 시간 단축

| | |
|---|---|
| 형식 | GOOGLEFINANCE(시세_표시, [속성], [시작일], [종료일\|일수], [간격]) |
| 용도 | 구글 파이낸스에서 현재 또는 기존 유가증권 정보를 가져옵니다. |
| 인수 | • **시세_표시**: 고려할 유가증권의 시세 표시. 거래소 약자와 주식 약자를 모두 사용. (예 'NASDAQ:GOOG')<br>• **[속성] – [선택사항 \| 기본값 "price"]**: 구글 파이낸스에서 시세_표시에 대해 가져올 속성이며 날짜가 지정된 경우 필수사항<br>• **[시작일] – [선택사항]**: 과거 데이터를 가져올 기간의 시작일<br>• **[종료일\|일수] – [선택사항]**: 과거 데이터를 가져올 기간의 종료일 또는 데이터를 반환할 시작일로부터의 일수<br>• **[간격] – [선택사항]**: 데이터 반환 빈도로 'DAILY'(매일) 또는 'WEEKLY'(매주) 중 하나를 선택 |

**1** GOOGLEFINANCE함수는 국내외 상장주식, 환율, 암호 화폐 등 금융 데이터를 수집할 때 사용합니다. 해당 함수를 사용하여 국내 증시의 특정 종목의 데이터를 실시간으로 가져와 볼게요. 예제의 D3:H3 셀 범위에는 D2:H2 셀 범위의 종목 코드가 입력되어 있습니다. D4셀을 선택하고 다음과 같이 함수식을 입력합니다.

```
=GOOGLEFINANCE("KRX:"&D$3,$C4)  /* '거래소:종목코드'의 price 속성값 불러오기 */
```

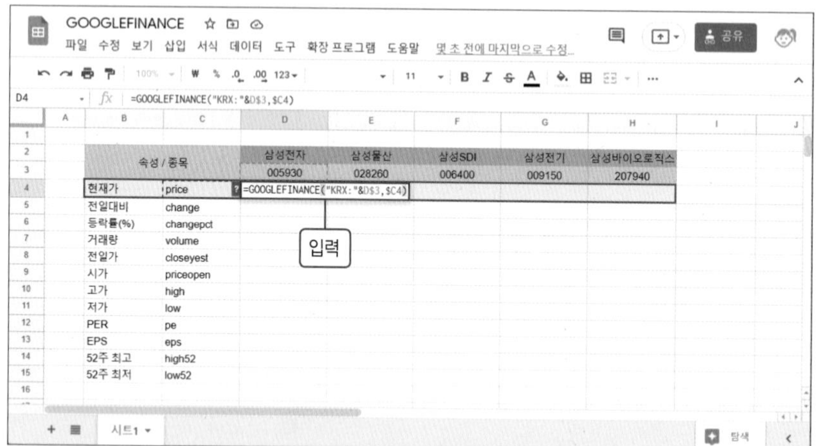

**2** D4셀에 현재가가 나타나면 해당 셀을 Ctrl + C를 눌러 복사하고 D4:H15 셀 범위를 지정하고 [마우스 오른쪽 버튼]-[선택하여 붙여넣기]-[수식만]을 클릭합니다.

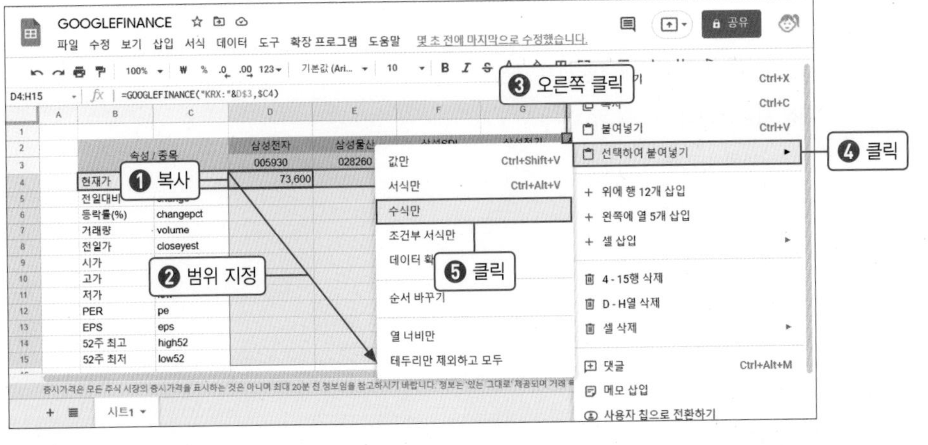


> **Tip**
> 해당 범위에 등락률 표시 등 '맞춤 서식'이 사용되어 있기 때문에 자동 채우기가 아닌 수식만 붙여넣기했습니다. 맞춤 서식에 대한 자세한 내용은 135쪽을 참고하세요.

**3** 각 종목의 데이터가 수집되었습니다. 해당 데이터는 실시간 데이터지만 시트 하단에 명시된 것처럼 최대 20분의 지연시간이 발생할 수 있어 참고용으로 사용하는 것이 좋습니다.

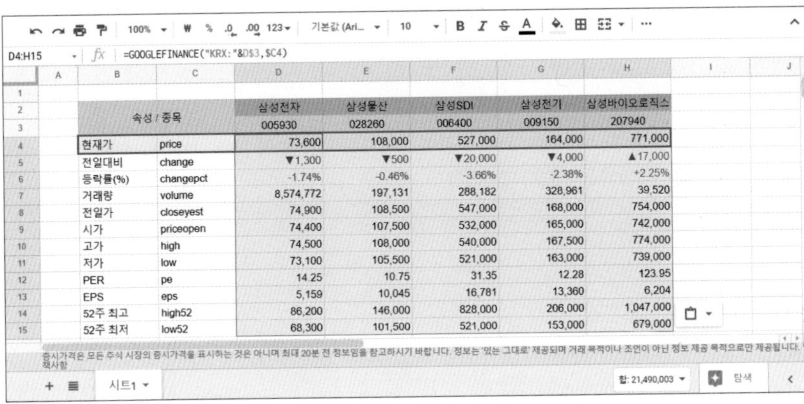

| 속성 / 종목 | | 삼성전자 005930 | 삼성물산 028260 | 삼성SDI 006400 | 삼성전기 009150 | 삼성바이오로직스 207940 |
|---|---|---|---|---|---|---|
| 현재가 | price | 73,600 | 108,000 | 527,000 | 164,000 | 771,000 |
| 전일대비 | change | ▼1,300 | ▼500 | ▼20,000 | ▼4,000 | ▲17,000 |
| 등락률(%) | changepct | -1.74% | -0.46% | -3.66% | -2.38% | +2.25% |
| 거래량 | volume | 8,574,772 | 197,131 | 288,182 | 328,961 | 39,520 |
| 전일가 | closeyest | 74,900 | 108,500 | 547,000 | 168,000 | 754,000 |
| 시가 | priceopen | 74,400 | 107,500 | 532,000 | 165,000 | 742,000 |
| 고가 | high | 74,500 | 108,000 | 540,000 | 167,500 | 774,000 |
| 저가 | low | 73,100 | 105,500 | 521,000 | 163,000 | 739,000 |
| PER | pe | 14.25 | 10.75 | 31.35 | 12.28 | 123.95 |
| EPS | eps | 5,159 | 10,045 | 16,781 | 13,360 | 6,204 |
| 52주 최고 | high52 | 86,200 | 146,000 | 828,000 | 206,000 | 1,047,000 |
| 52주 최저 | low52 | 68,300 | 101,500 | 521,000 | 153,000 | 679,000 |

### 잠깐만요 :: GOOGLEFINANCE함수의 실시간 데이터 속성 알아보기

실시간 데이터에 적용할 경우 다음 중 하나를 속성으로 사용할 수 있습니다

| 속성 | 설명 |
|---|---|
| price | 실시간 가격 정보로 최대 20분까지 지연 |
| priceopen | 개장 시점의 가격 |
| high | 현재 날짜의 최고가 |
| low | 현재 날짜의 최저가 |
| volume | 현재 날짜의 거래량 |
| marketcap | 주식의 시가 총액 |
| tradetime | 마지막 거래 시간 |
| datadelay | 실시간 데이터의 지연 정도 |
| volumeavg | 일일 평균 거래량 |
| pe | 가격 대비 수익률 |
| eps | 주당 순이익 |
| high52 | 52주 최고가 |
| low52 | 52주 최저가 |
| change | 전 거래일 마감 이후의 가격 변동 |
| beta | 베타 값 |
| changepct | 전 거래일 마감 이후 주식 가격의 백분율 변동 |
| closeyest | 전일 종가 |
| shares | 발행 주식 수 |
| currency | 유가증권이 거래되는 통화. 통화에는 거래 기간이 없으므로 이 인수에 대해 open, low, high 또는 volume을 사용하면 결과가 반환되지 않습니다. |

# 실무예제 18 구글 파이낸스에서 일 코스피 변동 추이 수집하기

**1** GOOGLEFINANCE함수로 실시간 데이터 이외 과거 데이터도 조회할 수 있습니다. 2021년 1월부터 현재까지 일자별로 코스피 데이터를 수집해 볼게요. B2셀을 선택하고 다음과 같이 함수식을 입력합니다.

```
=GOOGLEFINANCE("KOSPI","ALL", /* KOSPI의 개장가, 종가, 최고가, 최저가, 거래량의 속성 */
 DATE(2021,1,1),TODAY( ), /* 2021년1월1일부터 현재 날짜까지 (DATE함수나 TODAY함수를 사용하지 않고 날짜를 입력
                                할 경우 따옴표안에 입력합니다(예 "2021-01-01") */
 "DAILY") /* 매일 데이터를 반환 */
```

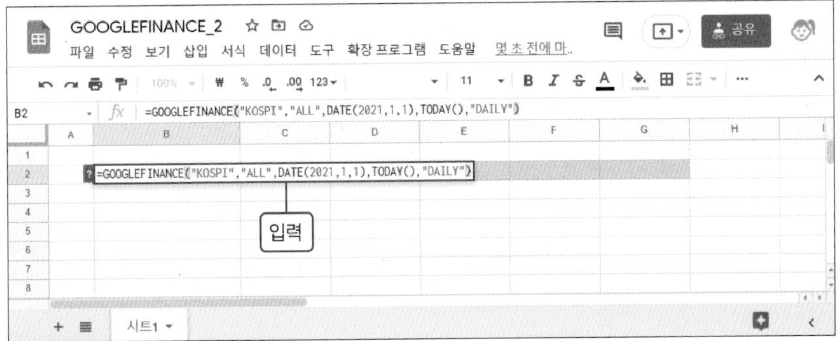


**Tip**
시작일만 지정하고 종료일을 지정하지 않을 경우 시작일 하루의 데이터만 반환되며 데이터 반환 빈도는 매일(DAILY) 또는 매주(WEEKLY) 중 선택할 수 있으며 따옴표 없이 숫자 1 또는 7로 지정할 수 있습니다. 이때 다른 숫자 값은 사용할 수 없어요.

**2** 지정한 시작일로부터 현재(예제를 실습하는 날짜 기준)날짜까지 코스피의 모든 속성에 대한 데이터가 수집되었습니다.

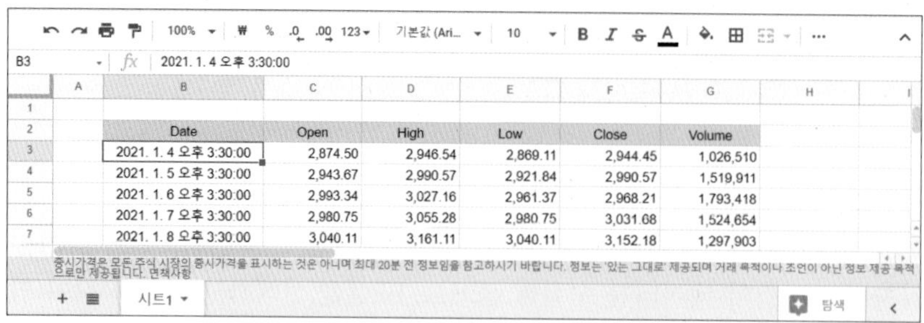

| | A | B | C | D | E | F | G |
|---|---|---|---|---|---|---|---|
| 2 | | Date | Open | High | Low | Close | Volume |
| 3 | | 2021. 1. 4 오후 3:30:00 | 2,874.50 | 2,946.54 | 2,869.11 | 2,944.45 | 1,026,510 |
| 4 | | 2021. 1. 5 오후 3:30:00 | 2,943.67 | 2,990.57 | 2,921.84 | 2,990.57 | 1,519,911 |
| 5 | | 2021. 1. 6 오후 3:30:00 | 2,993.34 | 3,027.16 | 2,961.37 | 2,968.21 | 1,793,418 |
| 6 | | 2021. 1. 7 오후 3:30:00 | 2,980.75 | 3,055.28 | 2,980.75 | 3,031.68 | 1,524,654 |
| 7 | | 2021. 1. 8 오후 3:30:00 | 3,040.11 | 3,161.11 | 3,040.11 | 3,152.18 | 1,297,903 |

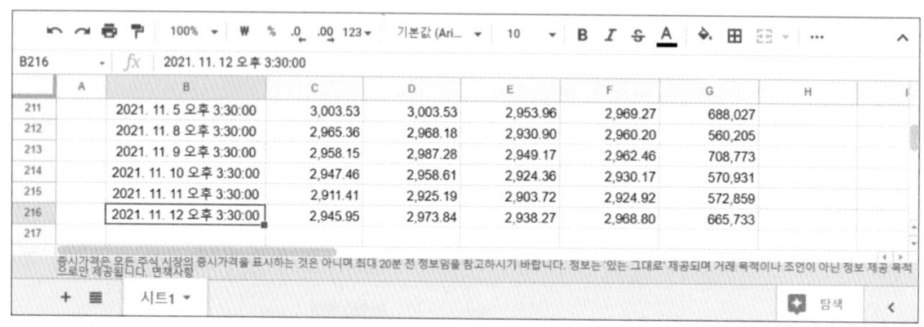

| | A | B | C | D | E | F | G |
|---|---|---|---|---|---|---|---|
| 211 | | 2021. 11. 5 오후 3:30:00 | 3,003.53 | 3,003.53 | 2,953.96 | 2,969.27 | 688,027 |
| 212 | | 2021. 11. 8 오후 3:30:00 | 2,965.36 | 2,968.18 | 2,930.90 | 2,960.20 | 560,205 |
| 213 | | 2021. 11. 9 오후 3:30:00 | 2,958.15 | 2,987.28 | 2,949.17 | 2,962.46 | 708,773 |
| 214 | | 2021. 11. 10 오후 3:30:00 | 2,947.46 | 2,958.61 | 2,924.36 | 2,930.17 | 570,931 |
| 215 | | 2021. 11. 11 오후 3:30:00 | 2,911.41 | 2,925.19 | 2,903.72 | 2,924.92 | 572,859 |
| 216 | | 2021. 11. 12 오후 3:30:00 | 2,945.95 | 2,973.84 | 2,938.27 | 2,968.80 | 665,733 |

### 잠깐만요 :: GOOGLEFINANCE함수의 과거 데이터 속성 알아보기

과거 데이터를 조회하는 경우 다음 중 하나를 속성으로 사용할 수 있습니다.

| 속성 | 설명 |
|---|---|
| open | 지정한 날짜의 개장가 |
| close | 지정한 날짜의 종가 |
| high | 지정한 날짜의 최고가 |
| low | 지정한 날짜의 최저가 |
| volume | 지정한 날짜의 거래량 |
| all | 위의 모든 속성 |

◉ **예제파일** : Chapter04 > Section10 > GOOGLETRANSLATE / GOOGLETRANSLATE(완성)

실무예제 19

# 입력된 문자열을 다른 언어로 번역하기

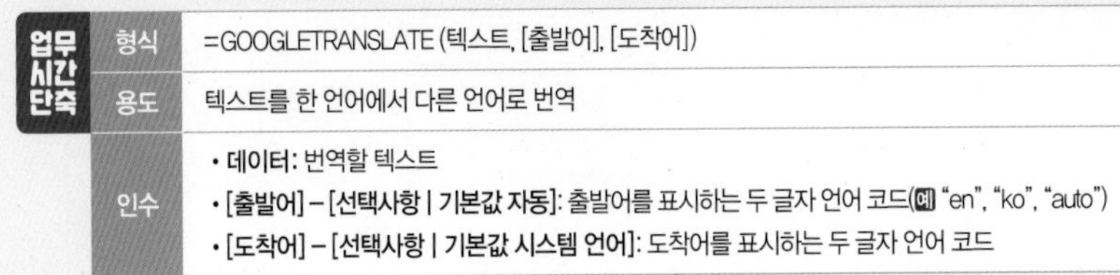

업무 시간 단축

| | |
|---|---|
| 형식 | =GOOGLETRANSLATE (텍스트, [출발어], [도착어]) |
| 용도 | 텍스트를 한 언어에서 다른 언어로 번역 |
| 인수 | • **데이터**: 번역할 텍스트<br>• **[출발어] – [선택사항 \| 기본값 자동]**: 출발어를 표시하는 두 글자 언어 코드(예 "en", "ko", "auto")<br>• **[도착어] – [선택사항 \| 기본값 시스템 언어]**: 도착어를 표시하는 두 글자 언어 코드 |

**1** B열에 입력된 텍스트를 한국어로 번역해 볼게요. C3셀을 선택하고 함수식 '=GOOGLETRANSLATE(B3,"en","ko")'을 입력하고 Enter를 누르세요.

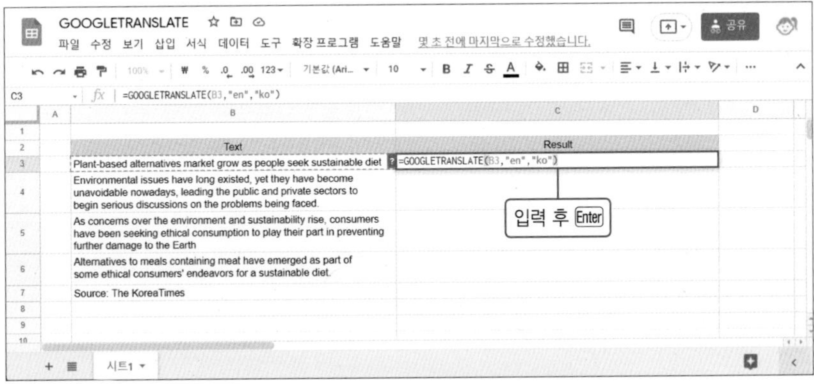


**2** B3셀에 입력된 텍스트가 설정한 도착어에 맞춰 번역된 내용을 확인합니다. 자동 채우기 핸들을 C7셀까지 드래그하여 수식 채우기를 적용하세요.

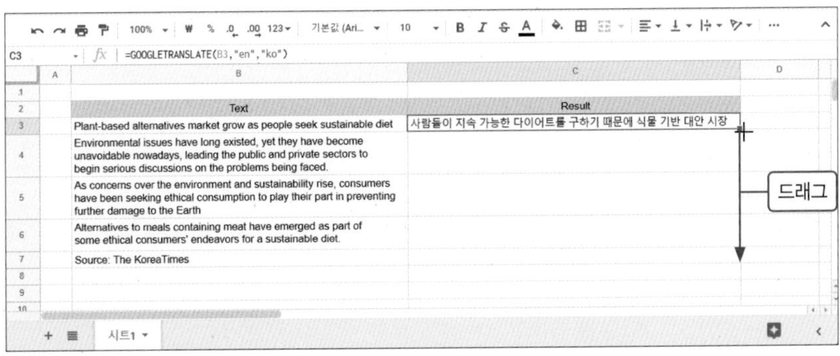

**3** 번역 프로그램을 이용하지 않고도 GOOGLETRANSLATE함수를 통하여 간단하게 번역할 수 있습니다.

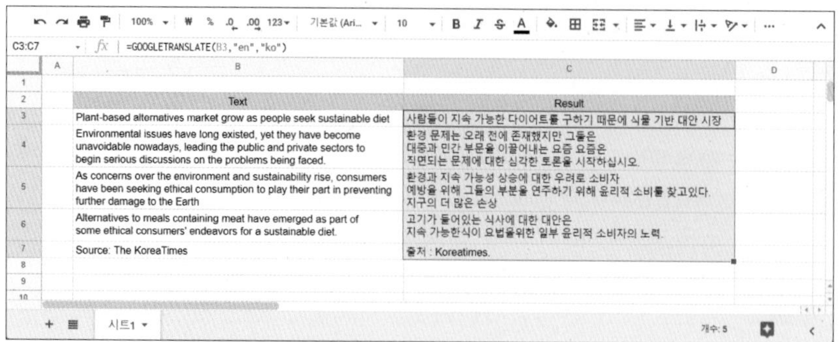

C3:C7 | =GOOGLETRANSLATE(B3,"en","ko")

| Text | Result |
|---|---|
| Plant-based alternatives market grow as people seek sustainable diet | 사람들이 지속 가능한 다이어트를 구하기 때문에 식물 기반 대안 시장 |
| Environmental issues have long existed, yet they have become unavoidable nowadays, leading the public and private sectors to begin serious discussions on the problems being faced. | 환경 문제는 오래 전에 존재했지만 그들은 대중과 민간 부문을 이끌어내는 요즘 요즘은 직면되는 문제에 대한 심각한 토론을 시작하십시오. |
| As concerns over the environment and sustainability rise, consumers have been seeking ethical consumption to play their part in preventing further damage to the Earth | 환경과 지속 가능성 상승에 대한 우려로 소비자 예방을 위해 그들의 부분을 연주하기 위해 윤리적 소비를 찾고있다. 지구의 더 많은 손상 |
| Alternatives to meals containing meat have emerged as part of some ethical consumers' endeavors for a sustainable diet. | 고기가 들어있는 식사에 대한 대안은 지속 가능한식이 요법을위한 일부 윤리적 소비자의 노력. |
| Source: The KoreaTimes | 출처 : Koreatimes. |

실무예제 20

# 입력된 문자열의 사용 언어 확인하기

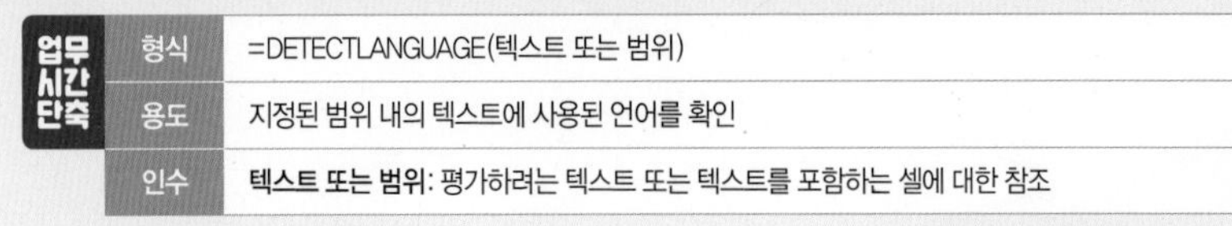

업무 시간 단축

| | |
|---|---|
| 형식 | =DETECTLANGUAGE(텍스트 또는 범위) |
| 용도 | 지정된 범위 내의 텍스트에 사용된 언어를 확인 |
| 인수 | **텍스트 또는 범위**: 평가하려는 텍스트 또는 텍스트를 포함하는 셀에 대한 참조 |

**1** [언어코드] 시트의 B열에 입력된 사용 언어를 확인해 볼게요. C3셀에 다음과 같이 수식을 입력하고 Enter를 누른 후, C9셀까지 자동 채우기 핸들을 드래그하여 수식 채우기를 적용합니다.

```
=DETECTLANGUAGE(B3)
```

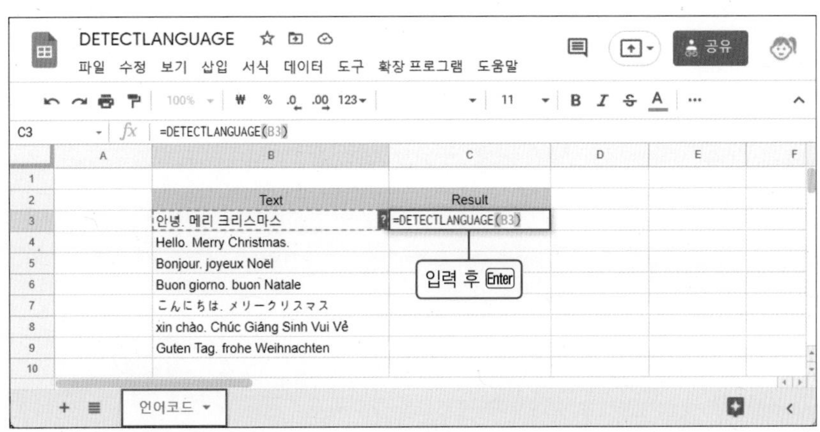


**2** B열에 입력된 언어가 어떤 언어인지 언어 코드를 통하여 확인할 수 있습니다.

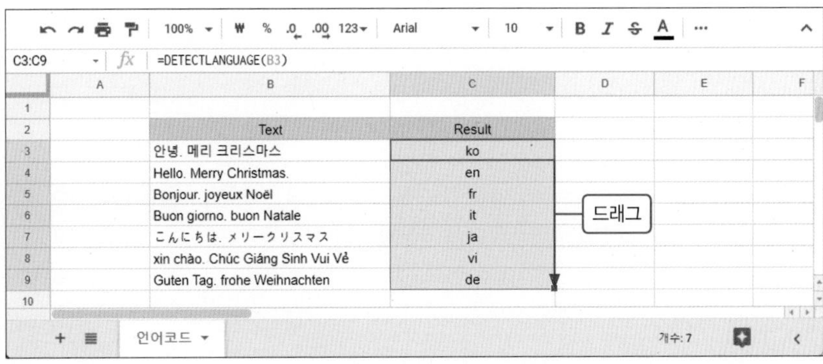

올바른 의사 결정이나 문제 해결을 위하여 수집한 데이터를 가치 있는 정보로 만들기 위해 차트나 표를 시각화하는 방법에 대해 알아봅니다.

**Section 11** 데이터를 정보로 변환하기

CHAPTER

# 05

# 전달력을 높이는 데이터 시각화

SECTION

# 11

# 데이터를 정보로 변환하기

분석한 데이터를 보기 좋게 만들고 정보 전달력을 높이기 위해 차트를 사용하여 데이터를 시각화합니다.

필수기능 01

# 순위를 열 차트로 표현하기

**1** 표(B3:C9)의 데이터를 열 차트로 표현해 볼게요. B3:C9 셀 범위를 지정하고 [삽입]-[차트]를 클릭합니다.

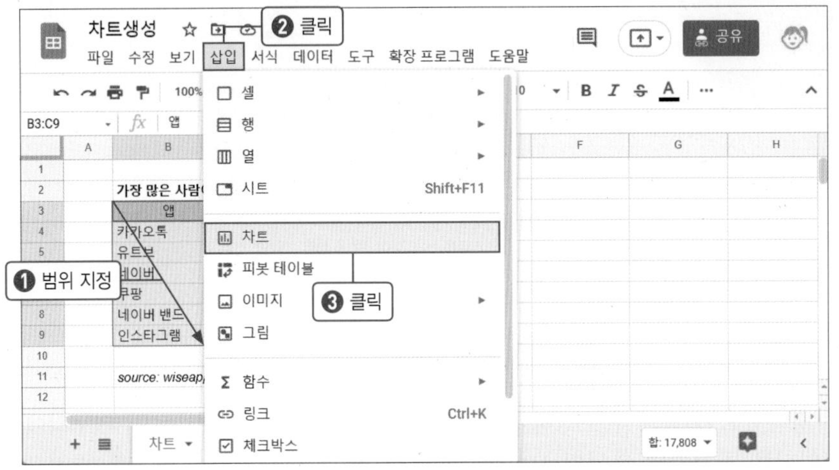


**2** 데이터에 맞춰 추천 차트가 생성되는데 여기서는 원형 차트가 자동으로 선택되었습니다. 차트가 선택된 상태에서 마우스를 차트 위에 두고 드래그하면 마우스 포인터가 손 모양 포인터(✋)로 바뀌는데 이 상태에서 자신이 원하는 곳으로 이동시킵니다.

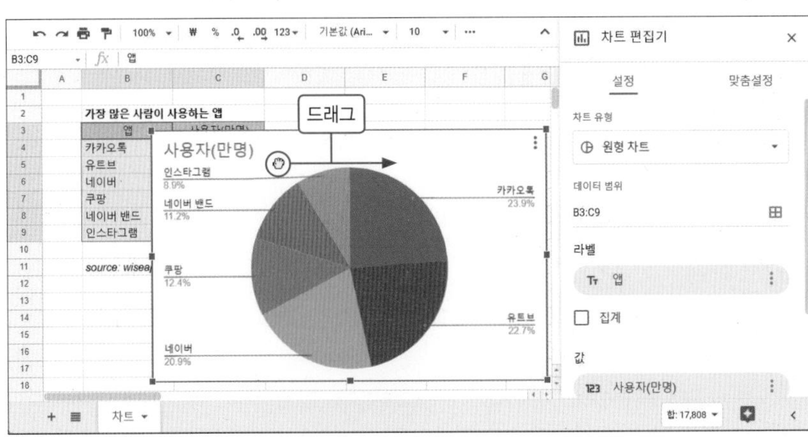

**3** 차트 우측에 표시된 [차트 편집기] 창의 [설정] 탭에서 '차트 유형' 드롭다운 버튼을 클릭하여 차트 종류를 변경해 볼게요. '추천 차트', '선', '영역' 등 다양한 종류가 나타나는데 여기서는 '열' 범주의 [열 차트]를 선택합니다.

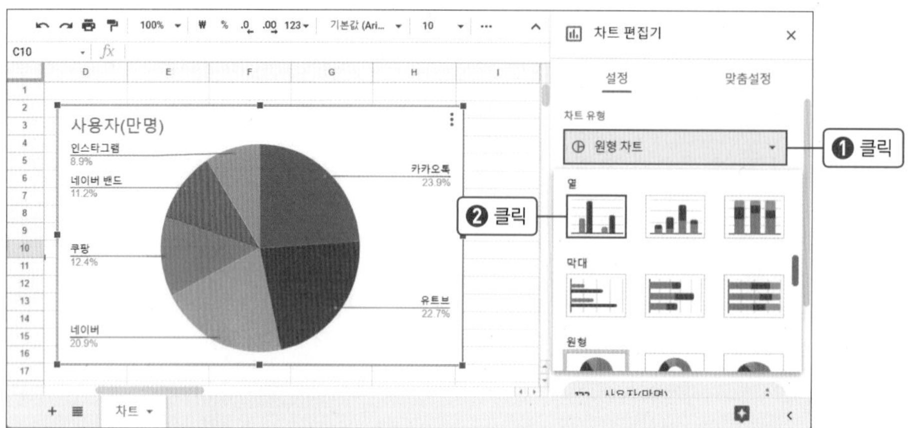


**Tip**

열 차트 범주에는 '열 차트'와 '누적 열 차트', '100%누적 열 차트'가 있으며 열 차트를 비롯하여 '막대 차트', '영역 차트'와 같이 누적 값을 표시하는 차트는 스태킹을 조정하여 종류를 변경할 수 있습니다.

**4** 차트의 종류가 변경되었으면 크기를 조정하기 위하여 차트를 선택합니다. 차트의 테두리에 조절점에 마우스 포인터를 가져가면 포인터 모양이 바뀌는데 이때 드래그하여 크기를 변경해 보세요. 참고로 차트 테두리의 모서리를 드래그하면 가로 세로 비율을 유지한 채 크기를 조절할 수 있습니다.

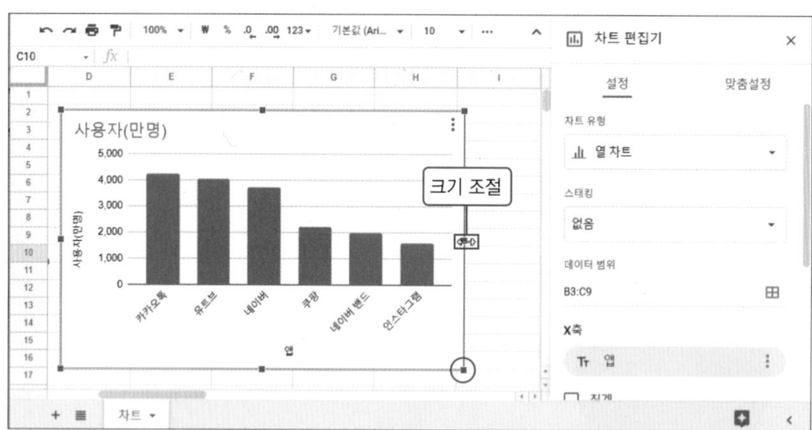

## 5 열 차트가 완성되었습니다.

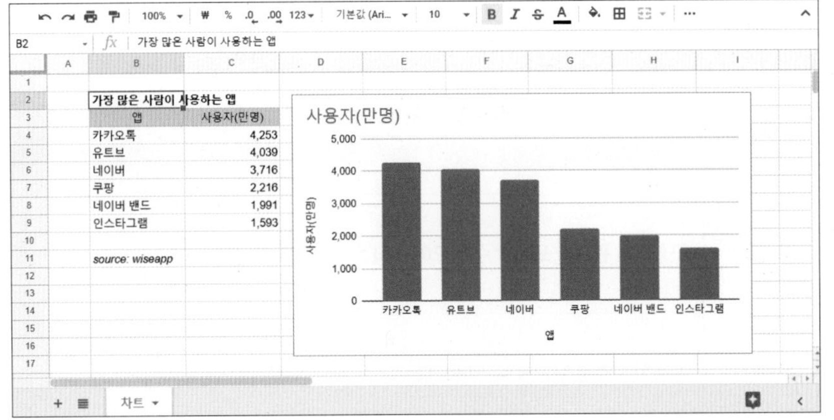


### 잠깐만요 :: 구글 스프레드시트의 차트 종류 알아보기

구글 스프레드시트에서 사용하는 차트의 종류와 쓰임에 대해 알아봅니다.

| 미리보기 | 종류 | 설명 |
|---|---|---|
| | 선 | 일정 기간 동안의 변화, 추세를 확인할 수 있습니다. |
| | 콤보 | 각 데이터 계열을 서로 다른 유형으로 표시할 수 있습니다. |
| | 영역 | 데이터 카테고리 사이의 값 변화 등을 추적할 수 있습니다. |
| | 열 | 데이터 카테고리 또는 그룹을 표시하여 수치를 비교할 수 있습니다. |
| | 막대 | 데이터 카테고리 또는 그룹을 표시하여 수치를 비교할 수 있습니다. |
| | 원형 | 데이터가 전체에서 차지하는 비율을 표시할 수 있습니다. |
| | 분산형 | X, Y축을 따라 숫자의 좌표를 표시하고 두 변수 사이의 연관성을 찾을 수 있습니다. |

| | | |
|---|---|---|
| 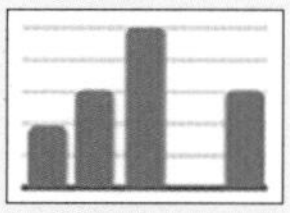 | 히스토그램 | 도수 분포를 표시할 수 있습니다. |
| 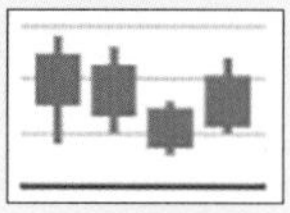 | 원통형 | 시가 및 종가를 전체 변동량에 겹쳐 표시할 수 있으며, 주식 등 수치 동향을 나타낼 수 있습니다. |
| 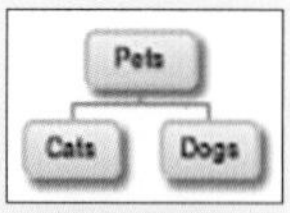 | 조직도 | 구성원의 관계를 표시할 수 있으며 조직 차트라고도 합니다. |
| 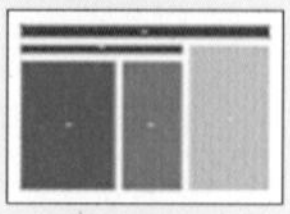 | 트리맵 | 계층적 자료를 표시할 수 있습니다. |
|  | 지역 | 국가, 지역의 지도를 표시하며 각 위치의 값은 색상으로 표시됩니다. |
| 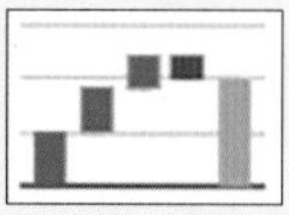 | 폭포 | 시작 값이 나중 값이 되기까지 그 사이의 데이터의 증감을 표시합니다. |
|  | 방사형 | 변수의 포지셔닝을 표시할 때 주로 사용되며 레이더 차트라고도 합니다. |
| 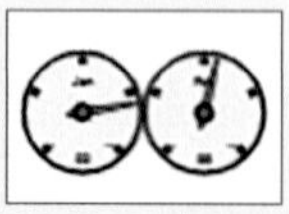 | 게이지 | 범위 내 측정값을 비교하고 대조할 수 있는 게이지가 표시됩니다. |
| 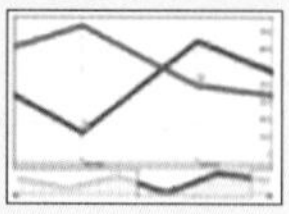 | 타임라인 | 대화형 시계열 선 차트를 표시할 수 있습니다. |
| 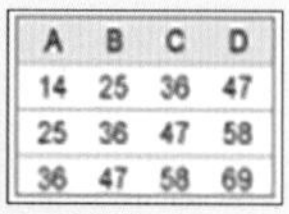 A B C D<br>14 25 36 47<br>25 36 47 58<br>36 47 58 69 | 표 | 스프레드시트 표를 간편하게 정렬하고 매기기할 수 있습니다. |
| 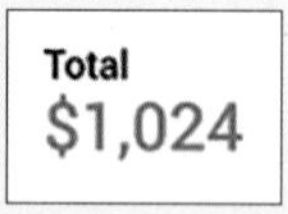 Total<br>$1,024 | 스코어카드 | 데이터 수치와 변동을 표시합니다. |

**⚠ 엑셀과 달라요**

**엑셀에서는 차트를 생성할 때 처음부터 차트 종류를 선택할 수 있지만 구글 스프레드시트에서는 데이터 패턴에 따라 추천 차트가 생성되기 때문에 필요에 따라 차트 종류를 사용자가 변경해 주어야 합니다.**

실무예제 02

# 차트 제목과 부제목 입력하기

**1** 차트를 선택하고 [마우스 오른쪽 버튼]-[차트 및 축 제목]-[차트 제목]을 클릭합니다.

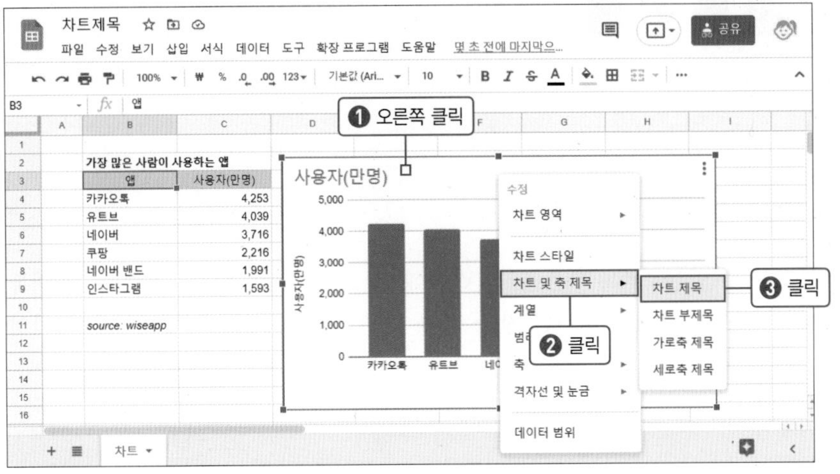


**Tip**

[마우스 오른쪽 버튼]으로 메뉴를 선택하지 않고도 해당 차트 부위를 더블클릭하면 해당 옵션 메뉴로 쉽게 이동되고 다른 방법으로는 차트 우측 상단의 아이콘(⋮)에서 '차트 수정'을 선택하여 [차트 편집기] 창을 열 수 있어요.

**2** 화면 우측에 [차트 편집기] 창의 [맞춤설정] 탭이 나타나면 '제목 텍스트' 입력란에 '가장 많은 사람이 사용하는 앱'이라고 입력합니다. 여기서 제목의 글꼴 종류나, 크기 등 서식을 변경할 수 있는데 '제목 서식'의 '굵게'를 선택합니다.

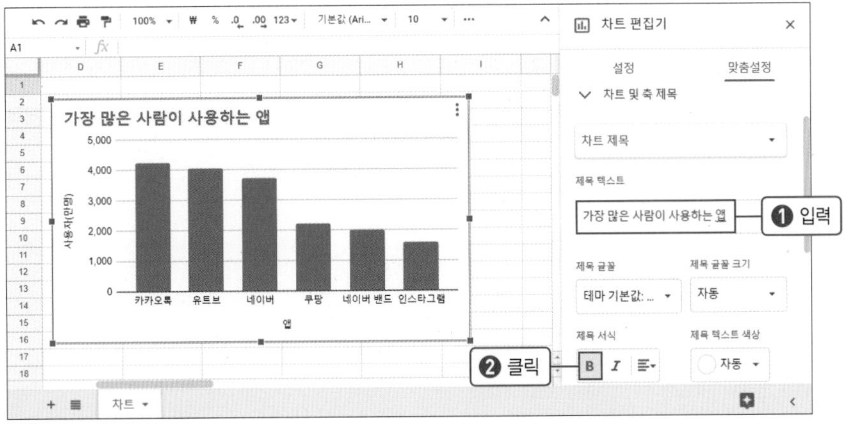

**3** 이번에는 차트에 부제목을 입력하기 위해 [차트 편집기] 창의 [맞춤설정] 탭의 '차트 제목' 드롭다운 버튼을 클릭하여 '차트 부제목'을 선택합니다.

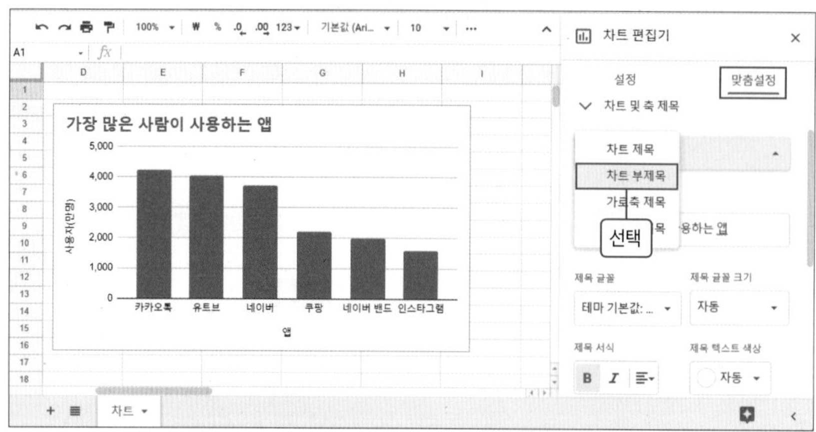


**4** 차트 부제목을 입력할 수 있는 '제목 텍스트' 입력란에 'source: wiseapp'를 입력하고 '제목 글꼴 크기'를 12p로 변경한 후 [차트 편집기] 창을 닫아 바뀐 차트의 제목과 부제목을 확인하세요.

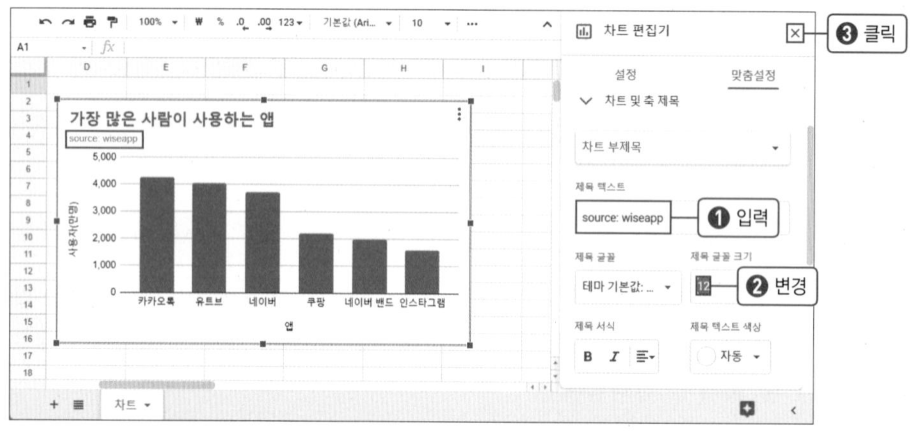


**⚠ 엑셀과 달라요**

엑셀은 차트 제목란에 특정 셀을 참조시켜 직접 입력하지 않고도 셀 값을 표시할 수 있지만 구글 스프레드시트에서는 제목에 셀을 참조시킬 수 없어요.

실무예제 03

# 차트 가로축/세로축 서식 변경하기

**1** 먼저 가로축 글꼴 색상을 변경하고 데이터 계열의 나열을 변경해 볼게요. 차트를 선택하고 [마우스 오른쪽 버튼]-[축]-[가로축]을 클릭합니다.

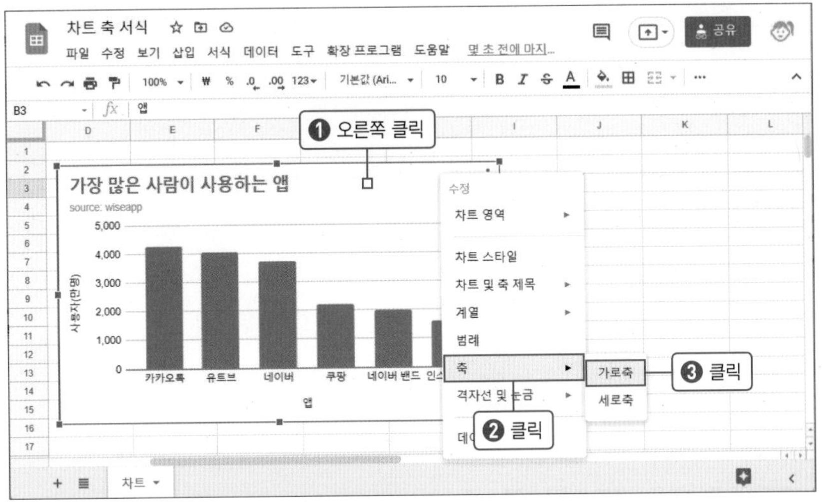


**2** 화면 우측에 [차트 편집기] 창의 [맞춤설정] 탭 '가로축'이 나타나면 '텍스트 색상' 드롭다운 버튼을 클릭하여 가로축의 글꼴 색상을 변경해 보고 '축 순서 뒤집기'를 체크하여 데이터 계열의 나열 순서를 변경합니다. 계속해서 세로축의 값을 변경하기 위해 [차트 편집기] 창 화면을 아래로 스크롤하여 '세로축' 옵션을 클릭하세요.

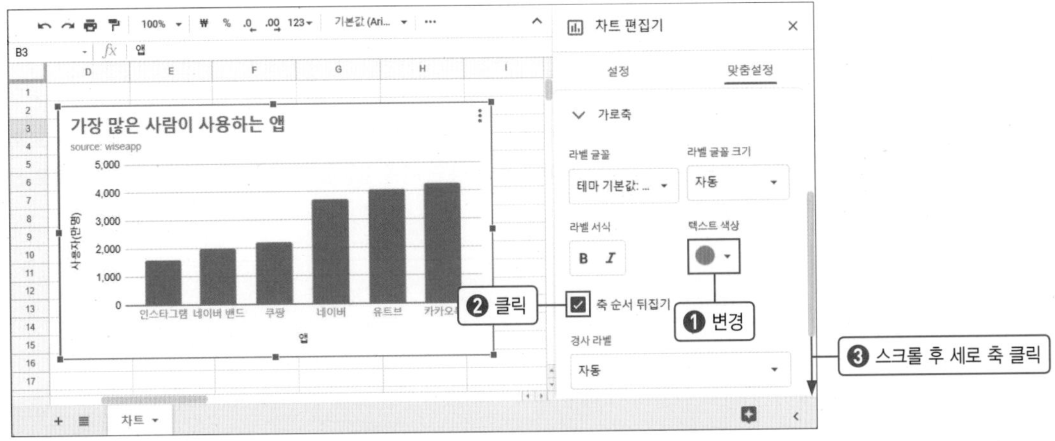

**3** 세로축 '최소값' 입력란에 '500'을 입력하고 '최대값' 입력란에 '4500'을 입력하세요.

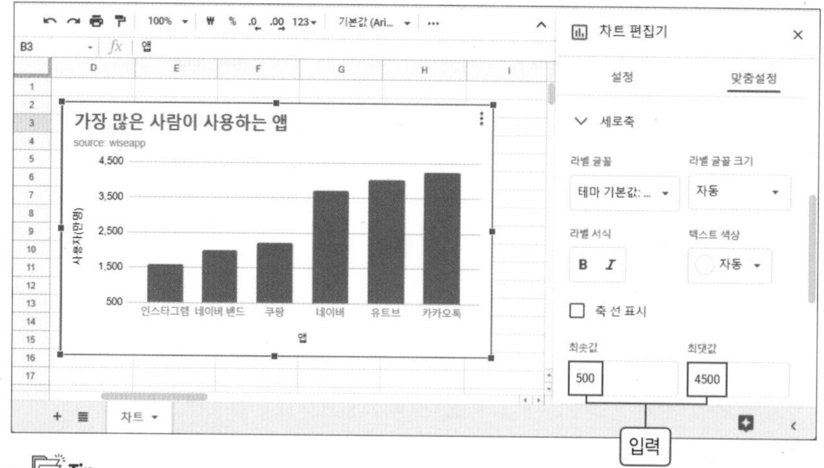


**Tip**

세로축 값의 표시 단위를 변경하고 싶은 경우 '배율' 항목에서 조정할 수 있으며 축의 간격 설정은 435쪽을 참고하면 됩니다.

**4** 세로축에 표시되는 최소값이 500부터 최대값이 4,500으로 변경되었습니다.

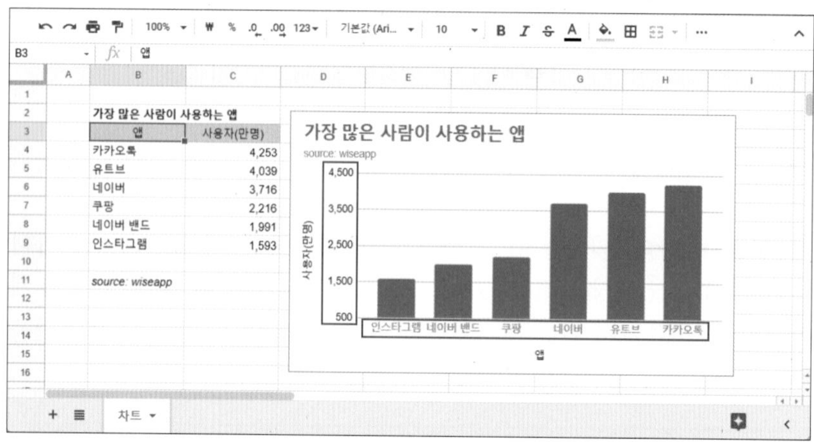


**⚠ 엑셀과 달라요**

엑셀에서는 세로축의 최소, 최대값과 단위를 변경할 때 '축 옵션'에서 한 번에 설정하지만 구글 스프레드시트에서는 세로축의 최소, 최대값을 설정하려면 '세로축' 옵션에서 설정해야 하며, 간격(단위)를 설정할 때는 '격자선 및 눈금' 옵션을 따로 선택해서 설정해야 합니다.

실무예제 04

# 열 차트의 스타일과 계열 서식 변경하기



**1** 차트 배경색을 지정하고 데이터 계열 색상을 변경할게요. 먼저 차트에 배경을 지정하기 위해 차트를 선택하고 [마우스 오른쪽 버튼]-[차트 스타일]을 선택합니다.

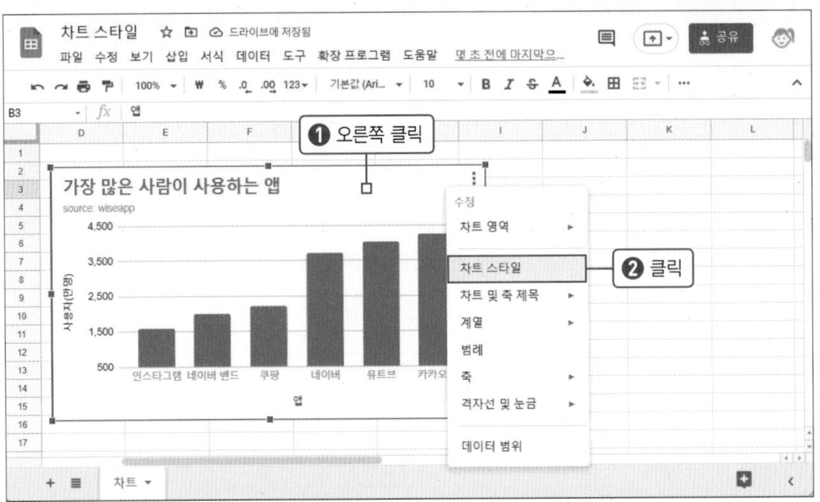


**2** [차트 편집기] 창의 [맞춤설정] 탭에 '차트 스타일'이 나타나면 '배경 색상'을 '연한 회색3'으로 변경하고 차트의 데이터 계열에 입체감을 주기 위해 '3D' 항목에 체크합니다. 계속해서 데이터 계열의 색상을 변경하기 위해 [차트 편집기] 창 화면을 아래로 스크롤하여 '계열'의 옵션을 선택합니다.

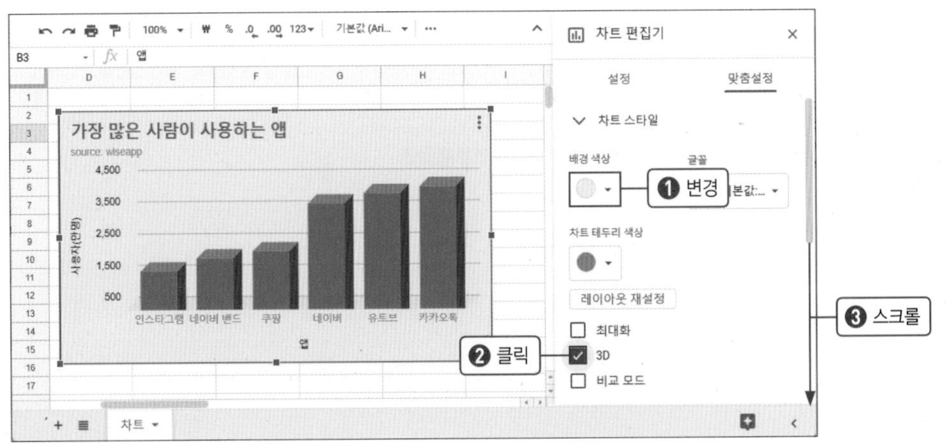

**3** '계열'의 '채우기 색상'을 자유롭게 변경한 후 [차트 편집기] 창의 화면을 아래로 스크롤합니다.

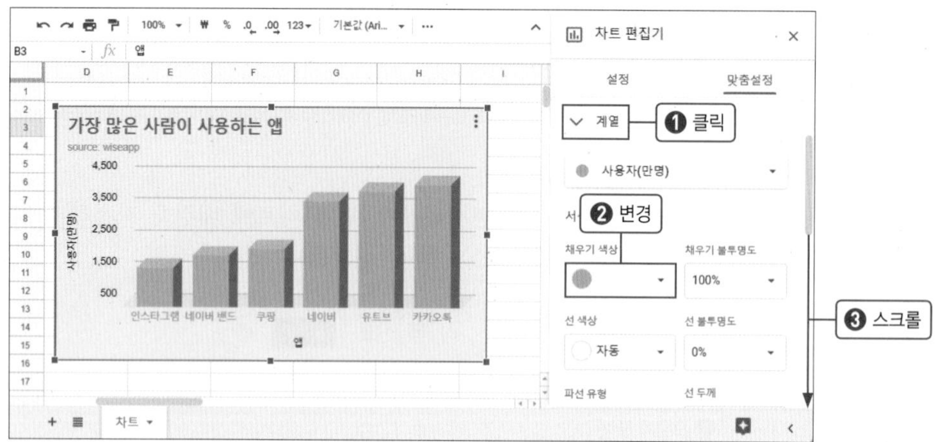


**4** 세로축의 방향을 바꾸기 위해 '축'을 '오른쪽 축'으로 변경하고 가장 큰 데이터 계열에만 포인트를 주기 위해 '데이터 포인트 서식 지정'의 [추가]를 클릭합니다.

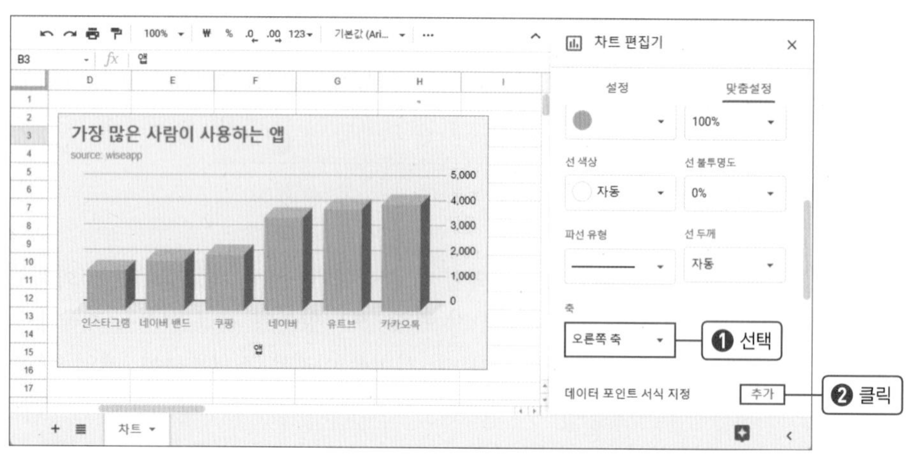


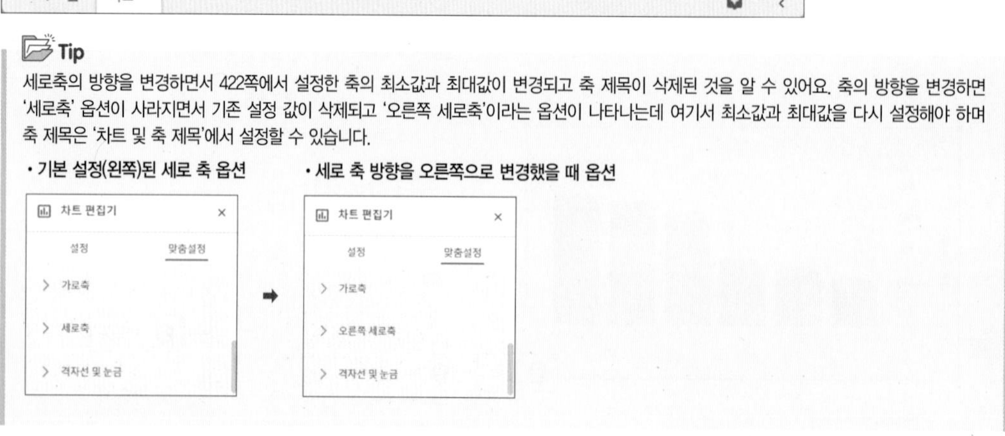

**Tip**

세로축의 방향을 변경하면서 422쪽에서 설정한 축의 최소값과 최대값이 변경되고 축 제목이 삭제된 것을 알 수 있어요. 축의 방향을 변경하면 '세로축' 옵션이 사라지면서 기존 설정 값이 삭제되고 '오른쪽 세로축'이라는 옵션이 나타나는데 여기서 최소값과 최대값을 다시 설정해야 하며 축 제목은 '차트 및 축 제목'에서 설정할 수 있습니다.

- 기본 설정(왼쪽)된 세로 축 옵션
- 세로 축 방향을 오른쪽으로 변경했을 때 옵션

**5** [데이터 포인트 선택] 대화상자가 나타나면 '데이터 포인트'의 드롭다운 버튼을 클릭하여 가장 높은 항목인 '사용자(만명): 카카오톡'을 선택하고 [확인]을 클릭하세요.

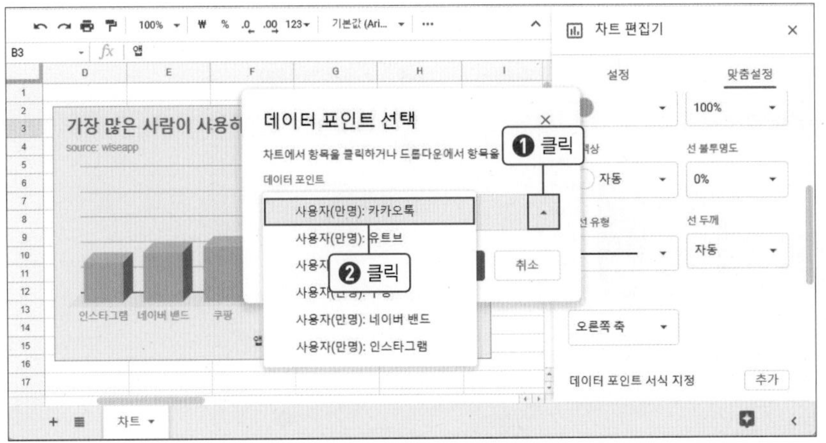


**6** 우측에 색상표 차트가 나타나면 자유롭게 색상을 선택합니다.

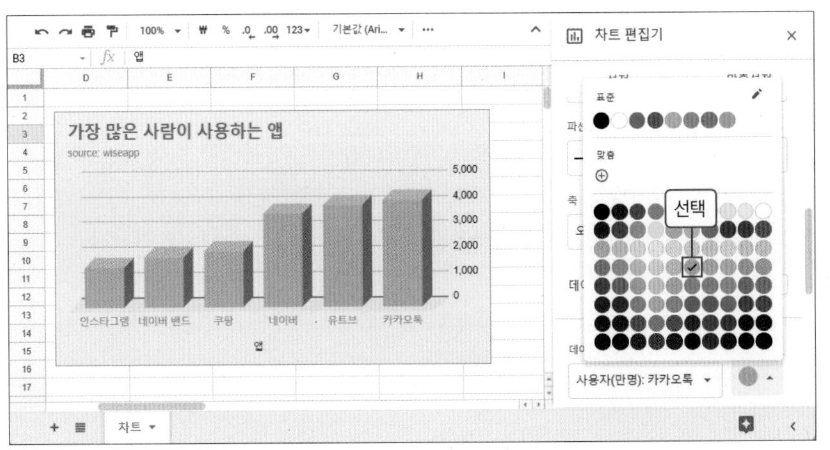


기본 사용법
입력 / 편집
데이터 작성
함수
표&차트 시각화

**7** '카카오톡 데이터 계열'에 새로운 서식이 적용된 것을 확인합니다. 참고로 데이터 포인트 서식에는 여러 계열을 추가할 수 있어요.

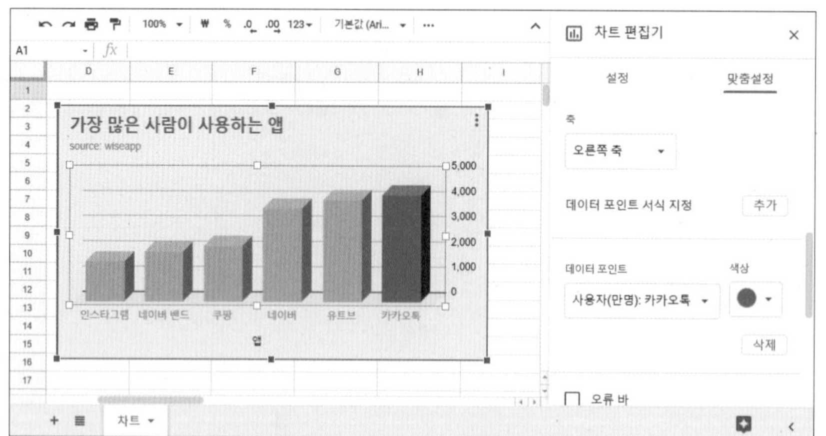


**Tip**

차트의 계열을 더블클릭하면 데이터 포인트 서식 메뉴를 빠르게 실행할 수 있어요.

실무예제 05

# 데이터 라벨 표시하기

**1** 차트 계열에 라벨을 표시해 정확한 수치를 볼 수 있도록 바꿔 볼게요. 차트를 선택하고 [마우스 오른쪽 버튼]-[계열]-[사용자(만명)]을 선택합니다.

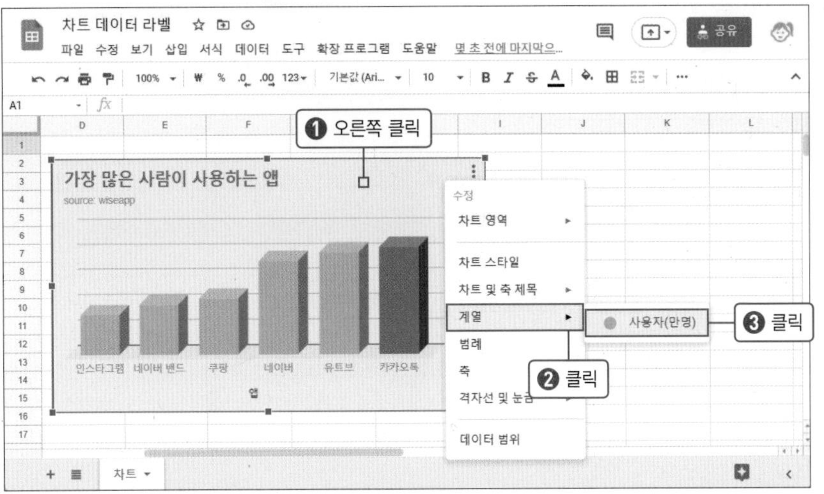


**2** [차트 편집기] 창의 [맞춤설정] 탭이 나타나면 '계열'의 '데이터 라벨' 항목에 체크합니다. '데이터 라벨'을 체크하면 라벨에 적용할 서식 메뉴가 표시되는데 여기서 '위치'를 '안쪽 밑'으로 변경합니다. 차트의 계열에 데이터 값이 표시되어 수치를 확인할 수 있습니다.

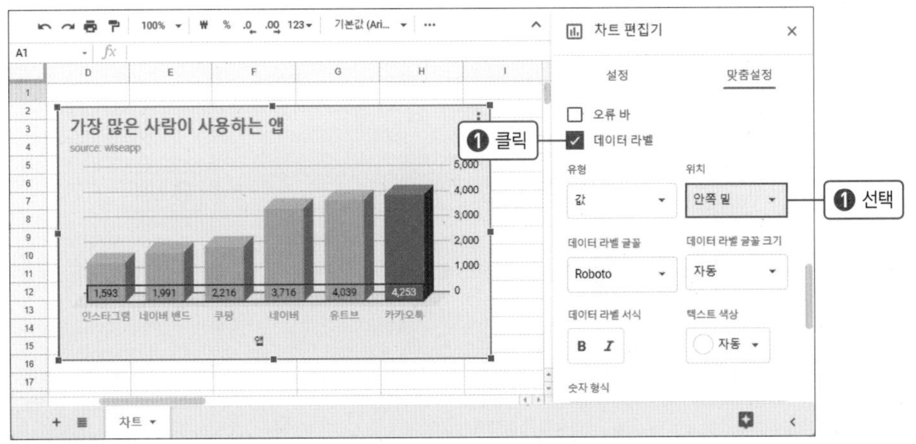


**Tip**

특정 라벨에만 서식을 지정하거나 원본 값과 다르게 표시하고 싶은 경우 차트의 해당 라벨을 더블 클릭하여 [차트 편집기]창의 [맞춤설정]을 실행할 수 있습니다.

# 06 차트에 범례 추가하기

**1** 차트를 선택하고 [마우스 오른쪽 버튼]-[범례]를 클릭합니다.

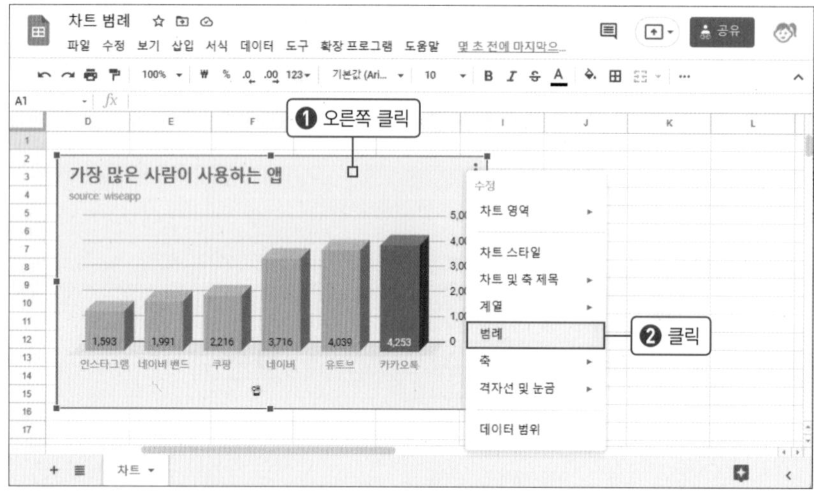


**2** 화면 우측에 [차트 편집기] 창의 [맞춤설정] 탭이 나타나면 '범례'의 '위치' 항목 드롭다운 버튼을 클릭하여 [상단]을 선택합니다. 범례가 차트 그래프 상단에 위치하는데, 이때 사용자가 원하는 위치의 옵션이 없을 경우 범례를 선택하고 드래그하여 원하는 위치로 이동시킬 수도 있어요. 범례를 선택한 후 세로축 방향으로 드래그해 보세요.

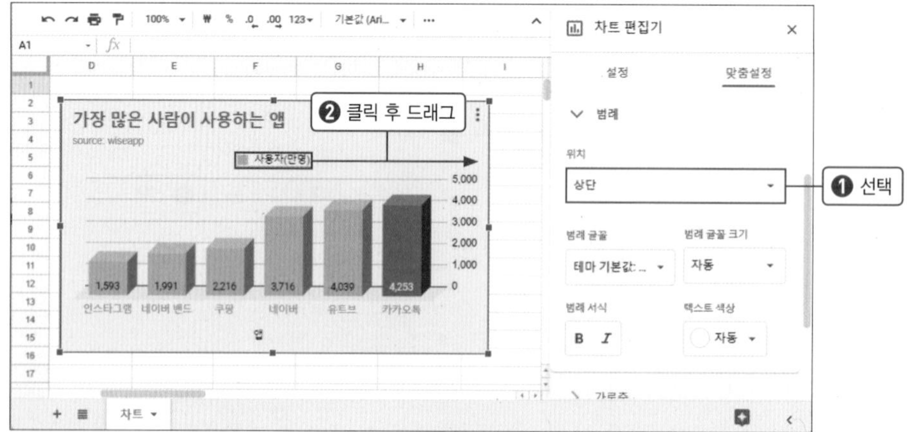

**3** 사용자가 직접 범례 위치를 조정하면 [차트 편집기] 창의 '위치'가 [맞춤]으로 변경됩니다.

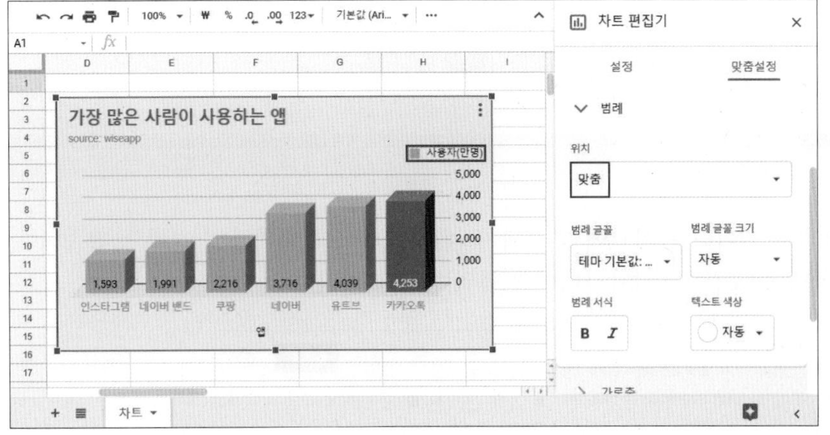

◉ **예제파일** : Chapter05 > Section11 > 차트 데이터 범위 / 차트 데이터 범위(완성)

# 차트에 표시되는 데이터 범위 변경하기

**1** 표 B6:C7 셀 범위의 데이터를 차트에 표시되지 않도록 데이터 범위를 변경해 보겠습니다. 차트를 선택하고 [마우스 오른쪽 버튼]-[데이터 범위]를 선택합니다.

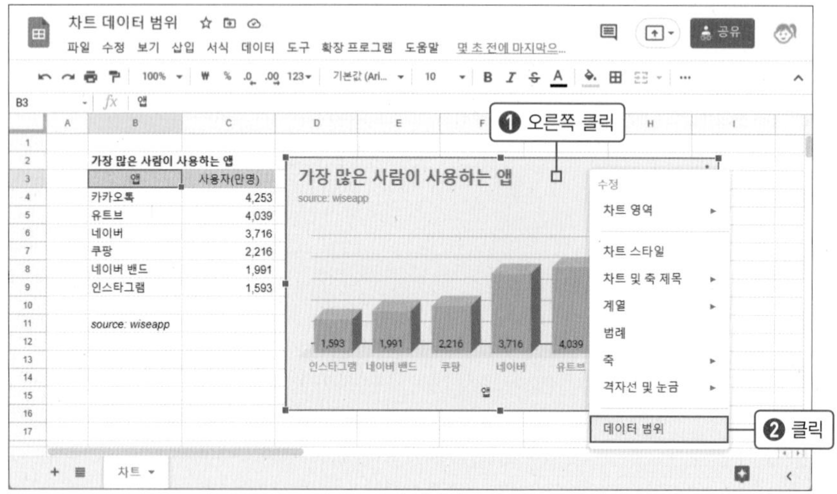


**2** [차트 편집기] 창의 [설정] 탭에 '데이터 범위'가 나타나면 데이터 범위 선택 단추(⊞)를 클릭하세요.

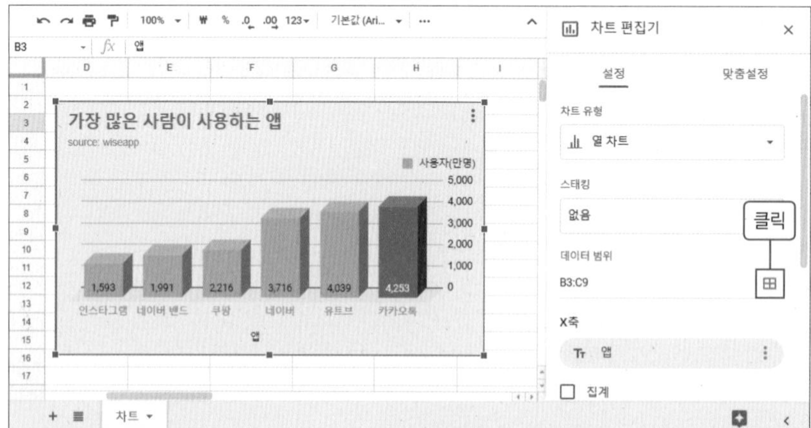

**3** [데이터 범위 선택] 대화상자가 나타나면 B3:C5 셀 범위를 드래그하여 주소를 입력시키고 [다른 범위 추가]를 클릭합니다.

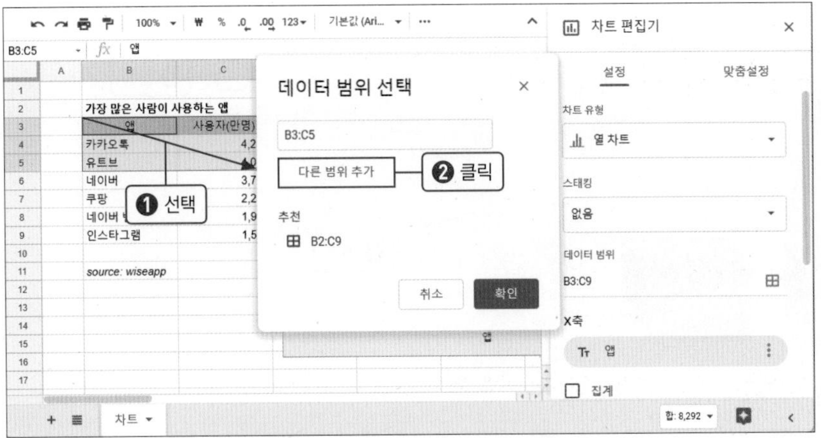


**4** 새로운 범위 입력란이 생기면 B8:C9 셀 범위를 드래그하고 [확인]을 클릭합니다.

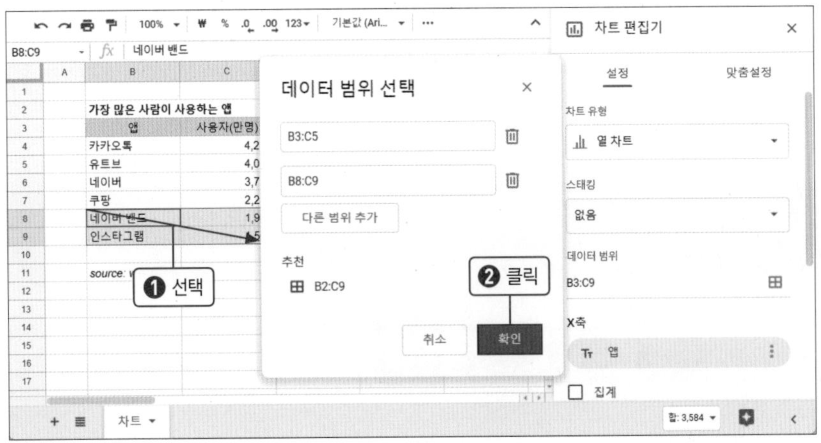

**5** 바꾼 첫 번째 범위의 데이터 계열만 표시되는데 [차트 편집기] 창 [설정] 탭의 '범위 결합'의 '가로'에서 '세로'로 변경하면 선택한 모든 데이터 계열이 표시됩니다. 작업을 끝냈다면 [차트 편집기] 창을 닫습니다.

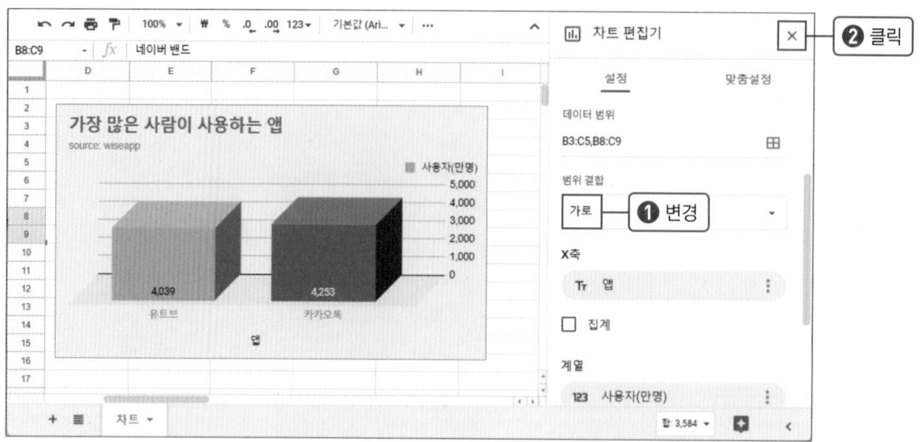


**6** 이렇듯 표의 중간 범위를 제외한 연속되지 않은 범위의 데이터를 차트로 표시할 수 있습니다.

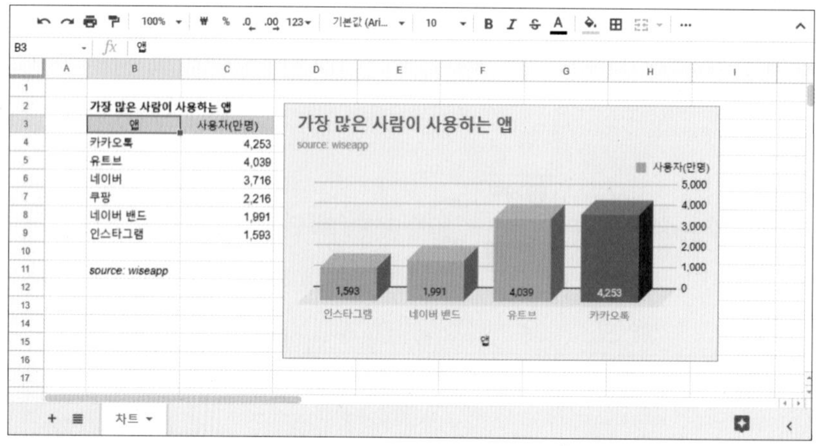


**⚠ 엑셀과 달라요**

엑셀과 다르게 구글 스프레드시트에서는 차트가 참조하고 있는 표 범위에서 새로운 행에 데이터가 추가되면 차트에도 자동으로 범위가 변경되어 편리합니다.

실무예제 08

# 세로축 값의 간격을 변경하고 보조 격자선 추가하기

**1** 세로축에 표시되는 값의 간격을 설정하기 위해 차트를 선택하고 [마우스 오른쪽 버튼]-[격자선 및 눈금]-[오른쪽 세로축]을 클릭합니다.

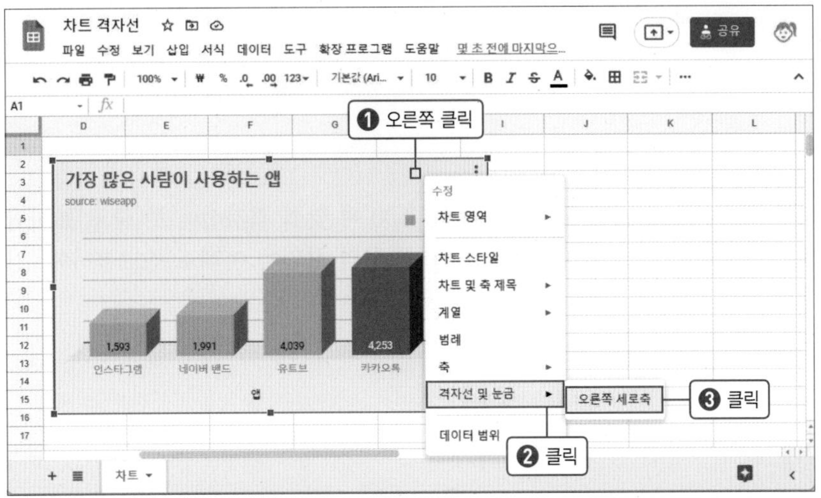


**2** 화면 우측에 [차트 편집기] 창의 [맞춤설정] 탭에 '격자선 및 눈금'의 '기본 공백 유형' 항목을 [단계]로 선택하고 '기본 간격' 입력란에 '1500'을 입력합니다.

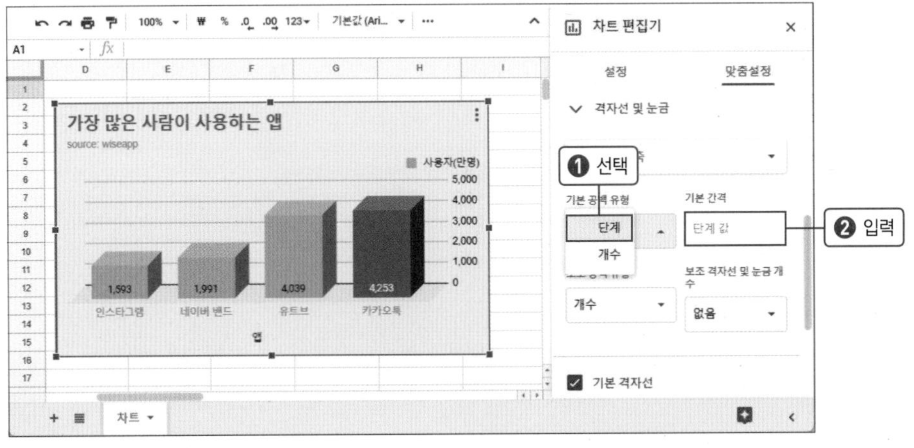

**3** '보조 공백 유형'을 [단계]를 선택하고 '보조 간격' 입력란에 '500'을 입력하세요.

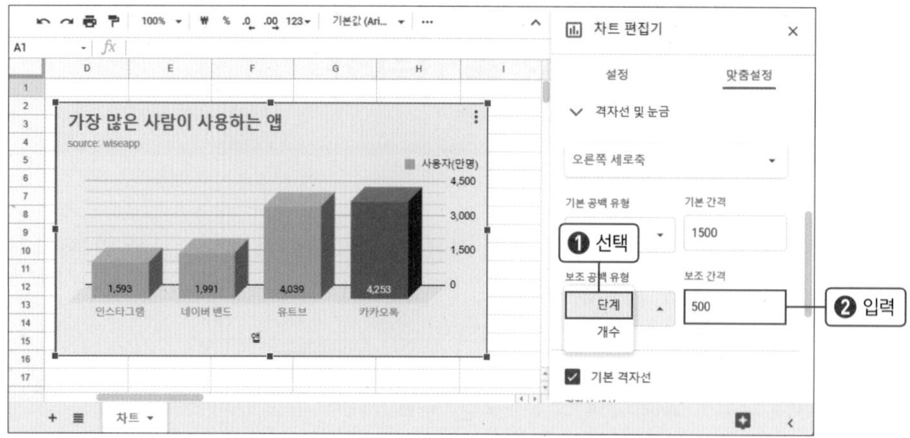


**4** 세로축 값의 간격이 '1500'으로 설정되고 보조 간격 '500'에 맞춰 격자선이 두 줄로 표시됩니다. 기본 격자선의 색상을 변경하기 위해 [차트 편집기] 창의 화면을 아래로 스크롤하여 '기본 격자선 색상'을 변경해 보세요.

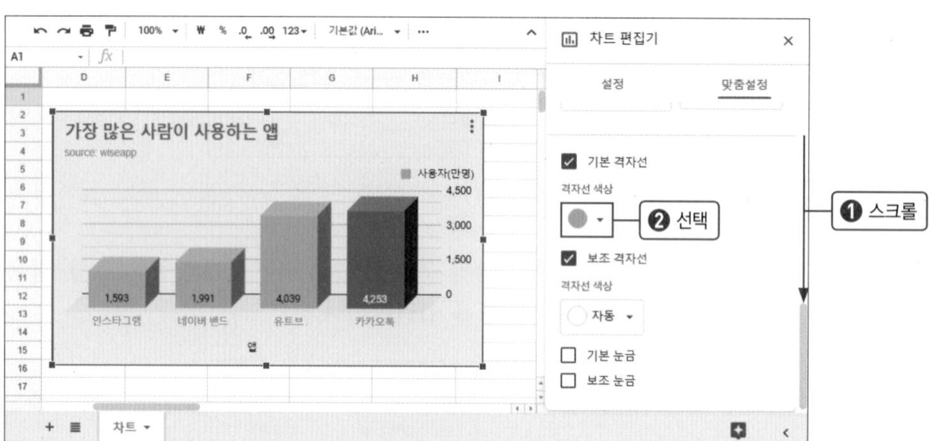

실무예제 09

# 차트를 PDF로 다운받기

**1** 만든 차트를 이미지로 사용하기 위해 PNG나 SVG형식의 파일로 다운받거나 PDF문서로도 받을 수 있습니다. 차트를 PDF문서로 다운받기 위해 차트의 우측 상단 아이콘(⋮)을 클릭하여 [다운로드]-[PDF문서(.pdf)]를 선택합니다.

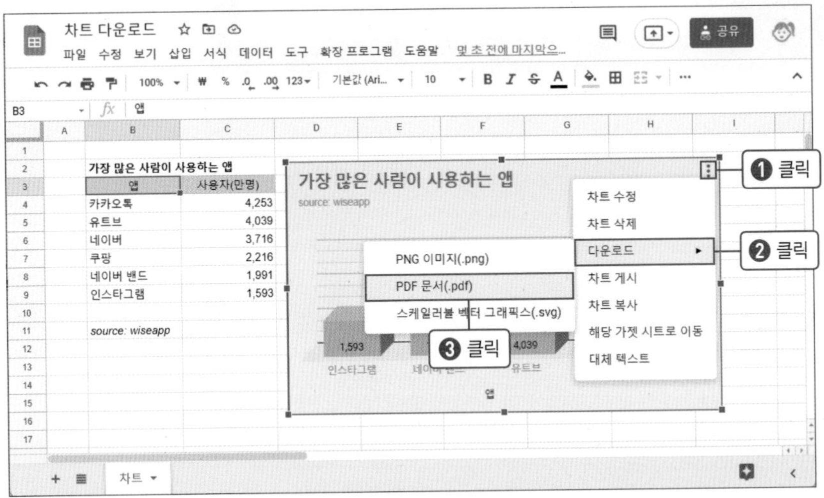


**2** 화면 하단에 차트가 PDF파일로 다운로드되었다는 표시가 나타나면 이를 더블클릭하거나 드롭다운(^)을 클릭하고 [열기]를 선택하세요.

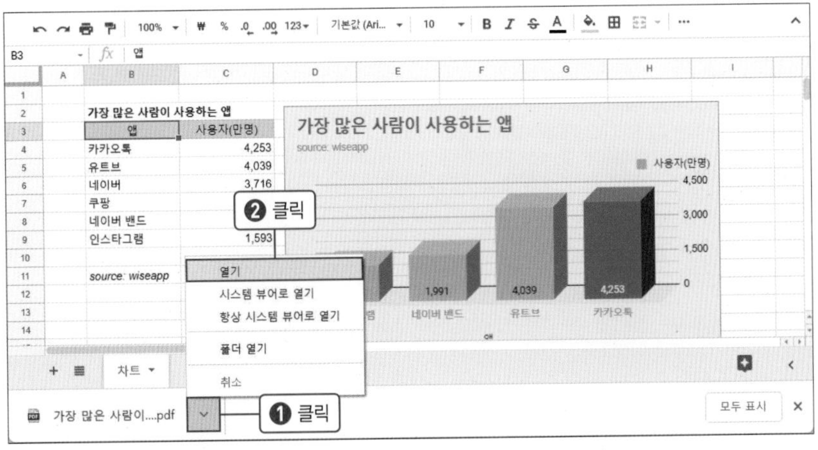

**3** 차트 제목의 PDF파일을 확인할 수 있습니다.

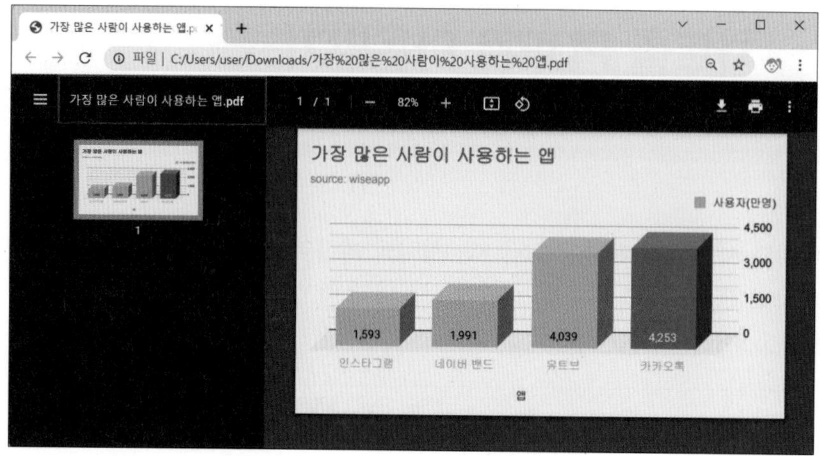

Google Sheet | Excel

실무예제 10

# 주가를 타임라인 차트로 표현하기



**1** 일정 기간의 주가표를 타임라인 차트로 표현해 볼게요. B2:D62 셀 범위를 지정합니다. 참고로 D열의 '메모' 항목은 생략할 수 있습니다.

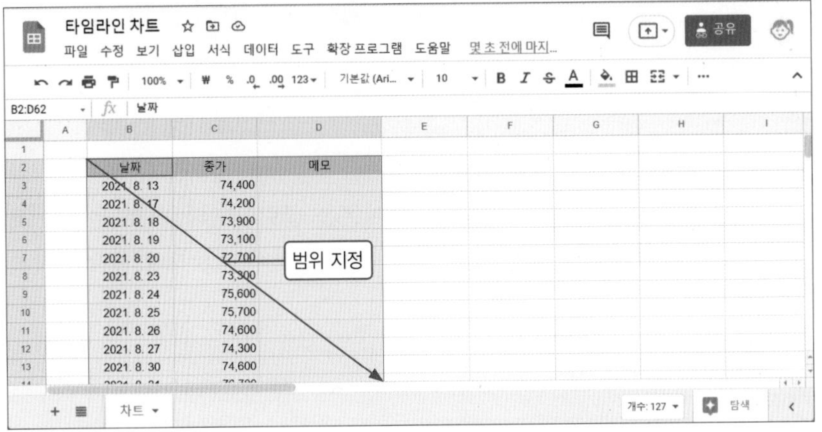


**2** [삽입]-[차트]를 선택합니다.

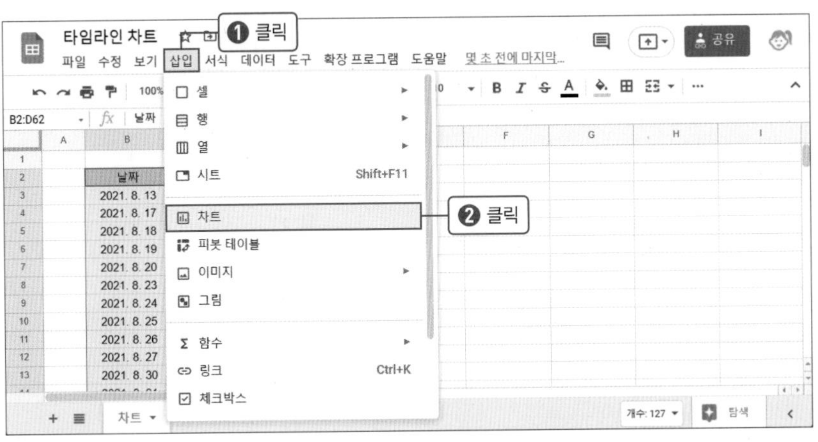

**3** 추천 차트가 생성되면 차트를 적절한 곳으로 이동시키고 화면 우측의 [차트 편집기] 창의 [설정] 탭에서 '차트 유형'을 '기타'의 '타임라인 차트'로 변경합니다.

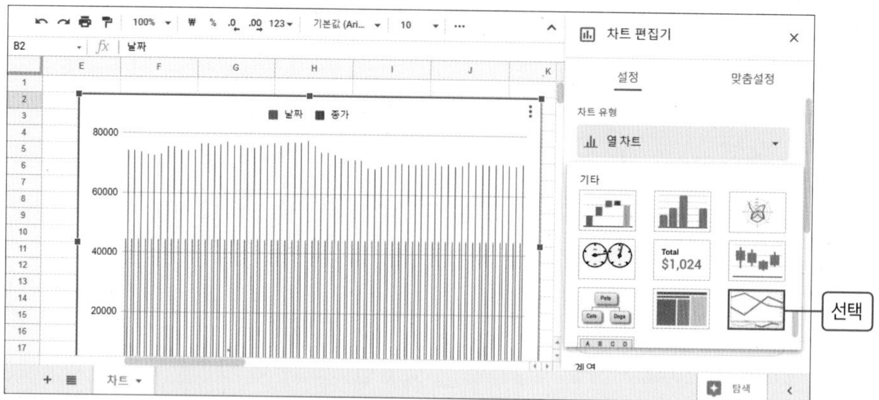


**4** 타임라인 차트로 변경되었으면 차트 그림 영역의 B 아이콘을 클릭합니다. 차트 우측에 표시된 B 해당 부분의 메모를 바로 확인할 수 있으며 반대로 입력된 메모 내용을 선택하면 차트 그림 영역의 시점이 표시됩니다.

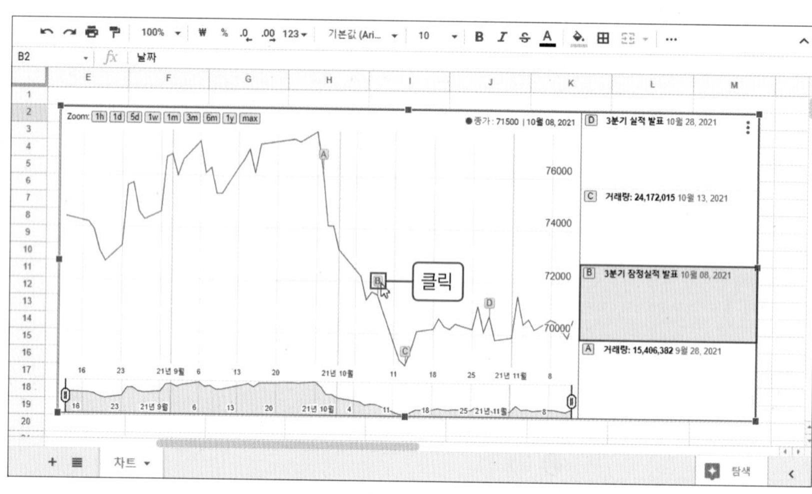

**5** 이번에는 최근 한달의 데이터를 확인하기 위해 차트 상단 [확대/축소 버튼]의 [1m] 아이콘(1m)을 클릭해 봅니다. 이때 차트 하단의 [날짜 범위 선택기]의 구간이 함께 변경된 것을 알 수 있습니다.

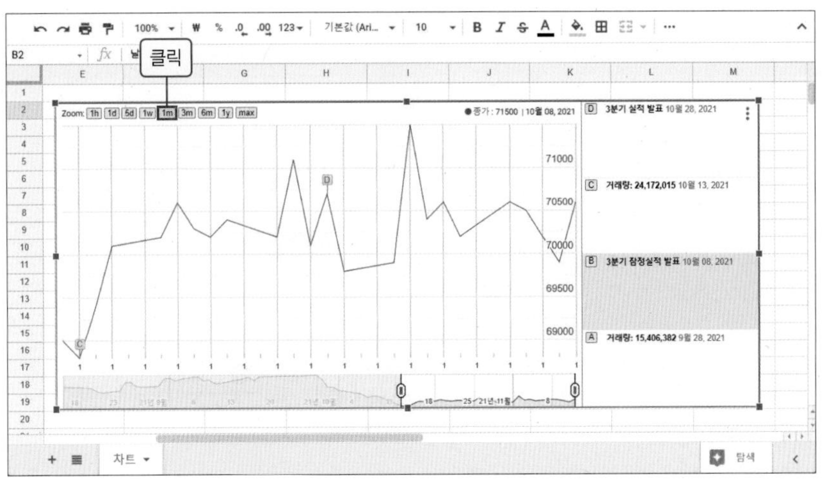


**6** 차트 하단의 [날짜 범위 선택기]를 사용하면 사용자가 필요 시점의 데이터만 확인할 수 있습니다. [날짜 범위 선택기]의 바를 좌우로 스크롤해 봅니다.

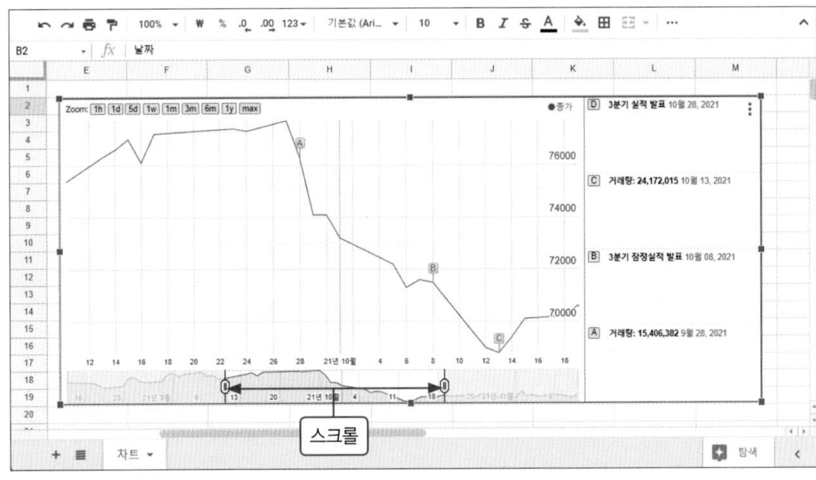


**Tip**
차트 상단의 [확대/축소 버튼]과 하단의 [날짜 범위 선택기]는 [차트 편집기] 창의 [맞춤설정] 탭의 '타임라인'에서 표시하지 않도록 설정할 수도 있습니다.

# 차트를 가젯 시트로 이동하기

**1** 차트의 우측 상단 아이콘(⋮)을 클릭하여 [해당 가젯 시트로 이동]을 클릭합니다.

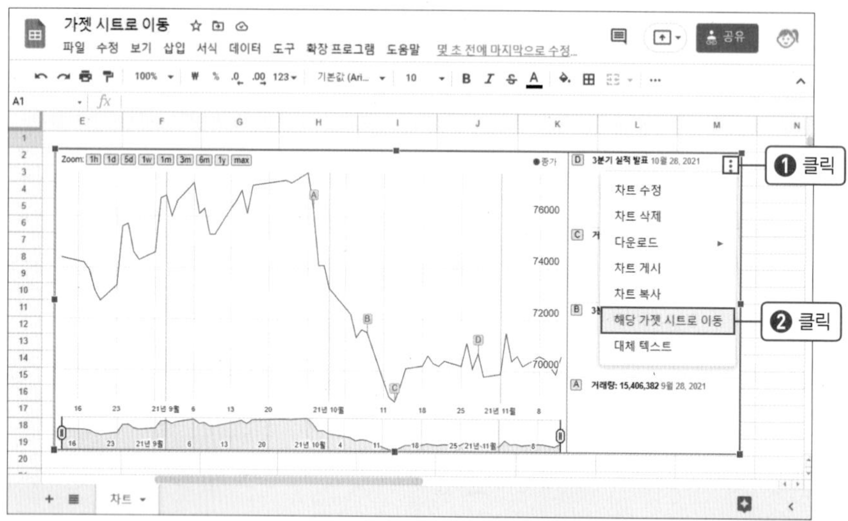


**2** [차트1]이란 이름을 가진 새로운 시트가 생성되면서 차트가 시트 전체에 표시됩니다.

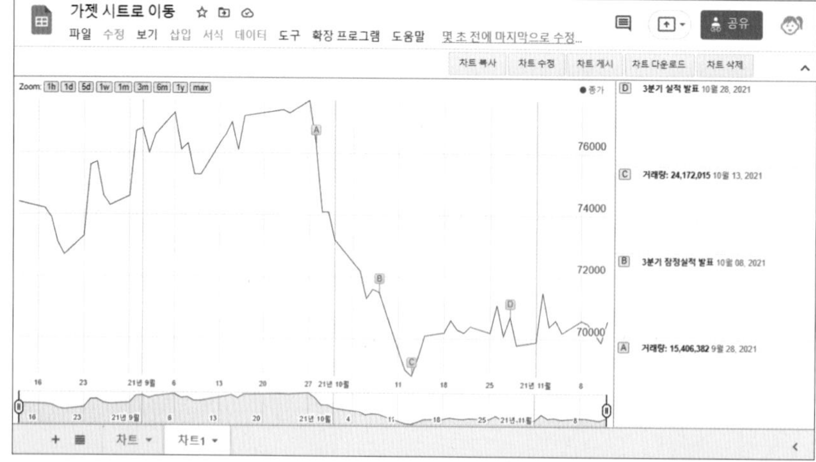

영상강의 제공

# [ 구글 스프레드시트 실무 프로젝트 10 ]

실무 프로젝트 01 맞춤 숫자 형식으로 표시 데이터 바꾸기

실무 프로젝트 02 공휴일에 자동으로 색상 표시하기

실무 프로젝트 03 캡처 그룹으로 입력 패턴 찾아보기

실무 프로젝트 04 표에 슬라이서를 적용해 필터처럼 사용하기

실무 프로젝트 05 단가가 가장 높거나 가장 낮은 메뉴 찾기

실무 프로젝트 06 상/하반기 선택에 따라 바뀌는 월

실무 프로젝트 07 선택한 조건에 맞는 데이터만 집계하기

실무 프로젝트 08 QUERY함수에 PIVOT절 사용하기

실무 프로젝트 09 함수로 피봇 테이블의 셀 값 가져오기

실무 프로젝트 10 피봇 테이블에 직접 새 필드 만들기

# 맞춤 숫자 형식으로 표시 데이터 바꾸기

길벗 차장님께 받은 사내 연락망 정보 중 '내선번호'를 전체 번호로, '아이디'를 전체 이메일 주소 형식으로 바꿔서 시트를 제출하세요!

## Step 01 | 내선번호로 전체 전화번호 표시하기

내선번호 정보를 메뉴 툴바의 [서식 더보기]-[맞춤 숫자 형식]에서 숫자 형식을 맞춤으로 지정해서 데이터를 바꿔줍니다!

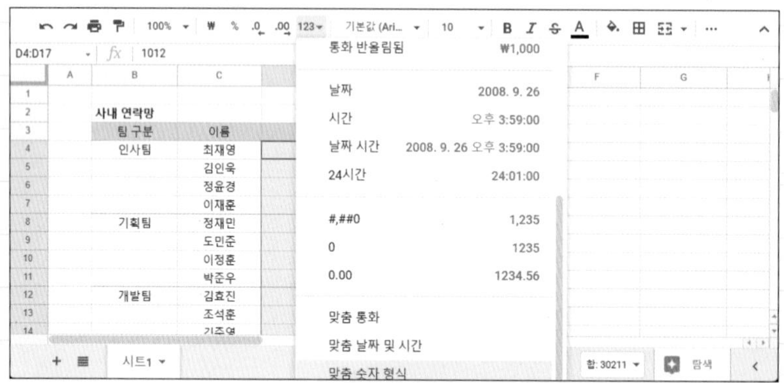

맞춤 숫자 형식 입력하기는 135쪽을 참고하세요.

◉ **예제파일**: 맞춤 서식 / 맞춤 서식(완성)

▲ 영상 강의

## Step 02 | 아이디로 전체 이메일 주소 나타내기

이메일 정보 메뉴 툴바의 [서식 더보기]-[맞춤 숫자 형식]에서 숫자 형식을 맞춤으로 지정해서 데이터를 바꿔줍니다!

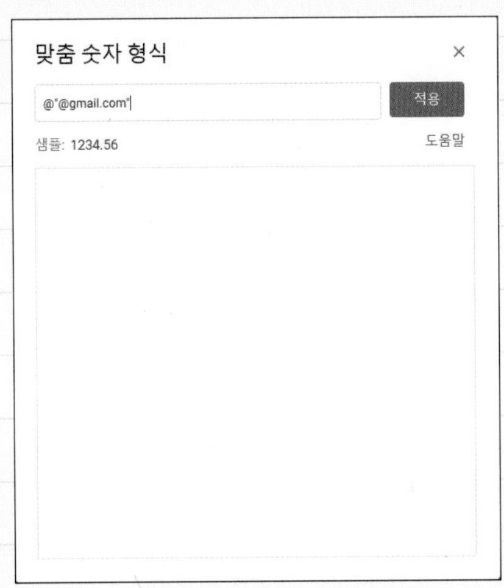

**실무 노트**

수식 입력줄을 확인해보면 실제 셀에 입력된 데이터와 셀에 표시되는 데이터가 다른 것을 알 수 있는데 이것을 통해 입력된 셀의 값이 바뀌는 것이 아닌 셀에 표시되는 형식이 바뀐다는 것을 알 수 있습니다.

# 공휴일에 자동으로 색상 표시하기

**길벗 차장님께서 오전에 전달한 날짜 정보 파일에서 공휴일이 입력된 셀에 별도 서식을 표시하라고 요청하셨습니다. 조건부 서식을 이용하여 요구사항을 빠르게 해결하여 피드백하세요!**

## Step 01 | 공휴일이 입력된 셀을 찾는 맞춤 수식 사용하기

서식을 적용할 B3:B33 셀 범위를 지정하고 [서식]-[조건부 서식]을 클릭합니다. '단색'-'형식 규칙'-'다음의 경우 셀 서식 지정'-'맞춤 수식'으로 변경하고 입력란에 다음과 같이 수식을 입력하여 조건을 만듭니다.

```
=ARRAYFORMULA(OR(B3=$D$3:$D$5))
/* OR함수의 인수를 배열로 받아 고정된 D3:D5 셀 범위에 입력된 날짜와 일치하는지 확인합니다. */
```

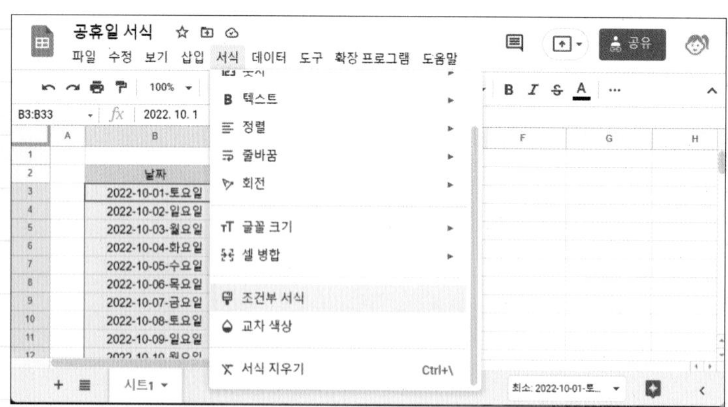


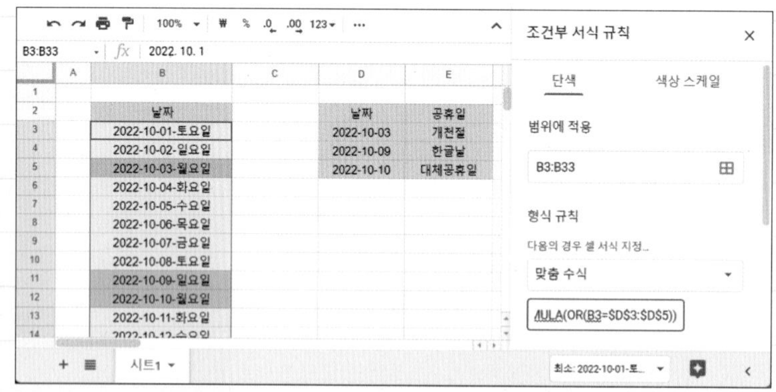


조건부 서식 규칙을 적용하는 방법은 179쪽을 참고하세요.

▲ 영상 강의

## Step 02 | 조건에 일치하는 셀에 적용할 서식 지정하기

앞서 입력한 조건에 일치하는 셀에 빨간색 글꼴을 적용하려면 '서식 지정 스타일'에 적용된 기본 서식인 '채우기 색상'의 서식을 해지하고 '텍스트 색상'을 선택하여 '빨간색'을 선택하고 [완료]를 클릭합니다.

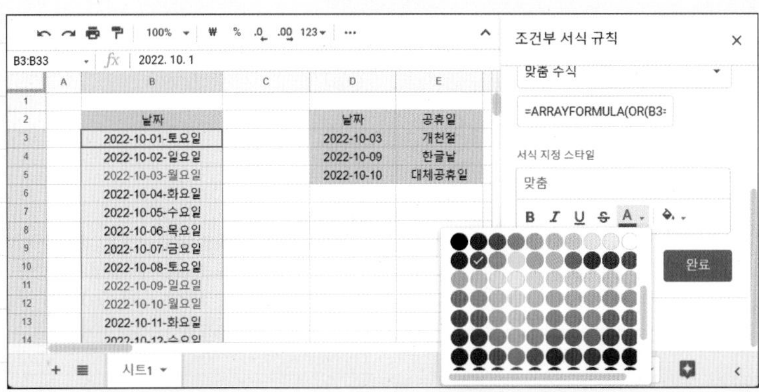

# 캡처 그룹으로 입력 패턴 찾아보기

구글 대리님께 어제 실시한 사용자별 취미 활동 내역을 토대로 D열에는 취미를, E열에는 사용자를 추출해 정리한 시트를 제출하세요.

## Step 01 | 입력 패턴 찾기

D3셀을 선택하고 입력 패턴을 찾는 함수식을 입력합니다.

```
=REGEXEXTRACT(B3, /* B3셀의 문자열 중 */
"나의 취미는(\W+)입니다 \D?(\d+\W)") /* 캡처 그룹안 정규 표현식과 일치하는 텍스트를 추출합니다. */
```

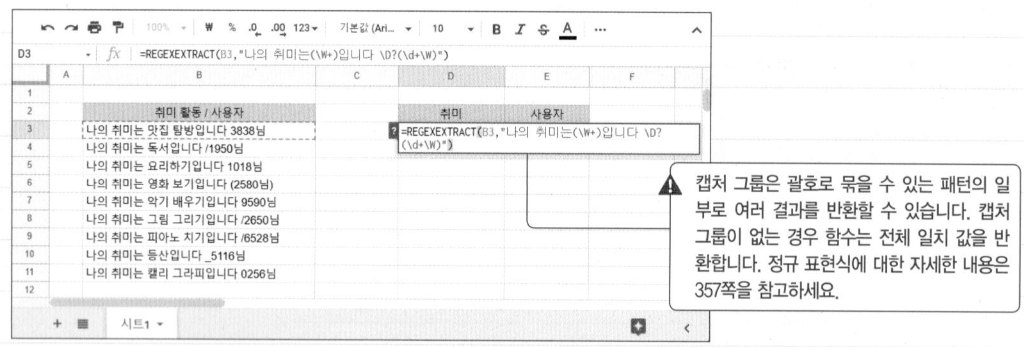


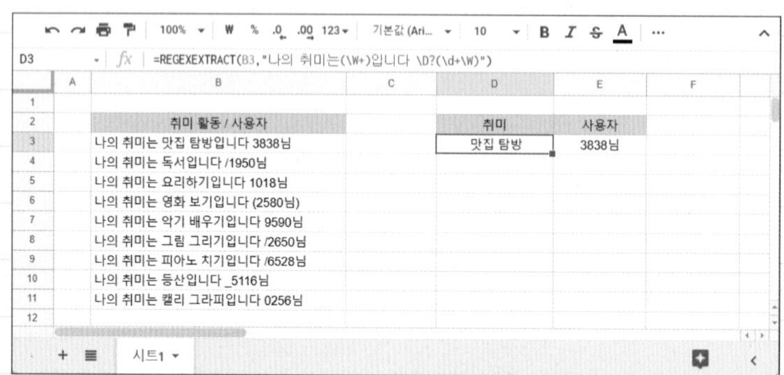

© **예제파일:** 패턴 찾기 / 패턴 찾기(완성)

▲ 영상 강의

## Step 02 | ARRAYFORMULA함수로 인수를 배열로 사용하기

D3셀에 입력한 함수식에 ARRAYFORMULA함수를 사용하여 인수를 배열로 받아 결과를 한 번에 출력할게요. 함수식을 입력한 다음, 단축키 Ctrl + Shift + Enter를 눌러 한번에 ARRAYFORMULA함수를 적용 후 Enter키를 누릅니다.

=ArrayFormula(REGEXEXTRACT(B3:B11,"나의 취미는(\W+)입니다 \D?(\d+\W)"))

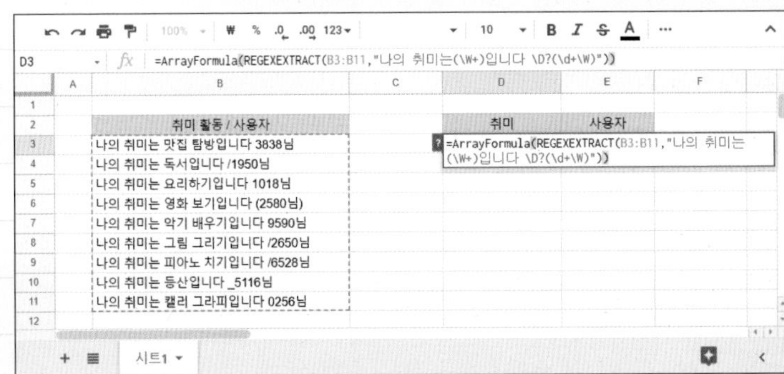

REGEXEXTRACT함수의 첫 번째 인수를 B3셀이 아닌 B3:B11 셀 범위로 수정합니다.

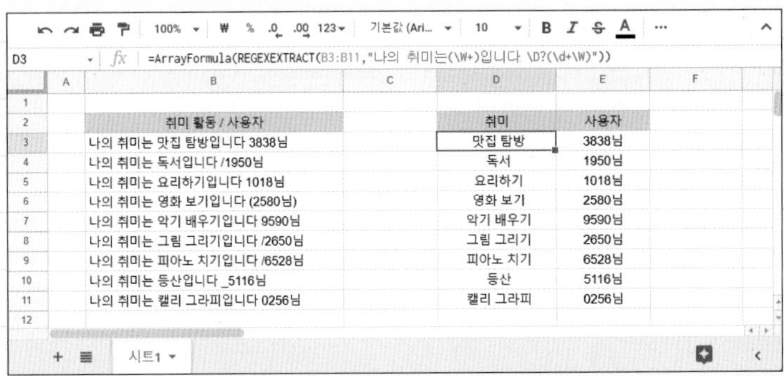

# 표에 슬라이서를 적용해 필터처럼 사용하기

**길벗 차장님께서 '지역별 종별 요양기관 현황표'를 주시더니 필요한 데이터를 쉽게 조회할수 있도록 '구분'과 '개소' 필드에 필터 기능을 추가해달라고 요청하셨습니다. 표에 슬라이서를 적용하여 필터를 사용할 수 있도록 만들어 봅시다.**

## Step 01 | 표에 필터 대신 슬라이서 추가

[데이터]-[슬라이서 추가] 메뉴를 이용합니다. 화면 우측 [슬라이서]창의 '데이터'탭에 '데이터 범위'에서 표의 제목행까지 범위가 지정('시트1의 'B4:D277)까지 되었는데 우리는 제목행의 범위를 제외한 '시트1'!B5:D277로 수정 후 '열'의 드롭 다운 목록을 '구분'으로 변경합니다.

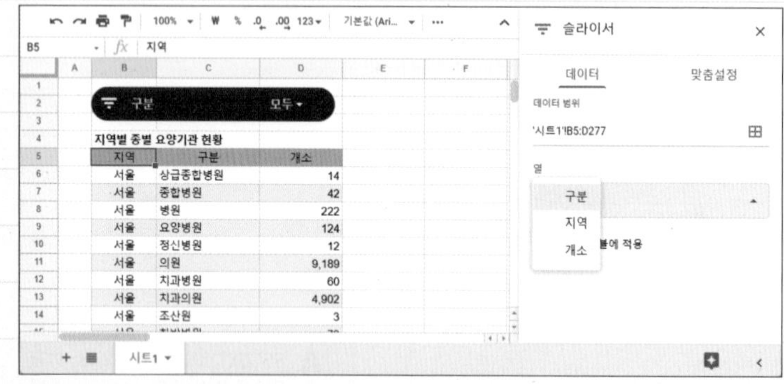

'구분' 슬라이서에 [마우스 오른쪽 버튼]을 클릭하여 [슬라이서 복사]를 클릭합니다. E2셀에 붙여넣기하고 복사된 슬라이서에 [마우스 오른쪽 버튼]-[슬라이서 수정]을 클릭합니다. [슬라이서] 창에서 '데이터' 탭의 '열' 드롭 다운 메뉴를 '개소'로 선택합니다.

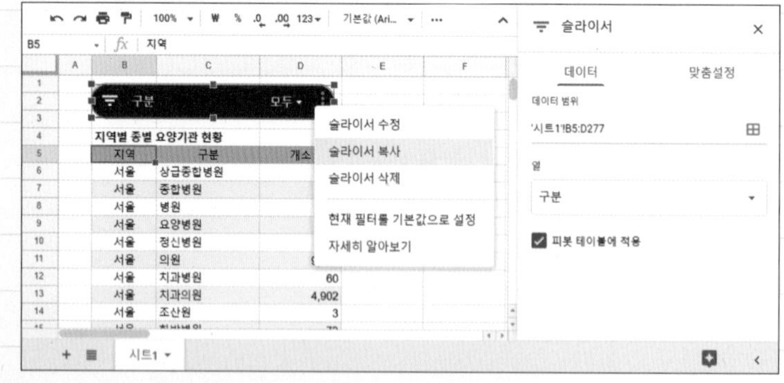


⚠ C열의 '구분' 항목 이외 D열의 '개소' 항목에도 슬라이서를 적용해줘야 합니다.

▲ 영상 강의

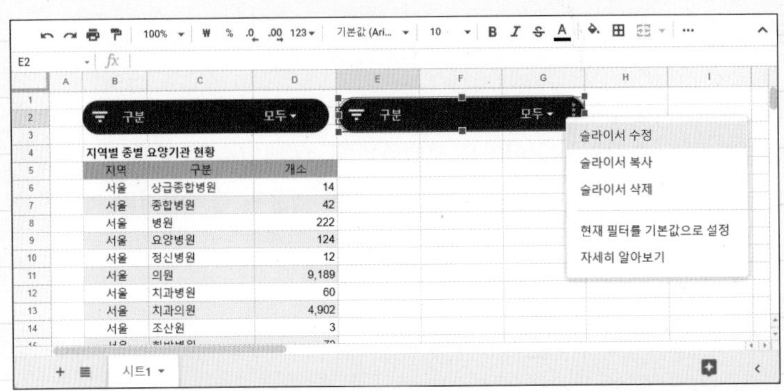

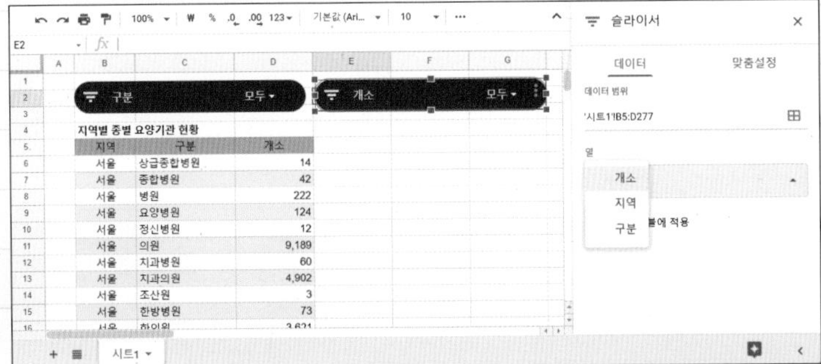

## Step 02 | 슬라이서의 서식 바꿔보기

HINT 슬라이서를 선택하고 화면 우측 [슬라이서]창의 '맞춤설정' 탭에서 제목의 텍스트 서식과 배경 색상을 자유롭게 변경해봅니다.

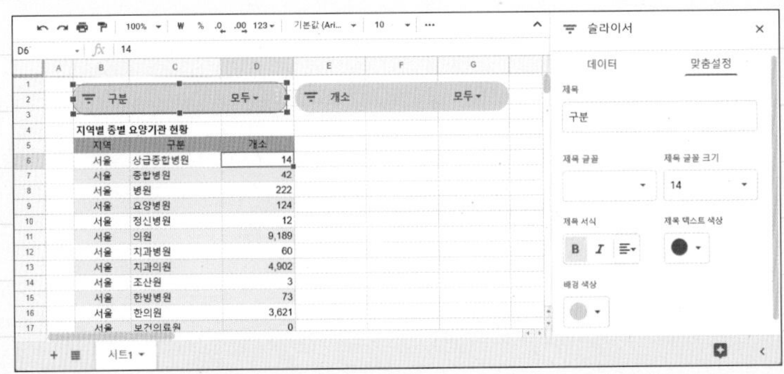

## Step 03 | 필요한 데이터 추출하기

'구분' 슬라이서를 드롭다운 메뉴로 선택하고 '값별 필터링'에 '지우기'를 선택하고 검색입력란에 '상급'을 입력하면 '상급 종합병원'이 조회되는데 이것을 선택합니다. 16개의 구분 항목 중 '상급종합병원' 한 개의 데이터가 필터된 것을 알 수 있어요. 여기서 조건이 적용된 슬라이서의 아이콘을 비교해 보세요.

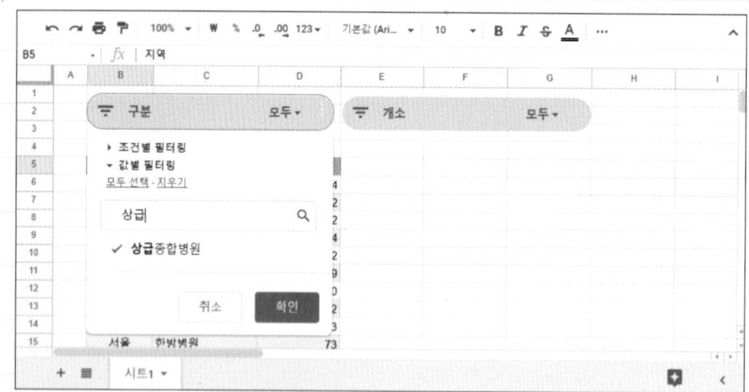


⚠ 슬라이서 제목 앞 아이콘을 클릭해서 드롭 다운 메뉴를 사용할 수도 있어요.

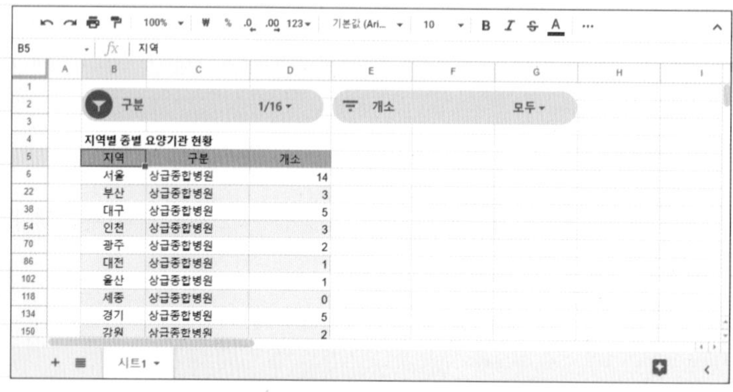

**HINT** 상급종합병원' 중 5개소 이상인 곳만 추출하려면 '개소' 슬라이서의 드롭다운 메뉴를 선택하여 '조건별 필터링'을 '보다 크거나 같음'으로 선택한 후 입력란에 '5'를 입력합니다.

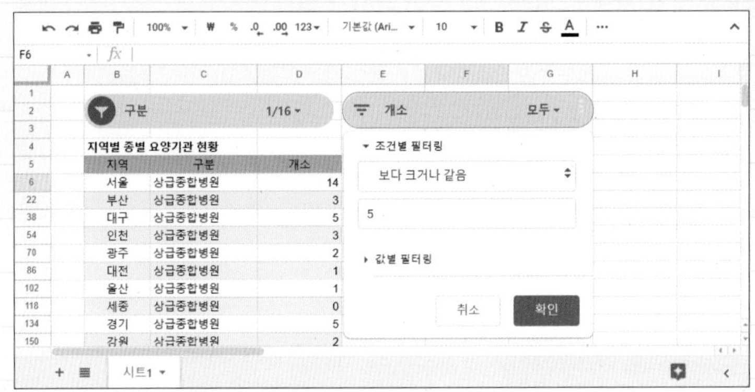

# 단가가 가장 높거나 가장 낮은 메뉴 찾기

구글 카페 매니저님이 매장에서 팔리는 음료 중 가장 단가가 높은 메뉴와 가장 단가가 낮은 메뉴, 전체 메뉴의 평균 단가를 한 눈에 볼 수 있는 자료를 만들라고 지시하셨습니다. 배열을 이용하여 하나의 셀에 세 가지 항목의 값을 찾는 수식을 만들어 봅시다.

## Step 01 | 가장 높은 단가가 입력된 셀 위치 찾기

먼저 가장 단가가 높은 메뉴를 찾기 위해 F2셀에 가장 높은 단가가 얼마인지 알 수 있는 함수식을 입력합니다.

```
=MAX(C3:C11) /* C3:C11범위에서 가장 큰 값을 찾아 반환 */
```

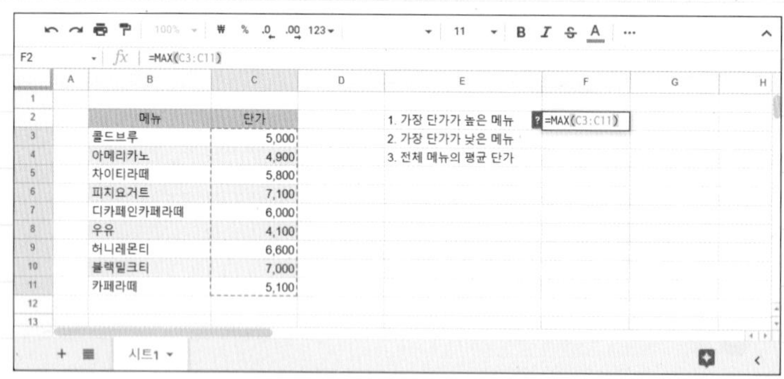

메뉴 중 가장 높은 단가가 출력되면 해당 값이 범위 내 몇 번째 위치해 있는지를 위치를 찾기 위한 수식을 입력하여 함수식을 수정하세요.

```
=MATCH(MAX(C3:C11), /* 가장 큰 값(7,100)을 검색 */
  C3:C11,0) /* C3:C11 셀 범위 중 몇 번째 행에 위치하는지 출력 */
```

| 메뉴 | 단가 | | |
|---|---|---|---|
| 콜드브루 | 5,000 | 1. 가장 단가가 높은 메뉴 | 7,100 |
| 아메리카노 | 4,900 | 2. 가장 단가가 낮은 메뉴 | |
| 차이티라떼 | 5,800 | 3. 전체 메뉴의 평균 단가 | |
| 피치요거트 | 7,100 | | |
| 디카페인카페라떼 | 6,000 | | |
| 우유 | 4,100 | | |
| 허니레몬티 | 6,600 | | |
| 블랙밀크티 | 7,000 | | |
| 카페라떼 | 5,100 | | |

▲ 영상 강의

F2 | fx | =MATCH(MAX(C3:C11),C3:C11,0)

| | B | C | E | F |
|---|---|---|---|---|
| 2 | 메뉴 | 단가 | 1. 가장 단가가 높은 메뉴 | =MATCH(MAX(C3:C11),C3:C11,0) |
| 3 | 콜드브루 | 5,000 | 2. 가장 단가가 낮은 메뉴 | |
| 4 | 아메리카노 | 4,900 | 3. 전체 메뉴의 평균 단가 | |
| 5 | 차이티라떼 | 5,800 | | |
| 6 | 피치요거트 | 7,100 | | |
| 7 | 디카페인카페라떼 | 6,000 | | |
| 8 | 우유 | 4,100 | | |
| 9 | 허니레몬티 | 6,600 | | |
| 10 | 블랙밀크티 | 7,000 | | |
| 11 | 카페라떼 | 5,100 | | |

F2 | fx | =MATCH(MAX(C3:C11),C3:C11,0)

| | B | C | E | F |
|---|---|---|---|---|
| 2 | 메뉴 | 단가 | 1. 가장 단가가 높은 메뉴 | 4 |
| 3 | 콜드브루 | 5,000 | 2. 가장 단가가 낮은 메뉴 | |
| 4 | 아메리카노 | 4,900 | 3. 전체 메뉴의 평균 단가 | |
| 5 | 차이티라떼 | 5,800 | | |
| 6 | 피치요거트 | 7,100 | | |
| 7 | 디카페인카페라떼 | 6,000 | | |
| 8 | 우유 | 4,100 | | |
| 9 | 허니레몬티 | 6,600 | | |
| 10 | 블랙밀크티 | 7,000 | | |
| 11 | 카페라떼 | 5,100 | | |

⚠ 가장 높은 단가인 7,100은 범위 중 네 번째 위치한 것을 알 수 있어요.

## Step 02 | 가장 높은 단가의 메뉴 찾기

이렇게 찾은 위치를 INDEX함수를 사용하여 반환할 행 번호 인수 자리에 대입시키는 함수식으로 수정해봅니다. 가장 단가가 높은 메뉴인 '피치요거트'가 출력되면 맞게 입력한 것입니다.

```
=INDEX(B3:B11, /* 값을 반환할 참조 범위 */
 MATCH(MAX(C3:C11),C3:C11,0)) /* 범위 내 반환할 행 번호 */
```

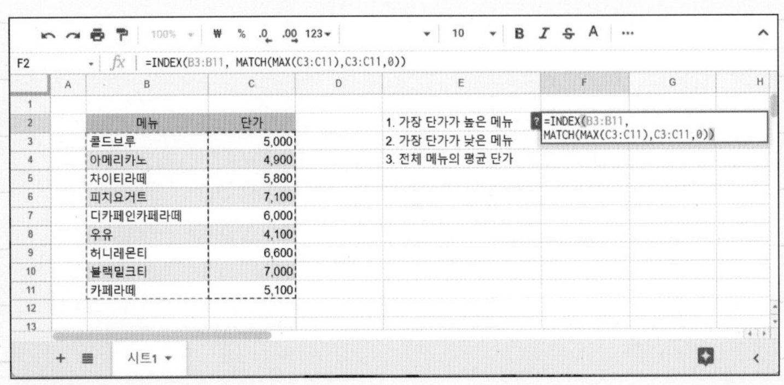

F2 | fx | =INDEX(B3:B11, MATCH(MAX(C3:C11),C3:C11,0))

| | B | C | E | F |
|---|---|---|---|---|
| 2 | 메뉴 | 단가 | 1. 가장 단가가 높은 메뉴 | =INDEX(B3:B11, MATCH(MAX(C3:C11),C3:C11,0)) |
| 3 | 콜드브루 | 5,000 | 2. 가장 단가가 낮은 메뉴 | |
| 4 | 아메리카노 | 4,900 | 3. 전체 메뉴의 평균 단가 | |
| 5 | 차이티라떼 | 5,800 | | |
| 6 | 피치요거트 | 7,100 | | |
| 7 | 디카페인카페라떼 | 6,000 | | |
| 8 | 우유 | 4,100 | | |
| 9 | 허니레몬티 | 6,600 | | |
| 10 | 블랙밀크티 | 7,000 | | |
| 11 | 카페라떼 | 5,100 | | |

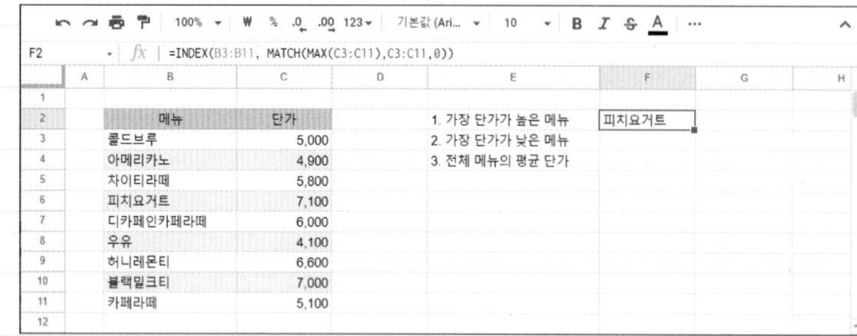


가장 단가가 낮은 메뉴를 찾기 위해서는 MAX함수 대신 가장 작은 값을 찾는 MIN함수를 사용합니다.

## Step 03 | 배열을 사용해 한번에 결과 출력하기

E열에 입력된 질문 항목에 대한 함수식을 각각의 셀에 입력하지 않고 F2셀에 한번에 계산해 나타내려면 F2셀의 함수식을 다음과 같이 수정해야 합니다.

```
={INDEX(B3:B11,MATCH(MAX(C3:C11),C3:C11,0)) /* 가장 단가가 높은 메뉴를 반환 */
 ; /* 아래 새로운 행에 */
 INDEX(B3:B11, MATCH(MIN(C3:C11),C3:C11,0)) /* 가장 단가가 낮은 메뉴를 반환 */
 ; /* 아래 새로운 행에 */
 AVERAGE(C3:C11)} /* C3:C11셀 범위의 평균 단가를 반환 */
```

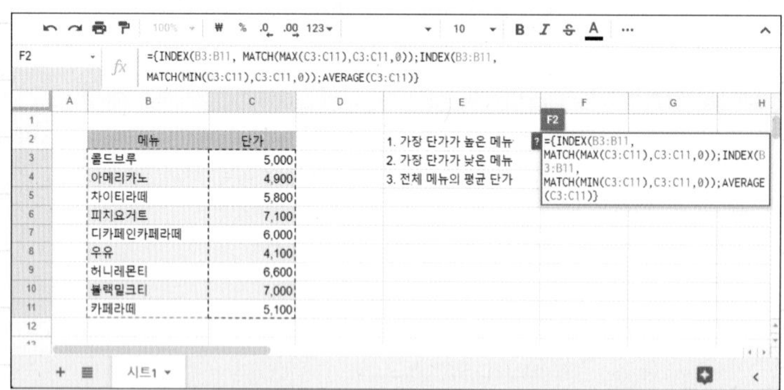

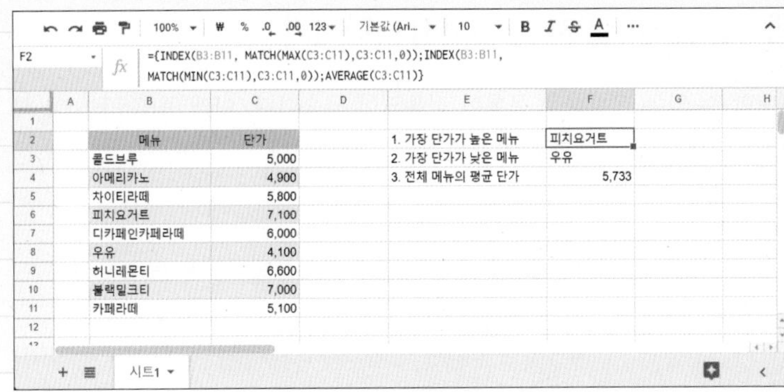


각 셀에 질문 항목에 대한 함수식을 입력하지 않고 한 셀에 배열로 결과값이 출력됩니다.

# 상/하반기 선택에 따라 바뀌는 월

길벗 대리님이 상반기와 하반기 선택에 따라 월이 바뀌는 시트를 만들어 30분 후에 제출하라고 지시하셨습니다. 조건식을 이용하여 시간 내 시트를 제출하세요.

## Step 01 | '상반기'를 선택하면 표에 1월부터 6월까지 나타내기

HINT C2셀에는 상/하반기를 선택할 수 있는 드롭다운 목록이 적용되어 있습니다. 아래 표(C5:H5)에 해당 월을 나타내기 위해 C5셀을 선택하고 다음과 같이 함수식을 입력합니다.

```
=IF(C2="상반기" /* C2셀 값이 '상반기'인 조건을 지정 */
,{"1월","2월","3월","4월","5월","6월"} /* 조건을 만족하면 1월부터 6월까지 결과를 열 방향 배열로 출력 */
,{"7월","8월","9월","10월","11월","12월"}) /* 조건에 해당되지 않는 경우 7월부터 12월까지 열 방향 배열로 출력 */
```

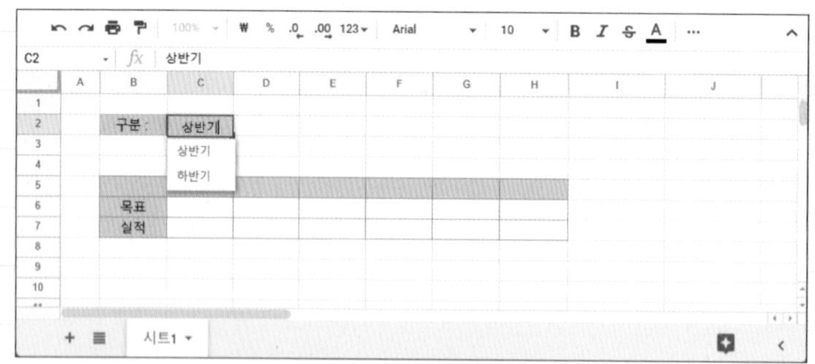

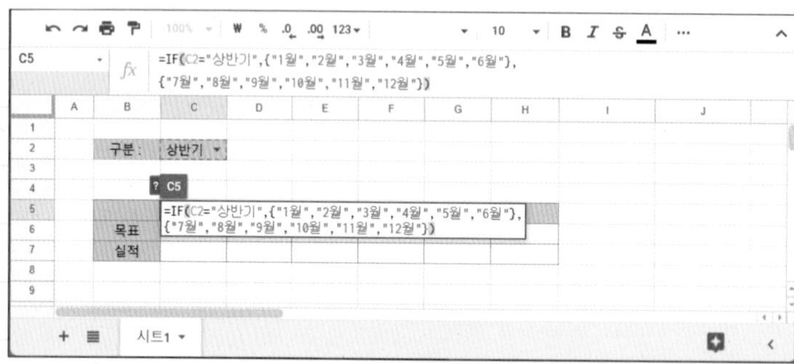

⚠ 수식을 입력할 때 함수식이 너무 길다면 예제처럼 Alt + Enter 키를 눌러 줄 바꿈을 적용하여 입력해 보세요.

◎ 예제파일: IF / IF(완성)

▲ 영상 강의

C5 =IF(C2="상반기",{"1월","2월","3월","4월","5월","6월"},{"7월","8월","9월","10월","11월","12월"})

| | A | B | C | D | E | F | G | H |
|---|---|---|---|---|---|---|---|---|
| 1 | | | | | | | | |
| 2 | | 구분 : | 상반기 | | | | | |
| 3 | | | | | | | | |
| 4 | | | | | | | | |
| 5 | | | 1월 | 2월 | 3월 | 4월 | 5월 | 6월 |
| 6 | | 목표 | | | | | | |
| 7 | | 실적 | | | | | | |

시트1

▲ C5셀을 기점으로 '상반기'에 해당하는 1월부터 6월까지 출력됩니다.

**실무 노트**

C2셀의 드롭 다운 목록에 '하반기'를 선택하여 5행의 값이 변화하는 것까지 확인해 보세요. 그리고 C5셀의 함수식을 좀 더 간략히 다음과 같이 사용할 수 있으며 이후 '맞춤 숫자 서식'을 적용하여 "월"을 나타내는 방법도 있습니다.

```
=IF(C2="상반기",{1,2,3,4,5,6},{7,8,9,10,11,12})
```

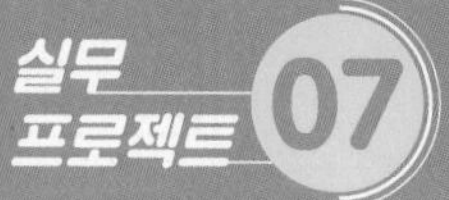


# 선택한 조건에 맞는 데이터만 집계하기

길벗 차장님이 반품 사유별로 조회하여 해당 목록만 한 눈에 볼 수 있도록 표를 만들어 오라고 지시하셨습니다. C2셀에 I열에 입력된 반품 사유가 선택되면 아래(B4셀 기점) 반품 사유에 맞는 반품 목록만 집계되도록 시트를 작성해 봅시다.

## Step 01 | 고유값으로 드롭다운 목록 만들기

C2셀을 선택하고 [데이터]-[데이터 확인]으로 [데이터 확인] 대화상자가 나타나면 '기준'을 '범위에서 목록'을 선택한 후 데이터 범위 선택 아이콘(⊞)을 클릭합니다.

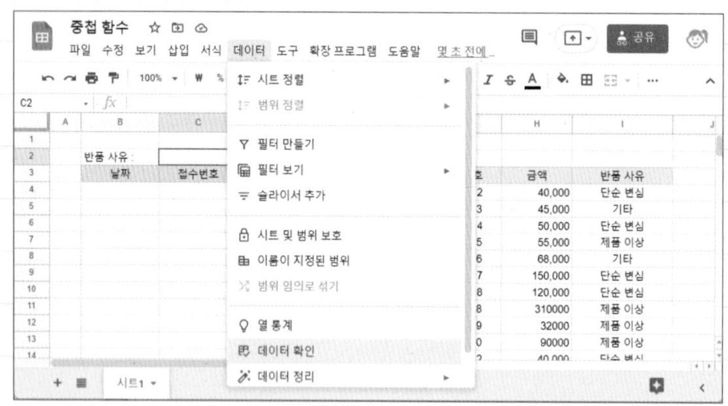


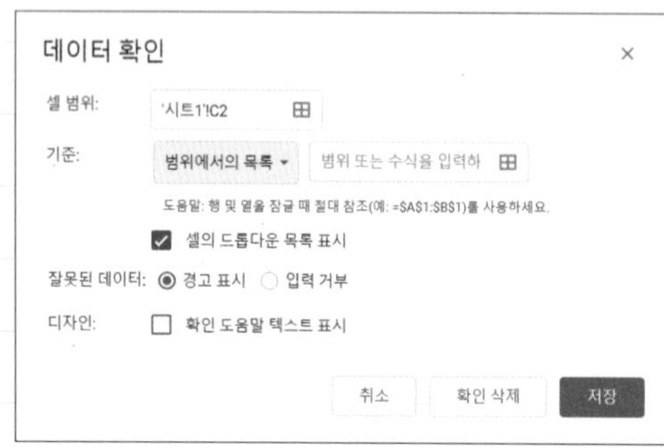


⚠ 범위 선택 아이콘으로 범위를 지정하지 않고 범위 입력란에 셀 주소를 바로 입력했다면 [저장]을 클릭하세요.

[데이터 범위 선택] 대화상자가 나타나면 I4:I35 셀 범위를 드래그하여 범위가 입력된 것을 확인하고 저장합니다. C2셀에 I열의 중복 데이터를 제외한 고유 값으로 드롭다운 목록이 만들어진 것을 확인하고 여기서 '기타'를 선택합니다.

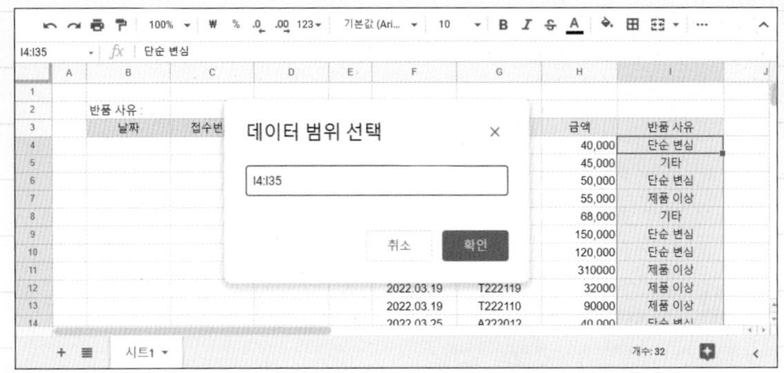

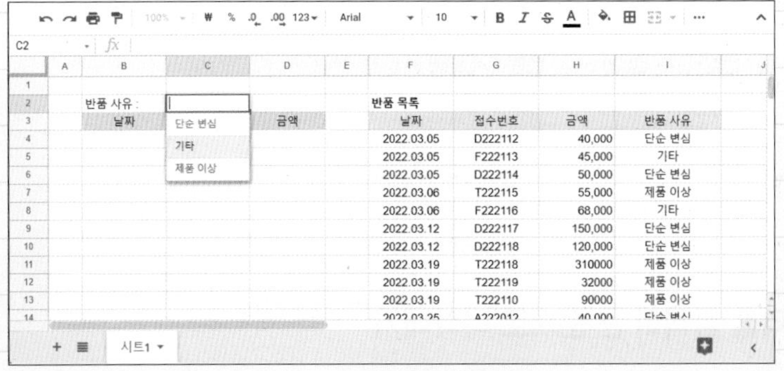

**실무 노트**

엑셀에서는 유효성 검사(구글 스프레드시트의 데이터 확인)에 중복된 목록을 지정할 경우 구글 스프레드시트처럼 고유값만 반환하지 않습니다.

## Step 02 | 선택된 조건에 맞는 데이터만 조회하기

표를 보고 C2셀에 선택되어진 반품 사유의 데이터를 B4셀을 기점으로 나타내려면 B4셀을 선택하고 조건에 맞는 데이터만 추출하는 다음의 함수식을 입력하세요. 반품 사유가 '기타'인 데이터가 날짜순으로 추출되는 것까지 확인합니다.

```
=FILTER(F4:H35, /* 필터링할 데이터 범위 */
 I4:I35=C2) /* I4:I35 범위의 셀 값이 C2셀에 입력된 값과 일치하는 조건 지정 */
```

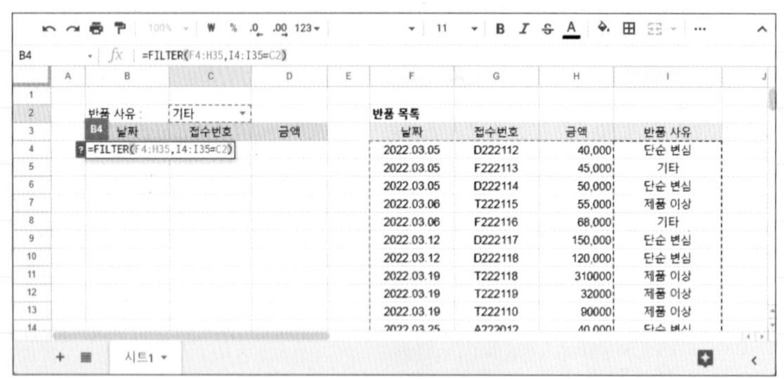

오른쪽 반품 목록 표는 날짜순으로 데이터가 입력되어 있습니다.

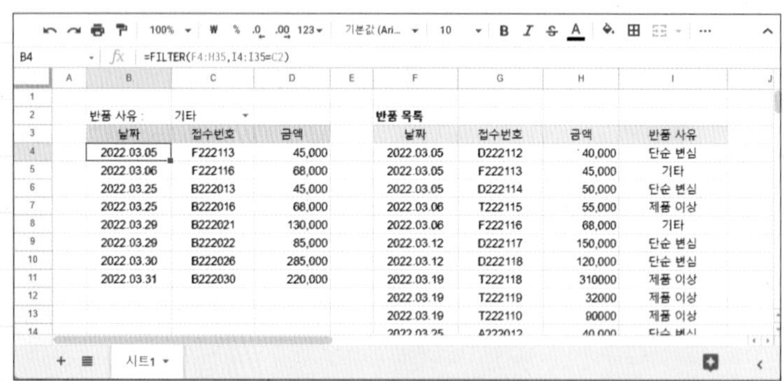

## Step 03 | 추출된 데이터를 금액이 큰 순으로 나타내기

금액이 큰 순으로 나타내기 위해서는 다음과 같이 함수식을 수정합니다.

```
=SORT(FILTER(F4:H35,I4:I35=C2) /* 정렬할 대상의 범위 */
 ,3,FALSE) /* 세 번째 열을 내림차순(FALSE) */
```

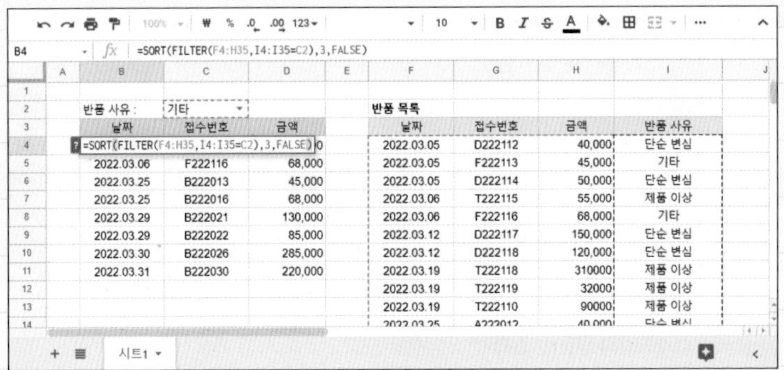


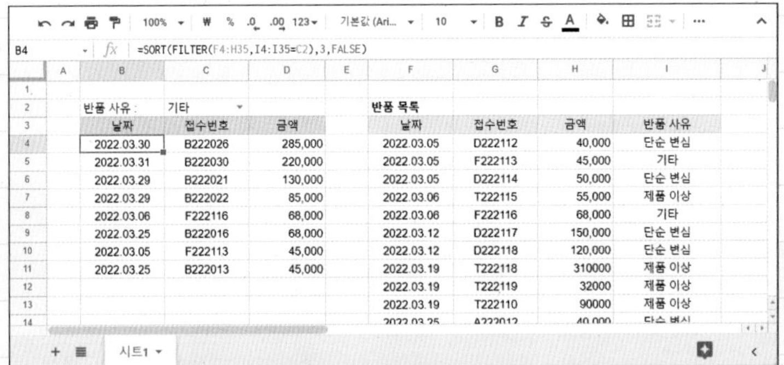


반품 사유 '기타'에 대한 데이터가 금액이 큰 순으로 나열됩니다.

FILTER함수와 SORT함수를 중첩해 사용하지 않고 PIVOT함수를 사용할 경우 다음과 같이 함수식을 사용할 수 있습니다.

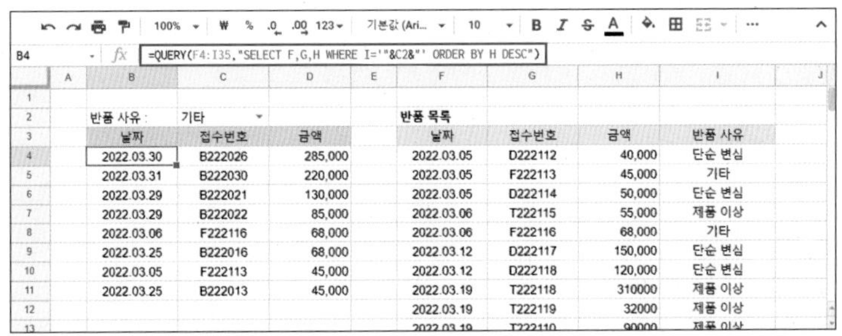

# 실무 프로젝트 08 QUERY함수에 PIVOT절 사용하기

이런, 야근각인 미션이 떨어졌습니다. 차장님께 보고 드리려고 작성한 표에서 서울/경기 지역의 시군구별로 평균 휘발유 값을 시도별로 '구분'에 따른 평균 가격이 요약된 새로운 표로 추가해달라는 요청이 들어왔습니다. 표 항목의 고유 값을 열로 분리하여 새로운 형태의 표를 만들어야 하겠네요.

## Step 01 | 새로운 형태의 표 만들기

우선 '시도'별로 '구분'에 따른 평균 휘발유 가격이 집계되도록 G3셀을 선택하고 QUERY함수에 SELECT + GROUP BY + PIVOT절을 사용해 다음과 같이 함수식을 입력합니다.

```
=QUERY(B3:E114, /* 쿼리문으로 추출할 테이블 지정 */
 "SELECT B, AVG(E) /* 테이블의 B열과 E열의 평균값 조회 */
 GROUP BY B /* B열을 그룹화 */
 PIVOT D") /* D열 항목 값을 새로운 열로 분리 */
```

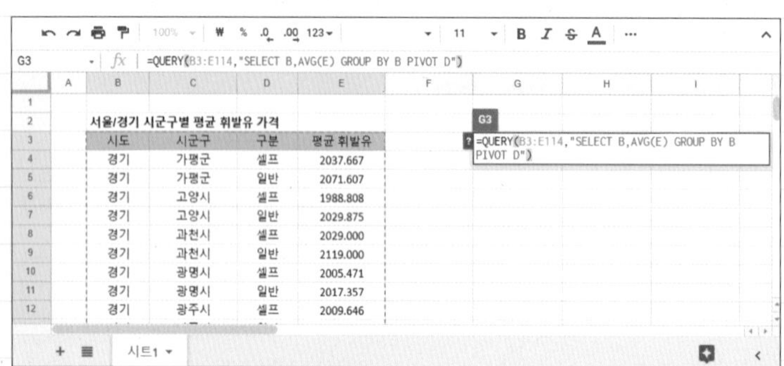



⚠ PIVOT절을 사용할 때에는 SELECT절에 나열된 열에 집계 함수를 적용하거나 GROUP BY절이 사용됩니다.

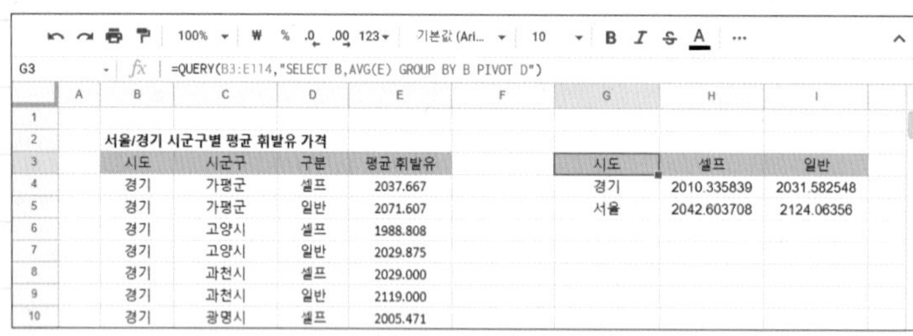



| 시도 | 셀프 | 일반 |
|---|---|---|
| 경기 | 2010.335839 | 2031.582548 |
| 서울 | 2042.603708 | 2124.06356 |

## Step 02 | 필드 항목 나열순서를 변경하기

B열의 항목 값을 내림차순 정렬하기 위해 G열에 PIVOT절 다음으로 ORDER BY절을 추가합니다.

```
=QUERY(B3:E114,"SELECT B,AVG(E) GROUP BY B PIVOT D
 ORDER BY B DESC") /* B열의 항목을 내림차순 정렬 */
```

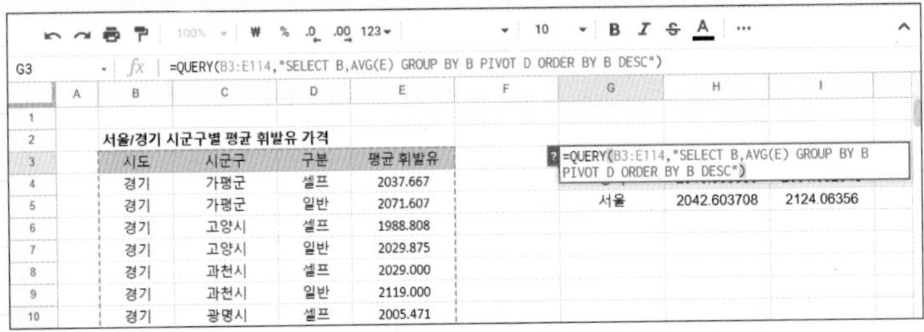


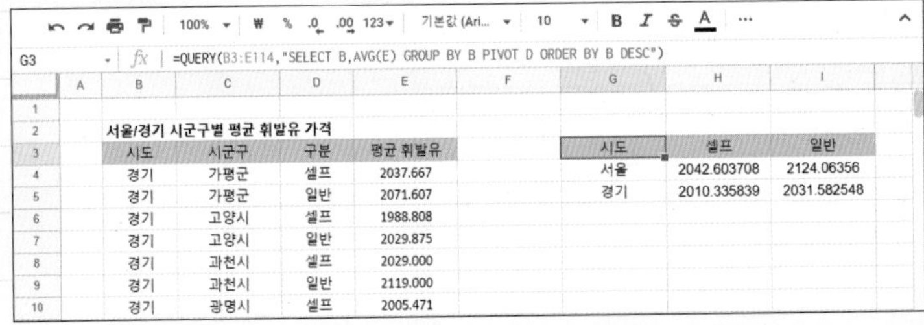


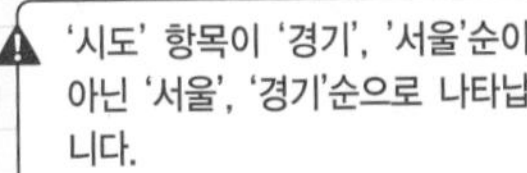

'시도' 항목이 '경기', '서울'순이 아닌 '서울', '경기'순으로 나타납니다.

## Step 03 | 필드명과 값의 표시 형식 변경하기

G3셀에 B열의 필드명인 '시도'가 나타나면 이를 '지역'으로 변경하고 집계함수가 적용된 E열의 값의 형식을 소수점 없이 천 단위 구분기호가 표시되도록 만드세요. 마지막 절에서 LABEL + FORMAT절을 다음과 같이 입력하세요.

```
=QUERY(B3:E114,"SELECT B,AVG(E) GROUP BY B PIVOT D ORDER BY B DESC
 LABEL B '지역' /* B열의 헤더를 '지역'으로 표시 */
 FORMAT AVG(E) '#,##0' ") /* E열의 평균값을 천 단위 구분 기호로 표시 */
```

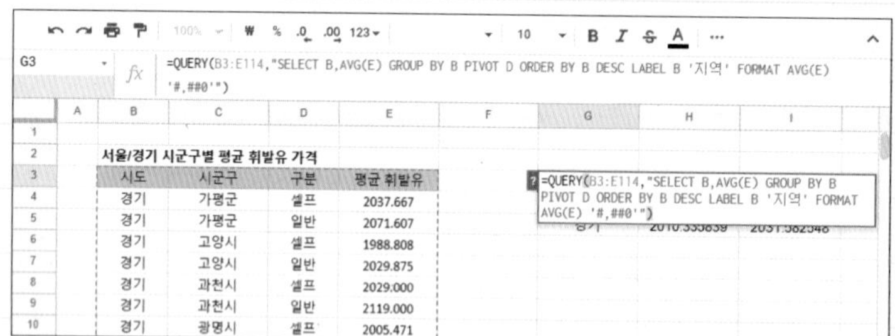

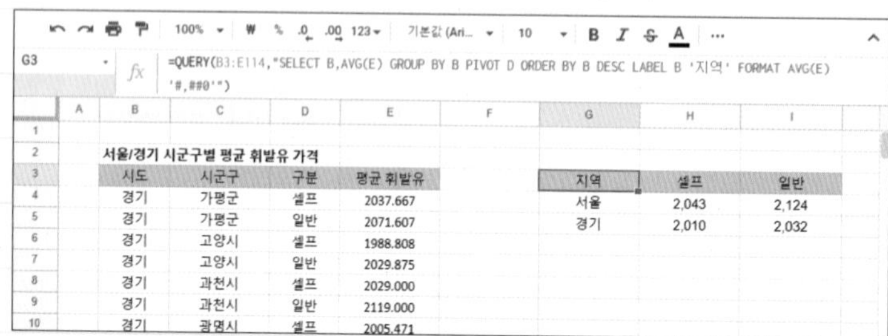

G3셀에 변경된 필드명과 H4:I5셀에 집계된 평균 휘발유 가격의 숫자 형식을 확인하세요.

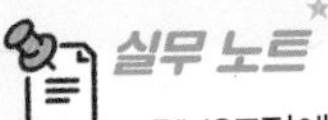

PIVOT절에 2개 이상의 열을 사용한 예는 다음과 같습니다.

G3 =QUERY(B3:E114,"SELECT AVG(E) PIVOT B,D")

| | A | B | C | D | E | F | G | H | I | J |
|---|---|---|---|---|---|---|---|---|---|---|
| 1 | | | | | | | | | | |
| 2 | | 서울/경기 시군구별 평균 휘발유 가격 | | | | | | | | |
| 3 | | 시도 | 시군구 | 구분 | 평균 휘발유 | | 경기,셀프 | 경기,일반 | 서울,셀프 | 서울,일반 |
| 4 | | 경기 | 가평군 | 셀프 | 2037.667 | | 2010.335839 | 2031.582548 | 2042.603708 | 2124.06356 |
| 5 | | 경기 | 가평군 | 일반 | 2071.607 | | | | | |
| 6 | | 경기 | 고양시 | 셀프 | 1988.808 | | | | | |
| 7 | | 경기 | 고양시 | 일반 | 2029.875 | | | | | |
| 8 | | 경기 | 과천시 | 셀프 | 2029.000 | | | | | |

# 함수로 피봇 테이블의 셀 값 가져오기

[보고] 시트의 표에는 [참고] 시트의 피봇 테이블의 값이 셀 주소로 참조되어 있습니다. 그런데 파일을 함께 사용하고 있는 동료가 이를 모르고 피봇 테이블의 레이아웃을 변경하여 [보고]시트의 표에 오류가 생겼어요! 문제를 어떻게 해결해야 할까요?

## Step 01 | 피봇 테이블의 셀 주소를 참조시켰을 때 문제점

[보고] 시트의 C3:C8 셀 범위와 F3:F8 셀 범위에는 [참고] 시트의 피봇 테이블의 값을 ='시트명'!셀 주소 형태로 참조하고 있습니다. 이렇게 피봇 테이블의 값을 가져오기 위해 셀 주소를 참조시키면 피봇 테이블의 레이아웃이 변경되었을 때 참조하고 있는 셀 값에 영향을 받게 됩니다.

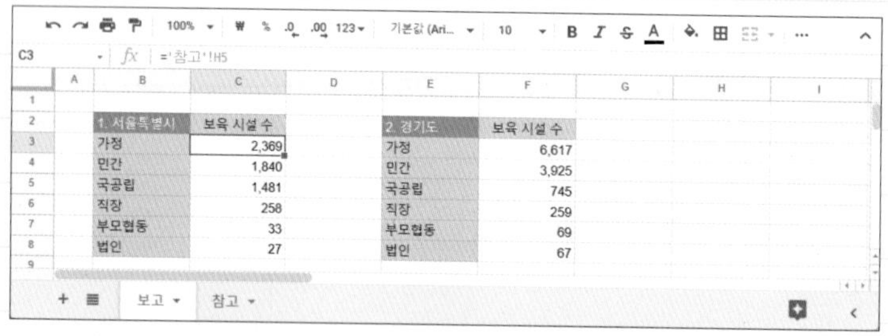

C3 ='참고'!H5

| 1. 서울특별시 | 보육 시설 수 | | 2. 경기도 | 보육 시설 수 |
|---|---|---|---|---|
| 가정 | 2,369 | | 가정 | 6,617 |
| 민간 | 1,840 | | 민간 | 3,925 |
| 국공립 | 1,481 | | 국공립 | 745 |
| 직장 | 258 | | 직장 | 259 |
| 부모협동 | 33 | | 부모협동 | 69 |
| 법인 | 27 | | 법인 | 67 |

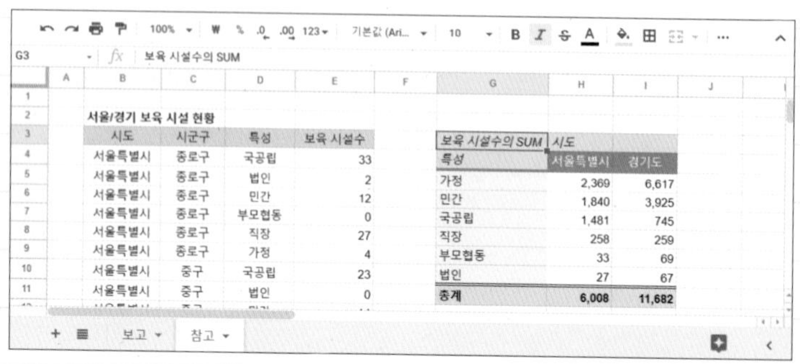

G3 보육 시설수의 SUM

서울/경기 보육 시설 현황

| 시도 | 시군구 | 특성 | 보육 시설수 |
|---|---|---|---|
| 서울특별시 | 종로구 | 국공립 | 33 |
| 서울특별시 | 종로구 | 법인 | 2 |
| 서울특별시 | 종로구 | 민간 | 12 |
| 서울특별시 | 종로구 | 부모협동 | 0 |
| 서울특별시 | 종로구 | 직장 | 27 |
| 서울특별시 | 종로구 | 가정 | 4 |
| 서울특별시 | 중구 | 국공립 | 23 |
| 서울특별시 | 중구 | 법인 | 0 |

| 보육 시설수의 SUM | 시도 | |
|---|---|---|
| 특성 | 서울특별시 | 경기도 |
| 가정 | 2,369 | 6,617 |
| 민간 | 1,840 | 3,925 |
| 국공립 | 1,481 | 745 |
| 직장 | 258 | 259 |
| 부모협동 | 33 | 69 |
| 법인 | 27 | 67 |
| 총계 | 6,008 | 11,682 |

◎ 예제파일: GETPIVOTDATA / GETPIVOTDATA(완성)

▲ 영상 강의

피봇 테이블을 선택하면 [피벗 테이블 편집기] 창이 나타나는데 여기서 행과 열 영역에 있는 각 필드의 위치를 서로 바꿔 봅니다.

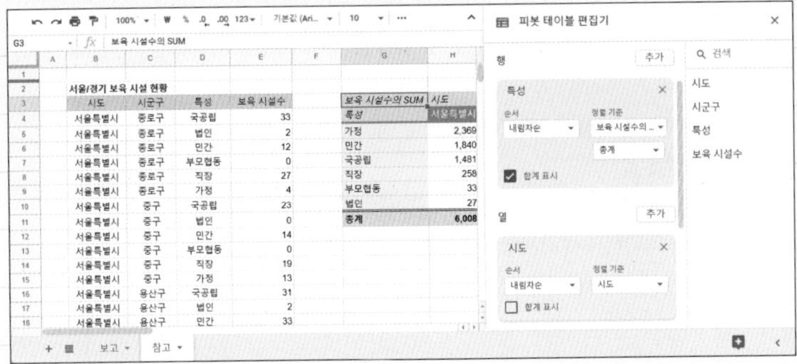

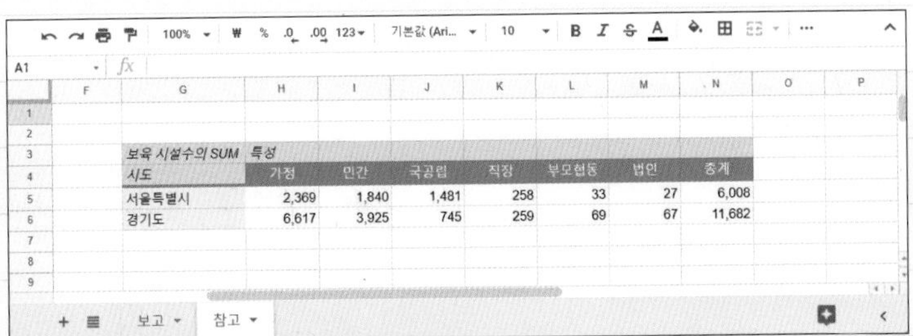

| 보육 시설수의 SUM | 특성 | | | | | | |
|---|---|---|---|---|---|---|---|
| 시도 | 가정 | 민간 | 국공립 | 직장 | 부모협동 | 법인 | 총계 |
| 서울특별시 | 2,369 | 1,840 | 1,481 | 258 | 33 | 27 | 6,008 |
| 경기도 | 6,617 | 3,925 | 745 | 259 | 69 | 67 | 11,682 |

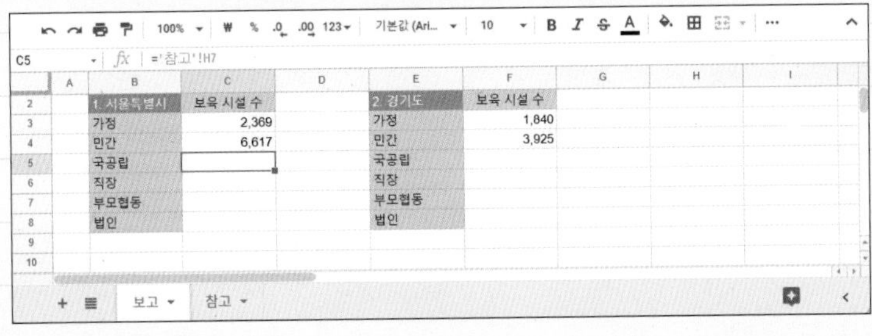

| 1. 서울특별시 | 보육 시설 수 |
|---|---|
| 가정 | 2,369 |
| 민간 | 6,617 |
| 국공립 | |
| 직장 | |
| 부모협동 | |
| 법인 | |

| 2. 경기도 | 보육 시설 수 |
|---|---|
| 가정 | 1,840 |
| 민간 | 3,925 |
| 국공립 | |
| 직장 | |
| 부모협동 | |
| 법인 | |

⚠ [보고] 시트를 클릭하여 표를 확인하면 일부 참조 셀 값이 확인되지 않는 것을 알 수 있어요.

## Step 02 | 피봇 테이블 레이아웃에 영향을 받지 않는 값 참조하기

피봇 테이블 레이아웃이 변경되어도 참조 셀 값에 영향을 주지 않고 변경 조건에 맞는 셀 값을 참조시키는 방법을 알려드릴게요. D3셀을 선택하고 [참조]시트의 피봇 테이블을 참고하여 '서울특별시'의 특성별 보육 시설 수를 구하는 다음의 함수식을 입력한 후 D8셀까지 자동 채우기를 적용합니다.

```
=GETPIVOTDATA("보육 시설수의 SUM", /* 검색할 데이터가 있는 피봇 테이블의 값 이름 */
'참고'!$G$3, /* 피봇 테이블 셀에 대한 참조 값 */
"시도","서울특별시", /* 피봇 테이블을 생성한 소스 데이터에서 가져오려는 첫번째 필드명과 항목 */
"특성",B3) /* 피봇 테이블을 생성한 소스 데이터에서 가져오려는 두번째 필드명과 항목 */
```

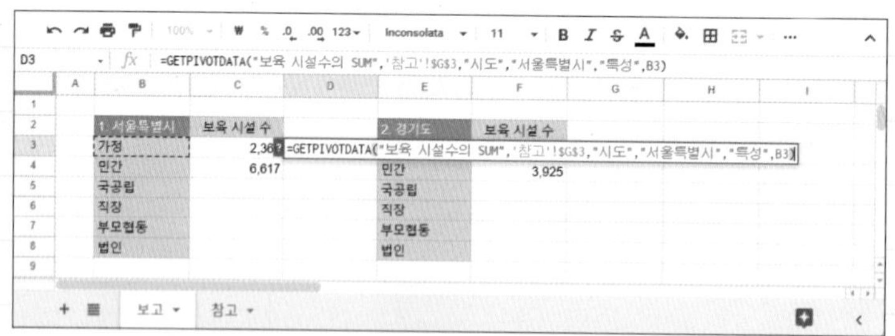

피봇 테이블의 값 이름은 피봇 테이블이 시작하는 첫 셀을 확인하세요.

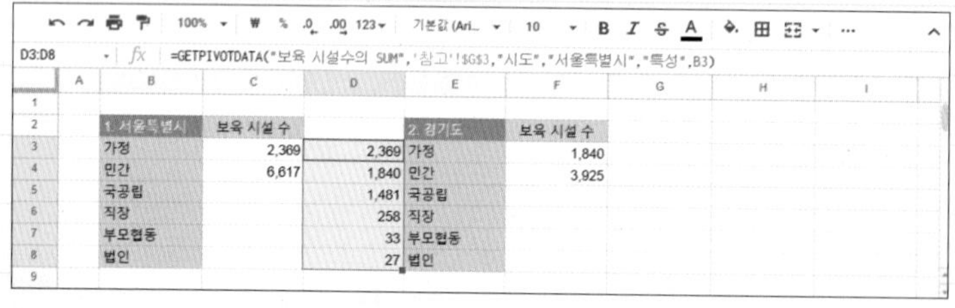

피봇 테이블의 레이아웃에 영향을 받지 않고 피봇 테이블내 데이터가 표시됩니다.

G3셀을 선택하고 앞선 과정과 동일한 방법으로 피봇 테이블내 '경기도'의 특성별 보육 시설수 값을 표시해봅니다.

= GETPIVOTDATA("보육 시설수의 SUM",'참고'!$G$3,"시도","경기도","특성",E3)

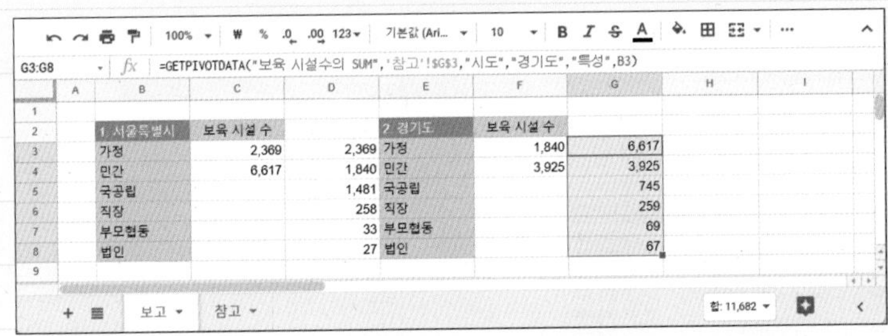

실무 노트

GETPIVOTDATA함수의 세부사항을 알아두세요.

| 형식 | =GETPIVOTDATA(값 이름, 피봇 테이블 셀, [원본 열1], [피봇 항목1], [원본 열2….], [피봇 항목2…]) |
|---|---|
| 용도 | 피봇 테이블에 표시되는 데이터를 반환. |
| 인수 | • 값 이름 – 데이터를 가져오려는 피봇 테이블의 값 이름<br>• 피봇 테이블 셀 – 원하는 피봇 테이블의 셀에 대한 참조 값. 왼쪽 또는 오른쪽 상단의 셀을 선택하는것이 좋음<br>• **[원본 열] – [선택 사항]** : 소스 데이터 집합에 있는 열의 이름(피봇 테이블 내 필드에 맞춤 제목을 사용하는 경우 소스 데이터의 열 이름 대신 맞춤 제목으로 사용)<br>• **[피봇 항목] – [선택 사항]** : 피봇 테이블에서 가져오려는 항목 |

# 피봇 테이블에 직접 새 필드 만들기

구글 마켓 매니저님이 주말 동안의 제품별 판매액이 집계된 피봇 테이블을 보고 총 판매액이 100만원 이하인 제품은 단가 인상을 한다고 합니다. 피봇 테이블 내 단가 조정이 필요한 메뉴를 표시하여 보고해 봅시다.

## Step 01 | 원본 데이터에 없는 새로운 필드 만들기

시트에 작성된 피봇 테이블에서 총 판매액의 SUM이 100만원 이하인 제품에 대해 단가 인상을 적용해 보도록 하겠습니다. H3셀을 선택해 [피봇 테이블 편집기]가 나타나면 '값' 영역의 [추가] – [계산된 필드]를 선택합니다.

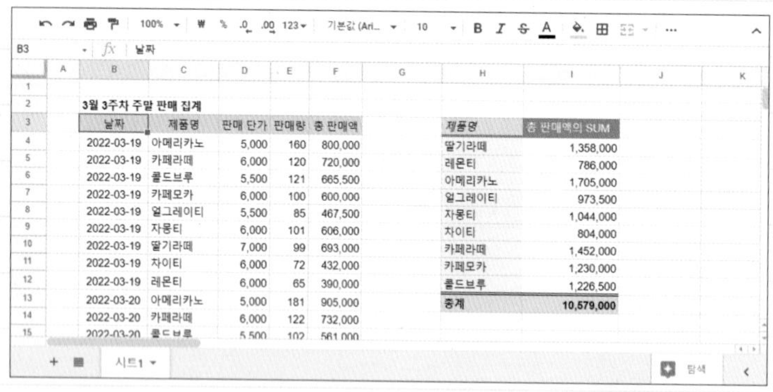


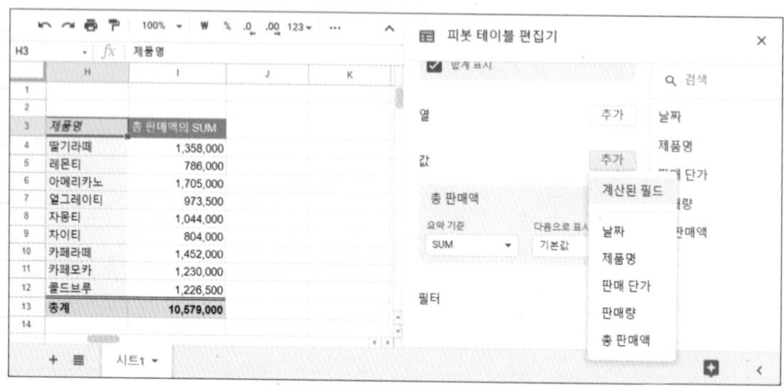

▲ 영상 강의

[피봇 테이블 편집기] 창의 '값' 영역에 '계산된 필드1' 필드가 나타나면 수식 입력란에 다음과 같이 함수식을 입력하고 J열의 값이 적용되는 것을 확인해보세요.

=IF('총 판매액'<=1000000,"단가인상","")
/* '총 판매액'필드의 값이 100만원 이하면 '단가인상'을 나타내고 100만원을 초과하면 공백을 나타내는 조건식 */

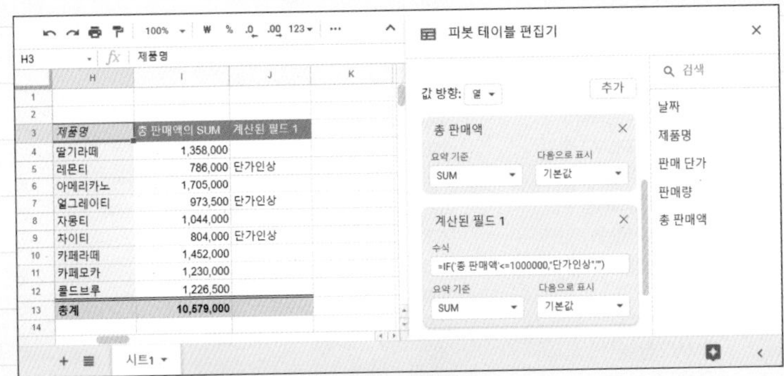

HINT 계산된 필드명을 변경하기 위해 J3셀을 선택하고 '단가조정메뉴'라고 입력합니다. [피봇 테이블 편집기' 창의 '값' 영역에도 변경된 필드명을 확인합니다.

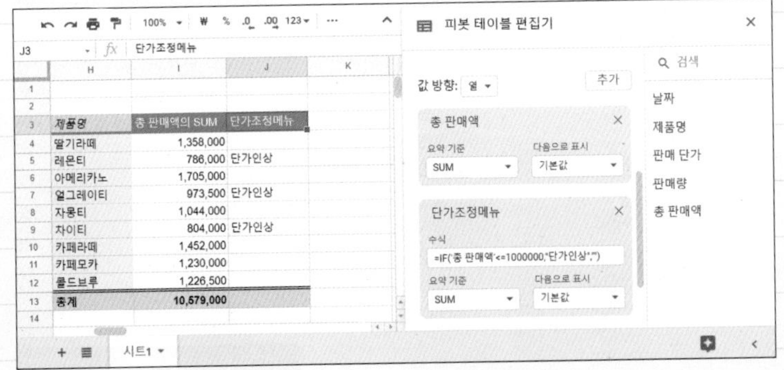

**실무 노트**

'계산된 필드'를 사용하여 원본 데이터에는 없는 새 필드를 만들 수 있는데 필드간 계산으로 새로운 값을 구하거나 사용자가 수식을 사용하여 다양한 조건의 필드를 만들어 줄 수 있습니다.

# 찾아보기

구글 스프레드시트

## A~C



## D~G



## H~I



## L~P



## Q~S



## T~Y



## ㄱ~ㅁ



## ㅂ~ㅅ



## ㅇ~ㅊ



## ㅍ~ㅎ

# 단축키 모음



▶ 구글 스프레드시트는 [도움말] – [단축키] – [단축키] 대화상자의 '호환되는 스프레드시트 단축키 사용' 설정에 따라 다양한 조합의 단축키가 제공됩니다. 여기에서는 가장 많이 사용되는 단축키를 위주로 엑셀과 호환하여 사용할 수 있도록 단축키를 비교했습니다.

| 구분 | 구분 | 명령 | 단축키 | | 설명 |
|---|---|---|---|---|---|
| | | | 구글 스프레드시트 | 엑셀 | |
| 셀 이동 및 선택 | 공통 | 셀 이동 | Ctrl+방향키 (←→↑↓) | Ctrl+방향키 (←→↑↓) | 방향키에 따라 연속 입력된 데이터의 마지막 셀로 이동 |
| | 공통 | 셀 선택 | Shift+방향키 (←→↑↓) | Shift+방향키 (←→↑↓) | 방향키에 따라 한 칸씩 범위가 차례대로 선택 |
| | 공통 | 연속 셀 선택 | Ctrl+Shift+방향키 (←→↑↓) | Ctrl+Shift+방향키 (←→↑↓) | 방향키에 따라 데이터가 연속 입력된 마지막 셀까지 선택 |
| | 공통 | 행 선택 | Shift+Spacebar | Shift+Spacebar | 셀 위치에 따라 셀과 사방으로 연결된 표 안의 행을 선택하고 다시 한 번 해당 단축키를 누르면 전체 행 선택 (**엑셀**: '엑셀 표' 적용에 따른 표 안의 행 또는 전체 행 선택) |
| | 공통 | 열 선택 | Ctrl+Spacebar | Ctrl+Spacebar | 셀 위치에 따라 셀과 사방으로 연결된 표 안의 열을 선택하고 다시 한 번 해당 단축키를 누르면 전체 열 선택 (**엑셀**: "엑셀 표' 적용에 따른 표 안의 열 또는 전체 열 선택) |
| | 공통 | 전체 선택 | Ctrl+A | Ctrl+A | 워크 시트 전체 선택(단 데이터가 연속 입력된 표 안에 셀이 위치한 경우 표를 선택하고 다시 한 번 해당 단축키를 누르면 워크 시트 전체 선택) |
| | 공통 | 처음 셀 선택 | Ctrl+Home | Ctrl+Home | 시트의 시작 셀 선택. 단 틀 고정 적용시 고정된 시작 셀 선택 |
| | 공통 | 마지막 셀 선택 | Ctrl+End | Ctrl+End | 시트의 마지막 셀 선택(**엑셀**: 사용 영역의 마지막 셀 선택) |
| 데이터 편집 | 공통 | 셀 편집 | F2 | F2 | 선택 셀의 내용 끝 부분에 커서 위치 |
| | 공통 | 셀 참조 전환 | F4 | F4 | 셀 주소의 절대 참조 → 행 고정 혼합 참조 → 열 고정 혼합 참조 → 상대 참조로 순환 |
| | 공통 | 아래로 채우기 | Ctrl+D | Ctrl+D | 바로 위쪽 셀 채우기. 위쪽 셀 포함 범위 선택 후 해당 단축키를 누르면 아래쪽으로 채우기 됨(값, 서식, 수식) |
| | 공통 | 오른쪽으로 채우기 | Ctrl+R | Ctrl+R | 바로 왼쪽 셀 채우기. 왼쪽 셀 포함 범위 선택 후 해당 단축키를 누르면 오른쪽으로 채우기 됨(값, 서식, 수식) |
| | 공통 | 잘라내기 | Ctrl+X | Ctrl+X | 셀을 잘라내기 |
| | 공통 | 복사 | Ctrl+C | Ctrl+C | 셀을 복사하기 |
| | 공통 | 붙여넣기 | Ctrl+V | Ctrl+V | 잘라내거나 복사한 셀을 붙여넣기 |
| | | 서식만 붙여넣기 | Ctrl+Alt+V | Alt+H+V+R | 서식만 붙여넣기 |
| | | 값 붙여넣기 | Ctrl+Shift+V | Alt+H+V+V | 값만 붙여넣기 |
| | 공통 | 찾기 | Ctrl+F | Ctrl+F | 특정 데이터 찾기 |
| | 공통 | 찾기 및 바꾸기 | Ctrl+H | Ctrl+H | 특정 데이터 찾아 바꾸기 |
| | 공통 | 실행 취소 | Ctrl+Z | Ctrl+Z | 직전 실행한 작업 취소 |
| | 공통 | 재실행 | Ctrl+Y | Ctrl+Y | 실행 취소한 작업을 되돌림 |
| 시트 조작 | 공통 | 열기 | Ctrl+O | Ctrl+O | 파일 불러오기 |
| | 공통 | 인쇄 | Ctrl+P | Ctrl+P | 문서를 인쇄 |
| | 공통 | 새 시트 삽입 | Shift+F11 | Shift+F11 | 새로운 시트를 삽입 |
| | | 행/열 삽입 | Ctrl+Alt+= | Ctrl+Shift+= | 선택한 머리글이나 셀이 위치한 곳의 셀/행/열 삽입 |
| | | 행/열 삭제 | Ctrl+Alt+- | Ctrl+- | 선택한 머리글이나 셀이 위치한 곳의 셀/행/열 삭제 |
| | | 행 숨기기 | Ctrl+Alt+9 | Ctrl+9 | 선택된 범위나 셀이 위치한 곳의 행을 숨기기 |
| | | 열 숨기기 | Ctrl+Alt+0 | Ctrl+0 | 선택된 범위나 셀이 위치한 곳의 열을 숨기기 |
| | 공통 | 행 숨기기 해제 | Ctrl+Shift+9 | Ctrl+Shift+9 | 선택된 범위나 셀이 위치한 곳의 숨겨진 행을 해제 |
| | 공통 | 열 숨기기 해제 | Ctrl+Shift+0 | Ctrl+Shift+0 | 선택된 범위나 셀이 위치한 곳의 숨겨진 열을 해제 |

| 구분 | 구분 | 명령 | 단축키 | | 설명 |
| --- | --- | --- | --- | --- | --- |
| | | | 구글 스프레드시트 | 엑셀 | |
| 시트 조작 | 공통 | 그룹화 | Alt+Shift+→ | Alt+Shift+→ | 선택한 머리글이나 셀이 위치한 곳의 행/열 그룹화 |
| | 공통 | 그룹 해제 | Alt+Shift+← | Alt+Shift+← | 선택한 머리글이나 셀이 위치한 곳의 행/열 그룹 해제 |
| | | 그룹 접기 | Alt+Shift+↑ | Shift+아래로 스크롤 | 그룹화된 행/열을 확장 |
| | | 그룹 펼치기 | Alt+Shift+↓ | Shift+위로 스크롤 | 그룹화된 행/열을 축소 |
| | | 시트 메뉴 | Alt+Shift+S | F6 활성화 후 Shift+F10 | 시트 메뉴 표시 |
| | | 시트 목록 | Alt+Shift+K | | 스프레드시트의 모든 시트 목록을 표시 |
| | 공통 | 화면 이동 | PgUp | PgUp | 한 페이지 위로 이동 |
| | 공통 | 화면 이동 | PgDn | PgDn | 한 페이지 아래로 이동 |
| | 공통 | 화면 이동 | Alt+PgUp | Alt+PgUp | 한 페이지 왼쪽으로 이동 |
| | 공통 | 화면 이동 | Alt+Del | Alt+PgUp | 한 페이지 오른쪽으로 이동 |
| | | 시트 이동 | Alt+↑ | Ctrl+PgUp | 현재 시트를 기준으로 차례대로 왼쪽 시트를 선택 |
| | | 시트 이동 | Alt+↓ | Ctrl+PgDn | 현재 시트를 기준으로 차례대로 오른쪽 시트를 선택 |
| | | 연속 시트 선택 | Ctrl+Alt+] | Ctrl+Shift+PgUp | 현재 시트와 차례로 다음 시트 선택 |
| | | 연속 시트 선택 | Ctrl+Alt+[ | Ctrl+Shift+PgDn | 현재 시트와 차례로 이전 시트 선택 |
| | | 화면 확대 | Ctrl+= | Ctrl+Alt+= | 스프레드시트 화면을 확대 |
| | | 화면 축소 | Ctrl+- | Ctrl+Alt+- | 스프레드시트 화면을 축소 |
| | | 메뉴 숨기기 | Alt+Shift+F | Ctrl+F1 | 메뉴탭을 화면에서 숨기거나 표시 |
| 셀 서식 | 공통 | 굵게 | Ctrl+B | Ctrl+B(Ctrl+2) | 텍스트를 굵게 표시하거나 취소 |
| | 공통 | 기울임 | Ctrl+I | Ctrl+I(Ctrl+3) | 텍스트를 기울임 표시하거나 취소 |
| | 공통 | 밑줄 | Ctrl+U | Ctrl+U(Ctrl+4) | 텍스트에 밑줄 적용하거나 취소 |
| | | 취소선 | Alt+Shift+5 | Ctrl+5 | 텍스트에 취소선을 적용하거나 취소. 이때 키보드의 오른쪽 키패드는 실행되지 않음 |
| | | 테두리 제거 | Alt+Shift+6 | Ctrl+Shift+- | 셀의 바깥쪽 윤곽선 테두리 제거. 이때 키보드의 오른쪽 키패드는 실행되지 않음 |
| | | 바깥쪽 테두리 적용 | Alt+Shift+7 | Ctrl+Shift+7 | 셀의 바깥쪽 윤곽선 테두리 표시. 이때 키보드의 오른쪽 키패드는 실행되지 않음 |
| | | 서식 지우기 | Ctrl+₩ | | 셀에 적용된 모든 서식을 제거 |
| 메뉴 | | [파일]탭 메뉴 | Alt+Shift+F (Alt+F) | Alt+F | [파일] 탭 메뉴를 열고 스프레드시트를 이동하거나 사본을 만들고 새로운 문서를 가져오고 내보내기 할 수 있음 |
| | | [수정]탭 메뉴 | Alt+Shift+E (Alt+E) | | [수정] 탭 메뉴를 열고 특정 데이터를 찾아 바꾸거나 잘라내기, 복사, 붙여넣기함 |
| | | [보기]탭 메뉴 | Alt+Shift+V (Alt+V) | Alt+W | [보기] 탭 메뉴를 열고 행/열을 고정하거나 이동, 삭제, 그룹화할 수 있고 숨겨진 시트를 확인 |
| | | [삽입]탭 메뉴 | Alt+Shift+I (Alt+I) | Alt+N | [삽입] 탭 메뉴를 열고 셀/행/열/시트를 삽입하고 차트나 이미지, 피봇 테이블, 댓글, 메모를 삽입 |
| | | [서식]탭 메뉴 | Alt+Shift+O (Alt+O) | | [서식] 탭 메뉴를 열고 글꼴에 서식을 지정하거나 정렬하고 조건부 서식을 사용할 수 있음 |
| | | [데이터]탭 메뉴 | Alt+Shift+D (Alt+D) | Alt+A | [데이터] 탭 메뉴를 열고 데이터를 정렬, 필터 적용, 공백 삭제나 중복 항목을 삭제 |
| | | [도구]탭 메뉴 | Alt+Shift+T (Alt+T) | | [도구] 탭 메뉴를 열고 맞춤법 검사를 하거나 데이터 수정 시 알람 설정을 할 수 있음 |
| | | 메뉴 검색 | Alt+Z | | 구글 스프레드시트의 특정 메뉴를 검색하여 실행 |
| 기타 | 공통 | 셀 값 수식 전환 | Ctrl+' | Ctrl+' | 셀 값 표시와 수식 표시간 전환 |
| | 공통 | 오른쪽 버튼 | Shift+F10 | Shift+F10 | 상황에 맞는 오른쪽 버튼 메뉴 실행 |
| | 공통 | 링크 삽입 | Ctrl+K | Ctrl+K | 하이퍼 링크 삽입 |
| | 공통 | 메모 삽입 | Shift+F2 | Shift+F2 | 셀에 메모를 삽입 |
| | | 단축키 보기 | Ctrl+/ | | [단축키] 대화상자 실행 |
| | | 도움말 | Shift+F1 | F1 | 도움말 |